장주근 저작집

Ⅱ

서사무가편
敍事巫歌篇

장주근 저작집
간행위원회
編

장주근 저작집은 20세기 근대 민속학의 선구적 업적을 이룩한 선생의 학문을 집약한 총체적 저작이다. 이 저작집을 통해서 우리는 선생의 학문을 조감하고 민속학의 학문적 업적에서 차지하는 선생의 위상과 의의를 파악할 수 있으며, 어떻게 학문이 비롯되고 도달되었는가 하는 경로를 명확하게 이해할 수 있게 되었다.

장주근 학문의 시원은 한국신화 연구로부터 비롯되었다. 한국신화 연구를 당시로서는 모험적이고 선진적으로 이끌었는데, 그것은 제주대학에서 강의하고 제주도 무속의 현장답사를 기초로 마련되었기 때문이다. 한국신화의 원래 모습을 아는데 제주도의 본풀이가 중요한 준거가 될 수 있음을 실제로 증명하였다. 제주도의 본풀이가 한국신화를 이해하는 이론적이고 방법론적인 뿌리가 된다는 것을 실증하였다. 그러한 착상과 성과를 통해서 서사무가라고 하는 학문적 키워드를 학계에 선점하고 널리 활용되도록 자극하여 학계에 정착시킨 업적이 되었다. 서사무가가 선생 학문의 기초가 되었다.

장주근 학문이 현장에서 얻은 생동감을 확장하고 정착하는데 결정적인 구실을 한 것이 바로 민속박물관의 설립과 확대, 학회 조직, 전국 단위의 현장조사 기획과 실행 등이었다. 그렇게 하면서 한국민속학의 본체와 작용을 일치시키고 완성하게 되었다. 선생의 주요한 업적은 국립민속박물관의 기초를 수립하고 완성하였다고 하는 사실이다. 그 체험을 더욱 구체화하여 온양민속박물관, 경기대학교 농경박물관 등을 창설하기에 이르렀고, 전시를 구상하고 작업에 참여하여 박물관의 업무를 정상적 위치로 올리는데 적극적 기여를 하였다. 외적인 자극이 필요하여 세계의 인류학박물관과 민속학박물관을 순방하면서 그 체험을 도입하여 우리나라 박물관에 접목함으로써 민속박물관의 기틀을 세웠다.

학회활동을 통해서 학문적 동지를 널리 구하고 학문적 연찬을 자극하는데도 앞장섰다. 특히 한국문화인류학회를 결성하여 한국의 학문을 선도하는데 적극적 구실을 하였다. 초기에 학회 총무를 10년간 맡아서 각고의 노력으로 이를 주도하였다. 특히 선생의 학문적 뿌리라고 할 수 있는 제주도를 주제로 하는 제주학회의 학문적 기틀을 놓는데 힘썼다. 제주학회 회장을 역임하면서 제주학의 방면에서도 선편을 잡은 바 있다. 학회의 정상적 작동을 통해서 이른 바 연구를 진작하고 학자의 의사소통을 돕는데 중대한 기여를 하였다.

장주근 학문은 민속의 현장에 기초하고 있다. 그 체험을 체계적으로 기획하고 실현하는데 빼놓을 수 없는 업적이 바로『한국민속종합조사보고서』를 기획 총괄하고 실행하여 마침내 보고서전집을 간행한데 있다. 12년 동안 한국의 전역을 대상으로 방방곡곡 편력하고 체험하면서 민속의 현장에 대한 당대의 가장 실감나는 현지조사의 민족지를 완성한 것은 의미 있고 유용한 작업 가운데 하나가 되었다. 21세기 민속학의 지침을 수립하는 작업으로서 의미를 부여해도 손색이 없는 소중한 유산을 우리에게 남겼다.

장주근 저작집은 장주근 학문의 모색 과정이 선명하게 요약되어 있으며, 민속학의 학문이 어떻게 자라나고 이어졌는지 알 수 있는 요긴한 경로를 보여주고 있다. 시대의 유산을 계승하고 과거 우리 학문의 발자취를 일별하는데 이 저작은 시대적 임무를 할 것으로 전망되며, 우리 민속학의 학문적 미래를 구상하고 예견하는데 중요한 통찰을 제공할 것으로 믿는다. 한국민속학 생성의 소중한 기여를 한 선생의 학문이 이 저작집을 통해서 다시금 조명될 것을 기대한다.

2013. 10. 31.
장주근 저작집 간행위원회

일러두기

1. 이 저작집은 장주근 선생의 저작 중에서 다음과 같이 12권을 선정하여 7권으로 묶은 것이다.

   Ⅰ. 신화편
   　□ 한국의 신화(1961년, 성문각)
   　□ 풀어쓴 한국의 신화(1998년, 집문당)

   Ⅱ. 서사무가편
   　□ 제주도 무속과 서사무가(2001년, 역락)
   　□ 한국신화의 민속학적 연구(1995년, 집문당)

   Ⅲ. 민간신앙편
   　□ 한국의 민간신앙(새로 모아 엮음)

   Ⅳ. 세시풍속편
   　□ 한국의 세시풍속(1984년, 형설출판사)

   Ⅴ. 민속론고편(1986년, 계몽사, 그 증보增補로 한 권을 2권으로 분책)
   　□ 한국민속론고 민간신앙편
   　□ 한국민속론고 설화편

   Ⅵ. 민속탐방편
   　□ 한국의 향토신앙(1975년, 을유문고, 1998년, 을유문화사 개정판)
   　□ 민속학편력(새로 모아 엮음)

   Ⅶ. 사진민속과 에세이편(근간)
   　□ 사진집 한국민속개설(2004년, 민속원, 『민속사진에세이』의 개제改題)
   　□ 포토에세이 - 어머니와 아내, 그리고 민속이야기들(2009년, 민속원)

2. 새롭게 입력 작업을 하면서 한자로 표기했던 부분들을 한글로 바꾸었고, 필요한 경우에는 작은 활자로 한자를 병기하였다. 입력 작업은 출판사와 김헌선 선생의 도움을 받아 진행하였으며, 그 문장들은 장주근 선생이 교정과정에서 직접 감수하였다.

3. 『Ⅱ-2 한국신화의 민속학적 연구』와 『Ⅲ 한국의 민간신앙』, 『Ⅳ 한국의 세시풍속』 세 권의 책에는 원래 사진이 없었으나 이번에 새로 편집하면서 가능한 관련 사진들을 본문에 배치하여 재편집하였다. 그 밖의 책들도 이번 기회에 사진들을 추가 보완하였다.

장주근
저작집

II

서사무가
편
敍事巫歌篇

장주근 저작집
간행위원회
編

민속원

차례

간행사—장주근 선생의 저작집을 내면서— 3
일러두기 5

장주근저작집 II
제주도 무속과 서사무가

헌사獻辭 21
머리말 27

제1부 | 제주도 무속 개관 35

제1장 제주도의 심방[巫] 37
1. 제주도의 위치와 면적과 인구 37
2. 심방의 명칭과 종류 38
1) 무당………38
2) 심방………38
3) 소미………39
4) 젭이………39
5) 양중………40
6) 나그네………41
7) 일안 어른………42

제2부 ▌ 서사무가 자료   111

제1장 일반신본풀이   113

제2장 당신본풀이   259

장주근 저작집 II
서사무가편

■ 제주도 무속과 서사무가
■ 한국 신화의 민속학적 연구

제주도 무속과 서사무가

| 『제주도 무속과 서사무가』, 역락, 2001 |

헌사 獻辭

먼 남해의 표묘縹緲한 한 점 섬 제주도……

네 아름다운 자연과

연면히 가꾸어온 문화에,

내 영원한 사랑을 바친다.

2001년 7월

저자

위 : 한라산과 바다(1960년)
어디서 보아도 높이 솟은 한라 영봉은 남신들이 솟아나고 유렵遊獵 피의皮衣 육식하고 사시복지射矢卜地하는 활동무대이며, 해안은 여신들이 표착하는 곳이다. 이러한 사연을 머금고 산과 바다를 바라볼 때에 애착은 더욱 깊어진다.

아래 : 산촌의 저녁(兎山一里, 1970년)
섬의 질병신 일뢰또는 용왕의 따님 애기로서 여기 좌정한 것으로 풀이된다. 사신蛇神 여드렛또도 여신으로 여기 좌정한 것으로 풀이되어 토산1리는 무속상의 한 메카이다. 그러나 당들은 다 사라졌고, 저물어가는 고요한 마을에 이제 메카의 모습은 찾을 길이 없다. 그 후 다시 이 초가지붕들도 다 사라져갔다.

위 : 본풀이의 가창(1980년)

본풀이는 신을 찬양하는 서사시이며 신화이다. 이것을 유창하게 잘 부르는 것은 신을 기쁘게 하는 것이며, 덕분에 인간도 즐기는 것이며, 제의의 효과를 올리는 일도 되고, 심방은 인기를 얻는 길도 된다.

아래 : 중문리 본향당의 신과세(1970년)

40~50명도 들어갈 수 있는 큰 굴당 '드람지궤'에서 지금 정월 대보름의 신과세제를 지내고 있다. 8월 보름에 한 번 더 굿이 있다. 고구려 동맹의 수혈隧穴을 연상시키는 것으로, 이런 굴당은 이밖에도 더 있다.

위 : 칠머리당 영등굿(1982년)
해녀 어부들의 풍어제로서 '중요무형문화재'(71호, 1980년 지정)로 드디어 국가적인 보호를 받기에 이르렀다.
할머니들은 이를 '허가 받은 심방'이라고 하나 개발의 물결에 밀려서 당은 이 산지항에서 사라봉의 위쪽으로
다시 밀려나갔다.

아래 : 서귀리 본향당(1965년)
서귀리는 남국의 정서가 넘치는 큰 마을이고, 당신들도 본풀이에서 낭만적인 삼각관계의 사랑을 전개한다.
팽나무 신목은 500년이 넘었다는 거목이고 당도 20평은 넘는 당당한 제주도다운 초가집 신전神殿이다. 그저
이대로 길이 보존되었으면 하는 마음만 간절하다.

위 : 궤내귀당[窟內鬼堂] 신목(1973년)
이 당의 당신은 해중무용담을 전개하는 영웅신 궤[窟] 내[內] 귀鬼 또[爾]이다. 바로 밑에 있는 굴을 발굴 조사했던
바, 상대上代의 주거住居 유적과 그 위에 중세 이후의 제사 유적들이 겹쳐져 있는 것으로 보고되었다.

아래 : 등짐 지는 부인(1970년)
본토의 여성은 다 이고 가는 두상운반인데 제주도는 지고 다니는 등짐운반이다. 지금은 포장도로가
사통팔달이고, 차도 넘치지만, 이 길에서 한 걸음 들어서면 아직도 민속 심성은 풍성하다.

머리말

지금까지 제주도 서사무가의 채록에는 다음과 같은 자료들이 있었다.

① 赤松智城・秋葉隆, 『조선무속의 연구(상)』, 大阪屋号書店, 1937.
② 진성기, 『남국의 무가』(1968), 『제주도 무가본풀이사전』, 민속원, 1991.
③ 현용준, 『제주도 무속자료사전』, 신구문화사, 1980.
④ 문무병, 『제주도 무속신화, 열두본풀이 자료집』, 칠머리당굿 보존회, 1998.

① 아키바[秋葉隆]의 『조선무속의 연구(상)』에 실린 제주도 무가 16편은 아키바가 서귀포에 체재하면서 당시 서귀보통학교 훈도 이대지李大志의 협력으로 채록한 것이라고 한다. 언어의 장벽으로 아키바에게는 난점이 많을 수밖에 없었겠으나 이 채록에는 표준어화 등의 손질이 가해진 흠이 없지 아니하다. 그러나 그 당시에 전국의 무가에 제주 무가까지 채록한 그의 의지와 자료가치는 평가해야 할 것으로 생각된다.

② 진성기의 『남국의 무가』는 많은 본풀이들을 2, 3편씩 복수 채록을 해서 이 구비서사시의 유동 변화성을 비교 검토할 수 있게 한 데서 더욱 값진 자료집 구실을 해주고 있다. 그 『남국의 무가』에 전면적인 주석을 보완해서 재판한 것이 『제주도 무가본풀이사전』이다.

③ 현용준의 『제주도 무속자료사전』은 굿의 진행 순서대로 녹음 채록을 주로 한 종합

적인 자료에, 정밀한 주석을 달은 제주도 무속지의 결정판으로서 앞으로도 이만한 책은 다시 나오기 어려울 것으로 생각된다.

④ 문무병의 『제주도 무속신화』는 그 부제대로 우선은 일반신본풀이만인 「열두본풀이 자료집」이다. 예전에는 미신타파의 대상이었으나 이제는 지정문화재로서 그 발행인이 칠머리 당굿 보존회로 되어있는 점을 생각하면 감회가 어린다.

그 밖에 특기할 자료로, 문창헌(1899~?)이 1982년에 순이두식 한자표기로 큰 굿과 일반신본풀이들을 적은 전체 무가에 후일 누군가가 한글을 병기한 형태의 필사본인 『風俗巫音』이 있다. 이것은 제주대학교 탐라문화연구소에서 상·하 2권으로 1994년에 영인 출판되었다. 이것은 무가자료로서의 가치 외에 역사적으로도 한글 창제 이전은 물론, 이후에도 시가 등의 기록에는 이두문자가 더 많이 사용되었을 가능성과 실정을 보여주는 한 사례로서도 중요하다고 하지 않을 수 없다.

필자의 『한국의 민간신앙(제주도 무속과 무가)』 자료편(日文, 東京 : 金花舍, 1973) 뒤에도 일반신본풀이와 당신본풀이의 국문자료는 실려있으나, 실제로 학계에서 활용은 되지 못하고 있었다. 그리고 간략한 제주 무속의 개설과 당신본풀이 자료들이 1971년에 문화재연구소에 제출되고, 필자 자신도 잊고 있었던 것이 1990년에 간행된 것이 있었다.

이번에 그 무속 개설을 다시 손질하고, 일반신본풀이 자료들도 다 모아서 주석을 새로 붙이고 이것을 한 권의 책으로 묶어내기로 하였다. 주석에는 위 현지 학자들의 주석본들과 새로 나온 제주도 방언사전들이 크게 도움은 되었으나, 그래도 외지인인 필자로서는 그 주석을 다는 것이 매우 어려운 작업이 아닐 수가 없었다. 그리고 여기 개설 부분의 통계숫자나 행정구역 명칭과 참고문헌들은 위와 같이 1971년도의 기록 자료들이 있어서 그 시기의 것을 그대로 사용하기로 하였다. 사진자료들도 다 그 시기의 것이다. 기술 내용도 1970년까지의 상황이 위주가 되고, 다만 1999년에 기술이 정리되면서 20세기말의 시각이 약간 첨부됐으나 기술 내용은 다 1970년 무렵의 상황이다.

필자의 제주 무속에 대한 관심과 조사는 필자가 제주대학에 부임해갔던 1955년부터 비롯되었고, 그 후 40여 년간은 한국사회의 격변기여서 다방면에서 변화가 있었다. 민간신앙면은 특히 물질문화면들과는 달리 보수성이 강한 측면이기는 해도, 무속에도 여러 구석에 약간씩의 변화가 찾아들고 있으나, 본풀이의 구송에는 아직 큰 변화는 없는 것으로 여겨진다.

제주도 서사무가의 중요한 학술적 가치에 비추어서 앞으로 그 정밀연구에는 많은 자료와 이본들이 필요하겠기에 이제 모습을 다듬어서 이 자료도 위 자료들의 말석에 참여시키기로 하였다. 이 책을 내도록 권유하고 준비를 서둘러준 김헌선 교수와, 깐깐하게 교정을 보아준 권태효선생, 원고의 입력을 맡아준 여봉수군의 노고들에 감사한다. 그리고 이 책의 좋은 표지감 그림을 제공해준 아내와 팔리지 않을 이 책의 출판을 맡아준 역락출판사의 이대현사장께도 깊은 감사를 드린다.

2001년 7월

저　자

목차

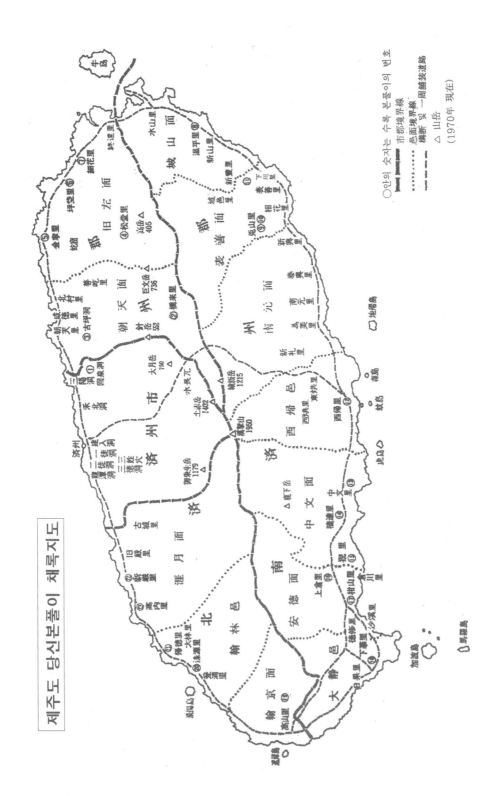

제주도 당신본풀이 제록지도

○안의 숫자는 수록 본풀이의 번호
市郡境界線
邑面境界線
橫斷 및 一周舖裝道路
△ 山岳
(1970年 現在)

제1부
제주도 무속 개관

제1장
제주도의 심방[巫]

1. 제주도의 위치와 면적과 인구 ‖ 2. 심방의 명칭과 종류 ‖ 3. 심방의 남녀별 연령별 통계 ‖ 4. 입무와 계승 ‖ 5. 단골 관계와 경제생활 ‖ 6. 무구 . 무복

1. 제주도의 위치와 면적과 인구

제주도는 한국반도의 남단에서 멀리 떨어져 있는 한국 제일의 큰 섬이다. 목포에서 남쪽으로 141.6km 떨어져 있고, 북동으로 부산과의 거리는 286.5km, 동으로 일본 대마도와의 거리가 255.1km이다. 감자형의 대화산도인 본섬과 비양도, 상하 추자도, 가파도, 마라도 등 8개의 유인도와 54개의 무인도로 이루어져 있다. 본섬은 동서 약 80km, 남북 약 40km, 해안선 200여km로서 그 면적은 1824.9㎢가 된다. 도道로서는 가장 면적이 좁고, 가장 면적이 넓은 경상북도의 10분의 1밖에 안된다.

인구는 제주도 통계에 의하면 조선시대 말기 19세기에는 8만여 명대를 유지했고, 해방 후 도로 승격(1946년 8월 1일)하여 1950년대에는 20만 명대에서 점차 인구 증가세를 보이다가 1990년대에 들어서는 50만 명선을 넘었으나 지금은 그 선을 보합선으로 유지하고 있다.[1]

---

1 제주도청, 『제주도지』 제1권(1993), 41~470쪽.

제주도의 본토로부터 멀리 떨어져있는 그 위치와, 한국 제일의 큰 섬이라는 그 면적과, 일정한 인구를 계속 간직해 왔다는 점 등의 이 세 조건은 매우 중요한 의미를 가진다. 그것은 이 세 조건이 종합적 유기체로서 제주도로 하여금 한국문화의 한 지방형과 고형古型을 유구히 온존시킬 수 있었던 요인이기 때문이다.

그것은 울릉도가 멀리 떨어져있는 섬으로서 고인돌[支石墓]까지 있으나, 한때 주민의 단절상태가 있었고, 현재 주민도 강원도, 경상남북도 등 동해안 각 지방민이 혼합상태를 이루고 있는 것과는 달리, 제주도는 민속문화를 한 지역형으로 연면하게 육성 전승시켜 왔다는 면에서 크게 차이가 있는 것이다. 또 거제도, 남해도, 진도들이 각기 큰 섬이기는 하나 육지에 가까워서 문화의 한 지방형을 형성하지 못한 점과 달리 제주도 민속문화는 특유하고 값진 것이다.

2. 심방의 명칭과 종류

1) 무당巫堂

무당이라는 명칭은 전국적인 통칭으로 어디서나 통하는 말이다. 그러나 천시하는 어감이 많은 명칭이어서 어디서나 직접 호칭으로서는 사용되지 않는다. 제주도도 그 사정은 다를 바 없다.

2) 심방

한 사람 몫의 구실을 다할 수 있는 무당을 '심방'이라고 한다. 심방 중에서도 정평이 있는 훌륭한 심방을 '큰 심방'이라고 한다. 남녀를 구별할 때에는 '남자심방', '소나이심방', '여자심방', '예편심방' 등의 말을 쓴다. 그런데 "무巫는 겨집 심방이요, 축祝는 남인男人심방이라."(『능엄경언해』 117), "어미 평생에 심방 굿 쑨 즐길씩"(『월인석보』 23, 68) 등에 보이듯이 '심방'이란 말은 15세기 이래의 고어이기도 하다.[2] 현재 이 심방이라는 말은 제주도에서만 사용되고 있다.

3) 소미[小巫]

아직 견습기간 중에 있는 무당을 '소미'라고 한다. 그 기간은 그 사람의 재능 소질에 따라서 다르다. 2, 3년 만에 심방이 되는 사람도 있고, 10년이 넘어도 심방이 되지 못하는 사람도 있다. 일반적으로 남성의 습득이 빠른 듯하다. 그 견습기간 중에 그들은 심부름을 하거나, 악기를 가지고 반주를 맡는다. 그러다가 점차 굿 중의 쉬운 부분을 사제해 나가면서 심방이 되어간다.

무업巫業의 학습에 있어서도 어렸을 때부터 많은 굿을 보고 그런 분위기 속에서 자라고 많은 서사무가를 옛날이야기로 듣고 있어서, 성장해서 손을 대고서부터는 쉽게 몸에 익혀가기도 한다. 물론 무업에 종사하기로 마음먹고, 의식적으로 소미로서 심방들을 따라다니며 수업을 하는 경우가 많다. 같은 능력을 가진 심방이라도 고객의 주문을 받아서 하나의 굿을 주관하는 심방을 '수심방', 그 일단으로 같이 굿을 하는 심방들을 '소미'라고 부르기도 한다.

4) 젭이

표준말에서는 '잽이'가 여기서는 '젭이'로 발음된다. 본토의 '잽이'는 '가무사제무歌舞司祭巫'의 굿을 돕는 '반주악사'를 말한다. 중부 이북에서는 지금 강신무降神巫들의 신어머니[師巫]와 신딸[弟子巫女] 사이의 사제계승이고, 세습무가 없어서 거의 무가계라는 것이 없다. 그리고 잽이는 잽이대로 그것을 직업으로 하고 피리, 해금, 젓대들을 맡고 무녀들과 같이 굿에 다니는 사람들을 말한다. 모두 남성이다.

---

2 이보형, 「시나위권의 무속음악」, 『한국문화인류학』 4집(1972), 72쪽.

그것이 전라도에 가면 가계계승제를 취하고 있어서 여성은 사제무가 되고, 남성은 잽이역을 맡는다. 이 경우 잽이들은 대단한 예인기질이 있고 그 반주는 유려해진다. 하지만 그들은 천민으로서 심한 천대를 받고 있기에 그 예술에 심혼을 기울이고, 자기 예술을 자랑으로 삼는 경우가 많다. 이러한 전통이 그들을 판소리의 담당자, 가창자로 치켜올린 기반임을 느끼게 한다.

이렇듯 본토의 잽이는 다 남성이지만 제주도의 경우 잽이는 남자라도 여자라도 좋다. 견습기간 중의 '소미'가 잽이역을 맡으나, 며칠이고 계속되는 '큰굿'의 경우 심방들도 교대하여, 심방이건 잽이건 소미건 구분이 없을 때도 있다. 소규모 굿의 경우 남편이 사제무가 되고 부인이 잽이역을 맡은 것을 본 일들이 있다.

결국 제주도에서는 사제무와 반주자의 구분이 분명치 않고 소미와 잽이를 굳이 구별하면 잽이는 사제능력이 보다 떨어지고 심부름이나 하는 사람을 말한다고 하겠다. 심방들 자신도 소미와 잽이를 굳이 구별하지 않고 같은 것이라고 하는 사람들도 있었다. 이것은 본토의 잽이가 관管(피리, 젓대) 현絃(해금)악을 동반하는 악사인데 비해서 제주도의 무악기가 북, 장고, 징, 설쉐 등의 타악기로만 국한 편성돼 있는 실정과도 연관이 되고 있는 듯하다.

5) 양중兩中(郎中)

많이 쓰이지는 않는 말이지만 주목되는 명칭이다. 제주도 출신의 무속연구자들도 들은 일이 아직 없었다고 할 정도이다. 그러나 심방들의 대화에서도 때때로 들렸었고, 캐어물으니 '소미'를 '잽이'라고도 하고 '양중'이라고도 한다고 했다. 경상도 등지에서 남자 잽이들을 '양중' 또는 '무부巫夫' 등으로 부르고 있다. 제주도에서도 '양중'이란 말은 '심방'들에 한하지 않고 보통사람들도 다 알고 있는 말이라고 하는 심방도 있었다. 남녀에 두루 쓰인다고 한다.

조선시대의 문헌에는 '낭중郎中' 또는 '양중兩中'으로도 쓰여 있고, 멀리 신라시대로 소급하면 '郎中'이라는 관직명이 보인다. 『왕조실록』 연산군(1476~1506) 9년 2월조에 시강侍講 정린인鄭麟仁이 "聞下三道 (忠淸, 全羅, 慶尙) 祀神 必用 男巫 號爲郎中 出入士族家 頗有

醜聲 甚者至有變服而出入"이라고 상신했으나 연산군이 대답이 없었다는 기록이 보인다. 연산군은 폭군으로도 유명했지만 동11년 9월조에는 "王喜 巫覡祈禧之事 身自爲巫 作樂歌舞"했고, 또 "又設野祭于後苑 王率諸妃嬪興淸 親聽巫言"했으니 수긍이 되기도 한다.

또 실록 중종(1488~1544) 8년 10월조에 전라도 관찰사 권홍權弘의 상소에는 "凡民之家 祀神之時 雖女巫多在 必使兩中主席 主家及參人等 虔敬迎慰 終夕達朝 歌舞娛神 男女相雜 情慾之話 淫藝之狀 無所不爲"라고 양중을 심히 풍속을 문란하게 하는 자들로서 지탄하고 있다. 두 기록이 다 같이 남부지방 특히 전라도이며, 사제자로서 남자가 여복을 하는 경우도 있는 사람들을 '낭중郎中' 또는 '양중兩中'이라 하고 있다.

특히 전라도 같은 경우, 현재 무는 전부 여자이고 남자는 잽이 역을 한다. 그 경향은 하삼도(경상도, 충청도, 전라도)가 다 마찬가지이다. 그런데 여기 '祀神必用男巫'니 '雖女巫多在 必使兩中'이니 하는 기록들을 보면 16세기 중기까지만 해도 남무도 적지 않았고, 양중은 남무만을 가리킨 듯하며 상황이 세부적으로는 지금과는 달랐다는 것을 알 수가 있다.

『삼국사기』(1145년) 「관직지官職志」에는 "大舍二人 眞平王十一年置(589년) 景德王十八年(759년) 改爲郎中 一云 眞德王 五年改"라는 기록이 있다. '낭중郎中'의 연원이 오래됨을 알 수 있다. 지금도 무격을 주로 본토에서 '화랭이[花郞]'라고 부르고 있어서 '낭중'이란 즉 '郎衆'으로 '화랑花郞의 무리'를 의미하는 말이라는 이능화의 견해[3]는 위태로운 것이 아닌가 생각된다. 한편 『국사대사전』(이홍직 편)에 의하면 이 '낭중'이라는 관직명은 신라에서 고려시대까지 계속되고, 조선에 들어서는 요사스러운 무격 부류의 명칭이 되었다고 설명되고 있다.

6) 나그네

"나그네가 왔다." 하면 굿을 한다는 뜻이 된다고 한다. 본토의 사당패들처럼 그렇게까지 심한 방랑성이 있는 것도 아닌데 왜 이런 명칭이 붙게 되었는지 알 수가 없다. 물론 대지에 뿌리박은 농민들의 생활보다는 이동성이 있다는 것을 느끼는데, 이런 일면 때문에

---

3 이능화, 『朝鮮巫俗考』(계명구락부, 1927), 3쪽.

생긴 명칭인지 모르겠다. 많이 사용되는 말은 아니다.

7) 일안 어른

굿이나 기타의 여러 일을 아는 어른이란 뜻으로 심방에 대한 경의를 섞어서 부를 경우에 사용된다. 역시 많이 쓰이는 말은 아니다.

8) 신득이

'신득神得'이 아닌가 생각된다. 거의 사용되지 않는 말이다. 이밖에 '여운님'이란 명칭도 있으나 의미불명이다.

9) 삼승할망

산육속産育俗을 담당하는 무의巫醫이다. 40~50대의 할머니들이 많으며 주로 임산부의 해산을 돕는 조산원 역할과 소아의 치병 건강을 기원하는 소규모의 '애기비념'을 해준다. 큰마을들에 대개 있고 그 수도 적지 않다. 이러한 산과, 소아과 전담자인 무의는 지금 제주도에만 존재한다. 큰굿에서 사제로서의 역할은 못하나, 때로 큰굿의 소미로서 동행하는 일도 있다.

'삼승할망'도 넓은 의미에서는 '심방할망'이고, 마을에 '삼승할망'이 없으면 심방들이 애기비념들을 하기 때문에 '심방'과 '삼승'과 사이에 명확한 구분선을 긋기는 어렵다. 이상 9종을 총칭해서 '심방'이라고도 한다. 무가 속에 잘 보이지만 심방을 '신의 성방'이라는 말로 부르기도 한다. 이것은 '신의 형방刑房'이 구개음화한 '신의 성방'이 줄어서 '신방神房' → '심방'으로 자음접변한 것이 아닌가 추측된 바도 있었다.[4]

---

4 현용준, 「제주도의 巫覡」, 『제주대학보』 7號(1965), 160쪽.

10) 당맨심방

'매인심방'이라고도 한다. 각 마을에는 그 실정에 따라서 종류를 달리하는 당들이 있다. 본향당, 일뢰당, 여드레당, 해신당들이다. 그 각당의 사제무는 어떤 한 사람의 심방으로 고정되어 있고, 그 심방에 의해서만 각 당의 비념이나 굿은 이루어진다. 그 심방을 '당맨심방' 또는 '매인심방'이라고 한다.

이것을 신에 대해서는 겸칭으로 '당하님', '당소미'라고도 한다. 이 당맨심방의 선출은 부락민의 신망이 작용할 때도 있고, 부자간이면 세습 인계가 되고, 선임자가 여러 가지 사정을 종합해서 누군가에게 양도하는 수도 있고, 마을의 무슨 회의 끝에 선정됐다고 하는 경우도 있어서 일정한 규칙은 없다.

각 당에는 한 사람씩의 매인심방이 있어서 그 당을 관리한다. 따라서 일정지역에 심방의 수보다 당이 많으면 1인이 복수의 당을 매고, 반대로 심방의 수보다 당의 수가 적은 경우에는 당을 매지 못하는 심방도 있게 된다. 장소에 따라 다르기는 하지만 대개의 경우 그것이 대단한 이권이라고 여기는 정도까지는 되지 못하는 것 같다. 그러나 심방이 당을 맨다는 것은 자연히 단골가정을 가지는 것과 관련이 생기게 되고, 때문에 자연 경제적인 면과 관련을 맺게 된다.

3. 심방의 남녀별 연령별 통계

1959년 8월에 '경신회警信會'라고 하는 무격조합의 명부를 입수하는 기회가 있었다. 이것은 신앙업자의 선도를 표면에 내세우고 있기는 했으나 자유당 당시의 총선거와 관계가 있었던 것으로 선거가 끝난 후에도 그 전국 조직은 지금껏 지속되고 있다. 따라서 이들에 대한 당국의 뒷받침이 있었다.

그들은 야간통행증도 가지고 있었는데, 이런 뒷받침은 그들의 민중에 대한 영향력이 크기에 이들을 통해 많은 득표를 예상해서 이루어졌던 일이었다. 따라서 그 명부의 정확도가 높은 것이었다. 제주시를 포함한 북군의 명부는 제주경찰서의 보고분을 베꼈고, 아직 미보고 중이던 남군분은 남군 경신회 책임자 박생옥옹의 소유분을 베껴서 그것을 가지고 각 면의 경신회장을 찾아서 한 사람 한 사람에 대한 연령, 성별, 세습대수, 기타 등의 정보를 얻을 수 있었다.

　면단위가 되면 대체로 서로 잘 알고, 특히 회장이 되면 실정을 파악하고 있어서 거의 확실하다. 단지 여기에는 '삼승할망'이 제외되어 있다. 그녀들은 '소미'단계에 머무는 것으로 별도 취급이 되어 있었다. 보고된 심방의 총 숫자는 227명이었고, 그것을 표로 보이면 다음과 같았다.

연령 성별 지역별	20대		30대		40대		50대		60대		70대		계
	남	여	남	여	남	여	남	여	남	여	남	여	
제 주 시	1		3	3	2	2	3	7	2	5			28
애 월 면			3	2	4	1	1	1	1	4	1	1	19
한 림 읍			3		2		3	3	4	1	1		17
한 경 면			1			1	2	3	1			1	9
대 정 읍						4	2	5	1	2			14
안 덕 면					2		1	2	1	1			7
중 문 면			1	2		5	2	4	1	2	2	1	20
서귀포시					7	2	5	3	4	4	2	1	28
남 원 면			1			2	3	7		1			14
표 선 면					2	4		3	2	2	1	3	17
성 산 면				1	1	5		7		3		1	18
구 좌 면			3		4	3	1	3		1	2	1	18
조 천 면			2		2	2	3	1		1	2	2	16
추자면(도)					1						1		2
소 계	1		17	9	26	32	26	49	17	27	12	11	남 99 여 128
합 계	1		26		58		75		44		23		227

그 후 이 경신회가 해산할 때 전도全島의 명부를 입수한 진성기가 이것을 그의『남국의 무가』재판본에 싣고 있다. 총수가 394명에서 '점사占師', '독경讀經'을 빼고 '삼승할망'을 그냥 두면 총수 375명이 되거니와[5] 227명을 넘는 148명은 다 여성으로 '삼승할망'이라고 보아도 무방할 것이다. 이하 227명의 총계에 대해서 언급하기로 한다.

아키바 다카시[秋葉隆]의 보고와[6] 조선총독부의 보고[7] 이후에는 제주도는 남무가 여무보다 많은 곳으로 되어있다. 본토는 현재 거의가 여성이다. 필자 자신으로서도 대면했던 각 면의 경신회장이 전부 남성이었고, 표면적 활동도 남성이 활발하고 눈에 띄어서 제주도 심방은 남성이 대부분이라는 인상이 박혀 있었다. 그러나 이렇게 조사를 해보니 여성이 56%로 남성의 44%보다는 훨씬 많은 숫자였다. 여기에 148명으로 상정되는 '삼승할망'까지 넣으면 여성의 비율은 훨씬 더 많아진다. 이 227명은 당시의 인구 약 27만에 대해서 5인 1가족으로 본다면 237세대당 1명의 비율이 된다.

다음에 연령은 평균이 51세였다. 20대의 남무 1명은 27세 된 세습무였고, 그 외는 전부 30대 이상이다. 이것은 10대에서의 강신입무 예들이 아키바 다카시[秋葉隆] 등에 의해서 많이 보고되었던 본토와는 경향이 다른 것으로 주목되는 일이다. 50대가 제일 많고, 특히 여성 50대는 49명이라는 압도적 다수를 보이고 있다. 이 연령층을 원숙기로 봐야 할 듯하다. 제대로의 심방이 되려면 습득 암송해야 할 무가를 비롯해서 퍽 많은 내용이 있는 것이다.

지방별로는 제주시와 서귀포시가 인구도 많겠지만 돈도 잘 도는 곳이어서 우선 수부터도 많다. 돈이 잘 돈다는 것은 무업의 수입과도 크게 관련되는 것이라고 한다. 그리고 서반부에 비하면 동반부의 수가 많은 느낌이다. 이것은 동반부가 무속의 전승이 강하다는 실정과 관련이 있는 것인지 모르겠다. 동반부의 심방들은 '서촌놈'들이라고 하여 서반부 무속을 멸시하려 드는 사람도 있지만, 서반부의 심방이 또한 그것을 스스로 인정하는 사람들이 적지 않았다.

---

5 진성기, 『남국의 무가』(1968), 937~957쪽. 『제주도무가 본풀이사전』, 843~848쪽에도 실려있다.

6 秋葉隆, 『조선무속의 현지연구』(양덕사, 1950), 154쪽.

7 村山智順, 『조선의 巫覡』(조선총독부, 1930), 17쪽.

4. 입무와 계승

위 227명의 조사된 입무동기를 크게 나누면 다음과 같다.

     ① 세습무   96명
     ② 본인 당대의 입무   80명
     ③ 미상자   51명

각면의 경신회장에게 한 사람씩 이름을 거명해서 묻고 분류한 결과이다. 세습의 대수는 2, 3, 4대가 대부분이었지만 일일이 확실한 증거가 있는 것도 아니고, 3대 이상이 되면 그 기억들도 정확성이 없는 것이어서, 여기서는 세습 여부만을 보이기로 했다. 본인대 입무의 80명은 그 전부가 장기의 병환으로 비롯된 입무라고 한다. 본토의 중부 이북은 현재 여성들의 강신 결과의 사제계승師弟繼承이고, 전라도의 경우는 무가계巫家系내의 고부계승姑婦繼承형으로서 무 자체는 다 여성이었다.

특히 전라도의 경우는 부가계父家系내의 고부계승姑婦繼承이라는 엄격한 계승의 규제 때문에 「당골」은 그 수가 적고 쇠퇴하며, 강신입무의 점쟁이들에게 수적으로 우선 눌리는 느낌이 압도적이다. 이에 비하면 제주도의 경우는 위와 같이 계승의 형태라든가 무격의 성별에 있어서 아무런 규제가 없다. 남자건 여자건 또는 세습이건 본인대의 입무이건 다 심방으로 받아들이는 넓은 폭을 그 계승제도상에 가지고 있다. 여기에 제주도 무속의 넓은 폭이 있고, 그리 쉽게 쇠퇴하지 않는 근본원인의 하나가 있다고도 하겠다.

현지 실정에 비추어서 현용준은 ① 세습무, ② 장기 질병으로 인한 입무, ③ 무격과의 혼인으로 인한 입무, ④ 경제적 동기로 인한 입무로 분류하고 있다.[8] 여기서는 이 분류에 따라서 실정을 살피기로 하고, 먼저 세습무의 상황부터 보기로 한다.

---

8 현용준, 앞의 책, 164쪽.

1) 세습무

수에 있어서도 위에서 본대로 96명으로 단연 으뜸이어서, 이것이 본연적인 계승형태가 아니었던가 생각되기도 한다. 서귀포시의 박생옥옹의 이야기에 의하면 자기네 박씨 일가에는 큰 심방만도 7~8명이 있고, 자기도 13대째의 세습무이며, 큰집은 20여 대째로서 제주 입도시부터의 심방이었다고 말하고 있었다.

그리고 그가 확실히 아는 한에서는 그 조부는 2형제 중 차남으로서 조부만이 심방이었고, 그의 부친은 2남 1녀 중 장남으로서 부친만이 심방이었고, 박옹 자신은 2남 1녀 중 자기만이 심방이고, 그에게는 4남 1녀가 있는데 현재 심방은 없으며 자식대에서 단절할 것이라고 했으나, 제3자들은 아직 모를 일이라는 것이 일반적이다.

성산면 경신회장 한기신 씨에 의하면 같은 면의 김도화할머니(71세)는 큰심방으로, 16~17대를 넘는 심방집안이며, 흔히 고려 때부터의 심방이라고들 한다고 했다. 이렇게 고려 때부터의 심방, 20여 대의 심방, 입도시부터의 심방이라는 말들이 있는 것은 주목해야 할 일이다. 그것은 유구한 무속의 전승과 더불어 유구한 무가의 전승도 뒷받침해주는 한 자료가 되겠기 때문이다.

그리고 그 계승은 위에서도 보았듯이 장차남의 구별을 필요로 하지 않고, 또 남녀를 가리지도 않고, 부모 어느 한쪽이 심방이어도 무방하다. 먼저 심방이 된 사람이 부모의 무구를 계승하기 때문에 엄격한 룰이라는 것은 없다. 이 룰이 전라도처럼 엄밀하지 않는데에 제주도 무속의 넓은 폭이 있다.

한 무가계에서 둘 이상의 심방이 나오면 연장자에게 무구를 계승하는 경우도 있고, 한 사람도 안나오면 누구건 '소미'를 선택해서 계승하는 경우도 있다. 그리고 자녀가 그 부모의 무업을 계승하지 않으면 병을 앓게 된다고 한다. 이것을 조상을 박대한 때문에 생기는 병이라고 한다. 이 경우의 조상이란 '삼명두'를 말한다. '삼명두'란 신칼, 요령, 산판을 말하며 무조의 내력담 '초공본풀이'에 의하면, 이 '삼명두'라는 말은 '무조 삼 형제'와 동명으로 결국 '무조 삼 형제'의 상징물이다.

심방들은 실제로 이 삼무구를 '조상'이라 부르고, 그들 무구로서 점을 쳐서 신의 의지를 알아내어 기원주에게 전하면서 굿을 진행한다. 중부 이북처럼 강신으로 인한 신인합일로 공수[神託]를 내리는 일은 없다. 결국 삼명두의 계승은 무조령과 사제능력의 근원체를 동시에 계승하는 일이 되는 셈이다. 이 무구의 계승이 무직의 전승에 중요하다는 것은 본토와 공통되는 습속이라 할 수 있지만, 제주도에서는 이처럼 본풀이로 풀이까지 되어있다.

세습무도 제주시 거주 김오생옹(65세)은 말하기를, 자기는 삼대째 심방이며, 조부는 이형제 중 장남으로 심방, 부친은 독자로 심방, 자기도 독자로 심방인데, 자기는 부친에게 배운 것이 아니고, 15세 무렵에 헝글망글 병명 불명으로 앓다가 심방질 하면 낫는다 해서 옛날 제주도 심방청[神房廳]의 도향수都鄕首로 아키바 다카시[秋葉隆]에 의해서도 보고된 바 있던 고故 고임생高壬生옹에게서 배우고, 그의 수양아들이 되었다고 한다. 이 말을 그대로 좇는다면 그는 가계상으로는 세습무이나, 실제 계승상태에서는 ②의 본인대의 장기 병환으로 인한 입무가 되는 셈이다. 그도 아들 4명 딸 4명의 8남매가 제주, 서울 등지에서 살고 있으나 역시 심방은 없다고 한다.

2) 장기 병환으로 인한 입무

본인대 입무의 경우는 그 대부분이 입무의 동기로 병환을 내세운다. 병명도 각색이어서 반드시 신경계통으로 한정되지 않고, 오히려 그밖의 증상을 말하는 예가 많다. 안질, 소화계통, 급작스런 광기, 심장병, 복잡한 부인병 등이 지금까지 필자가 심방이 된 사람들에게서 들어본 병명들이다.

연령도 20대, 30대 등으로 각색이다. 공통되는 점은 결국 점을 쳐본 결과 팔자가 그렇게 되어 있으니 심방이 되어야 하고 그러면 병이 나을 것이라고 해서 심방이 되었더니 과연 나았다고들 한다. 특히 심방은 천대를 받기 때문에 싫어서 도중에서 그만 두었더니 다시 병이 도지고 그래서 무업을 계속하면 건강하게 되기 때문에 할 수 없이 계속한다고 한다.

이렇게 해서 심방이 되는 일을 "팔자 그르친다. 누가 즐겨서 천대를 받으며 이런 심방 짓을 하겠는가."고 그들에게 반문을 당하는 경우가 많다. 이렇게 무업을 하면 병이 낫고 중단하면 병이 도진다는 관념 내지 현상은 물론 본토에도 전라도의 점쟁이, 중부 이북의 강신무녀들과도 유사한 현상이다.

흡사한 기록은 시베리아 샤만에게서도 볼 수가 있다. '초공본풀이'도 이런 일을 설화로 형성시키고 있어서, 그 여무조女巫祖 유씨부인이 소녀 시절에 엽전을 주워가졌고 승려에게 "이 아이는 팔자를 그르쳐야 하겠다."고 하는 말을 듣고 67세가 될 때까지 앓고 시들어갔다가 여무조가 되어서 낫게 된다.

3) 무격과의 혼인으로 인한 입무

대개의 경우 심방은 부부가 같이 무업에 종사하는데, 물론 이것은 무가계끼리의 결혼이 많은 때문이다. 무가계끼리의 혼인이 아니라도 양가良家의 딸이 병환으로 "팔자를 그르쳐야" 할 경우, 또는 과부가 된 경우는 심방에게도 시집을 가고, 이 경우 남편을 따라서 무녀가 되어있는 예도 볼 수 있었다. 여하간 필자가 실견한 예로서는 대부분이 부부가 같이 무업에 종사하고 있었다.

4) 경제적인 동기로 인한 입무

이것은 수에 있어서도 적으려니와, 본인 자신의 입으로 경제적인 동기 때문에 무업에 종사하게 됐다는 말을 하는 것을 들은 적은 없다. 조실부모했다든가 중년에 과부가 되었다든가의 불우한 입장에 쫓겨서 광기가 들리고, 먹고 살아가기 위해서 할 수 없이 무업에 종사하게 되었다든가 하는 경우는 있지만 특수한 극소수에 한한다.

전라도의 경우는 가계계승이기 때문에 이런 종류는 '당골[世襲巫]'이 되지 못하고 모두 '점바치[降神巫]'류가 되는 형편이었다. 이런 점바치류가 수에 있어서도 당골보다 많고 성하고 있는 느낌이었으나, 제주도의 경우는 입무계승제의 문호가 넓어서 이 경우에도 심방이 되고 있다.

5) 입무의례入巫儀禮

이상 심방들의 입무의례는 지금 다 흐려져서 이것 역시 일정한 법칙을 찾기 어려워졌으나 대체로 다음과 같다. 먼저 그 굿이름을 '신굿'이라 한다. 이것은 견습기간의 '소미'가 제대로의 심방이 되기 위해서 하는 굿이며, 소미가 되기 위해서는 의례랄 것이 없었다고 한다. 이 굿에 의해서 '소미'의 단계를 넘으면 '하신충'이라고 일컬어졌었다.

이제 제대로의 심방이 됐다는 것으로 사회적으로 인정이 되었다고 한다. 그리고 당당한 더 나은 심방이 되기 위해서는 또 신굿을 해야 사회적으로도 '중신충'으로 인정을 받는다. 그리고 끝내 큰심방으로 인정받기 위해서는 또 신굿을 해야 '상신충'이 됐었다고 한다. '신충'이란 말은 요컨대 훌륭한 심방을 말하는 것이라고 한다.

이 '신굿'이란 굿이름은 본토에서도 거의 전역에서 들을 수 있다. 평안도 등지에서는 무당이 당연히 단골을 위해서 굿을 해야 할텐데 무당이 '무당제굿'을 한다고 한다. 이것은 기성의 무당이 신기를 돋우기 위한 굿이라고 한다.

황해도에서는 무당이 초년에 소대택, 중년에 중대택, 말년에 만대택굿을 크게 한다. 이것은 무당이 자신의 무업을 평가하고 과시하며, 무당 자신과 단골손님의 재수대통을 비는 기복굿이다. 이것은 보통 일주일 이상 걸리는 매우 규모가 큰 굿인데[9] 이러한 전승은 역시 세 번에 걸치는 제주도의 신충굿과 서로 유사한 바가 있다.

중부 이북의 강신무의 처음 입무의례는 '내림굿'이라고 일컬어지고 있다. 신이 들리고 무병을 앓게 되면 큰무당을 찾아서 내림굿을 하고, 그 큰무당을 신어머니로 모시고 그 신딸로서 무당 수업을 한다는 의식이 중부지방에는 아직도 선명한 편이다. 이러한 사제계승제師弟繼承制로서 무계巫系는 계승되어 왔다. 신굿을 해준 큰심방을 선생으로서 사제관계로 여기는 점에서는 제주도 무속도 서로 상통하고 있다.

그런데 옛날의 이 신굿은 전도의 유명한 큰심방들을 다 초청해서 모아놓고 두 일뤠 열나흘의 큰굿을 벌이고 풍성한 향연을 베풀었던 것이기 때문에 대단히 비용도 많이 들었

---

9 국립민속박물관, 『큰무당 우옥주 유품』(1995), 51쪽.

다고 한다. 그리고 우선 '하신충'은 돼야만 정식으로 굿을 할 수가 있었고, 60~70년 전까지도 있었던 '신방청神房廳'이라는 무격조합에 가입도 할 수가 있었다고 한다. 이제는 극히 드물기는 하지만 근래의 신굿의 상황은 다음과 같다고 한다.

신굿은 자기집에서 하게 되는데, 단골가정과 그 밖에도 알릴만한 사람들에게는 다 알리면 통지를 받은 사람들은 다 응분의 부조금품을 가지고 모여든다. 사제는 본래는 다른 심방에게 일단 부탁을 하고, 그 큰심방의 지시에 따라서 본인도 신들에게 신고를 한다. 5~6일정도 걸려서 모든 신들을 다 모시고 접대해서 본풀이도 다 올린다.

특히 옥황 시왕 등 주요한 신들에게는 "나는 이제부터 이렇게 신충으로 됩니다."고 아뢰는 것이라고 한다. 본래 '초공본풀이'에 의거해서 무조 삼 형제의 탄생달인 9월에 하던 것이지만 달은 지금 반드시 9월로 일정하게 정해져 있지는 않다고 한다. 그 상황으로 보아 본토의 '신굿', '대택굿'들과 본래는 큰 차이가 없었던 것이 아닌가 하는 생각을 가지게 한다.

한편 위 1959년도의 숫자 파악 이후는 일체 조사 보고가 없어서 근래의 입무계승 상황은 알 수가 없다. 그래서 제주도 심방은 제주도 해녀가 20~30대의 젊은 층에서 감소해가듯이 감소하며 소멸될 것이 아닌가 염려할 수가 있다. 이에 대해서 중요무형문화재로 지정되어있는 칠머리당굿의 보존회 회장 김윤수는 1999년에 "아직 염려할 상황은 아니며 젊은 세대의 후계자가 없는 것이 아니다."라고 언급하고 있다.

실제로 보존회 회원으로 굿을 배우고 하기도 하는 대학 출신과 전문대학 출신 남성이 한 명씩 있고, 여고 졸업생 20대 처녀심방이 서귀포시에도 남원면에도 한 명씩 있다고 했다. 또 하나의 현상은 근래의 육지굿의 침투로 이미 1970년대 초부터 오방기五方旗 제비를 뽑는 서울굿이 제주굿에 섞여 나오는 것을 필자는 본 일이 있었다.

지금 제주시에는 그러한 '육지보살'이 수십 명이 있고, 굿을 크게 하면 경상도에서 보살들을 불러들여서 하는 경우들도 있다고 한다. 그래서 한편으로 제주도 무속의 변질이 우려되나, 한편으로는 무형문화재 지정사업이 이 변질을 다소나마 억제해줄 것으로 기대하고 있다.

5. 단골관계와 경제생활

1) 단골관계

전라도에서는 무당을 '당골'이라는 말 그 자체로 부르는데, 그것은 '당골무당'의 약칭이었다. 그와는 반대로 중부 이북에서는 '단골'하면 일정한 무녀의 일정한 신자를 가리키는 말이 된다. '단골'이란 주지하다시피 '늘 다니는 거래선'이라는 뜻의 보통명사이지만 제주도 무속에서의 용례는 다음과 같다.

신과 무당과 민중과의 삼자 관계에 있어서, 먼저 신의 입장에서 자기에 대한 신앙민을 결정할 때에, 상단궐 중단궐 하단궐이라고 각기 그 성씨들까지, 그 마을에 많은 김씨니 이씨니를 지정해서 신이 자기 의사로 결정하는 이야기가 '본풀이' 속에는 많이 나온다. 다음에 심방과 그 기원자와의 관계에 있어서, 기원자가 그 거래선인 심방을 '단골심방'이라고 부른다. 이 경우는 전라도와 그 용례가 유사하다.

그러나 그보다는 그 반대로 심방의 입장에서 그 거래하는 기원주들을 '단골'이라는 말로 더 많이 사용한다. 이 경우가 중부 이북과 같은 용례이다. 심방과 신과의 사이에서는 이 말은 사용되지 않고, 당신은 그 당의 '매인심방'을 '당하님'이라 부르고, 심방도 자기를 '당하님'이라 부르며, 심방은 신을 그 신명으로 부르거나 '조상'이라는 보통명사로도 부른다. 요컨대 단골이라는 말은 신으로부터나 심방으로부터나 그 기원민중에게 대해서 많이 사용되는 말이다. 민중이 심방에게도 쓴다.

제주도의 신관념도 본토와 마찬가지로 신인동태관神人同態觀으로 되어있다. 신도 인간과 같이 그 좌정처를 찾아서 산중을 헤매다가 맨 먼저 만난 인간에게 길을 묻고 음식을 요구하고는 그 인간을 상단골로 정하곤 한다. 전도적으로 많은 '당신본풀이'가 그 속에서 주민의 성씨까지 지명하면서 신이 상, 중, 하단골을 결정하고 있는 것을 심방들이 구송하고 있다.

그리고 그 신을 '조상'이라 부르고, 민중들은 '자손'이라고 구송되고 있다. 이 성씨까지 규정된 씨족적인 신들이 마을의 수호신이 되어있는 것은 재미있는 일이다. 씨족 혈연

공동체의 신이 마을 지연공동체의 신으로 이행해가고 있는 느낌이며, 지금은 그 양쪽을 겸하고 있는 느낌이다. 그리고 그 신과 공동체의 중간을 매개하는 것이 소위 '매인심방'으로서 일련의 조직적인 관계를 보이고 있다.

다음에 심방과 단골가정과의 관계의 하나로 의제적擬制的인 모자관계가 맺어지는 일이 있다. 중부지방에서 흔히 귀동자, 병약아들을 소중히 키울 때에 그 아이와 무녀와의 사이에 수양모자 관계가 맺어진다. 그 표시로 삼척(삼세 전후), 칠척(칠세 전후) 길이의 무명에 성명, 생년월일, 장수발원 등의 글자를 써서 무녀에게 바치고 이것을 '명다리'라 부르고, 이후 모든 굿은 그 무녀에 의하여 이루어지게 되어 있었다. 유사한 현상은 사찰의 칠성각 등에서도 볼 수 있다. 이와 같은 모습은 제주도에서도 전승되고 있어서, 무사성장, 건강, 장수를 기원해서 무명 한 필에 생년월일, 성명 등을 써서 바친다.

그 아이를 '신충아기', 그 천을 '당주다리'라 부른다. '신충'에 대해서는 앞에서 언급하였고, '당주'란 심방들이 그 가옥 내에 무조를 모시고 있는 신단을 말하기도 하나 여기서는 그 안에 모셔지고 있는 무조신을 말하며, '당주다리'는 무조신에 통하는 '다리[橋]'라는 말이 된다.

무조 삼 형제의 탄생일이 9월 8일, 18일, 28일이어서 그 날이 오면 '신충아기'의 어머니들은 심방집의 당주에 제물을 바치고 참배를 한다. 생년월일 성명을 종이에 써서 당주에 놓으며, 심방은 다른 집의 굿에서라도 같이 건강과 장수의 기원을 끼워 넣어서 기원을 한다고 한다. 낳아서 금방부터인 경우도 있으나, 15세전까지의 일이 된다. 이것은 흔히 '삼승할망'들이 하는 일이나 심방들도 한다.

2) 경제생활

제주도민은 누구나 다 부지런하다. 무업만을 생계의 전부로 삼고, 굿이 없을 때는 놀고있는 심방은 거의 없다. 도회성을 띤 제주시의 극소수 심방들을 제외하고는, 시골에서는 연로한 심방들도 농업이나 어업 등 무엇인가를 하고 있다. 농번기에 시골에 가면 심방을 몇 집을 찾아도 다들 밭에 일하러 나가서 집을 비우고 있어서 만나지를 못한다.

무업은 부업으로 되어있는 경우도 많고, 이것을 겸하고 있는 경우는 자연 그만큼 그 생활이 일반인보다 나아진다. 무업의 수입은 시골에 갈수록 적은 것이 되고 돈이 잘 도는 도회지에 갈수록 넉넉해진다. 이것은 우선 눈에 보이는 바로서 별비(인정건다는 현금)에서 도 나타난다. 본토의 시골 촌락들에는 지금 거의 무녀가 없고, 대개 도회지와 그 주변에 모여있는 것도 그런 때문이겠으나, 그러나 제주도에는 아직도 마을마다 심방이 있는 형편 이다.

제의는 아이들의 평안·건강을 비는 류의 간단한 '비념' 종류들과, 가무를 필요로 하는 '굿'의 두 종류로 크게 구분할 수 있다. '비념'은 심방이건 삼승할망이건 혼자서 한 시간 내외로 끝낸다. 1970년 상황으로 보수는 백 원 내외, 같은 백 원이라도 서울의 백 원과 제주 도 농촌의 백 원과는 차이가 크다. 이 비념은 특히 애기라도 키우는 집이면 거의 다 하고 있는 것이라고 보아도 무방하다.

가무를 필요로 하는 '굿'은 '작은굿'과 '큰굿'으로 구분할 수 있다. '큰굿'은 3일 이상은 걸려서 모든 신들을 불러 모시는 것으로 사제무는 교대할 필요도 있고, 몇 개의 악기반주 자도 필요하기 때문에 5인 이상은 필요하며, 그래서 심방들은 그 그룹을 가지고 있다. 이 '큰굿'은 좀체 행해지지 않는 것으로 큰 마을에서도 연 1회 있기가 어렵다.

기원자가 들이는 돈은 그 사람의 성의, 재력, 지내는 날짜 등에 따라 일정치 않지만 제주도 돈으로도 큰굿에는 5만 원은 든다. 그 전비용은 ① 제물비용 ② 심방들에게의 보수 ③ 도중에서 각 신령에게 바치는 '인정人情', 기타 잡비로 삼등분할 수 있는 비율이 된다. 이 각거리의 '인정'돈은 그 거리를 사제한 심방의 소유가 된다.

동남해안지대도 이런 분배식인 듯하나, 중부지방에서는 이 돈을 '별비別費'라 하고, 필 후에 다 모아서 일정비율로 분배하고 있다. 전비용 5만 원의 3분의 1 정도인 심방들에 대 한 보수는 먼저 그 기원주에게서 그 굿을 의뢰받은 수심방(책임심방)이 반을 차지한다. 1만 7천 원의 반 8천 원 정도가 된다. 나머지 반, 8천 원 정도를 보통 4명 정도의 '소미'들에게 나누어주는 것이 일반적이다.

소규모의 '굿'은 1일 이내로 끝이 난다. 이것은 그 경우에 필요한 한 신만을 불러 모시 는 굿으로 심방은 둘 이상이면 사제와 반주를 분담해서 못할 것이 없지만 역시 몇 종류의 반주악기가 있기 때문에 4~5명이 같이 어울려서 한다. 제상에 바치고 있던 쌀, 천, 음식류 외에 천 원 정도의 보수를 받는다.[10] 그리고 도회의 인기있는 큰 심방이 되면 월급쟁이 이상으로 수입을 얻을 수도 있으나 그것은 극소수의 심방으로 한정되는 것이고, 그밖의 대부분은 겸업으로 열심히 일하고 있으며 무업만으로 살아간다는 것은 볼품없는 빈곤한 생활을 면할 수 없는 일이 되며 그런 사람은 극소수이다.

6. 무구 · 무복

1) 점구

(1) 신칼(또는 명두칼)

길이 20cm 내외의 가느다란 놋쇠 칼에 60cm 내외의 한지끈을 달은 한 쌍을 말한다. 칼날은 서있지 않다. 가무 사제시에도 쓰고, 잡귀를 찔러서 구축하는 시늉도 한다. 한지 끈을 쥐고 내던진 두 칼날의 모양으로 점을 치고, 그것으로 신의神意를 알고 기원주에게 해석 전달을 하게 되는데, 그것은 다음의 여섯 종류로 나타난다.

① ᄀ새ᄃ리 - 두 칼날이 교차된 것. 최악
② 칼쏜ᄃ리 - 두 칼날이 다 상향한 것. 불길
③ 애산ᄃ리 - 두 칼날이 마주 향한 것. 불길
④ 등진ᄃ리[背向橋] - 두 칼날이 서로 등진 것. 불길
⑤ 왼ᄌ부ᄃ리[左竝橋] - 두 칼날이 나란히 좌향한 것. 길
⑥ ᄂ단ᄌ부ᄃ리[右竝橋] - 두 칼날이 나란히 우향한 것. 최길

---

10 玄容駿, 앞의 책, 182쪽.

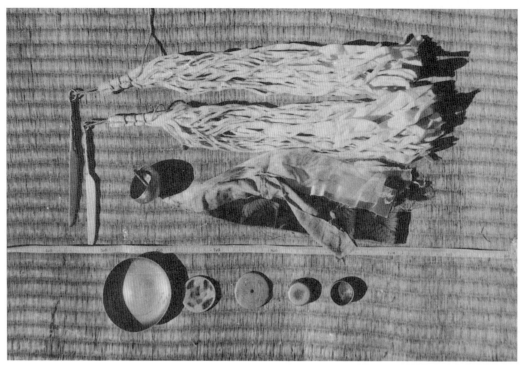

삼멩두 – 신칼(위), 요령, 산판(아래)

무조 삼 형제의 내력을 풀은 〈초공본풀이〉에 의하면 "중의 아들 삼 형제가 과거에 합격했으나, 양반들에 의해서 낙방을 당한다. 삼 형제가 아버지 중에게 낙방된 하소연을 하니, 아버지 중은 이 칼을 휘두르면 양반의 목이 단번에 수십 개씩 날아갈 수 있을 것이라고 하며 이 칼을 갖고 심방이 되라고 이른다." 영력에 넘치는 칼이라는 말이 된다. 또 조선의 유교에 의해서 천대받았던 불교와 불교에 습합됐던 무속의 입장에서의 반항의식의 반영도 보인다.

(2) 산판

실물에 따라서 대소 약간씩의 차이는 있으나 직경 6cm 내외의 엽전형 2개에 '천지대문天地大門' 혹은 '천지일월天地日月'이라고 음각한 것 두 개를 '천문'이라 한다. 그리고 상

구경上口徑 4cm 내외의 역시 놋쇠잔 두 개를 '상잔'이라 한다. 다음에 직경 10cm 내외의 소형 놋쇠쟁반 한 개를 '잔대'라 하고, 이 '잔대'에 두 개의 상잔과 두 개의 천문을 합해서 '산판'이라 부른다. 이것은 오로지 점구로만 쓰이며, 그 점을 '산판점'이라 한다.

점괘는 두 개씩의 천문과 상잔이 엎어지고 젖혀지는 것으로 그때그때의 일정한 해석을 얻게 되며, 9가지 결과가 나타날 수 있다. 역시 이들 산판도 신칼과 마찬가지로 아버지 중이 내려준 것으로 본풀이에서 설명되어 있기도 해서 심방들 중에는 무속이 불교에서 분파한 것이라고 주장하는 사람들도 있는데, 이것은 다분히 생각해 볼 필요가 있는 현상이어서 후술키로 하겠다.

(3) 요랑[搖鈴]

역시 놋쇠로 된 한 개의 방울이다. 쇠[牛]의 목에 다는 방울과 같은 형태이며, 그 하구경 6cm 내외의 잔 형태에 불알[振子]이 달려서 소리를 낸다. 잔 형태를 엎은 듯한 위에 보통 약 40cm 길이의 천을 달아서, 그 천을 잡고 흔든다. 역시 아버지 중이 준 것으로 본풀이 속에서 설명된다. 이것만은 점구로는 사용되지 않는다. 이 방울소리는 신역神域의 문을 열고, 신을 초청하는 시늉을 할 때에 울리는 청신구請神具이다.

이상의 3개를 합해서 '삼명두' 또는 '일월삼명두'라 부르고, '조상'이라고도 한다. 그리고 '무조 삼 형제'도 '삼명두' 또는 '조상'이라고 부른다. 삼무구=삼명두=조상=무조 삼 형제라는 관념적인 등식이 성립된다. 결국 이 삼무구가 무조 삼 형제의 상징물이며, 무조령의 빙의물이다.

세습무나 어떤 큰 심방의 뒤를 잇는 '소미'는 이것을 계승한다. 그리고 평소에는 당주에 모셔두었다가 어디건 굿을 하러갈 때에는 반드시 이것들을 모셔서 가지고 가기에, 이 삼명두야말로 당주인 것이다. 굿에서는 그 요랑으로 신을 청하고, 신칼과 산판으로 신의를 알고, 이것을 기원자에게 전한다.

본토 중부 이북의 만신이 신이 내려서 공수[神託]를 하는데 반해서 제주도의 심방은 기본적으로는 그 조령의 교시에 의해서 사제능력을 얻으며, 신으로는 되지 아니하고, 신이 들리지도 않는다. 이 때문에 제주도 심방은 엘리아데Eliade가 말하는 가장 중요한 샤만의

삼명두를 모셔놓은 심방집의 당주

트랜스trance 상태에는 들어가지 않고, 따라서 본질적인 면에서 샤만의 범주에서는 제외될 듯하며, 각가지 차이점이 유발되고 성격을 달리하게 된 것으로 생각된다. 결국 이 삼명두는 제주도 무속의 특색을 보이는 근원이고 핵심이라 해야 할 것이다.

2) 무악기

(1) 징[鉦]

직경 40cm 내외의 대야형의 한 면을 두드리는 타악기이다. 이 징과 이보다는 작은 '설쉐', 북 등 세 타악기가 주로 춤의 반주에 같이 쓰인다.

(2) 설쉐[銅鼓]

본토의 꽹과리와 유사하나 채 위에 엎어놓고, 소미가 앉아서 양손에 채를 잡고 친다. 형태는 직경 20cm 내외로, 징과 같이 놋쇠 제품이다. 이것만이 사용되는 경우는 없고, 북, 징 등과 같이 춤의 반주악기로 쓰인다.

(3) 북

직경 약 35cm 내외. 소가죽을 씌운 양면고이지만, 한쪽 면만을 친다.

(4) 장귀[杖鼓]

길이 약 50cm, 양고면의 직경은 30cm 내외이다. 제일 주요한 악기로서 '본풀이' 등을 구송할 때는 다른 악기는 다 쉬고, 주로 사제심방만이 혼자서 이것을 앞에 가로놓고 앉아서 장단을 맞춰가며 구송한다. 그 점은 본토의 '바리공주 말미'와 같으나 바리공주 말미 때는 장고는 비스듬히 세우고 친다.

(5) 바랑[婆囉]

접시형의 양편을 합쳐서 친다. 원래 인도의 악기라고 사전들에는 설명되어 있다. 불도맞이 등 불교적인 굿거리에서 사용되는데 본토에서도 제석거리 등 불교적인 색채의 굿거리에서 사용되는 점에서 같다. 기원이 끝났을 때에는 이것을 앞으로 내던져서 그것이 엎어지거나 제쳐지는 방향으로 신의를 판단한다.

이상 징, 설쉐, 북, 장귀의 네 악기는 다 한국 민속음악의 대표적 악기인 동시에 기본적인 제주도의 무악기이다. 대개의 마을에 있는 농악대에서도 이것들이 기본적인 악기인 점은 마찬가지이다. 여기에 점구도 겸한 바랑[婆囉]을 넣어도 모두 타악기이고, 관현악기는 하나도 없다.

중부지방에서는 여기에 피리, 젓대의 관악기, 해금의 현악기가 더해져서 경쾌하고 유려한 맛이 따르지만 그것도 다 만신들의 담당이 아니고 '잽이'라는 남성의 전업악사들의 몫이었다. 그리고 그것은 이미 200여 년 전의 혜원 신윤복의 무녀도에도 보이는 오래된 현상이었다. 이런 면에서 보아도 제주도 무악기는 고래로 소박한 종교성을 가졌던 것이라 할 수 있을 듯하다.

3) 무복

무복은 중부 이북의 강신무들에서 화려해진다. 모시는 신마다, 그 거리마다 만신들은 그 신 자체가 되기 때문에 신의 성격, 위계에 따라서 조선시대의 문관, 무관, 여관女官들의 복식을 착용하기 마련이다. 그러나 무녀들은 지금 조선시대의 복제를 잘 모르기 때문에 다소의 잘못은 눈에 띄지만 대체로 그 착법 장식품의 부착 등이 옛 복제에 부합되나, 제주도의 경우는 그 명칭과 착법에 있어 상당한 거리가 있다. 전라도 세습무녀의 경우는 정결한 한복을 입고 사제하는 것으로 일관하고 있다. 제주도의 경우의 실정은 다음과 같다.

(1) 관딕차림

'관딕'란 조선시대 관복으로, 현재도 재래식 결혼식에 신랑이 입는 사모 '관대冠帶'를 말하는 것이겠지만 사모가 아닌 갓을 쓰고, 흉배는 제주도 무복에서 아직 본 일이 없다. 그런대로 이것은 제일 정장으로 큰굿의 책임을 맡은 수심방이 입고, 초감제, 시왕맞이 등 중요한 거리의 사제에 쓰인다.

흔히 분홍색의 도포 위에 술이 달린 끈을 가슴에 묶어서 늘어뜨리고, 바지의 무릎 밑에는 행전을 치고 머리에는 갓을 쓴다. 이 갓에는 공작깃을 꽂는 것이 원칙이었다고 한다. 서귀포의 박생옥옹이 창경원의 공작깃을 구해줄 것을 부탁한 바 있으나, 너무 늦게 입수

관듸차림   군복차림

해서 소용이 닿지 못한 일이 있었다.

(2) 군복차림

　이름은 군복차림이지만 그 실제의 복장은 반드시 군복만도 아니고, 더구나 모자는 송낙을 한지로 접어서 쓰는 경우가 많다. '관듸冠帶'니 '군복'이니 하는 조선시대의 복제의 이름이 나오는 것을 보면 중부지방과 같이 조선시대의 복제를 주로 채택하고 있었던 것 같다. 그것이 지방 실정에 따라서 간략화되고 변화한 느낌이다.

　중부지방처럼 구군복具軍服차림에는 기본적인 협수夾袖같은 옷은 보이지 않는다. 협수 대신 두루마기 위에 쾌자를 입고, 가슴에 띠를 두르고, 행전 치고, 전립戰笠 대신 송낙을 쓴다. 송낙 대신 갓을 쓰는 경우도 많다. 여기서 송낙이라고 한 것은 한지를 오려서 삼각형으로 만든 중모자 모양을 송낙이라고 하나 모양은 장삼을 입고 쓰는 고깔에 더 가깝다.

(3) 두루마기차림

현재 보는 두루마기와 같고, 보통 작은굿에서 사용되며, 큰굿에서는 청신의례의 신을 모시는 경우에 사용된다. 머리에는 송낙을 쓴다.

(4) 평복차림

평소의 옷을 단정히 차리는 것인데 한두 시간 내의 간단한 비념 때에 사용한다. 큰굿에서도 추물(제물)공연 때에 쓴다. 본풀이를 구송할 때도 평복을 착용하지만, 경우에 따라 두루마기에 종이고깔을 쓸 때도 있다.

두루마기 차림

(5) 도포차림

옛선비들의 옷이지만 단일신을 모시고 기원하는 작은굿, 불도맞이, 칠성제 등에서 착용한다. 두루마기 위에 도포를 입고, 가슴에 끈을 묶어 늘어뜨리고, 머리에는 대개 송낙을 쓰나 갓을 쓸 때도 있다. 이상이 사제자의 입장에서 입는 복장인 동시에 그 굿의 규모의 대소, 신의 지위 고하에 따라서 입는 복장이라고 하겠다.

(6) 특수복차림

때로 굿 내용이 연극적으로 진행되는 일이 있다. 이때에 본풀이의 내용에 따라서 배역을 하고, 그 역에 따라서 복장을 한다. 예컨대 삼공본풀이의 내용에 따라서 장님거지 부부로 분장한 부모가, 셋째 딸 감은장아기가 베푸는 거지잔치에 나타나서 대화를 주고받고 하는 경우이다. 영감놀이의 도채비나 악심꽃꺾음의 구삼싱할망은 눈과 입을 뚫어놓은 종이로

도포 차림

특수복 차림

얼굴을 가리고, 더 분명하게 그 신으로서 연극적인 분장을 한다. 이러한 실제적인 연극이 제주도 굿속에는 10여 종류가 있다.

이상의 복식에 사제자로서의 복식과 신령으로 분장하는 복식이 있는 것이 눈에 뜨인다. 관디, 두루마기, 평복, 도포차림들은 사제자의 복식이지만, 특수복차림인 전기한 거지부부의 분장 등은 감은장아기의 부모신의 모습이다. 또 사자가 잡아갈 사람의 명단을 적은 '적배지[赤牌旨]'를 등에 달고 다니는 차림새는 '차사본풀이'에 나오는 강림차사의 모습이기도 하고, 염라대왕의 사자들의 모습이기도 하다.

여기에 제주도 무복이 근본적으로는 본토의 그것과 상통하는 일면을 발견할 수가 있다. 중부 이북에도 평복차림의 사제자의 모습도 있고, 각종 관복차림의 신의 모습도 있다. 커다란 차이는 중부 이북의 경우가 강신무이니만큼 신의 모습이 많아지고, 사제자의 복장이 처음 '부정거리'나 나중의 '뒷전' 등에 축소되어 있는 점이라고 하겠다. 그리고 이것은 '샤만'이 외의를 입으면 그 순간, 그 상의에 그려져 있는 모든 정령의 권위가 그에게 옮아서 초자연적인 성격이 구비된다[11]고 하는 시베리아 샤만의 복식이 갖는 의의하고도 근본면에서는 서로 유사한 일면이 있다고 할 수 있겠다.

본토 중부 이북의 강신무의 경우, 엑스타시가 있는만큼 신이 되어버려서 일인칭의 신탁을 말하고, 그리고 신의 복식이 많아지며, 계승제로서는 사제계승제와 결합이 된다. 이 '사제계승제 - 엑스타시 - 신탁, 신의'의 일련의 구조적인 요소들은 전라도의 단골 세습무

---

11 G. Nioradze 著, 이홍직 역, 『시베리아 제민족의 원시종교』(신구문화사, 1949), 134쪽.

에서는 고부계승제와 관련되면서 엑스타시, 신의, 신탁이 다 없어진다. 제주도 경우도 전라도에 준하는 것이라고 할 수 있겠으나 그 무복식에서는 약간 중부 이북적인 성격이 있다고 할 수 있을 것이다.

제2장
제주도의 당堂

1. 당의 내용상 종류

1) 본향당

제주도 무속의 성소로서 '당'이 차지하는 비중은 절대적이다. 당 중에서도 가장 중요한 것이 본향당이다. 본향당은 원칙적으로는 자연부락마다 하나씩 있을 것이겠으나, 없는 경우도 많다. 당은 고정된 '매인심방'이 있고, 일정한 제일을 가지고 있는 마을 공동의 제장이다. '본향'이라는 것은 그 마을의 수호신으로서, 경칭으로 '본향님' 또는 '본향한집'이라 부른다. 그 수호신을 '토지관', '토주관'이라고 부르는 경우도 있다.

형태에 있어서는 커다란 신목을 좌정처로 하고 있는 것이 기본적인 모습이다. 현재 상태로서는 여성 위주의 동제의 대상으로 되어 있고, 남성 본위의 유교적인 동제로서 포제酺祭가 따로 있어서 종교면에 있어서는 남녀의 이중구조성을 띠고 있다. 조선초기까지도 '남녀군취가무男女群聚歌舞'하고 있었던 기록이 많으니까 이 이중성은 조선 유교정치의 영향이었을 것으로 생각된다. 단 1950~1960년대에는 여성들만이 참여하던 당굿에 1970~

1980년대 이후로는 남성들의 참여가 점차 증가하고 있는 것으로 보였다.

당에서의 의례에는 '당굿'과 '비념'의 두 종류가 있다. '비념'은 참배할 필요가 생겼을 때에 주부가 약간의 제물을 준비해서 '매인심방'과 같이 가서 지내는 개별의례이다. 심방은 요령(搖鈴)을 가지고 가서 한 시간 내로 그 비념을 마친다. 한편 마을 공동의 '당굿'은 본향당에 따라서 일정하지 않으나 연 1, 2회의 경우도 있고, 또는 다음과 같이 연 4회의 굿을 하는 것이 이름있는 큰 당들의 주요형태이다.

(1) 신년제

정월 과세문안, 신과세 등으로 부르고 정초에서 대보름 사이에 많이 한다. 4회의 당굿 중에서 제일 큰 굿이며, 현재 다른 3회는 안하는 당들도 이 과세문안의 당굿만은 하는 곳이 많다.

(2) 영등제

영등굿, 영등손맞이 등으로 부르며, 2월 13~14일경에 지낸다. 본향당에서의 굿이기는 하지만, 이 경우는 영등신, 용왕, 본향신들을 각기 순서에 따라서 모시는 굿이 된다. 영등 할망은 본토 남부와 제주도에 그 신앙이 전승되고 있는데, 2월 1일에 내려와서 2월 15일에 가는 신이라고 한다. 결국 그 고장에 상주하는 신이 아니므로 일반적으로 이 신에 대한 당은 만들지 않으며, 본향당에서 이 영등할망을 제사하는 것은 마을의 성소를 임시 차용하는 격이라 하겠다.

(3) 마불림제

장마철이 지난 다음 7월 13~14일경(일자는 전부 음력)에 지냈었다. '마'는 여기서는 곰팡이의 뜻이고, '불림'이란 불린다의 명사형으로서 장마철이 지난 다음에 그 당신의 옷을 내어 곰팡이를 제거한다는 뜻의 제명이다. 신의라고 하는 것은 그 본향신의 옷으로, 이것은 그 마을의 자손들, 그 중에서도 본토나 일본 등 외지에 나가서 사는 자손들이 정성으로 헌송해 온 것들이다. 구좌면 송당리의 경우 그 옷은 다 화려한 색동옷들로서 젊은 여성의 옷이었다.

영등굿(성산읍 신양리)의 지紙던지기 장면

　신명은 '백주할망'이지만 여기서 '할망'이란 한국의 여신에 대한 경칭 조어造語로 인하는 것이며, '할망'이라고 해서 반드시 노파신은 아니고, 젊고 어여쁜 여신으로 관념되고 있다는 것을 생각할 수 있다. 그리고 때로 이 7월 13~14일경에는 백중제를 지낸다는 것이 각 지방 본향당신의 본풀이에서 구송된다.

　백중제는 우마의 증식을 비는 제의이다. 백중제도 마불림제와 같이 현재 거의 지내는 곳이 없고, 특히 근래 제주도 산간마을에서는 밀감재배가 대유행을 하고 있어서 더욱 그 소멸이 재촉되고 있다. 그러나 아직 산간마을에서는 호당 2~3두의 우마는 가지고 있는 실정에 있다.

(4) 시만곡[新萬穀]대제

9월 또는 10월 13~14일경에 많이 지냈다. 추수감사제라고 할 성질의 것이지만 이것도

송당의 백주할망 신옷

현재 거의 지내는 곳이 없다. 대개의 당이 현재는 신년제 정도이고, 때로 영등굿을 더 크게 지내는 곳도 있기는 하나, 여타 두 제의는 거의 단절상태에 있다.

2) 일뢰당[七日堂]

본향당 다음으로 수가 많은 것으로 전도에 분포하고 있다. 일뢰당이 본향당으로 되어 있는 예도 있고, 일뢰또[七日神]가 본향당에 덧붙여서 모셔지는 수도 있다. 근본적으로 본향당은 마을의 수호신으로서 공동제를 지내는 곳이고, 일뢰당은 개별기원의 당으로서 한 마을에 양자가 공존하는 경우도 있다. 이 당은 매월 7일, 17일, 27일에 참배한다. 주부들이 심방을 모시고 가서 기원을 하게 된다. 7자일에 참배한다고 해서 일뢰당이다. '서당'(유아를 위한 당이라는 뜻)이라고도 부르고, 그 신명을 '일뢰또', '일뢰한집', '서당할망', '허물할망' 등으로 부른다.

일뢰당의 본풀이에 나타나는 병명을 보면 각종의 피부병, 안질, 소화기병 및 소아병들로 종합된다. 일뢰또는 이 병들을 관리하는 신으로 생각되고 있으며, 본풀이에 의하면 그 신은 용왕녀이고, 송당리 당신의 며느리로 계보화되어 나타나며, 그 본산인 좌정처는 남군 표선면 토산리로 되어 있다. 토산 일뢰당 본풀이가 그것을 모두 잘 설명해주고 있다. 그 당이 제주도 전역에 분포하고 있으며, 그것도 본향당 다음으로 다수를 차지한다는 것은 결코 까닭이 없는 일이 아니다.

제주도는 1970년대에는 마을마다 수도 시설을 대개 갖추게 되었다. 그러나 1960년대까지만 하더라도 특히 중산간마을들은 식수가 귀했고, 동시에 위생관리도 미흡하였다. 그 밖에도 가옥구조나 또는 섬의 풍토 등에서 1970년대까지도 불치의 병으로 민중을 괴롭혀오던 상피병象皮病 등을 비롯한 각종 풍토병에 시달리며 대응해 온 민중의 생활이 종교적으로 반영된 결과가 이 칠일당의 신앙현상이라고 생각된다.

1950~1960년대까지의 이른바 "물통", "궂인 물통"들의 구체적인 용수 사정, 각종 풍토병의 상황은 장황하기에 다른 지면으로 미룬다.[1] 일뢰당에도 당연히 신격이 형성되고 그 신을 용왕녀로 설명하는 신화(본풀이)가 형성되어 있었다. 일뢰당 신앙은 한마디로 말해서 그러한 풍토병에 시달려 왔던 민중생활의 반영이라고 할 수가 있다.

3) 여드레당[八日堂]

여드레당은 뱀신을 숭배하는 당이다. 근원지를 남군 표선면 토산리로 일반적으로 생각하고 있으며, 토산지방 사람, 특히 그 딸들에게는 뱀신이 따라다닌다고 해서 목안(제주시) 사람들은 정의 사람들과의 혼인을 꺼린다는 말들이 있었으나, 지금은 그런 관념도 희박해지고 있다. 어머니에게서 딸에게로 여계계승성을 취하는 일종의 신앙형태이다. 그러나 조선시대의 문헌들을 보아도 사신숭배는 전도적인 분포였던 것이 분명하며, 현재도 사

---

1 장주근, 『한국의 민간신앙 ─ 논고편』(東京 : 金花舍, 1973), 182~193쪽.

신숭배는 각처에 다양한 형태로 나타나고
있다.

터주(앞)와 업(뒤)(경기도)

본토에도 사신을 '업'으로 모시는 풍습은
현재 그 그림자가 엷어졌다고는 하지만 없
었던 것이 아니다. 그러나 고래로 제주도는
사신숭배성이 많은 편이다. 무속 속에도 당
신본풀이로서 이 팔일신의 좌정경위담인 '토
산 알당본풀이'가 있으며, 이 신을 잘 모시지
않으면 급병을 주는 신으로 믿어져 국외자局
外者에게는 경원을 당한다. 한편 일반신본풀
이로서도 사신의 내력을 풀은 '칠성본풀이'
가 형성되어 있고, 이것은 본토의 '업'과 비
교해 볼 수 있는 재신財神의 성격을 지니고
있다. 결국 공동제에도 개별 가정신앙에도 뱀숭배가 있어서, 무속 속의 비중을 느끼게 하
고 있다.

토산리에는 원래 두 개의 당이 있어서, 위쪽의 것이 '일뢰당', 아랫쪽의 것이 '여드레
당'이었다. 이것들을 각기 '토산 웃당' '토산 알당'이라고도 부른다. 둘 모두 무속에서는
비중이 큰 신의 좌정처였고, 중요한 신앙형태의 본원지로 생각되고 있었기 때문에 토산리
는 제주도 무속신앙의 메카의 하나처럼 생각되어 있었다. 그러나 지금은 다 과거사이며,
현재의 토산리는 오히려 허물어진 당만을 겨우 찾아볼 수 있는 조용하고 평화로운 평범한
마을이었다. '여드레당'이라는 그 이름과 같이 매달 8일, 18일, 28일에 참배하는 당이기에
'여드레당'이다.

4) 해신당 종류

포구 전체의 수호신인 '개당[浦堂]'과 배를 매는 선창에 모시는 '돈지당'들이 있고, 또

해신당이라는 것이 있다. 해신당은 해촌의 경우 마을 전체의 당이다. 주로 해녀 어부들이 섬기는 당으로 전도 해안부락마다 대개 있다. 해안에는 모래사장 지대가 적고 암석 투성이인 곳이 많은데, 그 암석들 위나 언덕 밑 등에 돌담을 두르고 있거나, 그 제단이 설치되지 않은 경우도 있다.

　반대로 시멘트와 돌로 정연한 형태를 잘 갖춘 해신당도 있다. 본풀이가 신화로서 형성되어 있는 곳도 드물고, 신명도 그저 '개하르방', '개할망' 또는 '돈지할아방', '돈지할망' 등으로 불리며, 그것이 부부로 상정되는 수도 있고, 그 이름들만이 나열되는 수도 있다. 개중에 이러한 해신당 계열의 당이 본향당인 경우도 있다. 무속상 성소인 당은 그 내용으로 봐서 이상 4종으로 분류된다.

5) 포제단酺祭壇

　포제단들은 무속신앙보다는 후세에 발생했을 것으로 특히 조선시대의 유교의 영향이 큰 것으로 생각되며, 남성 본위의 제의로서 여성을 엄격히 배제하고 있다. 유교정신 본래의 남녀유별이라는 관념도 있지만 여성을 부정시하는 점도 있다. 남성으로서도 상을 만났다거나, 조그만 상처라도 입어서 약간이라도 피를 흘렸다든가 하는 경우에는 참가하지 않는 경우도 있다.

그 제장은 드물게는 마을의 실정에 따라서 제단을 대리석으로 당당하게 만들어놓고 있는 경우도 있고, 그냥 돌담을 둘러서 남쪽에 출입구를 내고 북향배하게 제단을 설치해놓은 경우도 많다. 또 묘지 등이 없는 정갈한 동산을 포제동산으로 정한 경우도 있고, 해마다 방위를 보아서 인가에서 떨어진 정갈한 장소를 선정해서 제사를 지내는 수도 있다. 그 제단을 '포제단', '마을제단', '포제동산' 등으로 부르고, 제명도 '포제', '마을제' 등 각종 명칭으로 부른다.

이 제사는 대개 연1회 정월 초정일初丁日 또는 해일亥日에 지낸다. 부락민 전체회의에서 삼헌관, 집사, 축관 등 12~13명의 제관을 선출하고, 선출된 제관들은 선정된 민가에서 3일 내외의 합숙을 하고, 재계해서 몸을 깨끗하게 한다. 비용은 마을의 각 가정에 할당되는데 백 원 내외가 된다.

제사는 한밤중 자시子時에 행하며, 제물도 역시 문묘文廟 석전釋奠식으로 도량서직稻粱黍稷, 과일, 어물 등을 차리나 술은 감주를 쓰는 경우가 많고, 희생으로는 거의 예외 없이 내장을 빼고 돼지 온마리를 바친다. 제신은 '포신지위', '토지지신위' 등으로 지방을 써서 붙이는데, 요컨대는 생명, 생업, 토지 등을 수호해 주십사 하는 것이 그 한문 축문들에 나타나 있다.

이상의 본향당, 일뢰당, 여드레당, 해변당들을 통털어서 '당'이라 한다. 그리고 이들 당에 가는 일을 흔히 '할망당에 간다.'고 말한다. 여신이 많은 때문이고 부부신의 경우도 송당리처럼 여신이 실제로는 주신인 경우들이 많다. 당은 보통 마을에서 다소 떨어진 곳에 자리잡는다. 본풀이 속에도 신은 "개소리 닭소리가 듣기 싫고", "인간의 발자욱소리도 듣기 싫다."고 하여 떨어진 곳에 자리잡는 경우가 있으나, 신은 신답게 조용하고 엄숙한 곳을 고르는 것이겠지만 동굴 등을 골라서 좌정하는 수도 있어서 다소 음산한 신의 속성의 일면도 보여주는 것 같다.

이들 당수의 파악은 그 기준을 정하는 일부터가 지극히 어렵다. 예컨대 일뢰당, 여드레당의 본원지로 여겨지는 토산1리의 당은 철폐, 파괴 등으로 둘이 다 없어졌으나 그 본풀이는 무속사회에서는 너무나 유명하다. 마찬가지로 본풀이가 당당하게 다듬어져 있는 구좌면 세화리의 본향당도 철폐된 지 30여 년이 되었으나 그 제의만은 당맨심방 집에서 아직도 정성있는 부인들이 모여들어서 실행되고 있다.

그래서 당은 파괴되어도 그것으로 아주 없어지는 것은 아니고, 가지 갈라가서 따로 위하는 수도 있어서, 이 가지가른 당까지를 합하면 몇 백이 될 지 알 수가 없고, 파악할 길이 없어진다. 그러한 모든 것을 다 당이라고는 할 수 없고, 주민의 공인, 참여도, 당형태의 현존 여부, 본풀이와 제의의 유무 등을 종합해야 할 것이다.

여기서는 현용준의 조사통계를 인용키로 한다.[2] 참고로 제주도의 1960년대의 리동수를 현용준은 행정리 215개, 자연부락수 545개로 보고하고 있다. 한편 김동섭은 제주민속자연사박물관에서 펴낸 자료에서 1998년도 파악으로 행정리동수를 203개, 자연부락수를 557개로 제시한 바 있다.

지역\당	제주시	조천면	구좌면	성산면	표선면	남원면	서귀읍	중문면	안덕면	대정읍	한경읍	한림읍	애월면	계
본향당 계	24	10	11	6	6	5	9	5	6	1	11	12	17	123
칠일당 계	5	9	8	16	6	8	4	10	9	8	5	6		94
팔일당 계	3	2	1	3	5	3	2	1	1			1		22
해신당 계	5	4	4	4	2	1	4	2	2	2	3		3	36
기 타		1					1							2
합 계	37	26	24	29	19	17	20	18	18	11	19	19	20	277

---

2 현용준, 「濟州道堂神話考」, 『무속신화와 문헌신화』(집문당, 1992).

일뢰당, 여드레당 또는 해신당이 본향당으로 되어있는 경우도 있으나, 이들은 다 일뢰당, 여드레당, 해신당에 포함시켰다고 하니 본향당은 그 수가 더 많을 것이다. 진성기의 조사에는 제주도 신당의 총수가 318개로 되어 있다.[3] 최근에 문무병은 250개소의 신당을 조사 분류하고, 아직 조사하지 못한 신당으로 50여 개소를 헤아리고 있다. 제주도 신당의 총수는 300여 개소 정도로 보면 될 듯하다.[4]

2. 당의 외형상 종류

당의 외형으로서는 신목형이 가장 많고 기본적이다. 신목은 주로 폭낭(팽나무 - 榎)이다. 팽나무의 거목이 있으면 흔히 돌담을 두르고 나무 밑에 시멘트로 제단을 시설하고, 신의 수에 따라서 시멘트제단에 구멍을 뚫고 '괴'를 만들어서 뚜껑을 덮고 있는 것이 보인다. 이 구멍은 제물의 일부를 신에게 바치는 구멍으로 지면에 닿아있다. 신목의 가지에는 오색의 천, 백지, 지전 등이 헌납되는데 이것이 가장 기본적인 당의 형태이다.

물론 시멘트 제단 시설도 없는 곳이 많으나, 이 신목과 제단의 당형태가 조금 더 발전한 것으로 신목 앞에 당집이 세워지는 예가 있다. 신목만의 경우는 그 신목이 신과 같이 생각되어서 신목에 상처를 입히면 축을 맞는다고 하지만 당집이 서면 그 안에 위폐가 놓이든가, 목조의 신상이 놓이든가, 무신도가 놓이든가 해서 신목의 비중은 적어지는 느낌이 생긴다.

당집은 각종이어서 구좌면 송당리의 경우는 높이 1m 정도뿐인 돌집만이 남고, 거대했다던 신목은 절단된 지 30여 년이나 되었다. 서귀읍 서귀리의 경우는 20평 정도의 큰 초가 지붕 건물 안에 위패를 모셨고, 신목인 팽나무는 두어 아름이 넘는 거목이 묵직하게 서있다.

다음에 구좌면 행원리의 남당과 같이 신목은 잊혀지고 7~8평의 건물만이 있는 경우도

---

3 진성기, 『제주도 무가본풀이 사전』(민속원, 1991), 3쪽.
4 문무병, 『제주도 당신앙 연구』(제주대학교 대학원, 1993), 23쪽.

서귀리 본향당(뒤)과 신목(앞, 좌)

있었다. 안에는 역시 신단이 만들어져 있고, 그 속에는 8매의 무신도가 들어 있었다. 그
당집의 자물쇠는 잠겨있지 않고, 돌담을 두른 뜰도 40여 평 정도는 되는 좋은 마당이었으
나, 동네 개구쟁이들도 이 뜰에서는 놀기를 꺼려하고 있었으며, 건물 내부에는 들어갈 엄
두도 못내고 있었다.

　무신도는 참으로 소박한 편이었다. 이상 모든 경향이나 형태들은 전혀 본토의 마을제
당들과 유사해서 제주도 포제단류만이 전국에서 특이한 형태라는 느낌을 갖게 한다. 본토
의 경우 신목은 느티나무, 소나무가 많고, 당집이 서면 역시 신체로서는 위패, 신도神圖의
순이 많고, 신상조각, 기, 방울 등이 신체가 되어있는 경우들도 더러 있다.

　다음에 외형상 본토에도 전혀 없지는 않으나 잘 보이지 않는 동굴형이 있다. 실견한
것만도 5, 6개가 넘는다. 동리 주변이 아니라 퍽 많이 떨어진 먼 거리에라도 동굴이 있으
면 신당으로 정해지는 듯하다. 동굴 중에는 몇 십 명이라도 들어설 수 있는 중문면 중문

리 본향당같은 것도 있고, 그 안에는 제단이 마련되어 있었다.

전설로도 유명한 '김녕사굴金寧蛇窟'도 일제강점기까지(秦聖麒 談), 또는 자유당 시절까지(김오생심방 담) 이런 굴당의 하나였다. 그 당신이 바로 송당신의 아들신 궤내귀또였으며, 그 굴당신은 일제강점기의 금압으로 몰래 김녕사굴에서 동김녕리 김녕중학교 뒤의 다른 굴로 옮겼다고 한다.

1990년대 초반에 제주민속자연사박물관이 발굴 조사한 김녕중학교 뒤의 동굴이 바로 그 궤내귀또를 모셨던 굴당이었고, 여기서는 상대의 주거유적과 중세 이후의 제사유적들이 조사 보고되었다.[5] 제주도 당에는 목신상木神像이 있는 경우도 있는데, 이들을 아울러서 볼 때에 「위지 동이전」에 보이는 고구려 「동맹」의 다음 기록과 상통하는 느낌이 있다.

其國東有大穴 名隧穴 十月國中大會 迎隧神 還於國東上祭之 置木隧於神坐

이 굴당신은 「주서周書」에는 "각목작부인지상刻木作婦人之像"으로 기록되어 있다. 제주도처럼 그 여신도 더러는 '할망'당이라는 유사한 관념으로 호칭되었을지 모르겠으나, 이런 굴당의 고형성은 이 기록으로 알고도 남음이 있다 하겠다.

다음으로 해신당에는 대개 신목이 없다. 해변에 있기 때문에 바다물결이나 짠바람 등으로 신목이 있을지라도 자랄 수가 없다. 주로 돌담을 둘러서 그 안에 오색의 천, 또는 백지들만이 걸려 있는 수도 있고, 신단을 만들고 있는 경우도 있고, '해신지위海神之位'라는 석비를 만들어놓고 있는 경우 등 각색이었다.

해변에는 흔히 인가가 모여들어서 해신당의 경우는 마을에서 그렇게 많이 떨어지지 않은 곳에 있는 예가 많지만 그 외의 당들은 전기한 바와 같이 대개 마을에서 떨어진 곳에 위치한다. 그러나 마을이 커져서 인가에 가까워져버린 예도 적지는 않다. 신은 인간의 발자국 소리, 개, 닭소리를 싫어한다고 하나 요컨대 조용하고 깨끗한 곳, 또는 동굴같이 음산한 곳도 신의 성미에는 맞는 곳인 듯 하다.

---

5 제주민속자연사박물관, 『김녕리 궤내기동굴 유적발굴조사보고서』(1995), 61쪽.

제3장
제주도의 본풀이

1. 본풀이의 정의와 분류

1) 본풀이의 정의

'본풀이'의 어의는 글자 그대로 '본을 푼다.'의 명사형이다. 그것은 '초공본풀이', '차사본풀이' 식으로 그 신의 '본을 푸는' 것이며, 신의 '근본을 해설하는 것'이다. 명사 '본'은 근본, 내력, 본원, 본래, 역사 등을 의미하는 말이며, 동사 '풀다.'는 해설, 해석, 설명 등의 의미가 있다.

동시에 '노여움을 푼다.'라든가 또는 '문제를 푼다.', '몸을 푼다.' 등과 같이 화열, 해결, 용해 등의 의미도 가지는 것으로 보인다. 그래서 '본풀이'는 '신의 내력을 설명하는 동시에 신을 화열케도 하는 것'이라고 해석할 수 있겠다. 그런 의미에서 제주도의 다음 속담은 매우 의미가 크다. "귀신은 본을 풀면 신나락 만나락 하고, 생인은 본을 풀면 백년 원수가 된다."

인간은 결점이 많기 때문에 그 근본부터 모두 해설을 하면 허물이 많이 나와서 결국 원수가 되지만, 신은 전능하고 훌륭하니까 처음부터 해설을 하면 찬양만 듣는 결과가 되어서 의기양양해지고 기뻐한다는 말이다. 결국 '본풀이'는 신의 내력을 풀이하는 기능이 생동하는 신화인 동시에 신을 강림 희열시키는 주력呪力도 겸비한 것이라고 할 수 있겠다. 한마디로 해석하면 '본풀이'는 '무속신화'라는 말이 된다. 신화가 본질적으로 갖춰야 하는 설명성과 종교의례성을 '본풀이'라는 말은 그 어감에서부터 생생하게 풍겨주고 있다.

한편 본토에도 무속의례에서 구송되는 신의 내력담 등이 아직도 퍽 많이 전승되고 있다. 그러나 그 명칭은 'OO굿', 'OO풀이', 'OO말미' 등으로 일정하지 않고 정확하게 '본' 자를 붙여서 부르는 경우는 거의 없다. 그래서 이들을 전국적으로 총괄해서 '서사무가'라는 말을 근래의 학계에서는 사용해오고 있었다. '신화'라는 명사가 학자들이 만든 현대의 학술용어인데 대해서 '본풀이'는 '신화'에 상응하는 무속사회의 용어이며, 이것은 의례를 구성하는 한 요소라는 점에서 이야말로 살아있는 신화를 가리키는 말이라고 할 수 있는 것이다.

2) 본풀이의 분류와 당신본풀이

본풀이는 무속의례의 한 구성요소이다. 이것은 크게 세 종류로 분류할 수 있다. 당신본풀이, 일반신본풀이, 조상신본풀이들이 그것이다.

먼저 '당신본풀이'라고 하는 것은 각 마을에 산재하는 당에 좌정하는 신들의 본풀이이다. 전기한 바와 같이 각 마을에는 그 마을의 수호신이 좌정하는 본향당이라든가 질병을 관리하는 용왕녀가 좌정하는 일뢰당, 사신의 여드레당, 그리고 해신당들이 있다.

본향당신들의 경우, 또는 일뢰당신의 경우도 서로 부자이거나 형제이거나 하는 계보가 있는 경우도 있으나 대체로 내력담을 달리하는 별개의 신들이기 때문에 마을마다 신들의 본풀이가 다른 것을 원칙으로 한다. 그러나 전도에 300여 개의 당이 있다고 해서 당신본풀이의 수도 300여 편이 있는 것은 아니고, 형식이 갖춰진 당신본풀이는 전도에 7,80편 정도 될 것으로 여겨진다.

그 상황은 다음과 같다. 앞에서 본 90여 개의 일뢰당신의 본풀이의 경우 그 당신인

용왕의 셋째 딸이 좌정하게 되는 내력을 풀은 '토산 웃당 본풀이'는 그 한 편을 가지고, 섬의 동부지방에서는 거의 동일하게 부르나 중부 서부로 감에 따라서 개별화한다.

20여 개의 사신당인 '여드렛또'는 그 본원지가 남부 표선면 토산리로 본풀이에 설명되고 있으나, 그 여드레당은 동남 일대에 분포해서 본향당 자체가 되어있는 경우도 있고, 본풀이도 공통으로 '토산 알당본풀이' 한 편이 통용되고 있는 형편이다. 해신당의 경우는 전기한 바와 같이 본풀이가 거의 형성되어 있지 않다. 그래서 전도에 300여 개의 당이 있어도 당신본풀이는 70~80편 정도가 된다.

요약하건대 당신본풀이는 한 당에 한 편 꼴은 아니나 마을마다, 당마다 그 신의 본풀이가 서로 다른 것을 하나의 원칙으로 하고 있다. 따라서 아무리 큰 심방이라도 전도의 남의 마을들의 당신본풀이를 전부 다 암송한다는 것은 있을 수가 없는 일이다. 원칙적으로 자기의 매인당의 당신본풀이야 물론이지만 그 인근의 당신본풀이들을 알면 된다.

그것은 당신들이 서로 형제자매, 부자 등 계보관계를 갖고 있기 때문에 그것을 알아야 하는 것도 있지만 그보다는 심방은 다른 마을에 가서 굿을 하게 되는 경우도 많은데, 그것이 개인 가정굿을 할 때면 그 기원주의 고향의 마을 수호신도 모시고 풀어야 하는 경우들이 있기 때문이다. 따라서 될수록 많은 당신본풀이를 알아야 된다. 그러나 우선 자기가 매인 당, 자기 마을의 당의 본풀이를 아는 것이 필수적이다.

이 책의 무가편 당신본풀이 중 '드리[橋來里]당본풀이'에서 '토산 웃당본풀이'까지의 여덟 편은 섬의 동부일대에 분포하는 계보관계가 있는 신들로서 송당리의 '백주할망'을 조종祖宗으로 하는 그 아들신들의 본풀이이다. 이들 본풀이 모두가 위와 같은 사정으로 해서 반드시 그 마을의 심방들에 의해서 구송된 것은 아니다.

당신본풀이는 물론 언제나 이야기로서 하는 것이 아니고, 그 당의 제일을 맞아서 그 당의 매인심방에 의해서 구송이 된다. 이상 사정들을 종합해서 정의를 내리면 '당신본풀이'는 일정한 지역(마을)의 일정한 성소[堂]에서 일정한 일자(제일)에 일정한 사제자(당맨심방)에 의해서만 구송되는 일정한 신[堂神]의 내력을 푸는 '서사무가'라고 할 수 있겠다.

3) 일반신본풀이

위 당신본풀이의 정의에 대해서 '일반신본풀이'는 "어디서나 언제나 어느 심방에 의해서나 무속의례 중에서 구송되는 당신 이외의 일반신의 내력을 푸는 서사무가"라고 할 수 있다. 여기서 '어디서나'는 제주도내이면 되겠고, '언제나'는 굿을 할 필요가 생겼을 때가 되겠다.

'어느 심방'은 당의 경우의 매인심방과는 달리 누구라도 좋겠지만 신앙심 있는 가정에서는 단골심방을 갖고 있으니 그 사람이 되는 수가 많겠다. 그러나 그 단골은 조직에 있어서 전라도처럼 엄한 것이 아니다. 또 단골심방 혼자서 자기의 단골가정이 아니라도 가야하니 사실 어느 심방에 의해서나 불리는 것이 일반신본풀이라고 할 수 있다.

이것을 반대로 심방 측에서 말하자면 심방은 당신본풀이는 먼 마을의 것은 몰라도 되지만, 일반신본풀이는 이것을 전부 구송이 가능해야만 언제건 굿의 사제가 될 수 있고, 그렇지 못하면 심방일을 감당 못하게 된다는 것이다. 그 양은 대단히 많아서 일반신본풀이만으로 큰 책이 될만큼 방대한 분량이 된다. 그리고 무가란 물론 본풀이뿐이 아니고 그 때와 장소에 따라서 부르는 기원의 말들을 다 합친 것이기에, 본풀이는 오히려 전체무가의 적은 한 부분을 이루는 것이 될 것이다.

한편 여기서 일반신이라고 하는 것은 예컨대 무조신, 산신, 농신, 차사 등으로 어느 가정에서나 모셔야 하는 신들이다. 그 신들에 대해서는 각각 한 편씩의 본풀이가 형성되어 있는데, 전부 합해서 10여 편이 된다. 당신본풀이와 일반신본풀이를 비교해 볼 때에 먼저 느껴지는 차이는 당신본풀이는 모두 단편이며, 장편을 형성하기 어렵다는 점이다.

그것은 마을마다 독립되어 있는 별개의 본풀이들이 그 소박한 종교성만을 기반으로 하고 있기 때문이겠지만 대단히 토착적인 촌락생활의 반영 그대로라는 느낌이다. 어느 정도의 설화적인 구성을 길게 이루고 있는 것은 5, 6편 정도에 머무르고 있다. 후술하겠지만 적어도 600여 년 전에는 이미 당신본풀이들이 삼을나신화들처럼 형성되어 있었음에도 불구하고 장편으로 계속 발전되지는 못하고 있다.

이에 반해 일반신본풀이는 모두가 장편이어서 대조적이다. 여기서는 민담의 모티브를 풍부하게 수용하고 있으며, 불전설화를 그대로 수용하고 있는 것도 눈에 띈다. 서사문학의 풍요성으로 여성 무속신자들의 흥미를 끄는 것이 이 일반신본풀이이다. 본토의 무가와 흡사한 것도 많다. 그래서 일반신본풀이는 당신본풀이가 제주도의 토착적인 것인데 반해서 본토와의 공통점이 많은 점에서 별도의 고려를 필요로 하고 있다.

자료편의 당신본풀이는 각기 그 당의 매인심방이나 그 당이 있는 인근 지역의 심방들을 찾아다니며 채록한 것이었다. 그러나 일반신본풀이는 유능한 큰심방 한 사람이면 된다. 여기서 선택된 큰심방이 고대중 씨(1917~1981)였다. 그는 송당 본향당의 매인심방 고봉선옹의 3남 3녀 중 장남으로서 세습무이며, 당시 40대의 한참 나이였다. 그는 말에 조리가 있고, 매우 착실하고 부지런한 성품이었다. 부부가 함께 심방을 하고 있었으며, 5남 3녀를 두었으나 다 교육을 시키고, 장남은 서울에서 대학을 마쳤고, 자녀대에는 심방은 없다.

대체로 무속 전승이 활발한 편인 동북지역 구좌면에서 제주도 당신의 조종으로 일컬어지는 송당을 매고 있다는 지역적 배경과, 세습무로서 그 매인심방 집안이라는 가문과, 착실하고 정직한 그의 성품 등의 조건들을 종합해서 고대중 씨를 선정하였다. 이 고대중 씨에 대해서는 뒤에도 더 언급이 될 것이다.

4) 조상신본풀이

조상신본풀이에서 조상신은 유교적인 혈연조상이 아니라, 가문이나 가업의 수호신을 조상신으로 일컫고, 그 내력담을 가창 전승시키고 있는 것을 말한다. 예를 들면 지관地官이나 의원醫員 등 특정 직업을 시작한 조상을 모신 집안의 '책불일월본풀이', 도깨비신을 모신 집안이나 어업을 하는 집안 중에서 전하는 '영감본풀이' 등이 그것이다.

좀 더 구체적인 실례로 표선면 하천리 송씨 집안의 '솥할망'을 들어본다. 옛날 이 집안에 잠수작업을 잘하는 할머니가 하루는 바다에서 뚜껑이 없는 솥을 하나 주웠다. 그 솥으로 물을 끓이는데 종일 불을 때도 물이 끓지 않았는데, 그날 밤 꿈에 솥에서 할머니가 나타나서 나를 잘 위하면 자손들 벼슬을 시켜주고 부자가 되게 해주겠다고 했다. 그래서 잘 위한 결과 그 자손들이 서귀진의 조방장, 명월 만호萬戶, 정의 현감, 대정 현감들을 지내고 부자로 살았다. 그 후로 고팡에 안칠성으로 모시고 명절과 제사 때마다 메를 올린다. 그리고 송씨 집안과 그 딸들이 시집가는 곳으로 번지고 있다.

하나 더 예를 들면 한림읍 옹포리의 인동 장씨 가문에서는 '진도할머니'를 조상신으로 모시고 있다. 8대조 장후방이 제주도에 흉년이 들었을 때에 목포로 가서 양곡을 배에 가득 싣고 오다가 진도 앞바다에서 침수로 침몰하게 되었다. 물구멍을 찾았더니 뱀이 한마리 물구멍을 막아주고 있어서 침몰을 면하고 살아서 돌아왔다.

8대 조모인 윤씨할머니가 '내 조상이 되려거든 내 치마폭에 들어오소' 하니 들어와서 후원의 나무 밑에 돌을 쌓고 모시기 시작했고, 그 후로 곧 부유해졌다. 그 후 조상제사나, 명절 때에는 메밥을 올리고, 자손이 많아지니 심방을 데려다 그 흙이나 돌을 나누고 가지갈라서 모시게 되었다. 장후방 자손의 장남집들에서 모신다.

이러한 이야기가 그 집안에서 굿을 할 때 조상신본풀이로 가창된다. 이상에서 보았듯이 이 조상신들은 진도할머니는 뱀신이고, 솥할망은 꿈에 나타났던 할머니이고, 도깨비도 있고 해서 그 신격은 잡다하다. 물론 관직이나 부富에서 뛰어났던 실제 조상도 있으며, 처녀의 원혼도 있고 뱀도 자주 등장한다. 곧 그 신격은 인간일 집도 있고 모시지 않는 집도 많다.

그 전승은 부계적 계승도 있고, 어머니에게서 딸에게로 모계적으로 계승되는 예도 있다. 그리고 그 신체나 제장들이 있는 경우도 있고 없는 경우도 있어서 종잡기가 어려운 상황이다.

일반신본풀이는 제주도 심방이면 누구나 다 알고 부르는 것이다. 당신본풀이는 그 당의 매인심방에 의해서 불리던 것인데 비해서 조상신본풀이는 그 가정의 단골심방들만이 알고 부르는 것이다. 그래서 그 유무의 탐색이 어렵고 채록 수집도 어려워서, 지금까지는 현용준이 15편[1], 진성기가 12편[2]을 각기 채록하여 보고한 것이 있을 뿐이다.

---

1 현용준, 『제주도 무속자료사전』(신구문화사, 1980), 786~858쪽.
2 진성기, 『제주도 무가 본풀이사전』(민속원, 1991), 691~696쪽.

위의 '솥할망'이야기나 '진도할머니'이야기들은 다 무가로서가 아니고, 신앙민들에게서 이야기로 들었던 5, 6편 중의 자료들이었기에 뒤 자료편에는 싣지 않았다. 아직도 그 전승자료들은 더 있을 것으로 생각된다. 일반신본풀이나 당신본풀이는 수집도 어느 정도 이루어졌고 연구논문들도 많으나, 조상신본풀이에 대해서는 아직 구체적으로 논의한 논문도 없고, 자료 수집도 미진한 실정이다.

2. 신의 명명법과 본풀이의 표현형식

1) 신의 명명법

먼저 신명의 존칭어미로서 남녀의 구분없이 쓰이는 것에 다음의 다섯 종류가 있다.

(1) 'ㅇㅇ님' - 금상님, 백주님 등.

(2) 'ㅇㅇ국' - 서천국, 지산국 등. 한자음에서 온 말인 듯하나 본토에서는 볼 수 없는 제주도 특유의 것이다. 신명 그 자체는 위 '지산국', '서천국'과 같이 실재성이 없는 가공적인 것에다 '서천국西天國'같이 불교 냄새가 나는 것도 있고, '홍진국紅疹國', '용왕국' 같이 신명 그 자체로 신의 성격을 나타내는 경우도 있다. 물론 '강남천자국', '용왕국' 등은 가상적인 국명, 땅, 바다, 하늘 등을 나타내지만 "용왕국께옵서는 -"과 같은 경우는 용왕황제라고도 표현되는 신명을 나타내는 것이 된다.

(3) 'ㅇㅇ또' - 이것은 제주도에서만 볼 수 있는 신명 어미로서 본토에서는 그 용례를 찾지 못한다. 진성기는 이것이 청어淸語에서 온 것으로 '索倫語 謂高爲都'라는 예를 인용하고 있다.[3] '일뢰또(칠일신)', '바람웃또(風上神)' 등이 그 예로, 흥미있는 명명법이다.

(4) 'ㅇㅇ한집' - 역시 본토에서는 볼 수 없는 완전한 한국어의 신명 어미이다. '본향한집', '금상한집' 등.

(5) 'ㅇㅇ마누라' - '마누라'는 사전에서는 '처, 또는 나이먹은 여자'라는 뜻으로 쓰어 있다. 본토에서도 신명으로 쓰인다. 주로 그리 위계가 높지 않은 여신에게 쓰이는 경향이 많으나 잘 검토해보면 본토에서도 '산마누라', '최영장군마누라' 등으로 남성, 무장신에게도 쓰이고 있다. 제주도에서도 남신인 천연두신에게 '대별상큰마누라'라고 명명하고 있다. 그러나 남신을 'ㅇㅇ마누라'라고 하는 것은 극히 희소한 예이다. 이상은 남녀의 구별없이 쓰이는 신명 어미이지만, 위계관념들은 그리 드러나지 않는 말들이다. 이상을 둘씩, 셋까지도 겹쳐서 부르는 경우도 있다. '금상한집마누라님' '고산국한집마누라님' 등.

다음에 남녀를 구별하는 것으로서 짝을 이루는 말들이 있다.

---

3 秦聖麒, 『남국의 신화』(1965), 193쪽.

(6) '○○**할아방**'과 '○○**할망**' – 그러나 할아방, 할망이라고 해서 반드시 노인신들은 아니다. 전기한 바도 있지만 송당리의 당신을 흔히 '백주할망'이라고 하는데, 이 신에게 바쳐진 신의神衣는 전부 색동의 눈부신 새색시 옷들이었다. 남녀신을 존칭하자니 한국말로는 할아방, 할망으로 돼버린 듯하다. 언어가 갖는 신의 인상에 따른 영향으로 생각해 볼만한 일이다. 당신에 이 '할망', '할아방'이 많이 붙는다. 소박한 맛과 친근미 있는 경칭이라 하겠다.

(7) '○○**대감**'과 '○○**부인**' – '일반신본풀이' 주인공의 부모신에게 많이 붙는 존칭어미이다. '대감'은 정이품 이상의 고위 관원에 대한 경칭이었다. 본토에서는 성주대감, 터주대감 등으로 주요한 남신들에게 아직도 많이 쓰이는데, 고위 관원들과 이들 무서운 신들을 같은 경칭으로 불렀다는 것은 관심이 끌리는 일이기도 하다.

(8) '○○**도령**'과 '○○**아기씨**' – 역시 일반신본풀이에 많이 보이는 경칭이다. 주인공 남녀신의 소년, 소녀 시절에 그 이름에 붙어서 많이 쓰이고 있다. '문국성문도령' '자지명왕아기씨' 등.

(9) '○○**하로산**' – 주로 한라산에서 솟아난 일련의 남신들로서 중문면, 안덕면 일대의 당신들에게 붙어 있다. 섬 중앙에 솟아있는 한라산에 대한 산악숭배성을 반영해서 이루어진 신명 어미인 듯한데, 여러 형제들이 위 서남지방의 각 당신으로 흩어져 있다. 동백자하로산, 고병삿도하로산 등.

(10) '○○**일뢰중조**' – 남부, 특히 서남지방에 이런 명칭의 여러 자매신이 각지의 당신으로 흩어져 있다. 그 명칭 자체가 그렇기도 하지만 토산의 '일뢰또'(칠일신 – 질병관리신)의 변화형이다. 당밭머리 일뢰중조, 창천일뢰중조 등.

(11) 그밖에 일반신본풀이나 당신본풀이에 잘 나오는 것으로는 '늦은덕이 정하님'이라는 하녀가 있다. 빈도가 가장 잦은 것 중의 하나이다. 그밖에 함경도, 평안도 등 무가에 더러 나오는 '셍인聖人'이란 어미가 더러 있고, 특수한 신격으로 도깨비가 제주도에서는 다양한 신성을 띠면서 '영감令監'(① 노인, ② 정이품 이상의 관원의 경칭), '참봉參奉'(종구품의 관위) 등의 경칭을 받고 있다. 이것은 어미가 아니고 '영감', '참봉'하면 그대로 '도채비'를 가리키는 말이 된다.

또 개를 여러 가지로 부르는데 "네눈이반등갱이" 하면 주로 산야에서 수렵 육식을 하는 남신들이 거느리는 사냥개를 말하고, "마당나구리 땅나구리" 하면 대감집들의 집지키는 개이다. 이러한 정확히는 의미불명인 말들이 상투어구로 아주 빈도 잦게 나타난다. 이상에서 약 3분의 1 정도는 본토와 공통되는 명명법이라고 할 수 있겠으나 3분의 2 정도는 제주도 특유의 명명법들이다. 그리고 그러한 제주도식 명명법의 반 이상은 한자에 의존하지 않았던 것으로, 순 한국어의 고형을 느끼게 하는 말들이다.

2) 본풀이의 표현형식

(1) 상투어구와 반복

본풀이의 표현형식으로서 먼저 들 수 있는 것은 그것이 운문이고, 장고의 반주에 맞춰서 부른다는 것이다. 그것이 우리 민요들과 같이 4·4 자수율을 기조로 하고 3, 5 등 자수의 어구도 많다. 심방들은 이것을 적당히 줄여서 발음하던가 또는 조음소를 넣어서 늘여빼던가 하고, 또 어절이 바뀔 때는 "아 - ""에" 등의 군소리를 넣어서 숨을 바꿔 쉬곤 한다.

그리고 여기에는 상투어구가 상당히 많다. 이들 상투어구는 과장, 대구, 반복 등으로써 점층적인 강세표현법을 잘 되풀이한다. 일반신본풀이에 많지만 40~50이 되도록까지 부부간에 자식이 없어 탄식할 때에는

> "二十은 수물, 三十은 서른, 四十은 마흔, 五十은 쉬은격이 근당허되 남녀 간에 생
> 불生佛없어 무이이와 하는고나!"

많은 일반신본풀이에 이러한 첫머리의 상투적 표현이 공식어구처럼 나온다. 4·4기조를 장고의 반주에 맞춰서 유창하게 뽑으면 다음에는 거기에 불승이 찾아와서 불전공양을 권고하는데, 이것 또한 모두 상투어구로 불려진다. 그리고 자식을 얻으려는 대감부부가 절을 찾아가는 단계에 이르면 또,

> "아방 먹던 금백미, 어멍 먹던 매백미, 백근장대에 준준이 저울어서 마바리에 신
> 거아정 나고가는고!"

로 공식적으로 흘러나온다. 다소 채록에 익숙해지면 다음에 무슨 말이 나올까가 예측이
간다. 다음에 그 찾아가는 절은 어느 일반본풀이나 대개 '황금산 도단땅의 동계남 은중절'
이다. 물론 가상의 땅과 절로서 그것이 어디 있는 것인지는 누구도 모른다. 절에 가서부
터는 문전에서 소리를 지르고, 안에서 나와서 응대를 하고, 안내를 받고 들어서고, 불전에
서 공양을 드리고, 부처님의 점지를 받고, 귀가해서 꿈을 꾸고 동침해서 달이 찬 다음 자
식을 낳는다는 과정이 다 공식적인 상투어구로 진행된다.
　특히 이처럼 오십까지 자식이 없었다가 불전공양 후에 주인공이 비로소 탄생하는 것
은 그것이 주요한 일반신본풀이 11편 가운데 5편까지가 유사하다. 그 불전공양의 결과로
태어난 주인공은 각자의 생애를 전개해 나간다. 물론 여기에도 상투어구가 있어서 그가
슬픈 지경에 이르면 그 슬픔이 큰 것이건 작은 것이건 언제나

> "광주청 눈물은 쥐웅아반에 연주지듯 비새같이."

운다. 이 말도 정확히는 의미불명이다. 그리고 주인공이 여행이라도 하게 되면 또 상투적
으로

> "경상도는 칠십칠관 이른여덟관장, 전라도는 오십삼관, 충청도는 삼십삼관, 일제
> 주 이거제 삼진도 사남해 김천노기땅 배진고달또."

라고 하면서 배를 타고 제주도에 들어오는 모습이 묘사된다. 이것은 서울 이남의 조선시
대의 지방관제의 일부를 얘기하는 것 같고, 각지를 돌고 여행하는 일을 리듬감으로 나타
내려는 것 같다. 그리고 다음의 일제주 이거제 하는 것은 남해의 섬들을 크기의 순서대로
부른 이름인데 결국 바다를 거쳐서 들어왔다는 표현인 듯하다. 언제나 이럴 때면 "김천노

기땅, 배진고달또"가 따라붙고 여기서 배를 둘러타고 들어오는데 여기가 어딘지는 모른다고 한다. 그래서 이야기 줄거리가 끝나면 각자 좌정을 해서 신이 되고 대충 그 신의 직능 역할 등을 말하고 끝을 맺는다.

당신본풀이도 마찬가지로 신의 영능을 서술할 때는

"안음 버은(한 아름이 넘는) 금책에, 좀이 버은(한 줌이 넘는)금붓대, 삼천장 베릿 돌에 일만장의 먹을 굴려 …… 무을의 장적 호적 문세를 찾이."

한다는 식의 대단히 세련된 표현의 상투어구가 따른다. 또 소년주인공이

"한 살에는 아방의 수염을 만직은 불효, 두 살에는 어멍의 젖가슴 만직은 불효, 세 살에는 동네 어른들에 불효 …."

로 억지로 죄명을 씌워서는 무쇠설갑에 넣어서 죽으라고 바다에 던지면 그것은 으레 "용왕황제국의 무낭(흑산호) 상가지"에 걸린다. 또 상투어구로 "마당나구리 땅나구리가 듸리 쿵쿵 내쿵쿵 짖그니" 용왕은 으례 세 딸 중에 먼저 "큰뚤아가 나고보라." 하면 나갔다가는 "아바님아 아바님아 별만 송송 보였읍니다."고 보고하고, "샛뚤아가 나고보라." 해서 둘째 딸도 위와 꼭같이 되풀이하고 나면 마지막으로 셋째 딸의 눈에는 보인다고 보고된다. 다시 용왕의 명령으로 "큰 뚤애기 나리어라." "샛 뚤아기 내리어라." 하면 큰뚤 샛딸이 꼭같은 내리지 못하는 모습을 거듭 반복하지만 그것을 지루하게 다 되풀이해서 부른다.

결국 족은 딸만이 또 내리우게 되고, 다음에는 그 무쇠설갑을 여는데 있어서도 "큰뚤아기 열어보라." "샛뚤아기 열어보라."를 되풀이해서 열지 못하자 족은 딸이 열게 된다. 이러한 반복으로 줄거리가 진전돼서 무쇠설갑에서 나온 그 소년 주인공과 용왕막내딸의 혼인, 대식성, 해중무용담 등이 끝나면 또 "경상도는 칠십칠관 전라도는 …… 삼진도, 사남해, 김천노기땅 배진고달또"로 상투어구를 되풀이해댄다. 아무래도 창자나 청자나 노래와 장고의 리듬과 그에 따르는 감흥이 중요하지 정확한 어의 같은 것은 별로 문제가 되지

큰굿의 시왕맞이에서 차사본풀이를 구송하고 있는 심방 — 위는 시왕상, 아래 우측은 차사상(서귀포시 서귀리, 1959.7)

않는다는 느낌이다.

　　하나 첨기할 것은 금책, 금붓대, 금백미, 금폭낭, 금바둑 등 '금'이라는 접두어가 잘 붙는데 이것은 황금의 '금'을 의미하는 것이 아니고 신성성을 나타내는 상투적인 접두어이다. 같은 성질의 것으로 '연'이란 접두어가 있다. 연불神火, 연물巫具, 연내못神川池, 연서답(神의 洗濯物) 등으로 나타난다.

　(2) 현재형과 대화

　　본풀이의 서술, 표현에서는 현재형이 사용된다. "먹었습니다." 하는 과거형이나, "먹었다고 합니다." 하는 간접표현들은 안쓰고 "먹습니다."로 현재형 직접법이 많고, 그것도 감탄종지형을 취하는 경우가 많다. "먹는구나!"로 눈 앞에서 신이 행동하고 있는 것같은 강세적 표현법이 많다. "울면서 나고가는고!" "출려아전 나고가는고!" 등이 그 예이다.

또 줄거리의 진전을 대화로 끌어가는 경우가 많고, 지문은 많이 쓰이지 않는다. 그 대화의 비율은 보통 소설보다 훨씬 많고, 희곡보다는 조금 적은 중간 정도이다. 예를 하나 들기로 한다.

> "은장아가 은장아가, 너는 누구 덕에 밥을 먹고
> 은대영에 싯술 ᄒ고 놋대영에 시수를 ᄒᄂ냐?"
> "아바님도 덕입네다. 어머님도 덕입네다."
> "나 뚤애기 착실하다. 네 방으로 들어가라."
> 놋장애길 불러내고 "놋장아가 놋장아가 너ᄂ 누구 덕에
> 밥을 먹고 놋대영에 싯술ᄒ고 은대영에 싯술 ᄒᄂ냐?"
> "아바님도 덕입네다. 어머님도 덕입네다."
> "나 뚤애기 착실하다. 네방으로 들어가라."
> 감은장애길 불러내고 ……
>
> (삼공본풀이, 고대중 구송)

같은 대화를 되풀이하는데, 이렇듯 지문은 거의 없고 대화만으로 사건을 전개시켜나가는 것이 한 특징을 이루고 있다.

3) 본풀이의 문체론

이상에서 언급한 본풀이의 표현형식들을 여기서 일단 종합 정리하여 그 문체의 특성을 요약하면 다음과 같다.

① 운문이라는 점

② 상투어구가 많은 점

③ 대화형식이 많은 점

④ 현재형 서술

⑤ 대구, 반복, 과장 등의 점층적 강세표현이 많은 점

　이러한 본풀이의 문체에 대해서는 현용준도 다음과 같이 이것을 간결 명료하게 정리한 바가 있었다.[4]

① 문체의 운율성

② 현재형 서술

③ 대화의 형식

④ 상투적 표현

⑤ 반복, 대구, 과장 등의 수사법

　이러한 문체는 물론 굿의 현장에서 오랜 세월 연마된 특유의 문체이다. 이렇듯 상투어구가 많은 문체는 본토의 무가는 물론 또 판소리 등 구전서사시들에도 공통적으로 보인다. 또『월인석보月印釋譜』의 불전설화들에도 유사한 문체와 표현형식들이 보여서 흥미로운 바가 있다. 사재동이 「안락국태자경」의 문체를 요약 정리한 바를 인용하면 다음과 같다.[5]

① 고대소설이 한자 숙어들을 사용한데 반해서 순 우리말을 잘 골라 쓰고 있는 점

② 희곡의 대화법과 같이 당시의 실제 회화와 유사하게 언문일치적 대화형식이

4　현용준, 『무속신화와 문헌신화』(집문당, 1992), 51~55쪽.

5　사재동, 「안락국태자경연구」, 『어문연구 5집』(대전어문연구회, 1967), 118~120쪽.

많은 점

③ 고사숙어를 나열한 화려한 문장이 아니고 구상적 표현을 한 점

④ 실속없는 화려체가 아니고 간결한 문장을 이루고 있는 점

⑤ 설명을 삼가고 묘사를 주로 해서 실감이 있게 한 점

⑥ 문체의 기교면에서 대조법, 점층법, 강세법, 비유법 등이 사용되고 있는 점

여기서 ① 순우리말, ② 언문일치적 대화형식, ⑥ 대조, 점층, 강세, 비유법 등이 지적되고 있는 점들은 그 문체가 서사무가와 상통되고 있음을 느끼게 한다. 그리고 국문학계에서도 『월인석보』의 불전설화들을 화청和請으로 간주하고 있다. 화청은 범패梵唄와는 달리 순우리말의 불교 의식가요이면서 포교가요로서 멀리 신라 원효대사의 '무애가' 이래의 유구한 전통을 계승해 온 것으로 간주되고 있다.[6]

화청은 중국의 강창講唱과 같은 불교보급문예로서 서로 밀접한 영향관계를 가지면서 유구히 전승되어 왔다. 화청의 그런 유구한 가창의 역사가 있어왔기에 조선 초기에 한글이 창제되자 많은 불전설화들은 곧 순우리말의 연마된 문체로서 곧 『월인석보』 등에 기록 정착될 수가 있었던 것으로 보아야 할 것이다.

제주도 서사무가 본풀이의 위와 같은 상투어구들은 본토의 무가나 판소리 등에도 각기 통용되고 있으며, 다만 지역마다 갈래마다 그 표현어투가 다르다. 제주도 내의 심방들도 본풀이 가창의 전통적인 스타일은 같으나 각자의 상투어구의 투를 가지고 있어서 그들 연희자(performer)는 언제나 작시자(composer)이기도 하다. 그러한 개인차의 세부적 실정들은 이 본풀이 채록의 여러 이본들을 대조하면 쉽게 납득이 갈 것이다.

그런데 알버트 로드Albert Lord는 현대 유고슬라비아의 음송시인들의 서사시를 현지조사하고, 그것이 고대 그리스의 서사시 일리아드Iliad 등과 다 같이 상투어구(formula)의 테크닉을 같은 원리로 운영하고 있는 같은 서사시라는 것을 대비해서 강조하였다.[7] 그의

---

6 장주근, 「화청의 문학사적 연구」, 『한국신화의 민속학적 연구』(집문당, 1995), 265쪽.

7 Albert Lord, *The Singer of Tales*, Harvard University press, 1960, p.144.

구전상투어구론(oral formulaic theory)은 한국 학계에서도 주목을 하고 다각적인 논의를 해왔다.[8]

본풀이도 그 전승의 구전상투어구론에서는 일리아드 등과 똑같은 서사시이다. 그러나 본풀이는 다음에 살필 바와 같이 종교의례의 중요한 구성요소로서 또는 종교의 원리로서 생동하고 있는 엄연히 살아있는 신화라는 또 한 측면을 지니고 있어서 더욱 소중한 전승 문화재로 여겨진다.

3. 본풀이의 본질과 기능

1) 본풀이의 본질

본풀이는 구전서사시이다. 그러나 그것은 종교의례에서 사제자에 의해서 가창되는 살아있는 신화이다. 같은 서사무가라도 예컨대 동해안 별신굿의 심청굿 같은 경우 무녀는 청중을 향해서 서서 부른다. 그러나 제주도 심방의 본풀이는 청중은 등지고 제상을 향하고 신을 향해서 스스로 장고 반주를 하면서 앉아서 부른다. 본풀이는 그 가창 형태에서부터 고형어린 신화의 원모습을 아직도 잘 보존하고 있는 것이다.

내용면에서 볼 때에는 본풀이는 신화가 가지는 설명성을 지니고 있다. 신화적 설명성이란 원초적 과학성이라고 해도 좋을 것이다. 어린이의 홍역은 어떻게 치료할 것이며, 어떤 신을 어떻게 위할 것인가? 죽음에 임한 병자는 저승사자가 잡으러 오는 것인데 그것은 어떻게 처리할 것인가? 이러한 경우를 '삼승할망본풀이'와 '차사본풀이'가 잘 설명하고 있다. 각기 신의 본이 풀리면 그것은 그 현상에 대한 원인의 파악과 대응책의 획득이 된다.

그러한 점에서 본풀이는 의학적인 이론이 되고, 굿은 임상치료가 될 수 있다고 한 현

---

8 장주근, 「제주도 서사무가 본풀이 전승의 현장연구」, 『한국신화의 민속학적 연구』(집문당, 1995), 217~219쪽.

용준의 비유[9]는 특히 많은 병굿의 경우에 매우 적절한 표현이 된다. 본풀이는 이렇듯 원초과학적 이론의 근원을 이루기도 하며, 종교생활의 연원도 되고 경전도 된다. 현재 실제로는 이미 소멸하고 없는 일을 본풀이는 옛날 그대로의 구송형태로서 가르쳐주고 있다.

10월 시만곡대제[新萬穀大祭]는 현재 거행되고 있지 않지만 본풀이에서는 매우 흔하게 거명 가창되는 것이 그 한 예이다. 그 배경이나 문물제도는 아직도 조선시대 사회이다. 심방들도 "본풀이에 이러이렇게 되어 있으니까 이런 경우에는 이렇게 한다."고 사안의 해석이나 처리의 근원을 본풀이에서 도출해낸다. 그 점에서 본풀이는 실로 제주도 무속사회의 경전(Bible)이기도 하다.

2) 본풀이의 기능

본풀이에는 신을 강림시키는 주술적인 힘이 있는 것으로 여겨지는 느낌이 강하다. 속담 그른데 없다고 하거니와, 제주도 무속사회의 속담에 "귀신은 본을 풀면 신나락 만나락 하고, 생인은 본을 풀면 백년 원수가 진다."는 말이 있다. 귀신은 근본을 다 풀이하면 찬양받을 결과가 돼서 의기양양해지지만 인간은 근본을 캐어갈수록 허물이 드러나니 큰 원수가 된다는 것이다. 이 속담이 상투어구로 본풀이의 서두에 직접 구송되는 사례는 다른 심방들의 채록본에도 많이 보인다. 고대중은 『토산 웃당 본풀이』 첫머리에서 다음과 같이 부르고 있다.

> 일뢰한집 난수생(본풀이) 올립니다.
> 본산국(본초)데레 과광성 신풀어사옵소서
> 생인은 본을 풀어 백년 원수 집니다.
> 구신은 본을 풀면 과광성 신풀어삽니다.(활발히 강신합니다의 뜻)

---

9 현용준, 「제주도 무속의 질병관」, 『제주도』 21호(제주도청, 1965), 114쪽.

현용준 채록본에서 안사인심방도 초공본풀이의 들어가는 초두에서 다음과 같이 부르고 있다.

> 초공 난산국(근본) 신풀저(신은 접두사) 홉네다.
> 귀신은 본을 풀민 신나락하는 법이옵고
> 생인은 본 풀민 백년원수 지는 법이웨다.
> 초공 임정국 상시당 초공 난산국으로,
> 신 풀어 하전下轉홉서, 과광성 신품네다.[10]

두 심방이 다 같이 속담 그른데 없다고, 신이 하강하는 법이라는 속담을 불러대며 그 강림을 거듭 강청하고 있다. 앞의 본풀이의 표현형식에서 언급한 바, 눈앞에서 신이 행동하고 있는 것 같은 현재형의 감탄종지형이나, 과장, 반복의 점층적 강세 표현법들이 다 이러한 본풀이의 강신 주력呪力 의식과 무관하지 않은 것으로 느껴진다. 여기 본풀이의 이러한 주력 의식과 관련하여 고대중 심방에게서 일반신본풀이를 채록하던 경위담을 하나 첨부해두기로 한다.

고대중 심방

1962년 여름방학에 필자는 조수 2명을 데리고 고대중 씨를 찾아서 그의 일반신본풀이 전부를 채록하기로 언약했었다.

그를 선정한 경위는 앞에 전기한 바와 같다.

이 채록에서는 그가 한 구절씩을 선창하면 채록자가 복창해서 리듬을 유지하면서 채록의 시간여유를 얻고 채록해 나갔으나 그 필록시간은 30분 정도면 손목이 아파서 교대해나가는 방법을 취했다. 한참 장장하일이라 그 작업은 아침 8시부터 저녁 8시까지 점심 한 시간을 빼고 10여 시간씩 4일간 계속되었다. 5일째는 추

---

10 현용준, 『제주도 무속자료사전』(신구문화사, 1980), 142쪽.

석을 앞두고 문중이 모여서 선형의 벌초를 하는 연례행사에 장남인 그가 참여하지 않을 수가 없어서 중단되었고, 그 4일간에 일반신본풀이 10여 편만은 일단 채록을 마칠 수가 있었다.

그렇게 채록을 했던 만 4일 동안 고대중 씨는 우리들의 작업장이었던 상방(대청마루)에, 우리들의 일이 물론 기원을 위한 것이 아니고, 연구자료 수집을 위한 것임을 알면서도 일단 간소한 제상을 차려놓고 있었다. 제상 앞에는 돗자리를 깔고, 새하얀 두루마기까지 차려입고, 단정하게 앉아서 버티었다. 길고 긴 한여름 4일간을 결코 다리를 뻗든가 눕든가 하는 문란한 자세를 취하지 않았다. 정히 오래 앉아서 허리가 아프면 차라리 일어서서 허리를 두드리기는 했다. 때문에 조사자들도 교대로 마당에 나가서 도수체조는 할지언정 방안에서는 단정할 수밖에 없었다.

치성이 아닌 줄 알면서도 차린 이 제상, 정갈한 옷차림, 끝내 흐트러지지 않던 단정한 자세들도 본풀이의 가창이 신을 강림시킨다는 주력 관념들과 결코 무관할 수가 없음을 보여주는 것으로 여겨진다.

4. 본풀이의 구성과 모티브

1) 당신본풀이의 구조와 의미

북미대륙은 지역이 방대해서, 예컨대 그린랜드 설화와 캘리포니아 서남부의 설화는 도저히 동일 세계의 것으로는 보기 어려울만큼 차이가 많다고 톰슨Stith Thompson 은 지적한 바가 있었다. 그러나 던데스Alan Dundes는 북미 인디언의 모든 설화들은 결코 무원칙한 모티브들의 결합이 아니라고 하고, 그것을 8개의 motifime의 상호 연결로 이루어지는 4개의 구조유형으로 짜인 것임을 귀납 분석한 바가 있었다. 지면관계상 그 8개의 모티브나 4개의 연결구조 유형의 요약도[11] 여기서는 생략하거니와, 제주도는 지역도 좁고 당신본풀이는 지금 전승량도 70~80편 정도이다.

그 70~80편을 헤아릴 당신본풀이의 전반적 경향과 주류를 살피면 대충 다음과 같은 6개의 주요 구성요소들의 연결구조로 이루어지는 4개의 유형들을 설정할 수가 있다.

　　Ⓐ 기원형 : ① 남신의 용출, 또는 ② 여신의 입도만으로 형성되는 단편들
　　Ⓑ 기본형 : ① 남신의 용출 + ③ 좌정경위담,
　　　　　　　　또는 ② 여신의 입도 + ③ 좌정경위담
　　Ⓒ 성장형 : ① + ② + ④ 남녀신의 결혼 + ③ 좌정경위담
　　Ⓓ 완성형 : ① + ② + ③ + ④ + ⑤ 남녀신의 식성의 갈등과 별거 +
　　　　　　　　⑥ 추방된 아들신의 해중무용담

　　Ⓐ 기원형 : 제주도 당신들의 출현방식에서 ① 남신들은 도내에서 솟아나고, ② 여신들은 외부에서 입도한다는 것이 매우 많고 그것이 뚜렷한 한 경향을 이룬다.[12] 구좌면 송당리의 소천국은 '알손당 고부니ᄆ루'에서 솟아나고, 세화리의 천ᄌ또는 '한로영산 지질개백로담에서' 솟아난다. 이때 ① 남신의 용출에는 산악 숭배성도 보이고 또 그들의 사냥생활은 현재도 일급 사냥터인 제주도 남성들에 의한 토착 수렵문화를 반영하고 있다.

　　② 여신의 입도는 강남천자국, 용왕국, 서울 등에서가 많다. 김녕리 큰당본풀이에서는 세 자매신이 「강남천자국 정ᄌ국 안까름(안마을)에서 솟아나서」 입도한다. 이 여신들은 이런 나라에서 신비의 주술을 가져오고 치병신이 된다. 이것은 4면의 바다에 대한 신앙과 신화적 상상력의 반영이다.

　　또 이 여신들은 미식성米食性으로서 남신들에게 농사를 권하는 농경성도 보인다. 이 농경성이 삼을나신화의 세 여신에게 오곡의 종자를 가져오게 한 기반이 되고 있다. 이상 ①, ②만의 기원형들은 단순히 신의 본本만이 풀이되고 여기에 그 직능, 제일, 축원사들이 덧붙어도 5, 6행 정도 밖에 안되는 단편들이며, 이러한 단편적인 신화들이 당신본풀이에

11　장주근, 「제주도 당신신화의 구조와 의미」, 『한국신화의 민속학적 연구』(집문당, 1995), 121쪽.
12　현용준, 『제주도 무속의 연구』(東京 : 第一書房, 1985), 214쪽.

는 매우 많다.

ⓑ 기본형 : 남녀신들도 각기 ① 솟아나거나 ② 입도하면 어디에건 ③ 좌정해서 인간의 제물을 받아먹고 살아가야 한다. 이 ③ 좌정경위담에는 몇 가지 좌정의 방법이 있다. 첫째는 사시복지射矢卜地로서 이것은 사냥과 육식을 하는 남신의 경우가 많다. 교래리의 드릿당본풀이나, 서귀리본향본풀이들에도 보이고, 삼을나신화에도 보이고 있다.

둘째는 신이 좌정했으나 마을사람들이 알지 못하니 급병 등 흉험과 재난을 주어서 좌정을 알리고 제물을 받으며 좌정을 굳히는 방법이다. 이것은 구좌면 세화리의 금상님, 김녕리의 궤내귀또처럼 남신 무장의 경우도 있으나 여신에게도 많다. 월정면의 서당[幼堂]할망, 토산의 일뢰또들도 이러한 좌정경위에서 이 신들이 돼지고기를 먹는다는 식성을 알리고, 그 제물과 제법도 아울러서 풀이하고 있다.

셋째, 좌정방법으로는 서귀리 본향본풀이처럼 「먹구들괴[窟]에 좌정하니 이제는 시내 방천이 궂어지고, 우흐론 쇠발소리가 듣기 실프고, 개소리 닭소리가 듣기 실프고, 다시 인도를 시키라」하고 마을사람에게 신의 좌정처다운 정결한 곳으로 안내하게 하는 방법들도 있다.

ⓒ 성장형 : 남녀신은 만나면 결혼하는 것도 인간과 꼭 같다. 이때 ③ 좌정경위담과 ④ 결혼은 그 순서가 바뀌는 수도 많다. 삼을나신화는 그 구성이 전형적인 성장형이며, 3인이 나이 차례로 결혼하고 사시복지하여 좌정하고는 '날로 살림이 풍부해지더라[日就富厲]'고 매우 원만하고 이상적인 결말을 맺고 있다.

그러나 본풀이에서는 송당리의 소천국이라든가, 평대리의 명동소천국과 같이 첩을 거느리는 모습의 일부다처로 전개되는 경우가 많다. 특히 육식하는 남신과 미식米食하는 여신들의 결혼은 토착의 남성 수렵문화와 새로운 농경문화의 복합이라는 문화사를 상징적으로 반영하면서 많은 갈등을 노출시킨다.

ⓓ 완성형 : 여기에는 우선 ⑤ 남녀신의 식성의 갈등과 별거가 필수적인 모티브이다. 이때에는 언제나 육식은 부정한 하위의 것, 미식은 정결한 상위의 것이라는 대립관념이 보인다. 이것도 다 제물 제법을 풀이하는 종교성과 아울러서 농경문화의 우월성을 말하는 문화관의 반영이기도 할 것이다.

이 ⑤ 식성의 갈등과 별거에서는 남신의 육식과 여신의 미식을 하는 것이 기본적인 것이겠는데, 반대로 여신의 돈육식성으로 인한 별거도 있다. 토산 웃당(일뢰또, 용왕녀, 치병신)이나 월정리의 서당[幼堂]할망 본풀이들은 그 예가 된다. 여기에 ⑥ 추방된 아들신의 해중무용담이 섬의 지리성을 상상적으로 신화에 반영시키면서, 영웅서사시의 싹을 보여줌으로써 문학사적인 흥미를 느끼게 해준다.

이상 전체 당신신화의 구조가 의미하는 것은, 제주도 촌락생활에서의 당신신앙의 종교체계이며, 신화의 세계이고, 신학이다. 그것은 종교관념의 체계에다 실제의 문화사와 지리성의 반영에 신화적인 상상성도 다 종합된 것이다. 이 당신신화는 그 유구한 역사에 비하면 단조롭고 가난한 신화군이다.

그러나 그 가난은 결코 후세 유교 합리성의 억압이나 지척민빈地瘠民貧 때문만은 아니다. 그 가난은 신화로서 종교의례와 긴밀하며, 종교체계의 테두리를 벗어나지 않았던 때문인데, 거기에 오히려 진실하고 소박한 신화의 참모습이 있는 것이기에 더욱 값진 가난이다.[13]

제주도 당신본풀이들은 일반신본풀이들과는 정반대로 그 형성이 어디까지나 토착적이고, 도내에서의 자연발생물이다. 그것은 제주도 촌락생활의 종교체계이며 신화의 세계이다. 그리고 삼을나신화도 이러한 당신본풀이의 한 전형으로서 ⓒ 성장형의 기록 정착이라는 것은 ① 남신들의 용출 + ② 여신들의 입도 + ③ 남녀신들의 결혼 + ④ 좌정경위(사시복지)담들의 그 기본 모티브들의 연결로 쉽게 납득할 수가 있다. 그 삼을나신화가 기록된 연대가 확실한 가장 오랜 문헌은 『성주고씨가전星主高氏家傳』(태종 16년, 1416), 『고려사』(단종 2년 간행, 1454) 등이다.

그 기록 연대는 다른 건국신화들보다 늦은 셈이지만, 그러나 무속신화가 원형으로서 왕권신화를 분파형으로 산출하고 있는 모습을 가장 선명하게 보여주는 구실을, 이 ⓒ성장형으로서의 삼을나신화는 잘 하고 있다. 그리고 이 문헌들은 한편으로 제주도의 본풀이가

---

13 장주근, 「제주도 당신신화의 구조와 의미」, 『한국신화의 민속학적 연구』(집문당, 1995), 119~145쪽.

고려말 조선초기에는 그러한 왕권신화의 산모의 구실을 하면서 전승되고 있었던 본풀이의 역사의 한 단면도 증명해주는 간접적인 자료 구실도 해주고 있다.

2) 일반신본풀이의 구성

일반신본풀이는 당신본풀이와는 정반대로 제주도의 독자적이고, 토착적인 형성물이 아니다. 당신본풀이에 그렇게 자주 등장하는 제주도의 산명, 지명들이 일반신본풀이에서는 대개 가상의 국명, 지명, 절 이름들로 나타난다. 또 당신본풀이와 같은 마을신들의 서사무가는 지금 본토에서는 볼 수가 없지만, 일반신본풀이는 본토의 서사무가들과 많은 공통성을 보이고 있다. 그래서 당신본풀이가 제주도 내에서 자연발생하고 전승되어 온 것이라면, 일반신본풀이는 본토에서 전파유입된 전승물이라는 느낌이 강하다.

이 일반신본풀이들의 구성이 주인공의 전기적傳記的 구성으로 되어있다는 것은 논자들이 대개 의견을 같이하고 있는데, 현용준은 그것을 다음과 같이 풀이한 바가 있다.[14]

발단부 ──── 기起 ──── 출생
경과부 ──── 승承 ──── 고행 또는 결연
　　　　　　전轉 ──── 회운回運 또는 파탄
결말부 ──── 결結 ──── 좌정

발단부에서 주인공들의 출생은 부모가 늦도록 자식이 없어서 절에 기자불공을 드린 결과로 탄생하는 경우가 많다. 초공, 이공, 세경, 차사, 칠성본풀이 등 약 반수가 그러하다. 그리고 무조신화의 초공 삼 형제는 중의 아들로 태어나고, 삼승할망을 생불生佛할망, 그 굿거리는 불도佛道맞이라 부르고, 삼공은 전생인연신으로 여겨지는 등 일반신본풀이들에는 불교색조가 짙은 것이 하나의 특색이다.

---

14 현용준, 『무속신화와 문헌신화』(집문당, 1992), 56쪽.

경과부에서는 재주는 뛰어나나 중의 아들이라는 신분 때문에 과거에 합격하고도 벼슬길이 막혀서 울분하거나(초공), 장자의 모진 학대에 모자가 고생하다가 끝내 모친은 살해를 당하거나(이공), 부모에게 추방되어 유랑길을 떠나거나(삼공), 결연 후에 소식 없는 낭군을 찾아서 헤매이거나(세경), 중의 자식을 잉태하여 쫓겨나거나(초공, 칠성), 처자를 위해서 장사길에 나섰다가 거지신세가 되거나(문전본풀이) 해서 고생이 계속된다.

결말부에서는 고생 끝에 소망은 이루어지나 반드시 행복해지지는 못하고 결국은 신으로서 좌정하게 된다. 과거에는 급제하나 중의 자식이기 때문에 벼슬은 못하고 부친에게 무구巫具를 얻고 무조가 된다든가(초공), 장자를 죽이고 모친을 소생시켜 꽃감관이 된다든가(이공) 하는데, 부모를 거지잔치에서 개안시키고 행복하게 끝맺는 경우도 있다.(삼공) 그 중에서 그리던 낭군을 만나 결혼생활에 들어가나 결국 파탄되고 실망하여 인간세계에 하강해서 농신으로 좌정하는 세경할망본풀이는 하나의 전형이 된다.

3) 본풀이의 서사법칙敍事法則

올리크Axel Olrik는 구비전승물에는 그것을 구성하는 일반적인 법칙이 있음을 지적하고, 그것을 서사시 법칙epic law이라고 명명했다. 거기에는 개화開話의 법칙, 종결의 법칙, 반복의 법칙, 3의 법칙, 한 장면 2인의 법칙, 대조의 법칙 등 10여 가지가 있다고 나열 설명을 하고 있다.[15] 본풀이도 이에 준하지만 본풀이에는 본풀이 나름의 법칙도 있다.

첫째, 개화의 법칙으로는 먼저 본풀이를 올린다는 인사와 앞의 본풀이의 기능에서도 지적한 강신의 강청, 그리고 등장 신격의 계보 등이 이어지는 것이 일반적이다. 앞에서도 들었던 보기를 이어서 더 들면 다음과 같다.

---

15 Axel Olrik, "Epic Law of Folk Narrative", Alan Dundes ed., *The study of folklore*, Prentice-Hall, 1965, pp.129~141.

일뢰한집(七日堂神) 난수생(본풀이) 올립니다.

본산국(근본)데레 과과성 신풀어사옵소서

생인은 본을 풀어 백년원수 집니다.

구신은 본을 풀면 과광성 신풀어삽니다. (활발히 강신한다는 뜻)

일뢰또 한집 어멍국은 웃손당 백주님

아바님은 알손당 소천국 하르바님

하나 두개 시개 늬개 다서 여스 일고차 아들입니다.

(토산 웃당 본풀이, 고대중 구송)

둘째, 반복의 법칙이다. 올리크Olrik는 반복은 대개 3회이고 3이 법칙으로서, 3은 신화, 전설, 민담들에 믿을 수 없을만큼 자주 나오며 호머Homer의 서사시에도, 고대 아이슬란드의 서사시집 에다Edda 등에도 잦은 것이라고 지적하고 있다.[16] 제주도 본풀이도 같은데 역시 세 자매, 삼 형제들의 3회씩의 되풀이가 많다.

대표적으로는 삼공본풀이에서 은장, 놋장, 감은장아기 세 자매에게 부모가 되풀이해서 누구 덕에 잘 사느냐고 물어보는 되풀이, 감은장아기가 마퉁이 삼 형제에게 차례로 길을 물어보는 되풀이, 세 마퉁이가 요란스럽게 돌아오고 험담하며 마를 삶아서 부모와 손님에게 대접하는 모양의 되풀이, 감은장아기가 밥을 지어 권하는데 대응하는 삼 형제 모습의 되풀이 등 되풀이는 3회에 걸쳐 자꾸만 되풀이된다.

다음으로 대조의 법칙은 선과 악, 빈과 부, 대와 소, 인간과 괴물, 청년과 노인의 대립으로 이것은 서사물의 기본률이며, 이것은 한 장면 2인의 법칙과 상관관계를 가진다는 견해들을 올리크는 피력하고 있다. 끝으로 여기서는 본풀이의 종결의 법칙을 살피고 그치기로 한다. 본풀이는 신화로서 신화가 가지는 원초적 설명성으로 그 끝을 맺는 경우가 많다.

---

16 Axel Olrik, 위의 책, p.131.

그 법으로 금시상에 어멍은 죽으민

머구낭 방장대(상주지팡이)를 짚으곡

아방은 죽으민 왕대[竹]로 방장댈 ᄒᆞ영 짚으곡

또시 동싱은 죽으민 두건도 망건 우이 씨곡

동싱은 옷 우이 ᄇᆞ름이라, 동싱 죽음은 거름이라 홉내다.

금시상 기일 제ᄉᆞ법이 그때에 김칫골 원님이 낸 법이우다.

(차사본풀이, 김해준 구송, 진성기 채록)

이상은 차사본풀이의 끝부분인데, 여기서는 장례법의 연원을 설명하려는 의도가 많이 작용하고 있는 것을 볼 수가 있다. 이밖에 자연현상의 연원이나, 또는 그 본풀이에 등장했던 신들이 각기 직분을 맡아서 신격으로 좌정하게 되는 연유들도 설명한다. 이것이 당신본풀이 끝에서는 '한집님이 나려사 상받읍서', '어진 한집님전 축하올립니다.' 등으로 본풀이가 끝난 것을 아뢰고 기원의 말로 끝내는 것이 일반적이다.

5. 굿[宗教儀禮]과 본풀이[神話]의 체계

1) 큰굿의 제차와 본풀이

제주도의 굿은 규모에 따라서 '비념', '족은굿', '큰굿' 등으로 구분할 수 있다. 이들은 모두 필요에 따라서 어디서나 언제나 개인 가정적으로 그 단골심방들에 의해서 집행되는 의례들이다. 먼저 '비념'이란 '기원'이라는 말로서 심방 한 사람만이 단지 요령만을 흔들고 악기들의 사용이나 춤도 없이 한 시간 내외로 끝내는 간단한 의례를 말한다. '족은굿'은 악기의 반주가 따르고 춤도 있으되, 그 굿의 목적에 따르는 특정 신격만을 모시는 개별 의례로서 하루 안에 끝내는 소규모의 굿을 말한다.

이에 대해서 '큰굿'은 3~4일, 또는 그 이상도 걸리며, 모든 신격을 그 위계 순에 따라서 다 모시고, 모든 필요한 기원을 연속적으로 다 올리는 큰 종합의례이다. 모든 악기가 다 동원되고, 춤도 물론 따르고, 차례로 모시는 신에 따라서 제상 차림도 다양하다. 여기서 우리에게 중요한 것은 일반적인 신들의 본풀이가 일정한 제의 순서에 따라서 여기서 모두 다 가창되며 종교와 신화의 모든 체계를 종합 제시해준다는 점이다. 이제 큰굿의 제차와 본풀이의 순서들을 먼저 요약해보이면 다음과 같다.

(1) 초감제 – 서제序祭로서의 청신의례. 창세신화인 천지왕본풀이 가창.

(2) 초신맞이 – 초감제에서 일단 1만8천 신을 다 모셨으나, 떨어진 신이 없도록 하는 재청신의례.

(3) 초상계 – 다시 한번 더하는, 떨어진 신들을 위한 재청신의례.

(4) 추물공연[祭物供宴] – 차린 제물을 신들께 권하고 소원을 비는 제차.

(5) 석살림 – 신들께 술, 음식을 권하고 심방, 제주, 가족들이 춤추며 신인공락하면서 기원하는 제차.

(6) 보세감상 – 신들께 폐백과 공물을 바치고 기원하는 제차.

(7) 불도맞이 – 삼승할망(또는 佛道할망, 生佛할망)에 대한 산육기원의례. 삼승할망본 풀이와 마누라[痘神본풀이들 가창.

(8) 일월맞이 – 일월신을 맞이하여 모시는 의례.

(9) 초공본풀이 – 무조신 초공 삼 형제의 신화를 가창하고 기원하는 제차.

(10) 초공맞이 – 무조신을 맞이하여 기원하는 의례.

(11) 이공본풀이 – 서천꽃밭의 주화呪花를 관장하는 이공신 신화의 가창의례.

(12) 이공맞이 – 이공신을 맞이하고 기원하는 의례.

(13) 삼공본풀이 – 전상(전생의 업보)을 관장하는 삼공신 신화의 가창의례.

(14) 제상계 – 보통 다음날 아침 시왕맞이 전에 하는 재차 청신의례.

(15) 시왕맞이 – 저승의 시왕과 그 사자를 맞고 기원하는 의례. 차사본풀이 가창. 차사와 기본성격이 같은 맹감[冥官]본풀이도 가창.

(16) 세경본풀이 – 농업신 세경할망의 신화 가창과 기원의례.

(17) 삼공맞이 – 일명 '전상놀이'. 삼공을 맞아 사악을 구축하는 연극적 의례.

(18) 세경놀이 – 바보 농군으로 분장한 심방이 농업의 과정들을 연극적으로 실연하여 대풍을 거두는 연극의례.

(19) 문전본풀이 – 문신과 그 본처(조왕할망)와 첩(변소귀신), 자식들에 대한 신화 가창으로 가내 안전을 비는 의례.

(20) 본향드리 – 그 마을 본향당신을 맞아들여 기원하는 의례. 그 마을 본향본풀이 가창.

(21) 각도비념 – 부엌, 고팡(庫房), 오방토신, 올래(出入口) 등 집안 각처의 수호신들에게 비는 의례, 고팡의 곡물신 칠성에게 칠성본풀이 가창.

(22) 물놀이 – 여러 신들이 타고 돌아갈 말을 몰아다 신들을 태우는 내용을 노래로 부르는 송신의례.

(23) 도진 – 소위 1만8천 신을 위계 순으로 노래로 돌려보내는 송신의례.

(24) 가수리 – 신들이 돌아간 후, 아직 남아있을 잡귀들을 풀어먹여 보내는 송신의례.

2) 일반신본풀이의 체계

이상 큰굿의 제차와 본풀이의 관계를 살폈는데 여기에는 10여 편의 일반신본풀이들이 포함되어 있었다. 여기서 일단 그 10여 편의 일반신본풀이들의 성격과 내용을 순서대로 간단히 점검하고, 아울러서 본토에 공통성이 있는 서사무가가 채록된 경우 그 이름들을 들어보기로 하겠다.

(1) 천지왕본풀이

한국의 창세신화로서 본토에 유사한 것으로 함경도의 '창세가', 평안도의 '창세가', 경기도의 '시루말' 등이 있다. '창세가'들의 경우는 석가와 미륵이 주역이 되어 특히 강한 불교색을 보인다. 규모가 큰 제례의 첫머리에 창세신화가 가창되는 것은 우주의 질서와 생명의 창생, 생업의 풍요 등을 상징하고 염원하는 것이다.

(2) 삼승할망본풀이와 마누라본풀이

전자는 삼승할망(생불할망)과 구삼승할망(저승할망, 어린이 질병신)의 대결에서 착한 삼승할망이 산육신의 신직을 맡게 된다는 이야기이다. 후자는 천연두신인 대별상큰마누라와 홍역신인 족은마누라의 부부가 삼승할망과의 대결에서 굴복하는 이야기이다. 삼승할망을 생불生佛할망, 또는 불도佛道할망들로 부르고, 그 제차를 불도맞이라 하고, 이때 심방은 승복을 입는 등 불교색이 매우 강하다.

(3) 초공본풀이

귀한 집 외동딸과 중 사이에서 탄생한 아들 삼 형제가 본토에서는 삼불제석이 되는 '제석본풀이'(당금애기타령)로 그치는데, 제주도에서는 무조신巫祖神이 되는 설화가 더 이어진다. 무조가 중의 아들이기 때문에 심방들이 신도법(무속)은 불법에서 왔다고 주장하는 일도 있으며, 역시 불교성이 밑바닥에 짙게 깔려있다.

(4) 이공본풀이

서천꽃밭의 생명꽃의 관장신의 설화이다. 『월인석보』 속의 「안락국태자경」과 같은 내용으로 불전설화에서 나온 것이다. 평안도의 '신선세텬님청배', 경상도의 '악양국왕자노래'들도 같은 내용의 무가이다.

(5) 삼공본풀이

전상(전생의 업보)을 관리하는 신이라는 점에서 역시 불교관념이 짙다. 셋째 딸이 복딸로서 주인공이며, 그 내용이 리어왕King Lear설화형, 서동설화형, 심청설화형 등의 연결로 이루어져서 매우

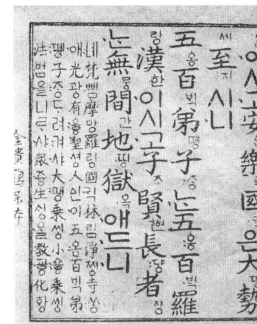

『월인석보』의 「안락국태자경」

흥미로운 신화이다.

(6) 차사본풀이

이것이 가창되는 시왕맞이라는 제차부터가 불교식이다. 이승의 영리했던 관원 강임이 원사冤死한 혼령 처리문제로 저승의 염라대왕을 모셔다가 잘 처리하나, 염라대왕이 강님을 저승으로 불러가서 저승차사가 되었다는 내용이다. 함경도에서 같은 무가 '짐가제굿'이 채록되고 있다.

(7) 맹감본풀이(사만이본풀이)

맹감冥監은 차사와 같고, 역시 시왕맞이에서 가창되고 있으나, 내용은 저승차사에게 재물(뇌물)을 많이 주고 이승에서 4만년을 살았다는 사만이가 주인공으로 되어 있다. 함경도에서 유사한 무가 '혼쉬굿'이, 호남지역에서는 '장자풀이'들이 채록되고 있다.

(8) 세경본풀이

농신 세경할망의 연애담으로서 최장편 서사무가이다. 이것은 중국의 불교 보급문예인 강창문학 중 '양산백보권梁山伯寶卷'과 같은 내용이며 역시 불교 관련성이 강하다. 함경도에서 같은 무가 '문굿'이 역시 채록되고 있다.

(9) 문전본풀이

제주도의 문신인 남선비, 그 본처인 조왕할망, 첩 노일제대(변소귀신), 그리고 올래[出入口]지기인 일곱 아들들 사이의 처첩 갈등, 계모와 아들들 간의 갈등담들이며, 일련의 가택신들의 신화이다. 유사한 내용으로 평안도의 '성신굿', 함경도의 '살풀이', 전라도의 '칠성풀이' 등이 있다.

(10) 본향본풀이

굿하는 집이 있는 마을의 수호신을 모시는 본향본풀이가 본향드리제차에서 가창된다.

뒷뜰의 밧칠성

(11) 칠성본풀이

　중의 자식을 임신하여 돌함에 담겨서 유배된 처녀가 뱀으로 변하여 일곱 마리의 뱀을 낳고, 이 뱀들이 각기 뒤꼍의 밧칠성, 고팡庫房의 안칠성들로서 부신富神으로 좌정하는 내용으로 되어있는 신화이다. 뒤꼍의 밧칠성은 그대로 본토의 업(구렁이) 주저리의 관념과 같은 사신숭배이다.

3) 일반신본풀이의 불교성과 본토와의 공통성

　이상 제주도 큰굿의 순서와 그에 따르는 본풀이의 성격들을 간략하게 살펴보았다. 그것은 옛날부터 이 전승집단이 그들 나름의 종교관념에 따라서 그 신들을 비중대로 차례로 모시며 질서정연하게 종합 체계화한 일대 종교제전이며 신화의 체계이다. 이상의 개관을 통해서 우선 첫째로 느껴지는 것은 그것이 강한 불교 요소들이다.

10여 편의 일반신본풀이 중에서 불교 요소가 안보이는 것은 문전본풀이 한 편뿐이다. 그 중에서 이공본풀이는 한글이 창제되자 편찬된 『월인석보』에 이미 정착 수록되었던 '안락국태자경'과 같은 내용이다. 또 세경본풀이는 중국 당唐대 이래로 성행됐던 강창문학 중에서 원元 명明대에 크게 유행됐다는 '양산백보권'과 같은 내용이어서 이 옛스러운 구전문학들의 연원과 시대성들을 생각하게 한다.

초공본풀이에 보이는 바 무조 삼 형제가 중의 자식이라는 신분 때문에 과거에 급제하고도 낙방하는 것과 같은, 이런 불교를 천시하는 후반부는 숭유배불을 국시로 삼던 조선시대 사회상을 반영한 것이다. 그러나 그러한 부분은 극소 부분이고, 전체적으로 불교는 그 기반이 대단히 두터운 상황이다. 무조 삼 형제가 중의 자식이니 신도법(무속)이 불법에서 나왔다고 심방들이 주장하게 되는 것도 많은 일반신본풀이의 신격들이 기자불공祈子佛供의 결과로 탄생하는 것도 그것이다.

그래서 그 숭유배불적인 약간의 부분은 조선시대 사회상이 반영 첨가된 부분이겠고, 전반적인 불교색조들은 아무래도 불교 흥성기이던 신라·고려 이래의 전승물로 여겨진다. 그러니 이 서사무가들은 아득한 옛날부터 형성 전승되다가 오랜 불교 흥성기에 많은 무불습합문학을 형성하고, 또 숭유배불시대에는 그러한 사회상도 도입하고 있는 것으로 보인다. 오랜 시대의 전승에 따르는 변화성, 유동성, 적층성積層性도 아울러서 지니고 있는 것이 보인다고 할 것이다.

두 번째로 이 일반신본풀이들에서 느껴지는 것은 그 본토와의 상통성, 동일 근원성이다. 10편의 일반신본풀이 중 지금까지 7편은 동일근원성, 내지는 유사성을 지닌 것이 채록되고 있다. 같은 제주도의 본풀이라도 당신본풀이들에는 제주도의 지명, 산, 물 이름들이 자주 나타나서 그것이 제주도 내에서 발생한 토착적인 신화임을 느끼게 해주고 있다. 또 지금 본토에는 당신신화가 무가로 전승되는 일이 없어서 당신본풀이는 완전히 제주도의 독자적인 것으로 되어 있다.

그러나 일반신본풀이들에는 거의 제주도의 지명도, 산, 강의 이름도 나타나지 않고,

토착성이 없으며, 본토의 서사무가들과 내용도 같고, 그 종교기반도 상통하고 있다. 그래서 일반신본풀이들은 본토에서 형성되고, 그것이 제주도에서 제주도 나름으로 수용되어 한 지역형을 형성하였고, 따라서 고형을 아울러서 보존하고 있는 것으로 여겨지고 있다.

이 일반신본풀이들은 다 장편 서사무가들이고, 이 10여 편은 방대한 분량의 하나의 신화체계이다. 그래서 이제 한국은 결코 신화가 적은 나라가 아니고, 오히려 잘 짜인 신화가 풍부한 나라라는 주장도 가능하다.[17] 다만 그것이 일찍이 기록 정착된 문헌신화로서 전해오지 못한 것만은 사실이다.

또 이 본풀이들을 굿에 참여하지 않는 남성들은 그 내용을 모르는 것이 일반적이고, 여성들이 잘 알고 있는 것이었다. 그래서 한편으로 그것이 종교의례들과 밀접하게 결부된 채로 지금도 살아있는 신화로서 심방들에 의해서 가창 전승되고 있는 것도 또한 특이한 현상이라고 해야 할 것이다.

이상을 종합할 때에, 이 방대한 종교제의와 신화의 체계는 당초에는 한국 본토에서 상고대 이래로 조금씩 성장하면서 일정한 틀을 형성시켜 왔을 것으로 생각된다. 그리고 그 체계 위에 불교 요소들을 수용하는 시기가 오래 지속되었을 것으로 생각된다. 그 시기는 불교가 흥성했던 삼국, 고려시대의 천여 년 간으로 생각할 수가 있겠다.

지금 제주도의 큰굿과 본풀이들이 보여주는 한도 내에서는 그 오랜 기간의 무불습합巫佛習合의 도는 매우 긴밀했던 것으로 보인다. 철저했던 조선 오백년간의 숭유배불 정책에도 불구하고 무불의 습합은 지금도 긴밀하게 남아있다. 그러한 무속은 부녀사회, 하층사회에나 침잠해서 구전으로만 전승되어온 것이 오늘날의 한국 무속이다. 그리고 제주도는 제주도 나름의 뚜렷한 하나의 지역형을 형성시키면서 고형어린 체계성을 보존해 온 것이 위의 큰굿과 본풀이의 체계였던 것으로 생각된다.

---

17 李秀子, 「濟州道 巫俗과 神話 硏究」(이화여대 대학원, 1989), 233쪽.

제2부
서사무가 자료

제1장
일반신본풀이

자료 제공자들

구좌면 송당리의 고봉선옹 내외(1957.1)

구좌면 세화리의 고대중 씨 내외(1962.8)

중문리의 강철년옹 내외(1959.8)

서귀리의 박생옥옹 내외(1959.8)

제주시의 김오생옹(1959.8)

안덕면 창천리의 고창학옹 내외(1959.8)

1. 천지왕본풀이[1]
고대중[2] 씨 구송(남무, 46세, 구좌면 세화리 거주)
1962년 8월 채록

■ **배포도업配布都邑[3]**

천지혼합天地混合으로 제일第一입네다.

천지계백開闢으로 제일입네다.

천지계백으로 제일이니 혼합시混合時 시절에

하늘과 따 사이에 떡징[4]곹이[5] 곫[5]이 납데다.

곫이나니 천天ㄱ이 지ᄒ고[6] 지력이 축하니[7]

갑을동방甲乙東方으로 갑자생인甲子聖人이 솟아나

하늘머리를 지두툿고[8]

을축방乙丑方으로 을축생인乙丑聖人이 솟아나

땅의 머리를 지늦추니[9]

갑을동방으로 머리숫제[10] 니염[11]들여옵데다.

경신서방庚申西方으로 졸리밋제[12] 꼴리[13]를 치고

병오남방丙午南方으로 날게익제[14] 날개 들러옵데다.

해저북방亥子北方으로 건建술ᄒ니

동성개문東星開門, 남성개문, 북성개문

상경三更개문 도업으로 제일입니다.

상경개문 도업으로 제일이니 디딘이도 삼三ᄒ늘

잉은戴이도 삼ᄒ늘

삼십삼천 서른시하늘 도업ᄒ네.

ᄒ늘로는 청이슬이 ᄂ리고

지地애로는 흑이슬이 솟아오르고

천지인양지[15] 도업입네다. 서른시ᄒ늘 도업ᄒ니

갑을동방甲乙東方으로 삼태성 벨이 뜨고옵데다.

경신서방庚申西方으로 태벡성 벨이 뜨고

병오남방丙午南方으로 무인성[16] 벨이 뜨고

1　천지개벽 신화.
2　구좌면 송당의 매인심방. 세습무로서 착실한 성품의 큰 심방.

3　창업의 뜻으로 '都業' 또는 '都邑'. '도읍을 정함'은 '나라의 비롯'이니 '패포 도읍'은 '우주의 시초'일 수 있음. 'ᅳ'(읍)와 'ㅓ'(업)는 흔히 혼동됨.
4　시루떡의 층.
5　겹[疊].
6　天開는 子하고.
7　地闢은 丑하니.
8　돋구고. '지'는 접두사.
9　'지'는 접두사. 낮추니.
10　머리수(首)자.
11　'늬염'은 '잇[齒]몸'이 열리는 모습.
12　꼬리미(尾)자.
13　꼬리.
14　날개익(翼)자.

15　天地陰陽之.

16　노인성[南極老人星].

해저북방亥子北方으로 북두칠성 일곱성군 별이 뜹대다.
짇1우이에 별이요 짇아랜 세細별ㅎ니
삼태육성三太六星 선우성2 별지도업으로 제일입니다.
별이 나니 인방寅方으로는 인해여
인간사람이 솟아나고 축방丑方으로는 축하니
만물이 계육작癸酉作ㅎ니 만물이 솟아나니
밤도 왁왁 일목공3 낮도 왁왁 일목공
신更4 初更 곱5을 모릅대다. 곱ㅁ를 때에

■ 천지왕본풀이
천지왕 아들이 갑오왕甲午王께 장개들 때 집쁜 사례로서
ᄒ 하늘에 해도 하나 들도 하나 내보내젠 ㅎ니
지보왕이선 기쁜 생각으로
ᄒ 하늘에 해도 둘 내보내고6 들도 둘 내보내니
밤이는 인간백성이 곳아서7 죽고
낮이는 인간백성이 즛아 죽을 때에8
천지왕 아들 대터락대별왕 소터락소별왕
대별왕은 형이요 소별왕은 아시9요
대소별왕이 천근들이 쌀10을 묵고11
백근들이 활을 무어 어니동두 짓놀려
월광 둘이 뜨고올때 앞이 월광은 생기고12
뒤에 월광 맞처다가 동이유왕東海龍王 진두밧재ㅎ고13
일광 둘이 뜨고올 때 앞이 일광은 생기고
뒤에 일광은 맞처다가 서이와당14
ᄒ하늘 해도 하나 ᄒ하늘 들도 하나 마련ㅎ니
일광도 도업입내다, 월광도 도업입내다.
월일광 도업으로 제일이니
ᄒ 하늘 해 하나 ᄒ 하늘 들 하나 마련ᄒ내다.
천지왕이서 대소별왕안틱 전갈ᄂ리데

---

1 깃, 날개인 듯.
2 牽牛星.

3 어두운 모양의 상투적 표현. '왁왁 어둑다.'고 함.
4 미상.
5 겹. 여기서는 구분.

6 지보왕 대신 盤固氏가 해, 달 2개씩 내놓았다는 예도 있다.(진성기本)
7 얼어서.
8 더위에 말라 죽을 때에.
9 아우.
10 화살[矢].
11 뭇고. 만들고.

12 섬기고.
13 바치고.

14 서해 바다

「대별왕이랑 금시상 법을 다시리고,
소별왕이랑 저승법을 오라서[1] 다시리라」 전갈ᄒ느리니
소별왕은 금시상법을 다시리저 ᄒ고[2]
대별왕안티 말씀ᄒ데
「설운 성임 꽃동이를 내싱거서
꽃이 번성되는대로 금시상법을 다시리고
검율꽃[3] 되는대로 저승법 다시리기 언아어찌ᄒ오리까?」
「걸라근 그리ᄒ라」 대별왕 앞이도 꽃동이를 내싱그고
소별왕 앞이도 꽃동이를 내싱거서
꽃이 수작을 형제간이 저급대.[4] 소별왕이 ᄒ는 말이
「설운 성임 어떤 일로 어떤 나무잎은 이삼ᄉ월 녹음방초에
꽃과 잎이 번성해였다가 구시월 설한풍이 당ᄒ시면
어떤 나무잎은 떨어지며 어떤 나무잎은 안떨어집니까?
춘하추동 ᄉ시절에 잎이 번성되는 남[5]은 어떤 남입니까?」
물을 때에 대별왕이 말씀ᄒ되
「소곱이[6] 비인 남은 잎이 지고
소급이 여믄 남은 잎이 아니지니
춘하추동 사시절에 잎이 번성ᄒ느니라」
대별왕이 이말ᄒ니 소별왕이 말을 ᄒ되
「어떤 일로 왕대 죽대 ᄌ죽대는 소곱은 댕댕 구려져도[7]
춘하추동 ᄉ시절에 잎이 아니지고
새 속닢이 아니지고 새 속닢이 나느니까?」
대별왕이 말씀ᄒ대
「왕대 죽대 ᄌ죽대는 소곱은 댕댕 구려지되
ᄆ디ᄆ디 더군다나 염아지니[8] 잎이 아니지느니라」
소별왕이 이도[9] 수치를 지읍대.
소별왕이 말씀ᄒ대
「어떤일로 동산에 풀은 매가 ᄇ뜨고[10]
굴렁[11]에 풀은 건주장단[12]ᄒ느니까?」
대별왕이 말씀ᄒ대

1 와서.

2 다시리고자 하고.

3 이운꽃[萎花]. 시들어 가는 꽃.

4 죄깁디다 - 말다툼합디다.

5 나무.

6 속이. 안이.

7 속이 들떠서 비어져도.

8 여물어지니.
9 이번에도.
10 메ᄇ뜨다 = 메ᄌ르다 = 모종[苗種]이 크지 않고 짧다.
11 구렁.
12 걸고 잘 자란다는 뜻. 상투어구

「동산우이 풀은 대우 광¹ 수천리홀 때
동산에 건² 물이 굴렁데레 싯어내리우니
굴렁엣풀은 건주장단ᄒ고 동산우잇 풀은 매ᄇ뜨느니라」
소별왕이 말씀ᄒ대
「어떤일로 설운 성임 인간백성은
허리우이 두상에 머리는 쉬인대자가 머리³가 나고
발등에 털은 매가 ᄇ뜨느니까?」 말씀ᄒ니
대별왕이 말씀ᄒ대 설운아시 인간백성은 할마님이⁴
ᄌ순⁵ 내울 때에 일곱달에 매치기상 남녀구별 그리시고
아홉들 열들 과만준삭⁶ 채우시고
금시상 ᄌ손 내울 때에
머리끝이 ᄆ촘 드리어서⁷ ᄌ손 내우시니
허리우이 두상에 머리는 쉬인대자가 머리가 나고
발등에 털은 매가 ᄇ뜨느니라.」
이도⁸ 소별왕이 수치를 지웁대다.
소별왕이 「성임 앞이 꽃은 번성ᄒ되
내 앞이 꽃동이는 점유을꽃이 되니
설운 성임 우리가 목농성이잠⁹을 자다가
꽃동이 번성되는 대로 금시상법 다시리기 언아어찌ᄒ오리까?」
대별왕이 말씀ᄒ되 「걸랑 그리ᄒ라」
목농성이잠을 잘 때 대별왕은 목농성이잠을 깊이자고
소별왕은 예시잠¹⁰을 자시다가
대별왕이 줌을 깊이 자니 대별왕 앞이 꽃동이는
소별왕 앞대래 당겨다놓고 소별왕 앞의 꽃동이는
대별왕 앞대래 밀려놓고
「설운성임 그만큼 줌자시고 일어납서」
이말ᄒ니 대별왕이 일어나고 보오시니
꽃동이는 볼써 바꾸와 놓았구나.
형임이 아시보고 꽃동이를 바꿔놓았다 아니ᄒ고
「설운 아시금시상법 지녀서 살기랑 살라마는

1	降. 큰비가 내리기를.
2	肥沃한.
3	머리카락. 두발.
4	삼신할머니가.
5	子孫.
6	過滿準朔.
7	미상.
8	이번에도.
9	'깊은 잠'이라고 한다.
10	예시즘. 또는 여시 즘. 표준어 여윈잠, 깊이 들지 못한 잠.

금시상법은 배에는 수적水賊도 많ᄒ고

ᄆ른듸는[1] 강적[2]도 많ᄒ고

유부녀 통간通姦 간부姦夫 갈련[3] 살린살이[4] 많ᄒ리라.

저승법은 주년[5]이라. 참실ᄀᆺ은 법일러라.

이수훈장[6] 법일러라.

한번 가민 다시 올줄 모르신 법일로라.

나는 저승법 지녀살져 옥황상저의 올라가노라.

아시랑 금시상법今世上法 지녀 살라」

대소별옹도 도업이외다 소별왕도 도업이외다

대별왕도 도업입내다.

천왕씨는 열두 양반 열두 ᄀᆞ을[7]에 어룬노릇ᄒ고,

지왕씨는 열흔 양반 열흔 ᄀᆞ을에 어룬노릇ᄒ고,

인왕씨는 아홉 ᄀᆞ을에 어룬노릇 ᄒ옵대다.

태호복헌씨太昊伏羲氏 시절에는 큰 일에는 큰 ᄆᆞ작[8]

적은 일에 적은 ᄆᆞ작

망지구물 소왕구물[9] 맨들아서 산고기 물고기 잡아먹기

서립[10]ᄒ고 어망선진법漁網船進法 마련ᄒ고,

염제신농씨炎帝神農氏 시절에는 밭갈아 농서 짓기 서립ᄒ고

황저헌언씨 시절에는 곧은 남을[11] 휘와잡아

낭낭선浪浪船을 무어서

옥황이[12] 뜬 소로기[13] ᄂᆞ는 법을 보아서 소로기 ᄂᆞ는 법으로

돛틀[14] 도초막으로 맨들고 소로기 ᄂᆞ는 법을 보아서

촐리[15]를 돌리는대로 소로기가 ᄂᆞ을아가니 치[16]ᄒ기를

서립ᄒ야서 수로로 천리 건나가기 건나오기 마련ᄒ고

화주근본 수인씨燧人氏 시절에는

맹귓나무[17] 찍부비[18]를 맨들아서 불화식 서립ᄒ옵대다.

공자孔子님 솟아나 글법을 서립ᄒ고,

맹자孟子님 솟아나 활법을 서립ᄒ고,

안즈 주즈 노즈님 솟아나

ᄂᆞ즈님은 어머님 뱃속곱[19]에서

1 陸地에는.
2 强賊
3 갈 년.
4 살인사건.
5 미상.
6 옛날 유명한 학자이거나 고
　관일 것이라고 한다.

7 고을[론, 郡].

8 마디[節]. 매듭.

9 綱 그물. 큰 그물 작은 그물
　의 뜻.
10 創始.

11 나무를.

12 하늘에.
13 소리개. 솔개(매과의 새).
14 돛을.
15 꼬리.
16 키.
17 머귀나무.
18 찍=찝=짚. 찍부비는 火心
　이라고도 한다. 火心은 풀
　을 길게 묶어 들에서나 집
　에서나 담뱃불, 불씨로 쓰
　는 것.
19 소곱=속, 배안에서.

금시상 서립흘 일을 다 배와서 솟아나젠 ᄒᆞ니[1]

칠십이년 이른두해를 배고 설아나니[2]

금시상 솟아나고 보오시니

공ᄌᆞ님 솟아나 글법을 서립ᄒᆞ고

맹ᄌᆞ님이 솟아나 활법을 서립ᄒᆞ니 노ᄌᆞ님은 흘일없어

유두산 올라 퉁분체[3] 흔착 갈라다가 불두법[4]

신두법[5] 절간법 마련ᄒᆞ고 노ᄌᆞ님 생인님 도업입내다.

공공씨 대정씨 백황씨 중왕씨 영언씨 열언씨 졸련씨

혼돈씨 호양씨 무애씨 영융씨 열인씨

퉁성 창성 열다섯 시오 생인 도업입내다.

천왕 배포도업입내다. 지왕 배포 도업입내다.

인왕 배포도업입내다. 왕배포 도업입내다.

국배포 도업입내다. 제주는 고량부 도업입내다.

쳇서울은 송도松都 개판

둘찻서울은 한양漢陽서울, 싯찻서울 신임세월

닛찻서울 동경세월 다섯차는 세경세월 여섯차는 신임세월

일곱차는 우리나라 상서울 안동밤골 좌동밤골

법장골은 소장골 불컨대궐 넝매전골 항해전골 4모시전골

우리나라 제주 절도섬 정상도는 칠십칠관 전래도 오십삼관

일 제주는 이 거제二巨濟 삼 진도三珍島

ᄉᆞ 남미[6] 금천은 노기땅

제주 명산 한로산 봉래蓬萊 방장 삼진산은 허령산

이산 앞도 당오백 저산 앞도 절오백 오백장군 오백선신

어시성이[7] 당굴머리 백록담 아흔아홉 골ᄆᆞ리[8]

이산 앞도 당오백 저산 앞도 당오백 아흔아홉 골모리

흔골 없어 왕도 범도 곰도 심도[9] 못내난 제주섬중

장광長廣은 사백리 주위 내에

삼ᄀᆞ을[10]에 ᄉᆞ관장[11] 마련ᄒᆞ고

대정선강[12] 정의선강 주위선강 주판관 마련ᄒᆞ던

제주 절도섬입내다. 동수문 밧은 설흔여덥 대도장래[13]

1 솟아나려고(탄생하려고) 하니.

2 지내니.

3 銅佛像.

4 佛道法=불교.

5 神道法. 불도법[佛敎]에 대해서 巫俗을 지칭하는 말.

6 4는 南海島. 흔히 쓰이는 상투어구들.

7 御乘生岳.

8 어승생오름 동북쪽 계곡 밀집지대.

9 臣도(?).

10 3고을. 濟州牧, 大靜縣, 旌義縣.

11 4官長 濟州牧使, 濟州判官, 兩縣監.

12 현감(縣監).

13 大都場內.

서수문밧 마흔여덥 대두장래

대정은 이십칠동 정의는 삼십팔리 주우목안[1] 팔십열리

열니웁중 도성삼문 이스지 당이외다. 산지 용궁칠머리[2]

별도[3]는 금돈지[4] 설개삼양 원당은 칠현칠봉

조천관은 정방ㅎ서 함덕은 대도장래 동북[5]은 부풀이[6]

글막은 대도장래 마련ㅎ고 장광 사백리 내에 면은 십삼면.

■ 제ᄃ리[祭順][7]

임신[8] 중에는 올라 천지옥황대명전天地玉皇大明殿

나려사면 땅찾이 지부서천대왕

물찾이는 다서용궁, 산찾이는 골용산

절찾이는 서산대사 육한대사[9] 새명당

인간찾인 명진국이할마님[10]

얼굴찾인 어진 홍진국대별상[11]

초공 임정국상시당[12]

짚은궁도 궁입내다. 얕은궁도 궁입내다.

삼제상궁 전제석궁 초공임정국 상시당

천에올라 임정국대감님[13] 지에나려 지에짐진국부인님[14]

황금산이 주접선생[15] 노과단풍자지명왕애기씨[16]

저산앞이 발이벗나 줄이벗나 왕대월산 금하늘

신임 초공 임정국 상시당

전싱 긋인 신구월초여드래 본명두[17]

열여드래 신명두[18] 스무여드래 사라살죽삼명두[19]

저승은 삼시왕 삼하늘 이승나려 삼명두

신임 초공 임정국 상시당

이공 서천도상국 짐진국[20]도 상시당 원진국[21]도 상시당

살마국은 사라도령[22] 월광아미 월광부인[23]

제인들어 제인장제[24]

마년들어 마년장제[25] 신산만산 한락궁이[26]

올라 번승꽃과 환승꽃 멸망악심 스륙꽃 추껴옵던

이공서천 도산국 상시당. 삼공안당 주년국

자구젓상실 아방왕은 강이영승 이스불[1]

어멍왕 홍문소천구애궁전[2] 은장[3] 감은장아기씨[4]

월매마퉁신선비[5] 나님같은 나님전상 다님같은 다님전상[6]

국니국이대전상 거니립던 삼궁안당 주년국

목숨찾인 멩부[7]올라 대시왕 시왕[8]이면 한시왕이며

대왕인들 한대왕이카푸오리까? 삼정싱 육판서 내팔벽을

외정싱 양반중이 하반무관 남녀노소 수상수와가니[9]

목숨찾이 멩부 올라 시왕전님.

전일외라 전병서 원일와라 원병서 어서도서

김추연내 태선대왕泰山大王 범같은 서천대왕

초제일엔 징강대왕秦廣大王 도산주유刀山地獄

이제일엔 추강대왕初江大王 항탕주유火湯地獄

제삼 송제대왕宋帝大王 항병寒氷지옥

제네 오건대왕五官大王 검살劍樹지옥

제다섯은 염래대왕閻羅大王 발살주육拔舌地獄

제여섯은 번성대왕變成大王 독새주육毒蛇地獄

제칠은 태산대왕泰山大王 거해주육拒骸地獄

제팔은 평등대왕平等大王 철상지옥鐵床地獄

제구는 토시대왕都市大王 풍두주육風塗地獄

제열은 십전대왕十轉大王 전륜지옥黑暗地獄

열하나는 지장대왕地藏大王 노과리에 한탕지옥寒湯地獄

열둘에는 생불대왕生佛大王 범단지옥凡斷地獄

열셋 자도대왕左頭大王 열네 우도대왕右頭大王

열다섯은 동져대왕童子大王 십육사재使者,

차낭차산[10] 원죽사재月直使者

지왕차사 일죽사재[11] 어금배[12]는 도사나장都事羅將

저승은 이원사재 이승은 강림사재[13] 옥황차사 밤나장이

옛날 채사 최판관 물로 유왕 구원국은 대방 올라 삼채서

1 전상[前生因緣]신.
　　三公神의 아버지.
2 三公神의 어머니.
3 언니.
4 三公神.
5 三公神의 낭군, 薯童.
6 前生神의 상투적 대구.
7 冥府.
8 十王.
9 手上手下間에.

10 天王差使.
11 日直使者.
12 義禁府.
13 차사본풀이의 주인공.

시관장 몽단사재 비꼰사재 모람사재 저옥사재 시관장

삼맹감 천앙 가믄 열두맹감[1], 지왕 가면 열한맹감

인앙 가면 아홉맹감, 동인 가면 청맹감, 서엔 가면 백맹감,

남엔 가면 적맹감, 북엔 가면 흑맹감, 중앙은 황맹감,

양반이집이 개미우판맹감 정시집[2]인 책불명감冊佛冥監

산정이[3] 집이 산신맹감 농부와니[4] 집인 일월제석맹감 상세경

자부일월상세경 세경할아바님 날물선간 세경할망 들물선관

세경아방 짐진국대감님[5] 세경어멍 조진국부인[6]이

몇뜰아기 가령나다가령비 자청나다자청비[7]

청비올라 무낭성이문도령[8] 하세경은 정수남[9]이 정술택이

아방 타던 귀옥쟁이[10] 어멍 타던 상대매

구리 등디 다갈석[11] 만주어미[12] 잘래석 워낭칭칭 닫는 말에

호피돋음 사우리 질매[13] 거니립던

자부일월상세경 일월몸주 지왕제석地王帝釋

군옹[14]할아방 천왕제석 군옹할망 지왕제석

군옹아방 일월이요 군옹어멍 제석帝釋이라

쳇자식 나아다가 동이와당[15] 진도밧체[16]

둘차자식 나아다가 서이와당 진도밧체

싯차자식 나아다가 한지[17] 궂인 팔자로다

두지 궂인 사주로다

수무미농[18] 상목바지 수무미농 상목[19]저구리

준줄노비 고새[20]송락 백발염지[21] 목에 걸고

한번을 둘러치니 강남대례 응하는고

강남은 가민 황제군옹皇帝軍雄 일분대례 응하는고

일분은 가면 사자군옹 물 아래는 용신군옹

물 우이는 사신군옹 임이임정국

소저[22] 충신 거늘르나 열녀충신 거늘로

인물평풍 쪽지평풍[23] 거늘는 놀고옵던 삼진제석

몸주 일월 지왕제석

일문전[24] 안문전은 열여덥 밧문전은 스물여덥

천지동방 일이럭 대법천왕 밤인 문전 낮인 제관

마을 본토 토지지관土地之官[1] 신상神床

■ 세화리(舊左面 細花里) 예로[2]

천저님, 백조부인님, 알당금상한집님[3]

평디坪垈里 수대기 서당幼堂 할망[4]

일곱애기 닷마실 하무애기 하무어깨 조새애기 조새어깨

물비라[5] 당비리 너벅짓이[6] 홍허물[7] 베창 나북호창[8]

거니립던 수대기[9] 서당할마님[10]

갓마리는[11] 명동소천 고비금상[12] 전판서 전소경

까주애기 병굴루니 구리눈이

청삽살이 흑삽살이 네눈이반등갱이[13]

거니립던 소천국님 마룻넘은 동산앞 한집님은

알堂은 여드렛또[14] 세편 일레한집님[15] 군벵방은 매명방은

일괄로 일제석 삼만관속 육방해임 보름산이 보옹산이

서저국에 귀마구리 멥씨동굴새 칼감제 거니리던

동산앞 알당여드렛또 세편일뢰또 한집님. 문전지신

성주목신 안으루 지왕터신 성군칠성 제조왕할마님

허터지면 제우제산 모다지민 강서영서 주문과 제도청

마을 영개[16] 고조양우 징주양우曾祖兩位

당주양우 부모 진군 조상양우

사둔 육마을 전근조상

마두직장馬頭直將 마두판관 우두직장

우두판관 올래 어구 내롱석상 배봉안채 문세文書책직이

본당군졸 사당군졸 본당채서[17] 신당채서

삼신왕 사신왕 신왕대방 삼채서 동대래[18] 서대래

지나가구 지나오던 구관 신관 어금배 도사나자.[19]

1 마을 수호신, 본향당신.

2 제ㄷ리[祭順]는 이어서 구
  연자의 마을의 신[堂神]들
  과, 집안 신들을 거명한다.

3 세화리 본향당 세 신명.

4 구좌면 평대리 소아 질병신
  이름.

5 비리는 옴[疥癬].

6 버짐.

7 허물은 큰 부스럼.

8 背瘡, 腹瘡.

9 당이 있는 지명.

10 幼堂(七日堂) 여신의 호칭.

11 평대리 笠頭洞.

12 神名.

13 좋은 사냥개.

14 八日神(蛇神).

15 七日神(질병신, 용녀).

16 혼귀, 사령(死靈).

17 本堂差使.

18 東으로.

19 義禁府 都事羅將.

2. 삼승할망본풀이[1]

이정자[2] 씨 구송(여심방, 45세, 북제주군 조천읍 신촌리 거주)
1999년 2월 채록

공선[3] 공선 간신 공선 인도여
서준남 서준 공서 말씀전 여쭙니다.
동이용궁 말잿똘아기[4]
흔살쩍에 어머님 젓가심 두두린 죄
두살쩍에 아바지 산각수[5] 훑은 죄
시살쩍은 나난 널은 날레[6] 허데긴[7] 죄
니살쩍은 당허니 뻐헌[8] 입성[9] 범을린[10] 죄
다섯살은 나난 댈차종자[11] 우 막은[12] 죄
죄를 다 마련하여 무쇠설각[13] 짜
그 안터레 디려놓안
상거슴 통쇄로[14] 절로 싱강 잠가놔 귀양정배
아무데라도 가렌[15] 요왕황저국에[16] 띄와부난
물로 위도 흥당망당 연 3년
물 아래도 흥당망당 연 3년 살암구나.
중간에도 연 3년 흥당망당 살아나
귀양 정배 올 때에 무쇠설캅에
글 삼제를 메기되어[17]
「임보로 임박사시절
당허건 게문게탁」[18]엔 해연
딱허게 박여보난[19] 떠댕기다
청몰래 백몰래왓데 완[20] 걸어진다.
몰래왓대 이시난 임보로 임박사 시절 나난
임박산 차에 물가[21] 백몰래왓디 돌단 보난
무쇠설캅이 있었고나.
필야곡절한 거엔[22] 간 바래여보난

1 산육신(産育神)인 삼신할머니 신화.
2 1959년생. 부계, 모계에 다 심방이 있었고, 14세에 입무. 애기심방으로 귀여움을 받았다고 함. 중요무형문화재 칠머리당굿 기능보유자 김윤수 씨 부인. 이 한편은 고대중심방의 누락을 보완, 채록한 것임.
3 '공선~여쭙니다.' 이 두 줄은 본풀이, 비념, 추물공연[祭物供宴] 등을 할 때 흔히 사용하는 관용어구. 의미 미상. 恭神, 降神 등의 와음일 듯도 하다.
4 셋째 딸 아기. '말잿'은 '셋째'의 뜻.
5 三角鬚는 양빰과 턱에 삼각형을 이루어 난 수염.
6 볕에 말리려고 널어놓은 곡식.
7 흐트러버린.
8 빨아서 깨끗한.
9 衣服.
10 더럽힌.
11 어린 순.
12 위를 막아버린.
13 무쇠로 만든 상자.
14 상급 날름쇠가 달린 큰 열쇠.
15 가라고.
16 '바다에'의 뜻.
17 3字(약간의 글자)를 새겨서.
18 開門開托.
19 분명하게 새겨 보이니.
20 흰모래밭[白沙場]에 와서.
21 차에(지명)水邊.
22 必有曲折한 것이어서.

「임보로 임박사 시절 당허건 게푼계탁」이엔[1]
글 삼제 박여시난 이거 필야곡절하다.
강 보저.[2] 상거슴 통쇠 설랑하게 열안보난
꽃같은 아기씨가 있었구나.
「아이고 너는 누구냐」
「나는 동해용궁 말제뜰아깁네덴」 ᄒ난
「어떤 일로 이딜[3] 오랐느냐?」
「아방 눈에 굴리나고 어멍 눈에 시찌 나난[4]
귀양정배 보내여부난 이까지엥 오랐읍네다.」
「너 잘 ᄒ는 것이 멋일러냐?」
「아이고 난 아무것도 못헙니다마는 시겨봅서,
허여보쿠댄[5]」 영ᄒ난.
「경ᄒ건 아직은 우리 인간에
인간 명진국 할마님이 어시나난[6]
널란 경하랑 우리집이 강 우리 안부인
포태胞胎[7]나 시겨보라」 「어서 기영 헙서」,
임박사 안부인 포태를 시깁대다.
한달 두달 아호열달 준삭[8]되어도
포태시길 줄은 알아도 해산혈 줄은 몰란
열달이 넘어가난 아기 어멍도 죽을 ᄉ경,
뱃속에 있는 아기도 죽을 ᄉ경이 되어가난
그때엔 임박사가 하도 갑갑하고 답답허난
임박사가 몸모욕 ᄒ여간다.[9]
챙결터[10] 좋은 들로 산천영기 보안 춫앙가난
두 일레 열나흘동안 금바랑소리를
옥황데레 원정을[11] 들어가난 옥황상저님이
「어떵헌 일로 인간에 칭원허고[12] 원통헌 백성이 있어나
두 일레 열나흘을 밤낮으로 옥황데레
금바랑소리로 등장을[13] 들엄시니?」 영ᄒ난
그때 선관도서가 인간에 굽언보난

1 이라는.
2 가서 보자(희망 표현).
3 여기를.
4 부모 눈에 벗어났다는 뜻의
   상투적 표현. '굴리'의 원뜻
   은 '가루[粉]'.
5 해보겠습니다고.
6 없었으니.
7 임신.
8 準朔(?). 滿朔의 관용어구.
9 정성을 들여간다.
10 청결한 땅.
11 原情 - 사정을 하소연함.
12 請願.
13 等狀 - 다수인이 連署하여
   관청에 하소연 하는 일.

임보로 임박사가 옥황데레 금바랑을 올렴더라.

「너 어떤 일로 옥황데레 금바랑소리[1] 울리느냐」

「아이고 우리집이 안부인 포태되어 해산 못해여

어멍과 아기에 죽을 사경되였수다.

아이고 해산시겨 줄 할마님이나 내보내어 줍센

옥황상저님이 등장을 들엄수덴」 ᄒᆞ난

선관도서님은 옥황상저님 전에 간 임박사 ᄀᆞ른대로 여쭈시니

옥황상저님 곰곰들이 생각ᄒᆞ연 보난

「인간에 간 해산시기젱 ᄒᆞ민 아무나 강 경[2]

해산도 못시기고 어느 누게 인간드레 네보내코나[3]」

생각 끝에 명전대왕 ᄄᆞ님애기 불러다

「너 인간에 가 해산시겨 두엉 오랜」 ᄒᆞ난[4]

「아이고 내가 어찌 그런 엄중한[5] 일을 ᄒᆞᆯ 수가 있십네가」

「이른일곱해 동안 배운 거 어서 강[6]

해산시겨 두엉 오랜」 ᄒᆞ난

「아이고 날 내보내커나[7] 나 ᄀᆞ른양[8] 츨려줍서

남방사주[9] 저고리에 북방사주[10] 말바지 입고

열두복 대홍대단[11] 홑단치매[12]도 줍서」

외코 좁은[13] 백농보선 나막창신[14] 둘러신고

만상족도리 호양미감태 둘러쓰고

물명지 장옷[15] 열두 단추를 달고

할마님은 내려사젠 ᄒᆞ난

「참실도 ᄒᆞ제[16] 줍서 은ᄀᆞ새도 내여줍서,

금주랑 철죽대[17] 은주랑 말죽대[18]도 줍서」

ᄆᆞᆺ뜩 츨려와 주난 이곳 산으로 내려사난

임보로 임박사네 집에 날려들어간다.

지동들[19]에 간 마패[20] 물멩지 치매 벗언 걸어두고

북덕자리[21]에 츨려놓아 아기 어멍 상가매[22]

설설 열시번 실어 아기 어멍 오순이[23] 실어가난

아기 머리에 돌려간다[24]

1 바라소리. '금'은 접두사.

2 가서 그렇게.
3 내보낼 것이겠느냐.
4 해산시켜 두고 오라고
   하니까.
5 '숭엄하고 중대한'의 뜻.
6 가서.
7 내보내려거든.
8 내가 말하는대로.
9 藍紡紗紬.
10 白紡紗紬.
11 大紅大緞.
12 홑單치마.
13 코가 하나인 좁은.
14 나막신.
15 좋은 명주로 지은 얼굴 가
   리는 나들이옷.
16 빨리.
17 할마님이 짚고 다니는
   지팡이.
18 上同.
19 기둥[柱]들.
20 마패(신표).
21 아기 해산할 때 짚을 깔아
   놓은 자리.
22 머리 꼭대기의 소용돌이 머
   리털.
23 가슴.
24 아기가 나오려는 것.

그때에 아기 어멍 열두 빼 다 문을 열려[1]
은 ㄱ새로 아기 코 주둥이 주악[2] 건드리난
머리 받은 물 시더지엉[3] 할마님에사
아끈장석 한 장석[4] 김을 주난 임박사 안부인
없는 장석 내ㄷ른다.[5]
없는 힘이 내솟아 고운 맵시 고운 기상
그려나 인간 탄생 시깁대다.
그때엔 다시 조친건[6] 내왕 아기왕 어멍광
갈란[7] 참실로 배똥줄[8] 묶언 은ㄱ새로
뱃동줄 끊어 아기 몸모육시겨 급 갈라시난[9]
동이용궁 ᄆᆞᆯ젯ᄯᆞᆯ애기 나산[10]
「댕기다 오란 보난[11] 아이고 해산되었고나.
아이고 내가 포태 준 거 어느 년이 오라 해산을 시겼느냐」
날려들멍 머리 심언[12] 매탁허니[13]
넋난 명진국 할마님은 옥황드레 도올란[14]
옥황상저님전에 간
「아이고 사실이 약하약하 ᄒᆞ여 오랐읍네다.」
옥황상제가 불러간다.
「동이용궁 말재뜰도 불러라. 명전대왕 따님애기도 불러라.
너네덜 이리 오라 은동이 놋동이 주서리 남동이에[15]
이레 물을 하나씩 주커메[16] 이 물 알들에[17] 비와그네
이물을 다시 은동이로 담앙 보라.」
그 물을 알뜰에 비완 담는 게 명전대왕 따님애긴
그 물을 그릇들에 오못 땅땅 부어난[18]
동이용궁 ᄆᆞᆯ잿ᄯᆞᆯ애기 비온 물은 어느 동안
땅 알래레 숨어버련 담을 수가 없고.
「너네덜 이제랑 꽃씨 한 방울씩 주커메
이 꽃씨 심거 수둠[19] 주고 물 주어 키와보랜」 허난
수덤 주고 물 주어 키움는 것 보난
명전대왕 ᄯᆞ님애기 심근 꽃은 보난 불리는[20]

1 뼈마디가 늘어나고 궁문이
  열리려는 것.
2 조심성 없이 하는 행동.
3 양수가 쏟아져서.
4 작은 힘 큰 힘.
5 없는 힘을 내지른다.

6 태반.
7 구분하고.
8 배꼽줄.
9 구분 지어놓으니.
10 나서서.
11 밖으로 다니다가 와서
   보니.

12 머리끄덩이를 잡고.
13 매질하니.
14 올라가서. '도'는 접두사.

15 나무그릇에.
16 여기에 물을 하나씩
   줄테니.
17 밑에. 바닥에.

18 '몽땅 담고'의 뜻.

19 거름.

20 뿌리.

와불리에 가지가지 송애송애[1] 스만오천육백가지 버러지어
동덜에[2] 번은 가진 동청록[3]이고
서더래 번은 가지 서과냥 서백금이요[4]
남더래 번은 가진 남장수[5]
북더래 번은 가진 북하수나[6] 되었,
프룩프룩 자라나고
동이용궁 말잿뚤아기가 심근 꼿은 보난
가지는 외가지 하나 나오고,
불리는 보난 알로 불리만
스만오천육백가지 불리로 번었구나.
그때엔 옥황상제가 둘이 불러다 놓아
「이걸 보나 저걸 보나 명전대왕 뚜님아기랑
인간 명진국 할마님으로 들어상
피인[7] 집안 자손에도 강[8] 포태를 주고
가난한 집안 자손에도 강 포태 주어
가지가지 송애송애 벌어지게 시겨주라」
동이용궁 말잿뚤애긴 불러다
「널라근 저승 구천왕구불법으로[9] 들어사그나[10]
명진대왕 뚜님애기 포태주엉 나두거든
석달만이 물로 피를 흘르게[11] 흐고
다섯달 어멍 일곱달 아홉달만이나
몸천[12]으로 나리게 허며
법지법 마련허고 널라그네 아기 나은
사흘만이 일레만이 백일만이나
아기어멍 아기 업엉 댕겨글랑[13]
삼도전 시켜리나[14] 사도전 니켜리나 놀다가
아기 젖냄새 맞차[15] 딸라들어[16]
토호락징[17]도 불러주고
밤이 되면 밤 역시[18] 흐여
도락[19]해여 울개흐고

낮인 되민 낮 역시 ᄒ여 울게 ᄒ고
혼사를 급헌매1 혼일레 늦은매
정풍청새2 지엉 불러주고
아기 젖은 열다섯 십오세 안의 아기들
서천꽃밭데레 돌앙가고3」
법지법 마련허던 동이용궁 말젯뚤아기.
명전대왕 ᄄᆞ님애기
한달 여섯번 상을 받아 초사흘 초일레
열사흘 열일레 스무사흘 스무일레.
이 팬 되민 상 받앙 열다섯 안에
아기덜 아프민 날도 달도 아니보아
이날인 강4 할마님 상 찰려놓아 빌고
떡도 디리고 허민 좋고
구삼싱5 상 받는 날은 초아흐레 열아흐레
스물아흐렛날랑 구삼싱 동이용궁 말젯뚤아기
상받으렌 법지법을 마련되였수다.
그 법으로 이공 서천 도산국 법을 마련ᄒ였수다.
할마님과 동이용궁 말젯뚤아기
난산국 본산국6 시주 낙향7 본이외다.

1 경기(驚氣=驚風), 급경풍,
  만경풍 등으로 구분.
2 간질병의 일종.

3 서천꽃밭으로 데리고
  가서.

4 이 날은 가서.

5 소아 잡병신. 동해 용궁 딸.

6 본래 태어난 곳과 그 내력.
  '본산국'은 '本産國'.
7 본을 다 풀었다는 뜻.

3. 마누라본풀이[1]

고대중[2] 씨 구송(남무, 46세, 구좌면 세화리 거주)
1962년 8월 채록

옥황상저 뜬님애기 삼승 정월초사흗날
노각성이 주부질로[3] 금시상 내려와서
남방국 투릅으로 울성[4] 들러 내외성內外城[5] 들러
오칭경 대 무어[6] 할마님 좌정ᄒ여
호양미 감튀 양피배재[7] 금주랑철죽[8] 둘러짚으고
해튼국 둘튼국 동양삼국 각성받이 각가부이 주순
할마님이 포태주어
아방몸에 뼈를 빌고 어멍몸엔 술을 얻어
감운피 한피[9] 달여내여 석돌은 물로 놀고
다섯돌에 뼈를 만들고 일곱달에 술을 맨들아
남녀구별을 그려놓고 아홉돌 열돌 과만준삭[10] 채와서
금시상 주손을 할마님이 열두구애문 열려 생불[11]시깁대다.
할마님 생불시긴 주손들에 한둘 육일 여쐬
초사흘은 초일뢰 열사흘은 열일뢰 수무사흘 수무일뢰[12]
할머님이 주순덜 돌아보저 호양미 감투에[13] 양피배재
처녀물체[14] 금주랑철죽을 둘러짚어
할마님이.주손 돌아보저 대로으로 행ᄒ더니
어전또님[15]은 할마님 생불시긴 주손에 얼굴촛이는 어전국과
홍진국紅珍國[16] 마누라님이 얼굴촛이 당하니
할마님 주순에 회명전구[17] 받져
영기를 거느리고 몽기를 거느리고
파랑 당돌끼 영서 맹기 선후배[18] 거느려 ᄂ려살 때
맹진국할마님이[19] 대로우로 행홀 때에 선배 홈쌍이
「대장부 행차시에 어떤 부인이 행홉니까?」 호암ᄒ니[20]
할마님이 노렴이[21] 생각ᄒ야 한쪽으로 비껴사니

1 천연두신, 홍역신의 신화.
2 구좌면 송당의 매인 심방. 세습무로서 착실한 성품의 큰심방.

3 '노각성'은 '鹿角城'일 수 있고, '주부질'은 좋은 길.(주부ᄃ라ᄂ신칼점의 길괘).
4 울타리성[圍城]
5 이중으로 쌓은 성. 집치레 한 말.
6 五層頃 臺를 무어.
7 羊皮배자.
8 주랑 - 주렁막대기. 철죽 - 쇠지팡이. 금은 신성함을 표시하는 접두사.
9 검은 피 흰 피.
10 過滿準朔.
11 生佛. 탄생, 출산의 무가적 공식어구.
12 이 6일을 할망날이라고 한다.
13 양털이 붙은 감투.
14 미상.
15 천연두신. '또', '님'은 신명 존칭어미. '~또님'은 2중으로 존칭어미가 겹쳐진 것.
16 홍역신(천연두신과 夫婦神).
17 호명정궤 - 홍역시키는 일의 무가적 표현.
18 先後陪. 행렬 앞뒤의 수종원.
19 삼신할망의 또 다른 이름. 生佛할망이라고도 한다.
20 호령하니.
21 노엽게.

어전국이 할마님 있는데 당두ᄒᆞ니 할마님을 보니
선배 흠쌍 보고 책망ᄒᆞ대「ᄒᆞᆫ불로 책망말라」ᄒᆞ야두고
맹진국할마님보고 말씀ᄒᆞ되「할마님은 어드레 가십니까」
「나는 ᄌᆞ순덜 돌아보저 나옵니다.
어전또님은 어드로 갑니까」
어전또님 말씀ᄒᆞ되
「할마님 생불시긴 ᄌᆞ손에 회명전구 받저 ᄂᆞ려옵네다」
할마님이 말씀ᄒᆞ대
「어전또님한테 부탁ᄒᆞ겠수다. 우리집이 단ᄯᆞᆯ애기
무남독녀 있어지니 ᄆᆞᆯ 우이서 회명전구만 하여줍서」
어전또님 대답ᄒᆞ되「걸랑 그리ᄒᆞ옵소서」대답ᄒᆞ니
할마님과 어전또님 갈여사서[1] 할마님은 동양삼국
각가各家부이 ᄌᆞ손들에 ᄒᆞᆫ ᄃᆞᆯ육일 여쐬 돌아보고
집으로 상ᄒᆞ여 오고보니 단ᄯᆞᆯ애기 무남독녀가
얼굴이 억구시구 비틀어지구 주리주리 매여지구
ᄏᆞᆨ박새기가[2] 되었구나.
「어전또님에게 구만이[3] 부탁ᄒᆞ였더니
물ᄐᆞ래기 코ᄐᆞ래길 주어시니 괴씸ᄒᆞ구나」
할마님이 노실이 생각ᄒᆞ시고 어전또님 부인님은
홍진국마누라님인디 홍진국마누라님안티
할마님 가서 포태 주고 아홉ᄃᆞᆯ 열ᄃᆞᆯ 과만준삭 차되
해산 아니시기시고 열두ᄃᆞᆯ 열넉ᄃᆞᆯ 열애섯ᄃᆞᆯ 열애ᄃᆞᆸᄃᆞᆯ
수무ᄃᆞᆯ 수무두ᄃᆞᆯ 수무넉ᄃᆞᆯ 나도록 해산 아니시기시니
홍진국마누라 죽을 ᄉᆞ경되야 배는 태돛[4]ᄀᆞᆮ이 불어지고
발은 덩드렁[5] 모양으로 붓어지고 죽을 사경 당허시니
어전또님이 걱정ᄒᆞ와 용궁할망[6]한틔 가 말씀ᄒᆞ되
「우리집 부인님 살려줍서」「어떤 일입니까?」
「노자님이야 배였는지 스물넉달 되도록 해산 아니시기시니
죽을사경 당합네다. 살려줍서」이르시니 용궁할망 말씀ᄒᆞ되
「우리는 스물넉달 난 애기 해산 못시깁니다」

1 서로 헤어져서.
2 ᄏᆞᆨ=바가지=박세기.
3 그만큼이나.
4 큰 돼지.
5 짚을 두드리는 둥글넓적한 돌판.
6 구삼싱할망 - 악삼싱이라 고도 하는 악신.

이르시니 어전또님 말씀ᄒ되 「그러면 어찌ᄒ면 되오리까?」

「명진국할마님한틔 가서 말씀 디립소서」

어전또님이 집이 돌아가고 선배 한쌍이

「맹진국할마님을 강 청해오라」 일르시니 선배 한쌍이

맹진국할마님 청ᄒ래 할마님 사는 주당¹의 먼문에 가

거래ᄒ니 할마님은 볼썸² 알아서

「어전또님 그런 남저양반이

우리같은 여인 청해여다 홀일 없으니」

선배 함쌍 보고 말을 ᄒ되 「어서 가라」

일르시니 선배 함쌍이 돌아오고 어전또님에게 말씀ᄒ되

「그런 남자양반이 우리 여인을 청해여다 홀일 없으니

어서 가라고 후욕³ᄒ십대다」 여쭈시니 어전또님이

「나냥⁴으로 갈 일인데 노렴이 생각ᄒ시고

할마님이 아니오시는구나」 생각해야

영기를 거느리고 나고가 할마님 사는 주당을 당도해야

먼 문에 가서 거래ᄒ니 할마님은 대답ᄒ되

「어전국ᄀᆞᆮ은 그런 남자양반이

우리 예편 사는듸 올 일 없으니 어서 갑서」 ᄒ는구.⁵

어전또님 말씀ᄒ되

「우리집 부인님만 오랑 살려줍서」

예쭈시니 할마님 말씀ᄒ되

「우리집의 단똘애기 개거든⁶ 전잇 얼굴과 기상을 그려놉서」

「걸랑 그리 하오리다」

어전또님이 대답ᄒ고 집으로 돌아오고 영기를 거느리고

몽기를 거느리고 파랑당돌끼 영서 맹기 선후배를 거느리고⁷

할마님 사는 주당의 들어오시고

단똘애개 무남독녀에 회명정구를 다시 허는구.

삼일을 앓이고⁸ 삼일은 발표ᄒ고⁹

구일 아흐레 도사고¹⁰ 손 배송 반안 나올때

어전또님 할마님한틔 다시 고쳐 부탁ᄒ니

1 住堂.

2 벌써.

3 厚辱.

4 나대로. 내 자신이.

5 하는구나!
현재형 감탄 종지형.

6 그렇거든. 그렇다면.

7 '파랑당돌끼~거느리고는'
모두 행차를 꾸미는 상투적
표현.

8 앓게 하고[使役形].

9 돋고.

10 돼서고-나아가고[癒]. 보통
홍역은 3일간 앓고, 6일까
지 돋고, 9일까지 아물고,
12일째에 배송한다고 한다.

「할마님 우리집 부인님만 살려줍서」 예쭈시니
할마님 말씀ᄒ되
「노렴을 풀릴 수가 없어 우리는 ᄃ리 없으면 못갑니다.
마흔대자 황보석 대다리 깔립서. 새미영[1] 생양패[2]
강명지[3] ᄃ리 물명지[4] ᄃ리 새양패 ᄃ리를 놓읍소서」
어전또님 말씀ᄒ되 「걸랑 그리하오리다」 일릅대다.
일러두구 어전또님 집으로 돌아오고 할마님 낫이[5]
강명지ᄃ리 대령ᄒ고 물명지ᄃ리 새미명ᄃ리
새양피ᄃ리 신세마포ᄃ리를 대령해야 놓오시고
할마님이 호양미감티[6]에 양피배재에 천여물체를 둘러쓰구
금주랑철죽을 둘러짚고 할마님이 외씨같은 자국에[7]
강명지다리를 펄펄 달아서 어전또님 사는 주당의
들어가고 보니 동살장 친방[8]이 각장장판[9]이 되니
할마님이 말씀ᄒ되
「우리는 각장장판角壯版이는 발름끌어와서[10] 몬들어갑니다.
북덕자리[11]를 내깔립서」. 북덕자리 내깔리니
할마님이 친방에 들어사고 홍진국부인님 허리 알을[12] 쓸ᄃ리니
홍진국부인님 아기어멍 임댕이[13]로는 방울땀이 둘둘 나고
더운 징을 주구[14] 시간 시간 찬징을 주며
다시 더운 징을 주며 허리알을 쓸ᄠ려
머리 아던 물을 도지는구.[15]
열두구애 문열려 생불시겨 내여놀 때
종이붓을[16] 씨와 해산시견 내여놓니 어전또님 말씀ᄒ되
「좋은 얼굴을 내보내줍서」
어전또님 말씀ᄒ니 할마님 말씀ᄒ되
「어전또님은 얼굴찾이 되니 얼굴이야 못보겠읍니까?」 ᄒ면서
은ᄀ새를 내여놓고 종이붓을 쓸ᄃ리니 종이붓이 열려지니
귀남동저를 탄생시켰구나.
뱃또롱줄[17] 묶어 졸라매고 은ᄀ새로 뱃또롱줄 기차[18]내여놓고
ᄆ른상삐[19] ᄃ려 몸닦아내여놓고

1 새 무명.
2 生羊皮.
3 굵은 명주.
4 좋은 명주.
5 몫으로.

6 양털이 붙은 감투.
7 버선자국. 발자국에.

8 寢房.
9 상류가정의 두꺼운 종이 장판. 일반 서민은 삿자리를 사용.
10 미끄러워서.
11 짚북덕이자리.
12 아래를.
13 이마[額].
14 더운 징을 주다=산모가 땀 흘리는 모양의 표현.
15 태아의 머리가 앉은 핏물을 내리게 하는구나!

16 胎는 아니고 얇은 종이 같은 것을 쓰고 나오는 애기들이 있다고 한다.

17 배꼽줄.
18 끊어.
19 마른 깨끗한 걸레.

삼일 사흘은 할마님 손돋움메[1]를 받고,
칠일 일뢰는 치셈메[2]를 받고
석들열을 백일은 백일메를 받기를 서립ᄒ고
할마님이 ᄌ손들에 한들 육일 엿세를
심방ᄀᆞᆯ이[3] 지국헙데다.[4]

1 손으로 매만져주는데 대한
  감사의 멧밥.
2 致謝의 멧밥.
3 심방과 같이.
4 지극하게 합대다.

4. 초공본풀이[1]

고대중[2] 씨 구송(남무, 46세, 구좌면 세화리 거주)
1962년 8월 채록

초공본풀이 아룁니다.
초공 임정국 상시당[3] 마누라님.
짚은 궁도 궁입내다. 얖은 궁도 궁입내다.
삼저삼궁 전제석궁 신임초공 임정국 상시당.
초공하르바님 성하르방[4]은 석하여리釋迦如來.
성하르망[5]은 석카모니.
외하르방은 천에올라 임정국대감님[6]
외할마님은 지에나려 지애짐진국부인님
초공아방은 황금산 주접[7]선생
초공어멍은 노과단풍자지명왕애기씨[8]
저산 앞이 발이벗나 줄이벗나 광대월산 금하늘
신임 초공 임정국상시당 하늘님
전싱 궂인 신구월 초여드래[9]
본명두[10], 열여드래 신명두[11], 스무여드래 사라서쪽 삼명두[12]
저승은 삼시왕[13] 이승은 삼하늘 삼명두 이십팔년
신임초공 임정국상시당 마누라님 난수생입니다.[14]
천하 올라 임정국대감님이 이습대다.
지하나려 지하 짐진국부인님이 이습대다.
천하 올라 임정국대감님과 지하 나려 짐진국부인님이
부부간이 되옵대다.
주년국땅이 노싱샘이 노싱땅이 물을 먹고
강답畓[15]이는 강나룩[16]과 차답畓[17]이는 차나룩[18]을 싱거먹으며
사는 것이 천하거부로 살아지되 이십은 스물 삼십은
서른 사십은 마흔, 오십은 쉬은격이 근당近當허되,
남녀간이 생불生佛없어 무이이화[19]하옵대다.

1 巫祖神 삼 형제의 신화.
2 천지왕본풀이 구송자 주 참조.
3 上神堂.
4 姓하르방=親祖父.
5 친조모.
6 대감은 正二品 이상 관원의 존칭.
7 주저 - 주자(朱子) 등으로 발음된다.
8 초공 어머니의 긴 이름.
9 맏이의 생일.
10 맏이 이름.
11 둘째 이름.
12 셋째의 이름.
13 巫祖 삼 형제. 일반인은 죽으면 十王에, 심방은 죽으면 三十王에 불려간다는 관념.
14 본풀이. 여기까지는 神統을 제시한 序詩 부분.
15 乾畓.
16 마른 벼.
17 중간 논.
18 찰벼. 陸稻는 별도로 산뒤 [山稻]라고 한다. 실제보다는 리드미컬한 무가적 표현.
19 無依而和(?) - 무가의 상투적 표현.

천에올라 임정국대감님이 들으¹ 노변이 나가보니
만물 푸십새² 나무돌카막쇄³가 아바님 어머님을 허고
집대래 돌아오다보니 동리에 사는 걸바시⁴ 집이서
앙천대수를 하엽드라.
담궁기로⁵ 눈을 소아 바래어보니
걸바시들이 매여앉아 아이새끼 하나을 놓고
이리 둥글려 웃음 웃고 저리 둥글려 웃음 웃으며
앙천대수仰天大笑를 하는구나.
집이 돌아오며 생각허니 어이없고 측량없도다.
나무돌카막새 만물푸십새가 어멍 아방 말 듣고
동리에 걸바시들도 아희를 나서 어멍 아방 말 듣고
둥귈이며 앙천대수를 허는듸 우리 낳던 날은 어떤 날에 나며
남 아니 낳은 날에 나아 오십 쉰격이 근당허되
아바님 말 어머님 말 한번 못 듣고
우리 오라간⁶ 본매가⁷ 없을듯하니 팔저도 기박허고나.
집이 들어오고 지애짐진국부인님이며 같이 앉아서
은단펭을⁸ 내어놓라 허고 참실로 펭아개기⁹를 걸려서
이리 둥굴리되 웃음 아니나고 저리 둥글리되 웃음 아니나니
부부간이 앉아서 홀목¹⁰ 잡고
「우리내외간 무슨 팔자인데
남녀간이 무자식ᄒ고 오십 쉰격이 근당허되
아바님 어머님 말을 못내듣는고」 하오시며
부부간이 홀목 잡아서 앙천통곡을 하옵대다.
통곡허시더니 황금산이 도단땅 절간이 대서직헌 소서중이¹¹
하늘갈는 금송낙을 둘러쓰고 지애갈는 굴장삼을
둘러입고 목에는 단주를 걸고 손에는 목덕¹²을 치어
주년국땅 노싱땅 노싱샘이 들어오라
천하올라 임정국대감집이 들어오고 집알로 도나리며
「소승배입니다」 마당나구리 땅나구리가¹³ 앉아둠서로
디러울리고 내울리는고! 천에올라 임정국대감님이

1 들[野]의.
2 온갖 푸른 것.
3 木, 石, 까마귀.
4 거지.

5 담 구멍으로.

6 이 세상에 오고 간.
7 본매본짱=신의 증거물. 여기서는 근거, 자취.
8 銀甁.
9 병목.
10 손목.

11 대사를 지키고 있는(모시고 있는) 소사중.

12 木鐸.

13 좋은 개들을 말하는 것이라고 한다.

문전에 나오고 보니 소서중이 굽어 업대해였더라.

대감님이 말씀ᄒ되 「어느절 중이냐?」

「황금산도단땅 대서직헌 소서중이 되옵내다」

「이중저중 오윙팔과를[1] 가졌느냐? 단수육갑[2]을 가졌느냐?

오윙팔과 단수육갑 집들줄을[3] 아느냐?」

소서중이 대답ᄒ되 「수면이나[4] ᄒ옵내다」

대감님이 말씀ᄒ되

「오윙팔과는 단수육갑 원천강이나[5] 집더보라.

천에올라 임정국대감님과 지에짐진국부인님이

부부간이 되는디 남녀간이 생불이나 있겠느냐?」

소서중이 오윙팔괄 단수육갑 집들듯말듯 ᄒ시다가

「대감님아 대감님아 늦겨졌읍니다마는

우리 법당이 오랑[6] 수륙[7]을 드려시민

남이나 예나 탄생ᄒ듯 ᄒ옵내다」

「너의당의 원불수륙[8] 드리레 가자ᄒ면 어찌 출려가느냐?」

소서중이 말을ᄒ되

「아방먹던 금백미 어멍먹던 매백미

백근장대 저울이고 밤이는 촌 이슬을 마치고

낮이는 촌 뱃을 마쳐 사흘 앞서는 단단의복 개주심을[9] ᄒ고

마바리에 실러아정[10] 우리법당 원불수륙드리레 도옵소서.」

「걸라근 그리ᄒ라」

부인님이 이미 권재삼문[11] 뜨어주니 소서중이 받아놓고

황금산 절간이 올라가고 대감과 부인님이

석둘 앞서는 제겨[12] 들고 칠일 일화는 몸정성을 ᄒ고

아방 먹던 금백미 어멍 먹던 매백미

백근장댈 저울리고 밤이는 촌이슬을 마치고

낮이는 촌볏을 마쳐 사흘 앞서는 단단의복 개주심을 ᄒ고

마바리에 실러아전 황금산 절간으로

부부간이 출려아전 나고가는고![13]

황금산 도단땅 절간일 들어가고 올래에[14] 물팡돌[15]에

1 五行八卦.
2 段手六甲. 段手는 손가락 매듭으로 予占하는 것.
3 짚을 줄을.
4 조금.
5 唐代의 占師. 여기서는 占의 일종.
6 법당에 와서.
7 水陸齊의 준말. 불가에서 수륙의 잡귀를 위하는 재. 제주 무속에서는 祈子祝願.
8 자식을 원하는 불공.
9 單벌 의복을 새로 다시 입고.
10 말 짐에 실어가지고.
11 중이 얻어가는 약간의 齋米.
12 齋戒.
13 나아가는구나!(감탄종지형, 현재형)
14 大路에서 집으로 들어가는 入口.
15 下馬石.

마바리를 부리시고 대감님이 호암을 ᄒᆞ니
소서중이 하늘ᄀᆞᆯ은 굴송낙을 쓰고 지애ᄀᆞᆯ는 굴장삼을 입고
목에 염벌을 걸고 나고오라 「소승배입니다.」
대감님이 말씀ᄒᆞ대 「어느절 중이냐?」
「황금산 도단땅 대서직헌 소서중입내다.」
「너의 대서님전 이말 여쭈아라. 주년국땅 노성땅에 사는
천하올라 임정국대감님과 지아ᄂᆞ려 짐진국부인님이
너의 당이 영급ᄒᆞ다 ᄒᆞ기로 원불수륙 드리레 오랐노라
대서님전 여쭈시라.」
소서중이 대서님안티 돌아가고
「대서님아 대서님아 우리법당이 영급ᄒᆞᆫ 말이
멀리도 나았읍니다. 허령ᄒᆞᆫ 소문이 멀리 나았읍네다」
대서님이 말씀ᄒᆞ되 「어떤말이 되느냐?」
소서중이 「주년국땅 노싱샘이 사는 천아올라
임정국대감님과 지하느려 짐진국부인님이
우리법당이 원불수륙드리레 오랐내다」
대서님이 말씀ᄒᆞ되 「안ᄉᆞ랑도 츨리라 밧ᄉᆞ랑도 츨리라」
내외ᄉᆞ랑 츨리는고. 대감님과 부인님을 청해여다
부인님을 안ᄉᆞ랑으로 청ᄒᆞ고 대감님을 밧ᄉᆞ랑으로 청하고
뒷날 아적이는 돈아오는 일광님 지어가는 월광님
낙수괴낭 중청비단 당돌림 일월청신 위로해며 늙은중은
법굴[1] 치고 젊은중은 바랠[2] 치고 아히중은 소골[3] 치고
대서중은 보살을 읽으며
「천앙보살 사나줍서 지왕보살 사나줍서
애미보살 사나줍서 도령보살 사나줍서」
백근장대 내어놓고 준준이 저울이니 아흔아홉근이 매기라.[4]
대서가 말을 허되 「대감님아 부인님아, 백근이 차시면
남ᄌᆞᄌᆞ식을 탄생시킬건디 백근이 못내차 아흔아홉근이 매기라.
예궁예[5]로 시애ᄒᆞᆸ내다. 주년국땅 ᄂᆞ려사 합궁일을 보오시고
부부간이 천상배필을 무옵소서.」

1 法鼓를.
2 婆囉를.
3 小鼓를.

4 끝. 한계.

5 여자아이를 높인 말.

대감님과 부인님이 원불수륙 드려아젼 주년국땅 ᄂ려산다.
노싱땅이 노싱샘이 들어오고 대감님은 밧ᄉ랑에 주뭅고
부인님은 안ᄉ랑에 주무서 그날져녁 줌을 자더니
초경初更[1]이 넘나 이경이 넘나 삼경[2]은 깊은 밤이 근당ᄒ니
대감님 꿈에와 부인님 꿈에다 선몽[3]을 드리시되
대서중이 옥ᄀᇀ은 예궁예 애기씨를
장삼귀에 안아다가 부인님 품대레 쿰져배는고.[4]
염득 깨어나고 보니 꿈애 선몽이 되었더라.
안ᄉ랑에 있는 부인님이 밧ᄉ랑으로 창문으로 가서
「대감님아 대감님아」 부름소리 ᄒ오시니
「야밤중이 구신이냐 생인이냐? 옥출경을 읽으리라」
부인님이 말을 ᄒ되
「부인님이 되옵니다」, 「어찌해여 오랐는가?」
문을 열려주오시니 부인님이 들어오라 말을ᄒ되
「꿈에 현몽되기를 대서중이 예궁예 애기씨를
장삼귀에 안아다가 나의 쿰데레 쿰져배길래[5] 오랐네다」
「부인님 꿈에도 그렇게 ᄒ던가? 나의 꿈에도 그리ᄒ되」
대감님이 밧곁디 나가보니 별자리가 맞았구나.
오행육갑 짚어보니 내외간이 합궁일合宮日이 맞았더라.
부부간이 천상배필을 무었더니
아방 몸에는 석들열흘 뼈를 빌고
어멍 몸에는 술을 얻고 일곱돌에 예치기상을 그리고
아홉달 열돌 과만준삭 채오시고
예궁예 아기씨 탄생하고 이 애기씨는 탄생해야시니
「늦인득이정하님아[6] 배곁의 나가보라. 어느때나 되었느냐?」
가고 보랜 ᄒ였더니 늦은득이정하님이 말을 허되
「구시월 당해시니 만물푸심새에 단풍이 들었내다.
노가단풍자지맹왕아기씨로 이름 생명 지우시라」
ᄒ 술두술 커어간다.
열다섯은 십오세가 왕구녁은 차아가니[7]

천에올라 임정국대감님은 천하공서 살래옵샌 전갈이 ㄴ리고
지애짐진국부인님은 지에공서 살래옵샌 전갈이 올라오니
천하공서 살레가저, 지하공서 살레가저 ㅎ실 때에
남ᄌ자식ᄀ으면 책실로나 달아가건마는 예궁예라
달양갈수[1] 없어지니 어찌ㅎ면 좋으리오
생각생각 허시다가 몰암장은 비꼴장[2] 차하놓고[3]
아기씨를 궁안에 아찌시고[4]
「늦인ᄃ이정하님아 이 애기씨를 우리 오도록만
궁기[5]로나 밥을 주고 궁기로나 옷을 주어 키왐시면[6]
우리 오면 너는도 종바냑[7]을 시켜주마」
「걸락은 그리 하오리다」
일러시니 대감님과 부인님이 아기씨를 궁안에 디리놓아
열두올라 주석은 쌍거슴통쇄로 잠과놓고
아바님 잠근 통쇄 개철開鐵[8]은 어머님이 가젼가고
어머님이 잠근 통쇄 개철은 아바님이 가져간다.
천에공서 살려가고 지하공서 살려가부니
애기씨는 늦인ᄃ이정하님이 궁기로 밥을 주고
궁기로 옷을 주며 키왐더리시니.
황금산도단땅 절간이 대서직헌 소서중이
초싱반달은 반들반들 뜨고오라가니 삼천 선배[9]덜이
일만 거재[10]허고 글 지으기 활 쏘으기 해염더라.
황금산 주접선생이 삼천선배 글지고
활쏘는듸 가서 글지코 활을 쏘다가 노는 시간이 당허니
삼천선배가 말을 허되
「초싱 반달은 곱기도 고와지다」
황금산 주접선생 소서중이 말을 허되
「초싱반달은 곱기는 고와도 가운듸 계수나무 그늘이여.
우리 법당이 오라 원불수륙 디리언 나은 애기씨
노가단풍자지명왕아기씨 얼굴만인 못허구나」
삼천선배가 말을 허되

1 데리고 갈 수.
2 자물쇠 이름들.
3 채워놓고.
4 앉히시고.
5 구멍.
6 키우고 있으면.
7 종에서의 해방.

8 열쇠.

9 선비 - 유학자.
10 居士 - 학덕을 겸비하고 은
   거하는 자. 출가하지 않고
   法名을 가진 俗人

「그러면 너의 당이 수룩 드런 난 애기씨 작¹을 심어오라²」
소서중이 말을허되
「걸랑은 그리하오리다. 작을 심어오민 어찌하오리까?」
「작 심어오면 우리 삼천선배가 돈 삼천냥을 모두아 줄 것이며
작을 못내 심어오면 너는 목숨을 바치겠느냐?」
「걸랑 그리하오리라」하오시고 내길 하고
소서중이 절간이 들어가고 하늘글른 굴송낙을 쓰고
지하글른 굴장삼을 둘러입고 목에는 단주를 걸고
손에는 목딱을 치며 주년국땅이 노싱땅이 노싱샘이
ㄴ려오라 천하올라 임정국대감집이 들어오고
「소승배입니다」일으시니 마당나구리 땅나구리³가
누어둠서로 드리쿵쿵 내쿵쿵 주치는고!⁴
노과단풍자지명왕애기씨가 말을 허되
「늦인득이정하님아⁵ 저디 나고보라.
외헌⁶ 인간 오랐느냐?」
늦인득이정하님이 나가보오시니
소서중이 굽어업대를 ㅎ였더라
「어느절 중입내까?」
「황금산 도단땅 대서직헌 소서중입내다.
우리 법당이 가서 원불수룩 듸리온 아기씨가
노과단풍자지명왕아기씨
열다섯 십오세에 멩도 단단短短허고
복도 단단 짤라지기로 권재삼문⁷ 받아다가
헌 당 헌 절을 수배해야 맹과 복을 잇어주제⁸ 오랐내다.」
늦인득이정하님이 노과단풍자지멩왕아기씨안티 오라
그말ㅎ니「권재삼문 떠주라」ㅎ는고.
늦인득이정하님이 권재삼문을 떠가니 소서중이 말을 ㅎ되
「늦인득이정하님 손으로 흔말 준 것과
애기씨 손으로 흔홉 준 것이 맞사⁹를 못ㅎ올테이니
애기씨손으로 권재삼문을 주옵소서」

1 곁(즉갱이 - 겨드랑이).
2 잡아오라(심다=잡다).

3 좋은 개들.
4 짖는구내(현재, 감탄종지형)
   주치다 - 주끄다 - 짖다[吠].

5 下女 호칭의 상투어구.
6 웬, 어떤.

7 여기서는 약간의 齋米.
8 이어주고자.

9 對等(맞ㅅ다 - 대등하다).

늦인득이정하님이 애기씨 신듸 돌아가서 그말ᄒ니
애기씨가 말을 ᄒ되 「궁안네 안진 애기씨가 권재삼문을
어찌 내어주리 일르시라」 ᄒ는구나.
늦인득이정하님이 소서안틔 그말ᄒ니
「문은 내가 열아드릴태우니 권재삼문을 주웁소서」
「걸라근 그리ᄒ라」
소서중이 하늘 열려웁던[1] 천황낙해를[2] 둘러받아
ᄒ번을 둘러치니 천하가 진동ᄒ고 두번을 둘러치니
지하가 운동해야 열두올라 상거슴 통쇄가[3] 질로 생강[4]
열아지니 애기씨는 하늘 보카푸덴[5]
청너울[6]을 둘러쓰고 지애 보카푸덴
흑녀울을 둘러입고 양지에는 분상실을 ᄒ고[7]
권재삼문 떠오라 소서중을 드리실 때
소서중이 ᄒ착 전대 귀[8]를 물고 ᄒ손으로만 받으시니
늦인득이정하님이 말을 ᄒ되
「소서중 ᄒ착 손은 어디 갑네까?」
「하늘옥황 오웡팔괄[9] 단수육갑 집드레 가았네다」
애기씨가 권재삼문 비와두고 훅ᄒ게 돌아사니 으신[10]
손이 내들아 애기씨 상가매를[11] 연시번을 쓰는고.
늦인득이정하님이 「이중 저중 괴씸한 중이로다.
양반 집인 못뎅길 중이로다. 괴씸한 중 어서 가라」
일르시니 소서중이 말을 ᄒ되
「지금은 날 보고 후욕 논욕[12]을 ᄒᆸ내다마는
석달열흘 백일되면 날 생각이 무디무디 나오리라」 일르는고.
소서중은 권재삼문 받아 법당으로 올라가고
애기씨는 궁안에 들어가서 살암더니 ᄒ둘 두달 연석달
살아가난 먹던 밥엔 좀내[13]가 나고 먹던 물에는 펄내[14]가 나고
먹던 장에는 장칼내[15]가 나는고.
남대 육대 ᄌ죽대로 검유울어가는고![16]
검유울어가실 때에

1 하늘을 열었던.
2 무구의 하나인 搖鈴이라고
   한다.
3 쌍거스름의 큰 쇠.
4 저절로 쟁강.
5 볼까 싶다고.
6 옛날 여인들이 나들이 때
   쓰던 것.
7 양 뺨에는 분을 바르고.
8 자루의 한 쪽 귀.

9 五行八卦.

10 없는.

11 머리 꼭대기의 가마.

12 厚辱 論辱.

13 좀[蠹] 냄새.
14 진흙 냄새.
15 장냄새.
16 검게 시들어가는구나!(현재
   형, 감탄종지형)

「새금새금 연ᄃ래나[1] 둘금둘금 정굴리나[2] 먹고겨라」 ᄒ는고.
「늦인득이정하님아 연ᄃ래나 정갈리나 따오랜[3]」 ᄒ오시니
늦인득이정하님이 송동바구리[4] 짊어지고
굴마굴산 노조방산 신미신산[5] 곳 올라가보니
정걸리가 오미제가 있어지되
높은 낭이[6] 열매라 딸 수가 없는고.
「하늘님아 지하님아 모진 광풍이나 불어줍서.
정갈이와 오미제가 떨어지민 줏어다가
우리 상전님 맥여살리리라.」
모진 광풍이 후루루훌훌 부니 정갈리 오미제가 떨어진다.
송동바구리에 줏어담고 집이 돌아오라 애기씨를 드리시니
ᄒ방울 두방울 먹어가니 낭에 낭내 나고[7]
줄에 줄내가 나 먹을 수가 없어진다.
애기씨는 밥도 죽도 못내먹고 아무것도 못먹으니
남대 육대 ᄆᆞ라진다.
「천애공사 그만 살앙 ᄂᆞ려옵센 애기씨가 죽을ᄉᆞ경 되었내다」
전갈을 올리시고
「지애공사 그만 살앙 올라옵센[8]」
전갈을 ᄂᆞ리십대다.
늦인득이정하님이 「상전님아 상전님아 아바님과 어머님 오건
나 ᄀᆞᆺ는대로[9] 대답ᄒᆞᆸ서」 「어찌 대답ᄒᆞ오리오」
「어떤 일로 눈은 또 곰박눈[10]이 되었느냐?」 ᄒ거든
「아바님 어머님 오랍시카푸덴[11] 궁기를[12] 바래며
더디 오라부난[13] 울면서 부비여불기로[14] 곰박눈이 되였네다」
「어떤일로 코는 은ᄌᆞ봄으로[15] 줍은듯ᄒᆞᆫ 코이
물똥코이 되었느냐?」 ᄒ건 「어머님 아바님 더디오라가
울면서 콧물 무지려부난[16] 물똥코이 되였내다.」
「은ᄀᆞ새로 그런듯ᄒᆞᆫ 입은 어떤일로 작박입과[17]
뽀룽새입[18]이 되였느냐?」 ᄒ거든 「어머님 아버지 더디
오라가 앙작치면서[19] 울어부니 작박입이 되였네다.

1 연은 신성성 부여하는
  접두사.
2 정금나무.
3 따오라고.
4 작은 대바구니.
5 深山의 무가적 상투어구.
6 나무의.

7 나무에 나무 냄새가 나고.

8 살고 올라오십시오 하고.
9 내가 말하는대로.
10 곰박 - 떡 따위를 건지게 구
   멍이 숭숭 뚫린 국자모양의
   그릇.
11 오실듯하다 하고.
12 구멍을.
13 와 버리니까.
14 부비어버렸기 때문에.
15 銀젓가락으로.
16 문질러버리니까.
17 작박 - 나무로 길고 둥글게
   파서 만든 되.
18 눈이 쏙 들어가고 밤에 우
   는 새.
19 엄살부리며.

어머님과 아바님이 가실 때에는 홉삼시[1]를 마련흔걸
되삼시를 주어부니 부룽둥배가 되었네다」 대답흡서.
「발은 어떤 일로 동동발이가 되였느냐?」 흐거든
「아바님 어머님 올딜 지들리며 사서[2] 돌아다니기로
동동발이 되였내다 대답흡서」
아바님과 어머님이 천하공스를 그만두고 느려오고
지하공스를 그만두어 올라온다.
아바님 어머님 오니 노가당풍자지맹왕아기씨가 나고온다.
보오시니 전이 얼굴 기상이 없는구나.
어머님이 말씀흐되
「서룬애기 어떤일로 눈은 곰박눈이 되였느냐?」
「아바님 어머님 더디 오라가서 울러부난 곰박눈이 되였네다」
「서룬애기 어떤일로 은ᄌ봄[3]으로
좁은듯흔 코는 물똥코이 되었느냐?」
「아바님 어머님 더디오라가 울면서 콧물을 무지려부난[4]
물똥코이 되였내다」
「서룬애기 어떤일로 은ᄀ새로 끊은듯한 입은
작박입과 뽀롱새입이 되었느냐?」
「어머님 아버지 더디오라가 울면서 양작해여부니
뽀롱새입과 작박입이 되었내다」
「어떤일로 서룬애기 배는 부른둥배가 되었느냐?」
「어머님 아버지 가실 때에 홉삼시로 마련하였더니
늦인둑이정하님이 되삼시를 주어부니 부룽둥배가 되였내다」
「서룬애기 어떤 일로 발은 동동발이 되였느냐?」
「아바님 어머님 더디오라가 기딜리며 궁안이서
돌아댕겨부니 동동발이 되였내다」
「서룬애기 어떤 일로 야기는 홍실야개가[5] 되였느냐?」
「아바님 어머님 더디 오라가 궁기래래[6] 바래자고
고개를 자꾸 추어들으니 홍실야개가 되였내다」
어머님이 젖가슴을 쓸더리고[7] 보오시니 젓에 신줄이 사시난[8]

1 한 홉으로 세 끼를.

2 서서.

3 은젓가락.

4 문질러버리니.

5 야게 - 야개기 - 야가지 - 목.
　홍실같은 가는목.
6 구멍으로.
7 쓸어내리고.
8 힘줄이 섰으니까.

「궁안이도 바람이 드는구나!

양반이 집이 정결로다¹ 서당² 공중³이 났구나!」

쥑이기로 허여간다.

앞밭의도 벌틍⁴ 걸고 뒷밭이는 작두 걸고 스위당칠허고

ᄌ강놈을⁵ 불러다가 칼판머리 내꽂우아⁶ 애기씨를

죽이기로 해여간다. 늦인득이정하님이 말을 ᄒ되

「애기씨상전이 그른⁷ 죄가 아닙니다.

제가 그른 죄니 저를 쥑여줍서」 하오시니

늦인득이정하님을 쥑이기로 허여가니 애기씨가 말을 ᄒ되

「늦인득이정하님이 그른 죄가 아니라

제가 그른 죄니 저를 쥑여줍서」

ᄒ칼에 두 목숨 쥑일 수가 없고 네명경⁸을 내여놓고 보오시니

애기씨 배안에 중이 아들 삼 형제가 아잤구나.

ᄒ칼에 다섯목숨을 죽일 수가 없어지어

「제집ᄌ식은 열다섯 시오세 출가외인이 되어진다.

네 간 고장⁹ 나고가라」

감은 암쇠 내여놓며 행장거리 싯거아정¹⁰ 「어서가라」 허는구나.

노과단풍자지명왕아기씨가

ᄒ살적 두살적 열다섯 십오세전이 입던 의복 의장

속속들이 줏어내고 감은 암쇠에 실라아전 나구간다.

가다보니 애산ᄃ리가¹¹ 있어진다.

늦인득이정하님보고 말을 허되 「저건 어떤 ᄃ리냐?」

「단부모 단자식이 이별헐 때

애산마음을¹² 먹어서 애산ᄃ리哀算橋가 됩내다」

가다보니 등진ᄃ리背向橋¹³가 있어진다.

「늦인득이정하님아 저건 어떤 ᄃ리냐?」

「단부모 단자식 이별헐 때에 등진마음 먹었구나

등진ᄃ리 됩내다」 가다보니 자ᄇ연ᄃ리¹⁴ 이서진다

「저건 어떤 ᄃ리냐?」

「단부모 단자식이라도 제집자식 열다섯 시오세에

1　흉사로다.

2　祀堂.

3　구멍(?). 흠집(?).

4　벌틀 - 刑具.

5　사형집행자.

6　칼도마머리에 칼을 내꽂고.

7　그르친. 저지른.

8　內明鏡(?).

9　네가 갈 곳.

10　실어가지고.

11　神칼 占卦의 하나. 두 칼날
　　이 마주 향한 不吉卦.

12　吉하지 못한 슬픈 마음.
　　旅路의 슬픔을 寓意的으로
　　표현.

13　두 칼날이 등진 신칼점의
　　불길한 괘.

14　칼날이 나란히 놓인 신칼점
　　의 吉卦.

출가외인이 되어지니 옳은 ᄆᆞᆷ 먹었저 옳은 ᄃᆞ리 됩내다.」
청물내왙¹ 근당헌다 늦인득이정하님과 애기씨가 가실 때에
청물내왙티 근당하니 부룽둥배에 자국을² 디디면
빠아지고 빠아지고 허며 걷지를 못해여
애기씨가 눈물을 흘린 것이
바둑바둑 금바둑이 되고 옥바둑이 되는구나.
흑물내왓 넘어간다 청산도 넘어간다
흐윽산도 넘어간다. 백산도 넘어간다.
가다보니 애산이 불붙어 오름³ 아랫불이 오름웃테레 붙어간다
「저건 어떤 불이냐?」
「단부모 단자식이 이별헐 때
애산에 불붙으니 애산불이 됩내다」
가다보니 거신물 거신ᄃᆞ리가⁴ 이서진다.
오름 아랫물이 오름웃테레 거슬르니
「늦인득이정하님아 저건 어떤 일이냐?」
「단부모 단자식이 이별헐 때 거신물 거신다리 됩내다」
청수와당⁵ 근당近當헌다. 금동채 ᄃᆞ릴놓아 넘어간다.
흑수와당 근당헌다. 연봉채⁶ 다릴 놓아 넘어간다.
낙수와당 수삼천리 근당허니 갈 수가 없는구나.
강가 위에 앉아 애기씨허고 늦인득이정하님허고
앙천통곡을 해염더니 흰거북과 검은거북이 나오라
흰거북은 애기씨를 업고 검은 거북은 늦인득이정하님을 업어
낙수와당을 넹겨준다.
감은 암쇄는 간간물이⁷ 되었더라.
감은암쎄는 발섬⁸ 황금산 올라가고
ᄎᆞ나록⁹밭에 들어 나록을 먹음시니 소서중이 말을 ᄒᆞ되
「대서님아 감은 쇄가 짐을 실근 암쇄
ᄎᆞ나룩밭의 들어 ᄎᆞ나룩을 먹읍내다」
「놓아두면 그 쇄 조롬에¹⁰ 인간이 좇아올 듯하다 놓아두라」
늦인득이정하님과 노가단풍자지 맹왕애기씨와

1 푸른 모래사장.
2 발자국을.

3 작은 산[峀].

4 逆流水에 逆橋.

5 푸른 바다.
6 鳳釵(봉황형 비녀). '연', '금'
   들은 신성성 표시의 접두
   사. '연불', '연서답', '금바
   둑', '금백주' 등.

7 순식간에 사라져버림.
8 벌써.
9 찰벼.

10 꽁무니. 뒤.

늦인득이정하님이 가다보니 이른여덟은 공거림질이¹ 되여
어들로 가민 황금산데레 가는지 알수가 없구나.
너사무너도령² 삼 형제가 사았더라.
「어들로 가면은 황금산 절간데레 올라가느냐?」 이르시니
「욜로³ 갑니다」 질인도를 ᄒᆞ니 올라가다보니
열두문에 문직이가 사서 인정⁴ 달라 ᄒᆞ는구나.
홀수없이 열두복이 대용대단 홑단치매를 복복이 ᄇᆞ리면서⁵
열두문에 제인정을 걸어부니 허리만 둘러지었구나.
황금산 절간이 들어가보니 송낙 귀도 흔착이 웃고⁶
장삼귀도 흔착 없는 송낙과 장삼이 걸어졌구나.
그디 앉았더니 대서중이 송낙과 장삼을 입어간다.
「우리 저 대서님을 춫안오랐네⁷」 대서님이 말을 ᄒᆞ되
「날 춫앙온 인간이건 춧나록⁸ 시동이를⁹ 내여줄태이니
춧나록 술을 착쌀¹⁰ 으시¹¹ 까들이라」 ᄒᆞ오시며
춧나록 시동이를 내여준다.
가지고 가서 손콥¹²으로 까가니 손콥 아파 못내깐다.
니빨로 까가니 쓸이 삭아 아니된다.
「이만ᄒᆞ민 어찌ᄒᆞ리」
앉아둠서루 앙천통곡을 ᄒᆞ다 무정눈에 줌이 든다.
준지새여 만우새여 영낭새여¹³ 호박새가 ᄂᆞ려오고
방울방울 돈돈이¹⁴ 까놓아 동이바위에¹⁵ 앉았구나.
「주어! 저 새」 ᄒᆞ며 새 ᄃᆞ릴 때에¹⁶ ᄂᆞᆯ겟바람으로
체¹⁷는 ᄂᆞᆯ아나불고 쓸만 세동이가 슬그랑 해였더라.
아저다¹⁸ 대서님께 바치시니
「날 춫아온 인간이 분명ᄒᆞ다. 중은 부부간법이 없어지니
곱은 연질¹⁹ 놓아주건 해복당解腹堂이 ᄂᆞ려사라.
탕저생인 질 일러라. 유저생인²⁰ 질 일러라」
해복당이 ᄂᆞ려사고 초간 이간 삼간을 무어 살암더니
전싱궂인 신구월이 근당ᄒᆞ다. 초여드레 근당ᄒᆞ니
「아야 배여 아야 배여」

1 갈림길. '이른 여덟은 공거
  림질'도 상투어구.
2 巫祖 삼 형제와 후에 결의
  형제하는 사이.

3 이리로.
4 굿에서 司祭巫에게 주는 돈
  을 人情(제주), 施主(남부),
  別費(중부)라고 한다.
5 한 幅 한 폭 찢으면서.
6 없고.

7 찾아서 왔습니다.
8 찰벼.
9 세 동이를.
10 착쌀 - 쑤쪽쌀 - 싸래기.
11 없게.
12 손톱[爪].

13 종류 미상의 가상적인 새
   이름들.
14 알알이.
15 바위=가[邊], 동이 주변에.
16 쫓을 때에.
17 겨, 껍데기.
18 가져다가.
19 고운 연길. '연'은 신성성을
   표시하는 접두사.
20 (孔子, 孟子 같은) 儒者 聖人.

초여드레 본명두가 솟아나젠 ᄒᆞ니
본매[1]로 솟아나저 ᄒᆞ되 아바님도 못내본 본매로
어찌 솟아나리요. ᄂᆞ단[2] ᄌᆞ드랭이를 헐뜨리고 솟아난다.
예레드레 근당ᄒᆞ니 신명두가 솟아나젠 ᄒᆞ니
「아야 배여 아야 배여」 왼 ᄌᆞ드랭이로 솟아난다.
스무여드래 근당ᄒᆞ니 「아야 배여 아야 배여」
ᄂᆞ단 ᄌᆞ드랭이로 솟아나젠 ᄒᆞ난 큰성님이 솟아나
ᄂᆞ랑내[3]가 나고 왼 ᄌᆞ드렝이로 솟아나젠 ᄒᆞ니
셋성님이 솟아나니 ᄂᆞ핏내[4]가 나는구.
어머님 본매로 솟아나저 ᄒᆞ되 아바님이 못내본 본매라
못솟아나서 오목가슴을 헐뜨리고 솟아나고
초여드레 윙이자랑 예레드레 윙이자랑[5] 스무여드래
윙이자랑 노는 소리 글소리여 기는 것은 글발이여
ᄒᆞ설 두설 커가니 일곱살이 당하시니
양반이 신디[6] 가민 양반행실ᄒᆞ곡
무반이 집이 가민 무반행실 ᄒᆞ는구나.
일곱살에 삼천서당이 들어가고
굴목직이[7]로 삼 형제가 나는구나.
굴목직이 해며 뱃때기에 제를 줍아놓고
손가락으로 글을 쓰며 공부를 해였구나.
ᄒᆞ를날은 굴목으로 글읽는 소리가 자꾸 나니
선생님이 말을 ᄒᆞ되 「굴목직아 이리오라」 부르시니
굴목직이 삼 형제가 글을 쓴다. 천하문장 글일러라.
중이 아들 삼 형제는 뱃대기에 재줍아 놓아서 글을 써
천하문장 되여시니 잿부기로 일홈을 지우는고
큰잿부기 셋잿부기 족은잿부기 삼 형제로 일홈생명 지우시고
열다섯 시오세 왕구녁이 차아가니[8] 십월동당東堂[9]이 근당ᄒᆞ다.
삼천선배 일만거재가 상시관上試官이 과거보래 가는구.
잿부기네 삼 형제가 뒤에 둘라아전 가아가니 삼천선배들이
「잿부기네 삼 형제가 가면 우리 삼천선배는 과거를 못ᄒᆞ고

1 증거가 될 물건. 여기서는
　생식기.
2 우측.

3 날 것 냄새.
4 생피 냄새.

5 자장가의 후렴구.

6 있는데.

7 아궁이직이. 火夫.

8 성숙해지니.
9 4년마다, 또는 국가 경사시
　의 과거.

잿부기네 삼 형제가 홀테이니 떨어두엉[1] 가자」
배나무 배좌수집이 감나무 감좌수집이 감과 배가 열었더라.
「잿부기 삼 형제야 감과 배를 삼천방울 따오민
삼천선배 흔방울씩 먹엉 드랑 갈태이고
아니따오민 떨어두엉 갈태이니 따오라」 흐니
「올르지 못홀테이니 어찌흐리요?」
「삼천선배 우리가 올려주마」
삼천선배 올려주니 감남우이 배남우이 삼 형제가 올라가서
감과 배를 따아서 바지 강알[2]에 담아서 느릴수 없어지어
간간무렌[3] 삼천선배 흐고 느리지 못해여
감남우이 배남우이 그날 저녁 날을 샌다.
감나무 감좌수 꿈에 선몽을 드리되 감남우이와 배남우이는
청룡과 황룡이 얼거지고 틀어지언듯 해였더라.
뒷날 아적이는 나가보니 감남우이와 배남우이 왜흔[4]
인간이 삼 형제가 있어진다.
느리와다 「어디사는 선배냐?」
「해복땅 사는 잿부기삼 형제가 됩내다」 「어데레 가느냐?」
「상시관이 과거보레 갑니다.」
조반식상을 츨려다 놓으니 조반식상 삼 형제가 받으니
「과거해영 돌아올 때 우리집이 오랑 문전코서나[5] 지내달라」
「걸랑 그리하옵소서」 삼 형제가 나간다.
가다보니 청만주암[6]이 질가른다.[7]
가다보니 흑만주암이 질 카른다.
상시관이 들어가제하니 삼문을 잡아더라.[8]
청태산마고할만 사는 집이 들어가고 절 삼배를 들이시니
「어떠한 인간이 청청소년이 우리같은 막동늙은이신데레
인사를 드립니까?」
「그거 무슨 말씀입내까? 우리 조선은 여의지국이로되
우리는 늙은 조상도 있고 늙은 부모도 있읍니다.
할머니보고 그대로 넘어갈 수가 있으리까?

1 떨어뜨려 놓고.

2 가랑이에.
3 간 곳 없이 사라진 모양.

4 웬. 어떤.

5 門前告祀. 잘못된 쓰임.

6 푸른색의 작은 뱀.
7 길을 가로지른다＝凶兆.

8 三門은 큰 公共 건물의 정
   문. 닫았더라.

쥐연[1]이나 조금 빌립소서, 「걸란 그리합서」
그디 앉았더니 지둥통인[2]이 들어온다.
그날 저목[3]이 지둥통인 아버지 채식개날[4] 저목이 되니
제사를 먹고 사형제를 무어 삼헌[5] 출리고 집사를 출려서
제를 보고 뒷날 아적이는 지둥통인 어머니가
종이 석장을 사아오니 글을지되 「천지혼합 천지개투」
글을 지어 상시관이 조반식상 아저가는디 부쳤더니
상시관上試官이 조반식상을 받아서 상혜을 들러내니
글씬 종이쪽이 떨어지었더라. 줏어내고 바래여보니
상시관이 혜득[6] 못헐 글이로고!
「천하문장 글일러라. 이글 누게 지었느냐?」
상시관이 말씀ᄒ니 삼천선배가 말을허되
「나도 지었읍내다」, 「저도 지었내다」
하오시니 이글대로 써오랜허니 삼천선배가 하나도 못내쓴다.
상시관이 말씀ᄒ되 「삼문밖이 보오시라」, 삼문 열고 보니
중이 아들 삼 형제 잿부기가 삼 형제가 이서진다.
「이글 누게 지었느냐?」, 하오시니 삼 형제가
「우리 삼 형제가 지었내다」, 「이글대로 써보라」
발가락에 붓대를 접져 이리저리 쓰어간다.
그대로 뜰림없이 써어지었고나. 삼 형제를 과거를 준다.
삼천선배가 심사를 허되[7] 제주 부족한 생각은 아니ᄒ고
「우리 삼천선비는 과거를 아니주고
중이 아들 삼 형제는 과거를 줍니까?」 상시관이 말씀ᄒ되
「어찌하야 중이 아들이며 아니며 알 수 있겠느냐?」
「베상 꾸며[8] 멕여보면 중이 아들은 제육 안지를 아니먹읍내다」
상시관에서 베상꾸며 출려다가 제부기 삼 형제를 주니
제육 안쥐는 상알래[9] 묻는구나. 중이 자식 분명ᄒ다.
청일산도 걷우운다. 흑일산 백일산[10] 다 걷우고
삼 형제가 과거 낙방을 하였구나.
다시 고쳐 상시관이서 영이 ᄂ리되

1 主人. 여기서는 宿所.
2 관아의 관장에게 달린 잔심
  부름꾼.
3 저녁.
4 첫 忌祭祀날.
5 初獻官, 亞獻官, 終獻官의
  三獻官.

6 解讀.

7 시기를 부리되.

8 配床 꾸며.

9 床 아래로.

10 과거 합격 후 遊街하며 받
   던 日傘들.

「연주문¹ 맞치는자가 시면 과거를 주마」 영을 느리운다.
삼천선배는 연주문을 못내 마치고 젯부기 삼 형제가
활을 바라 노니² 연주문이 맞아서 떨어진다.
연주문 떨어지는 소리에는 노가단풍자지명왕아기씨는
흑명지 저전대로³ 자식을 너미⁴ 났다고
주웅 서천문에 가 가칩대다.
삼 형제가 큰아들은 문신급제를 하고
둘찻아들은 자원급제ㅎ고⁵ 셋찻아들은 팔도올라
도자원을 해여 청일산을 거느리고 흑일산을 거느리고
백일산 거느리고 선후배先後陪⁶를 거느려
나팔 함쌍 고동⁷ 함쌍 거느리고
삼 형제가 비비둥둥 비비둥둥 내려산다.
감나무 감자수집이 가서 문전코스를 지내고 나오더니
삼천선배가 중이 자식인줄 알아도 과거를 주니
과거 낙방 시킬 수가 없어 늦인득이정하님신디 달려오라
「늦인득이정하님아 느네 상전 과거 낙방시켜주면
우리 삼천선배가 돈 삼천냥을 모여주마.
종바냑⁸을 해여 너만 살면 어찌하냐?」
「걸랑 그리하옵소서」
앞밭의 출병을⁹ 허고 뒷밭의도 헛출병을 허고
과거허연 노는디 좋아가서 머리 풀며 들려들며
「상전님아 상전님아 호걸도 호걸입내다 야귀도 야귑니다.¹⁰
큰 상전님은 어제 그저겟날 죽어
앞밭에 출병허고 뒷밭에 출병허여 두엉 오랐내다」
「아마따버려라¹¹ 이것이 웬말이냐? 청일산도 돌아가라.
흑일산도 돌아가라. 백일산도 돌아가라. 선후배도 돌아가라.
과거해연 오다가 상만나니 과거 낙방하여서 돌아온다.
앞밭디 출병눌을¹² 헐뜨리고 보니 허출병이로다.
뒷밭디 헛출병이로다. 천 판¹³에 글을 쓰되
「어멍을 츳일태이건 외하르방신딜 츳앙가라」 씨었더라.

1 延秋門(?). 여기서는 과녁.

2 겨누어 쏘니.

3 戰帶. '저'는 調音.
4 너무. 지나치게 훌륭하게.

5 壯元及第.

6 과거 합격의 遊街행렬의 앞
뒤 수종원.
7 소라나발.

8 노비 해방.

9 출변 - 토롱 - 假埋葬. 주로
여름 더위에 임시로 매장을
하고, 地官의 擇地 後 秋冬節
에 本埋葬을 한다.
10 미상.

11 아차 웬일이냐.

12 눌 - 짚주저리. 짚이엉.

13 천 판대기.

삼 형제가 외하르방국을 찾안가니 중이 자식이라고
팽풍밧겻 배석자리를 준다. 팽풍밧겻 배래ㅎ고
물명지[1] 단속곳[2] 하나 떨어진 것을 내여주고
하늘 보며 오랐저 하늘천재[3] 내어준다.
땅 보며 오랐저 따지제[4] 내여준다.
큰ᄆᆞ음 먹언 오랐저 큰대재[5] 내어준다.
물으명 오랐저 물을문재[6] 내어준다.
「가지고 야방국을 춫앙가라. 황금산도단땅 춫앙가라」 ㅎ니
삼 형제가 황금산 절간을 찾앙가저 홀 때에,
이른여덥 공걸림질에[7] 가니 어디로 절간데레 가는지 모릅대다.
너사문너도령 삼 형제가 있어 손을 잡고 육형제 항렬[8]을
무을 때에 물맹지 단속곳을 내어놓고 왼골로 들어
ᄂ단골로[9] 나고 ᄂ단골로 들어 왼골로 육형제 행렬
갤으형제[10]를 무어 황금산 절간을 질인도를 혼다.
절간이 들어가니 황금산 주접선생이 말을 ᄒ되
「큰아들은 과거홀 때 멋이 좋더냐?」
「문신급제 좁대다」 「셋아들은 멋이 좋더냐?」
「자원급재 좁대다」 「족은아덜 멋이 좋더냐?」
「팔도자원이 좁대다」 여쭈시니
「동이와당 쐬철이 아들을 불르라」 불르시고
동이와당 아끈모래[11] 서이와당 한모래[12] 걷어단
하늘천재 따지재 큰대재 물을문재 새기고,
요령 신칼 맨들고 굴미굴산[13] 올라가
물사오기 쐬사오기[14] 걷어다가 챗궁은[15] 즐라다가
동내북을 서립ᄒ고 둘챗궁은 즐라다가 올랑북을 서립ᄒ고
싯챗궁은 즐라다가 소리 좋은 살장귀[16] 살동막을[17] 서립ᄒ고
「큰아들랑 홍포관듸 조심띠에 월오래비 허튼깃을 입어
초감제상 받아보라. 문신급제보단 더구 좋나」
큰아들은 홍포관듸 조심띠에
월오래비 허튼깃 입어서 초감제를 혼다.

1 좋은 명주. 水禾紬.
2 短속곳. 짧은 속바지.
3 天字.
4 地字.
5 大字.
6 間字. 天地大門은 巫占具天門을 말하는 것. 여기 '間'은 흔히는 '門'.

7 78개 갈림길.

8 行列. 血族의 傍系 代數를 표시하는 말.
9 오른쪽 가랑이로.

10 結義兄弟.

11 작은 모래.
12 큰 모래.
13 깊은 山.
14 물사오기는 어린 벗나무. 쐬사오기는 老櫻木.
15 첫째 부분은.
16 장고를 일컫는 말.
17 살동막 → 삼동막 - (장고의) 세 토막.

둘찻아들은 청관듸 청도포를 입고 초신맞이ᄒ고
적은아들은 흑관듸 흑도포를 입어
시왕연맞이를 바라나고 바라들라.
왕장귀를 둘러받아 「서룬어머님 짚은궁이 가옵대까?
앝은궁이 가옵대까? 삼제삼궁 가옵대까? 전제석궁 가옵대까?」
「주옹 ᄉ천문에¹ 가았노라」
어머님 붉은 양지로² 치면³을 못내ᄒ되 말대답은 ᄒ니
어머님 봄이나 다름이 없구나.
삼천 기덕⁴과 일만 적이⁵는 삼시왕이 받쳐분다.
아방왕이 샹ᄒ시니⁶
「너내 삼 형제 과거할 때에
삼천선배가 과거낙방을 시켜시니 양반 잡던 칼은
여든닷단 받아보라. 무반잡던 칼은 쉬인닷단 받아보라.
팔도 동반東班⁷ 잡던 칼은 열닷단 받아보라.
아희 잡던 칼은 훗닷단 받아보라.
저승이란 가건 삼시왕⁸으로 들어사라.
이승이란 ᄂ리건 삼하늘 삼명두⁹로 들어사라」
삼천 기덕과 일만적이는 전홀디가 없는구나.

■ (여무조 유씨부인의 본풀이)
유정승 ᄯ님애기 유씨부인 흔일곱슬에¹⁰
ᄉ마물절에 놀래 갔더니 삼배중¹¹이 넘어가며
「이 애기씨는 팔즈를 기리쳐야 ᄒ겠구¹²」
엽전 두푼씩 준 것이 육관제비가 되였구나.
파랑포에 싸안오란 아바님 어머님이 욕ᄒ카푸덴¹³
축담 귀에다 묻어두고 내분¹⁴ 것이 신병이 되었구나.
예순일곱 나도록 남대 육대 즈죽대¹⁵ 선혈피로¹⁶
금유울어¹⁷ 죽어가다가 파랑포을 촛아내고 가지고 나아가서
원복장제 집이 들어가 「일란아기가¹⁸ 댕깁니다」

1 중[僧] 西天門.
2 얼굴.
3 致面(?) - 對面(?).

4 기덕 - 기구 - 모든 악기.
5 적이 - 祭器.
6 向하시니.

7 文官의 班列.

8 巫祖神. 심방의 시왕.

9 巫祖神.

10 홀 일곱살. 7세.

11 삼배(輩)중 - 三輩僧 - 중 3인.

12 무당이 될 팔자라는 말.

13 욕할듯하다고.
14 내 버린.
15 대나무가지처럼. 점층적 강
    세 표현의 상투 어구.
16 鮮血 피가 말라드는 것처럼.
17 검게 시들어.
18 일안[事顔] 어른=심방 호칭.

「일란아이고 머이고 어서 나가라. 우리집이는 단뜰애기가
무남독년디 초수렴[1]을 해엿으니 나구가라」 ᄒ니
「그리해여도 비념이나[2] 해여봅서」,
찬물 떠놓고 쌀 걸여놓고 상불 피와노와 비념상을 출려노니
ᄀᆞ를[3] 말은 없어지고 거기다 가서라ᄒᆞᆫ중[4]이 앉고
공서라ᄒᆞᆫ중이 앉어시니 가세옛말ᄒᆞᆫ다 공서옛말[5] ᄒᆞᆫ다.
가세 공세옛말 ᄒᆞ여두고 육관제비를 내여놓고
점을 치어 말을 ᄒᆞ되 「애기씨는 삼시왕이 걸렸네다.
큰굿허기로 소지를 걲으면[6] 알아볼 도리가 있읍네다」
「걸랑 그리ᄒᆞ라」, 소지를 걱그고 비념해두어 나아오니
삼시왕이서 홍명지 저전대로 걸려간다.[7]
삼시왕이서 말을 허되 「어떤 일로 원복장잣 뜰애기가
삼시왕 걸린 줄을 알앗느냐?」 일르시니 유씨부인이
대답을 허되 「저가 홀일굽살에 사마물절에서 놀더니
삼배중이 넘어가며 이 애기씨는 팔자가 그리쳐야 홀테이니」
ᄒᆞ면서 엽전 두 푼씩 준 것이 육관제비가 되고
파랑포에 싸아서 집이 들어가
아바님 어머님이 욕허시카푸다고[8]
축담 구석에 곱진[9] 것이 신병이 되어
육십칠 나도록 남대 육대 몰랏네.
팔팔은 육십사꾀 오영육림법[10]을 배와
육관재비를 점치는 법을 배왓네다
삼시왕이서 백근장대를 내어놓아 저울이니
구십구근이 매기[11]라.
칠십칠낭[12] 오라시면 백근 찰 터인데 한 근이 부족허니
저승도 반 이승도 반 알기를 서립ᄒᆞᆫ다.
「칠십칠 나는 해랑 삼시왕이[13] 다시 오민
삼천 기덕[14]과 일만 저기[15]를 내여주마」,
「걸랑 그리 하오리다.」 대답허고 ᄂᆞ려온다.
칠십칠 나는해엔 삼시왕이 들어가니

1 습염[襲殮?]. 시체를 씻고,
  수의를 입히고 입관시키는
  일.
2 기도. 가장 작은 규모의 굿.
3 말할[曰].
4 袈裟羅漢僧.
5 굿 첫머리의 관용구.

6 접으면.

7 붉은 명주 전대로 끌어간다.

8 욕하실듯하다고.

9 숨긴 것이.

10 五行六甲法(?).

11 끝. 한계.

12 일흔일곱이 나서. 77세가
   되어서.

13 巫祖神에게.
14 기구 - 모든 악기.
15 제기(祭器).

삼천 기덕과 일만 저기를 내여준다.
어주 삼녹거리¹ 서강 배포질을 오라
탕져생인 질 일러라.
유ᄌ생인 질 일러라.
우ᄀ려 육구² 상량해여
초간 이간 삼간을 무어 벨총당을 무어
ᄇ람 일어오는양 ᄇ람 또벽³ 뜻⁴ 일어오는양 뜻또벽
동상 새별⁵ 상간주⁶ 너사무녀도령 삼 형제
젯부기 삼 형제 네나 내나 일반이라.⁷
여냥 육고비를 무어⁸ 당주를 무어서
삼천 기덕과 일만 저기를 놓고 살암더니⁹
원복장재 집이서는 단뜰애기가 살아나니
유씨부인 있는 듸를 방방국국을 마련해여 찾안 오라서
굿해여 달라ᄒ니 대답하고
너사무녀도령 삼 형제를 돌아아전
굿허레 가니 너사무녀도령보고 츨려놓렌 허니
소미¹⁰도 쳇번이요 심방도 쳇번¹¹이라.
너사무녀도령네 삼 형제가
연당아래 울어가고 울어오라¹²
공이 들고 지들어시니
상당 원불수룩굿¹³을 디리기 서립허고
유씨부인은 신방선생은 유씨부인이 되야 지금ᄁ지
유씨부인이 내신 법으로 기도축원을 드리는 바입니다.

1 삼거리.

2 위를 가리어서 엮고.

3 堂 뭇는 벽.
4 띄 - 티 - 먼지.
5 동산 새벽별.
6 당주 모시는 곳.
7 6兄弟로 結義했으니 다 같
  다는 것.
8 6형제 신위 종이를 접어서
  당주를 만들어서.
9 심방으로서 살고 있었더니.

10 小巫 - 助巫. 여기서는 너사
   무녀도령 삼 형제.
11 여기 첫번 심방은 유씨부인.
12 처음이라 어려워서 울며 오
   고가고.

13 자식 출산 기원굿.

5. 이공본풀이[1]
고대중[2] 씨 구송(남무, 46세, 구좌면 세화리 거주)
1962년 8월 채록

짐진국도[3] 상시당[4] 원진국도[5] 상시당
살마국은 사라도령[6] 월광아미[7] 제인들어 제인장제[8]
만연들어 만연장재 신산만산한락궁이[9] 모녀 번승꽃 환승꽃
멜망악신 수룩꽃 거니립던 이구서천국[10]
짐진국대감님 원진대감님 흔날 흔시에 난 흔동갑인데
짐진국대감은 천하궁석 가난ᄒ야
원진국대감은 천하거부로 살고
굴광곽새[11]를 마련ᄒᆞ여 남그릇[12]을 파고서 구명도식 하옵대다.
이십스물 삼십서른 사십마흔격이 근당허되
남녀간 무자식ᄒᆞ대. 바람결 구름결에 들리기는
동계남은중절 가서 원수룩[13] 디리시면
남녀간이 생불ᄒᆞᆫ다 ᄒᆞ옵길래
원진국대감님이 짐진국대감안틔 가서
「우리가 흔날 흔시에 난 흔동갑이 되여지니
동계남은중절 가서 원수룩 디리시면 생불한다 하니
원수룩 디리레 가기가 어나어찌하오리까?」
짐진국대감이 말씀ᄒᆞ되
「원진국대감님은 유가하고 부가ᄒᆞ니[14]
원수룩 디리레 가건마는 우리는 가정갈 것이 없으니
원수룩 디리레 어찌 갑니까?」 이말ᄒᆞ니
원진국대감님[15]이 말씀ᄒᆞ되
「원불수룩 디리레 가는 물종物種은 나가 당ᄒᆞᆯ 테오니
ᄒᆞᆫ까이 가기가 어찌ᄒᆞ오리까?」
「걸랑 그리하옵소서」
「원불수룩 디려서 남저자식 나고 여저자식 낳거든

1　서천꽃밭의 呪花 관장신의 신화.
2　천지왕본풀이 구송자 주 참조.

3　주인공 한락궁의 조부.
4　上神堂(?). 뜻보다는 對句. 조음소 구실.
5　주인공의 外祖父.
6　한락궁의 아버지.
7　한락궁의 어머니.
8　제인장제[子賢長者]. 이 한 줄은 전부가 제인장제 표현의 상투어구.
9　주인공.
10　여기까지는 神統을 먼저 提示한 序詩 부분.
11　나무를 파서 목기를 만드는 기구.
12　木器.
13　願佛水陸의 축약. 生子 기원 불공.

14　富裕하니.

15　正二品 以上 관원의 경칭. 제신격의 무속상의 경칭.

사돈 일촌이나 무읍기 어찌하오리까?」

「걸라근 그리하옵소서」

동계남은중절 원수룩 디리레 가져

원진국이대감님은 아방 먹던 금백미 어멍 먹던 매백미

백근장대[1] 저울이고 밤이는 찬 이슬을 맞치구

낮이는 찻 벳을 맞쳐 마발이에[2] 실러아저 나고가고

짐진국이대감님은 가정갈거 없어지니 석 달 앞서

찬물 한 그릇을 떠놓고서 정성들여 원불수룩 드리레

동계남은중절 절간이 짐진국대감님과 원진국대감이

끝이 가서 말팡돌[3]에 마바리를 부리시고

「야함」을 질르시니

대서직헌 소서중이 하늘ᄀ른 굴송낙을 둘러쓰고

지애ᄀ른 굴장삼을 둘러입고 목에는 염불을 걸고 나고오라

「어디 사는 대감님이 되옵니까?」

「주년국땅 사는 짐진국대감님과 원진국대감인듸

ᄌ식이 없어서 무자식ᄒ기로 너의 당이 원불수룩

디리레 오랐노라. 너이 대서님전 이말 여쭈시라」

소서중이 돌아가 대서안티 들어가고 말을 ᄒ되

「대서님아 대서님아 우리당이 영급헌[4] 소문 멀리나고

허령[5]헌 소문 멀리 났읍니다」 대서님이 말을 ᄒ되

「그것이 어떠한 말이냐?」 소서중이 말을 ᄒ되

「주년국땅 짐진국대감과 원진국대감이 무자식하야

우리법당이 원불수룩 디리레 오랐내다」 일르시니

「안사랑두 츨리라 밧사랑두 츨리라」 내외사랑 츨려

원진국대감을 안사랑으로 청ᄒ고 짐진국대감은

빗사랑으로 청히여 뒷날 아적이는 돋아오는 일광이

뜨고오실때 늙은중은 법굴[6] 치고 젊은중은 바랄 치고

아희중은 소고치고 대서중은 보살 이거[7]

「천왕보살 사나줍서 지왕보살 사나줍서

인왕보살 사나줍서 이른여덥 제보살 사나줍서」ᄒ시다가[8]

1 둘이 저울대를 마주 메는
  큰 저울.
2 말짐[馬荷]에 실어가지고.

3 下馬石.

4 靈驗한.
5 허령은 영험의 對句로 볼
  것.

6 法鼓를.
7 읽어.
8 여기까지의 20여 줄은
  초공본풀이와도 같은
  되풀이.

백근장대 내여놓고 준준이[1] 저울이되 짐진국이대감님은
찬물 한입 떠가되 백근이 차서 남ᄌᆞᄌᆞ식 시애흡대다.
원진국대감님은 백근이 못내차서 아흔아홉근이 매기라[2]
예ᄌᆞᄌᆞ식 시애흡대다.
원불수룩 들여아전 주년국땅 ᄂᆞ러사
집이 들어오고 원진국이대감님과 짐진국이대감님이
합궁일을 보아서 부부간이 천상배필 무우시니
짐진국대감님은 아들ᄌᆞ식 탄생ᄒᆞ고 원진국대감님은
예궁예를 탄생ᄒᆞ난[3] ᄒᆞᆫ날ᄒᆞᆫ시에 난 ᄒᆞᆫ 동갑이되옵대다.
짐진국이대감님 아들은 사라도령[4]으로 일흠을 지우시고
원진국이대감님 ᄯᆞᆯ은 월광아미[5]로 일흠을 지웁대다.
한살 두살 열다서 십오세 왕구녁이 차오시니[6]
사라도령ᄒᆞ고 월광아미ᄒᆞ고 인간혼연 대사하여
부부간 맺입대다. 부부간 무어 사실때에 월광아미가
몸애다 영상태기가 십대다.[7]
영상태기 아진 때에 사라도령을
꽃강관 꽃생인 살려오랜 옥황이서 전갈이 ᄂᆞ립대다.
사라도령이 꽃강관 살레가저[8] 월광아미보고
「부모님모시고 살암시민[9] 꽃강관 살앙올테이니 살암시라」
ᄒᆞ니 월광아미 말을 ᄒᆞ되 「나도 ᄀᆞ치 가오리다」
「걸라근 그리ᄒᆞ라」 ᄒᆞ시고 내외간이 출려아전 나구갈때에
가다가 월광아미가 발에는 발병이 나고
질에는 질병이 나서 갈 수가 없어지니 해는 일락서산이
다 지어가거니 인간체도 못ᄃᆞᆼ기고 할수없이
미여지뱅뒤[10]에 어욱패기[11] ᄒᆞ나이 있어저 소독[12]을 졸라매고
내외간이 들어가고 그날 저녁 밤을 샐 때에
초경이 넘고 이경이 넘고
삼경이 넘어 ᄉᆞᆺ삼경 깊은 밤이 다 넘어가니
천하ᄃᆞᆰ이 목을 들러 ᄌᆞ지반반[13] 울어간다.
지애ᄃᆞᆰ이 목을 들러 ᄌᆞ지반반 울어간다.

1 平衡되게.

2 限이라.

3 여자애기를 탄생하니.
4 『月印釋譜』에는 沙羅樹
  大王.
5 『月印釋譜』에는 鴛鴦夫人.
6 몸이 성숙해지니.

7 있습디다.

8 꽃監官 근무하러 가고자.

9 살고 있으면.

10 끝없이 넓은 들판.
11 억새풀 포기.
12 위 끝. 山도 上峰은 '소독',
   中山間 비탈은 '지질개'.

13 '자주'와 '번번이'의 운율화.

월광아미 말을 ᄒ되

「몬촘 운건 누구네 집의 둙이 되옵네까?」

「제인들어 제인장제네[1] 둙이 되어진다」

「뒤에 운 건 누구네 둙입내까?」

「만년들어 만년장제네 둙이 되어진다」 일르시니

월광아미가 광주청눈물은 쥐웅아반 연주지듯

비새ᄀᆞᆯ이[2] 울며 말을ᄒ되

「날라근 제인장제네 집이 가서 종으로 풀려두고 갑서.

발에 발병이 나고 질에 질병이 나서 갈 수가 없읍내다.

당신으랑 한집으로[3] ᄒ고

날랑 종으로 해영 풀려두엉 가옵소서」 이말ᄒ니

내외간이 홀목[4]을 잡아 광주청눈물은

쥐웅아반 연주지듯 비새ᄀᆞᆯ이 울며 「걸랑 그리ᄒ라」

제인들어 제인장제네 집을 촛아가고 먼 문에 가

「종이나 사옵소서」 ᄒ니 제인장제가 말을ᄒ되

「큰ᄯᆞᆯ아가 종 사라 ᄒ니 나고보라」

큰ᄯᆞᆯ애기가 나고봐서 말을 ᄒ되

「그런종 사지맙서 사름의 집이 망ᄒᆞᆯ 종이 되옵네다」

「셋ᄯᆞᆯ애기[5] 나고보라」 나고봐서 말을ᄒ되

「아바님아 아바님아 그런 종 사지맙서

사름의 집이 망할 종이 되옵네다」 일르시니

「ᄌᆞᆨ은ᄯᆞᆯ애기 나고보라」 ᄌᆞᆨ은ᄯᆞᆯ애기 나고보니

앞임멍애는 ᄃᆞ님받고 뒷임멍앤 햇님받고 양단 둑지에[6]

오송송이 별을 백인 애기씨가 되었구나.

아바님안티 돌아오라 말을 ᄒ되

「아바님아 아바님아 저런종을 아니사서 어떤종을 사오리까?

사름으 집이 망ᄒᆞ젠 ᄒᆞ민 저런종을 아니사고

허트러운[7] 종을 사서 망ᄒᆞ는 법입내다」

「개거든[8] 금세금[9]이나 들어보라」

말잣ᄯᆞᆯ애기 나고가서 금세금을 물으시니

1 『月印釋譜』에는 子賢長者.

2 슬피 우는 모양의 상투적 표현. '비새'는 제비모양의 비가 올 듯할 때 잘 우는 새.

3 主人.

4 손목.

5 세 딸 중 가운데 딸.

6 어깨에.

7 허트라=뿌려라. 너저분스러운.
8 그럴거든.
9 가격.

「어멍애는 돈 백냥을 받고 배인 애기에 은백냥을 받으리라.」

ᄒ오시니 아바님안테 돌아오라 그말ᄒ니

돈백냥도 내어준다 은백냥도 내어준다

돈백냥과 은백냥을 내어주고 월광아밀 사옵대다.

월광아미 말을 ᄒ되

「이근처는 어찌ᄒ지?

우리 근체는 종과 한집[1]이 이별ᄒᆯ 때에

ᄒ상에서 식상받아 이별ᄒᆫ댄 ᄒ옵대다」

ᄒ상에 식상 출려 내어주니 사라도령ᄒ고 월광아미ᄒ고

ᄒ상에 식상받아 말을 ᄒ되

「서루신[2] 낭군님아 이룸생명 지와둥[3] 갑서」

사라도령 말을 ᄒ되

「남ᄌᄌ식 낳거들랑 신산만산한락꾼이[4]로 이룸생명 지우시고

여ᄌᄌ식 낳거든 신산만산한락백이로 이룸생명 지우시라」

본매본장[5]을 내어주며 남ᄌᄌ식 낳거든 토시동이[6]

전전맥이[7] ᄒ짝을 주고 예ᄌᄌ식 낳거들랑 용살작을[8]

내어주고 이리ᄒ라」, 일르는고.

사라도령은 꽃광관 살레 가불고 월광아미는 방으로 들어가

그날 저묵[9] 줌을 자더니 초경 이경 삼경이 당ᄒ니

제인장재가 청새초롱애 불을 붉히고 월광아미신디 오고

「이문 열라 이문 열라」 ᄒ니 「누게님이 되옵내까?」

「제인들어 제인장제 만년들어 만년장제 되어진다.

너를 종으로 산 것이 아니라 부름말[10]이나 하고

품잽이[11]를 ᄒ자고 샀노라」 일르시니 월광아미 말을 ᄒ되

「이 근처는 어찌ᄒ지 우리 근체는 이 버인 애기가 나서

석둘 열흘 백일 넘어야 몸허락을 ᄒ옵네다」 일르시니

제인장제가 돌아갑대다.

그 애기가 나고 석둘열흘 백일이 넘어서 커가니

하루날은 다시 고쳐 제인장제가 야밤중애 청새초롱애

불을 붉히고 월광아미 방으로 오라[12]

「이문 열라 이문 열라」 ㅎ니 「누게님이 되옵네까?」
「제인장제 되노라」 일르시니 「이 근처는 어찌ㅎ지?
우리 근처는 이 애기가 커서 걸음발을 ㅎ고
청대막댕이 ᄆᆯ[1]을 타고 마당 금마답이[2] 노념놀이를 ㅎ야
몸허락을 ㅎᆸ네다」 일르시니 제인장제가 돌아갑데다.
다시 고쳐 그 애기는 신산만산한락궁이로 일홈생명 지웁대다.
신산만산한락궁이가 청대막댕이 ᄆᆯ을 타고
진지[3] 너른 근마답이 ᄆᆯ을 타고 노념놀이를 ㅎ여가니
제인장제가 야밤중이 청새초롱에 불을 키고
월광아미 방으로 오고 「이문 열라 이문 열라」 하니
월광아미 말을 ㅎ되 「누게님이 되옵니까?」
「제인장제 되어진다」 월광아미 말을 ㅎ되
「이근처는 어찌ㅎ지 우리 근처는 이 애기가 커나서
열다섯 십오세가 넘어 제냥으로[4] 용쟁기를[5] 석ㄱ고[6]
세경 넙은 드로[7] 가고 밭갈기를 ㅎ여야 몸허락을 하옵내다」
일르시니 제인장제가 집으로 돌아간다.
집이 돌아가고 큰ᄯᆯ애길 불러가고
「저종이 ᄀ즌[8] 말을 안들으니 쥑여야 좋으냐 살려서 좋으냐?」
큰ᄯᆯ애기 말을 ㅎ되
「아바님 어머님 말씀 거엉하는[9] 종 쥑여야 좋으리다」
샛ᄯᆯ애길 불러내고
「저종 쥑여 좋으냐? 살려 좋느냐?」 물으시니
「아바님 어머님 말씀 거엉하는 종 쥑여야 좋으리다」
족은ᄯᆯ애길 불러내고 말을 ㅎ되
「저종 쥑여야 좋느냐 살리와 좋느냐?」 일르시니
족은ᄯᆯ 애기가 말을 ㅎ되
「아바님 어머님 말씀 거엉하는 종 쥑여야 좋으외다마는
그종 쥑여불민 돈백량두 돈입내다.
은백량도 돈입내다. 벌역이나[10] 시겨보기 어떵헙니까?」
「벌역은 무슨 벌역 시기느냐?」

1 靑竹막대기. 竹馬.
2 좋은 마당.

3 陣地.

4 자기 힘으로.
5 큰 쟁기.
6 組立하고.
7 막힘이 없는 넓은 들로.

8 말하는.

9 拒逆하는.

10 罰役. 벌로 시키는 일.

「신산만산한락궁이랑 밤이도 노오[1] 쉰동 낮이도 노 쉰동
꼬아드리렝 시기고 월광아미랑 낮이랑 물멩지[2] 쉰동이를
차고[3] 밤이랑 꼬리[4]를 감고허여 디리렝 벌역을 시깁소서」
벌역을 시길 때에
「신산만산한락궁이랑 낮이도 노오 쉰동
밤이도 노 쉰동 꼬아드리라. 월광아미랑 밤이랑
꼬리를 감고 낮이랑 물멩지 쉰동씩 차드리라」
벌역을 시기니 신산만산한락궁이는 낮이도 노 쉬인동
밤이도 노 쉬인동 꼬아드리고 월광아미랑 밤이랑
꼬리를 감고 낮이랑 물멩지 쉰동이씩 차드리렝[5] ᄒ니
그 벌역을 ᄒ옵데다. 다시 고쪄 벌역을 시기되
「신산만산한락궁이랑 생부룽이[6] 쉰개랑 몰아가서
관관나무[7]허여 식경오라[8]」 일르시니
신산만산한락궁이가 생부룽이 쉰개를
허여노꼬 질메[9]를 지울때에 하나 둘 지와가니
쉰개가 다 지와지고 석[10]을 하나 둘 놓아가니
쉰개가 다 지와지고 몰아아전 나고간다.
심이신산 곳 애야산 곳 올라가니 생부룽일 하나 둘
메야가는 것이 쉰개가 다 메야지고 관관나물 ᄒ여놓고
한바리 두바리 식거가니 쉬인개가 다 식거지고
놓아아전 몰아져 ᄂ려오라 집이 오고
한바리 두바리 부려가니 쉬인바리가 다 부려지고
하나 두개 질매를 벳기시니 쉬인개가 다 벳겨지고
그 벌역을 ᄒ오시니 다시 고쪄 벌역을 시끼되
좁씨 ᄒ섬을 내여주며
「이 좁씨를 아정[11] 가서 세경녑은 드로 가고
오늘 갈아서 좁씨 흔섬 불러두고[12] 오라」 하오시니
이새끼가[13] 나고가 좁씨 흔섬 짊어지고
세경녑은 드로 나고가 밧을 갈고 좁씨 흔섬 삐어놓아[14]
모ᄌ간이 불르다가 지쳐서 앚은 것이 무정눈에 잠이

1 노끈, 새끼 50동[束].
2 細明紬.
3 짜고.
4 실꾸리.

5 짜드리라고.

6 부룩소. 작은 숫소.
7 마른 나무.
8 실어서 오라.

9 길마[荷鞍].
10 고삐. 쇠석=소 끈. 이끄는 밧줄.

11 가지고 가서.
12 (심어서) 밟아두고(새가 쪼아먹지 않고, 바람에 날리지 않고, 뿌리가 잘 박히게).
13 母子. 母女는 「잇딸」.
14 뿌려놓아.

들어부난 노리¹ 사슴이 ᄂᆞ려오라 불름질을 붙더서²
이리저리 밀려가니 다시 불려지었고나.³
깨여나고보니 좁씨 흔섬 불려지어시니 집으로 돌아온다.
제인장제안듸 오라 「좁씨 흔섬 불렴내다」 일럼시니
제인장제가 손까락을 오그리고 페이고, 육갑을 집뜨다가⁴
「오늘은 고추일레⁵ 챗씨⁶를 붙저지어시니 좁씨흔섬 주어오라」
일르시니 모ᄌᆞ간이 나고가며 「놈이 종도 사름이 살라」⁷
광주청눈물은 쥐용아반 연주지듯 비새곹이 울며 나고간다.
농서 진대 가고보니 장개염지놈들이⁸ 좁씨 흔섬을
모드락모드락허게 모여놓아시니 벅벅 쓸면서 담아놓고
모ᄌᆞ간이 지어아전 집이 돌아오니 제인장재 각씨가
되루 되고 말로 되고 홉으로 되고 방울⁹로 되다가
좁씨 한방울이 떨어졌이니
「좁씨 흔방울 줏어오라」 일르시니
월광아미 올래¹⁰에 나가다보니 장개염지가 좁씨 한방울을
물고 뒤컬음ᄒᆞ며 들어온다 「이 장개염지야!」 ᄒᆞ며
「인치개¹¹ 물어당 놔두카푸네¹²」
가운디는 불라부니¹³ 장개염지는 가운디가 까지어
삼동내기¹⁴가 되고 좁씨 흔방울 아젓오란 받찌시니¹⁵
다시는 시길 벌역이 어시니¹⁶ 벌역을 아니시키니
이새끼가¹⁷ 돌아가고 있더니 ᄒᆞ루날은 비는 촉촉 오고
심심ᄒᆞ니 신산만산한락궁이가 신을 삼다가
「어머님아 어머님아 장제집의 콩작막¹⁸을 털ᄯᅳ리고¹⁹ 봐서
콩이나 흔되 볶읍서. 졸아완²⁰ 신을 못삼으쿠다」 월광아미
「구리ᄒᆞ라」 장제집의 콩작막을 펄ᄃᆞ리고 보니
콩 흔되가 붙어시니 거려다놓고²¹ 솥창²²에 놓아 볶아가니
신산만산한락궁이가 거짓말을 해여 아방을 찾기 위하여
「어머님아 어머님아 올래에서 제인장제가 벌역사
시키젠 허염신디 불럼수다²³」 일르시니
「제인장제가 불럼수다」 ᄒᆞ니 월광아미가 올래에 나가부니

작박이영[1] 남죽이영[2] 뒤약새기영[3] 다 곱저두고[4]
천연해여 신 삼으며 말을 ᄒ되
「어머님아 어머님아 무신 말을 오래 글암수까?
콩 캄수다.[5] 재기[6] 옵서」 일르시니
월광아미 제인장제도 없어지고 돌아오란 보니
와다다다 콩이 캄시니
「작박이영 남죽이영 어디 가시니?」 일르시니
「나는 아니보안[7] ᄀ만이 신만 삼았수다.
ᄌ식 먹을거 급ᄒ민 손으론덜 못 것입네까?」
신산만산한락궁이가 배곁데 나아가서 축서祝手를 ᄒ되
「하늘님아 지애님아 어머님 홀목[8]을 잡는것이 아니라
아바님 ᄎ기 위해여 어머님의 홀목을 심으리다[9]」
일러두고 들어오라 어머님이 손으로 콩을 짓엄시니
홀목이를 심어 솥창데레[10] 손바닥을 꼭 누르드니
「아바님 어데갔읍니까?」 월광아미 말을 ᄒ되
「제인장제가 느네 아방 되어진다」 ᄒ배쿨를 더 누르뜨니[11]
「ᄒ배쿠만 눅영도라[12] 느네아방 간디를 글아주마」
일르시니 ᄒ배쿠를 눅이시난
「느네 아방은 사라도령인디 하늘옥황이 꽃광관 살레가고
느네 하르방은 짐진국대감이요 느네 외하르방은
원진국대감이요 나는 월광아민디 너 배여실 때에
너네 아방은 꽃광관 살레가다가 나는 질레 질뱅[13]
발레 발병이 나서 갈수가 없어져 제인장제신디 오란
종으로 폴려두고 가부니 나는 여기 살면서 너를 나은 것이라」
신산만산한락궁이가 말을 ᄒ되
「본매본장[14] 있읍내까」 일르시니
「본매본장 이서진다」 토시동이[15] 전전맥[16]일 내여놓고
「어머님아 내일날은 아버지를 ᄎ자갈테우니 쩐 범벅
두덩이를 해여줍서」 ᄒ시니 「걸랑 그리ᄒ마」
뒷날날은 쩐 범벅 두덩이를 허여주니 싸아지고

1 나무로 만든 바가지. 주로 물 푸는 것.
2 나무주걱. 음식 푸는 것.
3 작은 나무바가지. 주로 쌀 푸는 것.
4 숨겨두고.
5 검게 탑니다.
6 빨리.

7 아니보고.

8 손목.
9 잡으리다.

10 솥 밑창에.

11 '뜨'는 强勢補助語幹
12 한 단계만 늦추어 달라.

13 길에 길병.

14 근거가 될 물건.
15 吐袖. 동이는 접미사.
16 팔뚝 싸매는 것.

본매본장 가지고 나아가더니 천리둥이가 쫓이고
만리둥이가 쫓아가니 쯘 범벅을주니 천리둥이 만리둥이가
쯘 범벅을 먹고 목이 ㄱㄱ허여지니[1] 천리만이 물먹으레 가
만리둥이는 만리만이 물먹으레 가고
물먹으레 가분이간에는[2] 천리만이 만리만이 가진다.
가다보니 발둥친 물이 있어진다.
가다보니 즌둥친[3] 물이 있어진다.
가다보니 아개친[4] 물이 있어진다.
하늘옥황 삼천궁예 애기씨들이 물 이으렝 오라[5]
물을 잉어가거니 쉬영청버들남에[6] 올라둠서로[7]
상손까락에 피를 짜고 물동이래래 떨어지와부니
삼천궁예덜이 물잉언가서 서천꽃밭에 물을 주니
어젯날은 시영석석 번성이 되었다가
오늘날은 검유을꽃이[8] 되니 꽃강관이 나아사서
「어떤일로 검유을꽃이 되느냐?」
삼천궁예들이 말을 ㅎ되
「어떤 무드럭 총각놈[9]이 쉬영청버들낭 우이 앉아둠서로
상손가락 피를 짜놓와부니 검유을꽃이 됩네다」
「그러면 그놈을 가서 심어오라[10]」 일르시니
삼천궁예들이 ㄴ려오라 신산만산한락궁이를 심어서
꽃강관안티 올라가니 꽃광관이 말씀ㅎ되
「너 어디서 왔느냐?」 「아버지를 춫고 오랐수다」
「너네 아방이 누구냐?」 「사라도령인디 꽃광관 살레 오랐네다」
「너네 성하르방은[11] 머이냐?」
「우리 성하르방은 짐진국대감입네다.
외하르방은 원진국대감입네다. 우리 아바님은 사라도령인디
꽃강관 살레 오랐읍니다. 우리 어머니는 월광아밉니다.
저는 신산만산한락궁입니다.
우리 어머니가 제인장제 집이서 나를 낳았읍니다」
꽃감관이 말씀ㅎ되

1 목이 마르는 모양.

2 가버린 사이에는.

3 잔등[背]까지 찬 물.
4 모가지까지 차는 물. 야개
  는 목의 방언.
5 (물동이를) 이러 와서.
6 垂陽靑버드나무.
7 올라있는 채로.

8 검게 시들어가는 꽃.

9 흉하게 생긴 총각놈.

10 잡아오라.

11 姓祖父 = 親祖父.

「본매본장[1] 가졌느냐?」「가졌내다.」「내여놓라.」 내여놓니
토시동이 전전맥이 한짝이 맞아진다.
「내자식이 분명ㅎ고나 널랑 금시상에[2] 내려가라.
너네 어머니는 신동박낡[3] 아래 목을 걸련[4] 쥑였구나.
니가 나오라뿌니 너 올 때에 발등친 물 없드냐?
발등친 물은 너네 어멍 초대김[5] 받은 물이다.
잔등친 물 없드냐?」「이습대다.」
「이대김 받은 물이다. 야개[6]친 물 없드냐?」「이습대다.」
「야개친 물은 너네어멍 삼대김 받은 물이다.
흔제[7] 가서 너네 어멍 살리라.」
서천꽃밭의 들어가고 번승꽃과 환승꽃, 오장육부 생길 꽃,
말 글을 꽃, 웃음웃을 꽃 꺾여들고
멜망악심 수륙꽃을 꺾여들고 허야 아전[8] 나고오라
금시상 나려오니 제인장제 집이 들어오니
나간 종 돌아오랐젠[9] 쥑이기로 ㅎ여간다.
신산만산한락궁이가 말을ㅎ되
「가문일문 족족이[10] 모여오민
저가 나가서 여태가 벌어온 거들 드리다.」 ㅎ니
제인장제가 직거지어서[11] 가문가문 일문일문 족족이 매여오니
신산만산한락궁이가 챗자는 움음웃을꽃을 내여놓니
제인장제 덥덜이[12] 웃음을 웃어진다.
멜망악심수륙꽃을 놓니 제인장제 덥덜이 모도 씨 멜망하는구나.
말갓뚤애기는[13] 장방속에 곱았더라.[14]
나아오래 허니 「상전임아 살려줍서.」
「니가 상전이지 내가 상전이냐? 우리 어멍 어디 갔느냐?」
「뒤에다 신돔방낡에
쉬인대잣머리로 목을 글려서[15] 쥑였내다.」 일르시니
신돔방낡 아래 가고 왕대 フ대를[16] 헤싼보니 꽝만[17]
살그랑 해였더라.
추례추례 줏어놓고 씸[18] 오를꽃 놓니 씸이 올라지고,

1 근거가 될 물건.

2 인간세상.
3 흰 冬栢나무.
4 걸어서 - 걸리어서. 매어서.

5 첫 번 문초. 고문.

6 모가지.

7 빨리.

8 가지고.

9 돌아왔다고.

10 모조리.

11 기뻐지어서 - 기뻐서(많은
    被動形은 제주 방언의 특징
    의 하나).
12 무리들이.
13 막내딸애기.
14 숨었더라.

15 매서.
16 笹. 가는 대.
17 뼈[骨]만.
18 심=힘[力].

살 오를 꽃 놓니 살 올라지니
오장육부 생길꽃, 삼백육십 저ᄉ혈[1] 생길 꽃을 놓니,
말글을 꽃 놓고, 웃음웃을 꽃을 놓니
벙삭벙삭 웃으며 아니 일어나는고.
송낭 막뎅이를 것거들러
「하늘님아 지하님아 어머님 ᄯᅵ리는 매가 아니라
어머님을 슬릴양으로 ᄒᆞᆸ니다」
축수祝手를 듸려두고 연세번을 고리대기니[2]
「서룬애기 줌이 무충게[3] 자지였고나.」
와들랭이 일어난다.
어머님 누어난듸 헉[4]인들 버리리야.
속속들이 돌라내고[5] 벙것ᄀᆞᆮ지[6] 맨들아놓고
방울방울 일곱방울 맨들아놓고 섭섭ᄒᆞ다 청대섭[7]을
젝겨지르고 신동박낭 섭을 것거질르고 제인장제
말갓ᄯᆞᆯ애기[8]는 악삼싱 구삼싱[9]으로 들어사고
사라도령은 꽃감관 살고
신산만산한락궁이는 어머님을 살리고
모ᄌᆞ간이 영광시럽게 삽디다.

6. 삼공본풀이[1]

고대중[2] 씨 구송(남무, 46세, 구좌면 세화리 거주)
1962년 8월 채록

올라 웃상실 ㄴ려 젓상실, 아바님은 강이영성이수불,
어머님은 홍문소천구애궁전,
은장 놋장 감은장애기씨 월매마퉁신선비.[3]
강이영성이수불은 우인녁히 살고
홍문소천구애궁전은 아랫녁이 사옵대다.
강이영성은 우잇녁 걸바시[4]요
홍문소천구애궁전은 아랫녁 걸바시가 되옵대다.
우잇녁이서 듣기는 아랫녁이 시절 좋고
아랫녁이서 듣기는 우잇녁이 시절 좋다 해야
강이영성 이수불은 아랫녁으로 얻어먹으래 ㄴ리고
홍문소천구애궁전은 우잇녁으로 얻어먹으레 가시다가
우잇녁과 아랫녁 양로변이서 강이영성이수불과
구애궁전이 만납대다.
만나시고 부부간을 무웃기로
서로 언약되야 부부간을 무어서 살렴살일 흡대다.
살렴살이 ㅎ는 것이 쳇자는 은장애기가 솟아나고
둘차는 놋장애기가 솟아나고
셋자는 감은장애기가 솟아나서
동냇 집이서 밥 주라고 그릇에 밥을 아자다[5] 주어서
그릇도 아니춫아가고 불쌍하다고 근근히 생활을 ㅎ는 중애
감은장애기가 솟아난지 뒤에 천아거부가 되니
ㅎ를날은 비도 촉촉 오고
강이영성 이수불이 잘 살아지니
야기제운[6] 말로 은장애길 불러내고
「은장아가 은장아가 너는 누구 덕에 밥을 먹고

1 전생인연인 '전상'신의
  신화.
2 천지왕본풀이 구송자 주
  참조.

3 여기까지는 먼저 神統을 제
  시하는 序詩 부분.

4 거지.

5 가져다.

6 호강에 겨운.

은대영[1]에 싯술ᄒ고 놋대영에 시수를 ᄒᄂ냐?」

「아바님도 덕입네다. 어머님도 덕입네다.」

「나 ᄯᅩᆯ애기 착실하다 내[2] 방으로 들어가라」

놋장애길 불러내고

「놋장아가 놋장아가 너는 누구 덕이 밥을 먹고

놋대영에 싯술 ᄒ고 은대영에 싯술ᄒᄂ냐?」

「아바님도덕입네다 어머님도덕입네다」

「나ᄯᅩᆯ애기 착실하다. 네방으로 들어가라.」

감은장애길 불러내고

「너는 누구덕에 밥을 먹고 누구 덕이

은대영에 싯술ᄒ고 놋대영에 싯술ᄒᄂ냐?」

감은장애기 말을 ᄒ되[3]

「하늘님도 덕입내다. 지하님도 덕입내다.

아바님 어머님 덕인덜 가이 없으리까마는

나 배또롱[4] 아래 선 구뭇[5]이 덕입내다」

「내 ᄌᆞ식이 아니로다. 네 간 고장 나고가라」

감은장애기가 ᄒᆞᆫ술 두술 열다섯 시오세 전이 입던

이복 이장 ᄉᆞᆸᄉᆞᆸ디리 줏어놓고 감은 암쇄에 실려놓고

늦인득이정하님[6]을 거느리고 나고갑데다.

강이영성 이수불이 말씀ᄒ되 큰ᄯᅩᆯ애기 불러내고

「네 동생이 가ᄂ냐?」고 불르시라 일르시니

은장애기가 나사서 올래에 ᄆᆞᆯ팡돌[7] 우이 나사며

「설운 아시 재기[8] 가 불라.

어머님 아바님 성질을 모르겠느냐?」 일러두고

ᄂᆞ려사는 것이, 그날 낳고 그날 죽은 용달버섯[9] 몸에

환승ᄒ고 놋장애길 불러내여

「감은장애기 어서 오라 불러오라」 ᄒ니

걸름눌[10] 웃테레 올라사며 「빨리 가라」고 후욕ᄒ니

폿버랭이[11] 몸으로 환싱ᄒ고

강이영성이수불은 춤으로 가는가 허연 창문으로 나ᄃᆞᆮ다가[12]

---

1 대야.

2 'ㅔ'와 'ㅐ'의 혼동도 흔하
　　다. 「네 방으로」.

3 세 딸의 세 번 되풀이 - 서사
　　시의 특징의 하나.

4 배꼽.

5 縱線. 이것이 있으면 잘 산
　　다는 말이 있다고 한다.

6 下女를 일컫는 상투어구.

7 下馬石.

8 빨리.

9 음달버섯.

10 거름더미.

11 누에만큼 큰 퍼런 벌레.

12 내달리다가.

풍챗 작대기[1]에 눈을 꾀여 전판서 전소경[2]이 되고
홍문소천구애궁전은 대문으로 내듣다가
문원산[3]에 눈을 꾀여 전판서 전소경이 되옵대다.
가혹[4]은 천하[5]가 나서 멸망시키고
강이영성이수불과 홍문소천구애궁전은
두 소경이 ᄒᆞᆫ 집팽이를 짚푸고 다시 고쳐 걸바시가 되옵대다.
감은장애기가 가다보니 마퉁이가 마[6]를 팜시니[7]
늦인득이정하님 보고 말을 ᄒᆞ되
「저기 가서 마 파는 인간 보고
어디 가면 인간체[8]를 갑니까 물어오라」 일르시니
「걸랑 그리 ᄒᆞ오리다」 대답ᄒᆞ고 마파는 신선비안티 가서
「마 파는 신선비님 어들로 가면 인간체를 가옵니까?」
이말ᄒᆞ니 큰마퉁이가 말을 ᄒᆞ되
「예펜은 꿈애 시꾸와도[9] 새물[10]이라 모씁는다.
마 야개기만[11] 걲어져라」 후욕ᄒᆞ니
그대로 돌아오라 감은장애기씨 보고 말을 ᄒᆞ되
「마 야개기 걲어져라 말을ᄒᆞ며, 예펜은 꿈애 시꾸와도
몹쓴는다 어서 가라 후욕허여 돌아오랐읍니다.」
다시 고쳐 가다보니 셋마퉁이 마 파는디 보아지니
「늦인득이정하님아 다시 고쳐 저딜 가서 물어보라」
늦인득이정하님이 셋마퉁이 마 파는딜 가고보니
마를 파암시니 「어들로 가면 인간체를 가오리까?」
다시 고쳐 후욕ᄒᆞ며 「예펜 꿈에 시꾸와도 새물이라
마야개기만 꺾어져라」 ᄒᆞ며 후욕허는구.
돌아오고 감은장애기씨 보고
「앞서ᄀᆞᇀ이 욕합대다」고 예쭈웁대다.
ᄒᆞᆯ수없이 다시 고쳐 가다보니 족은마퉁 신선비가
마를 파암시니 감은장애기냥으로 마파는딜 가 말씀ᄒᆞ되
「마파는 신선비님 말 좀 묻겠습니다」 마퉁신선비 말을ᄒᆞ되[12]
「무슨 말씀입니까?」 감은장애기 말을 ᄒᆞ되

1 風遮. 비바람 가리게 양끝을 올려버티는 작대기.
2 완전한 장님.
3 門 윗턱에 있는 닫을 때 거는 고리.
4 家屋.
5 天禍.
6 마=山감자. 마퉁이=薯童.
7 파고 있으니.
8 人間處. 인간이 사는 곳.
9 시꾸다=나타나 보이다.
10 邪物.
11 산감자의 모가지처럼.
12 세 마퉁이의 3回 되풀이도 주목거리.

「어디 가면 인간체를 가옵니까?」

「요 제 넘고 저 제[1] 넘엉가당 보민 비서리 초막에[2]

청태산마고할망 사는 디가 있읍네다.

그디 가고 주인하옵소서」[3] 「고맙습네다」

대답ᄒ고 돌아오라 아니ᄒ까[4]

요 제 넘고 저 제 넘어 가고보니 비서리초막 있어지니

들어가고 보니 청태산이마고할망 있어진다.

「할마님 집이나 ᄒ쏠[5] 빌립서」 일르시니 할마님 말씀ᄒ되

「큰마퉁이 셋마퉁이 족은마퉁이 굽을 대곡[6]

나 굽을 댈딘[7] 으서지니 집 빌릴딜 없어」

이를 때 감은장애기씨 말씀ᄒ되

「마당 구석이라도 좀 빌립소서」 「걸랑 그리ᄒ라」 대답ᄒ니

마당 구석에 청포장 군막을 치고 앉았더니

울크르랑 울크르랑 ᄒ는 소리가 나는구나.

「할마님 저것은 무신 소리 되옵니까?」

「우리집이 큰마퉁이 마파서 둥굴어오는 소리 되옵니다.」

조금 시니 큰마퉁이가 마를 파고 맥다리[8]에 짊어지고 들어온다.

들어오고 「저건 누게우까?」 물으시니

「길 넘어가는 사람 집 빌렌ᄒ와 집은 없어 못빌리고

마당 구석 빌려주었노라」 일르시니

「이늙은이 저늙은이 늙구두구 쇄모들이[9] 곹은 늙은이,

우리 삼 형제가 마 파다가 씹두던이가 밸라지게 멕엿 놓아두멍

집이 앉아둠서로[10] 질간나이[11] 뙤간나이[12] 머첬구나[13]」 후욕ᄒ는고

마를 삶아서 내여놓고 마 야개기[14] 꺾어다가 어멍을 주고

지는 한복판을 먹고, 나그네는 꼴랭이를 주고 조꼼 시난[15]

다시 고쪄 을크르랑 을크르랑 소리 나서

「저건 무슨 소리 되옵니까?」 ᄒ니

「우리 셋마퉁이 마 파서 둥굴어오는 소리 됩네다.」

조금 시니 셋마퉁이 마를 파고 들어오라 말을 ᄒ되

「저듸 아즌[16] 손님은 어떤 손님이우꽈?」 물으시니

1 제 → 재. 'ㅔ - ㅐ'의 혼동.
고개.
2 비저리 - 비수리 - 초막. 매
우 초라한 초막.
3 유숙하라는 뜻.
4 과연. 아니나 다를까.

5 조금.
6 발굽을 잇대고.
7 발굽을 댈 곳은 없어지니.

8 며꾸리. 망탱이(망태)보다
큰 것.

9 쇄[鐵]모[角]가 닳아 쓸모가
없는.

10 앉아 있으면서.
11 길거리를 다니는 여자.
12 되[胡] 계집애.
13 유숙시켰구나.
14 산감자 모가지.
15 있으니까.

16 저기 앉은.

할망이 말을 ᄒᆞ되

「방 빌리렌 ᄒᆞ연 방은 없고 마당구석 빌렀노라」

「이 늙은이 저 늙은이 늙구두구 쒜모돌이같은 늙은이

우리 시 성제가 말 파다가[1] 씹두던이가 밸라지게 멕였더니

집이 앉아둠서로 질간아이 때간아이 머쳤구나」 ᄒᆞ는고.

샛마퉁이가 마를 삶아내고 할망보고 말을 ᄒᆞ되

「어멈이 먼첨 나수꽈? 내가 먼첨 나수꽈?」 물으시니

할망이 말을 하되 「내가 나니, 내가 너를 낳지 아니ᄒᆞ였나」

「어머니랑 먼처 났이매 마 야개기 먹읍소서.

나보듬은 나그네는 뒤에 낳았으니 마 꼴랭이 먹읍소서」

지는 한복판을 먹읍대다.

조금 시니 다시 고쪄 을그랑소리가 나니

「할마님 저 소리는 무슨 소립니까?」 물으시니

「우리집의 족은마퉁 신선비 마 파서 둥글어오는 소리 됩내다」

조금 시니 족은마퉁 신선비가 마를 파고

짊어지고 들어오라 말을 ᄒᆞ되

「어머님 저 손님은 어떤 손님입니까?」

「질 넘어가는 사름 날이 정글아

조끔 집 빌립젠 ᄒᆞ기로 방은 없고 마당구석 빌렀노라」[2]

족은마퉁신선비

「우리가 못눌지라도 안에 빌려들이카부케[3]

어느 사람은 난듸 나면[4] 집을 지엉 다니며

난듸 나면 밧을 이엉 다닙니까? 잘 빌렸읍니다.」

족은 마퉁이가 마를 삶아내여 야개기와 꼴랭이는 꺾어두구

한복판은 둘에 꺾어 한쪽은 어머니를 드리고

한쪽은 나근네를 드리고 지는 야가지와 꼴랭이를 먹읍대다.

그 뒤에 감은장애기가 할마니안틔 가 말을 ᄒᆞ되

「솟이나 조금 빌립소서」 「걸랑 그리ᄒᆞ소」

솟을 빌리고 솥뚜껑을 열고 보니

마만 파다 삶아먹어나니 마빈댕이만[5] 눌었구나.

1 山감자를 파다가.

2 이상 삼 형제의 거듭되는 3
  회 되풀이도 제주도 일반신
  본풀이의 특징의 하나.
3 안으로 빌려드렸을 것을.
4 他處에 가면. 집을 떠나면.

5 산감자 누렁이. 마껍질 같이.

앞밭의 가 삼수셱이 뒷밭의 가 삼수셱이 걷어다가
한불두불 연세번을 닦아놓고 금백미[1] 밀어놓고 밥을 지어
쥐인 낫이 한상을 츨려다가 큰마퉁이신데레 들러다놓니
큰마퉁이가 말을 ᄒᆞ되
「우리는 하르방적의도 버랭밥[2] 아니먹어 나시니
우린 아니먹읍내다.」
다시 고쪄 샌마퉁이신데 들러다놓니 샌마퉁이도
「우리 하르방적의도 버랭이밥 아니먹어나난 아니먹읍내다.
아서 갑서」 ᄒᆞ니
다시고쪄 족은마퉁이신듸 들러다 놓니[3]
족은마퉁이가 흔짝을 긔차서[4] 어머니를 듸리고
순작만쓱[5] 비애기만쓱[6] 먹어가니 큰마퉁이가 말을 ᄒᆞ되
「족은마퉁아. 나도 한수꾸락 돌아」
줄 땐 아니먹고 이제사 도랜 해여지엄구나.[7]
더운데로 긔차다가[8] 손바닥대레 착하게 붙이난
이레 할촉 저래 할촉 먹읍대다. 다시 샛마퉁이가
「족은마퉁아 나도 한수꾸락 도라. 먹어보져」 하오시니
더운 딜로 돌라다가 손바닥대레 착붙이니
이리 할촉 앗다바라[9] 저래 할촉 먹읍대다.
저냑 식상 받아나서 감은장아기가 말을 ᄒᆞ되
「할마님아 할마님, 마음에 든 아들로 나그네신듸 오란[10]
발 막으레[11] 보냅소서」 일르시니 할마님이 말씀ᄒᆞ되
「큰마퉁이 나그네영 강[12] 발 막으라」
「이늙은이 저늙은이 쐐모들이같은 늙은이 마파단 씹두던이가
밸라지게 멕였더니 우리 죽이젠 ᄒᆞ는구나 아니간다」
할마님이 말씀ᄒᆞ되 「샛마퉁이 간 나그네 발 막으라」
「이 늙은이 저 늙은이 늙고 두고 쐐모돌이같은 늙은이
우리 시 성제가 마 파단 씹두던이가 밸라지게 멕여놔두난
우릴 죽이젠 ᄒᆞ는구나」 아니가니
「족은마퉁 신선비 네가 가라」[13]

1 금은 접두사. 白米.

2 버러지밥. 쌀밥의 인상을
   말한 것.

3 여기에도 삼 형제의 3회
   되풀이.
4 떼어서.
5 메추리가 먹는만큼씩.
6 병아리가 먹는만큼씩.
7 달라고 하는구나(被動形
   사용).
8 떼어서.

9 앗 따가워라. 앗다.

10 나그네한테 와서.
11 발이 시려우니 막아달라는
   표현들(진성기本)도 있으나
   이 구송자도 결국 동침하는
   것이라고 한다.
12 가서.

13 여기까지도 삼 형제의 거듭
   3회의 되풀이.

「가오리다. 어머님이 관관새[1]를 지어
불래레[2] 들렝 해도 들 것이고
먹돌[3]을 지어 물래레 빠지렛해도 빠지겠읍니다.
어머님 멩령 거얼[4] 수가 있읍니까?」 대답ᄒ고
족은마퉁이가 나근네 방에 들어가니 감은장애기가 말씀ᄒ되
「늦인득이정하님아 가매에 가 물을 꾀아오라[5]」 ᄒ니
늦인득이정하님이 「꾀와오리다」 나고 가니 족은마퉁이 생각엔
「나를 물꾀와다 ᄃ그자고 ᄒ는가?」 생각허여
가슴이 돌랑거리고 몸이 떨고 ᄒ되 남ᄌ이 ᄆ음으로
그대로 앉이시니 물 꾀와오고 「모욕ᄒ라」 ᄒ니
모욕ᄒ니 남방사주 바지에 북방사주 저구리에
백농보선을 내어놓고 속속들이 입지시고
맹건 간망[6] 츨리시고 아찌시니 대장이 기상이 나는구나.
그날 저목 부부간을 무어 천상배필을 ᄆ읍대다.
뒷날날은 족은마퉁이가 앉이시니
큰마퉁이가 마 파레 가다가 절을 ᄒ는구.
「성님 어떤 일입네까?」
「아아구 나 몰랐노라. 족은마퉁인 마 파레 아니갈테냐?」
「아니가쿠다」
다시 고쪄 셋마퉁이가 마를 파레 나가다가 절을 ᄒ는구.
「어떤 일이우까? 형님」
「아이구 난 몰랐노라. 아시야 마파레 아니갈테냐?」
「나는 아니 가쿠다」 대답ᄒ구 앉이고 큰마퉁이광
셋마퉁이 마 파레 가부니 감은장애기씨가 말을 ᄒ되
「낭군님아 낭군님아 어젯날 마 파난디 촛앙가 보기가
어찌ᄒ오리까?」 「걸랑 그리ᄒ라」
내외간이 홀목 잡아 나고가 큰마퉁이 마 파난듸 가고보니
남썹만 빌착ᄒ고[7] 셋마퉁이 마파난딀 촛아가고 보니
자갈만 앵크랑ᄒ고 족은마퉁이 마 파난디 가고보니
돌이앤 데껴분건[8] 금덩어리 흙벙댕이엔

<table>
<tr><td>1</td><td>마른 띠. 아주 잘 마른 풀.</td></tr>
<tr><td>2</td><td>불에. 불이 있는 곳에.</td></tr>
<tr><td>3</td><td>구멍이 없는 무거운 돌.</td></tr>
<tr><td>4</td><td>拒逆.</td></tr>
</table>

5 끓여오라.

6 網巾. 갓.

7 나뭇잎만 쌓여있고.

8 돌이라고 던져버린 것은.

데껴분건 옥덩어리 되엇더라.

청지에도[1] 흔장 있고 흑지에도 흔장 있고 봉가다가[2]

미여지뱅뒤에[3] 흑지에는 아래 끌고 청지에는 우이 덮어

그날 저녁 줌을 자서 깨어나고 보오시니 청지에

와개집[4]이 되고 미여지뱅뒤는 남전 북전 너른밭이 되여

금덩어리 옥덩어리 줏어온 것은 물ㅁ시[5] 유구[6] 전답이 되고

어이에[7] 천하의 거부가 되고 사옵대다.[8]

사실 때에 청태산이마고할마니는 모사다 살고

유가하고 부가하여[9]지게 살아지니

흐를날은 감은장애기씨가 말을 흐되

「낭군님아 낭군님아, 우리가 이만치 살아지니

걸바시잔치나 흔번 흐기가 어찌흐오리까?」

「걸랑 그리흐라」 대답흐니 감은장애기씨는 질거이 생각흐야

친정어머니 친정아버지는 두 소경이 흔 막댕이를 짚어서

걸바시로 댕기는 생각을 흐다가 밤낮이 주야를 막론흐고

근심흐는 중에 남편네안티 허락받으니 질거이 생각흐야

각리로 각면으로 통지를 내여 걸바시 잔치를 흐는 중에

흐로 이틀 사흘 나흘 닷새 엿새 흐되 강이영승이수불과

홍문소천구애궁전은 아니오니 근심흐다

일뤳날은 강이영승이수불과 홍문소천구애궁전이

두 소경이 되야 흔 막댕이를 두 소경이 짚으고

할망 하르방 흐며 먼 문에 들어오라가니

음식하는 사름덜 보고 말을 흐되

「저 늙은 둘랑 아무 것도 주질 말고 떨어불라」 흐니

신부럼흐는 그자덜은 음식흐여

우이 강 앉으면 알로 맥여가당 떨어불곡[10]

「거만흔체 허여 아니주는가?」 허연 아래 강 앉으민

우으로 맥여가당 떨어불곡 가운디 앉으민

양끝으로 맥여가당 떨어부니 「우린 어찌 아니주는고?」 흐며

흐되 걸바시잔치를 아니주니 막 끝 되도록 아니주니

1 靑기와도.
2 (뜻하지 않게) 주워다가.
3 드넓은 들판에.
4 瓦蓋집.
5 물[馬]마(馬)시[牛]. 곧 牛馬.
6 鍮器.
7 어느 사이에.
8 진성기본에는 감은장아기
   가 구덩이 돌을 장에 내다
   팔으라 하니 돌을 뭐라 말
   하고 파느냐 주저하나 결국
   팔고 거부가 된다. 한층 서
   동설화에 접근하고 있다.
9 富裕하게.

10 떨어버리고.

「우리는 걸바시잔치를 아니주는고」 하며
막 뒤에야 가가더니 감은장아기가 말을 허되
「저 늙은이 둘랑 우리집이 오랑 굴묵직이나¹ 허여줍샌」 하니
「걸랑 그리홉소」 하고 돌아가니 저녁식상을 츨려다 놓고는
두 소경이 저녁 식상을 먹으면서 광주청눈물은
쥐웅아번² 비지듯 우는고.
저녁식상 받은 뒤에 감은장애기씨가 말을 하되
「할마나 하르바나 옛말이나 본말이나 굴읍소서」
일르시니 강이영승과 홍문소천구애궁전이 대답하되
「본 말두 없고, 들은 말두 없고
옛날 우리 살아난 말이나 하오리다.」 「좋습니다」 하니
강이영승과 홍문소천이 「우리 부부간인듸 은장아기 솟아나고
놋장아기 솟아나고 감은장아기가 솟아나서
천하거부로 우리가 딸 삼 형제를 두어사시다가
감은장아기를 배또롱아래³ 선그뭇이⁴ 덕입내다 하니
감은장아기를 쫓아분 후에 우리는 전판서 전소경이 되고
가혹⁵은 천화天禍로 다 부리고 다시 걸인이 되어
두 소경이 한 막댕이를 짚우고 얻어먹는 걸인이 되었습니다」
감은장아기가 술 곱부외에⁶ 술을 부어들르고
「아버님 어머님 이 술 한 잔 잡읍소서」 하오실 때
잔 받으며 눈을 번뜩 뜨고보니 감은장아기가 분명하는구나.
그 술 한 잔 받은 뒤에는 두 소경이 눈이 훤뜩 떠서
이세상을 살핍대다.
부모즈식이 만나서 흥양케 사옵대다.

■ 〈아키바본[秋葉本]의 끝부분〉⁷
「저는 전상 차지로 인간의 나왓사오니 부모님이
부자로 살게 된 것도 제가 있기 때문이였습니다」
말을 하니 부모궁 말씀이 「전상 차지는 어떤 것이냐」 하니

1 굴묵은 아궁이, 아궁이지기.

2 의미 불명. 슬피 우는 모양
  의 상투어구들.

3 배꼽 밑에.
4 세로[縱]의 선(線)의.

5 家屋.

6 '컵'의 잘못된 발음.

7 秋葉本의 끝부분이 삼공신
  의 신격을 잘 설명하고 있
  어서 참고로 인용하기로 한
  다.

「전상은 다름이 아니오라 인간세상 장사하는 것도 전상이요
목수일도 전상이요 농사 지음도 전상이요
술 먹음도 전상이요 담배 먹음도 전상이요
노름함도 전상이요 밥먹음도 전상이요
인간살이 모든 일이 전상입니다. 전상군줄은 이러하옵니다.」

7. 차사본풀이

고대중 씨 구송(남무, 46세, 구좌면 세화리 거주)
1962년 8월 채록

십육사제 본 풉니다.
천왕차사는 월죽사제月直使者 지왕차사는 일죽사제
어금배는 도스나장.[1] 저승은 이원사제, 이승 차사는 강임사제,
옥황차사는 밤나장이[2] 옛날차사는 최판관 물로
유왕은 구원국 대방삼체서 몽당사제
비꼴사제 모람사제 적스제.[3]
지금 체서는 밤나장이 사삼ㅅ건에 대한 차서는 부명채서.[4]
옛적의 동괴남은중절 절간이 대서 하나ㅎ고 소서 하나이
그 절간을 지키어 사옵대다.
대서중이 신벵나[5] 죽을 사경 당하니 소서안티 지원이 되대[6]
「날랑 죽건 낭 삼천바리를[7] 드려 화장을 시겨주민
천당으로 오르키엔」 지원이 됩대다.
아니헐까 대서중이 죽으시니 소스중이 남 삼천바리를 드려
화장허니 대서중은 천당으로 오릅대다.
소서중 하나만 첩첩산중이 절간 지키어 사는 것이
범두 무섭구 곰두 무섭되 절간 지키어 살암더니러니[8]
하를날은 죽은 대서가 소서안틱 현몽을 드리되
「동경국 범으왕이 아들이 일곱성제가 되는데
우흐로 사형제는 팔자가 좋아지어 딴 갈림을 시기고
알로 삼 형제는 원천강袁天綱[9] 팔자 사주가 기박하여
혼인을 맞추면 무너지고 무너지억 무너지억 허며
미장개전 이서지니 들아다가 소서로 그엉허랸[10]」 ㅎ고
「널라근 대소로 들어사 이 절간을 지키어 달랜」
부탁을 하옵대다.
소서중이 하늘ㄱㄹㄴ 굴송낙을 둘러쓰고

1 義禁府. 都事羅將.

2 밤 羅將.

3 赤使者.
4 非命差使. 여기까지는 序歌
   부분.

5 身病이 나서.
6 志願이 되대 - 부탁하기를.
7 나무 3천 짐을.

8 살고 있었더니.

9 唐代의 占卜家. 여기서는
   占書.

10 데려다가 小師로 就務하라
    고.

지하굴른 굴장삼을 둘러입어 목에는 단주¹를 걸고 내려산다.
동경국 범으왕이 대감집이 들어오라 짓알로 도ᄂ리며²
「소승배입니다」 대감이 말씀ᄒ되 「어느절 중이냐?」
「동개남은중절 소서중이 되옵내다」
「어찌 내려사았느냐?」
「우리 당이 당도 파락하고 절도 파락하옵기에
권재삼문³ 받아다 헌당 헌절을 수리히야서
멩 없는 자는 멩을 주고 복없는 자는 복을 주구
생불⁴ 없는 자는 생불을 시켜주시레 내려샀웁니다」
「이 중아 저 중아 우엉팔과⁵를 가졌느냐?
단수육갑⁶ 가졌느냐? 우엉팔괄 단수육갑 가졌느냐?」
「원천강을 가졌내다」 「원천강이나 집떠보라 우리 아들
삼 형제 있어지니 팔자사주가 어찌되냐?」
소서중이 우엉팔괄 단수육갑 원천강을 집뜰듯말듯 하다가
「대감님아 대감님아. 어떤일로 아덜이 일곱성제가 나았는디
우으로 사형제는 팔자가 좋아지어 뜬 굴림을 시기고
알로 삼 형제는 원천강 팔자사주가 기박ᄒ여
미혼중에 있는데 혼인을 마추면 무너지어 무너지억 ᄒ며
미장개전인디 열다섯 십오세가 멩도 단단 잘라지고
복도 단단 잘라집네다」
소서중이 말을 허니 대감님이 말씀허되
「이 중아, 저 중아 저른 명과 즈른 복 잇을 수는 없느냐?」
「우리 법당에 오란 소서로 거엉해영 열다섯 십오세를
넘겼으면 멩도 장단헐듯 복도 장단헐듯 헙니다」
「게거든 우리 아들덜 삼 형제를 둘앙가
멩과 복을 잇어다달라」 일르시니 「걸랑 그리하오리다」
대감님이 백비단을 삼삼은 구 아홉필을 내여주며
「너이덜 삼 형제가 가며오며 왕래 쓰랜 내여주노라」
삼 형제가 백비단 시필쓱 갈라놓고 삼 형제가 떠날 때에
아바님 어머님전 하직해여

1 念珠.
2 처마 아래로 내리며. 도는
  접두사.

3 施主 약간.

4 子息을 낳음. 여기서 佛은
  子息을 뜻함.
5 五行八卦.
6 段手六甲. 손가락 매듭으로
  六甲을 짚는 것.

「잘금 살암십서 서룬 성님네 아지마님네
아바님 어머님 모상 잘굼 살암십서.
우리 삼 형제는 중이 몸이 되야 멩광 복 잇으레 갔다 오오리다」
집을 하직해여 삼 형제가 소수중을 둘러아젼
동게남은중절 올라온다.
절간이 들어오라 대궁단 곱깔 드려 머리 삭발하고
굴송낙 굴장삼 입어 푼채임¹ 전이 배례허고
그 절간이 들어 소서 몸이 되야 사옵대다.
소수중은 대서로 들어스고 흔달 두달 연석들 살암가니
이삼사월은 녹음방초성화시가 근당허니
잎은 피어서 만발이 되고 꽃이 피어 화산이 되고
만물 푸십새²가 번성이 되니 산천초목 구경가제 호실 때에
소수중은 선몽을 허되 죽은 대亽가 오라 말씀호되
「네일날은 동경국 범으왕의 아들덜 삼 형제가
아바님 어머님 보레 가키엥 홀테이니 가기랑 갈지라도
과양땅을 듸듸민 난데없는 시장기가 날테이니
시장기가 날지라도 가름에³ 들지 말고 그대로
건나가렝 부탁호라」 꿈에 선몽이 되였고나.
뒷날날은 동경국 범으왕 아들덜 삼 형제가
산천초목 구경가져 삼 형제가 산보를 가는고.
삼 형제가 산중에 올라가니 만물 푸십새가 번성이 되고
잎은 피어서 만발이 되고 꽃은 피어서 화산이 되었고나.
고향 산천을 바래여보니 아바님 생각도 나고
어머님 보고싶은 생각도 나고 형님네 아지마니네
보고싶은 생각이 나는구나. 절간이 돌아오라
대서님전 말을 호되 「아바님 어머님 보고져라 희여지니
고향이 돌아가고 아바님 어머님 보아서 돌아오리다」
대서님이 말씀허되 「가기랑 가라마는 과양땅을 디디면
난디없는 시장기가 날테이니 시장이 날지라도
가름에랑⁴ 들지를 말고 지나가라」 「걸랑 그리하오리다」

일러두고 삼 형제가 백비단을 찾아내여 시펄쓱 갈라

둘러메고 푼채님전이[1] 하직하고 대서님이 하직하고

절간 하직해여 고양산천을 상해여 내려오는고.

아니헐까 과양땅을 디디난 난듸없는 시장가이

ᄀ이없이 나는구.

「이만ᄒ면 어찌허리 죽음과 삶이 맞사리아?

과양땅이 유裕과허고 부富가헌 집은

과양상이 집이 유가하고 부가하더라」 과양성이 집이 들어

「배고파 들었네다 요기나 주옵소서」 하오시니

과양상이 각씨가 보리압에 물제미[2]를 ᄒ여다

흔그릇에 수제 싯을 놓고 안내시니[3] 삼 형제가 받아

흔수가락쓱 거려먹으니[4] 눈이 배지그니 떠어진다.

「남우 것을 공이 먹으면 목걸리고 등걸리는 법이로다」

백비단을 내여놓고 한놈이 석자씩 삼삼은 구

아홉자를 그차서 내여준다.

과양성이 각씨가 백비단 가진 것을 보고

「이 도령아 저 도령아 무신 물건이냐?」 「백비단입내다」

과양승이 각씨가 빼여앗을 욕심이 나는구나

「이 도령아 저 도령아 우리집이 안스랑도 좋아진다

밧스랑도 좋아진다 사랑에 가 종애[5] 쉬어

내일날랑 가기가 어찌ᄒ냐?」 「걸랑 그리합서」

삼 형제가 대답허니 과양성이 각씨가 안스낭으로 청하는고.

과양성이 각씨가 부엌 안에 달려들어

오첩반상[6]은 칠첩반상은 열두첩 구애 반상은 츨리는고.

츨려다 가져오고 고암약주 다락주[7]를 내여놓아

권주가를 부르면서 술잔을 권허는고.

삼 형제가 아니먹어난 술을 흔잔 두잔 연삼잔 먹으시니

아니먹어난 술을 먹으니 취해여서 비슥이 직산흔 것이[8]

무정눈에 줌이 드니 과양성이 각씨가

삼년 묵은 ᄀ장물 오년 묵은 참지름을 수앙수앙 꽤야다가[9]

1 부처님전에.

2 물말이.

3 드리시니.

4 떠먹으니.

5 종아리. 다리.

6 국, 밥, 간장 外 5접시의 요리가 붙는 상차림.
7 도수가 높고 독한 술.

8 기댄 것이.

9 끓여다가.

삼 형제 귀레레 지러부니[1] 삼 형제가 늘름늘름 죽었구나.
지게에 지어다가 삼 형제를 주천강 연내못듸 띄와부니
삼 형제가 유왕황제국이 등수를[2] 들어 꽃봉으로 환싱이[3] 되어
붉은 고장[4] 노란 고장 검은 고장 삼색백이 고장이 되어
물우이 동굴동굴 떠었더라.
과양성이가 물을 익거아젼[5] 주천강연내못듸 물물 먹이레
가아보니 삼색백이 고장이 물우이 동골동골 떠었다가
물이 물 먹젱ᄒ민 삼색백이 고장이 들려오고
물 주둥이 오라 물을 못내 먹게 ᄒ는고.
다른 쪽으로 돌아가 물 먹이제 ᄒ되
고장이 다시 들려오고 물을 못내 먹게 ᄒ는고.
「이 고장 곱기는 곱다만 행실이 고약허다」
오독독기 잭여들고 물 물 멕여서 집으로 돌아오라
물을 메여두고 고장이 고와지니
ᄒᆫ 고장은 앞문전에 질르고, ᄒᆫ 고장은 뒷문전에 질르고
ᄒᆫ 고장은 생기지둥[6]에 꽂고 있더니 과양성이가
물 츨[7] 주레 나갈 때 앞살작[8]을 메고 들어올 땐
뒷살작을 메고 과양성이 각씨가 뒤로 장 거리레[9]
가민 뒷문전에 질른 고장이 나갈 적인 앞살장 메고
들어올땐 뒷살장을 메고 생기지둥에 꼽은 고장은
과양성이가 상을 받으면 몬지를 떨어놓고 지내시니
「이고장 곱기는 고와지되 행실이 고약하고나」
ᄂ리와다 놓고 박박허게 부비어 정동화리[10] 불레레 지더부니[11]
백단[12] 불에다 얼음이 녹듯 ᄉ르르르 녹아지는고.
녹은 것은 삼색백이 구슬로 되어 화리 가운데 있었더라.
동리에 사난 청태산이마구할망이 불 담으레 오랐더라.
과양성이 각씨가 말을 허되
「정동화리에 불이 있읍내다. 담아서 가옵소서」
청태산이마고할망이 불 담자고 정동화리를 그느멍[13] 보니
불은 없어지고 삼색백이 구슬이 이서진다.

1 귀에다 부어버리니.
2 쟀訴.
3 꽃봉오리로 還生이.
4 고장은 꽃.

5 말[馬]을 이끌어다가.

6 마루의 벽의 기둥.
7 말 꼴. 말의 사료풀.
8 앞이마의 머리채.
9 간장을 푸러.

10 靑銅火爐.
11 넣어버리니.
12 白炭.

13 긁으면서. 헤치면서.

봉가내여¹ 화리바위에² 놓고 식으니 손바닥에 놓아
「구슬도 곱다」 ᄒ며 이리저리 둥글리더니 과양성이 각씨가
「할마님 나 구슬입니다. 나를 주옵소서」 빼여내고
손바닥에 놓았다가 입데레 무니 목알래레 내려가는고.
글로부터 영상태기가 아집대다.
아홉둘 열둘 준삭이 차니 ᄒ배에 아들 삼 형제 솟아나는고.
ᄒ술 두술 커어가니 기는 것은 글밭이요
노는 소래는 글소리로다.
칠세가 나니 삼천서당에 붙혔더니 열다섯십오세가 당허는고.
삼천선비와 일만거재가 십월 동당³이 근당ᄒ니
과거 보레를 가는고.
과양성이 아들 삼 형제도 삼천선비허고 곹이 좇아가
삼천선배는 과거를 못허고 과양성이 아들은
큰아들은 문신급제文臣及第 ᄒ고 셋아들은 자원급제⁴ 허고
말잣아들⁵은 팔도 도자원을 ᄒ여 나팔 함쌍 거느리고
비비둥둥 비비둥둥 과양땅을 상해여 ᄂ려오는고.
ᄂ려올 때에 과양성이 각씨는 뒷동산에 나사보니
청일산 꼭지가 쌍쌍이 떠서 과양땅데레 상하여 ᄂ려오는고.
과양성이 각씨가 집으로 들어오며 말을 ᄒ되
「어떤 놈오 집인 산천 좋고
삼 형제가 동방급제⁶를 ᄒ여 ᄂ려오는고.
우리집이 아들덜 삼 형제는 어느 놈으 발질에 가았는가?
손질에 가았는가? 소식 아울라 없는고.」
조금 있더니 과양성이 집으로 선배⁷ 함쌍이 거래를 허는고.
과양성이 아들덜 삼 형제가 과거해연 오는고.
큰아들은 문전코ㅅ⁸ ᄒ젠 ᄒ난 똑 죽는고.
샛아들은 산이 영분ᄒ젠⁹ ᄒ난 똑 죽는고.
말잣아들 일가 도문¹⁰허제 허난 꼭 죽는고.
삼 형제 ᄒ날 ᄒ시에 죽어지니
앞밭디 삼 형제를 출병¹¹을 해여두구.

1 줏어내어.
2 화로가. 반반한 둘레.
3 東堂 - ① 4년마다의 式年科, ② 국가 경사시의 增廣科.
4 壯元及第.
5 막내아들.
6 同榜 - 동시 합격자 명단의 榜.
7 행렬 앞의 수종원.
8 門前告祀.
9 營墳.
10 都門(?). 一家 集合으로 봐야 할 듯.
11 가까운 곳에 假埋葬하는 것. 秋冬節에 擇日하고 正葬.

그 고을에 짐치원 새로 도임해야 들어오랐더라.
과양생이 각씨가 칭원請願을 일으킬 수가 없어
김치원이안티 소지[1]를 드리되 아적이는 안소지로 석장
저녁이는 저녁 소지 석장 낮이는 낮 소지 석장 듸리고는
흔들 두들 연석들을 백일을 듸리시되 공亽절채[2]를 못허는고.
과양성이 각씨가 성담우이[3] 올라사고
「개굳은 김치원아. 괘[4]곹은 김치원아. 우리 아들덜 삼 형제를
잡아가게는 허고 공서는 절채를 왜 못허는고.」
후욕 논욕[5]을 허며「우리 고을에 오라 백성 피를
그만 짜아먹고 어서 봉북파직[6]ᄒ여 본댁으로 돌아가렴」
후욕 논욕ᄒ는구나.
짐치원님이 후욕을 들어지되 공서절체는 못허는고.
짐치원이 동완마당[7] 들어가고
성방 이방[8] 불이방 행이방 모인 중에 들어가서 말씀허되
「나는 봉북파직해야 본댁으로 들어가오리다」 일으시니
성방 이방 예변 조련소[9]에서 말을 허되「어떤 일입네까?」
일르시니 짐치원님이 말씀허되
「광양성이 지집이 소지를 아홉상지반을 듸리되
공亽절체를 못해여부니 개곹은 짐치원[10]
괘곹은 짐치원 ᄒ며 후욕 논욕허니
듣기도 싫고 바래기도 실으니 봉복파직을 해야
본댁으로 돌아가오리다」애변 조련소에서 말씀ᄒ되
「그 공亽는 금시상서는 절체ᄒ수가 없읍내다」
「어찌ᄒ면 절체허리까?」
「저승 가서 염래왕을 잽혀 오라야 공亽절체를 하옵내다」
일르시니 짐치원님이 말씀허되
「어찌하면 염내왕을 잽혀오리까?」
일르시니 애변소에서 말을 ᄒ되
「강림이 강패뒤[11]를 염내왕 잽히레 보냅소서」
「어찌허면 보내리까?」

1 訴紙.

2 控訴決裁.

3 城壁 위에.

4 고양이.

5 厚辱 論辱.

6 封庫罷職.

7 東軒 마당.

8 刑房, 吏房.

9 미상.

10 제주 判官 金緻(광해군 대)가 사령 姜林을 시켜서 저승 관원을 데려다가 한 여인의 訴冤을 해결했다는 유사한 설화가 淡水契 編『增補耽羅誌』(1954년, 275쪽)에 실려있음.

11 牌頭(?). 패두는 刑曹에서 笞杖을 집행하던 使令 또는 人夫 10인의 長.

「이날 저냑이 강림이 큰각씨 아방 챗시께[1]가 되니
시께 먹으레 가서 늦잠을 잘테오니 아즉이 게패문[2]을
일쩍 놓고 개패문에 궐[3]이 나면 목숨을 바체허겠느냐?
저승 가서 염내왕을 잽해오겠느냐? 하면
염내왕 잽히레 가기엥 할겁니다」 사통私通[4]을 돌리는고.
강림이신데는 모르게 허고 성방 이방 에변조련이
사통을 받고 강림이는 똑똑허고 역역헌 강림이
일곱술에는 성방을 살고 아홉술에는 이방 살고
열흔술에는 장개가고 열시살에는 패디 황수[5]를 다니고
똑똑헌 강림이 아홉 각씨를 거느려 사는 강림이가
그날 저목에[6] 큰 가시 아방[7] 채씨깨를 먹으레 가서 제서 먹언
아홉 각씨신데 뎅겨서 늦도록 줌을 자더니
전이 어시 개패문소리가 와랑자랑 나는고.
「동완[8] 마당이 무신 일이 있는고?」
일어나서 정신 출리고 옷 입어서 동완마당이 들어가며 보니
성방 이방 애변조련 궐이 없이 메여지고
강림이는 들어가니
「강림이는 궐이요!」 천지가 진동하게 나는고.
깜짝 놀라서 들어가니
「아침날에 강림이는 궐이 나시니 목숨을 바쳐허겠느냐?
저승 가 염내왕을 잽혀오겠느냐?」 물으시니
강림이가 한첨 생각허다 말을 허되
「이리 죽음도 죽음이요 저리 죽음도 죽음이니
염래왕을 잽히레 가오리다」 ᄒ니 홍사줄[9]을 내여준다.
적둑배지[10] 내여준다 홍사줄은 두러메고
적둑배지는 곰[11]에 차고 성방왕이 하직헌다
이방왕이 하직헌다 애변조련이 하직허고
동완마당 하직헤여 나고온다.
저승데레 갈가 하고 생각허다가 죽엉사 오라짐 살아서
오라짐 몰라지니 내가 큰각씨안티 가서

1 첫 忌祭祀 (大祥後 一 年).
2 여닫을 때 북을 치던 지방
   관청의 문.
3 자리가 비는 것.

4 公事를 편지 등으로 사사로
   이 하는 연락. 또는 그 편지.

5 行首. 옛 神房廳의 全島의
   長을 도황수[都行首], 面의
   長을 멘황수[面行首]라 했
   다고 함.
6 저녁에.
7 丈人.
8 東軒.

9 紅絲줄 - 죄인을 묶는 끈.
10 赤牌旨. 사자가 가져오는
   冥王이 사망자의 이름을 적
   은 문서. 붉은 종이에 흰 글
   자를 쓴다고 함.
11 옷고름에.

이런 말이나 해여두구 가져ᄒ고 큰각씨 집이 들어가니
강림이 큰각씨가 말을 ᄒ되
「어떵해연 우리집이 오늘은 올래가 열어지었는고?
가시가¹ 열어지었는고 어떵해연 오라지언?」
강림이가 말을 ᄒ되
「그런것이 아니라 아침날에 개패문에 궐이나니
저승 가서 염래왕을 잽혀오겠느냐?
장하이² 목숨을 받제ᄒ겠느냐? ᄒ기로
이리 죽음도 죽음이요 저리 죽음도 죽음이라
죽을 바이는 남오 손땅에³ 죽을거 없이 저승 가서
염내왕 손에 죽자 하고 염내왕 잽히레 가는 길이 되는데
내가 가서 죽어서 오라짐 살아서 오라짐 몰라지어
그대안티 이런 말이나 한번 ᄒ여 뒁 가자고 오랐노라」
일르시니 강림이 큰각씨가 앙천통곡을 허며
「내일날랑 가옵소서」 「걸락은 그리허라」 대답허니
강림이가 방으로 들어가니 강림이 각씨가 서말 쏠을
단석되에 능그고⁴ ᄀ는데 구덕⁵에 허위여 담는고.
신울을 둘르고⁶ 굴목남 방애에 도에남 절국대에
오동동 지어 초압 이압 삼압을 내는고.⁷
강남서 들어온 메 씨리에⁸ 담고 일분서 들어온 메
솥테 앗저 공덕을 내울려 챗징은 치어다⁹
일문전이 밧제허고¹⁰ 둘찻징은 치어다가
조왕할마님전이 받제허고 싯찻찡은 치어다가
강림이 정심을 싸아 놓는고. 그날 쩌목이¹¹ 은문대단
섭씨¹²에 남비단은 적화주에 화방주는 저전대에¹³
운문대단 안을 받지고 대공단은 불림친에
소공단은 죄움끈을 지어놓고 앞이는 놀릴놀遊재를 새기고
뒤에는 임금왕王재를 새기고 앞섶에는 귀타짐 바농¹⁴
아홉상지 바늘 놓고 지어놓고 뒷날날은 조반식상 출려다노니
강림이가 조반식상을 받아 나아실 때에 재서¹⁵ 행장을 출리는고.

1 가시나무 문.

2 장하게.

3 남의 손에.

4 찧은 쌀을 곱게 쓸고.
5 細竹바구니.
6 쌀을 씻을 때 물을 돌리는 것.
7 절구질 리듬 - 되풀이하는 모양.
8 시루에.
9 첫 층[最上層]은 찧어다.
10 바치고.
11 저녁에.
12 夾袖 - 동달이. 구군복의 하나.
13 戰帶.
14 귀가 터진 바늘.
15 差使.

남방사주[1] 바지에 북방사주 저구리에
뼁농 버선[2]을 신고 남비단 적쾌주[3]를 입고
벙것[4] 벗어서 등에 지고 왼팔을 잘르는고.[5]
적둑배지[6]를 보니 백지에 흑글이로다.
강림이 각씨가 말을 ᄒ되
「낭군님아 낭군님아 금시상 글은 백지에 흑글 써서
붉은 인대면이건만 저승 글은 홍지에 백글이 됩내다」
그 법으로 인간은 죽어서 하직하면
맹전[7]은 홍지에 백글 쓰기를 마련ᄒ고.
강림이가 저승길을 상해여 나아가시더니
청태산이마고할망이 아그랑 작대기를 짚고
저승질레레 올라감시니 저 할마니는 저승데레 가는
할망이 되니 걸이 미쳐서 질을 몰르니 걸이 가자하고
할마니를 미칠양으로 둘아보대[8] 떨어지고
둗다가 지쳐서 놀멍 걸어도 그만이 떨어지고
미칠 수가 없는구나.
가다보니 이른여덥은 공거림질[9]에 가니
청태산마구할망이 아자 쉬었더라.
강림이가 청태산마구할마님신데레 인사를 디리시니
청태산이마구할마니가 말씀ᄒ되
「어떤 도련님이 우리걸은 막동 늙은이신데레
인사를 디립니까?」 하오시니 강림이가 말을 허되
「우리 조선은 여의지국이로되 할마니보고 그대로
지나갈 수가 있읍니까? 할마니 봐서 인ᄉ를 디렸습니다」
「어듸레 가는 도련임이 되옵내까?」 강림이가
「저승데레 감습니다」 「나도 저승데레 가는 늙은이가
되여지니 여기 쉬어서 걸지 가기가 어찌허냐?」
「걸랑 그리하오리다」
걸지 앉아서 정심요기나 해영 가자 하고서
정심진지 내여놓고 먹자보니 강림이 점심허고

1   藍紡紗紬.
2   白綾버선.
3   赤快子.
4   戰笠.
5   잘라매는구나.
6   사자가 가지고 가는 사망자
    이름 적은 문서.

7   명정(銘旌) - 사망자의 관직,
    성씨를 적은 旗.

8   따라잡으려고 뛰어보되.

9   78갈래의 갈림길.

청태산이마고할망 점심허고
흔손으로 맨든 흔 정심이 되었고나.
「할마님아 어떤일로 할마님 정심허고
나 정심허고 한손으로 맨든 흔정심이 됩니까?」
말을 허니 할마님이 말씀허되
「야 강림아. 나를 모르겠느냐」 「과연 모르겠습니다」
「내가 너의 집이 큰각씨 집이 조왕할망이 되는데
너의 큰각씨 정성이 지극허길래
너의 저승질이나 인도허ㅈ고 오랐노라.
나 정심이랑 먹고 너 정심이랑 가경 가다가
저승 채서 길 노변이 시장 버쳔 누었으니 요기를 주면
염내왕이 달룬[1] 차사니 염내왕 가신 데를 분명이 말할 것이라」
하오시고 질인도를 ㅎ실 때에
천지혼합 들어간 질[2] 천지개벽 들어간 질,
임신[3] 중에는 천지옥황 대명전이 들어간질,
지보 올라 사천대왕이 들어간 질,
물츳이는 다서 용궁 들어간 질,
절츳이는 서산대소 육칸대서 세명당이 들어간 질,
인간츳인 멩진국이할마님이[4] 들어간 질,
얼굴찾이는 어전국[5]과 홍진국[6]이 들어간 질,
시왕전이 들어간 질, 전일왈아 전병서[7]
원 일와라 원병서 들어간 질 어서 도서[8]
짐추염내 태선대왕泰山大王 들어간 질,
초제 올라 징건대왕秦廣大王 들어간 질,
이제 올라 초강대왕初江大王 들어간 질,
제삼은 송제대왕宋帝大王 들어간 질,
제네 오건대왕悟官大王 들어간 질,
제다섯 염래왕閻羅王이 들어간 질,
제여섯 번성대왕變成大王 들어간 질,
제일굽 태선대왕泰山大王 들어간 질,

1 데리고 있는.

2 이하 길들은 조왕할망이 일
   러준 78갈림길.
3 신위.

4 삼신할머니.

5 天然痘神.
6 홍역신.
7 前日月에 前兵使.
8 御使 都事.

제여덥 팽등대왕平等大王 들어간 질,

제아홉 도시대왕都市大王 들어간 질,

제열 전륜대왕轉輪大王 들어간 질,

열하나은 지장대왕地藏大王 들어간 질,

열둘은 생불대왕生佛大王 들어간 질,

열시은 좌두대왕左頭大王 들어간 질,

열네은 우두대왕右頭大王 들어간 질,

열다섯은 동저대왕童子大王 들어간 질,

십육 사제대왕使者大王 들어간 질,

천앙차사는 월죽사자 들어간 질,

시왕차사는 일죽사제 들어간 질,

어금배는 도서나장¹ 들어간 질,

저승은 이원사제 들어간 질,

이승은 강림사제 들어간 질 네가 들어갈 길이다.

강림이 들어갈 길을 보니 어주리² 질일러라

비주리³ 질일러라 눈비애기⁴ 질일러라

한탈낭⁵ 메인공서 가시덤벌 뛰덤벌⁶ 소쿄산⁷ 노상 배질

쌀대ᄀ치 곧은 길은 없고 활등ᄀ치 욱은 질일러라.

조왕할마니는 이질로 가라 해여두구 깜막허니

간간무레가⁸ 되고,

강림이는 어주리질과 비주리질을 허터드며

올라가다보니 이원제비가 질 노변이 시장버쳐⁹ 누웠더라.

강림이가 벵낙¹⁰ ᄀ튼 소래를 우뢰ᄀ치 질르며

정둥¹¹ ᄀ튼 팔다시에 다가리ᄀ튼 손주먹을 바루 죄고

냅다 치니 이원사제가 와들랭이 일어난다.

일어나보니 채서 행적을 챌렀더라.

「어디 채서냐?」 물으시니 강림이가 대답ᄒ되

「금시상 강림이가 됩내다. 당신은 어디 채사입니까?」

「나는 저승 채사노라」

강림이가 「팔도 동관¹²은 유왁¹³ 형제가 되니 어디레 갑니까?」

1 義禁府의 都事 羅將.

2 어주리 비주리는 길의 凹凸이 심한 모양.

3 위의 對句, 반복.

4 雪雨.

5 산딸기나무.

6 띄덤불.

7 미상.

8 간 곳 없이 사라져버림.

9 길가에 시장기가 지나쳐서.

10 벽력(霹靂)=벼락.

11 댕댕이 덩굴.

12 同官.

13 幼學.

「나는 질토래비[1]로 질을 닦으노라. 너는 어디레 오느냐?」
「염래왕 잽히레 가는 길이 되옵내다」
이원잽이가 「나는 질 닦으다 시장부쳐 누웠노라」 일르시니
강림이가 「나안틔다 요기가 있읍니다」 내여놓고
이원잽이를 듸리시니 제반 삼술[2]을 걷으니
눈이 베지그니 떠지는고.
이원잽이가
「남으 것을 공이 먹으면 등걸리고 목걸리는 법이로다」
생각해여
「너 강림아 속적삼[3] 입었느냐? 염래왕신대 가자시민
검은 머리꺼럭 희도록 가되 염래왕신대랠 못갈테니
속적삼 벗어내라. 혼불러 죽언 혼정魂精으로 가서 오라」
일르시니 속적삼을 벗어내니 이원잽이가 적삼을
강림이 머리 우테레 둘루면서
「금시상 강림이 보오! 금시상 강림이 보오!」
연세번을 부르시고 이법으로 인간이 죽으면
혼불르기를 서립[4]홉대.
말씀ᄒ되 「염래왕이 아랫녁이 원복장제 집이
단뜰애기 초새남[5] 원문 받으레 신숩허시니[6]
앞이 오는 벌련도깨도[7] 빈 도깨요 뒤에 오는
벌련 도깨도 빈 도깨요 가온데 가는 벌련 도깨에
염래왕이 타아시니 사문 절박[8]시겨보라마는
염대왕이 잽히기는 어려우리라」 하는고.
이원잽이허고 강림사자허고
서로 갈려사 강림이는 저승 질레레 올라오다보니
벌련도깨소리가 쌍쌍이 나는고.
앞이 오는 벌련 도깨를 바려두고
가운디 가는 벌련도깨에 들려들어 적둑베지를 두쳐서[9]
홍사줄[10]을 내여놓고 사문절박 염래왕을 시기어가니
염래왕이 「너 어디 채서냐?」

1 길을 보수하는 자.

2 약간의 요기를 말하는 상투
  어구.

3 招魂用 속옷.

4 創始.

5 새남은 지노귀 새남굿. 곧
  死靈往生의례.
6 신이 내리시니. 降神하셨으
  니.
7 別輦獨轎.
8 私門結縛 - 권세있는 집에
  서 사사로이 백성을 결박하
  는 일.

9 赤牌旨를 뒤져서.
10 紅絲줄 - 죄인 묶는 줄.

「금시상 강림이 강패뒤[1] 되옵내다」

「누가 염래왕을 잽했느냐?」

「짐치원이 염래왕을 잽했내다」

「짐치원이 어찌 왕을 잽히느냐?」 강림이가 대답허되

「짐치왕도 왕입내다. 염래왕도 왕입내다

왕이 왕을 못내 잽힙니까?」 일르신다.

금시상 강림이 똑똑허고 역력허다.

인정[2]을 걸라 사정을 걸라 인정 사정[3] 걸어

염래왕이 말씀허되

「웃옷 벗어라 강림아」

웃옷 벗으니 등댕이[4] 글을 쓰되

「강림이는 질두래비를[5] 매기고 대잣 너비에 석자 두티를[6]

놓아 숙석[7]으로 질을 닦으라」 써어두고

「모릿날 사오시[8]로 나려살테니 강림이랑 돌아가라」

헤여두구 원복장제집이 단똘애기 초새남 원문을 받으레

청대 꼬꾸리로[9] 신수푸고[10] 강림이는 올래에 가

체서 군문을 잡아 신이성방[11]을 사문절박을 시겨논다.

제석궁이 신소미[12]가 똑똑허고 영력해야

채서상을 내싱그고[13]

「저승 채서도 채섭니다. 이승 채서도 채섭니다.

금시상 문을 열어오옵소서」 하오시니

강림이가 들어가 신이성방 사문절박한 것을 클러놓고

염래왕과 상을 받아 저승서 삼일을 산 것이

금시상 돌아오라 보오시니 삼년이 넘어

챗시껫날 저목이[14] 되었더라.

강림이가 큰각씨 집이 들어가

「이문 열라」 하니

「누굽니까?」 「강림이노라」

「강림이건 관듸[15] 섶울 창궁기로 내보냅서」 하오시니

창궁기로 관듸섶을 내보내니

1 牌頭.

2 굿에서 무당에게 금품을 바
치는 일. 여기서는 글자 뜻
그대로 볼 것.

3 人情 事情은 對句 反覆.

4 등어리[背].

5 도로수리 인부.

6 5尺 幅 3尺 두께.

7 夙夕 - 아침저녁으로.

8 巳午時. 오전 10~12시.

9 고고리 - 이삭. 靑竹대끝.

10 靑대끝으로 降神하고.

11 심방[巫]를 말함.

12 小巫 중 제일 웃소미.

13 내놓고.

14 첫 기제사 날 저녁.

15 紗帽冠帶의 준말. 여기서는
관복.

귓타진 바농[1] 하나이 붙어오랐구나.

강림이가 분명ᄒ다.

문을 열아 들어가니 각서 추물[2]을 출려놓았더라.

「이것은 어떤일이냐?」

「당신님이 저승 간 날부터 삼년이 넘어 체시곗날[3] 됩내다」

가문 일문 청허시라 음식을 각발 분식[4]을 허고

강림이가 말을 ᄒ되

「아바님아 나 ᄋᆞ서부난[5] 어찌 생각납디까?」

「ᄆᆞ디 ᄆᆞ디 나더라」

「아바님은 이 세상을 하직하민 왕대 죽대[6]를

갈라줘여 삼년상에 공갚으리다」

아방 죽은디는 대죽 골라서 방장대[7] 서립헌다.

「어머님은 나 ᄋᆞ서부난 날 생각이 어찌 납데까?」

「ᄂᆞ 생각 허여가민 가슴이 먹먹허고 손에 쥔 것도

어디레 놓아진 것같당 찾으레 댕기어지고 ᄒ더라」

「어머님은 이세상 하직하면 동드레 벋은

머귀남 방장대[8]를 해여 삼년상 공 갚으리다.

서룬 아시들[9]은 날 생각이 어떻게 나드냐?」

「형님 생각을 허민 일년동안은 자주 나다

일년이 지나가니 멀리 생각납디다」

「동기간은 옷우이 바람이로다」

일년 복 주기 서립헌다.

서립해여 두구 그날 저녁이 잠을 자

뒷날 아적인 아잧더니

동리에 사는 청태산이 마구할망 불담으레 오랐더라.

보오시니 강림이는 죽었다 삼년이 넘었다 하는

강림이가 구둘에 오란[10] 아잧구나.

불두 아니담고 동완[11] 마당에 들려들어 거짓말을 허되

「강림이는 저승 염래왕 잽히레 아니가고

강림이 큰각씨 집이 가 밤이는 흔방에 줌을 자고

1 귀 터진 바늘.

2 各所出物. 각 지방 산물. 갖
  가지 음식.

3 첫 기제사 날.
4 各各 分食.

5 없어져 버리니까.

6 喪女時의 대지팡이를 말함.

7 喪杖.

8 동쪽으로 뻗은 머귀나무
  喪杖.
9 아우들.

10 온돌방에 와서.

11 東軒.

낮이는 곱팡에 곱으면서[1] 연삼년을 살았읍네다」

거짓말을 ᄒ여부니 걸허[2] 나줄 내보내여

강림이를 사문절박 시겨간다.

강림이를 동안마당에 심어다놓고[3] 짐치원이 말을 ᄒ되

「어찍 해여서 염래왕 잽히레 아니 가오랐느냐?」

일르시니 강림이가 대답하되

「가 오랐읍니다. 모릿날 사오시[4]로 ᄂ려오기로 하였읍니다」

ᄒ며 웃옷을 벗어 「등에 글을 보옵소서」

「강림이는 질토래빌[5] 매기고

대잣 너비에 석자 두티[6] 숙석[7]으로 질을 닦으라」 써었더라.

「이놈우자식 어디 가서 누게 빌어 써언오란 거짓말을 한다」

목좁은 방에칼[8]을 씨와 장방구레[9]를 시기고

모릿날 사오시가 근당허니 염래왕이 아니 ᄂ려오니

강림이를 쥑이기로 허여간다.

앞밭디는 벌통[10] 걸고 뒷밭디는 사위당치[11]를 허고

ᄌ강놈[12]을 불러다가 쥑이기로 ᄒ여간다.

강림이가 말을 허되

「ᄒ 시간만 기달려서 염래왕이 아니 내려사면

저가 죽어도 원이 없읍내. ᄒ배코를 눅여줍서[13]」

눅여주니 조금 시니 갑을동방으로 먹장같은 먹구름이

동실동실 뜨고 오더니 훌근 빗살 줌진 빗살[14]

둠신둠신 ᄒ시더니 너른 목에는 번게를 치고

좁은 목엔 베락치듯 염래왕이 와지끈땅 ᄂ려산다.

염래왕 ᄂ려사는 소리에 짐치원 혼겁해여[15]

공시지둥[16] 몸으로 환싱허고 사았더라.

염래왕은 ᄂ려오란 보니

죄없는 강림이가 방예칼[17]을 써어 아잣구나.

「불쌍허다」 목좁은 방윗칼을 클러준다.

「짐치원 어디 갔느냐?」

「ᄀ사이 이디[18] 이섯는디 어디 간 줄을 모르겠습니다」

---

1 곱다 - 숨다. 고팡 = 庫房.
   고팡에 숨으면서.

2 걸ᄒ다 - 행동이 재빠르다.
   재빠르게.

3 잡아다 놓고.

4 巳午時. 오전 10~12시.

5 도로보수 인부.

6 5尺 너비 3尺 두께.

7 아침저녁.

8 칼[刑具]을 수식하는 말.

9 監房拘留.

10 罰틀 - 刑具.

11 미상.

12 刺客놈(?) - 死刑집행인.

13 한 코를 늦추어 주십시오.

14 굵은 빗살 가는 빗살.

15 혼이 나고 겁이 나서.

16 공짓기둥=벽장 위에 가로
   건너지른 나무를 받치는
   기둥.

17 목에 끼우는 木板刑具.

18 방금 여기.

「이 집은 누가 지었느냐?」

「강태공이 서목시 지은 집이 되옵니다」 하오시니

「강태공이 서목시를 부르시라」

강태공을 불러오니

염래왕이 말씀허되 「이 집 누가 지었느냐?」

강태공이 「저가 지은 집이 되옵내다」

「지둥은 몇지둥을 세웠느냐?」

「스물네지둥 세웠읍네다」

「너 손그뭇 든[1] 지둥으로 세워보라」

강태공이 서목시가 지둥을 세시다가

「공시지둥 하나은 저가 아니 세운 지둥입니다」

「대톱을 디리라. 소톱 디려 싸아보라[2]」

대톱 소톱 디려 싸아가니 자지피[3]가 발끈 나는고.

호암[4] 허니 짐치원이 정신 출려 나아산다.

염래왕이 말씀ㅎ되

「짐치원이 어찌해야 염래왕을 잽혔까?」

짐치원이 대답을 못내헌다. 강림이가 말을 허되

「짐치왕도 왕입니다. 염래왕도 왕입니다.

왕이 왕을 못내 잽힙내까?」 일르시니 무신 일이 되는고.

짐치원이 그제야 대답을 허되

「이 ᄀ을에 과양땅이 과양성이 각씨가 있는디

흔배에 아들 삼 형제가 나서

공부해야 삼 형제가 동방급제[5]를 해였노라.

흔날 흔시에 죽으니 그 청원헌 소지訴紙를

아홉상지반을 디리되 그 공ᄉ控訴를 절체決裁 못해여서

염래왕을 잽혔읍니다」

「과양성이 지집을 잽혀오라」

잽혀오니 뒤창절박[6]을 시기는고.

「사홀 상뒤[7]가 족박 아진이 작박 아진이[8] 나아오라

주천강 연내못을 푸라」 못내 푸는고.

1 손그뭇 - 손금.

2 싸다 - 톱으로 나무를 썰다.

3 자줏빛 피.

4 호령.

5 동시 합격자의 명단이 붙었
   던 급제.

6 양손을 뒤로 묶는 결박.

7 香徒 - 상여꾼.

8 작은 박 가진 자와 나무바
   가지 가진 자.

염래왕이 금붕채로1 연세번을 7리대기니2
연내못이 보파지는고.3
동경국이 범으왕이 아들덜 삼 형제
죽어난 꽝만4 살그르랑ㅎ였고.
「과양성이 지집년, 이년아, 네 주식이냐? 이것이 네 주식이냐?
남우 주식을 명잇고 복잇으레 댕기는 사람을 쥑여두고
백비단 아홉필을 빼앗으니 그 죽은 혼정魂精이
유왕황제국이 등수登訴를 들어 꽃봉으로 환싱허고
꽃이 구슬되야 너 몸에 가니 너를 원수갚으자고 난 주식이지,
네 주식이 아니다. 쥑일 년, 잡을 년 아니냐?
일굽 아희를 디리라. 아홉 쇠를 디리라5」
아홉각에 매여 과양성이 지집이 각각이 올올이 찢이는고.
찢여두고 염래왕이 동완마당6이 들어가니 일굽 아희는
사람 죽이는데 보아났젠7 사람 측에 못붙으게 하는고.
염래왕신데 가 말을 ㅎ되
「우리 일굽아이는 사람과 같지 못댕기겠읍니다」
「너희덜랑 사람죽어난듸 일곱동저로 들어상 얻어먹으라.8
아홉쇠랑 사람 죽어난듸 무두귀양9으로 들어상 얻어먹기
서립허라, 허여두고 염래왕이 짐치원님보고 말을 ㅎ되
「짐치원님 강림이란 저를 주면
금시상 초사로 ㄴ려와 보내리다.」 짐치원이 말을 ㅎ되
「강림이 디릴 수 없습니다」 「게거든 혼정魂精으랑
내가 빵10 갈테니 몸천11으랑 써어 보옵소서」
짐치원이 「기영헙서」, 대답허니 염래왕이 능장대12로
강림이 동완마당에 세워놓와 능장대를 받와두고13
혼정은 빠아 염래왕에 올라가 분다.
짐치원은 강림이가 저승 가온 줄을 학실이 아니
「강림아 강림아, 이래 오라, 저승 간 온 말이나 ㅎ라.
좋와냐 궂으냐 ㅎ라」, 허니 대답이 없으니
「박패뒤야14 강림이 능장대로 아가릴 박으라

1 금으로 봉황을 새긴 비녀.
2 내갈기니.
3 말라지는구나.

4 꽝 - 뼈[骨].

5 소 아홉 마리를 끌어들여라.

6 東軒 마당.

7 보아왔다고.

8 무덤의 동자석을 말하는 듯.

9 無頭鬼 모양으로(?).

10 빼서.
11 몸둥이.
12 稜杖대 - 순찰 돌 때 쓰는 기구. 또는 관아출입을 금하여 어긋나게 세운 나무.
13 받쳐두고.

14 朴牌頭. 패두는 형조의 사령.

염래왕과 곁지 가지 못하니 굴툭피완[1] 대답도 아니흐다」

박패디가 들아가고 늑장대를 훅덩비니[2] 강림이가

갱굴렝이 잣바지는고. 잣바지니 가고보니 강림이가 죽었더라.

강림이 죽었지엔 소리에 강림이 각씨가

아홉 각씨가 벌떼곁지 들려든다.

「짐치원님아 우리 낭군님을 어찌해연 죅였내까?

저승 가서 염래왕을 아니잽혀 오란 죅였내까?

어찌해야 죅였내까?」 앙천통곡허며 울음 운다.

울어보기어든 살아나며 그아보기어든[3] 살아나랴.

일은 나면은 난대로 하는 법이로다.

큰각씨랑 정절 수절 지키기를 서립허고 강림이 섭섭허다.

초수렴[4]도 헌다 이수렴도 헌다. 정수렴 헌다 섭섭허다.

개광開壙허기 상게판 중게판 하게판[6] 덕극허[7] 서립하고

용묘제절[8] 놓고 섭섭하다 초제 이제 삼오 졸곡[9] 서립허고

섭섭허다 초하를 보름 서립허기 열두둘은 소상小祥허기

수물녁둘 대상허기 서른여섯달 체식게[10]허기

담제禫祭허기 서립헌다.

삼명일 기제사 서립허고[11] 산이금벌[12]을 서립허고.

강림이 죽은 염래왕과 곁지 간 강림이는 염래왕서 영을 맡아

「금시상 가서 인간은 삼십삼세가 흔 대우니[13]

삼십이상으로 잽혀오라.」

적둑배질[14] 내여주니 적둑배지를 가지고

금시상데레 ㄴ려오더니 가마기놈이 강굴강굴

「너는 강게 나도강게[15] 너 검은 머리꺽이 희도록 가되

금시상 가아 오지 못헐테니 나 절날개에[16] 적둑배지를 붙지시라」

강림이는 실푼 간에 선득으로[17] 「걸라근 그리흐라」

가마귀 절날개에 적둑배지를 붙겼더니

가마귀놈이 절날개에 적둑배지를 차아지고

금시상대레 ㄴ려오더니 도완[18]이가 물을 베겸더라.

가마귀가 물피나 흔점 얻어먹엉 가아보젠[19]

1 심술 부려서.
2 잡아끌으니.

3 가서 본들.

4 襲殮 시신을 씻기고 수의를 입히고 염포로 묶는 일.
5 棺 자리 파내기.
6 蓋板 - 관을 덮는 판자 머리쪽부터 上, 中, 下 개판.
7 덮기.
8 龍尾祭節.
9 三虞祭와 卒哭.
10 첫 忌祭祀.
11 마련하고. 시작하고.
12 山(墓)의 禁伐.
13 代이니.

14 赤牌旨 - 사망자의 이름을 적은 종이.
15 姜哥. 姜氏.

16 곁날개에.
17 싫던 참에 선뜻하게.

18 屠漢 - 백정.
19 얻어먹고 가보자고.

담 웃테레 춧작허게 아지니 도완이가 물바통을 긋차[1]
훅허게 텍기니[2] 가마기는 제를 맞치자고 허는가 헤여
픗닥허게 ㄴ는 것이 적둑배지 생각은 아니해연 놀아부니
적둑배지는 담 알래레 떨어진다.
순작놈이[3] 적둑배질 봉가먹제[4] 줄락허게 나아사니
구렝이놈이 순작 꼬랭일 물어부니
순작놈은 푸르름허게 ㄴ는것이 순작꼴리가 빠아지는고.[5]
구렝이는 적둑배지를 먹으니 십생구사법[6] 마련허고.
가마귀놈은 적둑배지를 잃어두구 홀 수 없이 금시상 돌아오라
「아희도 가렌홉듸다. 젊은 사람 늑신네[7] 남녀노소 없이
오렌 헙데다 강골강골」
울면서 아적이 울민 아희 죽고, 낮이 울면 젊은이 죽고
저녁이 울민 늑신네 죽기 서립허더라.
저승 염내왕안틔 아희가 몬첨 들어갔더라.
염내왕이 강림이보고
「어찌해여서 삼십삼세가 흔대라서 삼십 이상으로
잽혀오라 해였더니 아희를 잽혀오랐느냐?」 ᄒ며
「어떤 일이냐?」 ᄒ니 강림이가
「그런 것이 아니라 가마귀 절날개에 적둑배지를 부쪘네.
어떠헌 줄을 모르겠읍네다」
「이놈우 자식아 금시상은 법은 아니되었고나.
차례로 잡혀오랜 해였더니 아니되었고나.
쥑일 놈아 살릴놈아」 하며 쟁일벽을 훑어분다.[8]
강림이는 매를맞아 부앗절에 가마귀놈을 심어다가[9]
쟁일벽을 훑을 때에 이번이나 구만 때리지 허는가 허면서
절눈질을 해뜩해뜩 허는 것이
눈을 해뜩해뜩 해여지고, 장씸운 받다서[10]
걷젱 허민 앙글앙글 걷기를 서립허고 금시상 까마귀
아적 까마귀 굿이 울면 싸옴나기 서립허고 손임오기
서립허고, 저녁 까마귀 굿이 울면 화재나기 서립허고.

8. 맹감본풀이(亽만이본풀이)[1]
고대중[2] 씨 구송(남무, 46세, 구좌면 세화리 거주)
1962년 8월 채록

1 亽만년 산 亽만이와 그를 잡
  아간 세 맹감(冥官=저승차
  사)의 본풀이.
2 천지왕본풀이 구송자 주
  참조.

소광남우 사는 성은 소가요 이름은 亽만이
어린적에 조실부모早失父母해서 배운 일은 없고
처가속을 얻어만나는 것이 천하일등 침針세질 잘허는
처가숙을 얻어만나 구명도식求命徒食 허실 때에
처가숙이 동내집이 가서 침세질ᄒᆞ래 가면
亽만이는 긑이 가고 때식食은 주면 긑이 갈라먹고
亽만이 각씨 품팔아온 돈은 쌀 받아다
남우 집이 못간 날에 구명도식ᄒᆞ옵대다.
ᄒᆞ를 벌어 ᄒᆞ를 먹고 이틀 벌어 ᄒᆞ르 먹고
남아불 큼전은[3] 없읍대다.
亽만이 각씨가 침세질을 ᄒᆞ며 곰곰들이 생각허니

3 쿰 갑=품삯. 쿰전=품삯.

「이렇게 허시다가 물로 이른[4] 몸이라

4 물로 이루어진.

병이 나면 약허자 허되 돈이 없으니 약
ᄒᆞ첩도 못사먹고 죽을 터이니 어찌ᄒᆞ리?」
곰곰이 생각허다가 ᄒᆞ를날은
「낭군님아 낭군님아 매일장척 춘하추동 사시절에
일년 삼백육십일에 매일장척 그렇게 놀고 어찌ᄒᆞ리?
살수 있으리까?」 亽만이가 말을 허되
「그러면 어찌허면 살리오? 일허저 허되 배웁지 못허고
장亽허자 허되 돈이 없으니 어찌허리?」
亽만이 각씨가 말을 허되
「낭군님이 장서영업 허자허면
돈관이나 취해여다가 디리리다. 장사영업 허여봅서」
亽만이가 말을 허되
「돈만 있으면 장서영업허지만 돈 없어서 어찌허리?」

이말허니 사만이 각씨가 동네집이 장제[1] 집이 들어가고
장제대감님 보고 말씀허되 「돈관이나 취하옵소서」
장제대감님 말씀허되 「멋을 허겠는가?」
「우리 낭군 아저다 드리고 장서영업 시켜서 남은 돈은
구명도식求命圖食허시고 원전은 아저다 갚으리다」
대감님이 말슴허되 「걸랑 그리하오시라」
돈 열냥을 내여주니 사만이 각씨가 돈 열냥을 취허시고
남편내신디 돌아오라 남편내를 디리시니
「내일날랑 새벽조반해여 달라」 부탁허니
사만이 각씨가 뒷날날은 새벽조반 찰려서
낭군님안테 찰려노니 사만이가 조반식상 받아아전
돈열냥을 꽁무니에 차아지고 서울이라 제장안
종로 네거리 들어가는고.
동으로 들어 서로 나고 서로 들어 동으로 나되,
눈에 들어 사고픈 재물이 없어지고
해는 일락서산이 닥아가니 시장끼는 과히 없고
주막집이 들어가고 돈 한냥을 떼어내여
술 사고 안주 사고 점심 사고 먹어아전 집으로 상해연
오시더니 막주막[2]에 당허시니 멋을 허는 제물인줄은
몰라지되 구석에 세운 것을 보오시니 사고푸고.
주막치기보고 말씀허되
「저 재물은 멋을 허는 제물입니까?」 물으시니
주막직이 말씀허되
「산중 산앞이 가서 노리 사슴 맞치는
질이발른[3] 은마상충[4]입니다」 일르시니 사만이가
「금지금은 얼마나 가옵니까?」
「상으로는 열닷냥 그알로 열석냥 그알로 열한냥
그알로 아홉냥 그알로 일곱냥짜리꺼지 있읍니다.」
「일곱냥짜리 하나 주십서」
돈 일곱냥 내어주구 질이 발른 은마상충 하나 사고

1 長者. 부자.

2 끝의 주막.

3 길이 바른.
4 馬上銃. '은'은 접두사.

두냥 남은 돈에서 너 돈 두냥을 내어주어

구약통龜藥筒[1]을 짊어지고 집이 돌아오니

사만이 각씨 남편내 장서 영업허연 오랐다고

저녁식상 찰려다놓니 사만이가 저녁식상 받은후에

사만이 각씨 말을 허되

「낭군님아 오늘 장서 영업은 어찌 되였니까?」

사만이가 말을 허되 「물견을 사고 오라시니

플려봐야 남구 아니남는 것을 알지」

일르시고 사만이가 말을 ᄒ되

「내일날랑 새배조반ᄒ고 약돌이[2]에 정심 싸고 내여달라」

부탁ᄒ니 사만이 각씨 「걸랑 그리ᄒ오리다」

뒷날날은 사만이 각씨가 새배조반허고 정심진지

약돌이에 싸아놓아 조반식상 남편내를 듸리시니

조반식상 받아 사만이가 약돌이는 두러메고 귀약통

남널개[3]는 둘러지고 질이 발른 은마상총 둘러메고

굴미굴산 노조방산 신미신산 애여산[4] 곳[5] 올라가되

노리[6] 하나 강녹[7] 하나 대돛[8] 하나 꿩 한머리

순작[9] 한머리 생이[10] 한머리 못내 보는고.

「지여 생이라도 보아지어시면 불질[11]이나 한번 할것인대」

젤로 정수업[12]을 허되

「전이 전쩍인 이ᄭ지 아니오되 노리도 있고

대강녹 소강녹 대돛 소돛 이서지는디 오늘날은 어떤일로 지어

순삭 한ᄆ리 생이 한ᄆ리를 못구경ᄒ는고」

ᄌ탄하며 깊은 산중으로 들어가는고.

들어가되 아무 것도 없어지는고.

ᄀ랑비는 움신듬신 오라가니

「집을 상하여 ᄂ려오자 ᄒ되 옷이 젖을 것ᄀᆯ고 어찌ᄒ리?」

생각ᄒ다 젤로 죽은 반대목半大木 속 구린[13]

반대목이 있어지니 반대목 소곱에[14] 들어가서

비나 그성[15] 가져 흐게 들어가니 비는 점점 크게 오고

1 火繩銃의 화약을 담는 통.

2 노끈 따위로 엮은
  그물주머니.

3 화약, 탄알들을 넣는 그릇.
4 '굴'은 '大'의 뜻의 접두사.
  '大뫼大山', '深뫼深山' 등
  깊은 산들을 표현하는 상투
  어구.
5 곳=藪.
6 노루.
7 角鹿.
8 큰 멧돼지.
9 메추라기.
10 새[鳥].
11 화승총의 발포의 뜻.
12 의아하여 自嘆하는
   소리라고.

13 속이 빈.
14 속에.
15 그어서. 잠시 피해서.

날은 다 정글고 느려올 수 없어지니 약돌이를 내여놓고
정심진질 내여놓아 정심겸 저녁겸 먹어아전
비가 갤 땔 기다리되 비가 아니개니 흘 수 없이
거기 아진 것이 초경 이경 삼경[1]이 지나가니

1 밤 8시, 10시, 12시.

해언 실태던 종애애[2] 무정눈에 줌이 오는고.

2 종일 괴롭던 종아리에.

줌이 오니 부름소리가 「사만아 사만아」
부름소리 나니 언뜻 깨여나고 보니
아무겄도 눈에 배지않고 적적하는고.
「산중에 오니 산까마귀 소린가 버국새 소린가?」
생각허다 다시 고쳐 줌이 오니 다시 고쪄
「ᄉ만아 ᄉ만아」 부름소리 나는고.
엄득 깨어나고 보니 아무것도 없어지니

3 大角鹿. 큰 사슴.

「무심 소린고? 노리 사슴 대각녹[3] 소각녹 소린가?」
생각허다 다시 고쪄 줌이 드는고.
줌이 드니 「사만아 사만아 너는 언제 총질ᄒ고
불질ᄒ며 봐서 노리 사슴 맞치레 산중에 오랐느냐?
나는 서울 제장안 백정승이 아들로서 포시 중에도
일포시―砲手로 댕기다가 내 총 내 맞어 죽어지니
부모 동기간 처자식 간 날 간 시 몰라 물 흔술
초하루 보름 삼멩일三名日 기제서 안해주니
나는 물을 굶어 죽어지는 백영감이노라.
나를 모사다 너의 상고팡上庫房에 모사
초하루 보름 ᄒ여주면 부구영화를 시겨주마」
엄뜩허게 깨여나고 보니 날은 새고 붉아진대
아무 것도 없어지는고.
날이 붉으니 집으로 상해여 느려오자 ᄒ고

4 화약통. 탄알들을 넣는 그릇.

귀약통龜藥筒 남널개[4]는 둘러지고

5 총열이 바른 馬上銃.

질이발른 은마상총[5] 둘러지고
집을 상하여 느려오더니 뒤으로
「야 사만아! 너만 어찌 무정게 가느냐?」

말없엉 부름소리 나오시니 뒤으로 돌아사 바래여보니
아무것도 없어지고 젤루 죽은 멩괜남[1] 쏘곱에[2]
백년대굴이[3] 하나이 있는고.
사만이가 말을 ᄒ되 약돌이를 벌어싸며[4]
「내게 태운 영감이건 나 약돌이[5]레 들어옵서」 ᄒ오시니
백영감이 제냥으로[6] 둥굴어서 약도리레레 들어오는고.
들어오니 약돌이코를 호르싸고[7] 둘러메고
집으로 돌아오며 생각허니 아무리 처가숙이지만
장서 영업ᄒ래 가노라 ᄒ고 허여두구 백년대구리만
두러메고 들어가면 어떻게 생각흘넌지 미안이 생각하고
약돌이는 올래에 주먹낡에[8] 걸어두구 사만이가
집으루 들어가니 사만이 각씨가 남편내가
장서 영업해여 오랐다고 조반식상을 출려다노니
사만이가 조반식상을 받으시고
사만이 각씨가 말을 ᄒ대
「오늘 장서 영업은 어찌 되였내까?」 물으시니
사만이가 말을 ᄒ되
「물견을 사오라시니 남구 아니남은 것을
알 수가 있으리오?」 대답하며
식상을 받고 한술 두술 떠어가니 올래[9]에서
백영감이 말씀허되
「야 사만아 내가 너의 집이 올래직이냐 어귀직이냐
주먹[10]직이냐 삽짝직이냐?
나를 이렇게 할 모냥이건 나 이서난디[11] 모사다 달라
너는 가서 조반상을 받고 나는 이렇게ᄒ니 모사다 달라」
그말 듣고 사만이 각씨가 남편내 보고 말씀ᄒ되
「그것이 어떤 말씀입니까?」 사만이가 말을 ᄒ되
「지난간 밤이 초편 이편 제삼편[12]을 야중에 부르시고
서울 제장안 백정승이 아들옵서 포시 중에도 일포시로
댕기다가 내총 내맞아 죽어지니 동기간 처가숙

1 나무이름.
2 속에.
3 백년 묵은 두개골.
4 벌려들며.
5 노끈 따위로 엮은
  그물주머니.
6 자기 스스로.
7 조여매고.

8 올래[入口]의 양쪽에 세우
  는 石柱. 주먹낡 - 柱木나무.
  현재는 다 석주이나 옛날에
  는 나무였던 듯.

9 집 입구 부분.

10 올래에 마주 세운 두 기둥.
11 왔었던 곳에.

12 첫 번, 두 번, 세 번을.

어느날 어느시에 죽은 줄을 몰라 초하루 보름

삼년상 기제서 삼멩일 아니ᄒ여주니 물을 긿는

백영감이노라 ᄒ면서 나를 모사다가

너의 상고팡에[1] 뭇고 초하루 보름 ᄒ여주면

부구영화를 시겨주마 ᄒ야서

백년 대구리[2]를 약돌이에 두러메고 오다가 올래에

주먹낡 밑에 걸었노라」 일르시니

사만이 각씨가 열두복이 대웅대단 홑단치매를 앞둘러 입구[3]

주먹낡 밑에 나아가고

열두복 치매를 버위여싸면서[4] 말을 ᄒ되

「내게 태운 신우[5]거든 나의 열두복 치매래래 드옵소서」

일르시니 백영감이 둘러퀴고[6] 약돌이가 털어져서

사만이 각씨 열두복 치매래래 털어지니[7]

사만이 각씨가 백영감을 모사다가 청감주로 모욕시기고

자소지로 백두영짐해야[8] 상고팡에 모시니

초하를 보름 듸리시니 하를날은 밤중에 영감님이 말씀ᄒ되

「사만아 내일날랑 나 이서난듸 감시면

노리 사슴 내려와 시니[9] 맞쳐오라」 일르는고.

뒷날 아침이는 사만이가 귀약통 남널개를 둘러지구

질이 발른 은마상총 둘러메어

굴미굴산[10] 상해야서 올라가더니

백영감이 이서난듸 가기 전에 노리 사슴이 대강녹 소강녹

대돛[11] 소돛 내려오고 뿔름질[12]을 붙어서

이리 밀리구 저리 밀리구 이리 갈아가구

저리 갈아오구 허염시니 사만이가 총을 노니

한총 노면 너다섯머리쯤 자빠지니 맞쳐다가

짐꾼 달아다가 지어 내리와 폴리시니

백영감이 「가라」 흔 날만 가오시면 수백머리쯤 맞쳐다가

폴리는 것이 어이에[13] 고대광실 높은 집도 일어나고

남전북전 너른 밭도 일어나고

1 上庫房에.

2 백년 묵은 두개골.

3 앞으로 돌려 입고.

4 벌려싸면서.
5 神位.
6 요동을 하고.

7 떨어지니[落].

8 소주로 닦아서.

9 있으니.

10 '굴'은 '大'란 뜻의 접두사.
   大뫼[大山].

11 큰 멧돼지.
12 뿔 싸움질.

13 삽시간에.

말마시[1] 유구전답[2] 종리가[3]
일어나니 사만이는 백영감을 위흐면서 잘 되어가니
사만이 부모조상에겐 산이 금벌[4] 삼멩일[5] 기제사를
아니허니 사만이 부모 전근 조상은 물을 굶어지니
옥황상저의 등소登訴를 들되
「금시상 소광나무 소사마니를 우리 오라간 본매[6]루
두었더니 백년대구리만 모사다가
초하루 보름해며 잘되니 백영감만 위해면서
우리 조상에겐 삼멩일 기제사 아니흡니다」
등수登訴를 드니 옥황상제에서는 사만이 잡혀오래
삼체사를 내리와 보내는고.
내리와 보낼 때에 백영감이 하를날은 야밤중에
「아이고 아이고 사만이 죽어불맨 나 어찌 살리오」
대성통곡흐며 울음 우니 사만이가 즘절에
「요년의 백년대구리 우리집에 오란 잘 먹고 잘 써지니
나를 쥑이자고 야밤중에 숭허물[7] 주는고」 허면서
상고팡에 달려들고 백년대구릴 손에 들어 나오고
상방[8] 대레 딱하게 메어부치니
백년대구리가 상방에서 땡땡그르르 궁굴려 가는고.
사만이 각시가 일어나고 상방에 나아사서
「백영감님아 어떤일로 울음 웁니까?」
백영감이 대답흐되
「그런 것이 아니라 옥황상제서 스만이 잡히어 오라고
삼체사를 내리와 보내니[9] 스만이가 죽어불민
내가 어찌 살리오 우노라」 일르시니 사만이 각씨가 말흐되
「이것이 어떤 말씀입니까? 죽을 줄은 알고
살릴 줄은 모르겠습니까?」
「나 굿는 말을 들으면 알아볼 도래가 있으리라」
이말흐니 사만이 각씨가 말흐되
「어떠한 말씀입니까?」 일르시니 백영감이 말을 흐되

1 말馬소 - 마소 - 牛馬.
2 鍮器田畓.
3 從奴가.
4 山의 禁伐 - 뫼의 벌초를 말
   하는 것.
5 설, 단오, 추석.
6 본메본짱 - 神의 名銜.

7 흉허물.

8 마루방.

9 매번 꼭 그런 것은 아니지
   만 차사가 이승에 (옥황상
   제의 명으로) 내려 온다는
   표현(우주관)은 주목거리가
   된다.

「이날 저녁부터 신이성방¹ 둘아가 집으로 큰굿허고
모릿날 사오시巳午時² 근당ᄒ면 삼체사가 사만이 잽히레
내려오람시니 백돌래에 백시리³ 미나리 천근채⁴ 청감주
자소지⁵ 백목⁶ 석자 상축上祝허고 말리송산⁷ ᄀ이 가서
제를 벌이시고 상축⁸ 돋구시고 백보 배곁에 가
사만이가 업데허고 있으면 알아볼 예가 있으리라」
이리ᄒ니 ᄉ만이 각씨가 신이성방 그날 저녁 대려다가
집안으로 천변기도⁹ 원성지제마제¹⁰ 올리시며 츠려가며
기도ᄒ며 ᄒ시다가 모릿날 그날 그시 당허시니
백영감 ᄀ른대로 츠려아전 사만이가 짊어지어
말리송상ᄀ이 읜나지지¹¹ 들어가고 제청을 서립해ᄒ구
상축 돋구구 백보배곁에 가 사만이가 굽어업데 해았더니
삼체사가 ᄂ려오는 인ᄀ적소리가¹² 귀에 나는고.
예사시¹³ 들으시니 체사 하나이 말을 ᄒ되
「시장버쳐 ᄉ만이 있는 곳꺼지 갈수 없네」
ᄒ 채서는 말을 허되 「이런 때는 누구가
요기를 주어시면 원수라도 공갚을 수 있겠네」
ᄒ 채서는 말을 ᄒ되 「어디로 초미면단상내¹⁴가 난다」
채서들이 말을 ᄒ되 「상서냥내나는 듸를 찾아가고 보자」
ᄂ려오더니 제청 서립ᄒᆫ데가 있어진다.
가고보니 찬란이 츠려놓았더라.
삼처서가 기안에¹⁵ 불구염치로 제반 삼술¹⁶을 걷으니
눈이 베지근이 떠지는고.
ᄒ 채사가 말을 허되 「남우 거을 공이 먹으면 목 걸리고
등 걸리는 법이로다. 임식 임제 나아 찾아보자」
음식 임제를 부르시니 사만이가 백보 배곁에서 대답ᄒᄃᆨ
「금시상 소괭나무 소ᄉ만이로소이다」 일르시니
삼체ᄉ가 말씀ᄒ되 「ᄉ만이건 이래 오라」
ᄉ만이가 삼체ᄉ 신데 오니 삼체ᄉ가 말씀ᄒ대
「어떤 일로 이렇게 츠려오랐느냐?」 이르시니

1 심방[巫].
2 10~12시.
3 하얀 돌래떡에 하얀
  시루떡.
4 菁根菜.
5 좋은 소주.
6 무명.
7 萬里松山.
8 香燭.
9 천(千)번 기도.
10 원성기도 제맞이 - 굿을
   말함.

11 대낮에(?).

12 인기척 소리가.

13 미상.

14 단[燒]상[香]내[臭]. 항불
   냄새. 초미연단상 내는
   붙어다니는 말.

15 飢寒에. 춥고 배고픈데.
16 諸般三匙. 약간의 음식들.

ᄉ만이가 대답ᄒ대 「삼체ᄉ관장이 나를 잽히레
금시상 ᄂ려오다가 시장끼가 여기 오면
ᄀ이 없을듯 ᄒ길레 요기를 ᄒ고 오랐읍니다」¹
삼체ᄉ가 말을 ᄒ되 「ᄉ만이 정성이 기특ᄒ다마는
옥황상저이 명령이라 우리가 아니 잽혀가지도 못ᄒ고
아니 가지도 못ᄒ리라 어서 가자」 ᄒ오시니
ᄉ만이가 말을 ᄒ데 「나를 여기서 잽헝가불면² 우리
처가숙은 어느 날 어느 시간이 나 죽은 줄을 몰라서
초ᄒ를 보름³ 아니ᄒ여 줄터이니 우리 처가숙 앞으로
가서 잡혀가옵소서」 일르시니
인정이 과숙ᄒ니⁴ 천하도 둘러 보지말라⁵ ᄒ는 격으로
홀수 없이 「걸라근 그리ᄒ라」 삼체ᄉ가 대답ᄒ니
ᄉ만이는 행장거리 줏어놓와 둘러지고 앞이 사고
삼체ᄉ는 사만이 뒤에 좇아서 ᄂ려올때
신이성방이 시왕연맞이⁶를 바라나고 바라들다
점을 치어 말씀ᄒ되 「ᄉ만이는 삼체ᄉ 앞이 샀읍니다.」
일르시니 ᄉ만이 각씨는 ᄉ만이를 살리자고
기도해며 축원ᄒ다 보니 ᄉ만이는
삼체ᄉ 앞이 잽혀 죽었구나 해여
기절해여 자빠지니 삼체ᄉᄒ고 사만이ᄒ고
집으로 들어가니 ᄉ만이가 온댄 소리에 ᄉ만이 각씨가
정신츨려 나아사니 ᄉ만이ᄒ고 삼체ᄉ가
집이를 당도해얐구나. ᄉ만이 각씨가 ᄂ는듯 기는듯
삼체ᄉ이게 역가⁷를 올리시되 갓 삼베 띠 삼베 회 삼베⁸
상관듸 상애의장⁹ 은동이 놋동이 주석 남동이에
고양미 떠놓고 은으로 만냥 돈으로 천냥
황금 보금 일만냥 헌패 지전¹⁰ 디리시고 사마 삼필
ᄆ 시바리 디리시고 삼체ᄉ를 디리시니
디리는 공ᄉ貢事 퇴홀수 없어 삼체ᄉ가 역가를 받는구.
ᄉ만이 각씨 정성이 지극ᄒ니 삼체ᄉ가 츠마

1 요기 준비를 해왔다는 말.

2 잡아서 가버리면.

3 제사를 의미함.

4 굿에서 신에게 바치는 금품
도 '인정'.
5 '人情이 過熟하니' 세상일
을 돌볼 여지도 없다는 격
으로.
6 十王맞이. 연은 접두사.

7 신의 덕으로 벌은 보답으로
신에게 바친 공물. 명주, 무
명 등의 폐백. 이것을 '역개'
또는 '보답'이라고도 함.
8 쏘 3개, 帶 3개, 신발 3켤레.
9 上冠帶(상급관복) 상급
의상.
10 獻幣 紙錢.

ᄉ만이 보고 「걸라¹」 홀수 없어지어 삼체ᄉ가 역가 받고
ᄉ마 삼필 ᄅᆞᆯ 시바리² 몰고 옥황이 올라가니
문세춧이 최판관안티 가서 말씀ᄒᆞ되
「금시상 ᄉ만이 잽히레 가고보니 ᄉ만이 각씨가
역가를 많이 들며 역가를 받고 홀수없이 ᄉ만이를
잽혀올수 없어지어 그대로 오랐내다. 돈으로 된 걸랑
우리 너희 가르시고 옥황상저님전이랑
ᄅᆞᆯ 시바리를 디리시면 어찌ᄒᆞ리까?」 이르시니
최판관이 「걸라근 그리ᄒᆞ라」 대답ᄒᆞ니
호적문세 내어놓고 장적문세 내어놓고 걷고³ 보니
소광나무 소ᄉ만이 이서지니 ᄉ만이는 외와두고⁴
ᄉ마⁵ 삼필로 ᄅᆞᆯ맛제 시을⁶ 쓰고 고칩대다.⁷
고쳐두고 삼체ᄉ가 옥황상저의 ᄅᆞᆯ 시바리를 몰라아전
들어가니 옥황상저님이 말씀하되
「어찌해야 ᄉ만이를 잽혀오란 해였더니
ᄉ만이는 아니잽혀오고 ᄅᆞᆯ 시마리를 몰안 오랐느냐?」
일르시니 삼체ᄉ가 지어 말씀ᄒᆞᆫ데
「소광나무 가서 방방국국을 마련ᄒᆞ되 ᄉ만이는 없어지고
ᄉ마 삼필이 있어지길레 ᄅᆞᆯ 시바리를 몰안 오랐네다」
옥황상저님 말씀ᄒᆞᆫ데 「이것이 어떠한 말이냐?
호적문셀 들이시라. 최판관을 부르시라.」
최판관을 불러오고 호적문세 장적문세⁸ 걷언보니
소광나무 소ᄉ만이는 없고
ᄉ마 삼필로 ᄅᆞᆯ맛저 시을 써지었구나.
옥황상저님이 「ᄉ만이가 아니고 ᄉ마삼필이구나」 ᄒᆞ야
호적문셀 외와부니 ᄉ만이는 죽은 것이 되야
ᄉ만년을 도업⁹ᄒᆞ며 젊은이 되여 아히되역 늙은이 되역
편색¹⁰ᄒᆞ며 ᄉ만년을 도업ᄒᆞ며 ᄉ옵대다.
도업ᄒᆞ며 살 때에 옥황상저의 비밀¹¹이 들어가되
「금시상 소광나무 소ᄉ만이는 ᄉ만년석 도업ᄒᆞ며 산다」고

1 걸으라.
2 세 짐.

3 거두고.
4 기억해두고.
5 飼馬.
6 ᄅᆞᆯ馬字 셋을.
7 저승관원들에게도 뇌물이 통한다는 관념도 주목거리이다.

8 帳籍文書 - 호적문서에 대한 대구, 반복 표현.

9 都邑. 여기서는 '누리며'의 뜻.
10 變色.
11 밀고(密告).

비밀이 들어가니 옥황상저님이 다시 고쳐

ᄉ만이 잽혀오라고 삼체서를 내리와 보내는고.

삼채서가 옥황상저의 명령 받아 금시상 소광나무 오라서

소ᄉ만이를 춫을냥으로 방방국국 돌아ᄃ니되

ᄉ만이를 못내춫고.

ᄉ만이는 아히되여 젊은 ᄉ름 되역 늑신네 되역

변색ᄒ면서 돌아ᄃ니니 ᄉ만이를 못내춫는고.

삼체ᄉ가 ᄉ만이 잽혀갈 수 없어서 그대로

옥황상저의 들어가니 소광나무 소ᄉ만이가 이서진다.

「잽혀오라!」 삼체ᄉ신디 고쳐 명령ᄒ니

삼체ᄉ가 ᄂ려오고 ᄉ만이를 춫일 량으로

방방국국 마련ᄒ되 ᄉ마니를 못내 춫는고.

ᄉ만이 춫기 위하여 삼체ᄉ가 꾀를 내되

처ᄉ 의복 벗어두고 팽복으로 츨려서

주천강 연내못데 들어가고 바구리에 숯을 담아놓고

팽돌레¹ 놓아서 숫을 싯더니 외ᄒ² 사람이 ᄆ 익견³ 오라서

ᄆ 물을 멕이며 팽돌레레 보니 어떤 인간이 동녕바치⁴ 곹은

인간딜이 서이 숯을 싯엄구나. ᄉ만이가 말을 ᄒ되

「어떤 일로 숯을 싯느냐?」 이말ᄒ니 삼체ᄉ가 대답ᄒ되

「검은 숯을 싯으면 한다⁵ ᄒ옵길레 히도록 싯어보자고

싯어보되 점점 더 검음만ᄒ고 히지는 않습니다」

일르시니 ᄉ만이가 대답ᄒ되

「미친놈덜 다 죽었쟁 ᄒ되 서너개 남았구나.

나는 ᄉ만년석 도업ᄒ며 사시되 검은 숯 싯어서 한다

ᄒ는 말은 처음 들었노라.」 그제야 삼체ᄉ가

「옳다 요개 ᄉ만이로구나.」

ᄉ만이를 잽혀서 옥황상저의 들어가

ᄉ만이는 ᄉ만년을 도업ᄒ야 산 ᄉ만이를 심어오랐구나.⁶

1　板石에.
2　웬. 어떤.
3　말을 끌고서.
4　乞人.

5　희어진다고.

6　잡아왔구나.

■ (액막는 법)[1]

ᄉ만이 내신 법으로 금시상 인간백성 수액[2]이 불길ᄒ면
천우 도액[3] 막기를 서립ᄒ고 ᄉ만이 낸 본초[4] 받아
도액ᄒ실 때에 ᄉ만이가 갓 삼배 띠 삼배 회 삼배[5] 대령ᄒ고
상관데 상에이장[6] 은동이에 쏠을 놓고 명실 놓고
지와[7] 금전 놓고 지전 놓고 액막을 때
ᄉ만이도 ᄀᆞᆺ서른 전맹이[8] 매기라.[9]
ᄀᆞᆺ 삼배 띠 삼배 회 삼배 대령ᄒ고
ᄉ마 삼필 몰 시바리 대령ᄒ여 삼체ᄉ에게 도액 막아
ᄉ만년 도업ᄒ며 살은 도래[10] 있읍내다.
동방색이는 삼천년 도업법이 있고
도화동 사는 심학규 심봉사도 단똘애기 심쳉이
은당수 은제숙[11]으로 선인들의게 풀러서 들어가고
고양미 삼백석 타다 서산대서에게 바치시고
심봉ᄉ도 어둑은 눈 뜬 도래 있읍네다.
강태공 서목시도[12] 전팔십이 전맹이 매기라 찝댕이 일곱배[13]
묶어 북방ᄉ배 드리러 전팔십 후팔십
일백예순 살은 도래 있읍내다.
영 ᄒ오니 주당의[14] 궂인 수액을 막아줍서 ᄒ시고
삼체ᄉ님전이 도액ᄒ니다.

---

1 맹감본풀이는 액막이 때에
   가창된다.
2 數厄 - 운수와 액.
3 天佑 禱厄.
4 本草. 本初. 근본.
5 갓[笠] 세 개, 띠[帶] 세 개,
   신발 세 켤레.
6 상급 관복, 상급 衣裝 의상.
7 紙花.
8 前壽命.
9 끝이라. 限이라.
10 道理 - 여기서는 일. 事例.

11 은祭需. '은'은 '은당수'에
   음을 맞춘 접두사.

12 首木手도.
13 짚신 일곱 켤레.

14 이러하오니 이 집[住堂]의.

9. 지장본풀이[1]

고대중 씨 구송(남무, 46세, 구좌면 세화리 거주)
1962년 8월 채록

천지왕본 풀자 지부왕본 풀자 남산국본 풀자.
예산국본 풀자. 남산광 예산이 자식이 없어서
이십스물 삼십서른 사십마흔격이 당허되
남녀간 자식이 없어 무이와하는고.[2]
서천강 연뜨르 연뽕낭[3] 심그고 연뽕낭 내와서
연뽕낭 잎을 잎잎이 뜯어서 누에밥 주는고,
누에 줌 재우는고. 누에씨 내와서 강명지[4] 짜는고
강명지 동 아전[5] 물명지[6] 동 아전
동계남은중절 절간의 가서
원불당 수룩을[7] 드릴 때 늙은 중은 법구法鼓 치는고
젊은 중은 바래를 치는고 아희중은 소골小鼓 치는고
대서大師 중은 보살을 읽는고, 원수룩 들이난
지장이아기씨 서양주 땅으로 솟아를 나는고,
흔살이 나는 핸 어머님 무럽에 연주새[8] 허는고,
두살이 나는 핸 할마님 무럽에 연주새 허는고,
시살이 나는 핸 아바님 무럽에 연주새 허는고,
니살이 나는 핸 하르바지 무럽에 연주새 허는고,
다섯살 나는 핸 하르바지 할마니 떡주어 가는고,
여섯살 나는 핸 아바지 부선망父先亡 흐는고,
일굽살 나는 핸 어머님 죽는고
동내 근방상[9] 외삼춘댁으로 쉬양收養을 가는고
죽으라구 삼두천三途川[10] 거리루 던져를 부는고
하늘이 밥 주구, 지하가 옷 주구
열다섯 십오세 왕구녁 차는고.[11]
착허뎬 소문이 동서로 나는고.

1 죽어서 새(鳥 - 邪 - 재앙의
   근원)의 몸이 된 지장신의
   본풀이.

2 '無後하다고 한탄하는구나'
   의 뜻일 것. (常套的 表現).
3 들[野]의 뽕나무. '연'은 둘
   다 신성성을 표시하는
   접두사.
4 굵은 明紬.
5 동(한 동, 두 동, 많이) 가지
   고.
6 가는 명주.
7 제주 巫俗에서는 祈子 儀禮

8 조세 - 재롱. '연'은 접두사.

9 방상 - 일가 집안.
   近방상 - 가까운 친척.
10 죽어서 저승 가는 도중에
   있다는 하천.
11 혼인할만큼 성숙했구나.

동서로 나누완 서수왕 서편이 문수이댁이서[1]
예문장禮文狀 오는고 사주를 주는고.
사주를 굴리난[2] 선부는 좋와두 후부는 궂수다.
후부는 좋와두 선부는 궂수다.
씨댁을 가는고, 열여섯 나는해 상남자[3] 보는고.
옐일굽 나는핸 씨하라방 씨할마니 죽어두 가는고.
옐예듭 나는핸 씨아방 죽는고, 옐아홉 나는핸 씨어멍 죽는고,
갓수물 나는핸 서루신 남편내 또 죽어가는고,
시물하나 나는핸 상남자 아울라 또 죽어가는고, 어딜로 가리오.
동네의 근방상[4] 씨누이 방으로 비방[5]을 나는고.
씨누이 낫뜰년 베룩이 닷되여
니가 닷되여[6] ㅎ신댄 말이사 다 일러가는고.
삼두천三途川거리로 나아두 가는고
쉰자 구뎅일 허위여[7] 파는고,
호양목[8] 지둥에 호양목 서리[9]에 집이사 짓는고,
열대칸 디려서 아강 베포[10]를 뭇는고
일굽자 디려 찝베이 잘레이[11] 무어두 가는고.
석자 디려서 호롱준치[12]를 무어두 가는고.
외우사 둘러 ㄴ다 메는고[13] ㄴ다 둘러 외오 메는고.
동으로 들어서 서으로 나는고.
서으로 들어서 동으로 나는고.[14]
한홉 줄듸선 두홉을 주는고.
두홉 줄듸선 네홉을 주는고,
홉홉히 메우고 석섬 쌀은 단서말에 능거도[15] 가는고,
서말 쌀은 단석되 능거두 가는고,
ㄱ는대 구덕에[16] 허위여 담는고.
신물을 둘루구[17] 굴목낡 절구에 동네에 근방상
청비발애기씨[18] 모여도 오는고.
방애를 찌는고, 체[19]아래 가르는[20] 줌진도 줌질다.[21]
물잡아 미는고.[22] 강남서 들어온 짜그만 베시리[23]

---

1 文氏宅에서.

2 가리니까. 보니까.

3 長男.

4 가까운 친척.
5 誹謗 - 남을 헐뜯어 말함.

6 시누이가 욕하는 말.

7 헤쳐서.
8 黃楊木 기둥에.
9 서까래.
10 配布, 큰 규모.
11 麻布자루.
12 중이 지고 다니는 작은
    주머니.
13 왼쪽으로 둘러 오른쪽으로
    메는구나.
14 반복, 대구의 거듭되는
    상투적 반복 표현.
15 再精米.
16 細竹의 바구니.
17 방아 찧으려고 쌀을
    적시고.
18 젊은 처녀.
19 채[篩].
20 가루는.
21 가늘기도 가늘다.
22 물을 뿌려서 반죽을
    하는구나.
23 시루.

일분서 들어온 짜그만 솟대에[1] 허위여 담아서
쉬인씨燧人氏 불러서 불화식 허는고.
공덕물[2] 내울려 치여두 가는고,[3] 치여놓고서
초공전[4] 하늘로 우울려가는고
이궁전[5] 하늘로 삼궁전[6] 하늘로 우울려 가는고
시왕전 하늘로 우울려[7] 가는고.
십육사저 하늘로 우울려 가는고.
서루신 씨하라바지 서루신 씨할머니 씨아버지 씨어머니
서루신 할아바지 할머니 아바지 어머니
서루신 남편네 서루신 낭군이 상남저 나시어[8]
살아도 먹는 목 살아도 쓰는 목
초새남[9] 여인다. 이새남 여인다. 삼새남 여인다.
삼새남 여이난 지장이 아기씨 좋은 일 해여쩌
새몸에[10] 가는고, 천황새 몸에,
지왕새 몸에 도환싱[11]허는고.

1 솥에.
2 시루밑 증기물을 내어 올려서.
3 치다 = 찌다. (시루떡을) 찌어가는구나.
4 초공은 巫祖神.
5 二公은 西天呪花管理神.
6 三公은 前生因緣神.
7 '올려'의 공대말.

8 몫이어.

9 死靈祭인 새남굿으로 저승 길을 쳤다는 말.

10 새[鳥]몸[身]: '사(邪)'가 '새 [鳥]'로 발음되며 관념적으로도 새[鳥]로 변한 것.
11 都還生하는구나.

10. 세경본풀이[1]

고대중 씨 구송(남무, 46세, 구좌면 세화리 거주)
1962년 8월 채록

짐진국이대감 조진국이부인님 주년땅에 노싱샘이
강답이는 강나록[2] 촌답이는 촌나록[3] 지어먹으며
천에 올라 거부재[4]로 삽대다.
살아질때 남녀간이 생불 어서[5] 무이유아[6] 홉대다.
ᄒᆞ루날은 드르 노변 나가고 보니
나무가막새가 아배 어맷 말을 ᄒᆞ고
만물 푸십새[7]가 아배 어맷 말을 ᄒᆞ고
집으로 ᄌᆞ탄ᄒᆞ며 「우리부부간은 무신날에 탄싱ᄒᆞ여
ᄌᆞ식이 없어 만물이 다 아배 어맷 말을 ᄒᆞ는디……」
ᄒᆞ룻날은 부부간이 홀목 마주 쥐여 탄복을 해였더라.
ᄒᆞ는 중에 동괴남 은중절 대서직ᄒᆞᆫ 소서중이[8] ᄂᆞ려오라
짓알로 도ᄂᆞ리며[9] 대감집이 들어오라 「소승배입내다」
「어느절 대서냐?」 「동괴남 은중절 대서직ᄒᆞᆫ 소섭내다」
「어떤일로 내려샀느냐?」 「우리 당이 당도 파랍[10]되고
절도 파랍되여서 권재삼문[11] 받아다가 헌 당과
헌 절을 수비ᄒᆞ면 생불 없는 자는 생불을 시켜주고
맹 없는 자는 맹을 주고, 복 없는 자는 복을 주고
이리하자 권재삼문을 받으레 내려왔읍내다」
「원천강[12]이나 가졌느냐? 단수육갑[13] 짚들줄 아느냐?」
「압니다」 「우리 부부간 원천강이나 짚더보라.
단수육갑이나 짚더보라. 남녀간이 생불있겠느냐?」
짚들듯말듯 ᄒᆞ시다가 「우리 절간에 오라
수륙[14]이나 디려보옵소서. 남녀간 생불은 있을듯 ᄒᆞ옵내다」
권재삼문 내어준다
「수룩드리레 가자ᄒᆞ면 어떻게 출려서 가느냐?」

---

1 농경신의 신화.

2 乾畓에는 마른 벼.
3 찰벼. 대구와 반복.
4 巨富者로.
5 자식이 없어.
6 無後而和. 상투어구.

7 온갖 푸른 것.

8 大師를 섬기는 小師.

9 처마 밑으로 내리며. '도'는
   접두사.
10 破落.

11 命, 福을 비는 齋를 올리기
   위한 시주.

12 唐代의 占卜家. 여기서는
   占册.
13 段手六甲. 손가락 매듭을
   짚는 점.
14 水陸의 잡귀를 물리치기
   위한 齋. 제주 무속에서는
   祈子의례.

「금백미 매백미를¹ 낮이랑 춘뱃을 맞치고

밤이랑 춘이슬 맞쳐 마바리에 싣거아정 오녑소서」

낮이는 춘뱃을 맞치고 밤이는 춘이슬 맞치고

맞쳐아전 정성을 허여아전 동괴남운 은중절레레

마바리에 싣거아전 올라사는고.

올라사 동개남 은중절 절간에 말팡돌²에 가

호암을 지르난 그 절간에 대서직혼소서중이

굴송낙도³ 둘러쓰고 굴장삼을 둘러입고

목에는 염벌을 걸러 나고오라

「소승배입내다」「어느 절간 중이냐?」

「동괴남 은중절 대서직혼소서중이우다」

「너의 절간에 수룩 드리레 오랐노라.

너의 대서님께이 가 그 말씀 여쭈어라」소서중이 들어가⁴

「대서님아 대서님아.

우리 절간이 영급흐고 허령흔 소문이 멀리 났읍내다.

짐진국이대감님과 조진국부인님이 마바리에 듬북 싣거아전

수룩 드리레 오랐내다」「안으로 청흐여라」

안스랑도 츨리시라 밧스랑도 츨리시라.

내외스랑 츨리시라 안스랑에는 부인님을 모시고

밧스랑에는 대감님을 모셔서 뒷날날 아침이 돌아올 땐

일광님이 뜨고올 땐 늙은 중은 법골⁵ 치고

젊은 중은 소골 치고 아이중은 보살 읽고

「아미보살 도령보살 지장보살 권시염보살

사나줍서 사나줍서」 해연 수룩을 올리고

백근장대⁶ 내어놓아 금백미를 저울이니

아은아홉근 매기로다.⁷

「백근이 차아시면 남ᄌᄌ식으로 시급홀건듸

아흔아홉근이 매기라 예궁예로 시급⁸홉내다.

집으로 돌아가 합궁일 맞인 날로 청상배필 무읍소서.

예궁예나 탄생흐오리다」

1 '금-', '매-'는 접두사.

2 下馬石.

3 '굴-'은 크다는 뜻을 나타내는 접두사.

4 이러한 첫머리의 祈子佛供 후에 주인공이 탄생하는 대목은 初公, 二公, 世經, 七星 本풀이들이 다 같다.

5 부처 앞에서 치는 작은 북을.

6 두 사람이 마주 서서 메고 다는 굵은 저울대.

7 한계. 끝.

8 施給.

집으로 돌아오라 안ᄉ랑에는 부인이 줌을 자고
밧ᄉ랑에는 대감이 줌을 자시는디
부인님 꿈에 선몽[1] 드립대다.
대서님이 예궁예애기씨를 안안오란[2] 쿰대레 쿰어뱁대다.[3]
대감님신디 나고오라
「대감님아 대감님아. 잠을 자옵니까?」
「구신이냐? 생인이냐?」 옥출경을 읽어가니
「구신이 올 필요 있겠읍니까?
생인이 되옵내다. 부인님이 되옵내다」
「어떤일이 되느냐?」 「이문 여옵소서」
문을 열아 들어가 꿈 본 말을 말씀ᄒ니
「자네 꿈에도 그렇던가? 나의 꿈에도 대서중이
예궁예애기씨를 안아다가 쿰겨배대……」
대감님과 부인님이 꿈에 선몽 드렸더라.
대감님이 밧곁디 나가 보오시니 합궁일이 맞인날 되었구나.
청상배필 무었더니 ᄒ달 두달 석달 넉달
아바님께 ᄲ를 빌고 어머님께 일곱돌은 열돌 술을 비렁
열돌 과만준삭 체와 예궁예 애기씨가 솟아나
「애기씨를 이름 생명 지와보자. 머이라 지웃코?
ᄌ청ᄒ여 애기씨를 나아시니 ᄌ청비로 이름생명을 지와보자」
ᄌ청비애기씨가 물알에는 옥재돌[4] 같고
재비새 알아구리같은[5] 애기씨가 되었더라.
ᄒ살 두살 너다섯살 일고여덟살 나았구나.
아홉살은 열살 나아가니 아방왕이선 정수남일 내어준다.
어멍왕이선 정술댁일 내어준다.
이 애기가 봄은 나면 하ᄃ락[6]에 노념ᄒ고
여름에는 상ᄃ락이 노념ᄒ고 상ᄃ락도 무었구나
하ᄃ락도 무었더라.
무어 노념 ᄒ는 중에 ᄒ루날은 난듸없이 정술덱이가
서답을[7] ᄒ레 가았더라.

서답ᄒ연 온걸 보난 손과 발이 고왔구나.

「야 정술댁아. 정술댁아. 어찌 너는 손과 발이 고왔느냐?」

「종이 놀고 상전님이 서답을 ᄒ면 손과 발이 더군다나 고웁내다」

「게건 정술댁아 내가 서답을 ᄒ레 가알노라」

서답을 ᄒ레 가는 중에 주우천강 연내못디 가

서답을 와랑자랑 ᄒ염더니 하늘옥황이 문수문앙 아들

무낭성 문도령은 공부ᄒ레 서울로 올라가저 페족박[1] 짊어지고

삼천장이 베릿돌[2]을 짊어지고 일만장의 금책을 짊어지고

서울로 공부를 올라가는 중에 주년국땅 주천강

연내못디 ᄌ청비가 앉아 연서답[3]을 ᄒ는디

넘어가면서 보오시니 그대로 넘어갈 수가 없어지어

부름소리라도[4] ᄒ번 허여볼 생각이 나서

「저디 아자 서답ᄒ는 저 처녀가 물이나 ᄒ그릇

떠줄수 없읍내까?」 페족박을 클러 내어놓아

「물을 뜨어 주십시요」

페족박을 아서아전[5] 물통에 들어가서 너시번은 때리시고

연시번을 해짓치고[6] 물을 뜨어서 청버드랑 섶을[7] 뜯어놓아

물을 드리시니 물을 맡으면서 ᄌ청비 얼굴레레만 배래며

상손가랙이를 집었저.[8]

「어떤 일로 이도령님 저도령님 남우 집 처녀가 물을

거러주면[9] 그대로 고이 맡지 손을 집어 됩내까?」

「어떤 일로 당신님은 티가 있으면 줏어두고 줄태인디

역불[10] 청버드낭 섶을 뜯어 놓아 주나니까?」

「이도령님 저도령님 ᄒ일 알고 두일 모른 도련님

먼 질 걷는 도련님이 길아지길레 물을 길여와서

속히 먹다가 물에 채는[11] 나면 약도 없는 법이라서

연시번 ᄯ리는 것은 진[12] 쉬가[13] 굴라앉이라 연시번을 ᄯ리고,

해치는 것은 연씨를 해칠라고 연시번을 해치고

청버드낭 섶 뜯어놓는 법은 자랑자랑[14] 물을 먹다가

체를 허카푸다고 뜯어놓았네다」 그렇게 일러두고

1 표주박.

2 硯石.

3 '연'은 접두사. 서답은 빨래.

4 부르는 소리.

5 받아가지고.

6 헤집고.
7 푸른 버드나무 잎을.

8 가운데 손가락을 잡았다.

9 퍼주면[汲].

10 일부러.

11 체기가 생기면. 체하면.

12 물에 뜨는 아주 잔 벌레.
13 벌레. 서캐. 이의 알.
14 많이씩. 꿀꺽꿀꺽.

「어디레 가는 도련님이 되옵네까?」
「나는 하늘옥황에 문수문장 아들 문도령이 되였는디
서울 중무선생안티 글공비 활공비 가옵니다」
ᄌ청비가 말을 ᄒ되
「우리 집이도 나와 ᄒ날 ᄒ시에 난
쌩생雙生 오랍동생이 있는디 이에 맞이[1] 벗이 없어서
글공비를 못간해염습내다.[2] ᄒ까이 가기가 어찌ᄒ옵니까?」
「걸랑 그리ᄒ옵소서」
ᄌ청비가 젖인 연서답 거두와 짊어지어아전
집으로 돌아간 아방왕이 들어간
「아바님아 아바님아 우리집안이 어디서 편지가 와도
나무 집이 배우레[3] 갈거 없이 서울로 글공비덜을
많이 갔습니다. ᄒ까이 가고 오리다」[4]
「너 몸 조심히 댕겨오렸다」 어머님 방으로 들어가
「어머님아 어머님아 서울로 글공비 가는 벗들이
많이 있습니다. ᄒ까이 갔다 오리다」
「너 몸 조심히 갔다오너라」
여ᄌ 방이 들려들어 여자 입성을[5] 솝솝들이 벗어두고
남자방이 들려들어 남자 입성을 속속들이 주서입어
나고오라 오래[6]에 물팡돌[7]에 나고오라
「처음 배옵내다」 「나는 무낭성 문도령입내다」
「나는 ᄌ청도령입내다 서울로 주무선생안티
글공비 ᄒ까이 갑니다」
서울로 글공비를 올라가 글공비를 ᄒ저 ᄒ시는대
ᄌ청도령님이 말을 ᄒ시되 남자와 여잔중을 알면
아니될까 ᄒ여서 ᄌ청비가
「무낭성이문도령님아 글공비 오실 적이 부모님이
멋이라고 시키지 아니ᄒ대까?」
「아무말도 아니ᄒ옵대다」
「나는 우리 부모 오실 적이 은대양을 내여놓고

1 뜻에 맞는.
2 못가서 하였습니다. 가서
   하지 못하였습니다.

3 보이러(읽어달라고).
4 함께 갔다오리다.

5 옷. 의복.

6 집 入口. 올래.
7 下馬石.

은ᄌᆞᆸ을[1] 걸쳐서 은통쇠[2]를 걸쳐놓아 상 ᄉᆞ이에
그거 떨어지지 않도록 ᄌᆞᆷ을 자야
글공비가 잘 된다고 말ᄒᆞᆸ대다」 「그러면 그리 ᄒᆞ옵시오」
그렇게 해여서 문왕성이 문도령은
그것 떨어지카푸다고[3] 맹심해서 잠을 아니자고
ᄌᆞ청도령님은 아는 일이라 어스름잠을[4] 잘 자다가
아척 새벽이는 새벽잠을 아니자 새벽이는 새벽글을 읽으니
글이 자원이[5] 되여서 강날은[6] 글을 받치니
문왕성이문도령님은 아척잠을 많이 자불기로
글을 강날은 받치면 ᄌᆞ청도령보다 떨어지고 떨어지고
문왕성이문도령님은 ᄒᆞ룰날은 난디없이 세수를 할려고
뱃곁디 나가고 싯수를 ᄒᆞ더니 문왕성이문도령
그러기[7] 소리가 그럭저럭 나더고.
저 그러기는 우리집 그러기 소리 ᄀᆞᆺ으다 허여 그치니
편지가 시숫대양 밑데레 떨어진다.
줏어 읽어보니 「문왕성이문도령 어서 ᄂᆞ려오라.
서수왕이 장개가라」 해엿더라.
안으로 들어가서 ᄌᆞ청도령 보고 말을 ᄒᆞ되
「나는 글공비 그만해영 가오리다」
「그러건 나도 혼까이 가오리다」 「걸랑 기영ᄒᆞ옵소서」
이르시니 혼까에 오시는디 연삼년을 가 혼방 안네서
ᄌᆞᆷ을 자며 글공비 활공비ᄒᆞ되 남년중도 모르더라.
몰르시니 ᄌᆞ청도령이 말을 하되
「문왕성문도령님아 옵서 몸모욕이나 하영가게
몸모욕을 하시는디 당신님이랑 알통에서[8] 모욕을 ᄒᆞ옵소서.
날라근에 웃통에 가 몸모욕을 하오리다」
이를적이 ᄌᆞ청비가 웃통에 가 모욕ᄒᆞ며 물창을[9] 숙대기며[10]
숙대기난 무남성이문도령은 말을 ᄒᆞ되
「어찌 물창이 이렇게 궂는고?」 하여 하는 중에
ᄌᆞ청비가 청버드낭 섶을 기차내여[11] 상손가락을 집어때고[12]

1 은젓가락.
2 은자물쇠.

3 떨어질 듯 싶다고.
4 초저녁잠.

5 比元. 공부가 잘 되었다는
   것.
6 배운 글을 선생 앞에서
   외우는 날.

7 기러기.

8 아랫쪽 물통에서.
   下流에서.

9 물의 밑창을.
10 휘저으며.
11 청버드나무잎을 뜯어내어.
12 中指를 집어 뜯고.

「문왕성문도령아 눈치 모르고 이치 모른 문왕성문도령아
연삼년을 흔방 안네서 글공비 활공비ᄒ되
남잔중 여잔중 모르더구나」 글을 처 띄왔더라.
문왕성문도령은 줏어보난 ᄌ청비가 여자로구나.
와닥닥이 나아오라 흔가달에 두가달을 디물어[1]
와당탕 와당탕 입어서 둘려가고 보니
ᄌ청도령은 불써 ᄂ려왔더라.
뒤에 쫓아오란 보오시니 ᄌ청도령내 물팡돌 우에 앉았더라.
허위여[2] 앉젠 ᄒ난
「도련님아 도련님아 여기 앉아십서 내가 부모님덜안티
강 허락맡아아정 오랑[3] 나방으로 ᄃ랑[4] 가오리다」 이르시니
물팡돌에 앉았더라.
남자방으로 들어가 남자 입성을 벗어두고
여자방으로 들어가 여자 입성을 줏어입어
아바님전 가 「글공비 갔다 왔읍니다」
「너 몸 조심이 잘 갔다 왔느냐?」 「예」
어머님방으로 들어가 「글공비 갔다 왔읍니다」
「너 몸조심이 갔다 왔느냐?」 「예」
「아바님아 어머님아 나와 흔까이 글공비를 갔다오는
벗이 하나이 발에 발병이 나고 질에 질병이 나서 못가서
비세같이 울어 우리 물팡돌에 오라 앉았네다」
「너 방으로 청하여라」 「것도 그리ᄒ오리다」
나고가 보오시난 문왕성문도령 앉았더라.
둘아전[5] 하ᄃ락으로 문왕성문도령은 앗겨두고
ᄌ청도령님은 상ᄃ락으로 올라가 침새질을[6] ᄒ고
식상을 출려아전 오접반상 칠접반상 열두 올라 구애반상[7]
출려아전 들러단 문왕성문도령 앉진디 들러다 놓으시니
문왕성이문도령은 상 앞드레 들어아자도
제반 삼술을[8] 아니뜨옵대다.
ᄌ청비는 물 걸여아전[9] 들어가고 보오시니

1 한 바지가랑이에 두 다리를
들이밀어.

2 허우적거리며.

3 허락맡아 가지고 와서.
4 데리고.

5 데려다가.
6 바느질을.
7 12첩의 具備飯床. 국, 간장
외에 12가지 반찬을 갖춘
밥상.

8 약간의 음식이라는 말.
9 떠가지고.

문왕성문도령은 제반삼술을 아니뜨언[1] 상앞이 들어앉았더라.
일로 보아도 양반의 도리가 긋뜩ᄒ다.
복지를[2] 뱃겨 제반삼술을 걷어다가 상알레레 두어두고[3]
제반삼술을 뜹대다.
뜨어 저녁 식상허여두고 ᄌ청도령은 상ᄃ락으로 올라가
침세질을 허염서라.
초경 이경 삼경 ᄉᄉ삼경 짚은 밤이 되어도
ᄌ청비가 아니내려온다.
문왕성 문도령이 상ᄃ락으로 침세질소리 들으며 올라가고 보니
「구신이냐 생인이냐?」
「구신이 이런곳 올 필요 있읍내까?
생인이 옳소이다. 문왕성이 문도령이외다」
「문왕성문도령이건 창궁기[4]로 손가락이를 내보냅소서」
손가락이를 내보내니 침세질ᄒ다가 침새 끝으로 반가와
찔러부니 ᄂᆞ팟내 ᄂᆞ랑내[5] 난다고 옥황으로 올라살 적이는
ᄏᆞ씨[6] 한방울을 내어주며
「정월 첫돗날랑[7] 싱그시면 알아볼 도래가 있다」 일러두고
문왕성이문도령은 옥황으로 올라사불고
ᄌ청비는 침새질ᄒ며 사는중에 ᄒᆞ룻날은 난디없이
아랫녁이 금정승집이 수장남 수별감들이[8]
굴미굴산 노조방산 아야산[9] 곳을[10] 올라가서
나무들을 해여 수권을 벗어 길을 돌리며
남들을 싱그며[11] ᄂᆞ려온다.
ᄂᆞ려 올적이는 ᄌ청비가 말을 ᄒ되
「야 정수남아 정술댁아 너의덜은 비둥ᄀᆞᆯ은 배아지로[12]
작피ᄀᆞᆯ이[13] 먹으면서 매일 놀지 말고 너내덜도
아랫녁이 김정승집 수장남 수뱉감들 보라.
매일매일 남[14] 해여오는디」
「그러면 우리도 내일날은 ᄎ려주옵소서
쇠 아홉도 츨려주옵소서 ᄆᆞᆯ 아홉도 츨려주옵소서」

1 '수저를 들지 않고'의 뜻.

2 주발 뚜껑. 복지께.

3 상을 받고 밥, 반찬들을 조
  금씩 떠서 상 밑에 놓고 먹
  기 시작하는 것. 현재는 결
  혼식 때 신랑 신부가 받는
  첫상 때만 한다.

4 구멍.

5 생피 냄새와 날 것 냄새.

6 박씨.

7 正月上亥日. 삼월 삼짓날
  박씨를 심는 것이 좋다고도
  한다.

8 수장남=수머슴. 별감은
  下人들끼리 서로 부르던
  존칭.

9 큰 山의 운율화로 무가적
  상투어구.

10 山의 숲이 우거진 곳[藪].

11 나무들을 실어나르며.

12 큰 배로.

13 아주 많이.

14 나무.

내일날은 츨려아젼 나고 가는고.

어리렁아 더리렁아 굴미 굴산은 노조방산¹ 신미 신산 곳

애아산 곳²데레 올라사는고

동대래 벋은 가지엔 쇠 아홉을 매고

서레레 벋은 가지엔 믈 아홉을 메고

정수냄이가 누원 낮 젼이는 동대래 돌아눕고 줌을 자고

낮 후제는 해가 서레레 지어가니 서레레 돌아누워 줌을 자고

누워 자다 일어나 보니 쇠 아홉도 물을 기려³ 죽었더라.

믈 아홉도 물을 기려 죽었더라.

정수냄이가 동대래 벋은 가지 허두리 더러마⁴ 내리와

서래레 벋은 가지 허두리 더러마 찍어내리와 작박긑은⁵

손콥으로 박박 뱃겨 웃밋불을 처질러⁶ 익거시냐?⁷

흔다리 설어시냐?

흔다리 먹는 것이 쇠 아홉도 다 먹고 믈 아웁도 먹어

가죽 머리 뜰뜰 믈아 짊어지고 황기도끼⁸ 들러메고

ㄴ려오느라 ㅎ더니 올리소⁹에 올리 흔쌍이 동골동골 띄었더라.

올라나 맞청 강 우리 상젼님 눈에 들엉 들이시져¹⁰

황기도끼를 후욱ㅎ게 던지니 물레레 스르륵ㅎ게 갈라앉고

올리는 ㅍ드둥이 ㄴ라나불고 황기도끼도 잃어먹고

올리는 못맞치니 황기라도 춧앙가져¹¹

구쟁기¹² 점뱅이와 정살독지를¹³ 벗어놓아두고 동으로 들어

서으로 나고 서으로 들어 동으로 나고 ㅎ되

황기도끼는 못춫고 나오란 보난 피채¹⁴긑은 도독놈은

험엄눈치듯¹⁵ 하였더라.

가죽머리와 구쟁기점뱅이 정살독지는 다 잃어 먹었구나.

잃어먹어 두고 동데레 돌아산 바레여보난 담고냥¹⁶은 비룽비룽

서레레 돌아산 바레여보난 개낭닢¹⁷은 햇득햇득 틀어내여

동갑놈을¹⁸ 싸아젼 집으로 ㄴ려오란

상젼님 앞데레 들어갈 수가 없어 쇠막대레¹⁹ 들어가는고.

ㅈ청비가 침세질ㅎ다 엇득 바레여보니

¹ '굴미 굴산'은 '큰뫼 큰산',
  '신미 신산'은 '深뫼 深山'.
² '곳'은 '숲'[藪].

³ 그리워하여. 마시고 싶어서.

⁴ 타작노래의 구절.

⁵ 얇은 나무바가지.

⁶ 모닥불을 질러서.
⁷ 익었느냐?

⁸ 도끼를 말함.

⁹ 鴨沼.

¹⁰ 눈에 들어서 드리고자 -
   드려서 눈에 들고자.

¹¹ 도끼라도 찾아가고자.

¹² 소라. 시시한 것의 비유.
   시시한 잠방이.
¹³ 좋지 못한 上衣.
¹⁴ 무지한.
¹⁵ 하나도 없이.

¹⁶ 담구멍.

¹⁷ 개나무잎.

¹⁸ 同甲놈. 성기를 말함.

¹⁹ 牛舍로.

정수냄이가 쇠막데레 들어가는 것같아

「야 정술댁아 나고 보라.

너네 오라방 닮은 사람이 쇠막데레 들어가더라」

작대기 손에 죄고 쇠대치[1] 걷으레 간 것같이

희연 들어간 보오시난 우 알로 옷을 활닥 벗었더라.

「이것이 어떤 일이 되옵네까?」

「그런것이 아니로다. 나 말대로 가 상전님안티 가 일르시라.

굴미굴산 노조방산 가안 보난 하늘 옥황에

문왕성문도령이 오란 노념놀이 ᄒᆞᆫ는 걸 보다가 보니

ᄆᆞᆯ 아홉도 다 죽고 쇠 아홉도 다 죽언

울미불을 처질러 익어시냐? 흔다리 설어시냐?

흔다리 먹는 것이 다 먹어 가죽머리만 짊어지언 ᄂᆞ려오단

보난 올리소에 올리 시난[2] 올리 맞치젠 ᄒᆞ단[3]

황기도끼도 잃러먹고 정살독지도 잃러먹고

구쟁기 점뱅이ᄁᆞ장 잃러먹어 집으로 오랐노라. 그대로 가 일러라」

그대로 정술댁이가 들어가 ᄌᆞ청비 신디 간

「문왕성문도령이 하늘옥황에서 ᄂᆞ려오란

노념놀이ᄒᆞ시다가 쇠 아홉 ᄆᆞᆯ 아옵 죽어

울밋불을 처질런 익어시냐? 흔다리, 설어시냐?

흔다리, 먹는 것이 다 먹어지었수다.

가죽머리ᄒᆞ고 황기도끼는 구쟁기점뱅이ᄁᆞ장 다 잃어두고

올리도 못맞치고 오랐노랜 허염수다」

「구쟁기점뱅이 황기도끼 다 잃러도 좋다.

문왕성문도령 오라 노념놀이 하는 것만

이제 몇틀이나 ᄒᆞ키엔 ᄒᆞ여니?」[4]

「앞으로 흔삼일 ᄒᆞ키엔 ᄒᆞ대다」

「그디 다시 촛아 가지크냐?[5] 날 둘아다 돌아」

「내일날랑 출립소서」

「내일날은 가쟁ᄒᆞ민 무시거 출릴코?」

「술도 아홉동이 소주 아홉동이 청주아홉동이 출립소서」

1 소가 먹다 남은 풀.

2 있어서.
3 맞추려고 하다가.

4 며칠이나 할 것이라고
하더냐?

5 가지겠느냐? 갈 수
있겠느냐?

정술댁이 굴아는 정수냄이가 말을 하되

「내일날은 정심을 출리되 춤ᄀ루¹ 닷되하고

소곰 닷대를 놓와 상전님 징심을 출리고 또

나 정심이랑 느쟁이² 닷되예 소금 흠좀 놓나마나 하라」

출려 놓와서 내일날은 가젱하민 물안장을 지우는디

ᄂ단접³이는 조개접⁴을 놓고 왼접이는 구쟁기접⁵을 놓고

물안장을 지와서 내여놓아 물머리에 코서⁶를 지내며

물 귀레레 술을 비와부난⁷ 물은 귈 탁탁 털어가난

「상전님아 상전님아 저기 보옵소서

물이 귀를 털면서 그만 먹키엔 허염수다.

먹다 남은 것은 어찌 흡내까?」

「네가 다 앗아다 먹으라」

소주 아홉동이 청주 아홉동이 정수냄이가 다 먹어놓고

ᄌ청비가 물을 타니 두러매연 부찌난 털어지난⁸

정수냄이가 말을 하되

「상전님아 상전님아 이 정심그릇 지영 오랍십서.⁹

요세에는 물이 놀아나부난 거칠었수다.

내 흔질메¹⁰ 타서 상전님을 안내리다¹¹」

물을 탕 안네키엔 하여두언¹² 타아전 나가면서

조개접과 구쟁기접을 이산 들어 데껴두고¹³

타아전 천장만장 내ᄃ린다.

ᄌ청비는 요다나 가민 있으카? 저다나 가민 있으카?

좇아가는 것이 물맹지¹⁴ 단속곳은 가시남에 다 인정¹⁵ 걸면서

가다 가다 보오시니

높은 높은 동산에 가 물을 부려 사았더라.

「야 정수냄아 정수냄아 나는 지침도 ᄒ고

물도 그려웁고 배고품도 ᄒ다」

「옵서 여기서 점심진지나 먹엉가게」「걸랑 기영ᄒ라」

정심을 내여놓아 먹는디 정수냄이가 정심을 아전

굴렁으로¹⁶ ᄂ려간다.

1 上質의 메밀가루. 메밀가루를 채로 쳐서 채 아래로 내린 것은 춤ᄀ루.
2 메밀가루를 채로 쳐서 남은 채 위의 찌꺼기를 '는쟁이'라고 한다.
3 右側.
4 조개껍데기.
5 소라껍데기.
6 告祀.
7 말 귀에다가 술을 부어 버리니.

8 (채찍을) 둘러메고 때려부치니까 (자청비가 말에서) 떨어지니.
9 지고서 오고 계십시오.

10 한 차례(질메 = 길마[鞍]).
11 드리리다.
12 타고 길들여서 드리겠다 해놓고.
13 던져버리고.

14 細明紬.
15 굿에서 무당에게 바치는 금품.

16 골짜기로.

ᄌ청비는 정심을 내여놓와 먹젠보니 춤ᄀ루 닷되에
소금 닷되를 놓아부니 짜 먹을 수가 없고나.
정수냄이는 순작만썩[1] 비애기만썩[2] 먹어가니
「야 정수냄아 정수냄아. 이래 오라 정심을 ᄒᆞ딜로[3] 먹게」
「상전님아 상전님아 혼일 알고 두일 모른 상전님아
ᄒᆞ디 아장 점심 먹엄시민 모른 사름은 두 갓인가[4]
오노인가?[5] 이럴 테이니 ᄯᅩ로 아장 정심을 먹읍주[6]」
「게건 ᄂᆞ 정심을 ᄒᆞ쏠[7] 돌아」
「상전님아 상전님아 그게 무슨 말입니까?
상전이 먹다 남은 것은 종이 먹읍내다.
종이 먹다 남은 것은 개가 먹읍니다.
가개 먹다 남은 것은 쥐가 먹읍내다」
「그러면 나의 정심을 갖다 먹어라」 일르시니
정심을 갖다다가 상전님 정심을 반찬을 삼고
정수냄이 정심을 밥을 삼아 다 먹엇더라.
「야 정수냄아 정수냄아 어디 가민 물이나 이시니?
물이나 ᄀᆞ리치라」
「요디 가민 물 있수다. 저디 가면 물 있수다」 속이며
「어젠 보난 요디도 물이 십대다. 저디도 물이 십대다」
속이며 돌아아전 댕기며 댕기다가
해가 일락서산으로 다 지어가니 물을 ᄀᆞ리쳐
「상전님아 이 물을 먹젠ᄒᆞ민
손으로 먹으면 손 ᄆᆞ르는양 물 기리고[8]
입으로 업더지영 먹으면 입 ᄆᆞ르는양 물을 기립내다」
「그리면 어찌해 먹느냐?」
「옷을 우알로 활닥 벗어두고 들어가 먹읍소서」
「걸랑 그리ᄒᆞ라」
우알로 활닥 벗어두고 들어가 먹어가니
옷을 갖다다 청버들낭 우테레 지쳐부난[9]
ᄌ청비가 물을 먹젠ᄒᆞ민 물알로 사름이 나와서

1 메추리만큼씩.
2 병아리가 먹는만큼씩.
3 같이.

4 夫妻인가.
5 男妹인가.
6 먹지요.
7 조금.

8 손이 마르는 대로 곧 물이
  그리워지고.

9 걸쳐버리니까.

입을 맞촘젠 ᄒ는 것 같아서
「졍수냄아 졍수냄아 이거 어떤 일이냐?」
「나도 그걸 보고 어잿날 쇠 아옵도 죽여먹고
ᄆᆞᆯ 아옵도 죽였수다」 이르시니 물을 먹어 나오라
「나 옷을 돌아. 나 옷 돌아」
「상전님아 상전님아 나 ᄀᆞᆺ는 말을 들르쿠카?」[1]
「야 졍수냄아 졍수냄아. 여기 오라시니 네가 내 ᄀᆞᆺ는
말 아니들으며 내가 너 ᄀᆞᆺ는 말 아니 들을 수가 있느냐?」
옷을 내리와 주웁대다.
그리저리 ᄒ는 것이 해는 일락서산에 지어 다 어둡고
거기서 그날 밤을 새게 되었고나.
「야 졍수냄아 졍수냄아 네가 돌을 모도와서
ᄆᆞᆯ 멜 마귀를[2] 맹글고
우리 이날 저녁 밤 살앙갈[3] 막을 맹글라
동대레도 펄작ᄒ다 서레레도 펄작ᄒ다.
돌과 낡을 모도와다 엄막을[4] 메였더라.
엄막을 메여 ᄆᆞᆯ을 매고 그날저녁 밤 살 마구를 맨들았구나.
ᄌᆞ청비는 안네 들어앉아서 불을 숨시고[5]
졍수냄이는 불빛 나는양[6] 고망을 막아두고 들어오라
밤을 자자[7] ᄌᆞ청비는 안내서 불을 숨으면서
한궁기 막으면 ᄒᆞᆫ궁기 빠짓고 두궁기 막으면 두궁기 빠짓더라.
불빛을 막다보니 동으로 동이 훤하게 터오는구나.
불빛 막다가 기적이[8] 없어 어드레 박아지어 죽었는가 허연
나오란 보니 졍수냄이는 동대레 돌아사
ᄑᆞᆺ죽ᄀᆞᇀ이 용심을[9] 내였도다.
무리로라도 ᄌᆞ청비를 누르뜰상 싶어서
「야 졍수냄아 졍수냄아 그렇게 용심 낼 거 있느냐?
ᄆᆞᆯ 안접[10]이나 뱃겨오라. 느 머리에 니나 잡아주마」
서른여덟 샛바디를 허와덩삭 웃으며
은진무럽[11] 닮은 무럽대레 숭무산[12]이 매방석 닮은

1 내가 하는 말을
   듣겠습니까?

2 말 맬(ㅐ - ㅔ의 혼동) 마굿
   간[廐]을.
3 살아서 갈. 지낼.

4 움막.

5 때고.
6 나는대로.
7 자려고 하면

8 인기척이.

9 끓는 팥죽처럼 화를.

10 안장 밑에 까는 보료같은
   것.
11 恩津彌勒.
12 숲이 무성한 산.

허운댁이를 벌겨[1] 텁삭ᄒ게 들어눕는고 들어누우시니
머리를 걷고 보난 청모랠 허튼듯[2] 흑모랠 허튼듯 허엿더라.
흘근 니[3] 알은 장수를 삼고 줌진 니는[4] 군졸을 삼아
오독독이 죽여가난 정수냄이는 쇠스렁 닮은 손을
ᄌ청비 강 알레레[5] 설풋설풋ᄒ는고.
ᄌ청비는 앙기조침 앙기조침[6] 나앉이면서
오독독 죽여가난 무정눈에 줌이사 소로로ᄒ게 들어가는고.
「아명허엿자[7] 내가 독ᄒ 마음을 아니먹으면
이놈안티 몸을 헐릴 테이니……」
이놈을 죽이기로 마음을 먹어가는고.
은ᄌ봄을[8] 내어놓아서 ᄂ당[9]귀로 왼퀄레레 찔러부난
정수냄이는 죽었더라. 부엉새가 나았구나.
「각씨 말다[10] 부엉부엉 서방 말다 부엉부엉」
부엉새가 나았더라. 부엉새 맞쳤더라.
맞쳐서 몰 안겁에 들어가지고[11] 몰을 둘러타서 나고온다.
나고올적이는 ᄂ려오다가 보오시니 선관도서들이 앉어
바독 장기 두련[12] 장귀 두시다가
「저레 가는 저 여자야 ᄇ름알로 지나가라.
늘펏내광 늘랑내가[13] 난다」
「부엉새를 맞쳐 몰 안겁에 드니 늘펏내가 납네다」
「그런 거짓말을 말아라.
ᄂ단[14]귀로 왼귀로 피가 찰찰 흘리며
무드럭 총각이[15] 몰 아구리를 극들런간다[16]」 이르시니
ᄂ려오라 주년국땅 짐진국이대감과 조진국부인님안티 들어오라
「아바님아 아바님아 ᄌ식이 아깝수까? 좋이 아깝수까?」
「아무리 좋이 아까운들 ᄌ식만이 하겠느냐」
어머님신디 가서 「ᄌ식이 아깝수까? 좋이 아깝수까?」
「아무리 좋이 아까운들 ᄌ식만이 ᄒ겠느냐?」
「정수냄이 행실이 괴씸ᄒ길레 죽여비엿네다」
「어찌 사름을 죽이느냐? 그 좋은 살아시민

우리 먹을 오몽하고[1] 밭 갈 쇠 먹을 오몽하고
제 먹을 오몽ᄒᄂᆫ디 나 종을 살려오라」
「살려오리다」
여ᄌᆞ방에 들려들어 여자입성[2] 벗어두고
남자방에 들려들어 남자입성 속속들이 ᄌᆞ숫어입어
네 간 고장 나고가렌 ᄒᆞ난[3] 믈을 둘러타고 나고간다.
어드로 가오리요?
아랜녁이 짐정승집이 사람 살리는 꽃이 있댄 말은
들언 나고오더니 삼천선비들과 일만거재[4]들이
글자읍기 활쏘우기 ᄒᆞ염더라.
「저레 가는 저 도령님아 글 ᄒᆞ는딘 가민 글이 흔구요
활 ᄒᆞ는딘 가민 활이 흔대요」
글을 흔구 지고 활을 흔대 쏘아
ᄒᆞ늘로 ᄂᆞᆯ아가는 부엉새를 맞았더라.
어드레 가 떨어지는 중을 몰랐더니
짐정승집대레 ᄂᆞ려오다가 보오시니 푸나무 장시[5] 아이들이
그 부엉새를 봉가서[6] 「내가 몬저 봉근고라」
「내가 몬저 봉근고라」 여섯아이가 싸왔더라.
「어떤 일이 되었느냐?」 「이거 절제[7]ᄒᆞ여 주옵소서」
돈을 아홉돈을 내여놓고 「너내들 돈 반씩 갈라주건
나를 부엉새랑 달라」 「걸랑 그리ᄒᆞ옵소서」
활족을 빠아사두고 부엉새 죽은 것은 짐정승집이
서천꽃밭데레 던졌더니러니 부엉새가 도환싱[8]했다.
짐정승집 올래에 탱저나무에 앉아 흔번을 부엉ᄒᆞ며는
열두숭험을 드리더라. 「어찌ᄒᆞ면 좋으리요?」
짐정승집이서는 그 부엉새를 잡지를 못하여서
걱정을 ᄒᆞ는중에 ᄌᆞ청도령님이 짐정승집이 들어가니
들어가고 말을 ᄒᆞ되
「이 서천꽃밭이 ᄂᆞᆯ아가는 부엉새가 있어서
활쪽을 하나 내던졌더니 부엉새가 맞아서

1 오몽은 움직임. 곧 '일하고'
   의 뜻.

2 의복.

3 너 갈 곳에 나아가라고
   하니.

4 居士 - 俗人으로 法名을 가
   진 者. 학덕을 겸비하면서
   은거하는 자.

5 柴木 장수.

6 집어서.

7 決裁. 여기서는 해결. 처리.

8 다시 還生.

꽃밭에 떨어졌습니다. 부엉새야 얼마 가겠읍니까마는
활쪽 하나에는 천냥도 가 만냥도 가니
활쪽이나 쑛겠읍니다」 일러두고
「그러면 도련님이 부엉새는 잘 맞칠 줄 압니까?」
「예 염려 마옵소서」
「그런 것이 아니라 우리집이는 올래에 탱저나무 우에
부엉새가 나서 흐번을 부엉ㅎ민 열두 숭험¹을 드리고   1 凶驗.
열두 부슬² 드리고 이러는 부엉새가 하나 있읍니다.   2 符術.
맞처주옵소서. 말잣똘애기 자원³ 사위를 들와드리이다」   3 壯元(?). 상투어구.
「걸랑 그리ㅎ옵소서」 그날 저녁이 방으로 들어가
누웠더니러니 부엉새가 나서 부엉 부엉ㅎ니
ㅈ청도령님이 나가서 탱저나무에 가서
뱃대기를 내언 갈라져시난 부엉새가 뱃대기에 와   4 잡아.
또뚓ㅎ고 하난 앉이니 심어⁴내여서 ㄴ단 귀⁵로 윈귀레레   5 오른쪽.
질러두고 떨어지와서 방안으로 들어오라 누워시니
뒷날 아침은 짐정승이 와서
「도련님아 도련님아 어찌하옵대까?
간밤이는 부엉새소리가 없읍대다」
「창궁기를 뚤랐다가⁶ 요 창궁기로 활 ㅎ나을   6 뚫었다가.
내보내였는디 맞았는지 아니맞았는지 모르겠읍니다」
「간 밤이는 부엉새 소리가 없읍대다」
탱저낭 아래 가고보니 부엉새가 ㄴ단귀로 윈귀레레
활쪽을 질러지고 떨어지었더라
「이이보다 더ㅎ 재주 가진 이는 없다」
말잣똘애기⁷ 자원사위 들릅대다.   7 막내딸애기.
들르와서 은마판⁸을 내여놓고 밀축을 딸려 거러간다.⁹   8 은그릇.
믈을 익거다¹⁰ 은마판 밀축대레 믈을 댈 적에는   9 밀죽을 끓여 담아간다.
세를 총겁으로¹¹ 묶어두고 방으로 돌아오라 앉으니   10 끌어다.
믈이 발로 은마판을 팡팡 치며 아니먹는고.   11 혀[舌]를 말총으로.
ㅈ청도령님이 말을 ㅎ되

「이물 저물 난디 나건[1] 난디 행실ᄒ라.

든디 들건 든디 행실ᄒ라.

눗마판에 나록죽이 아니지마는 먹으렌」, ᄒ며

「어음[2]이나 낫는가? 세앓이[3]나 낫는가?」 ᄒ며

총겁은 톡기 ᄭ차부난[4] 왼방짐방 먹어가는고.

그날 저녁 밤을 자는디 말잣뜰애기에

자원사월 들와놓고 그날 저녁은 ᄒ방에 줌을 자는디

밝도록 ᄒ방에 자도 부름소리가 없더고.

아침이는 일어나

「아바님아 어머님아 어떤일로 도기 높은[5] 사위를 했수까?

이런 말도 저런 말도 없읍다」

일를적인 짐정승님이 말씀ᄒ되 「어떤일이 되옵니까? 도련님아」

「그런 것이 아닙니다. 우리가 과거ᄒ레 가는디

부정이 될까ᄒ여 부름소리가 없었네다」

「아 그렇습니까」

일를적인 뒷날날은 ᄌ청도령님이 서천꽃밭디 가 꽃은 구경ᄒ더고.

「요건 무신 꽃입니까?」 「빼 오를 꽃입니다」

「요건 무신 꽃입니까?」 「씸 오를 꽃입니다. 술 오를 꽃입니다」

일를적이는 말 ᄀ를 꽃 웃음 웃을 꽃 사름 살리는 꽃을

죄다 개껴들러서[6] 믈을 둘러타고 환다를[7] 내훈들르면서

「이 믈아 저 믈아 정수냄이 죽어난디 ᄀ리치라.

아니ᄀ리치면 이 칼로 너의 목숨 죽여두고 나도 죽게 된다」

내훈들러아전 믈을 타아전 굴미굴산대레 올라가니

올라가다가 어욱페기가[8] 무두룩한디 가니

믈이 핑핑 돌며 앞발을 팡팡 치며 아니가는고.

「필아곡절ᄒ다」[9] 내리고 보니

정수냄이 죽어난 ᄭ왕만[10] 슬그랑 해였더라.

ᄭ왕은 ᄎ래ᄎ래 줏어놓완 심 오를 꽃 놓고 술 오를 꽃 놓고

웃음 웃고 말 ᄀ를 꽃 놓완 종남[11] 막댕이루 연시번을

ᄀ리대기시니 와들랭이 일어나며

1 다른 곳에 가면.

2 입안에 나는 병.

3 舌病.

4 말총은 톡 끊어버리니.

5 度氣 높은. 거만한.

6 꺾어들고서.

7 還刀를.

8 어욱새 포기[茅叢].

9 必有曲折.

10 뼈만.

11 종나무(나무 이름).

「상전님아 상전님아 잠도 무충게[1] 자 지었수다」

믈 아구릴 극들러[2] ᄂ려오는고.

주년국땅 내려오란 짐진국대감집으로 들어오는고.

「아바님아 어머님아 ᄌ식보다 더흔 종 살려오랐네다」

「어찌 이년아. 사람을 살리고 죽이는냐?

양반이집이 정거[3]로다. 내[4] 간 고장 나고가라.

열다섯 시오세 예ᄌ식은 출가외인이다 나고가라」

광주청 눈물은 좌웅아반 연주지듯 비새ᄀ이 울면서[5] 나고가는고.

나고갈 적인 가다 가다 보니 강가이 서지언[6] 강ᄀ이 앉아서

「나가 죽어지크거들랑 이 강데레 떨어지어 죽어지곡

살아지커들랑 살을 도량을 내와줍서」

축수를 드리며 앉아 울엄더니 주무할망이

「우리집이 가서 쉬양ᄯ로 나영 살기가 언아어찌ᄒ냐?」

「걸랑 기영ᄒ옵소서」

주무할망신디 간 침새질[7]ᄒ영 살암시니

문왕성문도령이 ᄒ로날은 ᄂ려오란 주무할망신디 오란

「어떤일로 전에 으시 침새질소리가 나옵니까?」

「ᄌ청비가 되여진다」

「ᄌ청비가 어찌 여기 와졌읍니까?」

「아방 눈에 굴리나고[8] 어멍 눈에 싯지언서[9] 나왔더라.

쉬양ᄯ로 들았노라」

「그리ᄒ거들랑 할마님아 나ᄒ고 자원사위 들와줍서」

「글랑 그리ᄒ라 너의들ᄁ장[10] 말을 허염시면은

내가 가서 말 어울음을[11] ᄒ여주마」

그래 해여두고 문왕성문도령은

ᄌ청비신디 간 문뱃곁들로 간 엇득엇득ᄒ니

「구신이냐? 생인인이냐?」

옥출경을 내여놓고 거꾸로 ᄂ다[12] 읽어간다.

「왜 구신이 이런 곳을 올 필요 있겠느냐?

생인이 되여진다 문도령이노라.」

1 깊이.

2 받쳐들고.

3 証據. 흠.

4 네(ㅔ - ㅐ의 혼동).

5 슬피 우는 모양의 상투적 표현.

6 江가에 서게 되어.

7 바느질.

8 벗어나고.

9 밉보여서. 對句 - 常套用語.

10 너희들끼리.

11 말보탬.

12 우측으로.

「문도령이건 창궁기로 손가락이를 내보냅서」
손가락이를 내보내시난 반가운 짐에 침새질ᄒ시다가
침새 끄깽이로[1] 손을 질러부니 ᄌ지피가[2] 불끗 나니
늘핏내 나다 늘랑내 나다 금시상 인간이 아니라
하늘옥황으로 올라사부는고.
할마님은 낮둑을 ᄯ려[3] 죽을 따려서[4] 수제를 둘을 걸쳐서
가저간 보난 문왕성문도령은 없더라.
「어머님아 어머님아 어떤 일이 되옵니까?
수제 둘을 걸치워서 득죽을 따려오니?」
「아까 여기 어떤 도령이 아니 오랐더냐?」
「오라십대다」 「어찌헤여 갔느냐?」
「침새 끝댕기로 손을 질러부니
ᄌ지피가 나난 늘핏내 남저 ᄒ며 가붑대다」
「이년아 저년아. 기영ᄒ난 아방눈에 굴리나고
어멍눈에 싯치났지. 내 간 고장 나고가라」
광주청이 눈물은 쥐웅아반 연주지듯 비새ᄀ치 울며[5]
강뚜렁으로 또 나가는고. 하늘님전 축수를 올린다.
「하늘님아 지애님아 나를 살랴ᄒ건 살을 도량 내리우고
죽으라 해였거든 이 강대레 떨어지여 죽게해여 주옵소서」
하늘옥황에서 굴송낙도 내리웁나 굴장삼도 내리웁나
목에 염벌도 내리웁나 호롱 줌치를[6] 내리와
속속들이 줏어입어 물레레 굴매[7]를 보니
중이 몸이 분명케 되였구나.
정월 체돗날[8] 싱근 쿡줄이[9] 천아로 올랐더라.
바라아전 올라간다.
쿡줄 바라서 하늘옥황이 올라가보니
쉬영청버들나무[10] 우이 가서 쿡동맥이[11] 하나 맺었구나.
삼천궁예들이 소옴통에[12] 물을 못내 잉어
광주청눈물은 쥐웅아반 연주지듯 비새ᄀ치 울엄더라.
「궁예애기들아. 내가 물을 떠줄테이니

1 바늘 끝으로.
2 자주빛 피.

3 낮닭을 때려잡아서.
4 끓여서.

5 슬피 우는 모양의 상투적
   표현.

6 호롬줌치 - 중이 지고 다니
   는 자루.
7 그림자.

8 上亥日.
9 박 줄이.

10 垂楊靑버드나무.
11 조그만 바가지.
12 습통 - 땅을 조금 깊고 넓게
    파서 음료수로 먹기 위해
    빗물이 고이게 한 곳.

문왕성문도령집을 フ리쳐 달라」 「걸랑 그리ᄒ옵소서」
큭동맥이를 따내여 두리왁을¹ 맨들고 솜통앳 물을 떠준다.
삼천궁예들이 문왕성문도령내 집을 フ리쳐 주는고.
들어가고 보니 문도령은 ᄉ랑거리²에서
삼천선배를 둘고 훈訓ᄒ기를 ᄒ는고.
안거리에 들어가 「소승배입내다」
문도령 어머님이 나오라 말씀ᄒ되 「어느절 중이냐?」
「동괴남 은중절 중이 됩내다」 「어찌 내려샀느냐?」
「문도령이 맹도 ᄌ르고³ 복도 ᄌ르기에
권재⁴ 받아다가 헌당 헌절을 수비허여
맹광 복을 잇어주저고 내려샀읍니다」 ᄒ니
문도령어머님이 권재삼문을 뜨고오는고.
ᄌ청비가 권재를 받다가
전대⁵ 귀를 둥기어부니 쓸이 떨어지는고.
문도령 어머니가 ᄌ붐⁶을 내어주며
「떨어진 쏠 없이 다 줏어놓왕 가라.
괴씸ᄒ 중 남우집 도령님 맹 지기고 복 재기는⁷
쏠을 떨어지어시니 괴씸ᄒ다」 ᄒ는구.
ᄌ청비가 ᄌ붐을 맡으며 한방울 두방울 줏어놓는고.
해지기를 기다리는고. 기다려서 해가 지니 나아가서
올래⁸에 탱저낭 우이 가 올라 앉이고
「초싱반달이 반들반들 뜨고 오라가니
『춘수는 만서택이요⁹ 하운夏雲은 다기봉多寄峰이라』 허여시니
초싱 반달이 여기 오라도 보아지는구나」
문도령이 글을 읊으다가
「초싱반들은 곱기는 ᄒ되 가운디 개수나무¹⁰ 그늘이여.
금시상 ᄌ청비 얼굴만인 못내 ᄒ는고.」
올래에서 ᄌ청비가 대답을ᄒ되
「금시상 ᄌ청비 중이 몸이 되여 문왕성문도령네
올래에 탱ᄌ남 우이 오라 앉인 줄은 누가 알았는고」 ᄒ니

1 두레박.

2 사랑채[棟].

3 命도 짧고.
4 재를 올리기 위한 시주.

5 戰帶 - 여기서는 자루.

6 젓가락.

7 命 내리고 福 내리는.

8 큰 길에서 집으로 들어가는
　입口.
9 春睡滿邸宅.

10 桂樹나무.

문도령이 ᄌ청비 말음성 나니 맨보선창에[1]
벌딱 나오고 보니 마당에 ᄌ청비 굴매[2]가 비취왔더라.
굴매를 허위여[3] 안젠 ᄒ되 안지를 못ᄒ고
안저 ᄒ되 안지를 못ᄒ니 ᄌ청비가 말을 ᄒ되
「문도령님아 전적이 눈치 삼년 이치 삼년 배우라고
아니ᄒᆸ대까? 굴매를 사름으로 보아 안젠 ᄒᆸ니까?」
문도령이 남 웃테레[4] 바레여보니
ᄌ청비가 중이 몸이 되여 앉았더라.
올라가고 홀목 잡아 내려온다.
방으로 들어가 그날 저녁 부부간이 천상배필을 뭇고
ᄌᆷ을 자고 뒷날날은 ᄌ청비는 펭풍 밧겻 가고
시숫물을 수하님이 떠가면 같이 시수ᄒ고
식상도 ᄀᆯ이ᄒ고 허여가니 전이 ᄋᆞ시 시숫물도 궂어지고
밥도 전이보다 더 먹고 허여가니
이상시럽게 생각을 허여가는중 ᄌ청비가 이렇게 곱아서는[5]
살 수가 없으니 홀수 없이
「낭군님아 아방왕 어멍왕이 들어가서 묵은 것이 좋다ᄒ건
나과 살곡 새것이 좋다ᄒ건 서수왕이 장게를 가옵소서」
ᄒ는고나. 「걸라근 그리ᄒ라」
문도령이 아바님 어머님안티 들어가 말씀ᄒ되
「아바님아 어머님아 서수왕이 장게가젱ᄒ민
묵은 물이 좁내까? 새 물이 좁내까?」
「새 말은 타민 들럭퀴곡 ᄋᆞ근ᄄᆞ근[6]
걷기는 묵은 물만 못한다」
「새옷이 좁내까? 묵은 옷이 좁내까?」
「새옷은 입을 땐 배지그랑ᄒ되[7]
방장무장 입기는 묵은 옷만 못내ᄒᆫ다」
「새 장이[8] 좁내까? 묵은 장이 좁내까?」
「새 장은 먹을 땐 비지그랑ᄒ되[9]
짚은 맛있기는 묵은장만 못하다」

[1] 맨버선으로.
[2] 그림자.
[3] 휘어잡아서.
[4] 나무 위로.
[5] 숨어서는.
[6] 찬찬히.
[7] 얌전하되.
[8] 간장.
[9] 다소간의 맛이 있으되.

「사름은 새 사람이 좋읍내까? 묵은 사람이 좋읍내까?」
「새 사람은 오민 착흔체ᄒᆞ여 호록호록 댕기며 그릇만
벌러불곡[1] ᄋᆞ근ᄯᆞ근 일ᄒᆞ기는 묵은 사람만 못내흔다.」
「아바님아 어머님아. 게메는 서수왕이 장게 아니가오리다.」
「이놈ᄋᆞᄌᆞ식아. 어디 가서 질간아이 때간아이 봉가다놓고[2]
서수왕이 장게 아니가키엔 ᄒᆞ는구나」
아방왕이서 말씀ᄒᆞ되
「나 메누리 들면은 징냥도폭을[3] 나 몸에 맞게 지어들이라」
어머님이 말씀ᄒᆞ되
「나 메누리 들면은 쉬인자 구뎅이를 파놓고
숯 쉬인섬에 불 피와놓와 칼쌴ᄃᆞ리를[4] 놓와
바라나고 바라들어사[5] 나 메누릴 들와준다」 ᄒᆞ는구.
문도령이 ᄌᆞ청비신디 오란 그말ᄒᆞ니 직냥도폭을 지되
어들로 씰밥 붙은줄 모르게 지고 앞이는 궁적새[6]를 그리고
뒤에는 확이새를 그려 아저다가 디리시니
「나 메누리 분명ᄒᆞ구나. 몸에 맞아지는구」
쉬인자 구뎅이를 허위여파고 숯 쉬인섬에 불 피와놓고
칼쌴ᄃᆞ리를 놓와 바라나고 바라들어간다.
문도령어머님이 「나 메누리 착실ᄒᆞ다」 ᄒᆞ며
구만 발라 해여[7] ᄂᆞ려사는 것을 푹ᄒᆞ게 안으니
발뒤칙이가 끊어지여 ᄌᆞ지피가 납내다.
「어머님 금시상 서립홀[8] 일 있읍내다」 「머언 일인고」
「남자ᄌᆞ식은 열다섯 십오세 넘어가민
남우 지집을 울려려 바레기 서립ᄒᆞ고
여ᄌᆞᄌᆞ식은 십오세 넘엉 십칠, 팔세 근당ᄒᆞ민
남우 집 ᄉᆞ나이 옷짓 슬피기[9] 서립ᄒᆞ고
ᄒᆞ들 ᄒᆞᆫ번 번삭이도[10] 서립ᄒᆞ오리다」
ᄌᆞ청비가 문도령ᄒᆞ고 살렴살일 흔다 ᄒᆞ되
문도령이 서수왕이 ᄯᆞᆯ애기신디 장게들면은
나는 몬첨 오라도 첩이 되여질테이니 어찌ᄒᆞ리 생각ᄒᆞ다가

1 못쓰게 버려버리고.

2 길거리 나다니는 여자.
   되[胡]계집애 주워다놓고.

3 直領道袍. 깃이 곧게 된
   도포.

4 神칼ㅿᆞᆷ의 칼날이 마주치는
   不吉卦. 여기서는 不吉橋.
5 밟고 드나드는 것.

6 공작새.

7 그만 밟으라 해서.

8 創始.

9 옷의 깃을 살피기.

10 月經.

「낭군님아 낭군님아 어찌해여서
서수왕 뚤애기신디 막편지를¹ 아니 춫아옵내까?」 ᄒ니
문도령이 수장남²을 보내여 막편지 춫아오라 ᄒ는고.
수장남이 서수왕대감집이 들어가 대감님 보고 말씀ᄒ되
「문도련님이 병이 나서 죽을 ᄉ경이 되여
죽으면은 남우집 애기씨 팔저를 그리쳐질런가 해서
춫아오랐다가 살아나지면 장게를 다시 디려갈테이니
춫아오랜 ᄒ연 오랐수다」
서수왕대감이 막편지를 내여주어가니 서수왕 뚤애기가 말ᄒ되
「거 멋입니까? 나를 줍서.
나는 죽으나 사나 문가이짓 사름입니다」 ᄒ면서
막편지를 불ᄉ라먹고 방안으로 들어가며
석돌열흘 백일되건 문 열앙 보옵소센 ᄒ연 들어가는고.
수장남은 그대로 돌아오라 문도령안티 오라 그말ᄒ니
「읍서지면 좋다」 ᄒ는구나.
서수왕 뚤애기는 석달열흘 백일 되여서 문 열안보니
머리로는 뒷통새가³ 나고 눈으론 곰방새⁴가 나고
코으로는 홀그새⁵가 나고 입으로는 악심새⁶가 나고
가슴에는 어혈새⁷가 나고 남ᄌ에는 곰방새를 불러주고
여ᄌ에는 헤만리⁸를 불러주어.
ᄌ청비가 제낭으로⁹ 제 사주를 그리쳐가는고.
정수넴이 살리레 댕길 때에 짐정승 뚤애기
팔저 그리친 생각이 나서 문도령보고 말을 ᄒ되
「짐정승 뚤애기신디랑 가서 선보름 살고
나 신디랑 후보름을 삽서」고 말ᄒ니
「본매본장¹⁰ 있느냐?」 「있읍내다」 본매본장을 내여주니
「본매본장 아전가서 짐정승 뚤애기신디 가 보니
ᄌ청비보다 더구 좋아진다.
선보름도 살고 후보름도 살고 ᄌ청비신디는 아니오는고.
ᄌ청비가 애를 쓰고 전갈을 ᄒ되

1 결혼 전의 마지막 禮狀.

2 장남은 건강한 일꾼. 머슴.

3 頭痛煞.
4 空房煞 - 부부 사이를 나쁘
   게 하는 살.
5 홀깃홀깃하는 邪(煞).
6 惡臭煞.
7 열이 나서 가슴을 답답하게
   하는 살. '煞'을 제주말로는
   '새'라고 함.
8 海萬里 - 부부가 멀어지게
   하는 것.
9 스스로.

10 증거가 될 사물.

「아바님 어머님이 병이 나서 ᄉ경에 일렀읍내다」

거짓말 전갈을 ᄒ였더니 문도령이 올라온다.

안거리에¹ 가멍보니 아바님도 편안ᄒ고

어머님도 편안ᄒ여시니 ᄌ청비신데레

「어떻게 살았느냐?」 말도 없이 ᄂ려가부는고.

ᄌ청비가 아바님 어머님신디 들어가

「나는 금시상 ᄂ려가오리다」 「어떤일이 되느냐?」

「고대광실 높은 집이 날 들앙 누며²

남당북당南畓北田 너른 밭이 날 들앙 누며

유구鎌器전답田畓이 날 들앙 누우리까?」

「설운애기 땅 ᄒ착을 앗겠느냐?³ 물 ᄒ착을 앗겠느냐?」

「땅도 말고 물도 마옵내다. 오곡 씨나 주옵소서」 ᄒ오시니

「걸랑 그리ᄒ라. 고팡에 강 너냥으로 거령가라⁴」

이르시니 ᄌ청비가 들어가서 오곡씨를 곳곳이 거리고⁵

금시상 ᄂ려사니 정이 으신 정수냄이가 그젯ᄭᆞ지 살았더라.

정수냄이가 「상전님」 ᄒ며 인서를 드리는고.

「상전님은 어디 가 오십내까?

큰상전님네 모두 세별世別ᄒ고 나는 홀수 없이

걸인이 되었읍니다. 배고파 갈 수 없읍내다.

요기나 ᄒ쓸⁶ 얻어줍서」

「밭 가는디 강 요기 얻어먹엉 오라」

정수냄이가 밭 가는 사름신디 간

정심진지를 ᄒ쓸 줍센 ᄒ니 이 멍에⁷에 강 ᄒ수ᄭᅳ락

저 멍에에 강 ᄒ수ᄭᅳ락씩 거려먹으며

「그놈우ᄌᆞ식 나 먹을 것도 없는듸 너 줄 것 없다」

돌아오고 ᄌ청비한티 그말ᄒ니

「정수남이야. 쇠 귀에랑 봉애기를⁸ 불러주라.

사름에랑 강안이를⁹ 불러주라¹⁰

배부섶에랑¹¹ 싸리살썹을¹² 불러주라」

쇠는 봉애기를 타고¹³ 내둘릴 때에

1 안채[內棟].

2 나를 데리고 누우며.

3 한 덩어리를 갖겠느냐?

4 庫간에 가서 네 마음대로 담아가라.
5 고루고루 담고.

6 療飢나 조금.

7 밭이랑 양끝의 풀밭.

8 蜂애기 - 벌.
9 狂亂이 - 急疾.
10 呪術로 붙여주라.
11 보섭의 흙을 넘기는 부분.
12 煞氣煞性.
13 겁내고.

뱃부섭이 싸리살성은 왓쌍밧쌍 붓어지는고.[1]

「저펜 밭에 밭 가는듸 강보라」 정수남이가 밭 가는듸를 가서

「요기 흔쏠 주옵소서」 하니

「정수남아 조금만 일찌기 오카푸네.[2]

굿사두룩[3] 놓았다가 다 먹어부렸다. 내일날랑 오라.

곤밥[4]허고 반찬 출려오라 주마」

「그 밭디라근 낭 간데랑[5] 구리데를[6] 주구

잎간데랑[7] 무쇠 여름[8] 쌀 여름을 주라」 ㅎ는고.

정수남이는 태우리가[9] 되고 ㅈ청비는 제석할망[10]이 되고

ㅈ청비 아버지는 천제 국제 비우제 받아먹기를 서립허고.

■ (태우리)

천앙天王태우리 지왕地王태우리 인왕人王태우리

동경태우리 서경태우리 남경태우리 북경태우리

좌게장[11] 서립허던 좌둑백이[12] 아들

우게장[13] 서립허던 우둑백이 아들

일수 이수 삼수 사수 오수 육수 칠수 팔수 구수 십수[14]

산매삼장山馬三場 가목간監牧官

헌매궁성獻馬宮城 수태우리 수장남[15]

번태장이[16] 번목시[17] 숲페장이 수목시

7월 14일 백중대제일[18] 받아옵던

옥황태우리는 백중이[19]

금시상 태우리는 정수남이 정술댁이.

동산마다 자춰마다 물섭마다 놀고옵던

태우리청[20] 주잔酒盞입내다.

1 이 3행은 인심 고약한 농부에게 農神이 罰을 주는 것. 이하는 인심좋은 농부에게 상을 주는 것.

2 '-네'는 강조, 반문, 확인의 뜻을 나타내는 종결어미.

3 금방까지.

4 고운 밥 - 쌀밥.

5 나무 간 곳에는 - 줄기가 통한 곳에는.

6 구리대[銅幹] - '단단한 성장'의 뜻.

7 잎이 간 곳에는 - 잎이 자란 곳에는.

8 무쇠 열매.

9 牧童 - 여기서는 牧畜神.

10 農神 - 世經할망.

11 도내 목장 이름.

12 태우리(목동)의 이름.

13 위와 같음. 대구와 반복의 상투적 표현.

14 一所場에서 十所場까지 한라산록 전역을 돌아가며 정했던 목장 구역.

15 장남 - 머슴. 건강한 일꾼.

16 番태(우리)장이.

17 番木手.

18 목축제일.

19 '백중이'는 또 다른 목축신 설화의 주인공.

20 청 - 여러 사람을 일컬을 때 붙이는 접미사.

11. 문전본풀이[1]

고대중 씨 구송(남무, 46세, 구좌면 세화리 거주)
1962년 8월 채록

문전하르방 돌만국 문전할망 해만국
문전아방 남선비, 문전어멍은 예산국
남선고을 남선비가 살고, 예산고을에는 예산국이 살고
남선비와 예산국이 부부간을 무어 살렴살일 ㅎ고
강답이는 강나룩[2], 츠답이는 츠나룩[3] 싱거먹으며
살렴살이 ㅎ는 것이, 아들이사 하나 둘 시게 네게 다섯
여섯 일곱 아들이 솟아나니 여근애기는[4] 「밥을 줍서」
비새[5]같이 울고, 두린애기는[6] 「젓을줍서」
비새같이 울어가니 남선비가 조광매역[7]을 받아아전
배에 실러아전 육지 장사 나가는구.
가다가 순풍에 쫓겨서 오동나라 오동ㄱ을 들어가니,
배를 붙이시니 뱃조판을[8] 늬리시니
노일저대구일이뚤이 국동이를 잉어아전[9]
배조판을 바란 올라오고[10]
「어딧 선주 되옵네까?」 「남산ㄱ을 남선비가 되옵내다」
「주인은[11] 어디 있읍니까?」 「주인 정하지 못ㅎ였습니다」
「우리집 방안 좋으니 우리집으로
주인 부방ㅎ기[12] 어찌ㅎ오리까?」 「걸라근 그리ㅎ옵소서」
이르시니 노일저대구일이뚤을 돌아아전 좃아가니
「바둑 장귀 투전 장귀 둘 줄을 아십니까?」
「수면이나[13] ㅎ옵니다」, ㅎ 푼내기 두 푼내기 두는 것이
전소배독선獨船을 망ㅎ고
ㅎ 수 없이 노일저대구일이뚤은 얼어서[14]
살림살이 ㅎ저ㅎ니 대축나무[15] 꼭가마귀 집을 묵고[16]
거적분에 외돌철귀[17] 들고 몬독불은[18] 앞이 놓고

1 문전신과 그 처 조왕할망과
  일곱 아들, 첩인 변소신들
  의 신화.

2 乾畓에는 마른 벼.
3 중간 논에는 찰벼. 상투적
  인 무가적 표현.
4 다 자란 아이. 큰 아이.
5 비가 올 듯 할 때 잘 우는 새
6 어린 애기.
7 처음 돋아난 어린 미역.

8 선체와 뭍에 가로 대는
  목판.
9 (머리에) 이어가지고.
10 밟아서 올라오고.

11 '숙소'를 뜻하는 말.

12 主人 附房하기 - 숙소
   정하기.
13 조금.
14 합쳐서.
15 대죽낭 - 수수깡.
16 '곳' - '숲'. 숲까마귀집을
   뭇고.
17 돌저귀 하나.
18 몬독 - 티끌. 검부레기 태운
   불.

노일저대귀일이뚤이 남우 フ래 글래¹ 가서 체² 한방울을
얻어다가 체죽을 쑤며 구명도식ᄒ고
몬독불은 앞이 놓고 체죽단진 옆이 차고 살암더니.
남산고을서 예산국이 남선비 올디를 지들려서
아들 일곱성제가 신 일곱배를³ 삼으면 가정가 신으며
각견 연변⁴ 서광도지⁵ 연내フ이로⁶ 돌아댕기면서
신 일곱배를 기차서⁷ 돌아오고 ᄒ로 일곱배씩 매일
장처⁸ 신으며 객곁디 성창에⁹ 돌아다니되 남선비는 아니온다.
용살짝¹⁰을 춤실로 걸려 요왕으로¹¹ 던지면서
「남선비가 죽었거든 용살짝에 머리꺼럭이라도 올라옵서」
돌아댕기되 머리턱도 아니올라오고 남선비도 아니오니
ᄒ로날은 걸리새끼를¹² 무어서 남선비 춫으레 나가더니
순풍에 쫓겨서 오동나라 들어가는고.
배아래 ᄂ리시니 지장밭디 새 ᄃ리는¹³ 애기들이 말을 ᄒ되
「이새 저새 역은체를 말라.
밥주리¹⁴ 역은 깐에도 아이 못인¹⁵
구물에 들고 남선비 역은 깐에도 노일저대구일이뚤
호탕¹⁶에 들어 전배독선을 망ᄒ여
노일저대구일이뚤을 얻어 대축나무 꼭까마귀 집¹⁷을 짓고
외돌철귀에 거적문을 들고 사느니라.
이 새 저 새 너무 역은체 말라」
예산국이 그 말 들어 「지장밭[黍田]에 새 ᄃ리는 애기야
아까 무시게엔 굴안데?¹⁸」 「아무게엔도 안 굴았수다」
「아까 굴은 말 굴아주민 고운 머리창¹⁹ 주마」
「지장밭의 새가 하도 역은체를 ᄒ여
다 올리민²⁰ 돌아오고 하옵길레
이 새 저 새 약은체 말라 밥줄이²¹ 역은 깐에도
아히 멋인 그물코에 들고 남선비 역은 간에도
노일저대구일이뚤 호탕에 들언
전배독선 망해연 살암젠 굴았네다」

「남선비 어디 사느냐?」

「요재 넘국 저재 넘어 간 보민

대죽나무[1] 꼭 까마귀집[2]이 시어진다.

그디 가면 남선비 살암수다」

고운 댕길 주고 요재 넘국 저재 넘언 가안 보난

대죽나무 꼭까마귀 집이시니 들어가고 보난

남선비가 앚아 앞이는 몬독불[3]을 놓고

옆이는 체죽단지를[4] 차고 앉았고 노일제대구일이뚤은 어서진다.[5]

예산국이 말씀ᄒ되

「질 넘어가는 사람 댕겼수다 집이나 하쓸[6] 빌립서」

남선비 대답허되 「집 빌릴 때 어수다[7]」

「솟이나 하쓸 빌립소 개건[8]」 「걸랑 그리합소」

솟을 빌어 솥뚜껑일 열고 보니 체죽만 쑤어먹어부난

쳇빈뎅이[9] 눌었구나.

앞밭의 가 삼수셱이 뒷밭의 가 삼수셱이 걷어다가

솟을 댁여[10] 흰 쌀을 밀어놓고[11] 밥을 지어

쥐인 낫이 한상을 출리어 쥐인 앞들레 들러다놓니

남선비가 밥상 보고 광주청눈물은 쥐엉아반에 연주지듯

비새ᄀᆞᆯ이 우는고.[12] 울어가니 예산국이 말을 ᄒ되

「쥐인님은 어떤 일 우읍니까?」

일르시니 남선비 대답허는 말이

「나는 남선ᄀᆞ울 예산국광 부부간 무어

아들 일곱성제 낳며 살렴홀때 백미압[13]을 먹어낫건만

이제는 백미압이 뭐인지 체죽단지를 먹으니

이런 팔자 어디 이시리」 앙천통곡을 허는고.

「나가 남선고을 예산국이 됩니다」

눈을 번뜩 트고 바래여보니 예산국이 분명허고나.

부부간이 훌목 잡아 내력을 말할 때에

노일제대구일이뚤이 남우 집이 가서

ᄀᆞ랠 굴고 채를[14] 치매에 싸아저전 들어오며 보니

1 대죽나무 - 수수깡.
2 곳[藪]까마귀집.

3 티끌 검부레기 태운 불.
4 겨죽[糠粥]단지.
5 없다.

6 조금.
7 빌려줄 곳이 없습니다.
8 그러면.

9 겨죽 누룽지.

10 닦아.
11 일어놓고.

12 슬피 우는 모양의 상투적 표현.

13 백미밥.

14 걸겨. 곡식 껍질.

질깐아이를[1] 두리고 놀음놀이를 히염구나.
「이개 저개 호글 말라.[2] 채 빌명다 죽쑤며 얻어다가 멕였더니
질깐아이 뙤깐아이[3] 들아다 놓고 노념놀이 허는구나」, 일르시니
남선비가 말을 호되 「남선고을서 예산국이 오랐네」, 이말호니
노일저대구일이뜰이 아당을[4] 붙이시고,
「과연 형님 몰라봤읍내다」, 홀목 잡아
「어찌해여 옵대가?」, 일르시니
「여태 지금 조광매역[5] 받안오란 연삼년을 아니오니
낭군님을 춫아오랐노라」,
「서룬성님 한강바당 넘어오잰 훈 것이
몸에 땐덜 아니묻어시카푸카.[6]
옵서 가서 몸모욕이나 허영오게」,
「질랑 그리호라」, 주천강 연내못딜 예산국호고
노일저대구일이뜰이 같이 가서
「서룬성님 앞이 굽읍서 등이나 밀게」, 예산국이 말을 호되
「서룬 아시 몬첨 굽으라」, 일르시니
「우이로 누린 물이 발등에 집네.
성님이 몬첨 굽읍서」, 일르시니
예산국이 열두복이 대응대단 홑단치매 벗고
물맹지[7] 단소꼿[8]을 벗에 솝솝디리 벗어두고
물팡돌[9]래레 굽으니 노일저대구일이뜰이
한번 두번 밀다가 물래레 겁굽사부니[10]
예산국은 물에 빠지어서 죽읍대다.
죽어부니 노일저대구일이뜰이 예산국 입던 이복이장을
솝솝디리 줏어입어 집이 돌아오고 예산국 말씀으로 해여[11]
「낭군님아 낭군님아.
노일저대구일이뜰 행실이 고약호길래 죽여두고 오랐네다」,
「애그 그년 잘 죽이신걸.
그년 따문에 전배독선 망하고 이 모냥 이 지경이 되어신걸」,
일르시니 노일저대구일이뜰이 말을 호되

1 길거리의 계집애.
2 호걸인척 하지 마라.
3 되[胡] 계집애.
4 애교.
5 새해 첫 어린 미역.
6 아니 묻었겠습니까.
7 細明紬.
8 치마와 바지 사이에 입는 속치마.
9 보통은 물구덕을 놓는 돌. 여기서는 물가의 팡돌.
10 거꾸로 서버리니.
11 목소리로 말하여.

「우리가 애기덜 지드럼실¹ 테이니 들어가기가 어찌ᄒ오리까?」
「걸랑 기영ᄒ주」 예산국 탄 간² 걸릴색길³ 타고 들어오더니
반 바당을 오더니 남선고을 남선비 아들들이
「아바님과 어머님이 오람져⁴」
지대를 나오랐다가 큰아들은 갓을 벗어 ᄃ릴 놓고,
둘찻아들은 망건 벗어 ᄃ릴 놓고
싯찻아들은 두루막 벗어서 ᄃ릴 놓고
닛찻아들은 저구리 벗어 ᄃ릴 놓고
다섯찻아들은 행경行纏 벗어 ᄃ릴 놓고
여섯차아들은 신을 벗어 ᄃ릴 놓고
일곱차아들은 녹디생인인디 똑똑ᄒ고 영역ᄒ니
칼산ᄃ릴⁵ 놓읍대. 형님들이 말을 ᄒ되
「녹디생인은 어떤 일로 칼산ᄃ릴 놓느냐?」
「서룬 성님내야 아바지는 우리 아바지라도
어머니는 우리 어머니가 아닙니다」 일르시니
남선비허고 노일제대구일이ᄯᆯ이 들어오라 말을 ᄒ되
「녹디생인은 어떤 일로 칼산다릴 놓았느냐?」
「아바님 어머님이 한강바당을 넘어오젠 허신 것이
애산마음⁶인들 아니먹으면 칼산마음인들 아니먹으리까?」
칼산다리 놓았네. 성님네랑 아바님을 모시고 앞이 갑서.
나는 어머님을 모시고 뒤에 가오리다」
성님네는 아바지를 모시고 가고 녹듸생인은 뒤에
어머니를 앞세와서 우리 어머니 아닌 줄은 알되
확실한 알기를 목적허고 앞세완 집으로 돌아올때
이 골목드레도 들어가고 저 골목드레도 들어가고
「어머님 어찌해야 어제그저겐날
댕기던 길을 이쳤내까?」 일르시니
「한강바다를 넘어오자 ᄒ니 수질기가 나서 정신이 없노라」
「그러면 내가 앞이 사 가오리다」 앞이 사고 집이 오라
점심진지를 지코 아들 받던 상은 아방 앞드레 놓고

1 기다리실.
2 타고 간.
3 거룻배 새끼를.

4 오고 있구나.

5 신칼점에서 두 칼날이 다
위를 향한 불길한 괘. 실제
로는 있을 수 없는 다리.

6 애산ᄃ리 - 두 칼날이 마주
향한 불길한 괘. 애산마음,
칼산마음은 불길한 마음.

아방 받던 상은 아들 앞드레 놓고 일로 봐도

우리 어멍이 아니로다 생각ᄒᆞ고

일곱성제가 신 삼우레 댕기면서

우리 어머니가 아닌 것을 확실히 생각ᄒᆞ는 중에

노일제대구일이ᄯᅡᆯ이 하를날은 난디없이

배가 아프다고 하고 거짓 누어둥글면서

「죽어질테우니 어디 강 문점(問占)이나 허여다 줍서」

「어디 가민 문점헐 디가 시코?」 남선비가 말허니

「요 네커리에 폭낡 아래 맥쓴¹ 점쟁이 있으니

그 점쟁이안티 가서 문점하여 옵서」

남선비가 나가부니 맥을 들어아전 니커리 폭낡아래 간

맥을 썬 아자시니 남선비가 가고 「점허레 오랐내다」

일러시니 맥쓴 점쟁이 말을 ᄒᆞ되

「아들 일곱성제가 시니 일곱성제를 애 내어² 먹어야

배 아픈 것이 좋으리다」

남선비가 이 말 들어 집으로 돌아오니 집을 상해여 올때

노일제대구일이ᄯᅡᆯ은 새로³ 넘어오라

맹탱이는⁴ 놓아두고 방애 들어가고

「아야 배여 아야 배여」 ᄒᆞ며 둥굴더니 남선비가 들어온다

「ᄒᆞ저 ᄀᆞᆯ읍서⁵ 무시거엔 ᄒᆞᆸ디까?」

「아들 일곱성제 애를 내어먹어야 좋겠다고 말허연걸⁶」

노일제대구일이ᄯᅡᆯ이 말을 ᄒᆞ되

「애고 어찌 아들 일곱성제 애내어 먹으리요.

뒷집이 강 다시 물어봅서.

ᄒᆞᆫ 말에 지건⁷ 아들 일곱성제 애 내영 먹엉 신병(身病) 좋거든

ᄒᆞᆫ 배에 둘씩 니 배만 나민 여덟성제 아니우까?」

일르시니 남선비가 올래로 점ᄒᆞ레 나가분

어간엔 세로 넘어가고

「우리집이 남선비 오랐건 아들 일곱성제

애 내영 먹어야 신병 좋기엔 ᄀᆞᆯ아줍서」 ᄀᆞᆯ아두고

---

1 먹서리를 쓴.

2 肝을 꺼내서.

3 사이로. 샛길로.
4 망탱이는.

5 빨리 말하시오.

6 말하였는걸.

7 한 말에 지건 - 한 가지 말로
   맞아떨어지거든 - 합치되면.

세로 집이 오란 눌었더니 남선비가 뒷칫 할망안티 가서

「우리집 예편이 배 아판 ᄉ경에 이렀네다 문점이나 해여봅서」

뒷칫할망이 말을 ᄒ되

「아들 일곱성재를 애 내영 먹어야 신병 좋으리다」 일르시니

남선비가 집으로 돌아온다.

돌아오라 가니 노일저대구일이ᄯᆞᆯ은

「아야 배여 아야 배여」 둥글며

「무시게엔 굴읍대가? 흔저[1] 오랑 굴아줍서」

남선비가 말을 ᄒ되

「아들 일곱성제 애[2] 내영 먹어야 신병 좋기엔 허연걸」

「아이고 어떵 아들 일곱성제 애 내영 먹으리」 거짓걸로 ᄒ면서

「이 어른아 아들 일곱성제 애 내어줍서 먹어근 살아낭[3]

한 배에 둘씩 낳고 니 배만 나민 여덟성제 낳구다」

「걸랑 기영ᄒ주」

남선비가 칼을 씰돌[4]에서 실근실근 굴암더니

동내에 사는 청태산이마구할망이 불 담으레 오란 보니

남선비가 전이 없이 칼을 굴암시니

「어떵허연 남선비님은 칼을 굽네까?」 이르시니

「그런 것이 아니라 우리집이 예팬 배가 아파 죽을 ᄉ경이

당ᄒ니 문점ᄒ난 아들 일곱성제 애 내영 멕여야

신병 좋기엔 ᄒ기로 아들 일곱성제 애를

내젠 칼을 갈암수다」 이르시니

불도 아니담고 돌아가서 남선비 아들들 일곱성제가

신 삼는딜 가고 보오시니 신은 준둥에 차

둠서로[5] 과닥만[6] 허염구나.

「야네덜아 과닥ᄒ지 말라.

느네 야방은 느네 일곱성제 애 내젠 칼을 굴암서라[7]」

이르시니 우으로 여섯성제는 광주청눈물은 쥐웅아반

연주지듯 비새ᄀᆞᆺ이 울며[8] 앙천통곡을 ᄒ는고.

녹디생인 말을 ᄒ되

1 빨리.

2 肝.

3 먹고서 살아나서.

4 숫돌.

5 잔등[背]에 차게 많이 놓아
  두고서
6 과닥 - 가닥 - 장난.
7 갈고 있더라.

8 우는 모양의 상투적 표현.

「서룬성님네 울지 맙서 올래에¹ 강 사아시민

칼을 내가 아정 오리다.²」 이르시니 안심흔다.

녹디생인은 집이 들어가고 여섯형제가 올래에 삿더니

녹디생인 들어가서 보오시니 칼을 갈고 생깃디³ 놓아시난

「아바님 어찌흐야 칼을 굴안 놓읍대가?」 남선비가 대답흐되

「느네 어멍 신병 당흐여 죽을 스경되니 문점흐난 느네들

일곱성제 애를 내영 멕여사 흐키엔⁴ 흐기로

느네 일곱성제 애를 내젠 칼을 굴았노라」 일르시니

「아바님아 칼을 저를 줍서.

성님네 둘아근⁵ 산중에 가서 애 내영 오랑 먹어방⁶ 아니낫거든

날라근 아바님 손으로 애를 내영 맥입소서.

우리 일곱성제들 집이서 애 내쟁 흐민 애 내여낭⁷

흔짐씩 지어가되 일곱짐이요 흙을 한 갈래죽석 치쳐도⁸

일곱 갈래죽 두 갈래죽석이민 열네 갈래죽 아닙니까?

그 칼을 나를 줍서. 「걸랑 그리허라」

칼을 내여주니 칼을 가지고 올래에 나오란보니 여섯 성제가

광주청눈물은 쥐웅아반연주지듯 비새곹이 울엄더라

「울지 말고 걸읍소서」

산중 산앞으로 일곱성제가 올라가다가 보오시니

노리놈이 뛰어 ᄂ려오람시니 심어내고⁹ 애를 내젠허니

「나는 산신백관山神百官이노라.

나 뒤에 새끼 일곱 둘은 산톳이¹⁰ 내려오람시니

하나이랑 씨갑우루¹¹ 내불구 여섯개랑 애를 내여가라」

거진말이나 흐능가 해야 종이쪽을 가졌다가

잠지리레¹² 표적으로 붙이시니 노리는 잠지에

흰 털이 바낄¹³ 서립허고 올라가더니

아니헐까 새끼 일곱 더른 산톳이 내려오람시니

하나는 씨갑으루 내어불구 여섯개는 심어가지구 애를 내구

끌래기¹⁴를 맨들아 싸아가지구 내려오며

「형님네랑 동서남북으루 활받은이 총받은이¹⁵ 들어삽서.

나가 들어가서 외는[1] 기척 있거든 울성[2]으루 들어옵서」

말ᄒ여 두언 녹디생인이 들어가니 노일저대구일이ᄄᆞᆯ이

「아야 배여 아야 배여」, ᄒᆞ며 누언 동구는체를 ᄒᆞ는구나.

녹디생인 들어가

「어머님 서룬 성님네 애 내연 오랐수다 어서 먹엉 살아납서」

「아이구 어찌 애 여섯을 먹으리.

그래 놔뒝 서룬애기랑 나가불라.

중병 든듸 약 먹는듸 아니본다」, 일르시니

나올 적인 창궁기를[3] 손가락에 춤을 적져 뚤라두고

올래래레 자곡소릴[4] 내여 나가는 것ᄀᆞ찌 해여두고

되돌아오고 창 궁기루 눈을 소아 바래여보니

애 여섯을 내여놓고 입데레두 뭉기고

코끝에두 뭉기며 초석을 걷어 애 여섯을 묻어간다.

녹디생인이 올래로 가서 기침해며 들어오라

「서룬 어머님아 약 먹으니 어찌ᄒᆞ우꽈?」 일르시니

노일저대구일이ᄄᆞᆯ이 말을 ᄒᆞ되

「ᄒᆞ쓸만[5] 더 먹어시민 아주 좋을듯해여간다.

다 좋다가 남통머리[6]만헌 것이

배에서 이래 저래 가며 아파진다.

하나만 더 먹어시민 아주 좋을듯 허다」

「서룬 어머님아 나는 막둥이루 나서 ᄉᆞ랑둔 자식이니 영ᄒᆞᆸ서[7].

어머님 머리에 니나[8] 한번 쥐여뒝 죽으리다」

「서룬애기 중병든데 니도 아니잡나」

「영ᄒᆞᆸ서 서룬어멍 자리나 한번 치와두엉 죽으쿠다」

「중병重病든듸 자리도 아니치웁나[9]」

녹디생인이 ᄑᆞ죽같이 용심[10]을 내고 정둥[11]같은

팔다시를 걷고 다가리같은 손추먹을 바로 쥐고

니를 ᄌᆞ그 물며 머리ᄭᅮ베기를 심고[12]

구석데레 꼭허게 밀려두고 초석을 걷언보니

애 여섯이 소랑소랑 이서진다.

---

1 외치는.
2 울타리城 - 담 - 울타리.

3 창구멍을.
4 입구쪽으로 발자국소리를.

5 조금만.

6 목제 담배대통.

7 이렇게 하십시오.

8 이[虱]나.

9 아니치운다.

10 화.
11 정둥 - 정남 - 댕댕이덩쿨.
    칡넝쿨의 일종.
12 머리끄덩이를 잡고.

흔착 손에 세게씩 들러아전 지붕 상상 조치믈을[1] 올라가고
「요 동냇 어른덜 다슴애기 다슴부모[2] 있는 어룬들,
날 보아근 정다습서[3]」 ᄒ며 때울리니[4] 동내 사람덜 나고온다.
노일저대구일이ᄯᆞᆯ은 동대래 든잰 ᄒᆞ난 쌀 받은이[5] 무섭고
서래레 든젠 ᄒᆞ난 총받은이 무서와 갈 수가 없는구나.
백장 알을[6] 헐ᄯᅳ리고 칙간厠間에 가고 드들팡에 가서
쉬인대잣머리로 목을 글려[7] 죽었더라.
일곱성제가 모여들어 츳안보니 칙간에 가 드들팡에[8] 가서
쉬인대잣머리로 목을 글련 죽어시난 양각兩脚은 터다가
드들팡을 서립ᄒᆞ고 양팔은 해여다가 돗집[9] 짓기 서립ᄒᆞ고
양눈은 돌라다가 저 바당에 던졌더니 구쟁기로[10] 환싱ᄒᆞ고
손톱 발톱은 돌라다가[11] 저 바당에 던졌더니 굼벗닥지로[12]
환싱ᄒᆞ고 똥고냥은 돌라다가 저 바당에 던졌더니
ᄆᆞᆯ문주리로[13] 환싱ᄒᆞ고 바래기 궂인 건[14] 돌라다가
저 바당에 던졌더니 대점북 소점북이 되고
대가리는 돌라다가 돗도고리를[15] 서립ᄒᆞ고
남선비는 츳아보니 올래에 주먹낭게[16] 가서 자빠지고,
서천꽃밭이 들려들어 씸[17] 오를 꽃 술 오를 꽃 오장육부
생길 꽃을 깩이고 번싱꽃 환싱꽃을 깩이고 일곱성제가
오동나라 오동ᄀᆞᆯ을 들어가고 주천강 연내못디 가서
「하늘님아 지하님아 주천강 연내못이나 ᄇᆞ따주옵서서.[18]
어머님 얼굴이나 보오리다」
하늘님전 축원을 ᄒᆞ니 주천강 연내못디 ᄇᆞ따지니
어머님 죽어난 뻬만 펄 속읍에[19] 박아지어 있었더라.
ᄎᆞ래ᄎᆞ래 줏어놓고 씸 오를 꽃 놓고 번싱꽃 놓고
환싱꽃 놓고 술 오를 꽃 오장육부 생길 꽃을 놓고
말 글을 꽃 웃음웃을 꽃 놓으시니 벙삭벙삭 웃으며
아니일어난다. 송남[20] 막댕이를 깩여들고
「하늘님아 지하님아 어머님 ᄯᅳ리는 매가 아닙니다.
어머님을 살리기 목적ᄒᆞ며 ᄯᅳ리는 맵내다」

1 상마루 맨 위 꼭대기.
2 의붓애기. 의붓부모.
3 조심하시오.
4 외치니.
5 뛰려고 하니 화살을 겨눈이.
6 벽장 밑을.
7 걸리어.

8 변 볼 때 디디고 앉게 걸쳐 놓은 돌판.

9 돼지우리.
10 구쟁기 - 구정기 - 구재기 - 구저기 - 소라.
11 도려내서.
12 딱지조개의 일종.
13 바다 속 모래에 사는 腔狀動物의 일종.
14 보기 흉한 것 - 음부를 말하는 것.
15 돼지 먹이그릇 - 돌을 둥구스름하게 파서 만든다.
16 올래의 길 양쪽에 세운 것. '柱木나무'라 했으나 현재는 다 돌기둥.
17 힘줄[筋].
18 마르게 해주옵서.

19 펄 속에.

20 松木. 소나무.

축원 들여두고 송남 막댕이로 연세번을 ᄀ리대기니[1]
와들랭이 일어나며
「서룬애기덜 어떵 살아져니? 줌이사 무충게 자졌구나」
와들랭이 일어난다.
일어나니 어머님 누어난디 흙인들 버리리야.
속이들속 돌라내고 가전오란 망댁이를[2] 맨들고
창으로 큰성임이 ᄒ고냥 둘찻성임 ᄒ고냥
싯찻성임 ᄒ고냥, 닛찻성님 ᄒ고냥 다섯찻성임 ᄒ고냥
여섯찻성님 ᄒ고냥 뚤라부난[3] 뚤를 디는 없어지고
녹디생인이 용심을 뿔끈 내며 가운디를 푹 질르니
시리는[4] 일곱고냥 중에 가운디 고냥이 상고냥이 됩내다.
남선비는 주먹직이[5] 나무목신 들어사고
어머님은 추운디 물 속읍에[6] 있어나니 조왕할망 들어삽서.
큰성님은 청대장군 들어삽서. 셋성님은 흑대장군 들어삽서.
셋찻성님은 백대장군 들어삽서.
닛찻성님은 상성주로 들어삽서.
나는 일문전으로[7] 들어상 안문전 옐에덥 춫이ᄒ고
밧문전은 수물여덥 춫이ᄒ고 문전 모를 공ᄉ가[8] 있으며
주인 모를 손님이 있으리까.
나 받다 남은 것은 조왕할망 어머님전 드리리다.
노일저대구일이뚤은[9] 칙간 동투로 들어사기 마련ᄒ고
아바님은 나무목신 어머님은 조왕할망
나는 일문전으로 들어상 나 받다 남은 것은
어머님전 드리리다.

1 후려때리니.

2 질그릇동이.

3 뚫어버리니.

4 시루.
5 올래 양쪽의 '柱木'직이 神.
6 속에.

7 대청마루(상방)의 앞쪽
   門神.
8 제의, 축원의 뜻.

9 변소신.

12. 칠성본풀이[1]

고대중 씨 구송(남무, 46세, 구좌면 세화리 거주)
1962년 8월 채록

장나라의 장설용대감 송나라의 송설용부인님[2]
배염장재 진장재 너플장제 구렁대신
넘저부군 도칠성한집님.[3]
장나라의 장선용이대감님
송나라의 송선용이 부인님도 이습대다.
장선용대감님과 송선용이부인님이
부부간을 무어 살렴살이 흐옵대다.
이십스물 삼십서른 ㅅ십마흔 오십쉰격이 근당흐되
남녀간이 생불生佛[4] 없어 무이이와 흐옵대다.[5]
동괴남은중절 원불수룩[6] 드리레 가저[7]
아방 먹던 금백미 어멍 먹던 매백미
백근장대 준준이 저울려 밤이는 츤 이슬 낮이는 츤 뱉 맞쳐,
석둘 앞서 재겨[8]들고 칠일 일뢰는 몸 정성흐고
사흘 앞서 단단이복 개주심[9]흐여
마바리에 실러아전 내외간이 원불수룩 드리레
동괴남은중절 올라가 절간에 들어가고 올래레 물팡돌에[10]
마바리를 부리시고 대감님이 아함을 지르시니
소ㅅ중이 하늘글흔 굴송낙 지애갈른 굴장삼
목에 단줄[11] 걸고 나고오라 「소승배입니다」
대감님이 말씀흐되 「어느절 중이냐?」
「동괴남은중절 대서직흔 소서중[12]이 되옵니다.
어디 사는 대감님이 되옵내까?」
「장성고을 장선용이대감이 되어진다.
너의 대서님전이 장선용이대감님과 송설용이부인이
부부간이 원불수룩 드리레 오랐노라 일르사라」

---

1 사신(蛇神)이며 부신(富神)인 칠성신의 본풀이.

2 주인공의 부친과 모친.

3 이상 序歌.

4 佛은 자식. 낳은 자식.
5 無依而和(?). 상투적 표현.
6 願佛水陸 - 祈子의례.
7 가려고. 가고자.

8 齋戒.

9 단벌의복 다시 새로 입고.

10 집 입구의 下馬石에.

11 短珠 - 54개 이하의 구슬로 만든 짧은 염주.
12 대사를 지키고(모시고) 있는 소사중.

소서중이 돌아가 대서님안터 말씀ᄒ되

「대서님아 대서님아

우리 법당이 영급ᄒᆫ 소문 멀리 났습내다」 「어떤 말이 되느냐?」

「장선용이 대감님과 송선용이 부인님이

우리 법당이 원불수룩 드리레 오랐네다」

대서님이 말씀ᄒ되 「안ᄉ랑도 츨리라, 밧ᄉ랑도 츨리라」

내외ᄉ랑 츨려놓고 대감님은 밧ᄉ랑으로 청ᄒ고

부인님은 안ᄉ랑으로 청ᄒ고 뒷날날은 돌아오는

일광 지어가는 월광 낙수괴낭[1] 충청비단 당돌림 일월천신

불도님 이망헤여[2] 늙은 중은 벗고 치고

젊은 중은 소고 치고 아희중은 소고 치고 대서중은 보살 읽어

「청왕보살 사나줍서 지왕보살 사나줍서 인왕보살 사나줍서」

백근장대 내여놓고 준준이 저울이니 아흔아홉근이 매기라[3]

「예궁예로 시애홉내다. 장성고을 ᄂ려상 합궁일을 보아근

천상배필을 무읍소서」 일르시니

장선용이대감님과 송선용이부인님이 원불수룩 들여아전

절간 하직해여 장성고을 들어오라 집이 오고

부부간이 합궁릴을 보아 천상배필 무우시니

아방몸에 석둘열홀 뻬를 비르고 어멍몸에 술을 언어

아홉달 열달 과만준삭[4] 차난 예궁예 탄생ᄒ다.[5]

ᄒ살 두살 시설 ᄂ설 다섯살 여섯살 일곱살 나는해엔

장설용이대감님은 장성배슬 살레옵센 전갈오고,

송설용이부인님은 송성배슬 살레옵센 전갈이 오고,

장성배슬 살러가저 송성배슬 살레가저 ᄒ실 때에

애기씨는 남ᄌᆞ식 긑으민 책실로나 돌앙가건만

예궁예라 돌앙갈 수 없어 늦인득이정하님을 매껴두고

장성배슬 살레가고 송성배슬 살레가부난

애기씨는 늦인득이정하님[6]ᄒ고 사옵대다.

사시다가 ᄒ룰날은 늦인득이정하님이 애기씨는

눅전[7] 재와두고 숨자는 어간엔 물질레 가부난

1 미상.

2 미상.

3 끝이라. 한계라.

4 過滿準朔.
5 이상과 같은 일련의 祈子佛供 후의 주인공 탄생 경위담은 초공, 이공, 세경, 칠성본풀이들이 다 같다.

6 하녀를 대한 무가의 상투어구.
7 눕혀서.

애기씨는 깨어나고 늦인득이정하님을 춘안 나가는 것이
묵은 각단 새 각단[1] 밭이 들어가고
비새긑이 울엄더니 삼배중[2]이 넘어간다.
애기씨가 「앞이 가는 대서님 사름 살려줍서」
장삼 뒤에 돌아지니 그대로 뽕뜨리고[3] 넘어간다.
「뒤에 가는 대서님 사름 살려 줍서」
장삼귀에 들아지니 돌아사고
애기씨 홀목이를 휘여잡아 굴근굴근
「이 애기야 저 애기야」 ᄒ며 일곱번을 죄여분다.
애기씨를 삼배중이 묵은 각단을 비어내고
오장삼을[4] 맨들아 싸아다가
물팡돌[5] 아레 간 묻어두언 삼배중은 가아부니
늦인득이정하님은 물에 간 오고보니 애기씨가
간간무레[6] 되었더라. 사흘 상뒤를[7] 내되 못내 촛나.
일뢰 상뒤 내되 못내 촛[8] 못내촛으니
장선용이대감님도 장성배슬 그만 살앙 옵센 전갈ᄒ고
송설용이부인님도 송성배슬 구만 살앙 옵센 전갈ᄒ다
장선용이대감과 송선용이부인님이 들어온다.
애기씨 간간무레된 말을 장설용이대감님보고 말씀ᄒ니
다시 고쳐 사흘상뒬 내되 못내촛고 일뢰상뒬 내되
애기씨를 못내 촛아 부부간이 홀목이를 비여잡고
「우리 내외간 낳던 날은 어떤 날에 낳 오십 선격되야
절간이 가 수룩 드리멍[9] 난 애기 ᄒ나도 아니 태와
잃러버렸는고」 하며 앙천통곡을 ᄒ더니
동괴남은중절 대서직ᄒ[10] 소서중이
하늘긑은 굴송낙을 쓰고 지애긑은 굴장삼을 둘러입고
목에는 단주短珠를 걸고 손에는 목덕木鐸을 쥐고
장성고을 장설용이대감집이 들어오라
집알로 도느리며 「소승배입니다」
대감님이 말씀ᄒ되 「어느절 중이냐?」

1 각단 - 띠. 舊茅新茅의 대구.

2 三輩僧 - 3인의 중.

3 뿌리치고.

4 오쟁이 - 짚이나 띠로 만든
  작은 섬.
5 물구덕(항아리)을 놓는
  돌판.
6 자취없이 사라진 모양.
7 마을의 장사나 公事에 모인
  사람들. 鄕(香)徒.
8 찾는다.

9 祈子佛供을 드리며.

10 대사를 지키는(모시는).

「동괴남은중절 대서직헌 소서중이 되옵니다」

「웽 팔괄五行八卦 가졌느냐? 단수육곽段手六甲 가졌느냐?」

「가졌읍니다」

「웽 팔괄 짚떠보라. 우리집이 혼일곱슬 먹은 애기씨
어느 방우方位이 갔느냐?」

소서중이 우엉팔괄 단수육갑 짚들듯 말듯 하다

소서중이 말을 ᄒᆞ되

「울성 금아닷¹ 안에 있읍내다」

「저 중 필야곡절ᄒᆞ다 수장남²덜아! ᄉᆞ문결박을³ 시기라」

ᄉᆞ문결박을 시기시니 소서중이 말을 ᄒᆞ되

「한 백호만 멕여줍서⁴ 애기씨 간 듸를 일르리라」

한 백호를 멕여주니 소서중이 말을 허되

「하늘님아 지하님아 소승은 삼년만 더 배와시민 헐건데
덜 배우기때문에 잘못 댕기다가 죽을 발탕에⁵ 들었내다.
모진 광풍이나 불어줍서」

후루루 훌훌허게 모진 광풍이 부니 소ᄉᆞ중은
맨구름에 묻혀 간간무레 되고⁶ 광풍이 꺼지어 이스니
애기씨소리가 귀에 쟁쟁 들립데다.

물팡돌을⁷ 해쓰고 보니 애기씨는 오장삼에
때빵거리⁸ 속에 아잤구나.

배는 부르동배가 되어 앉아시니 「양반이집이 정거⁹로다」

무쇠쟁이를 불러다가 무쇠설칵¹⁰을 차놓고 열두올라

상거슴 통쇠로 좀과서¹¹ 동이유왕¹² 띄왔더니

쏠물에는 동바당 치고 들물에는 서와당 치고

물 알에도 삼년이요 물 위에도 삼년 홍당망당 뜨고

댕기다가 정상도는 칠십칠관 절래도는 오십삼관¹³

일 제주는 이 거제 삼 진도 사 남이¹⁴

금천노구땅¹⁵ 제주 절도섬 들어오라

성안¹⁶으루 들젠ᄒᆞ난 내왓당¹⁷이 쎄지고

대정으로 들젠ᄒᆞ난 광정당 쎄어지고

1 울타리(울성) 마당(금마답)
　안에.

2 수머슴.

3 私門結縛 - 권세있는 집에
　서 사사로이 결박하는 일.

4 한 매듭만 늦춰 주십시오.

5 바탕. 지경에.

6 간 곳 없이 사라지고.

7 마당에 있는 물구덕(항아
　리) 놓는 돌판.

8 짐 지는 밧줄.

9 증거(証據). 'ㅡ'와 'ㅓ'의 혼
　동 여기서는 나쁜 징조.

10 무쇠 石匣.

11 쌍거슬림의 통쇠로
　잠구어서.

12 동해바다.

13 이하 2행은 旅路의 운율적
　상투표현.

14 南海島.

15 地名. 위치 미상.

16 제주성 내.

17 川外堂神이.

정의로 들제ᄒ난 시선당이 쎄어지고 다시 고쪄

성안으로 들젠ᄒ난 내왓당이 쎄어지고 못내들고

못내들고 설개로[1] 들제하난 일뢰중조[2] 쎄어지어 못내들고

가물개로[3] 들젠하난 시월도병서[4] 써어지어 못내들고

신촌으로[5] 들젠하난 큰물머리[6] 써어지어 못내들고

조천관으로 들젠ᄒ난 정중부인 정중하르방 정중할망[7]

쎄어지어 못내들고 함덕으로 들젠ᄒ난

동편 황서 서편 금산 서울 먹장골 날로멋서 솟아난

급소황하늘[8] 쎄어지어 못내들고 뒷께로[9] 들젠하난

일뢰중조 써어지어 못내들고 굴막[10]으로 들젠하난

태두목 낭낭선 일뢰중조 쎄어지어 못내들고

김녕으로 들젠 ᄒ난 큰도한전 큰도부인[11] 가운딧또

성세기 쎄어지어 못내들고 무주웨로 들젠ᄒ난 시질

우이 서당할망 시질 아랜 싱연하주 여리불법 써어지어

못내들고 행원으로[12] 들젠ᄒ난 남당하르방 남당할망

나주목서 나주판관 게민들어 절제석궁 견유왕

대부인[13]이 써어지어 못내들고,

괘로[14] 들젠ᄒ난 본산국이 써어지어 못내들고

뱅뒤로[15] 들젠ᄒ난 신선백관 바늘문장 신임내외 도병서

매아진 돌[16] 수대기 서당할망 쎄어지어 못내들고

가는 곳으로[17] 들젠 하난 천제하르방 백조부인님

알당 금상한집님이 쎄어지어 못내들고 벨방[18]으루 들젠하난

여리불법 삼싱또가 쎄어지어 못내들고

종달이로[19] 들젠ᄒ난 ᄀ매열로 내열로 백조 노산조

전수물일뢰한집 쎄여지어 못내들고

씸돌로[20] 들젠ᄒ난 큰물머리 쎄어지어 못내들고

오졸리로[21] 들젠ᄒ난 일뢰중저 쎄어지어 못내들고

성산으로[22] 들젠ᄒ난 일뢰중저 쎄어지어 못내들고

들물[23] 나니 서이와당[24]으로 체고 가는고[25]

소섬은 진 질각[26] 넘어가고 뱉방 상콧이[27] 넘어사고

행원은 진돌곶이[1] 뒷개는 다린녁곶이[2] 넘어사
서모봉 알로 무숭기 알 무쇠설칵이 올랐더라.
일곱 물찻날에[3] 일곱 줌수潛嫂[4] 들이
헛물에[5] 들제 무숭기 알 ᄂ리고 보오시니
무쇠설칵이 올랐더라.
일곱 물찻날에 일곱 줌수들이 헛물에 들제
무숭기 알 ᄂ리고 보오시니 무쇠설칼이 올랐더라.
일곱 줌수가 무쇠설칵을 봉가놓고[6] 「나도 몸첨 봉갔노라」
「나도 몸첨 봉갔노라」 ᄒ며 사움허염더라.
함덕 사는 송청주영감 일곱물짓날에 블락 참대[7] 들고
무중기 알 블락 낚으레 가안 보니 한물숨에[8] 놀고
한마음 쓰듯ᄒ는 잠수 일곱 잠수들이 머리꾸매기를 심으며[9]
싸움 싸움 해염더라. 송청주영감님 말씀ᄒ되
「이년으ᄯ련 생긴년들[10] ᄒ물솜에 놀고
ᄒ마음 쓰듯하는 년들이 싸움은 외한 싸움이냐?」
일곱 줌수가 말을ᄒ되 「요 무쇠설칵을 봉갔는디
내가 몬저 봉근 것을 야이가 몬첨 봉갔노라ᄒ고」
「읏수다[11] 내가 몬저 봉갔수다」 「아니우다 나가 몬저 봉갔수다」
일곱 줌수들이 무쇠설칵은 하나이요 일곱 잠수가 다 몬첨
봉구구라 ᄒ니 화[12] 붙일 수가 없습니다.
「이년으ᄯ련 생긴년들아」
이 무쇠설칵 열앙 보왕[13] 은이 드나 금이 드나
느네 일곱 잠수를 반득이[14] 갈라줄 것이고 무쇠설칵이랑
나를 주면 담배초갑이나 ᄒ여보마」 일곱잠수 말을 ᄒ되
「걸랑 그리ᄒ옵소서」
송첨주영감님이 통쇠를 대와서 무쇠설칵을 열고 보니
여덟 이새끼가[15] 세는 멜록멜록
코는 말록말록 눈은 햇득햇득하며
여덟 애새끼가 소랑소랑 누었더라 말씀ᄒ되
「요년으ᄯ련 생긴년들 은이여 금이여 먹으라 쓰라!」

1 구좌면 깜源里 長石岬.
2 조천면 北村里.
3 물찻날 - 물 찌는 날. 5, 6,
  7물날에 가장 많이 찐다.
4 해녀.
5 헛물[虛水]과 찻물[滿水]이
  있다. 찻물에는 미역 海草
  를 따고 헛물에는 소라, 전
  복들을 딴다. 재수 없으면
  헛탕쳐서 헛물.
6 주워놓고.
7 도미 낚싯대.

8 물속에서 한 번 참는 호흡.

9 머리끄덩이를 잡으며.

10 만들어진 년들.

11 아닙니다.

12 화해.

13 열어보아서.
14 반듯하게.

15 母女가.

ᄒ오시니 일곱 잠수는 물에 들레 가고
송첨주영감은 블락 낚으레 가고 일곱 줌수가
쏠물에 들어 들물에 나되 빈 망사리[1]를 다 들런 나서
서로 바래며 웃음뱉탁[2]을 ᄒ는고.
불툭[3] 오고 말을 ᄒ되 「오널은 이상흔 거 제수으시
봉갔다가[4] 머정이[5] 벗어지고 아무 것도 못내ᄒ고
똥간절미[6] 구쟁기[7] ᄒ나 못해여 갈로구나」
웃음 웃으며 웃음뱉락을 ᄒ는구.
일곱 잠수들이 불 뜨스니[8] 출려아전 오다가 보니
숨북이 속급에[9] 소랑소랑 누웠더라.
일곱 잠수가 손가락질을 ᄒ며 돌아오랐더니
일곱 잠수가 눈으로 보니 눈애피[10]를 불러주고
손가락으로 가르치니 손가락이가 아프고 그 법으로
배염은 손가락으로 ᄀ리치면 손가락이가 석는덴 문서가 나고
일곱 잠수들이 눈이 아파서 죽을 지경이 되었구나.
약방 약도 허서 되고 신판 이술 허서 되여
가물개[11] 의원신내안티 문점ᄒ니
「서물한집[12]에 죄가 되었네다. 눈으로 보고 입으로는
속죄를 ᄒ고 손가락이는 ᄀ리치고 이러한 죄입니다」
일르시니 「어찌허면 좋으리요?」
「백매 백돌래[13]에 개알[14] 안주에 청감주를 해영 가서
위망허민[15] 좋으리다」 일르시니
돌아오고 그대로 출려아전 가아서 서물한집을 위하는고.
눈 아피도 걷는고 코 아피도 걷는고 걷으시니
일곱 잠수가 서물한집을 위하여 뒹 물에 들레 가민
흔물숨에[16] 망사리 ᄀ득 어움[17] ᄀ득 허였나는고.
다른 줌수들이 본을 보고 서물한집을[18] 나고
서물한집을 위해여가는 함덕 본당한집은
금수항하늘인디 금수항하늘이 듬북작대기[19] 아전 간
동서레레 케울여 부는고.[20]

1   해녀의 그물망.
2   웃음판.
3   몸 녹이려고 불 피우는 곳.
4   재수없이 줏었다가.
5   머정 - 머의 - 좋은 재수.
6   간절미 - 칸즈메(日語 통조
    림의 訛音). 똥칸즈메 - 소
    라의 卑稱.
7   구제기 - 구조개 - 소라.
8   불에 몸이 더워지니.
9   숨북이(모래사장에 나는 나
    무) 속에.
10 眼疾.

11 제주시 삼양2동. 甘水洞.
12 어부, 해녀들을 돌봐주는
    신 이름.

13 흰밥 흰떡.
14 계란.
15 위하면.

16 한 번의 물 속 호흡.
17 칡으로 만든 망사리의 위 테.
18 서물한집=咸德里 본 향당
    신=금수황하늘.
19 해초를 넣고 걸고 하는 작
    대기.
20 아래서 위로 떠 던져버리는
    구나.

「사람 댕길 고단¹이 아니로다 성안으로 들어가져」

여덟 애새끼가² 꼴리를 물며 성안으로³ 들어오젠 홀때

「밤이랑 대로로 향하고 낮이랑 소로로 향하자.

개짐승도 무섭고 괴⁴짐승도 무섭고나」

함덕은 돌러리⁵ 가서

장대 월대 수령대 초초영기 흔쌍 불리시고⁶

비석거리⁷ 가 장대 월대 수령대 초초영기 흔쌍 불리시고

조천관은 분선동산⁸ 가

장대 월대 수령대 초초영기 흔쌍 불리시고

신촌은 큰물머리가 장대 월대 수령대 초초영기 흔쌍 불리시고

진드르⁹ 가 장대 월대 수령대 초초영기 흔쌍 불리시고

벨토¹⁰ 가 장대월대 수령대 초초영기 흔쌍 불리시고

쌀씀디거리¹¹ 가 장대월대 수령대 초초영기 흔쌍 불리시고

동주연못¹² 가 장대 월대 수령대 초초영기 흔쌍 불리시고

배릿내¹³ 가 물이 밴직밴직하여¹⁴ 지난 물먹고 몸금고

묵은 옷을 벗언¹⁵ 설피남 우이 벗어두언 새옷 앗아

입언 ᄀ으니ᄆ르¹⁶ 올라사니 물이 ᄀ읏ᄀ읏¹⁷ 그렵는고.

여기오민 성안대레 바레여보니

지애집이¹⁸ 치랑치랑 바래여지는고.

여덟 애새끼가 아자서 말을 ᄒ되 「초은 백성 시비ᄒ저」

성안으로 들어오라 지애집 보아지민 끔짝 놀래여

홀목 잡아서 화하기를 서립ᄒ고 ᄀ으니ᄆ르로¹⁹

일흠을 지우고 여덟 애새끼가

동문으로 들려ᄒ니 동문직이가 쌔고

서문으로 들젠ᄒ니 서문직이가 쌔어지니 못내들고

남문으로 들젠ᄒ니 남문직이가 쌔어지어 못내들고

칠성골로 숙독고냥 소급으로²⁰ 여덟 애새끼가 들어간다.

내동안²¹을 들어간다.

객새²² 열명 구경ᄒ고 관덕청 앞이 들어가

밧동안을 구경하고 시월 동당이²³ 근당ᄒ니

1 고장.
2 母女가.
3 濟州 城內로.
4 고양이.
5 함덕리의 지명.
6 쉬면서 영기들을 날렸다는
   뜻.
7 비석이 있는 곳이면 대개
   '비석거리'가 된다. 김녕,
   조천, 제주시 등에 다 있다.
8 조천면 조천리의 동산.
9 진[튯]드르[野]. 제주시 삼양
   리의 지명.
10 別刀. 제주시 화북동의 지명.
11 쌀[夭]씀[射]디[處]거리.
   三射石거리. 제주시
   화북동의 지명.
12 화북1동 東濟院의 못.
13 화북리의 別刀川.
14 물이 조금 있는 모양.
15 뱀이 껍질을 벗는 것.
16 제주시 동문 밖의 고개
   이름.
17 목이 마르는 모양.
18 기와집.
19 제주시 동문 밖의 고개
   이름.

20 台石 구멍 속으로.
21 東軒 안.
22 客舍.
23 東堂 ① 4년마다의 式年科
   ② 국가 경사시의 增廣試.

삼천선비 일만거재[1]가 쏘우기 몰달리기 홀테이니
활쌀도 무섭고 말발자국도 무서와
여덟 애새끼가 골이 댕기다가 흔번에 죽을테이니
각방으로 들어사서
「큰똘애기는 어디 갈티?[2]」 「내동안 춫이ᄒ쿠다[3]」
「둘찻똘애기는 어디 갈티?」 「밧동안 춫이ᄒ오리다」
「싯찻똘애긴 어디 갈티?」
「관은 배ᄒ랭 ᄒ민 옥터부터 보는 법이니[4]
옥할망[5]으로 들어사오리다」 「닛찻똘애긴 어디 갈티?」
「동안할망 들어상 객새 열명[6] 받으리다」
「다섯차는 어디 갈티?」 「칠성골로 들어상 큰 말혹도[7]
내 춫이 적은 말혹 내 춫이 되옵내다」
「여섯차는 어디 갈티?」 「문직할망 들어사오리다」
「일곱차는 어디 갈티?」
「칠성할망 들어상 안으로 안칠성[8] 들어사오리다」
어머님이랑 밧칠성으로[9] 들어상 상눌건지[10]를 춫이ᄒ고
중눌건지 춫이ᄒ고 하눌건지를 춫이ᄒ여
유자 산물 춫이ᄒ고 감 배 춫이ᄒ고 ᄀ슬 들면
ᄀ슬 철갈이[11] 받고 봄 들면 봄 철갈이 받읍소서.

1 居士 ① 학덕을 겸비하고 은거하는 자 ② 출가하지 않고 法名을 가진 俗人.

2 갈테냐?
3 차지하겠습니다.

4 官은 配하려면 獄부터 보는 법. 경찰서는 감옥부터 짓는다는 말이라고 한다.
5 감옥 수호신.
6 客舍 列名. 열 명은 여러 이름을 나란히 적음.
7 말 밥그릇.

8 고팡[庫房] 내의 富神.
9 후원의 부신.
10 으뜸가는 눌(낟가리).

11 새해나 철이 바뀔 때 경사를 비는 巫祭.

제2장
당신본풀이

1. 셈잇당 본향본풀이[1]

김오생[2] 씨 구송(남무, 53세, 제주시 삼도리 거주)
1959년 8월 채록

웃손당 금백조[3] 샛손당 새명조[4] 알손당 소로소천국.[5]

열둘챗 아들옵서 글도 좋고 활도 좋아

「어딜 가 보리오!」「네 마음대로 가보아라」

이러하니 삼천뱅맷도[6]를 거느려 앞을 세와

네눈이반등갱이[7] 거느려 굴미굴산 노주방산[8]을 올라가

높은 오름 끝마다 한날기를 봇투완[9] 보니

사농놀이가 좋아지고 대강녹 소강녹[10]을 거느려

거친 오름 상상 봉우리에 앉아 천지지기를 짚떠보니

세미천민(回泉民) 마을에 공완(空宛)[11] 헌 상 싶어지어

사농동산[12]을 오라 천지지기를 짚떠보니

당드릅[13] 천년 오른 금 폭낡이[14] 있어

글로 올라앉아 좌정허고

그 무을에 웃어른을 청하여다

---

1 제주시 回泉洞 본향본풀이.

2 3대째 세습무. 옛 제주도 심 방청 도항수 고임생의 후계 자였다고 함.

3 송당수호신. 여신.

4 새명조라는 신이나 당은 없 었고 운율상 생긴 말이라고 함.

5 西路西天國(?), 夫神.

6 많은 부하군졸의 뜻.

7 개를 일컫는 관용어.

8 깊고 큰 산이라는 관용어.

9 '한날기를 봇투다.'는 '살[矢] 한 대를 쏘다.'

10 角鹿, 사슴.

11 보호해주는 신이 없다는 뜻.

12 회천리 지명.

13 당이 있는 곳의 이름.

14 천년을 자라서 올라간 큰 팽나무.

「너에 무을에 임재가 없을상 싶어지어
장적帳籍 호적 문세를 꾸며디리라」
낳는 날 생산하고 죽는날 물구歿故 찾이해 오던
산신 일월 조상 백조아기 백조아비 남선밭 일뢰중조[1]
서당국서 솟아난 큰부인님.
아기무을 업개마을청[2] 물비리 당비리[3]
너벅지사[4] 홍허물[5] 불러주던 신도본향
한집님네 이 자손 가지에 열두숭험凶驗 주는
이 궂인 수액[6]을 막아줍서.
어진 한집님전에 축하 올립니다.
정월 열나흗날 대제일[7] 받고 칠월 열나흗날
백중제[8] 받아오던 어진 한집님전 축하 올립니다.

1 이 당신의 처신(妻神) 이름.
    일뢰또[七日神].

2 소아의 신들. '마을'은 마을
    에서 죽어간 신령들.

3 옴[疥癬]의 이름.

4 넙적하게 퍼지는 종기.

5 벌겋게 부어오르는 허물.

6 數厄.

7 신과세제.

8 목축제.

2. 두리당[1] 본향본풀이

김오생[2] 씨 구송(남무, 53세, 제주시 삼도리 거주)
1959년 8월 채록

웃손당 금백조[3] 샛손당 새명조[4]

알손당 소로소천국[5]

아들애기 열여덥 딸애기 열여덥

가지질소상[6] 삼백이른여덥.

큰아들은 거머문곡성,[7]

둘챗아들은 대정 광정당,[8]

셋챗아들은 웃내끼,[9]

넷챗아들은 광영당오후정,[10]

다섯챗아들은 열두시 내왓당,[11]

여섯챗아들은 서낭당,[12]

일곱챗아들은 괴로본산국,[13]

여덥채아들은 걸머리큰도한전,[14]

아홉챗아들은 글도 활도 몰라지어

삼천백맷댈[15] 거느려 네눈이반등갱이[16] 거느려

하로 하로산이 올라가

어승생이 당골머리[17] 한날기를 티억장오리[18] 봇투구[19]

한날기는 감옥간동산[20] 봇투구

한날기는 학불근오름[21] 봇투구

한갈기는 사산오름[22] 봇투고

한날기는 불건대[23] 봇투구

한날기는 태억장오리[24] 봇투구

한날기는 물장오리[25] 봇투구

한날기는 해구무니[26] 봇투구

한날기는 대나오름[27] 봇투구

한날기는 돔배오름[28] 봇투고

1 북군 조천면 橋來里의 본향당.
2 3대째 세습무. 옛 제주도 심방청 도향수 고임생의 후계 자였다고 함.
3 송당 수호신. 여신.
4 새명조라는 神이나 당은 없었고 운율상 생긴 말이라 함.
5 西路西天國(?) - 夫神.
6 가지가른 자손. 손자.
7 구좌면 덕천리 당신.
8 대정읍 덕수리 당신.
9 성산면 신풍리의 당신.
10 제주시 이도동 당신.
11 제주시 용담동 川外堂神.
12 표선면 성읍리의 서낭당신.
13 구좌면 한동리 당신.
14 제주시 아라2동 당신.
15 三千兵馬竿 - 많은 군졸의 뜻으로 쓴 것.
16 개를 일컫는 관용어.
17 御乘生岳 골머리峰.
18 조천면 太岳潭.
19 한날기 봇투다 - 화살 하나를 쏘다.
20 監牧官동산 - 표선면 성읍리 지명.
21 조천면 土赤岳.
22 조천면 犀山岳.
23 제주시 火燒岳.
24 조천면 太岳潭.
25 제주시 水長兀.
26 구좌면의 岳名.
27 조천면 大川岳.
28 조천면 丁岳.

돔배오름 좌정해야 천지지기를 집떠보니

조랫마을[1]에 땅도 찾이헌이 없구

물도 찾이헌이 없구

그 마을 굴존위[2] 쟁민장[3] 불러다

낳는 날은 생산 죽는 날은

물구[4] 장적 호적 문세를 꾸며드리니

돔배오름 세안쌍[5] 받아서 그 마을 찾이한 본도 제관 한집님.

굴국나무[6] 좌정한 옥당부인님

산붐부리[7] 좌정허신 고씨할마님

서당국[8]서 솟아난 할마님 아기마을 상마을 업개내청[9]

거느려오던 삼서본향 한집님전 부르옵니다.

섣달 그뭄날 개닥지[10] 정월 열나훗날 대제일[11] 받고

칠월 열나훗날 백중제[12] 받아오던

어진 한진님전에 축하 올립네다.

1 橋來里에.

2 尊位.

3 警民長. 옛 지방자치제의 간부명.

4 歿故.

5 書案床(?).

6 느티나무. 옥당부인 당이 있는 곳.

7 산분지[盆地]. 보통 '산굼부리'. 고씨할망당 있는 곳.

8 '서'는 幼. 서당은 幼兒堂.

9 어린애 업어주는 계집 하인. 업저지신.

10 계탁제 - 送年祭名.

11 신과세제.

12 牧畜祭.

3. 괴평동당 본향본풀이[1]

김오생[2] 씨 구송(남무, 53세, 제주시 삼도리 거주)
1959년 8월 채록

웃손당 금백조 샛손당 새명조 알손당 소로소천국.
열챗아들옵서 사농놀이 좋아하여
네눈이반둥갱이[3]를 거느려
하로하로산에 올라서 석석양에[4] 석석간네[5] 녹미녹살[6]
더운 살 간살[7] 진농염[8] 태디 벌집[9] 받아오던[10]
산신백관님 산신대왕을 거느려 높은 오름[11] 자취마다
낮아온 굴령[12] 꿩 앚은 존재[13] 매 앚은 존재[14]루
이식비식[15] 물장오리루[16]하야
해구무니[17] 대나오름으루[18] 바늘오름으루[19]
셈이오름[20] 굴왓[21]
아래레 오라 좌정해여 앚어서 괴평동 마을을 보니
어느 누괴 찾이한 자 없어지어
사농놀이 허레 댕기는 인간들
어느 누괴 기도헐이 없어지어
「장적 호적 문세를 꾸며 디리오라」
장적 호적 문세를 꾸며디리니 일루[22] 좌정ᄒ여
산신일월이 상을 받던 조상입니다.
섣달 그믐날 개닥지[23] 정월 열나흘날 대제[24]
칠월 열나흘날 백중제[25] 받아오던
어진 한집님전 축하 올립니다.

1 조천면 와흘리 古坪洞 당신의 본풀이.
2 3대째 세습무. 원래 조천면. 출신 1, 2번 본풀이 구송자주 참조.
3 개를 일컫는 관용어.
4 '석석'은 뜨거웠던 것이 서늘해진 모양이고, '양애'는 양하(蘘荷)의 방언으로 생강과의 자생식물.
5 석석 간(肝)에.
6 鹿尾鹿舌.
7 뜨거운 피.
8 쓴 사슴 염통.
9 내장의 벌집처럼 구멍 난 부위.
10 받아먹고 지내오던.
11 작은 산.
12 골짜기.
13 조천면 선흘리의 岳名.
14 조천면 선흘리의 岳名.
15 이리저리.
16 제주시 水長兀(山上 호수 이름).
17 구좌면 덕천리 岳名.
18 조천면 大川岳.
19 조천면 針岳.
20 구좌면 송당리 岳名.
21 '굴왓'은 '큰 밭'.
22 이리로.
23 연말 송년제 이름.
24 신과세제.
25 목축제.

4. 송당[1] 본향본풀이

고봉선[2] 씨 구송(남무, 74세, 구좌면 세화리 거주)
19557년 2월 채록

웃손당은 금백조[3] 셋손당은 실령조[4] 맬손당은 소천국[5]과
백조할망은 서울 남산 송악산서
솟아오던 임정국ㄸ님애기
소천국과 가부간[6] 되난 츷아전 오랐구나.
소천국 만나고 가부간 삼안 부배간이 스렴살 때
아들 팔성제가 떨어질듯 막동이는 배였구나.
유동이는[7] 여근애긴[8] 밥을 둘라 어린애기는 젓을 둘라
유붕이굴왓[9] 돌아보니 뱉진 밭[10]도 아흔아홉세역[11]
줄진 밭[12]도 아흔아홉세 밭갈아 지낼 때
성진산이[13] 밭갈째는 늦은득정하님 정심허연 가고
「머들[14]우에 놓아두엉 가라」
삼진산은 밭가는 님 춫안 「정심이나 ᄒ썰[15] 달라」
삼진산이 징심 안내니 「제반 삼솔[16]지던 뜰땐」 ᄒ실 때는
ᄆ닥 잡수고 건났더라.
소천국 밭갈단 나 농앨[17] 뜨려먹나
나 농앨 뜨려먹언 나빠지난[18] 어욱[19] 솟은 못에
늠 농애 시난 심어단[20] 뜨려먹언 백조할마님은 「놈 배우지오」[21]
소천국 밭 가는듸 가고 보저[22] 소천국 밭 가는데 가안보니
뱃부기[23]로 밭 밀련 밭 갈암꾸나.
「농애는 어듸 붑듸가?」 「농애는 내가 뜨려 먹었노랜」 ᄒ난
백조할마님 말씀ᄒ되
「농애는 내 먹은 건 여우상서가 되지마는
늠이 농애 뜨려 먹어서니 쇠도둑 물도둑 아니되냐?」
애기데래[24] 빈내간다.[25]
성정을[26] 나구서 할망 우에 북인ᄌ지[27] 가시난

1 구좌면 송당리의 본향당. 제주도 당신의 총 祖宗으로 여겨지고 있는데, 그것이 모두 이하 본풀이의 내용에 말미암고 있다.
2 송당 본향당의 매인 심방. 세습무. 풍채 좋던 큰 심방. 이 무가는 고 옹을 제주방 송국에 모셔다가 녹음했던 것이나 생략, 축약에 발음 오류도 눈에 띄었다.
3 主神. 여신.
4 실령조는 운율상의 상투어로 실체는 없음.
5 백조할망의 夫神. 맬손당은 맨 알손당의 축약.
6 부부간.
7 幼童.
8 큰 애기.
9 지명. '굴왓'은 '大田'의 뜻.
10 유달리 진 밭.
11 '세역'은 소로 99일을 가는 넓이라고 한다.
12 알맞게 질은 밭.
13 지나가던 자.
14 磊. 돌무더기.
15 조금.
16 除飯三술. 조금만의 뜻.
17 내 農牛를.
18 부족하니.
19 茅.
20 남의 농우가 있으니 잡아다가.
21 남에게 알리지요.
22 가보고자. 가보려고.
23 뱃대기.
24 애기들에게.
25 싸워간다.
26 화.
27 복수.

부배간이 빈내흔¹ 것이 슬렴 분산이 되었구나.
오백장군 뜰님애기 호첩하고서 유붕이굴왓² 들어간다.
해낭굴침밭³ 들어가고 살더니만은
말잣아들⁴ 배고난 아들 살아신지 일곱술 나는 해
삼천ㅅ당에 붙였더니 「아방 없는 호로ㅈ식!」
어멍신듸 오란 「어멍아 우리 아방 어듸 갔수까
날 굴아 아방 없는 호로 ㅈ식 합대다」
「느내 아방 느 술아날 때 우리 부배간이 빈내ㅎ고
슬렴 분산ㅎ고 해낭굴침밭 간 살암구나」
망동산⁵으로 올라가저.
올라가서 해낭굴러레 짚떠보니 아방신듸 간 후젠
앉어노난 아바님 쉬염을 심읍대다.⁶
「이 ㅈ식 괴씸흔 ㅈ식」 하더라.
어머님의 들아간 안테레⁷ 앉이난 어머님 젖가슴 뚜드립데다.
「아방 없는 호로ㅈ식 배운듸 없다」
부듸 귀양 전대⁸ 마련흔다.
유황황제국⁹에 들어가고 무낭 우¹⁰ 상가지에 걸렸더라.
「어떤일로 오랐더냐?」
「강남천ㅈ국은 조정변난이라 세밴¹¹ 막으레 가단 들었수다」
「큰뜰로 가라」 아니간다. 「셋뜰로 가라」 아니간다.
「말잣뜰방으로 들어가라」
세류유정細柳有情 밑바지를¹² 허우덩쌍 웃언 들어간다.
오첩방상¹³을 츠려들이니 아니먹으니 「어떤 일이 됩내까?」
「나는 소국의 살지라도 괴기도 장군 밥도 장군
술도 장군 먹읍내다」 「사위손¹⁴ ㅎ나 못대접ㅎ리야」
흔둘 두둘 연석둘 먹으난 동창 서창 다 비여간다.
「나 국이 망흔다. 어서 나 국으로 가라」 아니가니
말잣뜰애기가 말씀ㅎ되
「아바님아 아바님아 여성은 보면
십팔세가 불가외니¹⁵ 흔듸 놓앙 띄와봅서」

---

1 서로 다툰 것이.
2 지명.
3 지명.
4 막내아들.

5 특히 왜구(倭寇) 등 외침의 망을 보던 동산.

6 잡읍대다.

7 품 안에.

8 布袋纏帶.
9 용왕국.
10 산호나무 위.

11 事變.

12 잇바디.

13 국, 밥, 조미료 들 외에 다섯 접시 요리의 상차림.
14 사위손님.

15 出嫁外人의 와음일 것.

흔듸 놓안 띄우난 강남천ᄌ국 백모래ᄀ에 간 올렸구나.
가유서 포유서[1] 돌아보니 무쇠설갑 올렸더라.
내동안 끄서드련 갑세무덕ᄒ고[2] 강남천자국 ᄎᄉ님이
절흡대다. 무쇠석합 열여지니 옥같은 도령님 앉았구나.
옥ᄀᆺᆯ은 애기씨 앉았구나. 「어느 국에 사웁내까?」
「조선국은 웃손당 백조아들 말잣아들 당합내다」
「어찌 옵대까?」
「강남천ᄌ국 세변난다 ᄒ여 세변 막으레 오랐수다」
「명녕 없이 세변 나랴?」
「내일날광 모릿날 봅서 세변 옵내덴」 허였구나.
닐 모릿날은 세변 오니 「어서 소천국 세변 막아줍서」
목 둘 돋은 장수 이배[3] 냉겨 세변 막고 들어온다.
「대적 지적[4] 어느국 ᄃ 춫이[5]하오리까? 제주도서[6]나 ᄒ오리까?」
「도서도 말고 상선 지언 배 지어 주면
아방국 어멍국 보키엔」 ᄒ다.
소섬 진질각[7]으로 들어온다.
좀어 닛어[8] 종달리 주머니개 어서 설설 들어온다.
어서 조선국 손당으로 올라갈제 아큰다랑쇠특[9]
한다랑쉬특[10] 올라가니 늦인ᄃᆨ정하님이 말씀ᄒ되
「상전님아 상전님아 일곱슬에 죽으렌 띄와분
상전님 오람수다」「아이고 아기 어찌 불변ᄒ랴」[11]
아바님은 알손당 고분이ᄆᆞ루[12] 고부레가고[13]
어머님은 손당머리 큰폭낭[14] 알로 가고보니
시상 병환[15] 돌아간다. 설흔 성님내가 앉았구나.
큰성님은 거머문곡성,[16] 셋성님은 대정 광정당,[17]
싯챗성님은 정의 시선당,[18]
닛챗성님은 성안 내왓당[19] 들어삽서.
다섯챗성님은 짐녕 괴내깃ᄯᅩ로[20] 들어삽서.
여섯차는 갓머리 멍동국[21] 들어삽서.
일곱차는 ᄃ리 산신ᄯᅩ[22]로 들어삽서.

1 浦留守의 첩구.
2 미상.
3 2배나 세서.
4 坌籍地籍.
5 독차지.
6 濟州島司(일제 때 제주도 지방장관명).
7 牛島 長岬.
8 사뭇 늦어서.
9 小月郎峰(구좌면 세화리 산 이름).
10 大月郎峰.
11 미상.
12 송당리 지명.
13 곱다ᄂ숨다. 숨어가고.
14 큰 팽나무. 백주할망 神木. 일제의 미신타파 운동시에 절단되었다고 한다.
15 '상황'의 뜻일 것.
16 구좌면 덕천리 당신.
17 대정읍 덕수리 당신.
18 표선면 하천리 당신.
19 제주시 川外堂神.
20 구좌면 김녕리 당신. 원래는 金寧蛇窟에서 모셔지던 窟內鬼神.
21 구좌면 笠頭洞 당신.
22 조천면 橋來里 당신.

여덟차는 남우몸도[1] 저 토산 다위시면
토산안듸 촛이ᄒ기로 갔십내다.
토산 안채[2] 촛이ᄒ레 가기로 가고 이내몸이 근당ᄒ였수다.
웃손당 백조할마님은 본산국[3] 다 풀었읍내다.

1 '南元面'의 어떤 와음인 듯.

2 남원면 토산리의 일뢰또(七
   日堂神 - 龍王女神).

3 本産國(본풀이).

5. 김녕리 큰당 본향본풀이[1]

이달춘[2] 씨 구송(남무, 70세, 제주시 건입리 거주)
1959년 12월 현용준 씨 채록 제공

강남천재국 정ᄌᆞ국[3] 안까름서[4] 솟아나신 삼 형제[5]가
제주 입도해야 큰성님은 조천관 앞선도 정중부인[6]이고
중형님은 짐녕 관사전부인 객새전부인[7]
하늘공저 소공저[8]
안음 버은[9] 금책에 좀이 버은[10]
금붓대[11] 삼천장 베릿돌[12]
낳는 날은 생산을 ᄎᆞ지ᄒᆞ고
죽는 날은 물고[13]를 ᄎᆞ지ᄒᆞ시고.
정월 열사흘날 열나흘날 아침 대제일[14]을 받고
칠월 열사흘날 열나흘날 마불림대제일[15] 받고
구월 열사흘날 열나흘날 시만국대제일[16]을 받습고
만민단골덜이 삼대제일로 위하는 신당입내다.
족은 아시[17] 열누니[18] 고장남밧[19] 좌정ᄒᆞ신
맹호부인입내다.[20]

1 북군 구좌면 김녕리의 본향당.
2 3대 세습무라고 한다. 구좌면까지 출장 다녔던 큰 심방.
3 가상의 지명. 국명.
4 까름은 마을. 곧 안 마을.
5 여기서는 姉妹. 姉妹의 경우도 대개 '兄弟'라는 말을 쓰고 있다.
6 조천면 조천리의 당신명.
7 이 당의 신명. 官舍前夫人 客舍前夫人.
8 公主.
9 한아름이 넘는.
10 한 줌이 넘는.
11 金册. 金붓대의 '金'은 神聖性을 나타내는 接頭辭로 봐야 할 것.
12 벼룻돌.
13 歿故.
14 新過歲祭.
15 '마'는 곰팡이. 장마 후의 神衣 청소제 또는 우마 번성 기원제.
16 新萬穀大祭 - 추수감사제.
17 작은 아우.
18 열루니. 성산면 온평리의 속명.
19 고장은 꽃. 남은 木. 고장남밧[花木田]도 지명.
20 신의 근본 풀이(1, 2, 3행), 직능 해설(4, 5, 6, 7행) 제일 해설(8행 이하)로 구성되었고, 세 여신 입도의 모티브가 주목된다.

6. 평대리 본향본풀이[1]
고대중[2] 씨 구송(남무, 43세, 구좌면 세화리 거주)
1959년 8월 채록

멍동소천국 백조할마님[3] 다섯찻아들
갯마리[4] 멍동소천국으로 좌정座定허고
지달피 알통에 산달피 웃통에[5] 무우나무 잘리에[6]
주석이 단개[7]에 반동개 칼[8]을 둘러차고 관사농[9]을 나가서
굴미굴산 노주방산[10] 올라사 노리 사슴 대강녹 소강녹[11]
맞쳐서 혈을 빠서 자시고 교련[12] 앞으로 ㄴ려오고
ㄷ리 앞뱅뒤[13] 이수장 일수장[14] ㄴ려오고
안돌오름 밧돌오름[15] ㄴ려산다.
손당머리 ㄴ려사고 굴레왓 뱅디[16] ㄴ려사
돋오름데레[17] 상하연 보니
돋오름 상곡지로 우념소리[18]가 나는고.
「필야곡절허다」 오름 옆으로 쌀쌀 바란 올라가서
총을 쟁약허고[19] 들으시니 인간소리가 뜰림이 없는고.
「구신이냐? 생인이냐?」 물으시니
「오설령이 뜨님애기 조막손[20]이 단단춘이가 됩니다」
들어가보니 인간이 분명허고나.
「옷솔령이 뜨님애기면 무슨 음식을 먹느냐?」
「은설과 더운 설[21]을 먹읍네다. 녹미 녹쏠[22]을 먹음네다」
「어찌해여 여기 오랏느냐?」
「아방눈에 불효가 되고 어멍눈에는 시찌가 나서[23]
죽으라고 던져부니 여기를 오랐내다」
「십오세 전이냐 십오세 후냐?」
「십오세로소이다」 「나과 같이 가자」
같이 돌안 오다가[24] 비지당콧[25]의 당ᄒᆞ니
노리 사슴 맞혀 은설을 받아멕이고 달았노니

1 북군 구좌면 평대리 수호신의 본풀이.
2 위 高奉仙 심방의 6남매 중 장남. 세습무.

3 제주도 당신의 祖宗. 부부신.
4 구좌면 평대리 笠頭洞(갓머리).
5 지다리(두더지) 가죽바지에 山獺皮 저고리.
6 흑산호나무 칼자루에.
7 화살통 - 동게. 주석동게.
8 반토막의 짧은 칼.
9 밤사냥.
10 깊고 큰 산이라는 상투어구.
11 大小角鹿. 사슴의 첩구.
12 지명.
13 橋來里 앞 들판.
14 1~10所場(한라산 기슭의 목장 구역).
15 구좌면 송당리 소재 內石岳, 外石岳.
16 지명. 한자풀이로는 大田野.
17 송당리의 猪岳쪽.
18 울음소리.
19 화약을 재고.
20 손가락이 오그라져서 펴지 못하는 손.
21 寒血과 溫血.
22 鹿尾鹿血.
23 벗어나서.

24 데리고 오다가.
25 지명. '콧'은 '곳', '藪'. 산 밑의 숲이 우거진 곳.

정송이빌레[1] 송씨할망은 호년 호첩허고 오라시니[2]
노렴이 당해여 부부간이 소천국과 갈리시고
오솔령이 뜨님애기와 살렴살이를 해여 송씨할마님은
노렴을 풀어사지 아니하니
신이성방[3] 들아다가 송씨할마님 노렴을 풀기 위해서
천변 기도를 허고 만번 축원을 해여 사과를 드리고
축원허니 송씨할마니 노렴을 풀려 정송이빌레로 들어사
가는 선船도 찾일허고 오는 선도 찾일허고 정광선[4]은
최곽선[5] 개하르방 개할망[6] 돈지서낭[7]을 찾이허고
멍동소천 고비금상은 웃멍동이 좌정해여 대강녹 소강녹[8]
대돛 소돛 맞혀다가 은설을 받아 멕이며
오씨안당 오씨백당 단단춘이 조막손이하고
부부간을 무어 살렴살이를 하옵대다.

1 지명. '빌레'는 바윗그루.
  盤石.
2 첩을 데리고 왔으니
  (상투어구).

3 심방[巫].

4 배의 일종.

5 배의 일종.
6 浦神 할아버지, 할머니.
7 해변신.
8 角鹿. 사슴.

7. 세화리 본향본풀이[1]

고대중[2] 씨 구송(남무, 43세, 구좌면 세화리 거주)
1959년 8월 채록

■ 천ᄌ또[3] 본풀이

한로영산 지질개[4] 백록담 무이동자[5] 유작후 솟아나
천자 유합 동문선십[6] 통달ᄒ고
소슬와지[7] 백망근[8] 백철영[9]
안은 버운[10] 금책 좀이 버운[11] 금붓대
삼천장 베릿돌에 일천장 먹을 굴려
올라 옥황 문세 ᄂ려 이문세 호적문세 장적문세
낳은 날은 생산 잡고
죽는 날은 물고 낙점[12] 춫이ᄒ던 천ᄌ또

■ 백주또본풀이[13]

서울 남산 송악산 이미임정국 ᄯ님애기
아방눈에 어멍눈에 훌일굽살에 굴리나고 시ᄍ나고[14]
유왕황제국이 수청부인 들어가 열두 삼춘 열두 부슬,[15]
청걸리 청줌치[16] 백걸리 백줌치 흑걸리 흑줌치
열두 삼춘 열두 부슬 내여주니 가지고 서울 제장안
종로 네키리 오고보니
삼천선배 일만거재 풍악노념 ᄒ염시난
늦인ᄃ기정하님[17] 보고
「삼천선배한틔 가서 검운구나 빌어오라」
늦인ᄃ기정하님이 삼천선배한태 가서
「백주님이 검운구를 빌려줍샌 합니다」
삼천선배 말씀ᄒ대
「여인은 꿈에 시돠도 새물이라」[18] 후욕하니

늦인득이정하님이 백조님안틔 오라 「후욕ᄒ십듸다」
백조님이 「괴씸ᄒ다」 청줌치를 내여놓고 투우허게 부니
서울 제장안이 자진 은압[1] 보히애기[2] 탕천ᄒᆸ대다.
탕천ᄒ니 삼천선배가 풍악노념 할 수 없어서
백주님안틔 오라
「검은구를 빌려 듸릴테오니
자진 은압 보히애기를 걷어주옵소서」
허니 백조님이 청푼채[3]를 내여놓고 하올아올 푹그시니
제장안 자진 은압 보히애기 걷어지옵대다.
백조님이 제주 절도섬 상서와리[4] 천제할아바님 춫앙가서
베릿물이나 떠놓자ᄒ고 정상도라 칠십칠관 절래도라
쉬은세관 일 제주는 이 거제 삼 진도 사 남히 노구[5]
배진고달도[6] 오고 배를 잡아타고 제주 절도섬 들어오라.
벨도[7] 수진포[8] 배를 붙여 들어오고
한로영산 지질개를 상해여 올라오고 보오시니
천제할아바님은 상세화리 손드랑ᄆ르[9] 좌정허여시난
서화리를 상하여 나려올 때 방에오름[10] 우이 오고
ᄆ음돌애 ᄆ음 쉬고 시름돌애 시름 쉬고 아잤더니
허숭장칫[11] 뜬님애기 물질레 오라시난 말씀ᄒ대
「요기나 좀 해들라」 허숭장치 뜬님애기
「걸랑 그리 ᄒ옵소서」 같이 오며 「무슨 음식 잡숩니까?」
「백돌래나 백시리나 개얄 안주에[12]
청감주나 둙은 잡으면 안전지[13]나 먹읍네다」
집으로 들어가니 백돌래에 백시리에
청감주에 둙을 잡은 안전지를 안냅대다.
백주님이 자서아전 나올 적엔
줌치 하나를 클러주며
「죽을 지경 당ᄒ거든 이 줌치를 내여놓고 날 생각
ᄒ오시면 한 번 두 번 세 번까지 살려주마」 ᄒ여두구
상단골을 무어두구 백조님이 나려올 때

1 짙은 안개.
2 먼지 아지랑이. 황사현상같
   은 것을 말한다고 함.

3 부채.

4 上細花里.

5 '경상도라 ~ 배진고달도'까
   지는 제주 입도과정의 상투
   적 표현.
6 미상. 지명.
7 제주시 화북동.
8 水進浦(浦口).
9 세화리의 지명.
10 산 이름.

11 현용준 본에는 '허선장' 집
   으로 기록되어 있다.

12 흰 돌래떡이나 흰 시루떡이
   나 계란 안주.
13 내장.

ᄃ리 알병ᄃ루¹ 새모미루 언재도루 웃망동산으루
알망동산으루 시릿뱅디로 안돌오름으로 밧돌오름으루
굴레왓뱅ᄃ루 모기도를 오니
명동서천국이 사농 댕기다 있어지니
「어딜로 가면 천제할아바님 있는듸를 가옵네까?」
명동서천국²이 말씀ᄒ대
「조금 여기 쉬여시면 질인도를 ᄒ겠수다」
서천국이 명동이³를 ᄂ려오고 지달피 알통⁴
산달피 웃통⁵ 무우나무 즐리 주석단게⁶를 벗어두고
운문대단 섭수⁷ 남비단에
적화주⁸ 화방주 저전대⁹를 입어아전
모기도를 올라가고 보오시니 백조님이 아자시난
「나아 뒤에 오오시면 천제할아바님 있는듸를 ᄀ라치리다」
「걸랑 그리ᄒ옵소서」
백조님이 소천국 뒤를 따라ᄂ려올 때
웃명동이루 알명동이루 ᄂ려사난 누릿내가 탕천ᄒ다.
들어가며 보오시니 듸쫭 쇠쫭¹⁰ 이서지니 백조님이
「ᄆ도둑 쇠도둑님 시는듸를 속아아저 오라지는가?」
생각ᄒ고 뿡ᄄ려서¹¹ 나오젠 ᄒ오시니
치매깍¹²을 붓잡으니 치매깍은 떨ᄄ리고¹³ 나오더니
다시 고쳐 홀목이를 비여잡는다.
토시동이¹⁴ 전전맥이 내여놓고 홀목이를 깎아두고
나아오라 상서와리 손드랑ᄆ루 천제할아바님
있는듸를 오오시니 천제할아바님이
「내 저하선子孫 오시는데 미신 일이 있더냐?」
「명동소천국이 속이시고 할아바님 사는 듸를
ᄀ아치게노라 ᄒ고 제 집으로 ᄃ연가서¹⁵ 붓잡우십다」
할아바님 말씀ᄒ되
「괴씸ᄒ다 내 자손이 오시는데
겁탈ᄒ저 허여시니 괴씸ᄒ다」

1 조천면 교래리 아래 평야
  로. 다음 다음 줄 '모기도'
  까지는 모두 동산, 평야 등
  의 지명들이며, 한라 상봉
  에서 상세화리까지의 하산
  순서.
2 이웃 坪垈里의 당神.

3 구좌면 평대리의 지명.
4 지다리(두더지) 가죽바지.
5 산달피(山獺皮) 저고리.
6 산호나무 자루 주석 동게
  [矢筒].
7 雲紋大緞의 夾袖(동달이).
8 남비단의 赤快子(?).
9 花紡紬戰帶(사냥꾼 옷을 벗
  어버리고 무관 관복으로 갈
  아입고 멋을 부렸다는 것).

10 말뼈 소뼈.

11 뿌리쳐서.
12 치마자락.
13 털어버리고.

14 吐袖(손목에 끼던 옛
   방한구).

15 데리고 가서.

당안이[1]를 부르시고 상단궐애 거래ᄒ여[2]
서와 상뒤[3] 메여놓고 멍동소천국을 불러다놓고
「나 ᄌ손이 오시는데 겁탈ᄒ저 ᄒ여시니 괴씸ᄒ다」
구린질[4]로 땅 갈르고 물 갈라서
「내[5] ᄌ손은 내게 못올거 내 ᄌ손은 네게 못갈거」
땅 갈르고 물 갈릅데다.[6]
백조님이 천자할아바님하고 좌정합디다.

■ 금상님본풀이

아야동축 은하장당서[7] 솟아난 날로 금상 달로 베슬[8]
억만명이 대병군사 일시 창검 일월 희롱케 거니립던
금상 한집 난수생[9]
아양동축서 솟아나 홀일곱살 나신 때에
저정비난이[10] 일어 세변 도원시[11] 막을 때에
머리 하나 돋은 장수 목을 베어 친전 내울리고[12]
머리 둘 돋은 장수 친전 내울리고
머리 셋 돋은 장수 친전 내울리고
머리 넷 돋은 장수 친전 내울리고
머리 다섯 돋은 장수 친전 내울리고
머리 여섯 돋은 장수 친전 내울리고
머리 일곱 돋은 장수 친전 내울리고
머리 여덟 돋은 장수 친전 내울리고
머리 아홉 돋은 장수 친전 내울리고
머리 열 돋은 장수 친전 내울리고
머리 열하나 돋은 장수 신전 내울리고
머리 열둘 돋은 장수 신전 내울리고
이 장수 그대로 두었다는 이 내 국이 망할로다 ᄒ야
무쇠단철에 무쇠철망에 잠 잘 때에 디려놓고
무쇠 불미[13]를 석달열흘 백일을 불어서

1 당지기.
2 연락하여.
3 細花喪(香)徒(여기서는 마을
   의 공사를 처리하기 위한
   집단).
4 썩은 길로 (구죄면 細花里
   와 坪岱里의 경계선).
5 네. 'ㅐ'와 'ㅔ' 발음의 혼동.
6 이러한 양마을 수호신의 不
   和로 인해 양마을 민중의
   거래 단절 현상은 서귀리
   본향본풀이에도 보인다.
7 미상(지명). 현용준본에는
   '서울남산 아야동출'로
   되어있다.
8 月로 벼슬.
9 난수생은 '본풀이'와 같은
   뜻으로 쓰이는 말.
10 잦은 난이.
11 도원수로 사변을.
12 神前에 올리고.

13 무쇠 풀무.

죽이기로 ᄒ야 무쇠불미를 불더니

청태산이마고할망 지어 노래를 부르되

「그만 이견¹ 그만 제단²에 불타 죽을 일 있으랴」 ᄒ야

엄득 깨어나고 보오시니 화방³이 충천ᄒ였더라.

우인 눈설재⁴를 써붙이고 아래는 어름빗재⁵를 써서

끌 안 앚이니⁶ 석달열을 무쇠불미를 불되

그대로 아자지니 이 장수가 나아오고

「여기 앚았다는 다시 고쳐 무신 환이 닥칠년지?」

모르오니 제주 절도섬 백주님이 천상배필까움 당ᄒ니

「백조 찾아 제주 절도섬 들어가저」 ᄒ고

억만명에 대병군사 거늬리고

일첩은 이첩 삼첩 사첩 오첩⁷

기대장⁸ 엇광대 빗광대 초란광대 갈채광대

할미광대청⁹을 거늬리고

정상도라 칠십칠관 전래도라 오십 삼관

일 제주는 이 거제 삼 진두 사 남이¹⁰ 금천노구 배진고달루¹¹

들어오구 배를 잡아 둘러타고

억만명의 재군사를 거늬려서 제주 절도섬 들어올때

소섬 진질곽¹² 목벤황곳이를 내세우고

벨방 상곳이¹³로 솔락게로¹⁴ 배를 붙여

억만명의 대병 군사 내리와놓고

풍악노념 일월희롱케 ᄒ염더니.

상서화리 백조님은 풍악소리 들리시니

벨방 솔낙개를 나려가고 보오시니

금상님이 오라아서 억만명의 대병군사 풀어놓고

일월희롱케 풍악ᄒ염시니 백조님이 금상님을 보오시니

대장부가 당연해야 남편 삼을 생각나고

금상님은 백주 촛안 오신 길이니 백조님과 서로 언약ᄒ야

부부간을 무으기로 말씀ᄒ고 백주님이 말씀ᄒ대

「하르바님안태 허락 받읍소서」 금상님이

1 그만한 의견, 생각.
2 재간.
3 화염이.
4 눈설(雪)자.
5 얼음빙(氷)자.
6 깔고 앉으니.

7 一妾 ~ 五妾.
8 旗大將.
9 청은 복수를 나타내는 말.

10 三珍島 四南海.
11 '정상도라 ~ 배진고달루'는
    본토에서 입도 하는 과정의
    상투적 표현.
12 牛島長岬.
13 別防(구좌면 하도리)
    상곳이.
14 浦口 이름.

「걸랑 그리ᄒ오리다」

풍악노념 끝난 뒤에 백조님이 앞이 사고

금상님은 뒤에 달라 상서와리 손드랑ᄆ루¹ 올라오라

천제아바님안태 들어오고 예배ᄒ니

「어디 장수 되옵네까?」 금상님이 말씀ᄒ되

「아야동쪽 은하장당서 솟아난 날로베슬

날로금상이 되옵내다」 천제할아바님 말씀ᄒ되

「무신 일로 이러허신 소국이 오십디까?」 ᄒ오시니

금상님이 대답하되

「백조님이 천상배필까움이 당해서 백조 촛안 오랐내다」

천제할아바님 말씀ᄒ되 「무슨 음식 잡숩내까?」

「밥도 장군 술도 장군 안주 장군

재육안지² 전머리로³ 먹습니다」 천제할아바님 말씀ᄒ되

「투더럽다 나고갑소 우리는 인간 손으루 맨들면은

인간내가 나고 칼로 베면 쇳내가 나고

참실로배 점정과⁴나 백돌래나 백시리나 청감주나

계알안주나 둑은 잡으민 안전지⁵나 먹습니다. 나고 갑소」

ᄒ오시니 금상님이 생각에는

「나만 이견 나만 제단⁶에 백주 만ᄒ신

천상배필 못내 무으리야」 ᄒ야 나오더니 백조님이

문자붉은 문드광⁷에 사았다가 잡아싸면 말을 ᄒ되

「날 사양⁸에 생각있어서 오셨시면

그 말 대답 못내 ᄒ오리까?」 ᄒ니

금상님이 다시 고쳐 할으바님안테 되돌아가고

지어 말씀ᄒ되 「전엔 먹던 술과 안지를 참으리다」

일르시니 할으바님 말씀ᄒ되 「막여무관아니로다」⁹

허락ᄒ니 백조님과 부배간을 무어서 살렴살이 ᄒ옵대다.

ᄒ실 때에 한둘 두둘 살아가니 금상님이

피이골이 상직¹⁰해야 전잇 얼굴 기상이 없읍대다.

백조님이 남편 상에¹¹ 마음이라

1 구좌면 세화리의 지명.

2 돼지고기 안주.
3 온 마리로.

4 煎正果 - 과일, 연근, 인삼
   등을 꿀에 재어 만든 菓子.
5 내장.

6 나만한 재간에.

7 문밖 근처.

8 나에 대한(나를 向한).

9 막무가내로다.

10 皮骨相接.
11 향하는.

「어찌ㅎ야 낭곤님은 전잇 얼골 없읍내까?」 일르시니
금상님이 대답ㅎ되
「전이 먹던 술과 안주를 참으시니
피고올이 상직ㅎ나니라」 일르시니
죽응광 삶이 맛사랴[1] ㅎ샤 덕럭칩[2]이 상단궐칩 굽어보니
인간 혼연 대서 해염더라.
신랑신부의 숭엄[3]주어 ㄴ림설세 배야피와 이질 틀름[4]
심상안[5]을 주으시니 신랑신부 죽을 사경 당ㅎ시니
각도의 문점ㅎ니 「남새노라」 「여새노라」[6] ㅎ시다가
매 말자인[7] 「내 내노라」[8] 나아사서 감은 족발
한 족발[9] 상을 받은 때에 설궁기로 피가 나고
피궁기로 서리[10] 나서 설에 자소지를 타[11] 올리시고
열두신 뻬[12] 올리시고 내여 안칩을[13] 올리시고
금상 낫인[14] 열두뻬에 성반해야 올리시고 억만명의 대병군사
낫인 열두 정반 올리시고 상을 받아 백주님전 돌아갈 때
팥죽 씨어 목 가시고 신[15] 가시고 청감주루 모욕ㅎ고
백주님한테 돌아가니 알당으로 삼일 후엔
백조님께 한반 일반[16] 하옵대다.

1 죽음과 삶이 맞서랴.
2 '덕럭'은 북군 애월면 상가리의 속명. 덕럭에서 시집온 여자가 주부인 집. 安東宅, 永川宅에서의 '-댁'에 해당하는 것.
3 凶驗.
4 내림설사, 배야피, 이질 = 틀움.
5 甚傷痕(?).
6 남자의 熬이노라. 女邪노라.
7 맨 끝에는.
8 '내가 나로다.'
9 검은 족발 큰 족발.
10 血孔으로 피가 나고 피 구멍으로 血이 나서.
11 血에 소주를 타서.
12 열두 몸 뻬.
13 내장을 내어.
14 금상 몫으로는.
15 身. 몸.
16 한般 一般. 같이 (살게 되었습니다.)

8. 온평리 본향본풀이[1]

한기신[2] 씨 구송(남무, 45세, 남군 성산면 온평리 거주)
1959년 8월 채록

명천자 똘 삼 형제가 나서 너무 글 잘해여 역적으로
몰려 부모내가 배에 먹을 것을 실어서 귀양보내는
처음 대기는 조천 정병당에 근당ㅎ여 좌정하니
큰성님은 정중부인[3] 둘째 성님은 짐녕 황세부인
물짓똘은 신산이[4] 고장남밭[5] 명오부인
거기 신네는[6] 문씨영감
일곱쌀적에 황로 알로 물에 들어가 물아래도 일레 살고
물 위에도 일레 살고 사월초이렛날 달지기에[7]
개앞[8] 용머리 물바깥에 나올 때에 한집[9]에 그엉ㅎ네[10]
유리잔 유리대 삼명뒤[11] 그엉 신네[12] ㅂ름우 삼천병맷또.[13]

1 남군 성산면 온평리 수호신
   의 본풀이.
2 22세 때에 入巫했다는 본인
   當代의 심방. 강신무(降神巫).
3 북군 조천면 정병당의
   당신.
4 성산면 新山里. 온평리의
   이웃 해촌.
5 지명 고장[花]남[木]밭[田].
6 臣下는.
7 달이 질 무렵에.
8 浦前.
9 神의 존칭.
10 취임하여.
11 신칼, 산판, 요령들.
12 따른 신하들.
13 삼천 兵馬竿. 또는 兵馬神.

9. 토산 웃당본풀이[1]
고대중[2] 씨 구송(남무, 54세, 구좌면 세화리 거주)
1970년 11월 채록

일뢰한집[3] 난수생[4] 올립니다.
본산국[5]데레 과광성[6] 신풀어사옵소서.[7]
생인은 본을 풀어 백년 원수집니다.
구신은 본을 풀면 과광성 신풀어 삽니다.[8]
일뢰또한집 어명국은 웃손당 백주님
아바님은 알손당 소천국 할으바님
하나 두개 시개 늬개 다섯 여섯 일고차 아들입니다.
어머님과 아바님이 살렴을 분산ᄒ여
아버지는 ᄯ로 계시니
삼천서당에 부쪘더니 흑생이
「애비 읍는 호로ᄌ식이라」고 ᄒ니
집이 돌아오고 어머님안틔 말씀ᄒ되
「아바지 어데 갔읍니까?」 물은직
「너네 아빵은 영아리친밭디[9] 강진역이 ᄯ님아기[10]
호년호첩을 ᄒ고 사느니라」
「어머님 거기를 ᄀ리쳐 주십서」 「걸랑 그리ᄒ라」
모ᄌ간이 나고가서 영아리칫밭을 올라가고 보니
비서리 초막[11]이 이습다.
「저디 가고 보라. 너네 아빵이 있다」
먼데서 어머님이 말씀ᄒ니
거기 가고 보니 아버지가 있으니
아버지안틔 독ᄆ립에[12] 아자 삼각수염을 심읍데다.[13]
「이 ᄌ식 애비 읍이 커가니 버릇 읍서서 못쓰겠구나」
무쇠쟁일 불러다가 무쇠설캅을 차놓고 거기 드려놓아
동이와당 띄왔더니 쓸물 나민 동바탕 채곡

1　表善面 兎山里에는 웃당[上堂]과 알당[下堂]이 있다. 웃당신은 龍王딸로 일뢰또[七日神]이면서 제잡병신(諸雜病神)이다.
2　6, 7번 무가 구송자 주 참조.
3　七日神.
4　本풀이라는 뜻으로 쓰는 말.
5　본래 태어난 곳과 그 내력.
6　활발히, 많이 등의 뜻으로 쓰이는 말.
7　降神하옵소서.
8　신이 나서 강신합니다. 이상 2행은 속담이기도 하다.

9　지명.
10　송당본풀이 등에는 '오백장군 ᄯ님애기'.

11　아주 작은 초막.

12　독ᄆ릅. 무릎.
13　잡읍디다.

들물 나민 서이와당 채고 유왕황제국이 들어가
무우남[1] 상가지에 무쇠설콱이 걸어지여
유왕황제국 꿈에 선몽을 디리되 무우남 상가지에
청룡 황룡이 얼거진듯 틀어진듯 허였더라.
뒷날날은 큰뚤애기 불러내여
「무우남 우이 바래여 보라」
큰뚤애기가 나고 보아
「아무것도 없읍니다」 「둘찻뚤애기가 나고보라」
「아무것도 없읍니다」 「싯챗뚤아가 나고보라」
세찻뚤아기가 나고보니 무우나무 상가지에
무쇠설콱이 걸어지였더라.
「큰뚤아기 ᄂ리우라」
흔귀도 들싹 못내흔다.
「못ᄂ리우겠읍니다」 「둘찻뚤아기 ᄂ리우라」
흔귀도 들싹 못내 ᄂ리우니
「못ᄂ리우겠읍니다」 「싯찻뚤아기 ᄂ리우라」
세찻뚤아기가 나고가서 무우남우이 무쇠설콱을 ᄂ리웁데다.
ᄂ리와놓고 「큰뚤아기 열아보라」 못내연다.
「셋뚤아기 열아보라」 못내 엽데다.
「족은뚤애기 열아보라」
족은뚤애기가 곳댕이[2] 신은 발로 와우 돌고 나다 돌다가[3]
곳댕이 신은 발로 통쇠를 두리차니 열아집데다.
열고보니 옥ᄀᆞ튼 도련님이 아자십데다.
「어디 사는 도련님이 되옵네까?」
「제주 절도섬 사는 소천국 하르바님
일곱찻아들이 되옵네다」
「어찌해야 이국이 당흡디가?」
「ᄌᆞ징비난[4]이 일어 세변 도원시[5] 막으레 가다가
순풍에 좇겨서 이디 당흐였읍니다」
「큰뚤방으로 드옵소서」

1 산호나무.

2 꽃 唐鞋.
3 좌로 돌고 우로 돌다가.

4 자주 일어나는 난리.
5 事變을 都元師로서.

눈도 아니 거듭뜬다.

「셋똘1 방으로 드옵소서」

눈도 아니거듭뜬다.

「족은똘2 방으로 드옵소서」

서른여듭 늬빠디를 허허덩쌍3 웃읍디다.

족은똘방으로 들어간다.

들어가니 오첩반상4 칠첩반상 열두접

구애반상5을 걸려다6 놓되 눈도 아니 거듭뜬다.

「도련님은 무신 음식을 잡숩니까?」

「소국 장수로되 밥두 장군 술두 장군 안주도 장군 먹읍내다」

황ᄌ국이 말씀ᄒ되

「내 기구7를 가지고 말겻똘8의 자원사위9를 대위10를 못ᄒ랴!

동창굣문도 열라. 서창굣문도 열라.

남창굣문도 열라. 북창굣문도 열라」

ᄉ창을 다 열려서 흔달 두들 연석달을 멕여가니

ᄉ창괴가 다 빕대다.

비여지니 말ᄌᆺ똘 하나에 자원사위 ᄒ였다가

이내국이 망흘너라.

「널로 얻은 시름이여! 무쇠쟁이를 불러라」

무쇠설각을 차아놓고 도련님ᄒ고 말ᄌᆺ똘애기ᄒ고 드려놓고

열두주석 쌍거슴 통쇠로11 줌과놓아 동이와당 띄와분다.

띄와부니 물 아래도 살고 물 위도 뜨고 흥당망당

쏠물 나면 동바당 놀고 들물 나면 서이와당 들어오라

정상도라 칠십칠관 절내도라 오십삼관

일 제주 이 거저12 삼 진도 ᄉ 남이13

금천노구 베진고달도14 제주절도섬 들어온다.

소섬 진질각15으로 들어오라 종다리 두머니개16로 ᄂ려

어멍국을 상해여 올라오더니

돗듸술17에 아기씨가 물 빨아먹다 돗듸술로 코궁기18를

질러부니 ᄌᆞ지피가 불끗 나니

1 둘째 딸[次女].

2 작은 딸[末女].

3 입을 벌리고 크게 웃는 모양.
4 밥, 국, 간장 등 외에 다섯 접시 반찬을 차린 상.
5 12첩 반상.
6 거리다는 퍼내다. 여기서는 '차려다.'의 뜻.

7 機構(?). 지체.
8 막내딸
9 壯元사위 - 훌륭한 사위.
10 대우(對遇).

11 단단하게 만든 쌍거슬림의 큰 자물쇠.

12 二巨濟島.
13 四南海島.
14 제주 왕래의 본토 포구명.
15 牛島長岬.
16 구좌면 終達里의 포구명.
17 멧돼지털.
18 콧구멍.

「양반이 후레[1] 입정[2] 없어 못쓸노라」

물두 남두[3] 없는 대정 마라섬으로 귀양정배를 보냅대다.

보내여두구 어멍국을 상해여 종다리 두머니개루 떠나서

상도두리루[4] 서와리루 손드랑ᄆ루루[5]

진정이ᄆ루루[6] 올라간다.

광이영으루 모기또루 굴레왓벵디 올라사니

어머님은 늦은득이정하님[7]을 거느리구 콩을 불리다가

늦은덕이정하님이 말을 ᄒ되

「상저님[8]아 상저님아

혼일굽살에 죽으라구 헌 상전이 들어옵니다」

「이년아 저년아.

본말 본대 버리구 들은 말 들은데 버리라.

무쇠설각 석견[9] 날두 오래구 저지건[10] 날두 오래었저」

ᄒ면서 바래여보니 혼일굽살에 죽으라고

띄와분 애기씨가 들어오는구.

「죽으라구 헌 아들 돌아오니 어찌 얼굴을 대ᄒ리오!」

허는 것이 눈에 콩깍지가 드는구나.

일곱찻아들이 청푼채[11]를 내어놓구 하올하올 푹그시니[12]

콩깍지가 내여집대다.

내여지니 죽으라 헌 아들 어찌 대면ᄒ리오.

백조할머니는 당오름 치질개레[13] 올라사는 것이

공작머리[14] 치더리니[15] 이세상이 매깁디다.[16]

소천국하르방은 일굽살에 죽으라구 띄와분 아들 오면

어찌 얼굴을 대ᄒ리오.

알손당 반저바낡마리 에[17] 고부레간[18] 것이

금시상이 매깁디다.

일굽찻아들이 오고보니 아바님두 없고

어머님두 없으니 큰성님보고 말씀ᄒ되

「아바님과 어머님이 어디 갔습니까?」

물으니 큰성님이 말을 ᄒ되「나는 모르겠다」

1 후예.
2 미상.
3 물도 나무도.
4 구좌면 上道里.
5 지명(언덕 이름).
6 지명(언덕 이름).

7 下女를 일컫는 관용어.

8 '上典님'의 와음.

9 조립한.
10 던져버린.

11 부채.
12 부치시니.

13 당이 있는 산 위에.
14 공작머리는 건지머리. 곧 이마 위에 쪽을 올린 머리.
15 거슬러 올라가니. 여기서는 치올리니.
16 끝입니다.
17 지명. 반저바木이 무성한 곳.
18 고부락재기=숨바꼭질. 숨어간.

「큰성님이 되고 어머님과 아버지
간 듸를 몰랐이니 무정허구나.
거무문국성으루[1] 들어삽서.
둘찻성님으랑 대정 광정당[2]으로 들어삽서.
싯찻성님으랑 정의 시선당[3]으로 들어삽서.
니차성님은 성안 내왓당[4]으로 들어삽서.
다섯차 성님으란 짐녕 괴노기[5]로 들어삽서.
여서차는 개ᄆ리 멍둥이 고비금상 상오님[6]으루 들어삽서.
나는 저 토산 세펜 일뢰한집[7]으로 들어사오리라」
ᄒ여두구 아버님 댕여난 자취나 돌아보자.
굴미굴산 올라가니 아바님 자취는 못내찾고 오벽장군
ᄄ님애기 얼굴이 관옥이요 몸은 풍성이라 호년호첩[8]을
정해여 돌아오니 오벽장군 ᄄ님아기가 말을 ᄒ되
「큰부인님이 있다 ᄒ는듸 어디 갔읍니까?」
「행실이 고약ᄒ길래 대정 마라섬으로 귀양정배를 마련했노라」
「대국이 대부인님도 그른 일 ᄒ는듸 소국이 소첩은
발난 부뜬 때[9] 나구오리다」, ᄒ고 말씀ᄒ니
「귀양정배 풀려다가 ᄒ반일반[10] 살기가 어찌ᄒ냐?」
「걸랑 그리ᄒ옵소서」,
오백장군 ᄄ님애기가 대정 마래섬
들어가구 큰부인님신데 들어가 말씀하되
「서룬 성님 귀양정배 풀리레 오랐읍니다」
「서른 동생 고맙도다」, 일곱애기를 ᄭ서가네 나아삽데.
「이 애기덜 일곱 애기 일곱 업개[11]를 거느리구
중산촌으루 올라가라.
나는 일곱 애기를 배구서라[12] 나젠 흐게 입이 굽어지니[13]
연해변으루 돌아가면서 개보말[14] 줏어먹으며 가겠노라」,
오백장군 ᄄ님애긴 「걸랑 그리하옵소서」, ᄒ고
일곱 애기 일곱 업괴를 거느리구 중산촌으로 상해여 오시더니
신엄출귀동산 오라 신엄출귀[15]가 끊어지어

1 안덕면 사계리 당신.
2 현 안덕면 덕수리의 광정당.
3 현 남군 표선면 하천리 당신.
4 제주시 川外堂.
5 구좌면 김녕리의 궤[窟]내
   (內)귀(鬼)또[神].
6 구좌면 평대리 笠頭洞당신.
7 표선면 토산리 西便 七日神.

8 훗을 일컫는 관용어.

9 '情 섞으지 않은 때'라고 한
   다. 정들기 전에(?) 나가겠
   다.
10 한般一般. 같이 살기.

11 업저지로 애업어주는 계집
    하인.
12 배고.
13 먹고 싶어지니.
14 개[浦]의 보말. 보말은 조그
    만 소라 비슷한 것.
15 신엄출귀는 짚신의 좌우코.
    짚신을 묶는 끈.

신엄출귀를 돌아 신고 오옵디다.
오고보니 애기 ᄒ나이 떨어지여십디다.
「서룬 동싱아 애기 하나은 눈이 웃언 ᄇ련디야?[1]
코가 없어서 ᄇ련디야? 어느 것이 다슴태가[2] 아니라
이것이 다슴태니 애기 ᄒ나 촛아오라」
「신념출기동산 오고 신념출기가 떨어지여 들고 신은 온[3]
배밖이 없읍니다」 ᄒ고 애기 ᄒ나은 거북추심[4] 가옵데다.
가고보니 신념출기동산서 애기 ᄒ나이 떨어지고
누원 둥굴어부난 새끄르에서[5] 몸뚱이가 햇사지고[6]
하늘옥황이 준지새[7]가 ᄂ려오고
흔눈 조사불고 ᄒ고에 조사부니[8]
업어아져 오라서 서립[9]홀일 있읍디다.
「ᄒ 눈 조사분걸랑 마흔여듭 상단궐 서른여듭 중단궐
수물여듭 하단궐에 눈애피로[10] 들어상
얻어먹기 서립ᄒ고 몸뚱어리 햇싸진 것은
상단궐 중단궐 하단궐에 물비리로[11] 주엉
얻어먹기 마련ᄒ우리라」
ᄃ란 오란[12] 일곱애기 둘러업어 방애 짐정[13] 쏠 바수움 정[14]
꼬리 감앙 배참 정[15] 삼 삼음 정[16] 애기 눅 정
줌 재움 정[17] 던데시김 정[18] 마니흠 정[19] 좀매흠 정[20]
걸임발 시김 정
ᄒ고 애기 일곱애기 일곱업개를 키와 장성시깁데다.
토산한집 세펜 일뢰한집 난수생 올렸수다.[21]
본산국[22]데레 과광생 신풀어사옵소서.[23]

1 눈이 없어서 버렸느냐?
2 의붓티. 계모의 근성.

3 신고서 온.

4 업은 애를 추켜올리는 일.
  여기서는 찾으러 가는 일을
  말한 듯.
5 새풀 그루터기[茅株].
6 상해지고.
7 준지=眞珠.
  준작=순작(메추라기)
8 한 코를 쪼아버리니.
9 비롯. 創始.
10 眼疾.

11 비리는 옴.

12 데리고 와서.
13 방아 찧는 情.
14 쌀 찧는 정.
15 꼬리[絲] 감아 베 짜는 정.
16 삼 삼는 정.
17 애기 눕혀 잠재우는 정.
18 달래고 얼루는 정.
19 도리도리하는 정.
20 좀매좀매하는 정.
21 본 풀어올렸습니다.
22 근본.
23 신나게 강신하옵소서.

10. 토산 알당본풀이[1]

고봉선[2] 씨 구송(남무, 74세, 구좌면 세화리 거주)
1957년 2월 채록

저 토산은 한집님아 알로 ᄂᆞ려 유황하늘
우으로 ᄂᆞ려 당토하늘
새로 셋편 신임 심중 신임 신당수 올십내다.[3]
나주 금산산錦城山 영기靈氣입내다.
나주 금산산의 영기가 되고서[4]
한 관장官長 두 관장 근파직ᄒᆞ니[5]
나주고을 원님 갈 이 없더구나.
서울에 장안에 양주목사 시절에[6]
「삼년은 윤삭[7] 채우리다. …… 어서 가자」 ᄂᆞ려온다.
신연이방新延吏房[8] 신연성방 말을 ᄒᆞ되
「이 산은 여기 있고 저 산은 저기 있고
이 산에 신이 있으니 하맹ᄒᆞᆸ서[9]」
「대장부 행차시에 하매는 무슨 하매 되시리. 어서 가자」
헤어지니 물발이 둥둥 전다.
「이 ᄆᆞ슬에 니발 주근이[10]가 있느냐?」
「이 ᄆᆞ슬에 니발 주근이 있읍내다」 조근으로 내려온다.[11]
나주 금산산 ᄂᆞ려오고 도임해서 들어오니
삼일 후에 신연이방 신연성방을 거느리고
나주 금산산을 구경차로 올라가니
ᄌᆞ진 운압 보이애기[12]가 탕천ᄒᆞ니 신연이방이 말을 ᄒᆞ되
「이 산 영기 있거든 ᄌᆞ진 운압 걷어줍서」
외지둥에 청지애집에 니 귀에 풍경 돌려
왕강 장강[13] 살암더라.
흔 눈을 거듭 뜨언 보니, 인간으로 변색ᄒᆞ고[14]
무둥애기[15] 흔쌍이 쉬인대자머리를 내여놓고

1 표선면 토산리에는 웃당[上
堂]과 알당[下堂]이 있다. 알
당신은 蛇神으로 여드렛또
[八日神]로도 부른다.

2 풍채와 인품이 좋았던 큰
심방. 본편은 제주방송국에
모셔다가 녹음했던 것. 그
러나 그의 구송에는 축약이
많았다.

3 西로西편　神任神衆神堂입
니다.

4 금성산의 蛇神이 靈氣가 되
어 조화를 부려서.

5 羅州牧使가 하나 둘씩 파직
이 되니.

6 서울 장안에 있던 양주 목
사가 이때에.

7 滿期라는 뜻.

8 '新延'은 새 장관을 그 집에
서 任地까지 맞아오는 일.
맞아서 금성산 앞까지 와서
말하되.

9 下馬하십시오.

10 네 발 輦軍. 4인이 메는 가
마가 있느냐?

11 말에서 가마로 바꿔 탄다.

12 짙은 안개와 먼지아지랑이.

13 안개가 걷혀서 보니 외 기
둥에 청기와집 네 귀에 풍
경을 달고.

14 이방이 한 눈을 거듭 떠보니
蛇神이 인간으로 변색하고.

15 舞童애기.

용살작¹으로 외우 빗어 늣다 총각,²

늣다 빗어 외우 총각 해염더라.

무동애기가 황신³ᄒ다

「이 산이 영기 있고 신령이 있건

몸받은⁴ ᄉ또님이 구경을 나옵내다. 좃인 안개 걷어줍서」

이와 같이 청이와⁵가 물었도다. 애기씨로 편식ᄒ다.

「인간이 보면은 저것이 숭험⁶이 되느냐?

어찌 인간의 몸이 영기가 되느냐? 어진 몸천⁷ 내옵센」 ᄒ니

흔 아구린 하늘에 붙고 흔 아구린 땅에 붙어

천고千古 아고 대맹이⁸가 고비⁹로 둥끗 나누우니

ᄉ또님이 말씀ᄒ되

「이 ᄆ슬에 불 잘 놋는 정포시¹⁰ 개 잘 똘인 정초관¹¹ 있느냐?」

「있읍내다」

불러다가 니 귀로 불 삼박 트니 바둑바둑 금바둑이¹²

몸이 되야 영암¹³ 동지기땅¹⁴에 가고 금바둑으로 떨어진다.

전라남도 사오실¹⁵ 강씨성방 한씨이방 오씨선조 들어간다.

금바둑을 봉갔져.¹⁶

「제물을 봉갔이니 술 흔잔 먹자」

술집으로 들어간다. 술 한잔 먹어놓고

「이 제물을 맡으라」「우린 그런 제물 아니 맡아 지낸다」

「놈도 아니있는¹⁷ 제물이난 이제 지금 시엇져¹⁸

내 눈에 배왔구나」

시엇던 듸¹⁹ 가고 보니 오씨선조 짊어진

조각포에 천변숭험²⁰으로 들었구나.

들어가서²¹ 진상상납 받칠 때 이이실이²² 당흔다.

「내국이 망홀듯흔다. 어서 빨리 내국 제주도로 가자」

정상도는 칠십칠관장 일흔일곱관문 전라도는 오십삼

충청도는 삼십삼관장 들었구나. 일 제주 이 거제 삼 진도

ᄉ 남해 금천 노기땅²³ 「배질ᄒ라 제주도로 가자」

일흔일곱척이 제주도 환귀양還故鄕을 오건마는

오씨선조 짊어진 금바둑이 천변승험 틀어놓아

제주도로 못내오랐구나. 장님에게 간 문복問卜흐다.

그제나 이제나 문복흐니

「오씨선조님이 임제 없는 제물이 들고

천변승험 되어놓고 제주도로 못내 갑내다」

「어찌 흐오리까?」「영재¹야 화장²아 몸매욕³을 단속흐라」

백뫼 백돌래 백시리⁴ 청감주 개알안주⁵ 해여당

선왕영감⁶ 올리니 방귀 삼척⁷ 울고 맹지바당 실ᄇᆞ람난다.⁸

실ᄇᆞ름이 날적인 물이 싸민 동바당, 물이 들민 서바당⁹

열눈이 수증개¹⁰로 ᄌᆞᄇᆞ머리¹¹ ᄂᆞ려와 ᄌᆞ치 한쌍 ᄂᆞ렁개

「선왕님이 ᄂᆞ리느냐」

ᄌᆞ치¹² 한 쌍이 인간으로 변색흐고

바구리 총각¹³흐시고 능활낭활 걸음이 된다.

열눈이 맹우부인 맹함드려서

「물도 나 물, 땅도 나 땅 나 ᄌᆞ손도 있도다.

저 토산으로 가라¹⁴ 묵은 열운이

새 열운이 곰배ᄆᆞ루 환집뱅뒤

본래는 초일뢰 열일뢰 수무일뢰 당해봅서」,¹⁵

무어도¹⁶ 와갱이 어마장구 황세곡성 고운 애기씨 넘어간다.

뒤청으로 ᄂᆞ려들엉 홀목을 휘어잡앙¹⁷

「이 어른아 저 어른아 얼굴 보건댄 양반이랴

속 쓰기는 무식흐고 지낸다」

양반 행인 하반 애기 신하천미¹⁸ 개로육ᄉᆞ도¹⁹ 된다.

홀목이 비여잡안 상토시²⁰로 살금살짝 갯치난

ᄌᆞ치피가 들칵 난다. 심진²¹이 없더구나

「오씨선조 아니민 제주 절도섬 오라근 이내몸이 고생흐랴!²²

오씨 애기씨 승험을 드리랴」,²³

올리수²⁴에 연새답²⁵을 가리다 삼대바지²⁶ 뜨고 온다.

개로육서또님에게 밤에는 연불 낮에는 신불²⁷

초롱 촛불로 흐다가 명함을 드리시니²⁸

1 사공.
2 취사 역할의 선원.
3 목욕. 이상 뱃고사를 준비 하라는 것.
4 흰 메밥, 하얀 둥근 떡, 흰 시루떡.
5 계란안주.
6 배서낭영감.
7 출항신호로 치는 세 번의 북소리.
8 명주바다에 순풍 난다.
9 들물 때는 서쪽 바다.
10 성산포읍 온평리 水增浦로.
11 배와 뭍 사이에 놓는 목판 다리.
12 암꿩 한 마리(금바둑이 변 신한 것).
13 바구리=바구니. 총각=옛 해 녀들 작업중 머리 모양의 하나. 또는 옛 처녀총각의 땋아늘어뜨린 머리.
14 성산면 온평리 일뢰당신 맹 우부인께 蛇神애기씨가 인사 드리니 '물도 땅도 자손도 다 내 것이니 토산으로 가라'.
15 7일에 보면 알게 될 것이라 는 말.
16 이하 다 표선면 내의 옛 지명.
17 (누군가가) 등 뒤로 달려들 어 손목을 휘어잡으니.
18 표선면 下川里.
19 '개'는 '浦', '도'는 神名語 尾. 이웃 下川里 본향당의 억센 남신.
20 장도칼로 부여잡은 손목을 부정하다고 깎아버리니.
21 미상.
22 蛇神아기씨의 독백.
23 사신아기씨의 凶驗을 받은 오씨아기씨가 빨래 나갔다 사망함.
24 토산리에 있는 소(沼) 이름.
25 서답은 빨래, 연은 접두사.
26 돛대 셋을 단 큰 배.
27 연불, 신불의 '연', '신'은 다 접두사.
28 사신아기씨가 개로육서또에 게 청하니(진성기본 한편에 는 두 신이 혼인하고 있다)

모진 광풍을 불어 삼대바지가 파선하니 마흐레청[1] 들어온다.

「상전님아, 상전님아 도적이 당흡내다. 악당이 당흡내다」

도적이 당하고 악당이 당하고 젖인 세답을 거두어 짊어지고

「어서 가자 어서 가자」

악근 빌래 한 빌래[2] 악근 성창 한 성창[3]

악근 숨부기왈 한 숨부기왈[4] 올라간

「상전님아 상전님아 치매머리 바지머리 벗어집내다.」

「치매가 벗어지고 바지가 벗어지고 이 내 몸이나 감추자」

어쩡저쩡 ᄌᆞ브 흐르룽청[5] ᄀᆞ 서천관에 올라간다.

어서 들어가니 애기씨가 들어가 옷 침는 들러간

늡이 나라 마흐레청 짓거되이[6] 혼이 나고 죽었구나.

초헌 이헌 삼헌 올리라 사장밭디 객[7] 새겨 묻치고,

강씨애기씨 오씨 마당이[8] 씨집을 가자고

예물을 못치니 씨짐 아니간 아지망 우이[9]

침노[10]가 되었젠 ᄒᆞ영 하염[11] 주었구나

애기씨가 신병 걸여 드러누언 비념 원정ᄒᆞ는데[12]

ᄒᆞ번 두번 연세번을 빌어보되 가금논조[13] 없어져

씨짐 가젠ᄒᆞ난 그날 그시 돌아오니 시짐 장개 갔구나.

수페머리에 의탁 그대로[14] 연반물[15] 치매에

옥색저구리에 의탁 침노 되었구나.

설흔 애기 죽어가나 점서문복占事問卜ᄒᆞ다가

「씨누이[16] 혼령魂靈 들려서 이렇금 되었수다」

천번 기도 대양청[17] 원정 기도 제맞이 밤도 양청

낮도 양청[18] 두 일뢰 열나흘 신제맞이 불리니

애기씨가 프릿프릿 살아나며 말씀ᄒᆞ되

「누굴 위ᄒᆞ고 기도 원정흡내까?」

「애기씨를 살리기를 위ᄒᆞ자고 기도 원정 흡내다.」

「나를 위ᄒᆞ고 기도 원정ᄒᆞ염건 나 놓은 궤상 금동궤[19]

문을 열고 보라. 우리 아바님 쳇 서울 가실 때

나 낫이 진상 상납ᄒᆞ여 온 것이 있다.」[20]

1 惡漢들(여기서는 파선된 배의 선원들). '청'은 여럿을 나타내는 접미사.
2 해변의 작은 바위 큰 바위.
3 작은 선창 큰 선창.
4 크고 작은 해변의 灌木.

5 당황하여 서두르는 모양.

6 쫓기게 되어.
7 비석.
8 오씨 가정에.
9 시집 안간 아지망 位가 - 죽은 오씨 아기씨 원혼이.
10 신부감 강씨아기씨에게 침범.
11 (병들어서 나는) 하품.
12 강씨아기씨 신병으로 굿을 하는데.
13 미상(효과, 보람의 뜻인 듯).
14 신부의 딿은 머리에 憑依한 그대로.
15 연한 반물빛.
16 죽은 오씨아기씨. (秋葉本, 진성기본 들에는 신들린 강씨아기씨 입을 통해서 '내 [女蛇神]가 토산에 좌정해서 일으키는 탈'이라는 말들이 있다.)
17 큰 굿.
18 굿.
19 金銅櫃.
20 내 몫으로 (진상 상납 마치고) 사온 것이 있다.

강맹지나 물맹지[1] 새미녕 고리비단 능나귀를 내여놓아
마흔대자 상방울로 노념ㅎ자[2]
서른대자 중방울로 노념ㅎ자
간장 본인 풀어놓자[3] 애기씨가 프릿프릿 살아난다.

1 굵은 명주나 가는 명주(현용준본, 진성기본에는 이 천 속에 작은 뱀이 있고, 제사하면 병이 낫는다는 이야기들이 있다.)
2 천으로 맺은 매듭으로 굿놀이 하자.
3 강씨애기씨의 맺힌 간장을 풀어놓자. (병을 이렇게 고치니 이후 蛇神이 제사를 받게 된다는 풀이가 생략됨.

11. 하천리 본향본풀이[1]

신명옥[2] 씨 구송(남무, 64세, 남군 표선면 표선리 거주)
1959년 8월 채록

육사또[3] 한거님이 근본 시기 불리가[4] 외국에서 들어올 때
무쇠 각대角帶[5] 무쇠 도포 무쇠 장장회[6]를 둘렀으며
어심 쩨고 터심 세던[7] 한집[8] 청리산[9] 청무대
백니산 백무대 오대 각띄 둘렀으며 독가매[10]를 둘러태며
피리 등등 옥 등등 거문귀 괘약[11]에 소리 좋다.
흔영저대[12] 얼굴 좋다.
구성 조대 청일산에 백리산[13]
영기令旗 뭉기 당도도기 연세명기[14] 초록 총기 갈대옷이
번구름[15]을 타고 굴로軍奴 나장羅將 토인通引
이방吏房 성방刑房 사령司令 삼방 급장 삼방 굴로
삼방 주려사니[16] 비비등등 제주 한로산을 지목을 삼아
제주로 뚝 떨어지고 보니 상하천미[17] 동북밭 내[18]
동녘짝 높은 동산이 앉고 앉아 좌우를 살펴보니
일로[19] 좌정할 만하다.
옛날 하천미 송대[20] 수단팔을[21] 지목ᄒ여
글로 당집을 뭇고 글로[22] 좌정ᄒ여
정월13일날 대제일로 삼천병마대를 세 개를 꽂아보라.
그날로 대제일 받노라.
옛마을이 각성받이에게 호적 물고[23]
낙정훈[24] 일과 다 막아주마.

1 남군 표선면 하천리 수호신 개로육서또의 신화. 토산 여드레또[女蛇神]가 입도하고 좌정처를 찾을 때 덤벼들어 손목을 잡았던 남신이다. 그 이야기는 앞의 토산 알당본풀이에 나와 있다.
2 표선면의 큰 심방. 침착하고 원만한 인품을 지녔음.
3 개로육사또. 본향신 이름.
4 뿌리가.
5 옛 관복에 두르던 띠.
6 회는 신발. 지금도 신랑 신발을 회라고 한다.
7 억지가 세고 뱃심이 세던.
8 당신.
9 靑日傘.
10 獨轎.
11 거문고 가락(?)
12 미상.
13 靑日傘에 白日傘.
14 '연'은 신성성을 표시하는 접두사. 세명기는 司命旗, 司令旗.
15 떠다니는 구름.
16 벌여 서니.
17 上下川尾. 현재의 新豊里와 下川里.
18 시내. 川.
19 이리로.
20 宋氏宅.
21 首丹骨. 상단골.
22 그리로.
23 殁故.
24 落點.

12. 서귀리 본향본풀이[1]

박생옥[2] 옹 구송(남무, 63세, 서귀읍 서귀리 거주)
1970년 11월 채록

아방국은 홍토나라 홍토천리
어멍국은 비우나라 비우천리
ㅂ룸웃님[3]과 고산국[4] 혼연 입장시겼읍니다.
큰부인은 얼굴은 박색이로되
기술은 좋아 축지법이 좋아지되
ㅂ룸웃님이야 생각이 없어지니[5]
처아지망[6]이 얼굴이 천하 미색이요
처아지망을 성은 고가를 지가로 변경시켜
절두절섬으로 피난옵너다.
한루 영주 봉래 방장 삼신산을 올라사옵시되
밤도 왁왁 일목공[7] 낮도 왁왁 일목공으로 되어갑너다.
구상남 상가지를 걱꺼 칭하절벽데레 질렀더니만은
천하둙은 목청 들러 지하둙은 날개 들러
자지반반 울어 동성계문[8] 열립니다.
ㅂ룸우님이 화살동지[9] 화살을 쏘우니
슬오름[10] 상봉오리에 화살이 떨어지니[11]
상산으로 막은다리[12] 웃뱃내도[13] 알뱃냇도[14] 양근이[15]로
슬오름을 오니 청자일을[16] 쳐 부부간이 바둘[17]을 두니,
웃서귀 안곱지 김봉태 하르방
산달피 감티[18]에 지달피 웃통에[19]
청삽살이 흑삽살이 네눈이 목동전[20]이 거느려 사농가니
하잣 중잣 상잣[21] 가보니 신선이 놀음을 ㅎ염시니
백보 밖으로 비래를 ㅎ니 신선님이[22] 말씀을 ㅎ되
「이게 누구냐고 비례를 하나?」고 물으니
「웃서귀 사는 김봉태우다」

1 서귀읍 서귀리 수호신의 본풀이. 이 본풀이는 이웃 서홍리본향당의 본풀이도 겸한다.
2 13대째 세습무라 한다. 정력적인 성품을 지녔으며, 서귀리 본향당의 당맨심방이다.
3 '風上神'이란 뜻의 남신 이름.
4 본(큰)부인.
5 여기서는 '마음이 돌아서니'.
6 남자가 손아래 여자 또는 제수를 부르는 말. 여기서는 처제.
7 캄캄한 모양을 이르는 말.
8 東城開門.
9 화살을 담는 '동개'.
10 서귀읍 소재 '米岳'.
11 '射矢卜地'의 모티브.
12 지명.
13 지명.
14 지명.
15 지명.
16 푸른 遮日.
17 ㅂ람웃도와 지산국 부부가 바둑을 두니.
18 山獺皮 감투.
19 지다리(두더지) 가죽 저고리.
20 좋은 사냥개를 일컫는 말. '목동전'은 '牧童犬'인 듯.
21 '잣'은 돌무더기담[城]. 한라산 중심 목장을 구획하기 위한 3중의 담장으로, 맨 위가 상잣.
22 바람웃도와 지산국이.

「그러니 우리를 너의 집으로 인도를 시켜라」

오란 보니 아지난 뎅감내¹ 사니 그끄럼내² 부정ᄒ니

임접흘 수가 없어 다시 「사출³을 인도ᄒ라」

다시 인도ᄒ니 먹구둘괴⁴에 좌정ᄒ니

이제는 시내방천⁵이 궂어지고

우흐론 쇠발소리가 듣기 싈프고⁶

개소리 둙소리가 듣기 싈프고

「다시 인도를 시키라」

「가시머리와돌⁷ 앞으로 인도를 시키라」

인도를 시켜 좌정ᄒ니

부부간이 지산국부인과 인문관ᄇ름웃또가 노념을 ᄒ염시니

고산국이 천긔⁸를 보니

탐라를 혈긴⁹ 비취왔으니

큰부인 고산국이 남북을 츨려 화살동개¹⁰를 츨려

축지법을 놓고 산셜山穴 물썰水穴을 잡아

ᄇ름우님과 지산국부인이 가시머리와돌로 좌정해시니

내외간 쏘아죽일라고 ᄒ니

ᄎ아 눗본 인정이라¹¹ 죽일 수가 없어

「남자가 그럴 리가 있겠느냐」

죽일야고 ᄒ되

ᄇ름우님과 지산국부인님이 고산국에 백보사죄ᄒ니

ᄎ아 죽일 수가 없어 고산국부인이

「땅과 지경을 갈르자」

ᄇ름우님은 화살동개를 질러 활을 쏘오니

문섬 동개¹²를 질러 문섬 뒤으로 지어¹³

고산국부인님이 뺑개¹⁴를 치니 훍탐으로 지니

지산국부인님이 뺑개를 치니

하서귀 연주동산을 지니

땅도 갈르고 지경도 갈르고

고산국부인님은 서홍리 안곱드로¹⁵ 좌정을 ᄒ니

1 앉으니 인간 냄새.
2 서니 끄스럼 냄새.
3 미상.
4 굴 이름.
5 시내 放川이 더럽고.
6 소 발자국 소리가 듣기
   싫고.

7 지명(妻頭孤石의 뜻).

8 天機.
9 탐라에 핏기가 비취었으니.
10 弓, 矢를 넣어메는 통.

11 얼굴을 보아온 人情이라.

12 蚊섬. 서귀리 앞바다의 섬.
    동개는 '東浦'로 동쪽 해변.
13 落. 이 부분도 射矢卜地의
    모티브.
14 石戰用 投石에 쓰는 노끈으
    로 꼬아 만든 도구.
15 西烘里 지명(內曲野의 뜻).

고산국부인님이 ᄇᆞ롬웃도에게 말하되
「서홍리광 우알서귀 사돈도 못ᄒᆞᆫ다.
ᄆᆞᆯ ᄆᆞᆺ 쇠ᄆᆞᆺ이도[1] 못바뀐다」[2] ᄇᆞ롬우님은
「게맨 어찌ᄒᆞ리오?」「그러면 우알서귀[3]를 ᄎᆞ지ᄒᆞ라」
ᄇᆞ롬우님과 지산국은 하서귀 신남 알로[4] 와 좌정을 ᄒᆞ니
웃서귄[5] 올라가니 청소남 상가지 노념ᄒᆞ니
성은 안큰집[6] 오씨 이씨 강씨 현씨 김씨 박씨
별총당[7] 집을 지으니 만민단궐이 한집[8]에다 그엉ᄒᆞ여[9]
짓알로 섯소남머리[10]
황제금상님은 명득대시왕전 요황황제국 ᄄᆞ님애기[11]
가는 선 오는 선 ᄎᆞ지 든 줌소 난 줌소[12] 든 보재기[13]
난 보재기 상선 중선 어채선[14] 기계선 감동선[15]
어작선[16] 낚조선[17]을 찾이ᄒᆞ니
명득대시왕전이 ᄇᆞ롬우님에게 인사를 오니
「저 바당을 ᄎᆞ지ᄒᆞ여 ᄒᆞᆫ공으로[18] 상을 받자」
진안[19]은 송씨부군 관청할망[20] 장밭장[21]은 솔동산
거북용신 굴랏ᄆᆞ루[22] 아홉밭디 열세 금벌이
봉태하르방 봉태할망 지리산쟁이청[23] 산신이 여들애[24]
정월초ᄒᆞ롯날 과세문안[25] 이월열사흘 영등손맞이[26]
칠월열사흘 마불림대제일[27] 동지ᄃᆞᆯ 열나흘 한집생신일
낳는 날은 물고 저승 장우적 이승 오가 일통 인물
도생책[28]을 만민단궐 서천미련西天民願 받읍니다.
고산국부인님은 서홍리 안곱지 좌정ᄒᆞ여
오월금음날 시월금음날 받읍니다.
한집에 단궐은 서홍리 고씨 변씨 상단궐.
김씨 현씨가 중단궐.
그밑으로 각성받이는 하단궐이우다.
고씨 대선성 박씨 대선성김씨 강씨 이씨 송씨.
다음은 박씨.[29]
현실엔[30] 서귀리 51번 박생옥 몸받음.

1 'ᄆᆞ쉬' 또는 '물ᄆᆞ쉬'는 '마소', '牛馬'. 쇠ᄆᆞᆺ이는 첩어.
2 실제로 예전에는 일체 거래를 아니 했다고 한다. 구좌면의 평대리와 細花里도 같다.
3 上下西歸里.
4 神木 아래로. (거대한 팽나무 神木과 20평 정도의 草家 神堂이 지금도 있다.)
5 上西歸(그 전의 東漢里).
6 안쪽의 큰 집.
7 別草堂.
8 본향신.
9 奉祀한다는 뜻.
10 지명(西松木頭의 뜻).
11 皇帝今上님=明得大十王殿=龍王皇帝國 ᄄᆞ님애기.
12 潛嫂 - 해녀.
13 어부.
14 어작선 - 漁夫船.
15 發動船.
16 漁船.
17 낚시배.
18 한 곳으로. 같이.
19 西歸鎭 內.
20 서귀진 수호신. 정방폭포 밑 서쪽 굴 속에 좌정한 신명.
21 지명.
22 동산 이름.
23 길이 바른 총을 가진 사냥꾼들.
24 8日堂神에.
25 신년제.
26 영등굿.
27 神衣 청소제.
28 都姓冊.
29 역대의 작고한 당맨심방들.
30 지금은.

13. 중문리 본향본풀이[1]

강철년[2] 씨 구송(남무, 63세, 남군 중문면 중문리 거주)
1959년 8월 채록

한로 영산 삼신산 섯어깨[3] 소못된 밭[4] 을축 삼월

대보름날 아홉성제가 솟아나고

신거리 된 밭[5]도 위位 가르고 좌座 가르고,

큰 성님은 수산[6] 우레ᄆᆞ루하로산

둘챈 물뮈[7] 제석천왕하로산

셋챈 예촌[8] 삼시백관ᄯᅩ하로산,

넷채 호그니[9] 서천밭하로산

다섯챈 중문이하로산[10] 여섯챈 색달리하로산[11]

일곱챈 열뤼하로산[12]

여덥챈 통천리고나무상태자하로산[13]

아홉찬 날뢰[14] 제석천왕하로산

중문리 본향한집은 오라사면[15] 하로하로산[16]

ᄂᆞ라시민[17] 진군하늘진궁부인[18]

가온대[19] 마흔여덥 상여도청[20] 삼천뱀마ᄯᅩ,[21]

요왕아기[22] 요왕군졸 선왕아기[23] 선왕군졸

예성당선 불목당[24] 하당국선 일뢰중저[25]

아들이[26] 어떻게 아방 눈에 ᄀᆞ리나고[27]

어멍 눈에 ᄀᆞ리나고

죽일 질로 다스리다가[28] 무쇠설갑을 차가지고

죽으라고 사시용왕의[29] 싱거물로[30] 띄우니

용왕의 가는 것이

동해용왕 황정승 집의 무나무[31] 상가지에 걸어지니

늬눈에반둥기[32] 들이돌아 쿵쿵 내돌아 쿵쿵 주ᄁᆞ니[33]

「큰딸애기 나고봐라」

「뱀만 송송하여 아무 것도 없습니다」

1 중문면 중문리 수호신본풀이. 이 본향당은 '두람지궤'라는 40~50명이 들어앉을 정도의 큰 굴이다.
2 침착하고 온화한 성품의 큰 심방. 부친대부터의 심방이라고 함.
3 西肩
4 沼池된 곳. 지명. 움푹 파인 지대.
5 한라산 중허리 애월면의 지명.
6 남군 성산면 수산리.
7 물뮈 - 물뫼 - 水山. 애월면 수산리.
8 중문면 상예리.
9 서귀읍 好近里.
10 중문면 중문리 당신. 이 본풀이의 主人公. 아홉 형제 중의 다섯째 아들.
11 중문면 색달리 당신.
12 중문면 하예리 당신.
13 안덕면 통천리 당신.
14 날뢰 - 日果. 대정읍 일과리.
15 상위(또는 상위치)의 신.
16 이 당의 남신이름.
17 하위(또는 하위치)의 신.
18 이 당의 婦神.
19 신의 위치 - 중간.
20 상여도청은 신명.
21 당신을 호위하는 하위 신.
22 신명.
23 신명.
24 예선당(당명)에서는 불목당 [神名].
25 아래당 쪽에서는 일뢰중저 [七日堂神].
26 구송자는 아들이 삼천백맷또, 며느리가 일뢰중저라 하나 수긍하기 어렵다.
27 벗어나고.
28 죽이기로 하다가.
29 사해용왕에. 바다에.
30 중문면 대포리의 지명.
31 산호(珊瑚)나무.
32 개를 일컫는 상투어구.
33 짖으니.

「샛똘아기 나고바라」
샛똘아기 나고보니 나뭇섭은[1] 반들단들
「아무 것도 없습니다」
「말잣똘아기 나고보라」 나고보니
「무나무 상가지에 무쇠설각이 걸어졌습니다」
「큰똘아기 ㄴ리우라」 못ㄴ리운다.
「샛똘아기 ㄴ리우라」 못ㄴ리운다.
「말잣똘아기 ㄴ리우라」
네눈이꽃당여[2] 신은 발로 ㄴ리오라고
낭굽을[3] 호령ㅎ고 차니 무쇠설곽 떨어지니
「큰딸아기 열어보라」 못열린다.
「셋똘아기 열어보라」 못열린다.
말잣똘아기 열어보니
네눈이꽃댕여 신은 발로 설곽을 다락 차니
서른여덜 요도걸쇠[4] 주석 쌍거슴[5] 절로 설강 열리니
설각 문을 열리고 보니
동산 새별ㄱ른 청의동저가 앉아시니
「네가 귀신이냐? 생인이냐?」 물으니
「귀신이 이런 곳에 오리까?
금시상의 아방국은 하로백관이고
어멍국은 진궁하늘 진궁부인이고
아방국에 ㄱ른리나고 어멍국의 시시나니[6]
죽으라고 무쇠설곽 짜서 서른여덥 용도걸쇨 채와놓고
사시오왕의 띄와부려 여기 왔습니다」
「그러면 너도 대장이 분명ㅎ니」 황정승 하는 말쑴이
「큰똘아기 방으로 가라」 눈도 아니 거들떠 바랜다.
「샛똘아기 방으로 가라」 눈도 아니 거들떠 바랜다.
「말잣똘아기 방으로 가라」
서른여덥 닛발이 허허덩싹[7] 웃더라.
말잣똘아기 사위를 맞아시나 숙둘열흘 백일을 ㄱᆯ지 살아도

1 나뭇잎은.

2 당혜(唐鞋)를 일컫는 말.
3 나무밑둥.

4 자물쇠 속의 날름쇠가 38개나 있는 자물쇠.
5 자물쇠의 날름쇠.

6 '굴리나고'와 같은 뜻의 상투적 반복 대구 표현.

7 활짝 웃는 모양.

벨 음식을 지어가도 바랜 챌 아니ᄒ여
각씨부인 ᄒ는 말씀이
「음식이 좋질 못ᄒ고 잘못 츨려 못잡숩니까?」
「대국이라도 우리 소국만은 못ᄒ다」
「소국서는 멀을 먹고 살았습니까?」 도령님 ᄒ는 말씀이
「우리 소국서는 안으로 열시왕 바깥으로 삼시왕
수퍼놓고[1] 염래전[2] 큰대 세와놓고 백돌래에 백시리[3]에
닭두점[4]에 ᄌ수지[5]에 받고 나옵니다」
부인이 아바님 황정승전의 들어가 말씀을 여쯔우되
「사위손님 ᄒ는 말씀이 석달열흘 살아도
음식을 안받고……」 이리이리 말씀 올리니
「내 기강을 가지고 내가 사위손님 하나 못멕이겠느냐!」
어이[6]로 안으로 열시왕 바깥으로 삼시왕 수퍼놓고
염래전에 큰대[7] 지도투고[8] 굿을 치면서 백돌래에
백시리에 ᄌ수지 닭두점에 안주 츨려 멕여가니
삭달열흘 백일을 ᄒ여가니 동창東倉궤도 비어간다.
서창궤도 비어간다. 남창南倉 북창 궤도 다 비어간다.
사위 손님 하나 멕이젱 ᄒ다가 집안이 망ᄒ게 되어지니
「어서 각씨 데리고 나가라」
무쇠설각에 두 갓[9] 담고 바당으로 띄워부니
나가난 싱겁물[10] 올라와 집으로 온다.
오고보니 올래[11]에 들어오니 하님년을 뵌다.
「네가 나를 알겠냐?」 「모르겠습니다」
「죽으라고 나를 ᄉ신요왕 띄어분 도령님이다.
이제는 아바님 어머님전의 가서 죽으라고 ᄉ신요왕 띄어분
도령님전 왔습니다고 여쭈어라」 여쯔우되
「혼이[12] 일곱 살 때 띄워분 애가 누게가 밥을 주고
옷을 주언 살아올 리가 있겠느냐?
그런 말씀 두번도 ᄒ지맙서」 아들신듸 가서
「그런 말 듣지 않겠다 합니다」 ᄒ니

1 청해놓고.
2 閻羅大王前.
3 흰 도래떡에 흰 시루떡.
4 닭고기.
5 燒酒.

6 잠깐 사이에. 어이는 겨를, 틈, 짬의 뜻.
7 큰대는 염랫대. 큰굿할 때 마당에 세우는 긴대.
8 지는 접두사. 돋우고.

9 부부.
10 중문면 대포리의 지명.
11 큰 길에서 굽어들어 오는 집 입구.

12 홀 일곱 살.

청글리[1] 흑글리 놓아 후흐게 부니 청글리가 가
아방 어멍 눈이 아파 둥굴어가니 하님녠 흐는 말씀이
「저 올래에 산[2] 도령님이 조해를 부렸읍니다」
「내 즈식이 분명흐건 이날 이시로 청글리 일시에 걷으라」
어뜩[3] 걷으니 「들어오라」 들어가니 「네가 어찌 살았느냐?」
「요왕의 뜨님아길 부부간이 살고 왔습니다」 허연
부모님과 フ찌 살다가 말짜이는[4] 하로백관이 불쌍해서
요왕아기 보고 불목당에[5] 가서
좌기해서 단굴전의 재민궁연[6] 받으라.

1 靑가루.

2 집 입구에 선.

3 언 듯.

4 끝에는.

5 중문리에 있는 당.

6 諸民供宴.

14. 색달리 본향본풀이[1]

강철년[2] 씨 구송(남무, 63세, 중문면 중문리 거주)
1959년 8월 채록

한로영주 삼신산 섯어깨[3] 소못된밭[4] 을축삼월 대보름날
아홉성제가 솟아나고 선거리된밭[5]도
위位 가르고 좌座 가르고
큰성님은 수산[6] 우뢰ㅁ루하로산[7]
둘챈 물뮈 제석천왕하로산,[8]
셋챈 예촌삼시벳관또하로산[9]
넷챈 호그니 서천밭하로산[10]
다섯챈 중문리하로산[11]
여섯챈 색달리 하로산[12]
일곱챈 열뤼 하로산[13]
여덥챈 통천리 고나무상태자하로산[14]
아홉찬 날뤼 제석천왕하로산[15]
여섯챗 한집이 선관ㅁ을[16]로 녹하지[17]로 발화가지고[18]
모라리오름[19]으로 석국을 블러서
국왁부리[20] 블라서 ㄴ려와
배락돌동산 ㄴ려서 구리남동산[21]에 좌기座基해서 보고
포재酺祭동산 ㄴ려와 오름코미동산에 와
좌기座基해야 앚았더니
김성방刑房 여울영 오롯콤[22] 짐호장戶長
셋호장[23] 삼위가 앉아보니
오롯콤드레 살펴보니 어떠한 선관 도서님이 와
좌기초해서 앉아시니 김호장 셋호장 김성방 삼위가
백보 밖의 내업대서
「어떠한 옷관도서님입내까?」고 물으니
「나는 한로영주 삼신산 섯어깨

소못된밭의서 솟아나시니 갈 길을

좌기홀 딜을 몰라서 여기 성국이 좋아서 좌기했노라」

그래면 선관 본향님이 받께[1] 삼위가 말을 여쭈오대

「우리 무을 토주관으로 좌기하기 어찌하오리까?」

그 본향 말씀ᄒ되

「그레면 내가 여기 밟아 와시니

그 무을 토주관으로 들어갈태니」

남도 찾이 도짐실레[2] 물도 찾이 도짐실레.

호적戶籍 장적帳籍 찾이ᄒ셔

「물살[3]을 잡겠다」 물살을 잡는듸,

「고여물을[4] 먹을 물을 잡고 생숫물[5]은 양줏물을[6] 잡고

말물은 베릿물[7]을 잡겠다」 하고 보니

물쌀 산쌀 잡고 호적 찾이하시니

「어디로 가겠느냐?」 하니

짐호장 헷호장 짐성방 삼위가 말씀을 ᄒ되

「토주관이 몸받은[8] 무당의 집으로 모사가민 어찌하오리까?」

「그레면 글로 가자」 그때

「신방 주첨주 주리방[9] 집의 안으로 당주[10]로 자정ᄒ서」

좌기하니 상을 받되 삼위三位하는 말씀이

「팔월 대보름날란 마불림제[11]로 받들고

정월 상달 초하루날란 마흔여덥 상단골

서른여덥 중단골 수물여덥 하단골 만민단골

수원단골[12]의 정주문안[13] 신과세를 받자옵서.

그러니 오롯콤 짐호장 짐성방 손이[14] 상단골이고

셋호장 손은 중단골로 올리고

하단골 수원단골 만민단골 지극정성 드립니다.

본향님이 동으로나 서으로나

큰 병 오드라도 모든 액연[15]을 막아줍서」 하니

「걱정 말라. 내 다 천근활에 백근 살에

올리동동 ᄌᆞ부금살[16]에 범의 가죽 펼치[17]메고

1 받아들이게.

2 都執事일레.

3 水脈.
4 색달리의 물이름.
5 색달리의 물이름.
6 양칫물을.
7 벼룻물.

8 신명을 받은.

9 주첨지 주리댁.
10 심방 집의 神壺 또는 그 신.
11 '마'(곰팡이)불림제 - 神衣
청소제.

12 수많은 단골의.
13 正朝(初)門安.
14 子孫이.

15 厄緣.
16 화살의 일종인듯.
17 펼쳐서.

쌀을 받으면 백근쌀에 천근쌀에 오리동동 같이 띄와
동으로 한 데 쏘으면 동으로 오는 병을 재초하고¹
남북병을 다 재초마」
문세를 찾이해시니
「낳은 날은 생산 문세를 잡고,
죽은 날은 물고문세 달리겠다」
매밥해 오랐수다. 떡도 해 왔수다.
정성을 다해와시니 모든 병 막아줍서.
병을 한집님 덕으로 막아줍서.

1 除草하고. 없애고.

15. 열리 본향본풀이[1]

강철년[2] 씨 구송(남무, 63세, 중문면 중문리 거주)
1959년 8월 채록

동백자[3] 하로산 세백제[4]
천지천왕 양두부첼 무어 살면서
낳는 것이 뜰 일곱성제 낳았는디 장성ᄒᆞ여
열다섯 십오세가 넘으난 ᄀᆞ지 살 수가 없다.
다 찾이해서 각히 위 갈르고 좌 갈르고 가는 것이
큰뜰아긴 난드르[5] 주문도천 일뢰중조[6]로 가고
둘쨋 열뤼[7] 망밧 중저부인[8]으로 가고
셋찬 거ᄆᆞ질[9] 청밧할망[10]으로 가고
넷챈 번내왈[11] 원당밧 월뤠중조[12]로 가고
다섯챈 통천[13] 상산리 도고셈이 일뢰중조[14]로 가고
여섯챈 창천리 닥밧할망 일뤠중조로 가고
일곱챈 열뤼 전쉬당 일뤠중조로 가고
이 주당住堂의 상단궐 몸받은[15] 호적 촛이한
한집님이[16] ᄂᆞ려사 상 받읍서.

1 중문면 上·下猊里 수호신의 신화.
2 부친대부터의 심방. 침착하고 온화한 성품.

3 東壁坐.
4 西壁坐 - 신의 당내 좌정 위치를 말한 것. 이 두 신이 猊里의 본향신.

5 안덕면 大坪里.
6 대평리 당신 이름.
7 猊里.
8 예리 당신 이름.
9 안덕면 沙溪里.
10 사계리 당신 이름.
11 안덕면 和順里.
12 화순리 당신 이름.
13 안덕면 감산리 通泉洞.
14 감산리의 당신 이름.
15 神命을 받은.
16 본향한집님. 신의 존칭.

16. 상창 할아방당본풀이[1]

고창학[2] 씨 구송(남무, 60세, 안덕면 창천리 거주)
1959년 8월 채록

한로영주산 상상고을리上上峰 섯어깨서[3]
을축 삼월 열사흘날 유시酉時에 아홉성제 솟아나니
큰성님은 정의지경[4] 수산 울레마을 하로산.[5]
둘차 물미[6] 제석천한하로산.
셋차 옛촌[7] 고병삿도하로산.
넷차는 동서홍리[8] 고산국하로산.
다섯차는 중문이[9] 동백자하로산
여섯차 하열리[10] 동백자하로산.
일곱차 날뢰[11] 제석천은하로산
여덥차 통천이[12] 남판돌판 고나무 상태자 하로산.[13]
아홉차 색다리[14] 제석천왕.
남판돌판상태자 여기 나로온 때는
백로 팔월 열사흘날 각분패.[15]
하로산 섯부레서[16] 좌우백을 살펴보니 성님네가
다 가게 되고 내 갈 길은 없다. 어디루 가랴.
절터니멍[17] 나려 안수못 밧수못[18] 은궤지심[19] 도나려
밝은이오름[20] 상상고을이 올라가보니
한세빅테기[21] 식어러보니[22]
육수장[23]을 둘러보난 생새물[24]이 있었고나.
애가 정정 무르니 생새물을 먹고 시장하니
밥새물에[25] 밥을 먹어 당오름[26]을 치더르니
밝은오름[27] 당하였다.
무등이왈 한서국사[28]가 억만군병 거느려 대변을 나사시니
남판돌판상태자가 말씀을 하되
「너가 백명군사를 한살끝에 눅지고[29]

또 한살끝에 누운 군사 일이겠느냐?」[1]

그렇게 말을 하니 황사국사가 「백명군사를 눅지겠다」

쌀 한되를 노으니 백명군사를 눅지고

또 한살을 노니 백명군사를 일이지못하여

고남상태자는 쌀 한되를 노니 백명군사는 눅지고

또 한대를 노니 백명군사를 일이고 눅졌다.

그러니 황사가 강사降事를 해야

「그래면 앞에 사는 제 집사를 들라」 하니 거느리고

논오름[2] 평풍ㄱ정[3] 도나려[4] 거동을 보니

칙동산[5]을 내려 살펴보니 당동산[6]을 나려 좌기하야

말머리[7]도 좌배남송이[8] 말물[9]도 좋아지다.

통물[10] 양줏물과 세숫물도 좋아지니

장기터[11]는 피리를 걸고

맛밭[12]에 백명군사를 복백伏兵하고 이시되

어느 누괘 먹으라 씨라[13] 하는자가 없어지니

배염[14]의 몸으로 환생하야

배염 빅데기 고루 채와[15] 좌기하니

통천이[16] 유포서 짐포시 강포수 노래 사슴 잡으레 가다

갈 적에두 질레에[17] 좌기하고 올 때에도 좌기허니

삼포수가 들어오라 유하였다가[18] 밝는날 명일에는

또 사늉[19]을 가다보니 또 좌기하여 삼포수가 말을 ㅎ되

「어떤 임신인가 어떤 귀신인가 어떤 사귄가 모르니

우리에게 태운 임신이건 좌기허시오」

큰 폭낡 알로 좌기하야 그 임신이 말을 하되

「백로 팔월열나흗날 상상 정월 열나흗날

시님대제를 받겠다」 ㅎ니

유포수는 상단굴이요 짐포수는 중단굴이요,

하포수는 강씨라

서백자[20]는 광주 서씨부인 신당 덕수[21]

상거물레[22] 조서님[23] 앞에

사단[1] 서씨부인 부배간을 무어
좌기하신 바이 광정[2]이 말씀을 하되
「너는 어기씨고[3]하니 내의 앞이 사고 수집사[4]로 거행하라」
하니 다름닫다[5] 동새당청 서성방청[6] 찾이하고
산짓당[7]은 쿳낫밭[8] 축일수청으로
다레했고 골멀 고소부군[9]
지음정승 증서관[10]을 막아있다.
앞에 사던 이하 하인은
죽동이 좌동이 허허배 오름산이[11] 십이군줄 거느려있다.

1 서던[立].
2 대정 廣靜堂神이.
3 기가 세고.
4 首執事.
5 뜀을 뛰다가. 부지런히 활
   동해서.
6 東西刑房廳.
7 대정고을의 당 이름.
8 대정고을 축일당 소재지.
9 대정고을의 부군칠성[蛇神]
10 벼슬 이름.
11 죽동이 이하 모두 하위
   군졸.

17. 감산 일뢰당본풀이[1]

고창학[2] 씨 구송(남무, 60세, 안덕면 창천리 거주)
1959년 8월 채록

감산 창천[3] 토주본향은 본은 여섯성젠데
아방국은 동백자하로산 어멍국은 족다리 대서부인
큰딸은 난드르[4] 당밭머리 일레중조.[5]
둘찻딸은 상열리 망밭중조.[6]
세차딸은 화순 원당밭중조.[7]
넷차는 사계 청밭할망중조.[8]
다섯차는 감산 창천 일레중조.[9]
여섯차는 상열리 전신당 도외병서 서리도공수처.[10]
이제는 가지 갈라 위位 갈라 오실 때는
아방눈에 어멍눈에 시시나[11] 집바깥에 떠나서
한로영주산은 큰장오리[12]
댁밭머리[13] 속반야개[14] 좌정해았더니
조천관[15]은 짐준잇[16] 아들 솟아나니
세살적부터 왕대총을 맨들고 총쏘기를 설렀네야.[17]
노리 사슴 잡아먹자.
한로산을 치더르니 처녀를 만나놓고
부배간을 삼아 어둘로 가랴 하니
댁밭머리 속반야개 떠나고 도나리자.
안소몰[18] 볼래[19] 위로 도나려 새오름[20]을 도나려
흔새빅대기[21] 도나려 어딜로 가랴 하니
천망오름[22] 도나려 뱅악산[23]을 도나려
산지구석[24] 좌기허고 식상을 받는중에
더더오름[25] 백사슴을 이시니
총 한방을 놓고보니 백사슴이 죽었다.
베끼고 감내석석[26] 오장을 조반반찬하고 보니

1 안덕면 감산리 일뢰당[七日堂]신의 신화.
2 말에 조리가 있고 침착한 선대부터의 심방.

3 안덕면 柑山里, 倉川里.

4 안덕면 大坪里.
5 일뢰또[七日堂神].
6 중문면 상예리 당신명.
7 안덕면 화순리 당신 이름.
8 안덕면 사계리 당신.
9 안덕면 감산리, 창천리의 7일당신.
10 중문면 上猊里 당의 신 이름.
11 눈에 거슬렸다는 뜻.
12 한라산 중턱의 못 이름.
13 한라산 서쪽 중턱의 지명.
14 한라산 서쪽(애월면)의 지명.
15 조천면 조천리.
16 金尊位 - 옛 지방자치제의 간부.
17 마련하여.

18 한라산 서쪽 중턱의 지명.
19 한라산 서쪽의 산 이름.
20 한라산 서쪽의 산 이름.
21 애월면의 지명.
22 안덕면 상창리의 산 이름.
23 안덕면 상창리의 산 이름.
24 안덕면 상창리의 산 이름.
25 중문면 상예리의 산 이름.
26 肝膽석석. '석석'은 차고 시원한 맛.

큰비 대우大雨 수천리하니
난데없는 큰 방천[1] 시더지어
끗어오다[2] 닥밭[3]으로 좌기ᄒ자
위식ᄒ야 못씰너라.[4]
감산리 도구서미로[5] 씨어올려[6] 좌기해야
묵은터[7] 고칩이[8] 처음으루 보고
상단굴로 위망하신 본향이라.

1 큰 내[川].
2 쏟아져서 흘러온다.
3 감산리의 지명.
4 위식ᄒ야(미상) 못쓰겠구나.
5 감산리의 샘물 이름.
6 헤쳐올라.
7 감산리의 지명.
8 고씨 집이.

18. 문수물당[1] 본향본풀이

강인권[2] 씨 구송(남무, 56세, 대정읍 하모리 거주)
1959년 8월 채록

문수물 큰당 한집[3] 알로 나려 고냥돌[4]
가는 선船도 촛이 오는 선도 촛이
상선上船에 상어자上漁者 중선에 중어자 하선에 하어자[5]
상잠수上潛嫂[6] 중잠수 하잠수
인정[7] ᄉ정 제민공연[8] 받우금 수금체[9]로 인정받기를
상단골 마흔여듭 중단골 서른여듭 하단골 수물여듭
인정받기를
초사흘 초일뢰 열사흘 열일뢰 스무사흘
스무일뢰 서천西天 제민공연을 받읍서.*

1 남군 대정읍 하모리의 본향신의 신화.
2 오랜 병과 궂은 사주를 이기기 위해서 29세 때 점 결과에 따라 입무했다고 함.
3 신을 일컫는 말.
4 구멍돌의 뜻. 돌 밑에 당이 있었다고 함.
5 上・中・下의 되풀이는 조운.
6 잠수는 해녀.
7 신에게 바치는 금품.
8 諸民供宴.
9 受金篩(?). 굿에서 체[篩]로 인정받는 일이 있음.

* 1행은 신의 해설, 2, 3, 5, 6행은 신의 직능 해설, 7행은 단골 해설, 8행은 제일 해설, 9행은 기원 등 5개 요소로 한 본풀이가 구성되어 있다.

19. 차귀당 본향본풀이(영감본풀이)[1]

김옥자[2] 씨 구송(여무, 39세, 대정읍 하모리 거주)
1970년 11월 채록

차귀당遮歸堂 산봉山峰[3] 본향은 영감당[4]인디
영감 출생지는 진도 안섬 진도 밧섬 울덧목[5] 소안도서
아방국은 벨파진[6] 어멍국은 송지장[7]
강경[8]은 베락바위 청빌레서[9] 솟아지던
1대장군 2대장군 3대장군 우으로 삼 형제는 솟아지니
대국천ㅈ국 들어가서 칼판머리에[10] 노념ㅎ는 영감.
ㅅ대장군 5대장군 6대장군 가운델로 삼 형제는 솟아지니
일분[11] 주년국으로 들어가서
일분 서낭 가미상[12] 신중서낭[13] 노념ㅎ니다.
7대장군 8대장군 9대장군 알로 삼 형제는 솟아지니
우리 조선 동양 삼국 들어사서 펭양북도 펭양남도 함경북도
함경남도 들어가면 산신대감으로 노념하고
성ㅈ대감으로 노념ㅎ고 몸대감으로 노념ㅎ네다.
강원도 금강산 들어사면 산신군졸로 노념ㅎ고
서울 산각산 노념ㅎ고 인천 항구에서 놀고
충청도 계룡산으로 노념ㅎ고 광주 무등산에서 노념ㅎ고
목포 유달산서 노념ㅎ고 진도 안섬 진도 밧섬 소안도
벨파진 노념ㅎ고 추자 관탈[14] 노념ㅎ고 제주 한로산은
장군서냥 노념ㅎ고 차고遮歸 당산봉 영감또로 노념하고
서늘곳[15]은 아기씨 신중서낭 노념ㅎ니다.
떼미곳[16]은 각씨서낭 정의곳은 영감서낭
대정곳은 도령서낭 노념ㅎ니다.
새당 덕수[17] 덧하르방 내외칠성
악근 도간 한 도간[18] 악근 불미 한 불미[19]
악근 모래 한 모래[20] 악근 직배 한 직배[21] 노념ㅎ고

1 영감은 도깨비의 존칭으로 ①풍어신, 부신(富神) ②공동체(마을)신 ③조상신 ④대장장이신 ⑤역신(疫神) 등의 성격을 하게 지닌다. 여기서는 ②공동체신의 예가 된다.
2 良家의 막내딸로 출생. 14세 후 長病. 7~8차례 수술을 한 뒤 신이 들려 강원도 등을 유랑하다가 梁太玉氏(20~23번의 무가 구송자)의 재취부인이 되었다. 단정한 인상.
3 제주도 西端. 한경면 고산리 소재.
4 고산리 4구의 본향당.
5 울두목으로, 李舜臣장군 승전 전략지로 유명하다.
6 碧波津.
7 지명(소재 미상).
8 忠南 江景.
9 靑磐石.
10 형구 칼판의 꼭대기.
11 일본.
12 일본어 '가미[神]상'.
13 神衆서낭.
14 冠脫島. 제주도 북쪽 해상에 보이는 무인도.
15 조천면 善屹里의 숲. '곳'은 숲[藪].
16 남원면 爲美里의 古名. 곳은 숲. 이들 숲은 도채비의 속성 중 하나인 음산한 곳을 의미하는 것.
17 남군 안덕면 德修里. 새당은 그 古名. 옛날 솥[釜] 산지.
18 작은 도가니. 큰 도가니.
19 작은 풀무 큰 풀무.
20 작은 모래 큰 모래.
21 작은 집게 큰 집게.

쑤시밥에 쑤시떡에 기알안주[1] 청감주나 제육[2]안주 자소지나[3]
백돌래[4]나 백시리[5]나 상을 받고 노념ᄒ던 영감또[6]는
김참봉에 김영감에 송참봉에 송영감은
쇠 잡아도 전물제[7] 돛 잡아도 전몰제
상을 받던 영감똡니다.
영감또는 산으로는 산신군졸로 놀고
마을로는 본향군졸로 놀고
물로 가면 요왕군졸로 놀고 배로 가면 서낭군졸로 놀고
거리에서는 사살귀死煞鬼로 놀고
안녀 밧녀[8] 정살녀[9] 지방녀 도랑녀[10] 숨은녀
악근 멜망 한 멜망[11] 미리여[12] 삼 형제 후내기[13] 절고개[14]
노념ᄒ고 물이 들면 강변에 노념하고
물이 싸면 수중에 노념하고 들물 나면 서이와당 노념ᄒ고
쓸물 나면 동이와당 노념하고 청새초롱 불 밝히고
낮에는 연불[15]로 노념하고 밤에는 신불로 노념하고
여자는 만나면 남즈로 변식變色하고
남자는 만나면 여자로 변식하고
한시 팟짝 천리도 가고
한시 팟짝 만리도 가는 영감입니다.

1 계란안주.
2 豬肉.
3 좋은 소주.
4 하얀 돌래떡.
5 백시루떡.
6 '또'는 神의 존칭어미.
7 숯마리의 제사.

8 '여'는 물속에 잠겨 있는 바
   위. 內外礁.
9 올래 정주목에 가로 걸치는
   '정살나무'의 살(煞=礁).
10 문지방살. 돌아다니는 살.
11 큰 멸망.
12 龍礁.
13 後出. 아홉 형제 중 아래 삼
    형제의 뜻.
14 '절'은 (물)'결'의 구개음화.
    물결의 고개. 波峠 - 波濤.
15 연불, 신불의 '연', '신'은 다
    접두사. 이불들도 도채비의
    한 속성.

20. 영등당 본풀이[1]

양태옥[2] 씨 구송(남무, 49세, 대정읍 하모리 거주)
1970년 10월 채록

영등당 본은 옛날 원천군 모某한 대감의 집에서
어렸을 적부터 그집 종사를[3] ᄒ며
귀헌 공부를 많이 하고 장성하니
그 골에서 선생이 되고 그 골 불상한 제자를 ᄀ리쳐
살다가 망년이 되야 죽어가니
그 대감으 집이서 너무 불상허고 섭섭ᄒ니
초ᄒ를 보름[4] 대소상 식께멩일[5]까지 정성케 잘하야주니
3년 후에는 몽夢에다 나타나고
「저만은 대감으 댁에서 얻어먹어 살다
절ᄀᄐ은 몸을 생각ᄒ야 이렇게꺼지 많이 해야주니
절로서는 공 갚을 수 없읍니다.
그러나 앞으루 4, 5년 광풍에 말려 흉년이 될타오나
집안에만은 풍년이나 시기겼읍니다」
깨달으니 몽이로다.
아니커라[6] 삼ᄉ년을 되여가니
해마다 광풍에 말려 흉년이 대단ᄒ되
그 집안엔 생각없는 풍년이 되여지니
이즐 수[7] 없는 영동靈童이로다.
그 일을 이즐 수 없어 한두 사름 알아가니
각자가 「나도 하져」, 「나도 하져」
영동靈童이 제축祭祝을 음력 2월 초하루입니다.
각자각자가 영동이를 위찬ᄒ니[8]
농ᄉ에 그만한 덕이 있으니
세계 각국을 비추는 영동인디
제주도는 수원하고 제주시하고 성산하고

1 영등신은 2월 영등달에 내방하는 신이니 상주하는 당은 없는 것이나, 여기 한림읍 수원리에는 영등당이 있다. 또 이 본풀이는 영등신이 여신으로만 관념되지 않는 한 예이기도 하다.
2 조실부모 후 8년간 절에 있다가 18세에 입무. 매우 이지적 성품이다. 북군 애월면에 12년간 거주했고, 8년간 영등당 매인심방을 지냈다고 한다.
3 從事. 장남살이(머슴살이)의 뜻이라고 한다.
4 삭망제(朔望祭).
5 기제사(忌祭祀).
6 아니할까. 과연.
7 잊을 수가.
8 상을 차려서 위하니.

2월 초ᄒ를날은 수원, 한림을 중심 삼아
해마다 영등대왕을 위찬ᄒ면
풍년도 되고 바당 사고도 없었읍니다.

21. 귀덕리 본향본풀이[1]

양태옥[2] 씨 구송(남무, 49세, 대정읍 하모리 거주)
1970년 11월 채록

귀덕본향은 옛날 정미년 미일미시[3]로
하로산 동탁으로 솟아지고,
땅도 널르고 물도 널르고 인가 많은 귀덕으로 향하아서
괴물수덕[4]으로 좌정ᄒ니 부정한 일 많이 있고
당수덕으로 올라사니 인가 없어 침침해야
알로 ᄂ려 요왕국을 으질[5] 삼고,
해모살[6]로 좌정ᄒ야
송씨할망[7]하고 요왕또[8]하고
좌우로 상을 받읍니다.
축일丑日 미일未日에 위찬ᄒ면[9]
귀덕리 악화를 면하고
외래인 배가 귀덕리에 오라
무심히 나아가면
배에 악화를 당합니다.
현재꺼지도 축미일로 사시절 위찬하고 있읍니다.

1 북군 한림읍 귀덕리 수호신의 본풀이.
2 북군 한경면 조수리 출생. 조실부모하고 소시에 절에 있다가 18세 때 입무. 말에 조리있고 이지적 성품.
3 丁未年 未日 未時.
4 지명. 괴[窟]물[水]. '수덕'은 큰돌들이 쌓이고 잡초목이 우거진 곳.
5 의지를.
6 바닷가 모래사장.
7 이 당의 신.
8 용왕신.
9 상을 차려서 위하면.

22. 신엄리 본향본풀이[1]

양태옥[2] 씨 구송(남무, 49세, 대정읍 하모리 거주)
1970년 11월 채록

신엄당본풀이는 몇백년전에
하로산서 송씨할망[3] 솟아져 제주 사백리를 살피고
낭쌀물쌀[4]을 따라오는 것이 수산[5] 당거리
외폭낭 알[6]로 좌정해야 수산 인민 일동 남녀노소 없이
생명을 보존허고 가장생활을 부구시켜 영급을 배우니[7]
또 가지갈라[8] 구엄리 리민里民 일동을 그늘와
사흘 일뢰 상을 받아 추물[9]을 찰려
위찬[10]하면 없는 성공을 시키고
신당의 반대자는 그만한 악화를 주었다.
또 가지갈라 신엄리로 좌정ᄒ야 영급[11]을 시키니
신엄리 이민 일동 형의[12]는
일년에 한번 초정월 특별 택일ᄒ야
초헌 이헌 삼헌 제집사를 빼고[13] 산돗 잡아 희성하고
도량서직 메를 지코 향로향합 제를 지나면
부락에 일년 악화를 면ᄒ고 또
개인의 기원은 초사흘 초일뢰 열사흘
열일뢰 스물사흘 수무일뢰 한둘 육일 형의를 올립니다.
또 영흥리[14]두 그와 같지 가지갈라 갔습니다.
영흥리도 사흘 일뢰로 각자가 축원을 드려
경과를 보고 신이 있다는 것을 믿읍니다.

1 북군 애월면 신엄리 수호신
   의 본풀이.
2 조실부모하고, 8년간 절[ᄒ]
   에 있다가 18세에 入巫. 필
   자 대면 중 제일 말에 조리
   가 있고, 이지적인 성품. 신
   엄리에는 12년간 거주.
3 이 당의 당신. 애월면 일대
   에서 많이 모시는 신.
4 木穴 水穴. 혈은 풍수지리
   의 정기가 모인 자리.
5 애월면 수산리.
6 한 그루 팽나무 아래.
7 영험을 보이니.
8 分派.
9 祭物.
10 爲饌. 찬을 차려서 위하면.

11 爲饌. 찬을 차려서 위하면.
12 성의.

13 선출하고.

14 애월면 용흥리.

23. 고내리 본향본풀이[1]

양태옥[2] 씨 구송(남무, 49세, 대정읍 하모리 거주)
1970년 11월 채록

1 북군 애월면 고내리 수호신의 본풀이.
2 위 2편 무가 구송자의 주 참조.

고내리 본향은 옛날옛적에 탐라 때에
제주도가 축산 각종 생산이 좋다고 하니
대국천자국에서 짐통경[3]을 제주로 보내고
상태를 알아서 오라고 하니 제주에 와서 보니,
모든 생산지가 탐나니 제주도를 자기가 먹기 목적으로
애월면 황바드루[4] 토성으로 만리성을 끼려[5] 쒸문을 달고
백성에 불채[6] 닷되 피자락[7] 한개 할당을 받아 준비하고
사고 당시엔 불채는 성 위에다 끌고 비찰리는 말꼬리에
달아 말을 타고 만리성을 뛰고 올 때에 불치가 풀려
제주 섬중을 감쳐지게 하고 제주섬을 자기가 먹기로 ᄒᆞ니
대국천자국에서 황서 을서 뱅서 삼장수[8]를 제주로 오니
항바들의 짐통경을 잡으랴고 만리성을 주야로 돌아도[9]
성안에 못들어 있었더니 어떠헌 여ᄌᆞ아이가
「삼장수가 어리석기 짝이 없고나. 무쇠문에 석달열흘
불을 살람시면 무쇠문이 뿌서지고 짐통경인 포착ᄒᆞᆸ서」
석둘 열흘 무쇠문에 불을 질러 녹아가니 짐통경인 할 수
없는 사실이라 일태가진[10] 자기 처를 가달 심어[11]
찢어발겨 죽여두고 무쇠방석 물ᄆᆞ를[12]에 바탈곳[13]을
향하야 던졌더니 무쇠방석이 물 위에 앉을 때에
짐통경인 무쇠방석에 올라앉아 있을 때에
황서님은 새 몸에 변식해야
짐통경이 머리에 앉아 괴롭게 하았다.
을ᄉᆞ님은 새우 몸에 변식해야 짐통경이 아진 자릴
괴롭히니 짐통경이 모가지를 흔들리니
피늘[14]이 들려질 때에

3 金通精(?~1273). 史實로는 황바들에서 패전해서 자결했다고 함.
4 애월면 古城里의 속명. 김통정의 항전 샘터가 있다.
5 쌓아.
6 불재[灰].
7 빗자루[箒].
8 史實로는 김방경이 지휘하는 관군과 몽고군의 연합군임.
9 뛰어도(공격해도).
10 잉태한.
11 가랭이를 잡아.
12 '물ᄆᆞ르'는 水山. 휘웃한 '水平線'을 말하는 것.
13 冠脫岬. 제주도 북쪽 수평선상에 보이는 무인도.
14 비늘.

병사님은 은장도로 목을 비여 짐통경을 잡았다.
상관에 밧겨두고 요왕국 벨궁ᄌᆞ 뜨님애긴
고내봉 북쪽으로 만년 폭낭 그늘에 앉았으니
벨궁ᄌᆞ 뜨님애긴 얼굴에 따라[1] 고내이를 찾아왔다.
삼장수가 고내리 리민 일동 남녀노소 찾이하고
낭과 물을 찾이해야 토지관[2]이 되었읍니다.
토지관에 위찬법[3]은 정월일일 팔월추석
일년에 두 번 대로 들러 본향 위찬하실 때에
자손이 잘못에 가 조금 이서
위찬허는 그날에 상을 아니받나고[4] 반대하니
고내리 얼굴 좋고 어훈[5] 좋고 완력 좋던 새친영감
발래바지[6]에 두룽다리모ᄌᆞ[7]에
둘러쓰고 바당에 갔다오다 보니
마을토지관이 ᄌᆞ손[8]을 괴롭게 굴엄스니
붕애눈은 부릅뜨고 산각수[9]는 거시리고
정동[10] ᄀᆞᆮ은 팔다시를 내여내며 어훈허니[11]
「토지관이 벨헌거냐? 내가 몬저 앉을테니 어저오라[12]」
어훈한다. 그후에 옛날부터 정월일일 팔월십오일
축원하고 있습니다. 아니하면 자손에게 악화가 있으며
위찬을 잘하면 자손이 악화를 면합니다.

1 벨궁자 뜨님애기 얼굴이 이
  쁘니 탐내어 따라와서.

2 마을 수호신. 본향.
3 爲鑽法 - 察法.

4 아니 받는다고. (신이 거절
  하니)
5 위세(威勢).
6 더덕더덕 기운 바지.
7 허름한 모자.
8 子孫(신앙민) ↔ 祖上(神).
9 三角鬚.
10 칡줄기.
11 내 흔들면 '어험' 하니.
12 상을 가져오라.

장주근 저작집 Ⅱ

서사무가편

■ 제주도 무속과 서사무가
■ 한국 신화의 민속학적 연구

한국 신화의 민속학적 연구

| 『한국 신화의 민속학적 연구』, 집문당, 1995 |

머리말

신화 연구에는 여러 가지 방법과 시각이 있을 수 있다. 저자는 민속학도로서 현지 조사를 하면서 특히 신화의 한 기반이 되는 무속을 비롯한 민간신앙에 비중을 두어 왔고. 그것은 자연히 한국신화의 민속학적 연구의 밑거름이 되어 왔다. 그러한 신화의 민속학적 연구에는 또 30대에 2년간 제주대학교에 봉직하며 제주도의 풍부한 무속신화에 끌려 온 일도 그 후 내내 작용을 해 왔다.

여기 모은 글들은 회갑 때에 출간했던 『한국민속논고』(1986) 이후 10년간 여기저기 발표했던 논문들 중에서 신화에 관한 주요한 것을 모은 글들이다. 다만 한편 「김알지신화와 영남지방의 민간신앙」은 1967년에 발표했던 논문이지만 이 책 이름을 『한국신화의 민속학적 연구』로 정하고 나니 그 한 핵심이 되겠기에 여기 다시 수록하였다.

이것을 다시 수록한 또 한 까닭은 그 후에 실시된 「전국 동제당 서면조사」에서 역시 영남지역에만 분포하는 이른바 골맥이 동제당의 각종 통계자료가 생겼기에 이것을 이 기회에 이 논문에 보충해 두는 것이 좋겠다고 생각했기 때문이다. 또 하나 「처용설화의 고찰」도 1963년도에 발표했던 「처용설화의 연구」의 미진했던 부분을 1987년도에 보완할 기회가 있었기에, 이것을 여기 같이 수록하였다.

신화는 민족의 정신적 요람이고, 꿈이며 이상정신의 발현이다. 그리스 · 로마의 신화책은 한국에서 매년 수십만 부씩 팔려나가는데 한국신화의 책은 그렇지 못하다는 출판계의 푸념을 저자는 듣고 있다. 저자는 30대에 잡지에 연재했던 글을 묶어서 『한국의 신화』

(1961)라는 대중 교양서를 낸 바가 있었다. 이 수정 증보판을 어떻게 더 쉽고 재미있게 풀어 써서 한국의 신화를 한국의 청소년과 교양인들에게 친숙하게 하느냐 하는 일은 저자의 오랜 숙제였으나 아직껏 이루지 못하고 있었다.

이제 도리없이 노년기에 접어드는 처지에 논문에 대한 과욕이나 타성에 끌리지 말고 우선은 『한국의 신화』의 수정 증보판의 저술에만 전념해 보려고 한다. 그래서 일단 새로운 연구논문의 붓대는 멈춰두자는 뜻에서 여기 그간의 글들을 묶어서 이 책을 내놓기로 하였다.

이 책은 일관된 저술이 아니고, 개별 논문들의 수합이기 때문에 중복되는 논급들이 있을 수 있는데, 이점에 대해서 독자들의 양해를 바라고 싶다. 또 부족한 점들에 대해서는 다시금 대방의 질정을 바라 마지않는다.

그리고 이 책도 서둘러 주시고 다음의 수정 증보판 『한국의 신화』도 미리부터 원고를 독촉해 주시는 집문당 임경환 사장의 뜻에 깊은 감사를 드린다. 아울러서 본문의 교정과 색인, 참고문헌 목록들의 작성을 분담하여 준 국립민속박물관의 김종대 연구관을 비롯한 여러분의 도움에도 깊은 감사를 드리는 바이다.

1995년 10월
장주근

목차

I.
단군신화의 민속학적 연구

1. 머리말

단군신화는 우리 한국의 개국 시조신화로서 문헌신화 중에서도 그 발생과 전승이 가
장 오래된 신화이다. 그 발생 시기에 대해서는 지금 신석기시대로 보는 학자도 있으나
청동기시대로 보는 것이 사학계에서의 지배적인 경향으로 보인다. 예컨대 김두진은 그의
논문에서 전자로 김정배, 후자로 천관우, 이기백, 정경희 등을 들고 자신도 후자인 청동기
시대설을 같이 제시하고 있다.[1]

그 중에서 가령 이기백은 다음과 같은 언급을 하고 있다. "국가 발생은 청동기시대
이후의 일이므로 고조선의 연대는 그 상한을 청동기시대와 같이 한다고 보아야 하겠다.
한국의 청동기시대 상한은 현재의 통설에 따라 B.C.8세기로 본다면 이것이 곧 고조선의
상한 연대가 될 것이다. 그러나 만일 청동기시대의 상한이 B.C.12세기경까지 더 거슬러
올라간다면 이에 따라서 고조선의 상한도 그만큼 올라가야 할 것이다."[2]

---

1 김두진, 「단군고기의 이해방향」, 이은봉 엮음, 『단군신화연구』(온누리社, 1986), 261쪽.

이렇게 볼 때에 단군신화의 발생이나 전승은 대충 B.C.1천 년경부터로[3] 보아야 할 오랜 신화가 된다. 따라서 그것은 대충 기원 전후에 시발되는 삼국시대의 고구려, 신라, 백제의 시조신화들보다는 천 년 정도가 앞서는 신화로 볼 수가 있게 된다. 그러나 단군신화의 문헌상의 기록 정착은 물론 『삼국유사』에 인용한 『고기古記』들이 있기는 했으나, 현재 우리가 가진 가장 오랜 책은 13세기의 『삼국유사』이다.

이렇듯 단군신화는 그 발생 연대가 오래고 따라서 원초적인 문화요소도 많은 신화이다. 삼국의 시조신화들에서는 예컨대 고주몽신화 같이 강한 영웅서사시적 성격을 띤 신화도 있어서 단군신화와는 성격이 많이 다르다. 단군신화는 그만큼 원초성과 유구한 전승성을 가졌기에 그 짧은 기록에는 많은 함축성과 상징성도 내포되어 있어서 그 해석의 언급이 매우 어렵고 조심스럽다.

그러나 단군신화만큼 한국에서는 많은 연구논문과 논란이 있었던 신화도 드물다. 그것은 이제 삼국은 다 소멸했지만 단군신화는 지금도, 앞으로도 영원할 한국의 개국 시조신화의 자리를 견지하고 있기 때문에 더할 수밖에 없었다. 이제 여기서는 한국의 문헌신화들을 살피는 데서는 첫 번째로 논의되지 않을 수 없는 단군신화에 대해서 일차 필자 나름의 견해를 정리해 두고 그 민속학적 연구를 시도하려고 한다.

그러나 단군신화는 원래 그것이 개국 시조신화여서 그 역사성 문제가 많이 논의되어 왔기에 그 결과들은 아무리 민속학적 연구라도 도외시할 수가 없어서 필요한 만큼은 역사적인 측면도 아울러서 살펴두기로 하겠다. 먼저 단군신화의 여러 기록 중에서 가장 기본적인 『삼국유사』의 본문을 인용해서 살피고 넘어가기로 한다.

---

2 이기백, 「古朝鮮의 諸問題」, 『한국고대사론』(探究新書, 1975), 28쪽.

3 김원룡, 『한국고고학개설』(일지사, 1986), 69쪽에는 각양각색의 청동기시대 상한 설정 중에서 셋이 같이 B.C.천 년으로 잡은 학자로 김원룡, 김정학, 김정배 등의 이름이 보인다.

2. 단군신화의 본문

고조선 왕검조선

『위서魏書』에 이르되 지금으로부터 2천 년 전에 단군왕검이 있어, 도읍을 아사달[경經에는 무엽산無葉山이라고 하고 또한 백악白岳이라고도 하니 백주白洲에 있다. 혹은 개성 동쪽에 있다 하니 지금의 백악궁白岳宮이 그것이다.]에 정하고 나라를 개창開創하여 조선이라 일컬으니 고高와 동시同時라 하였다.

고기古記에 이르되, 옛날에 환인(제석帝釋을 이름)의 서자庶子 환웅이 있어, 항상 천하에 뜻을 두고 인세人世를 탐내거늘, 아버지가 아들의 뜻을 알고 삼위태백三危太白을 내려다보매 인간을 널리 이롭게 할 만한지라 이에 천부인天符印 세 개를 주어, 가서 (세상 사람을) 다스리게 하였다. 웅雄이 무리 삼천을 이끌고 태백산 꼭대기(태백은 지금 묘향산) 신단수神檀樹 밑에 내려와 여기를 신시神市라 이르니 이가 환웅천왕이란 이다. (그는) 풍백風伯·우사雨師·운사雲師를 거느리고 곡穀·명命·병病·형刑·선악善惡 등 무릇 인간의 삼백육십여 사를 맡아서 인세人世에 있어 다스리고 교화教化하였다.

그때 일웅一熊과 일호一虎가 같은 굴에서 살며 항상 신웅神雄에게 빌되 원컨대 화化하여 사람이 되어지이다 하거늘, 한번은 신神이 신령스러운 쑥 한 자래와 마늘 이십 개를 주고 이르기를 너희들이 이것을 먹고 백 일百日 동안 일광日光을 보지 아니하면 곧 사람이 되리라 하였다. 곰과 범이 이것을 받아서 먹고 기忌하기 삼칠일 만에 곰은 여자의 몸이 되고 범은 능히 기忌하지 못하여 사람이 되지 못하였다. 웅녀熊女는 그와 혼인해 주는 이 없으므로 항상 단수壇樹 아래서 축원하기를 아이를 배어지이다 하였다. 웅雄이 이에 잠깐 변하여 결혼하여 아들을 낳으니 이름을 단군왕검이라 하였다.

(왕검이) 당고唐高의 즉위한 지 오십 년인 경인庚寅(당고唐高의 즉위 원년은 무진戊辰인즉 오십년은 정사丁巳요 경인庚寅이 아니다. 아마 틀린 듯하다.)에 평양성(지금 서경西京)에 도읍하고 비로소 조선이라 일컫고, 또 도읍을 백악산白岳山 아사달阿斯達에 옮기었는데, 그곳을 또 궁弓(혹은 방方자로 됨) 홀산忽山, 또는 금미달今彌達이라고도 하니 치국治國하기 일천오백 년이었다.

주周의 호왕虎王 즉위 기묘卽位己卯에 기자箕子를 조선에 봉하매, 단군은 장당경藏唐京으로 옮기었다가 후에 아사달에 돌아와 숨어서 산신山神이 되니, 수壽가 일천구백팔 세이었다 한다. 당唐의 배구전裴矩傳에는 고려高麗는 본시 고죽국孤竹國, 지금 해주인데 주周가 기자箕子를 봉하여 조선이라 하였고, 한漢은 삼군三郡을 분치分置하여 현토·낙랑·대방(북대방)이라 하였으며, 통전通典에도 차설此說과 같다(한서漢書에는 진眞(番)·임臨(屯)·락樂(浪)·현玄(菟)의 사군으로 되어 있는데, 여기에는 삼군三郡이라 하고 또 이름도 같지 아니하니 무슨 까닭인가). (이병도 역주본 의거)

　　古朝鮮　王儉朝鮮

　　魏書云 乃往二千載有壇君王儉 立都阿斯達 (經云無葉山 亦云白岳 在白州地 或云 在開城 東 今白岳宮是) 開國號朝鮮 與高同時 古記云 昔有桓因(謂帝釋也) 庶子桓雄 數意天下 貪求人 世 父知子意 下視三危太伯 可以弘益人間 乃授天符印三箇 遣往理之 雄率徒三千 降於太伯山 頂 (卽太伯今妙香山) 神壇樹下謂之神市 是謂桓雄天王也 將風伯雨師雲師 而主穀主命主病主 刑主善惡 凡主人間三百六十餘事 在世理化 時有一熊一虎 同穴而居 常祈于神雄 願化爲人 時神遺靈艾一炷 蒜二十枚曰 爾輩食之 不見日光百日 便得人形 熊虎得而食之忌三七日 熊得 女身 虎不能忌 而不得人身 熊女者無與爲婚 故每於壇樹下 呪願有孕 雄乃假化 而婚之 孕生子 號曰壇君王儉 以唐高卽位五十年庚寅 (唐高卽位元年戊辰 則五十年丁巳 非庚寅也 疑其未實) 都平壤城(今西京) 始稱朝鮮 又移都於白岳山阿斯達 又名弓(一作方)忽山 又今彌達 御國一千 五百年 周虎王卽位己卯 封箕子於朝鮮 壇君乃移藏唐京 後還隱於阿斯達 爲山神 壽一千九百 八歲 唐裴矩傳云 高麗本孤竹國(今海州) 周以封箕子爲朝鮮 漢分置三郡 謂玄菟-樂浪-帶方(北 帶方) 通典亦同此說(漢書則眞臨樂玄四郡 今云三郡 名又不同 何耶). 『三國遺事 卷第一』

3. 선행 연구 개관

단군신화에 대한 많은 연구와 언급들은 단군신화가 오늘날 우리 한국의 개국 시조신화이기 때문에 더할 수밖에 없었다는 것은 앞에서도 지적했던 대로이다. 이제 단군신화의 해석에 앞서서 먼저 필요한 최소한도 내로 간략하게 그 연구사를 살펴 두기로 하겠거니와, 그것은 단군신화의 성격을 이해하는데 도움이 되기 때문이다. 여기에는 이재걸의 '역사학적 연구를 중심으로'라는 부재가 붙은 「단군신화 연구의 현황과 문제점」이라는 논문이[4] 있어서 이것을 요약 인용 검토해 나가기로 하겠다.

1) 식민사관에 의한 연구

먼저 그전부터 있어 왔던 몇몇 일인 학자들의 연구 중에서 1921년에 이마니시 류[今西龍]가 『조선고사연구朝鮮古史硏究』를 발표한 것을 들어 두기로 한다. 그 후에 그는

① 김부식의 『삼국사기』에 단군신화에 대한 언급이 없으니 단군신화를 인정할 수 없고,

② 단군신화는 『삼국사기』 저작(1145년) 후, 『삼국유사』 제작 이전에 성립된 것이며,

③ 단군신화는 승僧 일연一然 등의 착오 내지는 날조이다.

고 했다. 여기에는 이와 유사한 여러 일인 학자들의 언급이 소개됐고, 또 1931년 우가키[宇垣] 조선총독 이후로는 단군이라는 두 글자를 사용하지 못하게 했고, 따라서 조선사의 최상고最上古로는 한사군漢四郡과 신라를 권두로 하게 하였다고 했다.[5] 이것은 이른바 단군신화 말살론이고, 이러한 총독 정책에는 당연히 많은 일인 어용학자들이 그 앞잡이로 나서 있었던 것이다.

유독 단군신화가 일제에 의해서 더 강하게 말살을 당한 것은 물론 그것이 개국 시조신화이기 때문이었고, 개국 시조신화가 흔히 민족 결속의 중핵中核을 이루는 성격 때문이었다고 할 것이다. 단군신화의 이러한 성격은 후기하겠지만 단군신화 자체의 성쇠의 역사에

---

4 이재걸, 「단군신화 연구의 현황과 문제점」, 이은봉 엮음, 앞의 책, 317~348쪽.
5 이재걸, 위의 글, 319~321쪽.

도 나타나고, 이렇듯 그 연구사에도 나타난다. 일인 어용학자들의 말살론이 등장하면 당연히 한국인 학자들에 의해서 반대로 옹호론이 나오는 것도 또한 너무나 당연하다. 역시 이것도 간단히 요점만 살펴두면 다음과 같다.

2) 민족사관에 의한 연구

1926년 동광東光(7호)에 안자산安自山은 고조선을 논하면서, 당시의 지명 평양의 위치가 만주의 요양이라고 주장하며 우리 강토의 방대하였음을 암시하였다. 1928년에는 최남선의 『단군급檀君及 기연구其研究』의 발표가 있었다. 그는 여기에서 김부식도 단군신화에 대해서 모르고 있지 않았다는 증거를 제시한 바가 있다.

그는 『삼국사기』 「동천왕조」의 "平壤者 本仙人王儉之宅也 或云王之都王儉"이라는 구절을 인용하고 그것이 단군왕검이라는 고증을 한 일은 특기할 만한 일이다.[6] 그것은 단군신화가 김부식 이전부터의 전승물이고 일본인 학자들의 주장처럼 일연의 날조일 수는 없다는 명확한 증거가 되기 때문이다. 그 밖에 최남선의 많은 연구들은 뒤에 다시 언급하기로 한다.

1935년 1월 16일~22일자 동아일보에는 정인보가 「시조 단군」을 발표하고 백두白頭의 고산高山과 송화松花의 장강長江을 시기始基로 해서 단군이 나라를 만들고, 그 도읍 평양은 지금 평안도의 평양만이 아닌 당시의 국도를 일컫는 고어임을 논증 주장하였다.

또 신채호는 『조선상고사朝鮮上古史』에서 송화 강변이 고대의 부여이고 여기를 조선민족의 발상지로 여겼다. 그는 조선족의 공통적 신앙으로 태백산의 광명신光明神 숭상을 들었다. 조선족은 신단神壇을 수두蘇塗라 부르고 그 제주를 천신이라 불렀는데 그가 단군이라고 했다. 그리고 각 수두 소속의 부족들이 연합하여 최상위 부족의 수두를 신神수두 즉 대단군大檀君으로 받들었다고 했다.[7]

위의 민족사학자들은 해방 전 일제치하에서 단군신화 연구를 비롯한 국학연구를 통해

---

6 이재걸, 앞의 글, 323쪽.
7 이재걸, 앞의 글, 321~325쪽.

서 일제의 단군신화 말살론에 반기를 들며 민족 운동을 전개했던 이들이 그 주류를 이룬다. 여기 요약 인용한 것은 물론 그 일부 극소부분이다. 이들에 대해서는 뒤에 다시 언급하기로 하겠다. 그리고 위 논문에는 다시 안호상, 문정창, 윤치도, 이유립, 박시인 등 해방 후 현재까지의 민족사학자들의 연구 요지들도 소개되었다.

또한 여기에는 이들 '한밝문화원'의 사학자들이 1980년 무렵에 단군신화의 정사화正史化 문제를 중심으로 '국사 찾기 행정行政소송'을 제기하고 국회에서도 논란이 많았던 내용들을 아울러서 소개하고 있다. 그것은 요컨대 단군신화를 역사적 사실로 여기고, 고조선의 영토가 만주와 중국대륙에까지 걸쳤다는 대륙사관에 기반을 두고, 민족정기를 선양하려는 것이었으나[8] 여기서는 너무 방대해지겠기에 자세한 것은 윗글들에 미루고 이만 그 개항만을 살펴두기로 하겠다.

3) 실증주의 사관에 의한 연구

이재걸은 위의 논문에서 여기에서는 최남선, 이병도, 김재원, 김정배, 이상현 등 5명의 연구의 요지를 들고 있으나, 물론 이 이외에도 연구자는 매우 많고 논문의 수도 한이 없을 지경으로 늘어나고 있다. 그리고 지금도 지속되고 있는 많은 이 관계 신진학자들의 연구들도 위의 세 가지 사관 중에서는 대개 실증사관에 속하는 것들이 많을 것이다. 여기서는 이들을 필자의 눈이 미치는 한도 내에서 모두 종합하고 필요한 부분들을 소개하며 이것을 기반으로 하여 아울러서 필자의 견해를 피력해 나가기로 하겠다.

4) 본고本稿의 기본 관점

위에 인용한 『삼국유사』의 단군신화 본문의 기록에 의하면 단군은 그 아버지가 천상의 신인 제석帝釋의 아들 환웅천왕으로 되어 있다. 그 환웅천왕이 하늘에서 내려와서 웅

---

8 이재걸, 앞의 글, 325~337쪽.

녀와 혼인하여 낳은 아들이 단군이며 단군은 나라 다스리기를 1,500년, 수명이 1,908세였던 것으로 기록되어 있다. 이러한 이야기 자체를 객관적으로 과학적인 사실이라고 믿을 현대인은 없을 것이다. 언제나 신화는 그 전승집단의 구성원들의 주관에 의할 때에 신성한 사실일 따름이다.

이렇듯 신화란 그 전승집단의 주관상으로는 신성한 사실이지만, 현대인의 과학적 객관으로는 비사실인 것이 일단 신화학상의 원칙이며, 이것은 신화를 보는 데 매우 중요한 기본관점이 된다. 라그란Lord Raglan은 서구 영웅담의 주인공들도 실재 인물이 아니고 신이며, 그 이야기들도 사실이 아니며 종교 및 의례와 관련되는 것이고, 그것이 바로 신화라고 강조한 바 있다.[9]

그러나 신화 내용 자체가 비사실이라고 해서 현대인의 과학적 객관에 그것이 절대로 불필요한 것일 수는 없다. 그 신화를 신봉하던 집단은 실존했고, 그 집단의 정치, 종교, 사상들을 신화는 두루 반영하는 것이기 때문에 오히려 더없이 신화는 소중한 것이 된다. 신화는 신화로 여기되, 그것을 신봉하던 집단의 정치나 문화들을 역사적 사실로 여기고 신화의 분석이나 기타 자료를 통해서 그것을 연구해야 한다는 것이 신화를 보는 우리의 기본 관점이 돼야 할 것으로 생각된다.

단군신화는 역시 신화이고 따라서 단군은 신이다. 신이란 비실재적非實在的 존재이고 다만 관념적 존재라는 점에서는 예컨대 삼신할머니, 단군이나, 제우스Zeus나, 여호와Jehovah나 아마테라스 오미카미[天照大神]나 모두 다를 바가 없다. 지금은 남의 신은 비실재이고 우리 신만이 실재적 존재라고 고집부릴 시대는 아니다. 이러한 신화 일반에 대한 기본관점을 먼저 전제하고 이제 단군신화를 살피기로 한다.

최남선 이래의 일이지만, 현대 학자들도 단군왕검을 종교적인 제사장祭司長과 정치적인 수장首長의 역할을 겸했던 제정일치사회의 우두머리로 보고 있다고 한다.[10] 이런 문제에 대해서 이기백은 단군을 역사적 실재 인물로서 시조로 받드는 것은 사실과 부합할 수

---

9 Lord Raglan, *The Hero*, 1936. (1979, Meridian Book, p.173)

10 이기동, 「고조선의 단군신화와 기자전설」, 『한국사강좌 I 고대편』(일조각, 1982), 42쪽.

없다고 했다. 단군이라는 말도 무당을 가리키는 보통명사이지 고유명사는 아닐 것이기 때문이라고 했다.[11]

이것은 그전의 민족주의 사관에서 최남선 이래의 실증주의 연구가 진일보했던 데에서, 다시 우리 고대사 연구의 산화 해석이 역사주의(Euhemerism)에서 탈피하고 진일보하려는 경향을 보여주는 중요한 견해이다. 그러나 이것은 좀 더 정확하게 말한다면 단군이라는 말이 무당을 가리키는 보통명사가 아니라, 무당 사제단이 신봉하고 제사지냈던 시조신의 이름으로 보아야 할 것으로 생각된다.

특히 단군신화의 경우는 그것이 개국 시조신화이기 때문에 지금도 단군의 초상이나 조상彫像들이 만들어지고 있어서 문제가 된다. 전에는 대통령이 서울 남산에 단군의 동상을 세우자고 제언을 한 일도 있었다. 하기는 신이 비실재의 관념적 존재라는 것은 신화학의 원칙이고, 여기에는 때로 실존했던 위대한 인물이 후세에 신격화되는 예외도 있다.[12]

또 종교라는 것은 주관적인 것이기 때문에 각자가 믿는 바 주관대로 하는 일이다. 다만 원칙론은 일단 인식하고 있어야 하리라는 것이다. 예컨대 남산의 단군동상 문제 같은 것을 생각해 볼 때, 동상보다는 신당이나 신전이 일차적으로는 먼저 고려되어야 하는 것이 보다 바람직한 일이 아닌가 생각된다.

4. 전거典據 및 고조선의 민족과 영토

1) 고조선의 민족과 영토

고조선의 연대에 대해서는 위에서 언급하였다. 다시 고조선의 영토와 그 주체인 민족 문제에 이르면 이것은 완전히 역사학의 문제가 되어서 필자로서는 능력이 미치지 못하고

---

11 이기백, 앞의 책, 13쪽.
12 松村武雄, 『宗教及び神話と環境』(1943), 722쪽.

논외로 치는 것이 마땅하나, 다만 지금까지 무수했던 연구들의 간략한 정리를 일단 시도해두기로 한다. 이재걸은 위의 글에서 해방 전후의 많은 민족사학적 단군신화 연구의 공통점을 다음과 같이 요약하였는데 그 ②, ④에 영토와 민족문제가 종합되어 있다.

민족사학적 연구의 공통점
① 단군은 역사상 실존한 우리 민족의 시조이다.
② 고조선의 강역은 만주와 중국 중남부에까지 걸쳐 있었다.
③ 고조선의 지속 연한은 천여 년이다.
④ 동이족東夷族은 우리의 선조이다.[13]

한편 실증주의적 연구에서 고조선의 영토는 대체로 평안도·황해도 지역으로 한정돼온 경향은 있었으나 모든 학자가 다 공감하는 실정은 아니라고 해야 할 것이다. 그리고 그 주체 집단에 대해서는 최근에는 북몽고족인 알타이어족설(천관우千寬宇), 古아시아족설(김정배金貞培), 알타이=동이족설東夷族說(정경희鄭璟嬉) 등 인종학적인 추구들도 있어 왔다. "그러나 실제 우리 민족의 기원이 정확하게 밝혀져 있지 않을 뿐 아니라 앞으로 소상하게 규명되기도 어렵기 때문에, 민족 구성상의 문제로서 고조선의 사회상을 추구하기는 어려울 것이다."라고 김두진[14]은 위 제설諸說을 인용 고찰하고 이렇게 마무리를 짓고 있다.

2) 전거典據-『위서魏書』와 『고기古記』

단군신화는 전기한 대로 삼국의 시조신화들보다는 줄잡아서 천 년이 앞서는 청동기시대-초기국가 형성기에 형성됐을 신화이다. 따라서 단군신화는 그 문헌상의 기록 정착 사정이 삼국의 시조신화들과는 본래부터 다를 수밖에 없었을 것이다. 삼국의 시조신화 중에

---

13 이재걸, 앞의 책, 333쪽.
14 김두진, 「檀君古記의 이해방향」, 이은봉 엮음, 앞의 책, 261쪽.

서도 예컨대 부여, 고구려의 시조 동명왕신화는 서기 1세기경부터 10여 종을 헤아릴 중국 옛 문헌들에 기록되어서 널리 중국에도 알려져 있었던 것을 알 수가 있다. 그에 비하면 단군신화는 상대 중국에서 사서 편찬들이 본격화되기 이전 시대의 소산물이고 전승물이 었던 셈이다.

그리고 한국 내에서도 삼국시대가 되면, 삼국은 각기 자기 나름의 나라의 시조신화들을 신봉하고 있었으니, 이미 사라진 고조선의 단군신화는 자연히 관심 밖의 존재로 밀려나 있었을 가능성도 컸다고 할 것이다. 그러한 상황 속에서 지금 우리가 가지고 있는 단군신화의 기록은 또 그 다음 시대인 고려시대의 『삼국유사』에 실려 있다.

일연一然 선사는 위 단군신화의 본문을 『위서魏書』와 『고기古記』라는 두 문헌에 의거해서 기록하고 있다. 그러나 지금 『위서』에는 단군신화의 기록이 안보이고, 고기는 어느 책인지 불분명하고, 『삼국사기』에도 기록이 없으니, 단군신화는 승 일연의 날조 혹은 착각이라고 일인 학자들이 단군신화 말살론을 폈던 것도 앞에 소개했던 바이다.

그 중에서도 먼저 『위서魏書』에 대해서는 최남선[15]과 이병도[16] 등이 그 사정을 밝히고 있다. 이병도는 위魏에도 중국 삼국시대의 삼국의 하나인 위와 남북조시대의 동위·북위·서위 등이 있어서, 『위서』라고 할 책도 8종이 있었다는 것을 중국의 사고전서四庫全書에 의거해서 제시하였다. 그리고 그 중에서 3종은 현재 전하지 않고, 3종은 몇 부분만 전하거나, 후대에 보완한 것들도 있다.

그러한 부분적인 현전 『위서』나 온전한 위서들에는 단군에 관한 기록은 없다. 그래서 혹시 위의 없어져 버린 위서나 또는 그 없어진 어떤 부분에 기록되어 있던 것이 아닌가? 또는 없어지기 전의 그러한 기록들이 한국에 전해서 일연선사나, 혹은 그 이전의 『고기古記』의 저자들에 의해서 고기古記에 수록되었던 것이 아닐는지 하는 의심도 난다고 했다.

다음에 『고기古記』는 그 두 글자만으로는 단군신화를 기록한 고기古記이기는 하겠지만 어떤 책인지 불분명하다. 그러나 단군에 관한 옛 기록으로는 같은 『삼국유사』 권일卷一

---

15 최남선, 『신정 삼국유사 해제』(삼중당, 1943), 1~68쪽.
16 이병도, 「단군설화의 해석과 아사달 문제」, 이은봉 엮음, 앞의 책, 46쪽.

「고구려조」의 주註에도 거듭 두 번이나『단군기운檀君記云』하고 그 내용의 인용이 보인다. 또 같은 시대인 이승휴의『제왕운기』의 단군신화에도 '단군본기왈', '본기왈' 하고 단군신화를 인용한 부분들이 있다.

이것은 내려와서『세종실록 지리지』에도『단군고기檀君古記』를 인용한 부분이 있어서 조선시대 초기까지도 단군신화 기록물들이『삼국유사』나『제왕운기』외에도 있었을 것을 짐작시켜 주고 있다. 따라서 일인 학자들의 승 일연의 날조설에는 더 신경 쓸 필요조차 없을 것이다. 최남선은 위의 글에서 그 단군고기류가 어떤 고기古記 중의 어느 한 편일지, 아니면 별개 단행본일지에 관심을 보이면서, 혹시는 이규보가 보았다는『구삼국사』의 한 부분이 아닐까 하는 점도 생각해 볼 만하다고 하였다.

그러면서도 일연선사에게 인용되었을 고기류古記類로 생각할 수 있을 것을 4세기에서 6세기에 걸치는 삼국의 사서史書들인 고구려의 신집新集(이문진찬) 또는 그 모체인 유기留記, 신라의 국사國史(거칠부居柒夫 등 찬撰), 백제의 서기書記(고흥찬) 등 이하 수십 종을 들었다. 당장 우리가 아쉬운 것은 이규보가 인용한『구삼국사』의「동명왕편」을 보아도 그 내용은 매우 자세해서 지금 전하는 어느 책도 따를 수가 없다는 점이다.

일본이 한국에서 한자나 유불교儒佛敎들을 전해 받고도 오히려 8세기 초기의『고사기古事記』,『일본서기日本書紀』등을 가지고 있는데 우리의 현존 최고의『삼국사기』는 12세기의 책이다. 신화란 본래가 원초사회의 소산물이다. 우리의 고려시대는 지금 문헌상황으로는 신화의 정리기에 해당한다. 그것은 이미 신화 불임기不姙期이기도 하고, 신화적인 사고는 식어가는 시대였다. 신화 유산을 위해서는 오랜 사서史書의 잔존이 아쉬운데 많은 병화로 그것을 손실당한 우리로서는 인접지역 국가의 자료들도 모색해야 할 어려움을 더 많이 겪어야 하는 안타까움을 안은 셈이다.

5. 천부인天符印 3개와 청동의기들

1) 천부인 3개에 대하여

위 『삼국유사』의 본문에 의하면 환웅은 환인께서 천부인 3개를 받고 천왕으로서 무리 3천을 거느리고 하강한 것으로 되어 있다. 이 천부인 3개에 대한 학자들의 기왕의 연구결과들을 임기중은 다음과 같이 요약 제시한 바가 있다.[17]

> 첫째, 무구巫具인 신경神鏡(明圖)·신모神帽·신검神劍이다. (최남선)
> 둘째, 신神·대자연·인간의 삼계三界를 말한다. (장덕순)
> 셋째, 하늘·땅·저승을 지배하는 신기神器이다. (유동식)
> 넷째, tjurunga와 같은 성구聖具이다. (황패강)

그리고 임기중 자신은 천부인 3개를 풍백風伯·우사雨師·운사雲師일 것이라고 했다. 이상 다섯 견해 중에서 세 견해는 천부인 3개가 어떤 신성기구를 의미하는 것이라는 점에서 공통되고 있으며, 필자도 그에 동의하는 입장이다. 그 중에서 최남선의 견해를 좀 더 부연하면 다음과 같다.

미개사회에서는 특히 사회적 원수에게는 신보神寶가 있고, 그 기원이 천신에 있다는 것이 통례이다. 천강天降의 신도 이런 주술적 기물을 가지지 않고서는 인세에서의 막대한 대권을 운용하지 못한다는 것이다. 동북아시아 건국신화에 보이는 실례로는 몽고신화에 천제자가 하강할 때 비술秘術 10만 종과 흑마黑馬·환승環繩·투창投槍 등을 받아왔다 했고, 일본신화에는 천주가 자손을 하강시킬 때에 거울, 검, 곡옥 등 3종의 신기神器를 주어 길이 국왕의 옥새玉璽로 삼게 했다고 했다.

또 일본에 전하는 신라 왕자 천일창天日槍의 건국전설에는 팔종신기八種神器라는 것이

---

17 임기중, 「天符印에 대하여」, 『강한영 교수 고희기념논문집』(1983), 383쪽.

있는데 그것은 경鏡·검劍·주珠 및 신좌神座 등이었다. 우리 천부인 3개가 무엇 무엇인지는 기록하지 않아서 알 수 없으나 추측컨대 경鏡·검劍은 확실하다. 나머지 하나는 역시 동북아시아 실정으로 보아서 령鈴·관冠 중에서 관일 가능성이 가장 많다. 지금 우리 무속에서도 경鏡(명도)과 검劍은 신물로 쓰고 있다는 것도 최남선은 지적을 하고 있다.[18]

임기중도 위의 논문에서 천부인 3개란 왕권王權 표상表象, 통치력 표상의 주적呪的 상징물이었던 것 같다고 강조하고 있다. 필자는 이 천부인 3개를 거울, 검, 방울의 3종으로 믿고 있다. 그 까닭은 그 후 근래에 와서 고고학계에서 발견 출토되고 있는 청동기시대의 종교의식용 기구로서 위 3종이 두드러지고 있으며, 또 현재도 사용되고 있는 우리 무속상의 3종의 금속제 신성무구도 역시 신칼, 명두, 방울의 3종이기 때문이다. 이제 이것을 위에서도 언급되었던 고고학, 민속학, 신화학 등 몇 가지 측면에서 살피기로 하겠다.

2) 천부인 3개에 대한 고고학적 측면

첫째로 청동의기로서의 고고학적 측면을 먼저 살펴보기로 한다. 이것은 전기했듯이 고조선과 단군신화의 형성이 같은 B.C.10세기 이후의 청동기시대의 일이어서 우선 단군신화와 시대가 부합된다. 이 시대의 청동의기의 근래의 출토품으로는 다뉴경多紐鏡, 세형동검細形銅劍에 팔주령八珠鈴을 비롯해서 방울은 특히 오주령五珠鈴과 다양한 이주령二珠鈴 등 종류가 매우 많다. 이밖에 청동기의 종교의기로 동탁銅鐸, 농경문청동기農耕文靑銅器들도 출토되고 있다.

그 중에서도 거울은 물론 당시로서는 종교의식용 기구일 수밖에 없다. "세형동검도 그 부러지기 쉬운 백동질白銅質이라는 점과 함께 처음부터 의기적인 성격을 띤 것이라고 말할 수 있을 것이다."[19] 또 세형동검 중에는 손잡이 속에 쌍방울이 장치되어서 칼을 사용하면 방울 소리가 나게 되어 있어서 복잡하고 비능률적인 것도 있다.[20] 이들 거울, 검, 방울

---

18 최남선, 「檀君古記箋釋」, 『사상계』 1954년 2월호, 53~76쪽.
19 김원룡, 『한국고고학개설』(일지사, 1986), 86쪽.

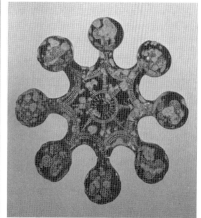

다뉴세문경, 세형동검, 팔주령 등의 청동의기들

들 중에서 특히 다뉴세문경多紐細文鏡을 비롯해서 팔주령, 세형동검들은 그 도판이나마 유심히 들여다보면 소름이 끼치도록 정교한 그 솜씨와 종교적인 신성감, 정성감에 놀라지 않을 수가 없다.

그것은 그야말로 제정일치사회의 제사장祭司長 겸 군장君長의 권능을 표상하는 주적呪的 상징물임을 실감케 하는 바가 있다. 그리고 이 유물들은 한국 무속의 최초의 증거물로서, 한국 무속의 찬란한 시원을 웅변으로 설명하는 증거품이 되기도 한다. 이만큼 정밀하고 세련된 종교의기들을 가졌던 사제단司祭團이라면, 우선 그에 어울리는 보관이나 사용면만을 생각해도 그 종교의 넘치는 권위를 연상시키는 바가 있다.

그 형태가 특이한 다뉴세문경多紐細文鏡에서 세문경으로의 발전도 그렇지만, 동검은 원

20 김원룡, 『한국미술사』(범문사, 1968), 32쪽.

래 서남만주의 요녕식遼寧式 동검에서 출발하여 기원전 500년경에 대동강 지구에서 한국 식으로 형식발전 또는 변화를 완성한 것이다. 그리고 그 분포도 남만주에서 서부일본까지에 걸치는 것으로 하나의 청동기 문화권을 형성하고 있었던 것이라고 하는데,[21] 이점은 특히 유념해 둘 만한 필요성이 있는 일이다. 뒤에 다시 언급하기로 한다.

3) 천부인 3개에 대한 민속학적 고찰

둘째로 민속학적으로 현대 무구巫具로서의 3개의 측면을 살피기로 한다. 현재 한국 본토에서는 금속제의 신성 3무구로서 명두(거울), 신칼, 방울이 공통적이다. 그 중에서 신칼과 방울은 굿에서 사제용구司祭用具로 사용되나, 명두는 그렇지 않고 신성한 상징성을 띤다. 신어머니[師巫]가 그의 많은 신딸[弟子巫女]들 중에서 자기 뒤를 이을 한 무녀에게 명두를 비롯한 명命다리 등을 물려주어서 계승의 상징으로 여긴다.

신딸은 물려받은 명두를 특히 선배 무령巫靈의 상징으로 삼고, 신당안의 무신도 위에 걸어두기도 한다. 또 같은 길일에 두 집 이상의 굿 날짜가 잡히면 못가는 집 대청마루에는 명두만 걸어두었다가 후일 다시 날을 받아서 굿을 하기도 한다. 그래서 이 명두는 무령 또는 신령의 상징물로 특히 신성하게 여겨지고 있음을 알 수가 있다.

한편 제주도에서는 3무구가 신칼, 요령, 산판(산대1, 상잔2, 천문2)들로서 우선 종류가 달라지고 있다. 이 3무구를 3명두라 부르고, 무조신화 초공본풀이에 나오는 무조신 삼 형제도 3명두라 부른다. 그래서 3명두巫具는 3명두(무조신 삼 형제)의 상징물이 된다. 강신무의 성격이 적고, 공수[神託]가 적은 제주도 굿에서는 신칼점, 산算판점占들을 치고 그 점괘에 신의神意가 나타나는 것을 심방[巫]이 굿 의뢰자에게 풀어서 전달하는 구조성을 갖는다.

그래서 3명두는 평소에도 심방집 신단에 다른 무구들과는 달리 정중하게 잘 모셔진다. 명두巫具라는 낱말의 어원은 아직 알 수 없으나, 본토의 명두(거울), 제주도의 3명두도 다 무조령巫祖靈의 상징물로 여겨지며, 무구의 신성성을 대단히 신비스럽게 함축하고 있

---

21 김원룡, 「원시미술」, 『한국미술전집 I』(동화출판사, 1973), 147쪽.

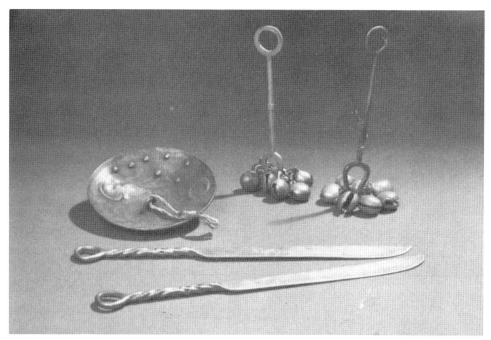

금속제 기본 3무구 - 명두, 신칼, 방울

는 어휘로서 전승되고 있다. 어떻든 이상과 같이 청동기시대 이래의 신성무구가 한국 본토에서는 거울(명두), 신칼, 방울의 세 종류로서 그대로 계승되어 왔고 제주도에서는 신칼, 요령, 산판들로 그 종류에 있어서 지역적인 변화를 보이고 있었다.

또 한편 위 고고학에서 언급됐던 대로 고대에 한반도를 중심으로 남만주, 서부일본에 걸쳤던 같은 청동기 문화권에서 오늘날 일본의 무속은 신사무녀神社巫女가 있고, 한편 단절 직전의 극소수 맹인무녀盲人巫女들인 '이따고'들로만 남아 있다. 그 신사에서도 거울은 신체로서 상징적으로 깊이 모셔지는 예가 매우 많고, 검과 방울은 간혹 무녀춤에 사용되고 있어서 민속 면에서의 3무구의 사용용도는 기본적으로 한국본토와의 유사성을 지금껏 계속 보여 오고 있다.

기본적으로는 거울(명두)이 신체의 상징으로 모셔지는 이러한 고풍古風의 한일 양국에 걸치는 넓은 분포는 다음의 일본신화를 산출케 한 기반으로 여겨지기도 한다. 즉 일본의 천손강림신화에서 천조대신天照大神이 그 자손에게 3종의 신기를 주면서, 특히 거울은 오로지 내 혼으로 여기고, 나를 모시듯이 모시라고 했다는 것이다.

여하튼 이 민속과 신화의 전승은 매우 긴밀한 관련성을 보여 준다. 그리고 오늘날도 그 3종의 신기는 일본 왕위의 상징으로 높이 신앙되는데 다만 그 종류는 거울, 검, 곡옥으로서 곡옥 하나는 종류가 달라진 변화를 보이고 있다. 그러나 그것을 지역적인 변화로 본다면 오히려 제주도의 변화보다는 일본의 변화는 훨씬 한국 본토에 가깝다고 할 것이다.[22]

4) 천부인 3개에 대한 신화학적 고찰

셋째로 다시 신화학상의 3신기로서의 천부인 3개의 측면을 종합하기로 한다. 단군신화의 전반부의 기본구조는 천신에게서 3개의 신기를 받은 아들이 천왕으로서 무리 3천을 거느리고 성산聖山 위에 하강해서 인간세계를 다스리는 것으로 되어 있다. 이러한 천강신화는 특히 동북아시아 일대에는 공통적으로 넓은 분포를 보이고 있다.

일본 신화학자들도 그들의 천강신화나 여기 3신기에 대해서 다음과 같은 언급을 하고 있다. "고조선의 단군신화는 천신이 아들에게 3종의 보기寶器를 주고, 풍사, 우사, 운사라는 3직능신職能神을 데리고 산상의 단목檀木 옆에 하강시키고 나라를 열었다고 전한다.

이 3종의 보기는 일본 천손강림신화의 3종의 신기에 해당하고, 3직능신은 일본의 오반서五伴緖에 해당한다. …(중략)… 유사점은 더 신화의 세부에 이르며, 다카치호미네[高千穂峯]상의 봉우리가 '소호리'라고 불린 것은 조선어의 도읍을 의미하는 '소벌蘇伐', 또는 '서울'과 같다. …(중략)… 그래서 오카 마사오[岡正雄] 씨는 천손강림신화가 조선반도를 경유해서 일본에 들어온 일, 그리고 그 담당자들이 알타이계 유목민 문화적 요소를 강하게 가지고 있는 점들을 들고 아마도 그들이 황실 조상이었으리라고 생각한다. 오카[岡]씨의 이 학설에는 나도 찬성이다."라고 하면서 그는 그것을 뒷받침할 자료는 더 있다고 다

---

22 장주근, 「한일양국의 고대민간신앙」, 『일본문화의 원류로서의 비교한국문화』(삼성출판사, 1980), 234~246쪽.

시 몽고의 신화들도 들고 있다.[23]

이러한 유사한 신화권에서, 특히 전기한 대로 고대에 같은 청동기 문화권이 한반도를 중심으로 남만주, 서부일본에 같이 분포돼 있었다는 고고학의 견해는 매우 주목되는 바가 크다. 특히 한일 양국의 신화가 밀접한 유사성을 가지는 것은 그 지배층이 동일한 신화구조를 가지고 있었던 밀접한 관련성을 생각할 수 있게 한다.

그리고 전기 한 바 있거니와 옛날 일제 총독 정책에서는 어용학자들이 단군신화 말살론을 제시했었다. 그러나 이제는 대표적인 일본 신화학자들도 같은 일본신화의 유형 내지는 원형을 단군신화에서 찾으려고도 하고, 나아가서는 황실의 조상론까지도 대두하고 있는 것을 볼 수 있게 되고 있다.

이상 천부인 3개는 고고학적 출토품이나 신화학적 내용이나, 민속학에서도 한국 본토의 신성무구神聖巫具인 검, 거울, 방울로 합치점을 보여주었다. 그리고 그것은 한일 양국의 개국신화에서도 핵심적인 중요 부분의 형성기반을 이루고 있었던 셈이어서 이 천부인 3개는 한국 고대문화의 위상을 설명해 주는 데서 매우 중요한 구실을 해 주고 있다는 점에 주목할 필요가 있다.

6. 태백산정太白山頂 신시神市

1) 태백산에 대하여

『삼국유사』는 태백산을 어떤 데서는 경상북도에 있는 태백산을 가리켰고, 어떤 데서는 지금의 백두산을 가리키고 있다. 그런데 위에 인용한 대로 고조선의 기록에서는 '즉태백금묘향산卽太伯今妙香山'이라고 주를 달아 놓고 있다. 태백산이라는 이름은 『삼국사기』도 경북의 태백산을 가리키고 있으나, 중국 사적의 「동이전東夷傳」, 「북적전北狄傳」들은 지금

---

23 大林太良, 『일본신화의 기원』(角川新書, 1966), 216~217쪽.

의 백두산을 태백산이라고 적고 있다. 그래서 이것을 종합할 때 태백산은 언제나 반드시 어느 일정한 산 이름이 아님을 짐작할 수가 있다.[24]

최남선은 이 태백산을 해모수의 웅심산, 김수로의 구지봉, 혁거세의 양산, 더 넓히면 그리스의 올림푸스산, 인도의 수미산, 일본의 고천수봉 등 흔히는 천강신화들이 가지는 그 민족이나 지역의 성산聖山을 가리키는 것이라고 했다. 그래서 본래는 그것이 흔[치]붉[伯]뫼[山] 정도의 크고 밝다는 산악숭배사상에서 유래한 이름일 것이고, 실제로 우리에게 는 장백산, 태백산, 소백산 등의 산 이름이 많은 것을 지적하고 있다.

다만 우리 민족은 만주의 부여 땅에서 부여, 고구려들이 고조선의 후세에도 건국했듯 이 만주 땅에 연고가 깊었다. 백제까지도 한때 국호를 남부여라고 했고, 부여는 도시명으 로 지금까지도 남아 있다. 그러니 역사적으로나 신앙적으로나 그 태백산이 백두산을 가리 킨 것은 의심의 여지가 없다고 할 것이다.

그런데 『삼국유사』가 태백산을 묘향산이라고 한 것은 고려시대 이후에 와서는 백두산 일대가 여진인의 자유지가 되고 고려에서는 이탈하면서 또 하나의 태백산으로 불리던 이 지역의 대표적 신산인 묘향산으로 그 관념이 자연히 이행돼 온 것이리라고 했다. 요컨대 그것은 고려시대의 사정을 반영했으리라는 것이었었다.[25]

2) 일본의 고천수봉高千穗峯과 한국악韓國岳(karakunidake)

이러한 천손하강의 성산의 성격이 일본신화의 경우 더욱 한국과 유사하고 한국에의 회고의 정을 보이고 있어서 여기에 한 가지 첨기하기로 한다. 그 천손이 하강했다는 고천 수봉高千穗峯의 봉우리가 한국어로 도읍을 의미하는 '소벌蘇伐', 서울과 같은 '소호리'였다 는 것은 앞에서도 인용한 바와 같다.

그러나 그 봉우리가 어느 봉우리인지에 대해서는 학자들 간에도 민간에서도 여러 가

---

24 김정학, 「단군설화와 토테미즘」, 이은봉 엮음, 앞의 책, 77쪽.
25 최남선, 「檀君古記箋釋」, 이은봉 엮음, 앞의 책, 27쪽.

가고시마현의 한국악 등산로 안내 표시(1993)

지 설이 있고 확정이 없는 듯해서 이 점도 우리 태백산과 상황이 유사하다. 더 심한 예로는 가고시마현[鹿兒島縣]에도 고천수봉이 있고, 이웃 미야자키현[宮崎縣]에도 고천수봉이 있어서 서로 자기네 고천수봉에 천손이 하강했다고 주장한다는 기록이 관광안내서들에도 보이고 있다.

그런데 필자는 보다 유력한 가고시마현[鹿兒島縣]의 현지를 찾았을 때, 그 고천수봉 옆에 더 높은 산이 있고 'karakunidake'라고 훈독하며 한자로는 분명하게 '한국악韓國岳'이라고 쓰인 봉우리 팻말을 보고 놀란 일이 있었다. 이 산명들은 물론 지도에도 고천수봉高千穂峯(1574m), 한국악韓國岳(1700m) 등으로 기록돼 있는 것을 나중에 알았고, 지도를 보고 확인할 수가 있었다.

그리고 다시금 『고사기古事記』 천손강림天孫降臨 대목을 찾아보니 천손 니니기가 고천수봉에 하강하고 나서 "여기는 한국을 향하고 입사어전笠沙御前에 통하며, 아침해 저녁해가 비치는 길지吉地"라 하고 거대한 궁전을 마련하고 좌정했다고 풍부한 수사의 신화적인 서술을 하고 있었다.

역시 성산의 산정에 신시神市를 마련하고 신정神政을 시작했다는 말이 되는 셈이다. 여기서 한국을 향한 곳을 길지로 여기고, 한국악韓國岳이라는 산 이름을 지금까지도 이 성역에 남기고 있는 점 등에서 일본신화가 가지는 한국에 대한 강한 회고의 정과 그 신화의 한국과의 깊은 관련성, 유사성 등에 눈길이 끌리지 않을 수 없다.

같은 이 대목의 표현을 한국의 경우는 "太白山頂 神檀樹下 謂之神市"라고 매우 간결하게 표현하고 있다. 그것을 일본의 경우는 위와 같이 길지를 가려서 택하고 거대한 궁전을 짓고 신정을 비롯하는 과정들을 매우 풍부한 서사적 표현으로 서술하고 있다. 한일 양국 신화의 비교 연구는 지금까지 일본학자들이 주가 되어서 많이 이룩해왔다.

그것은 물론 양국 신화의 성격상 많은 영향과 전파를 받아간 일본의 필요성에 의해서 이루어진 것이다. 그러나 한국으로서도 한국 나름의 비교 연구가 필요하다. 이때 신화자료가 적고, 표현이 늘 간결한 한국으로서는 일본신화에서 시사를 받는 바가 적지 않다는 이유 때문에도 비교 연구의 필요성은 적지 않은 바가 있다.[26]

3) 태백산정의 신시神市와 아테네의 아크로폴리스Acropolis

다음에 태백산정의 그 신단수는 여러 학자들이 이것을 서낭당의 신목과 견주어 고찰한 바가 있다. 이러한 수목숭배는 차라리 세계적인 현상이라고도 할 수 있겠거니와, 최남선은 우리의 당산이나 서낭당이 그 유풍을 전하는 것이라고 했다.[27] 김재원도 고고학자로서도 이 신단수가 계림鷄林과 같은 성격이 확연하고, 당산목 서낭목과도 같은 것이라 했고, 이어서 '檀君', '壇君'의 표기도 '檀君'으로 쓰는 것이 타당하다고 하고 있다.[28]

다음 신시에 대해서 최남선은 그것이 신이 모인 곳을 의미하는 말일 것이라고 했다. 그는 신인들이 높은 산 위에 하나의 세계를 만들고 거기가 민족이 영장靈場이 되는 예는 많다고 했다. 희랍의 올림푸스 산정이 제우스 이하 12신의 신도神都며, 인도의 수미산정의 도리천忉利天도 천제석天帝釋 이하의 많은 신들의 거성居城이라고 했다.[29]

앞에 일본 천강신화에서 고천수봉에 하강한 신이 길지를 택하고 거대한 궁전을 마련하고 좌정했다는 기록 인용을 했거니와, 문헌들은 다시 그 신명들과 신정을 다양하게 나열

---

26 김열규, 『한국의 신화』(일조각, 1976), 192쪽.
27 최남선, 앞의 책, 29쪽.
28 김재원, 『단군신화의 신연구』(정음사, 1947), 73쪽.
29 최남선, 앞의 책, 29쪽.

348   한국 신화의 민속학적 연구

아테네시의 Acropolis(1979.12)

서술을 하고 있다. 이러한 산정 신궁들을 단순한 신화적 서술로 그치지 않고 실제로 눈으로 볼 수 있게 구상화한 전형적인 한 예로서 아테네Athens의 아크로폴리스Acropolis를 들을 수가 있다.

　글자 뜻대로 한다면 아크로acro는 top, highest의 연결형이고, 폴리스polis는 도시라는 뜻의 명사어미라고 하니 한마디로 그 '고시高市'가 우리의 태백산정의 '신시神市'인데 아크로폴리스라는 말은 '신전神殿' 또는 '성채城砦'라는 뜻을 또한 지니고 있다. 그리고 아테네의 관광안내 책자들에 의하면 이미 B.C.5세기 후반에 이룩된 아크로폴리스는 그 옛날부터 종교 중심지나 요새로서 사용되어 왔다고 한다. 그리고 예컨대 그 중앙의 주신전主神殿 파르테논Parthenon은 길이 약 70m, 너비 30여m의 큰 규모라고 한다.

　아크로폴리스는 지금 단일 유적지로서는 세계적으로 관광객이 가장 많이 몰려드는 곳의 하나라고도 할 수가 있는 장관을 이루고 있었는데, B.C.5세기라는 시대가 한국으로 말하면 청동기시대가 되고 고조선의 시대와 같은 시대가 되기도 하는 셈이다. 우리의 신시나 신전들에 대해서는 다만『제왕운기』에 단군의 사당이 있었다는 기록만이 역시 간결하기는 하나 다음과 같이 보이고 있다.

"아사달산에 들어가 신이 되니 지금 구월산이다. 일명 궁홀이라 하고 또는 삼위라고도 한다. 사당이 아직 남아있다[入阿斯達山爲神 今九月山也 一名弓忽 又名三危 祠堂猶在]."

그것은 신화 속의 기록이기는 하지만 어떻든 단군의 신전이 있었고, 그 오랜 전통성, 역사성도 다소나마 암시해주고 있다. 그리고『삼국유사』들의 그 신전 신시에 대한 신화적인 기록도 역시 간결하기는 하나, 무리 삼천三千을 거느리고 태백산정에 하강했다는 것은 그 규모가 웅대했다는 것을 표현하고 있다.

신시나 신전들에 대한 우리의 기록은 간결하다. 그러나 우리는 앞에서도 살핀 대로 소름이 끼치도록 정교한 청동의기들의 그 종교적 신성감과 정성으로 보아서 그만한 의기들을 사용하는 사제단司祭團들이었다면 고조선 사회도 그에 상응하는 그 나름의 규모를 가진 신전들을 가지고 있었을 것만은 충분히 상상할 수가 있을 것을 여기서 다짐해두고 싶다.

그것이 위『제왕운기』에서는 다만 '사당유재祠堂猶在'라는 단 한마디로 간결하게 표현되었다. 그것은 아마도 그 후 삼국·통일신라시대 천여 년을 거치고 난 단군신전의 쇠잔형으로도 볼 수가 있을 것이다. 이제 이러한 전제하에서 그 신정 기록에 대해서 살피기로 하겠다. 이 신정기록은 매우 소상한 바가 있다.

그 신정에 대해서는 우선 풍백, 우사, 운사를 보필로 하고, 무리 삼천을 거느린 환웅천왕을 원수로 하는 신정기구가 보인다. 육당은 이 신정기구를 곧 '쉽게 말하면 무군정치巫君政治를 이름이라'고 했다. 그 말은 단군이 사제장으로서 무군정치의 주체였다는 것이겠으나, 역시 필자의 소견으로는 단군을 시조신으로 받드는 역대의 무군들이 정치하던 고조선의 문화상을 반영한데서 형성된 신화의 세계로 보아야 할 것으로 생각된다.

그리고 이 풍風, 우雨, 운사雲師들의 등장은 다음 주곡과 아울러서 이 신화가 농업 경제 사회의 산물임을 증명하는 사실로도 주목되는 것이다.[30] 이 신시에서 환웅천왕은 풍백·우사·운사들을 거느리고 농업관계[穀], 생명관계[命], 보건관계[病], 법률관계[刑], 도덕관계[善惡] 등 5대 항목을 비롯해서 무릇 인간의 360여 가지 일을 맡고 인세에서 다스리고 교화하였다는 것이다. 이 신시의 행정이 360여 가지라는 조목은 인간생활의 온갖 것을 의미하는 어구로 볼 것인데, 필시 1년 360여 일에서 연상된 수인가 한다고 육당도 말하고 있다.

끝으로 이렇게 하늘에서 내려온 환웅천왕을 『삼국유사』는 환인의 서자라고 기록하고 있다. 그러나 이 서자라는 말의 뜻은 현재와 같이 첩의 아들이라는 뜻이 아니고, 맏아들 이외의 여러 아들을 의미하는 옛 한자어라는 풀이에 있어서는 모든 학자들의 견해가 거의 다 같다. 이것을 홍기문도 천상계의 통치를 계승하지 않는(맏아들이 아닌) 아들이라야 인간계로의 진출이 자유로웠기 때문이었을 것이라는 매우 합리적인 풀이를 내리고 있다.[31]

7. '웅호동혈熊虎同穴'의 토테미즘 논의

여기서는 먼저 웅녀가 단군을 낳은 어머니라는 기록을 가지고 이것을 토테미즘으로 간주하는데 대해서 지금까지 매우 많은 논의가 있어왔다. 가령 최남선도 동북아시아 일대에서 흔히 곰과 범을 숭상하는 많은 예를 들고 이것을 토테미즘으로 간주하였다.[32] 김정학도 논문 제목 자체를 「단군신화와 토테미즘」으로 제시하고 이것을 중요시하고 있다.[33]

그러나 「오늘날의 토테미즘」 논의에서는 우선 토테미즘에 대한 보편적인 절대적 정의를 내린다는 것 자체가 불가능하다고 강조된다. 그것은 토테미즘의 요소들을 ① 토템 동식물에 대한 조상으로서의 신앙, ② 부족 흔히는 씨족 단위의 토템집단들의 다양한 사회조직,

---

30 최남선, 앞의 책, 30쪽.
31 홍기문, 『조선신화 연구』(지양사, 1989), 162쪽.
32 최남선, 앞의 책, 32쪽. (1954년 2월호 사상계에 발표)
33 김정학, 앞의 책, 70쪽. (1954년 역사학보 7집에 발표)

③ 그들의 외혼제外婚制, ④ 특별한 경우 외는 그 동식물을 죽이거나 먹는 일의 금지, ⑤ 그 동물에 대한 제의, ⑥ 또는 그 동식물의 이름과 관련된 집단이나 개인의 명명, ⑦ 그 문장紋章, 기旗들을 집단의 상징적 표시로 삼는 일 등 19세기 이래로 학자들이 제시해 온 것이 너무나 많고 복잡하며 애매한 경우들이 또한 적지 않기 때문이다.

그리고 그것은 실제로는 확실하지도 않은 자료를 가지고 그것으로 종교의 기원이니, 어떤 사회제도의 연원이니 하고 애매한 논의만 무성했던 것이며, 미개사회의 종교에 대한 서구인의 자의恣意와 환상이 앞서 있었던 것이라고 논의되고 있기도 하다.[34] 그러나 어떤 형태로건 이 중의 몇 가지 요건들을 갖춘 동식물 숭배가 원초적 종교들에 있는 것만은 사실이다.

그렇지만 예컨대 그 중에서 한국인들이 범을 산신령님으로 외경시하는 사실 같은 것을 토템이라고 할 수는 없다. 우선 그것은 흔히는 씨족 단위의 한정성이 없는 단순한 숭상 관념이고, 범민족적이면서 동시에 동북아시아 일대에도 유사성이 널리 분포되어 있기 때문이다. 마찬가지로 곰 숭상도 범동북아시아 수렵민들에게 널리 공통되며, 다만 그 숭상도가 좀 더할 뿐인 대상 동물이기 때문에 단군신화의 웅모를 여기서 당장 토템 동물로 여길 수는 없다.

그래서 최근에 김열규는 북반구가 광범하게 거의 곰 문화대로 넓은 분포를 보이고 있는 사례들을 들고, 단군신화는 그 속에서 생겨났음을 염두에 담을 필요가 있다는 것을 지적한 바가 있다. 그리고 인류학의 토테미즘 논의가 매우 소루한 입론 위에서 베풀어져 왔고, 그 토테미즘의 존재를 인정한다고 해도(그것이 다른 씨족과 구별해주는 상징적 구실을 하지 못하고 있기 때문에) 그 곰이 토템이라는 단정을 내릴 근거는 되지 못한다고 한 바가 있었다.[35]

실제로 위 최남선과 김정학의 토테미즘 논의도 그러한 광범한 북반구의 곰, 범 숭상을

---

34 C. Levi-Strauss, *Le Totemisme Aujourdhui*, 1965. (沖澤記雄 譯, 『今日의 토테미즘』(1970) 참고)
35 김열규, 『한국의 신화』(일조각, 1976), 21쪽·57쪽. (이기백, 『한국고대론』(1975), 75쪽, 25쪽에도 같은 견해가 보인다.)

가지고 그대로 토테미즘으로 간주하고 있는 느낌이다. 최남선의 경우 환웅설화를 다시 태양토템에 결부시키고, 태양토템의 동북아시아의 넓은 분포까지 설명하고 있기도 하다. 이런 점에서 우노 할바Uno Harva의 다음과 같은 보고는 주목할 만한 데가 있다.

"혹자는 거의 모든 동물숭배에서 토테미즘의 잔영을 보려고 했다. 곰 제의[熊祭]도 때로 토템 관념에 의한 것으로 여겼다. 그러나 오늘날에는 그 문제에 대해서 이전보다는 매우 냉정한 태도를 취하게 되었다. 동물의 역할에 관한 모든 관념이 오로지 토테미즘에 의해서만 다 설명되지 않는다는 것도 분명하다." 그는 이렇게 전제하고 나서 다시 본격적으로 토테미즘 관계 자료들의 보고를 계속하고 있다.

"1930년 무렵 핀란드에 망명중인 각기 다른 야구트 씨족인 3명은 각기 씨족 동물로 독수리, 까치, 다색茶色 암소들을 가지고 있었다. 또 늘 부자 계승되는 씨족 동물의 이름을 더 알고 있는 것으로 말, 곰, 개, 고양이, 매, 백조 등을 들었다." 그리고 또 "슈테룬베르그는 아무르 강변에는 자기들의 시조모가 꿈속에서 범이나 곰과 교접했기 때문에 자기들은 범이나 곰의 자손이라고 생각하고 있는 많은 종족이 있다고 기록하고 있다."는 것을 인용하고 있다.

또 그 밖에도 "곰에게서 비롯됐다고 하는 종족은 알타이 타타르에게도 있다. 테레고 에湖 동쪽에 사는 테렌깃드계 일족인 가라데레스는 곰을 선조라고 생각하고 있다. 그러한 같은 관념은 비스크 및 구즈넥그 지방의 몇 개의 타타르인들도 가지고 있다."는 기록들을 소개하고 있다.[36] 이밖에도 이 저자는 여기에서 토테미즘의 많은 자료들을 풍부하게 들어놓고 있다.

이상 토테미즘 논의에는 많은 문제점들이 있었다. 그러나 단군신화의 기록에서는 곰이 분명하게 시조신 단군의 어머니로 되어 있고 조상시 되는 면을 보이고 있다. 단군신화의 기록은 매우 오랜 것이기는 하지만, 그러나 여기에 위 알타이계 민족들의 토테미즘 자료들을 견주어 볼 때에 그것은 역시 토테미즘의 성격을 보여주는 것이 아니라고 부정하기

---

36 Uno Harva, *Die Religiosen Vorstellungen Der Altaischen Volker*, Helsinki, 1938. (田中克彦 譯, 『샤머니즘-알타이系 諸民族의 세계상』(1971), 422~426쪽)

도 어려운 일일 것으로 생각된다.

그 밖에도 이 웅호동혈이거熊虎同穴而居의 대목은 단군신화에서 중요한 대목이기 때문에 그 논의는 매우 많다. 예컨대 김정학은 조선민족이 예부터 지금까지도 범을 산신으로 신앙하며 그것은 여신으로 믿고 있으니 단군설화의 범도 여신으로 볼 것이라고 했다. 그리고 범과 곰의 숭배는 분명히 토테미즘 신앙임을 알 수 있다고 했고 고려 태조의 선조 호경虎景이 호녀를 아내로 하였다는 설화도 이러한 신앙의 표현이라고 했다.[37]

그러나 이러한 범민족적이거나 더 넓은 북반구의 광범한 동물숭배를 모두 다 토테미즘으로 여기는 데는 신중을 기해야 한다는 것은 바로 위에서 언급한 바와 같다. 우선은 호경의 설화도 그 아들 강충은 호녀와의 사이의 아들이 아니고, 호경이 옛 아내를 잊지 않고 밤마다 꿈같이 나타나서 지내고 아들을 낳아서 강충이라 이름 지었다[虎景不忘舊妻 夜常如夢來合 生子曰康忠]고 『고려사』에도 기록되고 있기 때문이다.

이어서 단군신화는 신이 곰과 범에게 영애靈艾 일주一炷와 산蒜 이십매二十枚를 주며 이것을 먹고 햇빛을 기忌하기를 백일百日하라고 했는데 곰은 삼칠일三七日을 기하여 여자 몸이 됐으나 범은 그것을 못했다고 기록하고 있다. 김정학은 이것을 조선 민간에서는 아직도 쑥은 영험이 있는 것으로 믿어 오고, 또 마늘도 약용으로 사용되고 있으며, 백일百日이나 삼칠일三七日도 민간신앙에 남아있는 것이므로 이것은 조선의 고유 민속을 표기한 것이라고 했다.[38] 같은 언급은 손진태의 논문에도 보이고 있다.[39]

김열규는 이것을 한걸음 더 나아가서 통과제의로 해석하였다. 즉 마늘, 쑥 등의 주술적 식물을 먹고 100일 또는 3·7일을 금기하는 이 절리絶離의 제의는 웅녀의 여성의 성숙제의원리成熟祭儀原理가 투영되어 있을 가능성을 헤아리게 한다고 했다. 즉 그것은 성년식을 의미하는 것이고, 그리고 나서 비로소 결혼 상대자를 구할 수 있게 되고, 그리고는 지금도 시행되는 마을 신목의 원형인 신단수에 아기 낳기를 빌었다는 것이다.[40]

---

37 김정학, 「단군신화와 토테미즘」, 이은봉 엮음, 앞의 책, 71쪽.
38 김정학, 위의 글, 76쪽.
39 손진태, 「단군신화에 표현된 사상의 특색」, 앞의 책, 43쪽.
40 김열규, 『한국의 신화』(일조각, 1976), 24~26쪽.

이렇게 해서 웅녀는 잉태를 하고, 낳은 아들이 단군왕검이라고『삼국유사』는 이어서 기록하고 있다. 이 단군을 최남선은 그의 불함문화론不咸文化論에서 그것이 무당의 일명인 '당굴'의 사음寫音이고 당굴은 몽고어 Tengri(天·拜天者)와 공통된 말이며 마한 제국의 신읍의 장인 '천군天君'도 이와 마찬가지의 말이라고 하였다. 이에 대해서는 이병도도 단군이 꼭 당굴의 대역인지 아닌지, 또 양자가 모두 과연 Tengri와 같은 의미의 말인지, 이는 확실하지 않으나 육당六堂의 설은 대단히 재미있는 설이라고 볼 수 있다고 하였다.[41]

그것은 신정사회의 정치적 군장이 제주인 무당으로서 사제장을 겸하였던 것으로 누구나 상상할 수 있고, 또 단군과 천군과의 비교도 용이하게 생각할 수 있는 때문이라는 것이다. 그러나 "國邑各立一人 主祭天神 名之天君"이라고 한 천군은 사제장이 분명할 것이다. 그렇지만 단군은 전기한 바와 같이 이러한 사제단이 신봉하던 신으로 간주해야 할 것이다.

Tengri라는 말도 본래는 하늘을 의미하는 몽고인들의 말이고 천신이라는 뜻으로 많은 알타이어족들이 쓰고 있는 말이라고 한다.[42] 그 Tengri와 당굴, 단군이 동계어인지 아닌지는 이병도의 지적대로 확실하지 않으나 Tengri와 단군은 비실재적인 신적 관념이라는 점에서는 성격이 유사하다. 그러나 그것은 실재 인물일 수밖에 없는 사제장 천군과는 성격이 다르다고 해야 할 것이다.

---

41 이병도,「단군설화의 해석과 아사달문제」, 이은봉 엮음,『단군신화 연구』(1986), 51쪽.
42 Uno Harva, Fino-Ugric, Siberian, *Mythology of All Races* Vol. Ⅳ, New York, 1964, p.391.

8. 단군신화 전승의 역사

1) 삼국시대 이전의 단군신화

단군신화는 위에서 언급한대로 초기국가 형태의 형성기인 청동기 시대의 고조선의 건국신화였다. 한국의 청동기시대를 고고학에서는 기원전 천 년에서부터 기원전 3백년까지 7백년간으로 잡은 안이 제시된 바가 있는데[43] 일단 이것은 고조선시대의 대체적인 참고로 삼을 만한 자료가 될 것이다. 그리고 그 고조선의 영토는 평안도, 황해도 일대였던 것으로 논의되었었다.

그런데 신화라는 것은 그 형성기도 중요하지만 그 후의 그 전승과정의 역사도 중요하다. 우리 단군신화의 경우 그것은 특히 더 그러하니 이제 그 전승과정의 상황을 잠깐 살펴보기로 하겠다. 다음의 삼국시대가 되면 고구려, 백제, 신라 등 삼국은 각기 자기 나라의 건국신화를 가지고 그 시조신들을 신봉했으니 고대국가에서 그것은 너무나 당연한 일이라고 해야 할 것이다.

그러한 기간은 통일신라시대까지 줄잡아서 천 년 동안을 헤아린다. 이 유구한 기간에 단군신화가 어떠한 존재성을 가졌겠는지 정확한 기록은 없지만 그 대체적인 상황은 짐작할 수가 있다. 제각기 삼국이 자기 건국신화와 시조신들을 신봉하는 마당에서 이미 없어진지 오랜 고조선의 건국신화는 크게 주목받을 수 없었을 것도 당연하고 분명한 일이었다고 할 수 있을 것이다.

다만 『제왕운기』 등에 '단군본기曰檀君本紀曰' 하고 인용된 것이 없어진 『구삼국사』에 실려 있었던 단군신화가 아닌가 하고 지금은 많이 추측되고 있다.[44] 이런 점에서 후세 사가들에 의해서 이 땅의 개국시조로 여겨지고 있었던 면은 물론 있었겠는데 그러나 그러한 단군신화의 위치는 우선 김부식의 『삼국사기』에도 그렇고 그 후 조선시대에 내려와서도

---

43 김원룡, 『한국고고학개설』(1986), 268쪽, 한국선사, 삼국시대 편년표.
44 김정학, 「단군신화와 토테미즘」, 이은봉 엮음, 앞의 책, 68쪽.

견고하지 못했던 상황들이 보이는데 이것을 이어서 검토하기로 하겠다.

2) 고려시대의 단군신화

다음에 고려시대가 되면 단군신화는 여하튼 현존 문헌으로서는 처음으로 『제왕운기』
와 『삼국유사』 등에 한국의 개국 시조신화로서 대서특필되고 주목을 받게 된다. 같은 고
려시대에도 김부식은 『삼국사기』에서 일언반구도 언급을 하지 않았다. 그러나 김부식도
단군신화를 모르고 있지는 않았다. 전기했지만 「고구려본기 동천왕조東川王條」에 "平壤者
本仙人王儉之宅也 或云王之都王儉"이라고 분명하게 기록하고 있다.

김부식이 고조선의 단군신화를 개국신화로는 무시한 것은 물론 『삼국사기』가 고구
려·신라·백제의 삼국에 한정된 사서였다는 점도 있다. 그리고 단군 개국신화는 중국 옛
문헌이 성인으로 떠받들던 기자를 첫 왕조로 삼는 일과도 모순되었다. 그러나 평양의 묘
청세와 개성의 김부식세의 당시 통치계층의 사상적 지방적 대립의 첨예화에서 요컨대 김
부식은 특히 서경과 관련되어 있는 단군을 동방의 첫 왕조로 떠받들고 싶지는 않았던 것
이라는 해석도 있다.[45]

그러나 『삼국유사』와 『제왕운기』는 단군조선을 한국의 첫 왕조로 떠받들었을 뿐만 아
니라 『제왕운기』에는 "옛신라, 고구려, 남북옥저, 동북부여, 예와 맥이 다 단군의 자손이
라[故尸羅 高禮 南北沃沮 東北扶餘 濊與貊 皆檀君之壽也]."고까지 기록하고 있다. 이것은 적어도
김부식에 비교한다면 단군을 만주와 한반도 전체의 민족을 총망라한 민족의 시조로 의식
적인 확대를 기도하는 뜻이 엿보이게 하는 기록이다. 당시의 외침外侵이 심했던 군사정세
를 감안한다면 이 기록은 온 국민이 한 덩어리로 뭉치고 단결하자는 외침으로도 해석할
수 있게 된다.

유사한 경향은 『삼국유사』에도 엿보인다. 그 고구려조에는 심히 혼란스러운 기록이기
는 하지만 "단군기에 이르기를 그 낳은 아들을 부루라 불렀다. 부루와 주몽은 배다른 형제다

---

45 홍기문, 『조선신화연구』(지양사, 1989). 182쪽.

[檀君記云 産子名日夫婁夫婁與朱蒙異母兄第也],"라는 기록이 보인다. 또 그 왕력王歷에는 동명왕을 "명주몽단군지자名朱蒙檀君之子"라고 기록을 하고 있다. 단군과 주몽은 수백 년의 시대차가 있을 서로 다른 나라의 개국 시조신이니 부자지간이기는 어려울 수밖에 없다.

그런데 무엇이 이렇듯 같은 단군을 김부식에게는 무시하게 했고, 또 이승휴와 일연에 게는 정반대로 개국시조로 잔뜩 떠받들게 했는가? 위의 논법대로 하자면 김부식의 경우 는 특히 당시의 국내 정치정세가 그렇게 했다는 결과가 된다. 그리고 이승휴와 일연의 경우는 첫째로 당시의 거듭되던 외침이라는 국제정세가 먼저 제일 크게 작용한 것으로 여겨진다.

고려는 본래 고구려 옛 강토를 회복할 것을 기약하면서도 잇달아 일어나던 북방 호족들 의 여러 나라에 눌리며 싸워오던 시기를 많이 가졌다. 23대 고종대(1214~1259)에만도 그 4년(1217)에는 글안병契丹兵이 수도 개성을 위협했고, 18년(1231)에는 몽고군이 침입해서 끝 내는 강화에까지 천도했고, 19년에는 몽고군이 다시 침입해서 개성을 유린했고, 21년에는 다시 멀리 전주·경주까지 마구 유린했고 다시 38년에는 강화도를 공격했었다.

이렇듯 한 임금 대에도 다섯 차례나 호족들에게 마구 짓밟히는 속에서 국민들은 적개 심을 가지지 않을 수 없었을 것이고, 결속과 단결도 의식 무의식간에 고조되지 않을 수 없었을 것이다. 그러한 고종, 원종, 충렬왕대를 살은 이승휴(1224~1301)가 『제왕운기』에서 신라, 고구려, 옥저, 부여, 예, 맥이 모두 단군의 자손이라고 특히 강조하게 된 것은 그러 한 시대상황이나 시대의식들과 결코 무관하다고 할 수가 없을 것이다. 일연(1206~1289)도 이와 같은 시대를 산 사람이고 유사는 그의 만년의 저술이었다.

이러한 시대상황 속에서 단군신화가 다시금 부상하게 된 둘째 요인도 생각할 수가 있 다. 그것은 시간적 요인으로서 삼국시대를 지나고 고려시대가 됐으나, 이미 고려시대는 신화 불임기에 들어서 있던 시대였다. 거기에 위의 첫째 요인인 외침이라는 국제정세가 작용했던 것으로 보인다. 이제 통일국가의 새로운 신화가 산출될 시대는 지났으니 여기 단군신화가 『제왕운기』에서처럼 강조될 계기가 작용했던 것으로 여겨진다.

여기에 또 셋째로 지리적인 요인도 하나 덧붙여서 생각할 수가 있다. 그것은 고려의 새 서울이 경주에서 개성으로 옮겨져서 단군신화의 전승지역이 저절로 중앙무대 근처에 놓이게 되었다는 점이다. 그러나 역시 무엇보다도『삼국유사』,『제왕운기』들로 하여금 단군신화를 제일 크게 부상시킨 요인은 그 국제군사성이었다.

이우성도 문학의 시대성 파악의 중요성을 강조하고, 요遼, 금金, 원元 등에 시달리던 이 12, 13세기를 전고에 없는 민족 수난기로서 주목하였다. 그리고 "단군신화가 일연을 거쳐 이승휴에 이르러 민족시조로서의 성격이 명백히 된 것은 끈질긴 저항정신이 민중 속에 움직이고 있음을 보여주는 것이며, 이 움직임이 당시 붓을 쥔 사람들에 의하여 기록과 시로 남게 되었던 것임을 강조한 바가 있었다."[46] 다음에 조선시대의 상황을 보기로 하겠다.

3) 조선시대의 단군신화

위에 인용한『삼국유사』의 단군신화 본문에서는 가볍게 기자와 한사군의 기록을 그 뒤끝에 잠깐 언급하고 있다. 그리고 다음에는 위만조선조를 다시 설정하고 많은 언급을 하고 있다. 다음에 조선시대가 되면 많은 사서들에게 위만조선을 떼어버리는 서술체계를 거의 한 전통처럼 지켜왔다. 그리고 기자는 중국 옛 문헌에서 성인으로 떠받드는 대상이요, 또 중국 고대사상을 서술한 홍범의 저자로 전해지는 인물이다.

조선시대의 유학자들은 이 기자를 좀 더 크게 앞으로 내세우려고 한 것이 사실이다. 우선 서거정 이하 15세기 말엽의 유수한 문사들을 모아서 국가적으로 편찬한『동국통감』에서도 단군은 외기外紀에 따로 떼어 내놓고 있다. 그러면 정식 역사의 첫머리에는 응당 기자가 올라가지 않을 수 없다. 이렇게 해서 역사의 첫머리에 단군을 놓느냐 기자를 놓느냐 하는 것이 다시 역사 서술의 문젯거리로 되었고, 그것은 웬만한 해결을 보지 못한 채 조선 말기에까지 이르렀다.

다만 그 사이 실학의 대두에서 역사서술의 태도에도 변화가 생겼다. 사가에 따라서 단군조선이 다시 기자조선, 위만조선과 더불어 3조선의 첫머리로 등장하기도 했고, 단군

---

46 이우성,「고려중기의 민족서사시」,『성대 논문집』7(1962). (『한국의 역사인식 상』, 187쪽)

신화를 보강하기도 했다. 그러나 갖가지 시각에서 여전히 경시하는 이도 있고, 맹렬하게 그 신화적 황당성을 비난하는 이도 있어서 끝내 고조선의 위치는 공고하지는 못하였다.[47]

4) 일제강점기의 단군신화

다음 일제강점기가 되면 단군신화는 일본 제국주의와 한국인들 사이에서 2중의 큰 변동을 겪게 된다. 일제는 한국의 강점과 동시에 민족정신의 중핵을 이루는 단군신화의 말살에 나섰던 것을 전기했는데, 여기에는 어용학자들과 총독 정책의 두 가지 움직임이 있었다. 반면 한국인들은 학문적으로 단군신화를 연구했는데, 여기에는 먼저 민족주의 사관에 의한 연구에 이어서 실증주의적 연구들이 흥성했던 것을 역시 앞에서 언급하였다.

한국인 사이에서 이때 일어난 또 다른 하나의 큰 움직임은 대종교를 비롯한 단군을 신봉하는 종교운동이었다. 1900년 대종교가 교문을 열자 개천절을 제정했는데, 이것을 상해 임시정부는 국경일로 삼고, 광복 후 한국정부도 이것을 계승하여 오늘날에 이르고 있다. 대종교의 2대 교주 김교헌은 대종교인만으로 북로군정서北路軍政署를 조직하였었고, 그 교세 확장은 곧 독립운동과 독립정신 강화에 직결되어 있었다.

단군신화 전승의 역사에서 일제의 한국 강점은 최대의 위기였고, 동시에 반대로 최대의 흥성기이기도 했다. 이렇듯 개국 시조신화는 국운이 아주 멸망하면 끝내는 사라질는지 모르겠으나 그러나 오히려 민족 결속의 핵심으로 더 강렬하게 신봉될 수가 있다. 그리고 전체 단군신화의 전승사를 통해서 두 번째의 큰 흥성기는 또한 13세기로서 『제왕운기』, 『삼국유사』의 기록 상황이라고 볼 수가 있을 듯하다.

그것은 물론 북방 호족들의 외침이 하도 거세게 거듭되니 국민감정과 결속의 고취라는 시대의식의 반영으로 볼 수가 있겠다. 그리고 같은 고려시대에도 사가의 입장, 사관, 시대 상황들에 따라서 김부식은 단군신화를 무시했고, 이승휴는 대서특필한 상반된 양상을 보인 바도 있었다. 이렇듯 특히 개국 시조신화는 국운, 정치, 군사정세들과 사가의 입장, 사관

---

47 홍기문, 앞의 책, 185~189쪽.

들에 따라서 말살 무시를 당할 수도 있고, 반대로 부흥 확대될 수도 있었다.

이렇게 단군신화 전승의 역사를 더듬어 볼 때에 그것은 늘 시대상황에 민감하게 반응하던 우리 역사의 정신적인 소산물이었다고 할 수가 있다. 그리고 그것은 나라가 어지럽고 위태로울 때면 언제나 울연히 국민정신의 핵으로 등장했다. 그런 점에서 특히 단군신화와 단군은 한마디로 우리 국민의 단결정신의 수호신이었다고 할 것이다.

II.
고주몽신화의 민속학적 연구

1. 머리말 ‖ 2. 주몽신앙의 변천사 ‖ 3. 고주몽신화의 기록, 전승의 변천 ‖ 4. 맺는말

1. 머리말

고주몽신화는 단군신화와는 달리 허다하게 중국문헌과 한국문헌들에도 기록이 되어 있다. 그것은 단군신화의 모체인 고조선이 기원전 수세기 전에 소멸됐기 때문에 더구나 중국문헌에도 많은 기록이 되지 못했던 단군신화와는 뚜렷한 대조를 이룬다.

고주몽신화는 기원전 37년에 건국되었다는 고구려 건국 이전 그 근원인 부여의 건국 신화로부터 출발한다. 그리고 부여·고구려는 그 당초부터 중국 동북방의 강대한 한 세력 으로서 중국과의 관계가 복잡다단했다. 더욱 고구려는 그 말기에도 수 양제나 당 태종의 대군들도 거듭 격퇴했고, 동방의 일대강국으로 군림했었다.

겸해서 이때는 고조선시대와는 달리 중국에서도 사서의 기록들이 활발한 시기이기도 했다. 따라서 부여·고구려와 더불어 고주몽신화도 일찍부터 중국문헌들에 많은 주목을 받고 기록도 번거로울 만큼 많이 되지 않을 수가 없었다. 고주몽신화는 1세기경 중국의 『논형論衡』에 그 첫 기록이 보인다. 그 후 12세기의 이규보(1168~1241)의 「동명왕편」을 일 단 그 전승의 대단원으로 칠 때 실제 천백여 년간의 유구한 살아있는 신화로서의 기록과

전승기간을 가졌다.

그리고 그 시대는 바로 한국의 신화시대와 영웅서사시의 시대로서, 고주몽신화는 바로 한국의 대표적인 일대 영웅서사시로 한국 문학사상에도 군림을 해왔던 신화이다. 또 고주몽은 그 종교적인 신앙 면에서도 부여, 고구려, 백제 등 범부여계 국가들이 모두 시조신으로 신봉하였었다. 동시에 그 신앙은 고구려를 계승한 것으로 자처하던 고려시대에도 계승되어서 그 신앙의 역사적인 기록들도 또한 천여 년의 유구한 기간을 헤아릴 수가 있고 다양하다.

본고에서는 이와 같은 천여 년에 걸친 고주몽신화의 전승사와 아울러서 또한 천여 년의 긴 고주몽의 신앙 변천사를 살펴보기로 하겠다. 그리하여 이 대영웅서사시의 형성과 성장의 기반을 살피고, 올바른 그 신화의 전승 상황과 본질을 아울러서 살펴보고자 한다.

2. 주몽신앙의 변천사

1) 부여사회와 동명신앙

여기서는 먼저 동명신화 형성의 기반을 이루는 동명신앙의 변천을 살핌으로써 동명신화가 가졌던 의미를 밝혀보기로 하겠다. 그에 앞서서 잠깐 부여의 역사를 살피면, 부여의 기원에 대해서는 확실한 것을 알 수가 없으나, 부여는 고조선 다음으로 등장하는 한국사상 두 번째의 나라이다. 부여에 관한 확실한 기록은 기원전 1세기의 책인 『사기史記』의 「화식전貨殖傳」에 고조선·진번 등과 함께 이미 나타나고 있어 매우 선진적인 나라였던 것을 알 수가 있다.[1]

이에 대해서 이옥은 지금까지의 문헌사학과 고고학의 연구 성과들을 종합하여 맥족이 B.C.7세기경에는 만주 일대에 한 부족을 형성하였고, 이 맥이 예濊를 점령하고 B.C.3세

---

1 이기백·이기동 공저, 『한국사강좌 I 고대편』(1982), 75~77쪽.

기경에 거기 부여왕국을 세우고 예맥이라는 결합된 한 부족을 이루었다고 했다. 그리고 부여에서 다시 남하하여 새 고구려왕국을 세운 사람들도 예맥족이라 하였고, 부여와 고구려의 사람의 동일성을 의심한 학자는 없었다고 하였다.[2]

동명은 그러한 부여, 고구려, 백제 등 범부여계의 공동 시조신의 명칭이었고, 그 신화의 발상 근원은 부여에 있었다. 그러나 정작 부여사회의 신앙관계 기록들에서는 신화 자체 이외에는 동명과 직접 결부되는 신앙자료는 발견되지 않고 있다. 그래서 간접적인 기반자료를 찾아보면 부여에서는 먼저 영고를 들어볼 수가 있다. 고구려의 동맹, 예의 무천, 삼한의 10월제 등 고대 제천의식들은 10월 추수감사제의 성격이 짙은데, 영고는 12월[殷正月]로 되어 있어서 수렵문화의 전통이 아닌가 여겨지는 바가 있다.

그러나 실제로 당시의 중국 측 기록이나 이 지역의 고고학적 출토품들을 보면 부여에도 농경문화의 색채가 매우 강한 편이었다. 『후한서』나 『삼국지』 「위지 동이전」 「부여조」들에는 한결같이 "땅이 오곡을 가꾸기에 알맞는다."[3]는 기록들이 보인다. 그리고 고고학에서도 최근에 강맹산은 연변에서 다음과 같은 발표를 한 바가 있다.

즉 B.C.3세기에서 B.C.2세기 사이의 것으로 만주의 무순撫順, 안산鞍山, 압록강 북쪽가의 관전 등지에서 곡괭이, 호미, 낫 등 철제 농업생산 도구들이 유물 중에서도 대량으로 광범하게 절대다수가 출토된 것을 강조하였다. 그는 조선[北韓]에서도 고고학자들이 같은 시기의 것으로 위원군, 영변군 등지에서 호미·곡괭이·낫·반월도·자귀·비수 등을 발굴한 것을 주목하였다. 그리고 이것이 고구려족이 이미 계급 사회에 진입하여 국가 건립을 했던 것을 증명하는 것이라고 강조하였다.[4]

그 시기는 아직 고구려 건국 이전의 부여사회이고, 지역도 부여의 영토였는데, 그 출토품들로 보아서 부여의 강한 농경문화성을 알 수가 있다. 이러한 부여사회의 농경문화와 신앙성에 대해서는 널리 알려진 기록이 있다. 즉, "옛 부여의 풍속에 비와 가뭄이 고르지

---

2 이옥, 『고구려 민족 형성과 사회』(교보문고, 1984), 126쪽.

3 『후한서』 「부여국조」 '土宜五穀'; 『삼국지』 「부여전조」 '土地宜五穀'

4 강맹산, 「고구려족의 기원과 초기 국가형태」, 『조선문제연구 Ⅰ』(연변대학출판사, 1989). (『展望』 1990년 2월호 122~130쪽에 전재)

못하고 오곡이 익지 않으면 문득 허물을 왕에게 돌리고, 혹은 마땅히 바꾸어야 한다 하고, 혹은 마땅히 죽여야 한다."는 것이 그것이다.[5]

이 기록도 부여가 국가적으로 농경을 중요시했던 것을 말해주는 동시에 왕은 비와 가뭄을 능히 조절할 수 있는 우사雨師(Rain Maker)와 같은 주술사적 존재이어야 한다고 여겨졌음을 말해주고 있다. 그래서 이 대목은 동명신화에 다양하게 나타나는 동명왕의 우사적 기능을 곧바로 연상시키는 바가 있다. 그리고 부여, 고구려 사회의 이러한 농경신앙성은 이윽고 그 시조신화에 하백과 그 딸들도 동원시켜서 수신, 곡모신, 지모신의 신격[6]도 발휘하게 하는 기반이 된 것으로 볼 수가 있다.

즉 주몽이 스스로 천제의 손자요, 하백의 외손이라 외치고 활로 강물을 쳐서 고기·자라들이 다리를 놓게 한 일이나, 남분하는 주몽에게 유화가 오곡의 종자를 주어 보내는 농경적 신모의 모습이나, 또는 7일이나 장마비를 퍼부어서 송양의 도읍을 물속에 가라앉히기도 하는 우사로서의 신통력을 발휘시키기에도 이른 것으로 보인다.

이상 옛 부여의 자료에서는 동명신화가 직접 결부되는 신앙자료는 찾을 수가 없었다. 그러나 부여사회의 강한 농경성, 왕에 대한 우사적인 민중사회의 강한 소망과 믿음에서 주몽신화에 보이는 유화의 농경적인 지모신성, 주몽의 우사적 신통력 등이 부여되는 민중사회의 종교 심리적인 근원은 충분히 엿볼 수가 있었던 것으로 여겨진다.

2) 고구려의 동맹

고구려의 동맹도 10월에 거행된 집단적인 농경의례로 널리 해석되어 오고 있다. 이것은 10월이라는 그 시기로 보아서 추수감사제의 성격이 분명한 세시풍속의 하나이기도 하다. 동맹東盟은 『양서梁書』에는 '동명東明'으로 기록되어 있는데, 양주동은 그 원뜻은 다 같이 '식붉[曉]'을 의미하는 것이고, '명明'과 '맹盟'은 옛음이 같고 글자 뜻도 서로 통하는데,

---

5 『삼국지』「위지 동이전 부여조」, "舊扶餘俗 水旱不調 五穀不熟 輒歸咎於王 或言當易 或言當殺."
6 김철준, 「동명왕편에 보이는 신모의 성격」, 『한국고대사회연구』(지식산업사, 1975), 35~43쪽.

다만 제전의 명칭이었기 때문에 특히 '맹盟'자를 쓴 것이라고 했다.

그리고 이들 동맹, 영고, 무천 등 고대의 제천의식들의 종교 관념은 다 같이 하늘과 해에 대한 신앙이 그 첫째였음을 많은 예를 들어서 설명하고 있다.[7] 즉 하늘과 해에 대한 신앙, 광명에 대한 소망, 그것이 동명이라는 시조신의 이름이었다. 최근에는 조동일도 고구려의 국중대회를 동맹이라고 한 것은 역시 부여·고구려·백제 등 범부여계 공동시조명인 동명을 따서 지은 이름일 것이라고 한 바가 있다.[8]

그 동맹에 대한 위지동이전의 기록은 다음과 같다. "시월에 하늘에 제사하고 국중대회하니 이름하여 동맹이라 한다. 그 나라 동쪽에 큰 굴이 있는데 수혈이라 부른다. 시월 국중대회에서 수신을 맞아서 나라 동쪽 위에 모시고 제사하는데 목수를 신좌에 놓는다."[9] 이 '수隧'자는 '굴, 구멍, 대혈신大穴神' 등의 뜻을 가진 글자이다. 따라서 '목수木隧'는 나무로 새긴 굴의 신상이라는 뜻이 된다.

이러한 굴 신당의 전통은 고려시대의 기록에까지도 계속 보이고 있는데, 한국의 고형을 간직한 굴 신당은 그 전통이 현재까지도 이어지고 있다. 본토에서는 아직 두 곳의 자료 밖에는 보이지 않으나,[10] 제주도에는 굴이 적지 않는데 그 굴들이 대개 신당으로 모셔진다.[11] 그리고 이 신당들은 흔히 할망당이라고 해서 여신 숭배성을 띠고 있는데, 이러한 신당에 목신상이 모셔지는 경우도 있다.

이 굴 신당이나 목각신상 등의 모든 점들이 다음 옛 기록에 보이는 바와 같이 하나의 전통성을 보여주고 있다. 즉, 위 고구려의 성소를 고구려 후기에 편찬된 『주서周書』(7C)나

7 양주동, 『조선고가연구』(박문서관, 1942), 3~4쪽.

8 조동일, 『한국문학통사 I 』(지식산업사, 1986), 76쪽.

9 『삼국지』「위지 동이전 고구려전」. "以十月祭天 國中大會 名曰東盟 其國東有大穴 名隧穴 十月國中大會 迎隧神 還於國東上 祭之 置木隧於神坐."

10 이두현, 『한국가면극』(1969), 51쪽의 울진군 聖留窟 예와, 김영진, 『충청북도민속연구』(1972), 79쪽에 또 한 개의 예가 있다.

11 장주근, 「한국신당형태고」, 『민족문화연구』 1집(1964), 197쪽.

제주도 서귀포시 중문리 본향당의 신과세제-이 본향당은 50~60명이 들어앉아도 넉넉할 "다람쥐궤"라는 큰 굴이다.
(1970.1(음))

『북사北史』(7C)는 대동소이하게 다음과 같이 기록하고 있다. "신묘 두 곳이 있으니 하나는 부여신이라 하며 나무로 깎은 부인상을 만들었다. 하나는 등고신이라 부르니 이는 그 시조인 부여신의 아들이라 한다. 같이 관사를 두고 사람을 보내서 수호하는데, 아마도 하백녀와 주몽을 말하는 것이리라 한다."[12]

이렇듯 전통성을 지닌 신당들이 고구려 후기에는 관사를 두고 사람을 보내서 수호했다는 것을 보면, 이제 이 성소들은 체제와 위엄을 갖춘 국가종교로서 신봉되고 있었던 것을

---

12 『주서』「고구려조」, "有神廟二所 一曰夫餘神 刻木作婦人之像 一曰登高神云 是其始祖 夫餘神之子 竝置官司 遣人守護 蓋河伯女與朱蒙云."

알 수가 있다. 과연 그래서 이들에게는 국왕이 친히 제사를 지낸다는 기록들이 다시 그 후의 『구당서舊唐書』(10C), 『신당서新唐書』(11C)들에는 역시 대동소이하게 다음과 같이 나타난다.

"그 풍속에 음사가 많고 영성신, 일신, 가한신, 기자신들을 섬긴다. 국성 동쪽에 대혈이 있는데 신수라 부르고 모두 10월에 왕이 스스로 제사를 지낸다."[13] 이 나열된 신명神名들을 노명호는 다음과 같이 해석하였다. 즉 영성신은 위지 고구려조에도 '사령성사직事靈星社稷'으로 나타나듯 농경신을 의미하고, 일신은 동명신화에 해모수로 나타나는 태양신이 분명하다. '가한可汗'은 족장 또는 지배자를 의미하는 말이니 고구려의 시조신일 것이다. 기자신은 물론 별도로 후대에 첨가된 중국 신명이다.

그리고 역시 주목할 것은 "이것을 왕이 10월에 모두 스스로 제사한다."는 것인데, 노명호는 동맹제전에는 동명묘의 제사가 결부되어 있음을 볼 수가 있다고도 했다.[14] 여기서 이러한 제전과 건국신화는 밀접한 관계를 가졌을 것으로 보인다. 조동일도 "통치자가 국가적인 의식을 거행할 때 부르는 노래로 대표적인 것이 바로 건국서사시였다고 보아 마땅하다. 건국서사시를 부르는 사람은 무당임금 자신이 아니면 지체 높은 귀족 중에서 특별히 선발되고 훈련된 전문가였을 것이다."고 했다.[15]

그는 하늘에 제사지냈다는 하느님은 해모수의 아버지라고 하는 신격이고, 수신은 나라의 수호신으로서 신화 속의 주몽일 수 있다고 했다. 그리고 이런 신상을 숭앙 대상으로 하며 건국신화의 내용을 굿으로 하고 노래를 불렀을 것이며, 그것이 국가적인 번영과 국민의 단합을 꾀하는 목적 달성의 방도로 믿었을 것이라고도 했다.

그는 다시 오늘날 제주도 같은데서 마을무당이 마을신의 본풀이를 노래 부르듯 국중대회의 어떤 순서에서 나라무당이 건국서사시를 불렀을 것이며, 후대의 서사무가는 여러모로 유력한 방증이 된다고 시사에 넘치는 구체적인 유추를 했다.[16] 위에도 적었듯이

---

13 『구당서』「고려조」, "其俗多淫祀 事靈星神 日神 可汗神 箕子神 國城東有大穴 名神隧 皆以十月 王自祭之."
14 노명호, 「백제의 동명신화와 동명묘」, 『역사학연구』 10집(1981), 62쪽.
15 조동일, 앞의 책, 74쪽.
16 조동일, 앞의 책, 64쪽.

제주도 서귀포시 하예리 본향당의 목각신상 – 신과세제 제상의 일부(1980.1(음))

제주도의 굴당, 제주도 신당의 목신상 그리고 그 마을굿에서 '당맨심방'이 부르는 당신의 신화인 본풀이들의 유기적 상관성과 형태들을 아울러서 생각할 때 이것은 매우 순리적이고 흥미로운 유추이다.

　요컨대 건국신화란 건국 이래로 그 국민들의 생활기반 위에서 그 사회 환경과 특히 종교 신앙을 기반으로 삼고 민중생활 속에서 자연발생 하는 것이다. 이런 서사시의 시대는 창작의 시대가 아니다. 아무리 나라무당이 창작을 했어도 민중의 공통의식에 부합되어 있지 않으면 그것은 유산될 수밖에 없다. 농경문화성이 강했던 초기 부여·고구려 사회에서 그 시조신화는 먼저 농경에 필요한 민중생활의 천신, 태양신, 수신, 지모신 관념들을 반영하면서 형성되었다.

　그래서 동명은 그 아버지가 자칭 천제의 아들인 해모수이면서도 어머니 유화가 다시 햇빛을 받음으로써 잉태한 것으로 되어 있어 하늘과 태양에 관한 신앙이 고루 거듭 반영되어 있다. 낱말은 사상의 열쇠라고 한다. 동명이라는 그 이름은 바로 이러한 종교사상의 상징적인 명칭이다. 그리하여 그는 스스로 천손이며 하백의 외손임을 자처하게 된다. 동시에 어머니 유화도 수신이면서 농경신으로 곡모신·지모신적 성격도 아우르게 된다.

또 동시에 위에서도 언급이 되었지만, 때는 중국 외에 여러 북방 호족들과도 싸우면서 나라를 이룩해야 했던 전국시대였다. 그래서 건국시조신 동명은 동시에 활 솜씨가 뛰어난 영웅으로도 신봉되지 않을 수가 없었다. 선사자善射者를 의미한다는 주몽이라는 또 하나의 그의 이름은 이러한 측면을 상징한 명칭인 것이다.

3) 고구려와 백제의 동명묘東明廟

다음에 고구려가 왕권국가 체제를 정비한 국가적인 왕가의 시조묘에 대한 신앙형태와 제의 상황을 고구려 측의 기록을 통해서 살펴보기로 하겠다. 먼저 그 시조묘에 대한 『삼국사기』 고구려본기의 기록을 다 추려서 나열하면 다음과 같다.

3대	大武神王	三年春三月 立東明王廟
8대	新大王	三年秋九月 王如卒本 祀始祖廟 冬十月 王至自卒本
9대	故國川王	二年秋九月 王如卒本 祀始祖廟
11대	東川王	二年春二月 王如卒本 祀始祖廟 大赦
12대	中川王	十三年秋九月 王如卒本 祀始祖廟
16대	故國原王	二年春二月 王如卒本 祀始祖廟 巡問百姓 老病賑給 三月至自卒本
22대	安藏王	三年夏四月 王幸卒本 祀始祖廟 五月 王至自卒本 所經州邑 貧乏者 賜穀人一斛
25대	平原王	二年春二月 王幸卒本 祀始祖廟 三月 王至自卒本 所經州郡 獄囚除二死皆原之
27대	營留王	二年夏四月 王幸卒本 祀始祖廟 五月 王至自卒本

3대 대무신왕 3년에 동명왕묘가 주몽이 처음 건국한 성지 졸본에 세워지고 그 위치는 위 기록에 보이듯이 말기까지 졸본으로 고정되어 있다. 한 가지 먼저 전제할 것은 고구려가 28왕 705년간의 긴 세월이었으나 동명묘 기록은 위와 같은 9건뿐이고, 9왕의 도합 9개년의 간단한 기록뿐이어서 자료가 너무 적고 제한을 받는다는 일이다.

위의 기록들의 실정을 이해하기 위한 순서상 먼저 역대 국왕이 거주했던 고구려 왕도의 변천사와, 그 왕도에서 졸본의 동명묘와의 거리를 헤아려 둘 필요가 있다. 그것은 위에서 동명묘 건립을 제외한 8건 중 1개월(3건)보다 2개월(5건)에 걸치는 장기간의 행차와 제의가 더 많기 때문이다. 고구려의 건국 성지인 졸본은 현재 환인桓仁으로 견주어지고, 여기서 2대 유리왕 대에 국내성으로 천도한 것으로 되어 있다. 국내성의 위치는 현재의 집안현輯安縣 통구성通溝城이 통설로 되어 있다.

다음에 수도 이름으로 거론되어 온 환도성丸都城에 대해서도 이설이 많았으나, 그것은 국내성國內城과 동일시되는 것이 지금은 역시 유력하다고 한다. 따라서 국내성은 2대 유리왕 대에서부터 20대 장수왕대의 평양 천도(서기 427년)까지 400여 년간 고구려의 수도로서 유력시되며, 평양과 더불어 주변에 많은 고분군을 가지고 그 역사를 말해주고 있다는 것이다.[17]

이제 이 졸본(환인)과 국내성(집안현 통구) 그리고 졸본과 평양간의 거리를 헤아려 볼 때에, 그것을 지도상의 직선거리를 재어서 어림잡아 보면, 전자 졸본~국내성 간은 대충 서울과 개성 또는 서울과 평택 간(70km)의 거리와 비슷하고, 후자 졸본~평양 간은 서울과 대구(302km : km는 편의상 현재의 고속도로 거리임)의 거리보다 좀 더 멀어 보인다.

그렇게 본다면 졸본과 국내성의 실제 거리는 70km, 180리를 훨씬 넘는 것이고, 졸본과 평양간의 실제 거리는 302km, 750리를 훨씬 넘는 멀고 험한 행차길이 아닐 수가 없었을 것이다. 이상으로써 우선 당시로서는 고구려 역대 임금의 동명묘 제의가 지극한 정성으로 이루어졌다는 것을 짐작할 수 있다.

이 동명묘에 대해서는 노명호의 자세한 연구가 있다. 그는 이 동명묘를 전기한 『주서』

---

17 서영대, 「국내성」, 『한국민족문화대백과사전』 3(한국정신문화연구원, 1988).

(7C)의 '신묘이소神廟二所' 중 '등고신묘登高神廟'를 동명묘로 간주하였다. 이들 신묘에 '병치관사竝置官司 견인수호遣人守護'한 것을 보면, 고구려 후기에는 장엄을 더했던 것을 알 수가 있다.

특히 '견인수호遣人守護'로 두 신묘가 도성에서 멀리 떨어져 있었음을 알 수 있으니, 그것은 고구려본기에 동명묘가 고구려 말기까지 졸본에 있었다는 것과 부합된다고 하였다.[18] 이것은 위에서 헤아려 본 대로 동명묘 건립 당시부터 전기 400여 년간은 180여 리, 평양 천도 이후는 750여 리 정도로 도성에서는 먼 곳이었다.

그리고 다시 노명호는 전기한 『구당서』(10C)의 기록인 "事靈星神 日神 可汗神 箕子神 國城東有大穴 名神隧 皆以十月 王自祭之"를 들고 국중대회인 이 10월 동맹제에 동명묘 제사가 결부되어 있다고 한 점은 잠깐 위에도 적은 바와 같다. 그러니 나라 동쪽의 대혈인 동맹제의처는 재래적인 농경적 세시풍속 제의의 성소이고, 동명묘는 2대 유리왕의 국내성 천도 후 3대 대무신왕 대에 졸본에 새로 세워진 왕권국가의 왕가적 조상숭배의 체제를 갖춘 제의처였던 것으로 해석되어야 할 것이다.

사실 동맹과 동명은 전기했듯이 같은 뜻의 말이었고 같은 국민신앙을 기반으로 한 것이어서 양자는 본질적으로 같은 관계를 가진 점은 누구나 부인하기 어렵다. 다만 10월에 거행되던 동맹에 관련된 동명묘 자료는 신대왕 3년 9월에 왕이 졸본에 갔다가 10월에 돌아왔다는 1건만이 계절상으로 10월의 동맹과 부합된다.

9대 고국천왕과 12대 중천왕이 각기 9월에 졸본에 가서 시조묘 제사를 지냈다는 기록만이 있는데, 졸본은 먼 곳이었으니 돌아온 것은 10월, 동맹 제전과 관계가 있지 않았을까 생각해볼 수는 있겠으나 확실한 것은 알 수가 없다. 처음 시조묘 건립을 제외한 8건 중 이상 9~10월(1건), 9월(2건)은 3건뿐이고, 노명호도 언급했듯이 지금으로서는 그 제의 체계의 전모는 알 길이 없어서 양자의 더 이상의 관계는 궁금할 뿐이다.

동명묘 제의는 8건(천도 전 5건, 천도 후 3건) 중 5건이 2개월에 걸치는 장기간의 임금의 행차였다. 천도 전 5건도 2건은 2개월, 3건이 1개월이고, 천도 후 3건은 물론 다 2개월에

---

18 노명호, 앞의 글, 61~65쪽.

걸치는 긴 행차였다. 그 기간에 거치는 고을들[所經州邑]에서는 가난한 백성들에게 곡식을 나누어주거나, 중죄인이 아니면 풀어주거나, 늙고 병든 자를 돌보거나, 대사면들이 베풀어졌다. 이것도 옛 부여의 영고 때에 형옥을 중단하고 죄수들을 풀어주었듯이[名曰迎鼓 於時是 斷刑獄 解囚徒]. 또는 현대에도 국경일들에 죄수들의 특사가 있듯이, 그 제전행사의 일부분으로 보아 마땅할 것이다.

고구려 동명묘 제의는 10월 동맹과의 관련을 생각할 수 있는 위의 9월, 9~10월의 3건 외에, 계절이 다른 5건(2~3월 3건, 4~5월 2건)이 있다. 이 5건은 물론 10월의 동맹 외에도 시조묘 제사가 그 나름으로 다양했을 것을 말해주는 것이겠으나 기록 내용이 너무나 간략하다. 그래서 다음에 백제의 동명묘 기록들을 역시 『삼국사기』 「백제본기」에서 추려서 보완된 자료로 논의를 더해보기로 하겠다.

1대	溫祚王 元年 夏五月 立東明王廟
	十七年 夏四月 立廟以祀國母
2대	多婁王 二年 春正月 謁始祖東明廟 二月 王祭天地於南壇
6대	仇首王 十四年 春三月 雨雷 夏四月 大旱 王祈東明廟 乃雨
8대	責稽王 二年 春正月 謁東明廟
9대	汾西王 二年 春正月 謁東明廟
10대	比流王 九年 夏四月 謁東明廟 拜解仇爲兵官佐平
16대	阿莘王 二年 春正月 謁東明廟 又祭天地於南壇 拜眞武爲 左將 委以兵馬事
17대	腆支王 二年 春正月 王謁東明廟 祭天地於南壇 大赦

역시 백제의 경우도 기록 자료는 적다. 우선 동명왕묘를 세운 1대 온조왕 17년에 다시 "묘를 세워서 국모를 제사했다."는 것은 주몽의 어머니 하백녀의 묘로 여겨져서, 전기 『주서』 등의 '신묘이소神廟二所'의 전통을 느끼게 하는 것 같아서 주목이 된다. 그러나 역시 기록이 너무 간략해서 그것이 하백녀의 신묘 같기는 해도, 과연 백제에서도 '병치관사竝置官司'를 했는지, 또는 '각목작부인상刻木作婦人像'도 했는지 상황이 두루 궁금하다.

2대 다루왕대의 '이년二年 춘정월春正月 알시조동명묘謁始祖東明廟'와 똑같은 '이년二年 정월正月'의 기록이 8대 책계왕, 9대 분서왕, 16대 아신왕, 17대 전지왕 등 8건의 기록 자료 중 5건이 같다. 최재석이 신라 시조묘에 대한 국왕의 친제親祭 31건을 들고, 그 중 18건이 각기 그 임금 2년 정월 또는 2월로 돼있는 것을 즉위의례로서의 시조묘 제사라고 지적한 바가 있다. 즉위 원년은 전왕의 재위기간이기도 하니 새 왕의 시대가 열리는 2년의 정2월 시조묘의 국왕 친사는 즉위의례로 생각된다는 것이었다.[19]

그러니 위 백제의 다섯 임금의 즉위 "이년 춘정월 시조동명묘를 뵈었다."와 같은 기록도 모두 즉위식 내지는 즉위 신고식으로 보아야 할 것 같다. 그러나 고구려의 동명묘 제의는 즉위 2년 사례가 5건으로 많기도 하지만, 그것이 달로는 2월(3건), 4~5월(1건), 9월(1건)로 흩어져 있어서 2월(3건)은 위와 같이 즉위식으로 여기더라도 4~5월, 9월은 언뜻 판단을 내리기가 어려운 상황이다.

그리고 다시 백제의 6대 구수왕 14년의 '하사월夏四月 대한大旱 왕기동명묘王祈東明廟 내우乃雨'는 과연 그 해의 가뭄이 대단했던지, 동명묘에 기우제를 지내고 비를 얻었다는 동명의 우사적 기능을 여기 동명묘 제사에서도 보여주고 있다. 그 밖에 동명묘 제사를 지낸 국왕이 있어서 '제천지어남단祭天地於南壇'했다는 2대, 16대, 17대 국왕들의 기록은 동명묘제가 하늘과 땅의 제사에도 광범하게 관련되었다는 것을 보여준다.

그것은 10대 비류왕, 16대 아신왕 대에 각기 관리들을 임명한 중요한 행정 절차에도 동명묘 제의가 관련됐다는 것을 보여주는 것과도 같다. 이상과 같이 동명묘 제의는 왕권국가의 조상숭배이면서 즉위식, 동맹, 기우제, 천지제사, 중요한 관리 임명 등에까지 관련되는 광범한 성격을 지니는 종교행사이면서, 그 왕권이 동명성왕의 전통성을 계승한 신성왕권임을 과시하는 종교행사이기도 하였다.

---

19 최재석, 「신라 시조묘와 신궁의 제사」, 『동방학지』 50집(1986), 35~39쪽.

4) 요동성의 주몽사

이상 동명묘들의 제사는 모두 왕권국가 체제의 확립과 국왕이 친사하는 국가 최고 제의의 체계를 엿보게 해주는 것이었다. 물론 이 밖에 동명신앙은 부여 건국 이래로 범부여계 국민의 폭넓은 신앙이었던 만큼 성지 졸본의 시조묘 외에도 지방에도 각종 신앙형태들이 있었을 것이다. 그러나 좀처럼 그러한 자료는 보이지 않았는데, 여기 그 대표적인 한 예로서 요동성에 있었던 주몽사의 기록을『삼국사기』와『신당서』에서 같이 찾을 수가 있어서 먼저『삼국사기』의 기록부터 보기로 하겠다. 이것은 고구려의 마지막 임금인 보장왕 4년 5월의 기록이다.

> 이세적은 요동성을 밤낮 쉬지 않고 12일이나 공격하였다. 여기에 당 태종이 정병을 이끌고 합세해서 그 성을 수백 겹으로 포위하니 북소리와 고함소리가 천지를 진동시켰다. 성안에는 주몽의 사당이 있고, 사당에는 사슬로 된 갑옷과 날카로운 칼이 있었는데 망령되게 말하기를 전연 때에 하늘이 내린 것이라고 했다. 바야흐로 포위가 급해지니 미녀를 꾸며서 신의 부인으로 바치고 무당이 말하기를 주몽이 기꺼워하니 성은 반드시 완전하리라고 하였다.[20]

이 요동성은 그 전에 수 양제가 1차는 113만의 대군을 이끌고 공격해왔고, 2차, 3차로 친정군을 몰고 왔으나 그때마다 격퇴해서 드디어는 대수제국을 29년의 단명한 국가로 멸망하게 한 직접적인 충격을 가한 당시의 세계적 강성이었다. 이병도의 표현을 그대로 옮기면 6·25남침 때의 중공군과 같이 인해전술로써 그들은 고구려를 침략하였던 것이다.

이제 4차로 당 태종의 친정군을 맞아서 끝내 요동성은 함락되고 말지만 그 당군도 다음의 안시성 싸움에서는 희생이 10에 8, 9였으니, 당의 막대한 물량이 역시 고구려의 군

---

20 『삼국사기』권 제21, 고구려본기 9, 보장왕 4년 5월. "李世勣攻遼東城 晝夜不息旬有二日 帝引精兵會之 圍其城數百重 鼓噪聲振天地 城有朱蒙祠 祠有鎖甲銛矛 妄言前燕世天所降 方圍急 飾美女以婦神 巫言 朱蒙悅 城必完."

센 정신력에 굴복된 것이었다. 그리고 철군한 태종도 끝내 병이 들어 죽고 만다.[21] 요동성은 주몽의 사당을 모시고 무당이 망령된 소리를 하면서 미녀를 신처神妻로 바치고 성의 안전을 기원했다는 것은 『신당서』의 기록이었다.[22]

그것은 중국인이 적국으로서 고구려의 호국종교행사를 멸시하는 느낌의 기록이었다. 그것을 그대로 김부식이 『삼국사기』에 일언반구 틀리지 않게 인용하고 있는 것이 위 주몽사의 기록이었다. 그러나 거기에는 짧지만 상당히 구체적인 기록이 되어 있어서 무속자료로서는 매우 소중하게 느껴지는 바가 있다. 이러한 여성의 신처 봉납의 무속은 이중환의 『택리지』(1714년, 숙종 40년)에도 개성에 있는 덕물산 최영장군사당에 보이는 것으로서 조선시대까지도 그 전통이 보이는 것이었다.[23]

어떻든 우리는 이 『신당서』와 그것을 인용한 『삼국사기』의 주몽사 기록을 통해서 고구려 장병들의 초인적인 분투나 '굳센 정신력'의 한 원천을 찾을 수가 있다. 여기에는 고구려인들 본래의 강건한 기질도 있었겠으나, 시조신을 중심으로 했던 외적에 대한 강한 단결력과 필승의 신념과 사기를 고무해주던 종교적인 힘도 있었을 것이다.

여기에서 우리가 주목할 것은 당시의 무속이 당당한 호국종교였고, 장병 결속의 사회적 기능도 다하고 있었다는 사실이다. 그리고 위에서도 언급한대로 『신당서』의 기록을 통해서 우연히 요동성의 주몽사 신앙자료를 하나 얻었으나, 이러한 시조신의 호국신 신앙은 그렇다면 요동성에만 한정되지는 않았을 것이다. 적어도 같은 성들에는 널리 있을 수가 있었던 것으로 생각할 수가 있을 것이다.

어떻든 주몽은 이제 단순한 건국신, 시조신만은 아니다. 그는 영웅신이었고 그 부모신들의 신화체계에는 천신, 태양신에 수신, 곡모신, 지모신의 체계가 두루 갖추어져 있었던 것을 지금까지 처처에서 살필 수가 있었다. 그리고 지금 여기서는 다시 호국신이며 무신적武神的 성격을 읽을 수가 있었고 동시에 무속에서 무신巫神으로 모셔지고 있었던 사실도

21 이병도, 『한국사』 고대편(1959), 469~500쪽.

22 『신당서』 「동이전」. "城有朱蒙祠 祠有鎖甲銛矛 妄言前燕世天所降 方圍急 飾美女以婦神 巫言 朱蒙悅 城必完."

23 이중환, 『擇里志』 「松都條」. "松都十餘里 有德物山 上有崔瑩祠 祠有塑像 土人祈之有驗 祠傍有寢室 土人以民間處女恃祠 …(중략)… 女言夜輒降靈交婚云."

분명하게 볼 수가 있었다.

이러한 여러 요소들이 종합되면서 주몽의 영웅서사시는 국민적 기반 위에서 폭넓게 형성 전승되어 왔을 것이다. 이때 주몽의 영웅서사시는 위에서도 살폈던 대로 무속 서사시로서 가창될 수 있었을 가능성도 또한 분명하게 인식해 두어야 할 것으로 생각된다.

5) 고려의 팔관회와 주몽신앙

이상과 같은 고구려의 주몽신앙과 동맹은 하나의 민족적 종교와 영웅서사시를 형성하면서 다시 고구려의 후계를 자처했던 고려사회에 전승되었다. 그러나 이제 왕권이 바뀌고 시대가 바뀌었으니 사정은 많이 달라질 수밖에 없었으나 그래도 동맹과 주몽신화에는 한 가닥의 전통이 흐르고 있었다. 그 개략을 살피면 다음과 같이 되겠다.

먼저 고려시대의 제일 큰 국가 종교적 행사의 하나로 팔관회를 들을 수가 있는데, 팔관회는 그 이름과 같은 순수한 불교적 행사가 아니었던 것은 주지되어 온 사실이다. 그것은 유명한 고려 태조의 훈요 속에 "팔관이란 천령, 오악 명산대천, 용신들을 섬기는 일[訓要十條 其六 八關 所以事天靈五岳 名山大川 龍神也]"이라고 한 데서 단적으로 드러나고 있다. 팔관회에 대해서는 몇 가지 연구가 있는데, 먼저 안계현의 「팔관회고」의 요지는 다음과 같다.

그는 팔관회를 역사적으로 살피면서, 먼저 신라 진흥왕대의 팔관회를 들었다. 그것은 『삼국사기』 진흥왕 33년의 기록인데, "10월 20일에 전사한 장병을 위하여 팔관연회를 외사에서 베풀고 7일 만에 그쳤다[冬十月二十日 爲戰死士卒 設八關筵會於外寺 七日罷]."는 것이다. 그는 그 10월이 고구려의 10월 동맹, 예의 10월 무천 그리고 마한의 10월 농공 필후의 제귀신[祭鬼神] 등 한민족의 10월 제천의 유풍을 살려서 정한 것이라고 했다.

그러나 신라의 팔관회는 거기에 다시 군사적 의의를 가미한 호국 신앙이었고 고대 가무의식의 유풍이기도 했다. 다음에 궁예는 여기에 다시 미륵신앙을 가미하였는데, 이것들을 종합적으로 계승한 것이 고려의 팔관회이다. 그래서 고려의 팔관회는 호국신앙, 미륵신앙, 동맹을 비롯한 고대 제천의식, 가무적 요소 등에 위에 고려 태조가 말한 자연숭배 등 실로 다양한 내용을 갖춘 것이라고 하였다.

그리고 그는 팔관회가 이렇게 다양한 요소들을 포괄적으로 지니는 행사였는데 송나라 사신 서긍은 팔관회가 단지 동맹을 계승한 단일한 일면만을 보는 그릇된 관찰을 하였다고 지적하기도 했다.[24] 그가 지적했던 서긍의 팔관회 기록은 서긍이 사신으로 개성에 약 1개월을 머무르면서 그의 견문을 기록한 것인데 그 내용은 다음과 같다.

> 10월에 하늘에 제사하고 대회하니 동맹이라 일컫는다. …(중략)… 그 10월 동맹의 모임을 지금은 즉 그달 보름에 여는데, 술과 육류를 뺀 소찬을 갖추고 이것을 팔관재라 부르고 의례가 극히 성대하다.[25]

이러한 서긍의 팔관회의 기록에 대해서는 이궁계임二宮啓任이 다음과 같이 지적한 것도 있다. 즉 "『고려사』에 의하면 서긍이 왔던 인종 원년(1123)에도, 그 전년에도 팔관회는 11월에 거행됐는데 그것을 10월 보름이라고 한 것은 아마도 동맹의 기사와 관련시켜서 팔관회를 설명한 때문에 생긴 오류일 것"이라고 했다. 그리고 『송사宋史』도 이 『고려도경高麗圖經』이 자료의 일부였던 것으로 생각되어서 같이 팔관회의 기일을 10월 보름이라고 한 것 같다고 했다.[26] 참고로 『송사』의 기록은 다음과 같다.[27]

물론 별도로 서경의 팔관회가 10월 보름에 있기는 했으나 서긍이 머무른 곳은 개성이었고 또 왕도 개성의 11월 팔관회가 주가 되어야 할 것이니 이 지적은 타당하다고 할 것이다. 이병도도 위 서긍과 이궁계임二宮啓任, 안계현 등의 글을 다 인용하고 고려의 팔관회가 고대 이래의 추수감사제와 선랑花郞의 가무 등의 신라 유풍을 모두 융합한 종합적인 큰 문화제였다고 지적하고 있다.[28]

---

24 안계현, 「팔관회고」, 『동국사학』 4집(동국대 사학회, 1956), 31~54쪽.
25 徐兢, 『宣和奉使 高麗圖經』 권17, 祠宇. "以十月祭天大會 名曰東盟 …(중략)… 其十月東盟之會 今則以其月望日 具素饌 謂之八關齋 儀禮極盛."
26 二宮啓任, 「高麗의 八關會에 대하여」, 『조선학보』 9집(1956), 247쪽.
27 『宋史』(1345), "國東有穴 號歲神 常以十月望日迎祭 謂之八關齋 儀禮甚盛 王與妃嬪登樓 大張樂宴飮."
28 이병도, 『한국사』 중세편(을유문화사, 1961), 294쪽.

이상과 같이 고려의 팔관회는 동맹을 비롯한 무천 등의 한민족의 고대 제천의식의 전통을 계승한 것이었다. 그것은 고대 이래의 종교 가무에 호국신앙, 불교 요소들을 다 종합하면서 여러 기록들이 뒷받침하듯이 고려시대의 최대 종교의식이면서 한국 전통의식의 최고 발전 형태를 이룬 것이다. 그리고 관리들에게도 제일 많은 3일간의 휴가를 준 큰 명절이기도 했다. 다만 그것은 조선시대에 들어서자 곧 폐지되고 고대적인 종교만이 민간신앙으로 다시 유지되어 갔다.

한편 주몽신앙과 주몽신화의 고려시대의 전승 자료들을 살펴보면 먼저 서긍의 기록에 주몽의 어머니신을 모셨다는 동신사의 자료가 다음과 같이 나타난다.

> 동신사는 선인문 안에 있다. 그 터는 좀 넓으나 전우는 비루하여 곁채 문간들이 삼십 칸인데 지붕을 잇지 않아 황량하다. 정전의 방에는 '동신성모의 당'이라 쓰였는데 장막으로 가리고 사람에게 신상을 보이지 않는다. 아마도 나무로 새긴 부인상이겠는데 혹은 부여처 하신녀라고 한다. 그가 주몽을 낳아 고려의 시조가 된 때문에 제사한다.[29]

서긍의 이 『고려도경』의 기록들은 앞에도 거듭 오류가 지적된 바가 있다. 여기서도 서긍은 건물 외부와 '동신성모의 당'이라고 쓰인 정전의 방은 분명히 보았으나 내용은 보지 못하고 추측기록으로 그것이 하백녀를 모신 사당이리라고 기록하고 있다. 이에 대해서 김상기는 동신성모를 주몽의 모신으로 본 것도 그의 선입견에서 나온 두찬이라고 단정하고 있다.

그것은 서긍이 고구려와 고려의 국명을 중국인들이 흔히 혼용했듯이 혼동했고 또 고려왕실을 고구려의 후예로 독단했던 때문이다. 그러나 고려시대에 송경에 성모사가 있었고 그 숭봉이 주산 신사인 숭산신사崧山神祠에 필적할 만큼 성모신앙이 행해졌던 것은 사실이라고 하였다.[30] 그것은 『고려사』에도 예컨대 지志, 권 8에만도 '동신사東神祠', '동신당

---

29 徐兢, 『高麗圖經』 卷17, 祠宇 東神祠條. "東神祠 在宣仁門內 地稍平廣 殿宇卑陋 廊廡三十間 荒涼不葺 正殿榜曰東神聖母之堂 以布幕蔽之 不令人見 神像 蓋刻木作女人狀 或云乃夫餘妻河神女也 以其生朱蒙 爲高麗始祖 故祀之."

東神堂', '동신묘東神廟'들이 5·6차례나 기우제, 더러는 기청제祈晴祭의 영험 있는 성소로 나타나는 것으로도 알 수가 있다.

이 서긍의 동신사에 대해서는 관견의 한도 내에서는 김철준이 위『주서』의 '하백녀여 주몽河伯女與朱蒙'의 "2신에 대한 신앙은 고려시대까지도 그대로 계속된 것이『고려도경』에 보이고 있다."고 긍정한 것이 보인다.[31] 또 노명호도 동명묘를 논하면서 요동성의 주몽 사를 거론한 뒤에 "이러한 지방의 주몽 사당들은『고려도경』에서 고려 때의 것이긴 하나 개경에도 있었음을 볼 수 있어 널리 분포했을 것으로 생각된다."고 하고 있다.

이렇듯『고려도경』은 서긍의 실제 견문록이니 누구나 믿고 따를 수밖에 없었고 그 동신 성모상은 주몽의 어머니신일 것으로 여겨져 왔다. 그러나 이제 그것은 위 김상기의 설을 따라서 시정돼야 할 것으로 여겨진다. 그것은 위에서도 지적들이 있었듯이 서긍의 『고려도경』은 실제 견문록이기는 하지만 단기간이었고 속단과 오류들이 있어서 검토가 엄밀해야 되겠기 때문이다.

또 한편으로 주몽과 그 모신 하백녀의 사당은『주서』나『북사』이래로 "유신묘이소有 神廟二所"로 붙어 다니는 느낌이 강했는데 개성의 동신사는 동신성모만을 언급하고 있다. 그리고 동명묘는 고려시대에는 평양에서 두터운 신앙을 받고 있는 것이『고려사』에도 자 주 보이나, 개성에는 동명묘 기록은 보이지 않는다. 그래서 위 개성의 동신사는 그 신이 과연 하백녀인지, 아니면 하백녀가 아닌 단순한 동신성모인지 재고할 문제인 것으로 생각 된다.

위에서 김상기가 지적했듯이 '선도산성모仙桃山聖母'가 '지리산성모智異山聖母' 같이, 또 는 '운제산성모雲梯山聖母', '치술신모鵄述神母'들 같이 고대사회에 많았던 일반적인 성모신 앙의 하나였을 가능성도 있기 때문이다. 그리고 실제로 이 동신성모는 선도산성모의 또 다른 이름이라는 것을 김현룡이 그의『한국고설화론』에서 소상히 밝힌 것을 필자도 후에

---

30 김상기, 「국사상에 나타난 건국설화의 검토」, 『동방사논총』(서울대학교 출판부, 1974), 17쪽. 아래 주의 기록 참조.
31 김철준, 「東明王篇에 보이는 神母의 性格」, 『한국고대사회연구』(지식산업사, 1975), 35~42쪽.

읽고, 그것을 알았다. 이 동신성모, 곧 선도성모 설화는 중국의 설화가 고려 사서에 잘못 전승된 사연을 김현룡이 자세히 밝혀놓은 바가 있다.[32]

한편 고려시대의 주몽신화의 전승 상황에 대해서는 먼저 이규보가 「동명왕편」을 쓰면서 그 서문에 "세상에서 많이 동명왕의 신이한 일을 말하는데, 비록 어리석은 남녀의 무리들도 자주 능히 그 일을 말할 수 있는 지경이다[世多說 東明王神異之事 雖愚夫駿婦 亦頗能說其事]."고 한 것이 주목된다. 이것은 매우 중요한 말이니 고려시대에도 실제로 민간에서 흔히 주몽신화는 전승되고 신봉되어 있었다는 말이 된다.

이러한 기반 위에서 이규보는 드디어 「동명왕편」이라는 한문학의 대서사시를 작성하게 된다. 그런데 그 직접 동기는 지금까지 살펴온 상대 이래의 범부여족의 주몽신앙이 주몽신화를 형성 전승시켜 온 바와는 또 다른 것이 있었다. 그것은 거란[遼] 여진[金] 그리고 특히 몽고[元]의 거듭된 침략에 대한 고려시대의 국민적 적개심과 결속을 요구하는 시대의식의 반영이기도 했다. 주몽신화 전승의 대단원을 찬란히 장식하는 이규보의 「동명왕편」 작성의 동기는 이제는 신화 형성의 기반인 종교성이 아니고 당시의 국제정세로 말미암은 시대의식이었기에 뒤의 주몽신화 전승사에서 별도로 다시 언급하기로 하겠다.

주몽신화의 이러한 한문학화의 시대의식은 이규보(1168~1241)와 같은 무렵인 이승휴(1224~1301)의 『제왕운기』에도 보인다. 그리고 개중에 『제왕운기』의 내용이 조선시대 기록들에까지 전승된 것들도 있으니 그 대표적인 한 예로 기린굴과 조천석을 들을 수가 있다. "하늘나라 왕래하여 천정에 나아가니 조천석 바위 위에 기린마의 발굽도 가볍도다[往來天上詣天政 朝天石上麟蹄輕]."

이승휴의 이 기린마와 조천석은 『세종실록지리지』나, 『동국여지승람東國輿地勝覽』의 평양조 등 지리지들에도 보이고 있다. 『여지승람』 평양부 사묘조에는 단군사, 동명왕사, 기자사들이 보이고 고적조에는 기린굴, 조천석들의 기록이 보인다.

---

32 김현룡, 『한국고설화론』(새문사, 1984).

기린굴은 구제궁 내 부벽루 밑에 있다. 동명왕이 기린마를 여기서 길렀다. 후인이 돌을 세워서 이것을 적었다. 세상에 전하기를 왕이 기린마를 타고 이 굴에 들고 지중에서 조천석으로 나와 하늘에 올랐다. 그 말 자죽이 지금껏 석상에 있다.[33]

굴이 흔히 신령을 모시는 성소와 결부된다는 것은 고구려 동맹의 대혈과 제주도의 고형어린 굴당들을 전기한 바도 있다. 또 "고구려의 수혈신의 모습 그리고 기린굴을 드나들며 천상을 왕래한 동명왕의 모습을 일본의 암혈신岩穴神들 옆에 놓았을 때 아마데라스天照大神의 자리 자체가 한반도 쪽으로 가까워지게 된다."[34]는 논술도 있듯이 이들은 다 제의와 신화의 중요한 기반이다.

그래서 이 기린굴과 조천석도 제의와 신화에 깊은 관련이 있었던 것을 느끼게 해준다. 그러나 이러한 기록들이 고려시대도 지나서 조선시대의 문헌에 기록될 때에는 이제 그것은 전설로서 민간에서도 민속적 역사로나 인식되는 단계에 이르러 있었을 것이다.

3. 고주몽신화의 기록, 전승의 변천

1) 중국의 기록들

고주몽신화의 문헌기록으로서 현존한 것은 중국 기록이 시대적으로 훨씬 앞선다. 이들 중국과 한국 측의 기록들에 대해서는 김현룡의 자세한 연구들이 있어서 본고에 필요한 부분을 여기에서 먼저 인용·요약해 나감으로써 본고 나름의 주몽신화의 변화과정을 살피기로 하겠다. 먼저 김현룡은 이들 중국과 한국의 기록들을 통틀어서 다음과 같이 3개의

---

33 『新增東國輿地勝覽』平壤府 古跡條. "麒麟窟 在九梯宮內復碧樓下 東明王養麒麟馬于此 後人立石誌之 世傳王乘麒麟馬 入此窟 從地中出朝天石昇天 其馬跡至今在石上."
34 김열규, 『한국신화와 무속연구』(일조각, 1977), 80쪽.

유형으로 분류하고 있다.

① 시비형侍婢型 — 탁리국槖離國왕[35]의 시비가 태양의 기운에 감응해서 낳은 아들
이 동명이라는 내용 : 중국의 『논형論衡』, 『위략魏略』, 『수신기搜神記』, 『후한서
後漢書』, 『양서梁書』, 『북사北史』의 백제조百濟條, 수서隋書의 백제조百濟條 등
② 표준형 — 부여왕이 하백의 딸을 얻어 방 안에 가두었더니 햇빛이 따라 비추어
서 알을 낳고 여기에서 주몽이 탄생했다는 내용 : 중국의 『위서』, 『북사』와 『수
서』의 「고구려조」, 한국의 광개토왕비문, 『삼국사기』, 『삼국유사』
③ 첨부형 — 위 표준형에 해모수가 강림하는 모습, 해모수가 하백과 경기해서 이긴
다음에 유화와 결혼하는 내용과 유화를 물에서 건져내는 이야기들이 첨부된
내용 : 한국의 『구삼국사』, 「동명왕편」, 『제왕운기』, 『세종실록지리지』 등[36]

여기서 주몽신화의 가장 오래된 것으로 알려져 있는 것은 『논형』에 기록된 그 시비형
이다. 『논형』은 후한後漢 영원永元 연간(A.D.89~104)에 70세로 사망한 왕충王充이 엮은 책이
니 대충 서기 100년경에 저술된 책으로 볼 수가 있다. 이제 그 본문을 일단 옮겨보면 다
음과 같거니와 여기서는 나라 이름과 인명이 '부여'의 시조 '동명'으로 기록되어 있다.

북이의 탁리국왕의 시비가 임신을 하니 왕이 이를 죽이려고 했다. 시비가 이에
말하기를 크기가 계란만한 기운이 하늘에서 내려와서 임신을 한 것이라 했다. 후
에 난 아들을 돼지우리 속에 버렸더니 돼지가 입기운으로 불어서 죽지 아니했다.
다시 마구간 안에 옮겨서 말에 눌려 죽이려 했더니 말도 입기운으로 이를 불어서
죽지 아니했다. 왕은 그가 천자가 될까 의심하여 그 어미에게 거두어 기르게 하고

---

35 '槖離國'의 '槖' 자는 문헌에 따라서 각각 高, 臺, 豪, 索, 寧稟 등으로도 나타나서 그것은 '高麗', '高句麗'의 잘못
기록일 가능성도 있다는 것이 이병도에 의해서 지적된 바가 있다. 뒤의 주 42)의 본문 참조.
36 김현룡, 『한국고설화론』(새문사, 1984), 24쪽.

동명이라 이름 짓고, 우마를 돌보게 했다. 동명은 활을 잘 쏘니 그 나라를 뺏을 것을 두려워하고 죽이려했다. 동명은 남쪽으로 달아나서 엄호수에 이르러 활로 물을 치니 고기 자라들이 떠서 다리를 만들어 동명이 건너고 나니 고기 자라들이 흩어져서 추격병은 건널 수가 없었다. 그래서 도읍을 정하고 부여의 왕이 되니 북이에 부여국이 있다.[37]

서기 100년경의 이 기록은 기원전 37년에 건국됐다는 고구려 건국 후 130여 년이 되는 셈이다. 그리고 그 뒤 3세기의 『위략』, 4세기의 『수신기』의 기록들은 이 『논형』의 기록과 같은 시비형의 기술을 하고 있다. 다음 6세기의 『위서』에서부터 표준형으로 변화가 생기다가 7세기의 『양서』에서 다시 한 번만은 이전 시비형의 기술을 했다가, 그 『양서』보다 불과 7년 후에 뒤이어 나온 『수서』에서부터는 표준형으로 확실한 변화를 보이고 있다. 지면 관계상 여기서는 『수서』의 표준형만을 옮겨서 위 『논형』의 시비형과 대조하여 보기로 한다.

고려의 선조는 부여에서 나왔다. 부여왕이 한때 하백의 딸을 얻어서 방 안에 두었더니 일광이 따라 비추어서 느끼고 잉태하여 큰 알 하나를 낳았다. 껍질을 깨니 한 남아가 나왔고 주몽이라 이름하였다. 부여의 신하들은 주몽이 인간의 소생이 아니라고 모두 죽이기를 청하였으나 왕은 듣지 않았다. 성장하여 사냥에 따라왔으나 잡기를 많이 해서 다시 죽이기를 청하였다. 그 어미가 주몽에게 고하니 주몽은 부여를 버리고 동남쪽으로 달아나서 큰 강물을 만났는데 깊어서 건널 수가 없었다. 주몽은 나는 하백의 외손이요 태양의 아들인데 지금 난을 만나고 추격병은 미쳐왔는데 어찌하면

---

37 『論衡』卷2. 吉驗篇. "北夷 槖離國王 侍婢有娠 王欲殺之 婢對曰 有氣大如鷄子 從天而下 我故有娠 後産子 捐於猪溷中 猪以口氣噓之不死 復徙置馬欄中 欲使馬藉殺之 馬復以口氣噓之不死 王疑以爲天子 令其母收育之 名東明 令牧牛馬 東明善射 王恐奪其國也 欲殺之 東明走南 至掩淲水 以弓擊水 魚鱉浮爲橋 東明得渡 魚鱉解散 追兵不得渡 因都王夫餘 故北夷 有夫餘國焉."

건널 수 있으리오 했다. 그러니 고기 자라들이 모여 다리를 이루어 주몽은 건넜으나 추격병은 건너지 못하고 되돌아갔다. 주몽은 건국하여 스스로 고구려라 일컫고 고씨로 성을 삼았다.[38]

『논형』을 비롯한 초기 중국 사서들은 그 이름을 '동명'이라 표기하고 '부여'의 시조로서 '부여전'에 이 신화를 기록했다. 그것이 6세기의 『위서』 이후로는 부여가 멸망하고 없어지니 '부여전'도 없어지면서 고구려전에서 주몽 또는 동명으로 표기했다가 『수서』 이후로는 나라 이름은 '고구려', 사람 이름은 '주몽'으로 분명하게 표기가 바뀐다. 그리고 무엇보다도 『양서』의 기록은 위의 시비형으로 되어 있는데 『수서』의 기록은 표준형으로 분명한 난생신화로 바뀌고 있다.

이제 중국 사서들의 동방에 관한 기록이 초기의 부정확성의 답습과 관행을 깨고 있는 것이 이 『양서』와 『수서』의 두 기록의 차이에는 보이고 있다. 이제는 중국과 고구려 상호 간에 많은 교류가 생겨서 나름대로 중국에서도 고구려 측의 사정을 알고 밝히고 있는 면이 보인다. 아직 해모수의 이름이 분명하게 보이지는 않으나 확실한 난생신화에 하백녀 이야기들이 나오고 있다.

아직 고구려가 건재하던 시기이기 때문에 『구삼국사』도 편찬되기 이전인데, 어떤 기록이건 구전이건 간에 고려의 시조 주몽으로서의 첨부형 신화가 고구려에 전승되고 있었음을 이 『수서』의 기록은 보여주고 있는 셈이다. 이제 이러한 고주몽신화의 변화를 그 국명 인명들을 위 김현룡의 연구와 서대석의 정리[39]들을 종합 보완하여 다시 일람표로 정리해보이면 다음과 같이 된다.

---

38 『隋書』, 高句麗條. "高麗之先 出自夫餘 夫餘王嘗得河伯女 因閉於室內 爲日光隨而照之 感而遂孕 生一大卵 有一男子 破殼而出 名曰朱蒙 夫餘之臣以朱蒙非人所生 咸請殺之 王不聽 及壯 因從獵 所獲居多 又請殺之 其母以告朱蒙 朱蒙棄夫餘東南走 遇一大水 深不可越 朱蒙曰 我是河伯外孫 日之子也 今有難 而追兵且及 如何得渡 於是魚鼈積而成橋 朱蒙遂渡 追騎不得濟而還 朱蒙建國 自號高句麗 以高爲氏."

39 서대석, 「백제신화연구」, 『百濟論叢』 1집(백제문화개발연구원, 1985), 32쪽.

	연대	서명	기록항목	배경국가	모	시조명	창건국명	비고
1	1C(찬자 왕충 영원[89~104] 연간 졸)	논형	부여조	탁리국	시비	동명	부여	시비형 (일광감잉신화)
2	3C	위략	부여조	호리국	시비	동명	부여	시비형
3	5C(찬자. 범화 445년 졸)	후한서	부여조	색리국	시아	동명	부여	시비형
4	6C(찬자. 위목 572년 졸)	위서	고구려조	부여	하백녀	주몽	고구려	표준형 (일광감잉 난생신화)
5	629년(찬자. 요사렴 638년 졸)	양서	고구려조	탁리국	시아	동명	부여	시비형
6	636년(찬자. 위징 643년 졸)	수서	고구려조	부여	하백녀	주몽	고구려	표준형
7	7C.(찬자. 덕분 666년 졸)	주서	고구려조	부여	하백녀	주몽	고구려	표준형
8	656년경	북사	고구려조	부여	하백녀	주몽	고구려	표준형

이 일람표의 대조를 요약하면 7세기『양서』이전의 시비형들은 시조명은 '동명'이고 그가 '고리국'의 시비의 일광감잉 후의 탄생으로 '부여'국을 건국한 것으로 기록되고 있다. 그에 반해서 7세기『수서』이후의 표준형들은 시조명이 '주몽'으로 되고 그가 부여국에서 하백녀의 일광감잉 후의 난생신화로서 탄생하고 '고구려'국을 건국한 것으로 그 고구려조에 기록되고 있다. 그리고 전자보다는 더 신화적인 신이감이 더해지며 기록도 더 소상하게 부연되어 있다.

주몽신화는 1세기에 이미 부여의 건국시조로 중국 서적에도 기록된 오랜 역사를 가진 신화였다. 그 부여는 최근의 사전에도 "서기전 2세기경부터 494년까지 북만주지역에 존속했던 예맥족의 국가"로 설명되어 있다.[40] 그 부여가 5세기 말에 멸망한 후로는 그 부여를 통합한 동계통 민족국가인 고구려의 건국 시조신화로 계속 기록 전승이 되고 있다. 6세기 이후로는 중국 사서들도 이제 부여는 멸망하고 없어졌으니 자연 그 기록은 동

---

40 노태돈,「부여」,『한국민족문화대백과사전』10(한국정신문화연구원, 1989).

계 발전체인 고구려의 시조신화로서 부여전이 아닌 고구려조에 옮겨진 것이라 하겠다.

그리고 이상에서 보았듯이, 중국의 사서들이 '부여'의 시조는 '동명'으로, '고구려'의 시조는 '주몽'으로 구분해서 적고 있는데, 이 양자가 동일 인물인가 별도 인물인가 하는 것이 여기서 일단 문제가 되어서 이제 여기서는 언급을 하지 않을 수가 없다. 위와 같은 중국 사서들의 구분과는 달리 한국 측은 옛 기록들에서부터 한결같이 동명과 주몽은 동일 인물로 기록하고 있다.

『삼국사기』는 "시조 동명성왕의 성은 고씨이고 돌아간 후 이름은 주몽이다[始祖東明聖王 姓高氏 諱朱蒙]."고 동명왕조 첫줄에 명기하고 있다. 『삼국유사』도 이 『삼국사기』의 기록을 그대로 옮겨 적고 있는데 다만 '동명성왕'을 '동명성제'로 높이고 있을 뿐이니 참고로 옮겨보면 다음과 같다.

즉, "국사 고려본기에 이르기를 시조 동명성제는 성이 고씨요 돌아간 후의 이름은 주몽이다[國史高麗本紀云 始祖東明聖帝 姓高氏 諱朱蒙]." 『제왕운기』도 "고구려 시조의 성은 고씨요, 죽은 후 시호는 동명이고, 활을 잘 쏘기에 주몽이라 이름하였다[麗祖姓高 諡東明善射故以朱蒙名]."고 역시 동일 인물로 적고 있다. 다만 여기서는 생전의 이름과 사후의 시호나 휘가 뒤바뀌고 있다.

그러나 여기에는 이론異論도 있었다. 위 중국 『양서』에도 "동명이 고기 자라의 다리를 타고 강을 건너서 부여에 이르러 왕이 됐고, 그 뒷갈래가 따로 고구려종을 이루었다[東明乘得渡 至夫餘而王焉 其後支別爲句麗種也]."는 기록이 있다. 그래서 조선후기 『해동역사海東繹史』에 한진서가 이에 보충하기를 "동명은 부여왕이요, 그 후예 주몽이 고구려의 왕이라."고 하여 각기 별도 인물로 여겼다.

또 조선시대 성종 때 김천령의 『고구려부高句麗賦』에도 "동명은 빛나는 업을 열었고 주몽은 그 여파를 이었다[東明啓其赫業 朱蒙承其餘波]."고 하여 동명과 주몽을 별개 인물로 다루었다. 그러나 장덕순은 이러한 자료들을 소개하고 "이렇듯 동명과 주몽을 다른 인간으로 보는 설도 있으나 이는 무근한 것이고, 이제는 동명이 곧 주몽이라는 것은 확고한 정설로 되어 있다."고 단정한 바도 있었다.[41]

이렇게 동명과 주몽을 동일 인물로 여기는 전통적 입장은 현대 사학계에서는 이병도와 김상기의 주장에 같이 보이고 있다. 이들은 같이 동명과 주몽은 동일 인물이라 하고, 그는 고구려의 시조라고 했다. 그러나 부여의 시조를 동명이라고 한 것은 중국 사서들의 잘못된 기록이고, 동명은 부여의 시조는 아니라고 단정했다.

이병도는 초기 중국 사서들이 동명을 부여의 시조라 하고, 그가 고리橐離 − 고려高麗 − 고구려국高句麗國에서 도망 와서 부여국을 건설했다고 적은 것은, 부여와 고구려의 선후를 전도하여 오전한 것이라고 볼 수밖에 없다고 단정하였다.[42] 여기서 '고리橐離'라고 한 것은 위 중국문헌들에 '고리橐離', '색리索離'들로 적힌 것이 문헌에 따라서 '고리橐離', '고리槀離', '고리高離'들로도 적혀 있어서 그것이 '고려高麗' 즉 '고구려高句麗'의 이기異記 또는 오기誤記이리라는 것이다.

그는 『삼국사기』 등의 부여의 해모수, 하백녀설화들을 일단 거론은 했다. 그리고 부여의 시조설화나 그 건국 년대는 오랜 것이기는 하나 지금 상고할 문헌이 없음을 유감스럽게 여긴다고 마무리하고 있다. 김상기의 주장도 대부분 이 주장과 시각을 같이하고 있다.[43] 그러나 최근에 서대석은 다음과 같이 이것을 정리한 바가 있었다.

즉, 동명신화는 협의로는 고구려의 시조 동명신화만을 의미하나, 그 속에는 한국 측 기록들도 해모수·하백녀신화들도 포함시키고 있어서 고구려만의 시조신화라고는 할 수가 없다. 북부여의 건국신화는 해모수신화이고, 해모수와 주몽은 부자간으로 전하기도 한다. 이처럼 동명신화는 한반도로 이주해 온 동이족의 천신신화로서 그 전승이 여러 가지이고, 변이도 복잡하다는 것이다.

그래서 그는 넓은 의미의 동명신화는 부여계 국가들의 건국신화를 총칭하며, 따라서 부여, 고구려, 백제의 신화를 포괄하는 개념이라고 했다. 주몽신화의 부여, 특히 북부여와의 깊은 관련성은 멀리 장수왕 2년(414)에 건립되었다는 광개토왕릉 비문에서부터도 보이고 있다.

---

41 장덕순, 「영웅서사시 '동명왕'」,(『인문과학』 5집),『국문학통론』(1960), 338쪽.
42 이병도,『한국사』 고대편(진단학회, 1959), 216쪽.
43 김상기, 앞의 글, 13쪽.

그 첫 줄에 "생각컨대 옛날 시조 추모왕이 터전을 일으킬 때에 북부여로부터 나왔으니 천제의 아들이요 어머니는 하백녀랑으로 알을 열고 아들을 얻었다[惟昔始祖鄒牟王之 創基也 出自北夫餘 天帝之子母河伯女郞 剖卵降出生子]."고 적혀 있다. 서대석은 이러한 여러 기록들을 종합 검토한 후에 "동명신화는 북부여와 고구려의 국조신화이며, 전승집단과 전승 상황에 따라 많은 변모가 있었다."고 논하고 있다.[44]

이러한 부여·고구려 신화의 동일성에 대해서는 노명호도 이미 다음과 같이 지적하고 그 종교성을 중시한 바가 있었다. 즉 "부여족의 분열 이동과정에서 가장 뒤에 성립된 백제를 포함하여, 북부여·고구려 등에 동명신화가 공통적으로 나타나게 된 동기는 동명이 당시 부여족 사회들에서 종교적으로 중요한 의미를 갖는 시조신으로 숭배되고 있었음에서 찾아진다."[45]

이 문제에 대해서는 일찍이 홍기문도 중국·한국 기록들을 두루 검토한 후에 다음과 같이 단언한 바가 있었다. "『후한서』와 『삼국지』에 게재된 부여의 건국신화도 결코 전문의 착오는 아닌 것이다. 부여와 고구려가 동일한 기원이라면 동일한 건국신화를 가진 것도 하등 관계없는 일이다. 맨 처음 부여 건국신화로 소개된 데 대하여 미심스럽게 생각할지 모르나, 그 역시 부여 및 고구려의 실질적 역사와 결부해서 충분히 설명되는 것이다.

부여가 고구려보다 먼저 일어난 나라인 만큼 맨 처음에는 응당 부여의 이름으로 알려졌을 것이요, 고구려에 의해서 결국 부여가 멸망된 만큼 나중에는 응당 고구려의 이름으로 독차지되었을 것이다. 이 바로 역사적 사실 그대로 중국의 옛 문헌의 기록과 부합되고 있다. 그 중간에는 아무런 의문도 제기될 수 없다."[46]

이상으로 이론異論도 있었다는 것을 감안은 하되, 동명 즉 주몽은 동일인물이며 부여·고구려·백제 등 범부여계 국가들의 공동신앙 대상인 시조신화였다고 일단 마무리할 수 있을 것으로 여겨진다. 여기에 생긴 여러 가지 서로 다른 견해들은 노명호의 말대로

44 서대석, 앞의 글, 18쪽 및 34쪽.
45 노명호, 앞의 글, 85쪽.
46 홍기문, 『조선신화연구』(지양사, 1989), 54쪽.

시기와 장소를 달리하는 부여, 고구려, 백제의 건국시조는 당연히 달라야 할 것이므로 '동명'은 어느 한 나라의 시조이어야 하며, 동시에 여러 나라의 시조가 될 수는 없다는데서 생겨나온 견해들인 듯하다.

그러나 그것은 건국신화들이 성립되는 당시의 상황을 고려하기보다는, 후대에 왕실시조의 성립에 대한 합리주의적인 해석을 내리려고 한 때문이었다고 할 것이다.[47] 그래서 중국 사서들은 나라와 시조 이름을 달리했고, 한국 사서들은 주몽신화를 고구려와 백제 쪽으로만 결부시키려고 하였던 것 같다. 그러나 결국은 동명 곧 주몽은 범부여계 국가들의 공통적인 시조였던 것으로 이해되어야 할 것이다.

그러나 그렇게 결론지어지면 여기에 한 가지 문제가 제기되지 않을 수가 없다. 그것은 부여와 고구려는 그 건국시기에 200년 내외의 차이가 있는 것으로 지금은 밝혀지고 있는데 동명 곧 주몽이라는 동일인물이 그 두 나라의 시조가 될 수는 없다. 이 비합리성을 어떻게 풀이해야 할 것인가 하는 문제이다. 그러나 그것은 동명 즉 주몽이 곧 신화적 인물이었다는 한 가지 일만 이해하면 풀릴 수 있는 일일 것으로 생각된다. 역사는 사실에 입각하지만, 신화는 종교적인 믿음에서 형성되는 관념적인 것이고, 초역사적일 수가 있는 것이다.

신화란 신적 존재의 행위담인데, 신적 존재라는 점에서는 그것은 여호와Jehovah나 제우스Zeus나 반고씨盤古氏나 천조대신天照大神이나 또는 성조대감이나 조왕할머니나 기본적으로는 다 같다. 그것은 그 신앙집단의 종교적 주관으로는 다 숭엄한 사실이지만, 현대인의 과학적인 객관으로는 비실재적 존재일 수밖에 없다는 것도 기본적으로 다 같다. 위 신들의 행위를 서술하는 고대신화나 현대의 서사무가들도 신화라는 점에서는 근본성격을 다 같이한다.

부여의 시조 동명도, 같은 민족의 갈래로서 그것을 계승한 고구려의 시조 주몽도 다 그 사회에서 신봉하는 시조신화의 주인공이었다. 그 종교적인 기반은 전기한 바 있으나 그것은 신앙과 소망과 이상정신들을 반영시켜 온 신화들이었다는 기본 시각을 우선 견지

---

47 노명호, 앞의 글, 39쪽.

해야 될 것으로 생각된다.

유사한 시각에서 이우성은 다음과 같이 말한 바가 있었다. "동명왕편에 나타난 동명왕은 역사상에 실재한 동명왕은 아니었다. (동명왕 자체가 역사상 실재한 인물로 보기도 어렵지만) 그것은 시인 이규보의 창작적 표현에 의하여 인간구조가 얼마든지 재구성될 수 있기 때문이다."[48] 이리하여 동명은 백제에서도 시조신으로 신봉되고, 고구려와 같이 동명묘를 건립하고, 역대 국왕들의 제의도 거행되고 있었다.

백제도 부여, 고구려 계통의 지배층이 세운 나라이고, 시조신화도 그 맥락을 이었던 것 같다. 그들이 온조왕 원년에 동명묘를 세웠다는 기록에서도 동명이 부여계 여러 나라의 공동 건국시조임을 재인식할 수가 있다.[49] 그러나 백제의 경우는 동명은 건국시조는 아니고, 단지 시조신으로만 숭상되었다. 백제의 건국시조는 온조나 비류로 되어 있는데, 그것은 전설적 요소를 가미한 역사담의 성격이 농후한 것으로 바뀌고 있다.

2) 한국의 기록과 전승들

주몽신화의 한국의 기록으로서는 시대순으로 우선 고려 초기에 편찬되었을 것으로 여겨지는 『구삼국사』가 있다. 다음에 김부식(1075~1151)의 『삼국사기』, 이규보(1168~1241)의 「동명왕편」, 일연(1206~1289)의 『삼국유사』, 이승휴(1224~1301)의 『제왕운기』 등을 들을 수가 있다. 그리고 다시 조선시대로 내려와서도 대표적인 기록으로 『세종실록지리지』, 『동국여지승람』 등을 들 수가 있다.

그리고 『구삼국사』 훨씬 이전에 지금은 없어진 것으로서, 고구려에는 소수림왕대(371-383)에 종래 구전되어 오던 신화·전설 등 고구려 초기의 사실들을 기록했을 것으로, 지금 사학계에서 생각하는 100권으로 편찬되었다는 『유기留記』라는 국사가 있었다. 그리고 다시 태학박사 이문진이 왕명으로 서기 600년에 『유기』를 요약해서 5권으로 줄인 『신집新集』

---

48 이우성, 「고려중기의 민족서사시」, 『한국의 역사인식』 상(창작과 비평사, 1977), 175쪽.
49 조동일, 앞의 책, 78쪽.

이라는 국사책이 있었다.[50] 이들은 고구려 사서인만큼 당연히 그 시조신화를 기록하고 있었을 것이다.

그러나 이 4세기 후반의 『유기』나 6세기 말의 『신집』들보다 훨씬 이전에 이미 중국에서 1세기 말경의 『논형』에, 그리고 3세기의 『위략』에도 부여의 동명신화를 기록하고 있었던 것을 위에서 일람표에도 보인 바가 있다. 중국인들이 부여의 건국신화를 창작했을 리는 만무하니 그 기록들의 근거도 『유기』나 『신집』 이전의 부여나 고구려의 어떤 구전이었을지 기록이었을지 그것도 일단은 궁금해진다.

현재 한국고고학의 출토품 중에서 문자생활을 보여주는 최초의 자료로는 경남 창원의 다호리茶戶里 1호분의 유물들이 있다. 그것은 원삼국시대原三國時代 초기 기원전 1세기 후반경의 것으로 보이는데, 5자루의 붓을 비롯한 필기도구들과 오수전도 같이 나와서 중국과의 교역도 아울러서 말해주는 것 같다.[51]

남쪽 끝에서 이러했다면, 중국과 이웃했던 고구려에서는 같은 시기에는 사서편찬까지는 못간다 해도 건국신화의 기록물 정도는 있을 수 있는 시기가 되어 있지 않았을까 생각해 보게 된다. 그 후 200년, 기원후 1세기의 『논형』의 주몽신화 기록에 대해서 고구려 측의 상황을 일단 이렇게 유추나마 해보게 된다.

한편 현존하는 한국 측의 가장 오랜 기록으로서 『구삼국사』의 기록이 이규보의 「동명왕편」에 많은 모습을 드러내주고 있다. 위 김현룡의 명명대로 한다면 『구삼국사』 등의 첨부형을 『삼국사기』가 표준형으로 줄인 것을 이규보가 「동명왕편」에서 다시 첨부형으로 되돌려 놓은 셈이다. 이제 이러한 한국 기록들의 내용과 성격을 『삼국사기』와 『삼국유사』를 통해서나마 살피고 주몽신화의 전승과정을 더듬어 보기로 하겠다.

---

50 정중환, 「신집」, 『한국민족문화대백과사전』 14(한국정신문화연구원, 1990).

51 이건무, 「茶戶里遺蹟 출토 붓[筆]에 대하여」, 『考古學誌』 4집(한국고고미술연구소, 1992), 23쪽.

(1) 부여의 동명신화

① 북부여의 신화

『삼국유사』는 권 제1에서 먼저 북부여에 관해서 다음과 같이 매우 짧은 기록을 하고 있다.

고기에 이르되 전한 효선제 신작 3년 임술 4월 8일에 천제가 흘승골성에 오룡차를 타고 내려와서 도읍을 정하고 왕을 일컫고 국호를 북부여라 하고 자칭 해모수라 이름하였다. 아들을 낳아 부루라 하고 해로 성을 삼았다. 뒤에 왕이 상제의 명으로 도읍을 동부여로 옮겨가고, 동명제가 북부여를 이어 일어나 도읍을 졸본주에 정하여 졸본부여가 되었으니 곧 고구려의 시조이다.[52]

여기서 북부여의 시조왕은 해모수로 되어 있다. 그는 해부루의 아버지이고 다시 동부여로 도읍을 옮겼다는 것으로 끝이 나있다. 그리고 그 해모수와 부루 부자와는 어떤 관계인지 아무런 설명도 없으니, 아무런 관계도 없는 듯한 동명이 북부여를 계승했고, 그가 졸본부여 즉 고구려의 시조라고 여운처럼 덧붙인 애매하고 축약된 표현이다.

이것은 북부여의 첫 시조가 해모수라는 해모수신화의 축약 같은 느낌이다. 같은 유사의 뒤의 고구려조에 기록되었듯이 해모수가 주몽의 아버지라는 내용과도 동떨어져 있고, 『논형』 등 먼저 있었던 중국 기록들과도 별개의 신화 같은 인상이다. 다만 여기서는 주몽은 고구려의 시조일 뿐이고, 위에서도 지적했듯이 2세기 전의 옛 부여의 시조까지 겸할 수는 없었다는 합리주의 같은 것이 작용하고 있는 느낌이다.

---

52 『三國遺事』卷 第1, 北扶餘條. "古記云 前漢書宣帝(孝宣帝의 誤記~金鉉龍의 지적) 神爵三年 壬戌四月八日 天帝降于訖升骨城(在大遼醫州界) 乘五龍車 立都稱王 國號北扶餘 自稱名解慕漱 生子名扶婁 以解爲氏焉 王後因上帝之命 移都于東扶餘 東明帝繼北扶餘而興 立都于卒本州 爲卒本扶餘 卽高句麗之始祖."

② 동부여의 신화

　　북부여의 왕 해부루의 재상 아란불의 꿈에 천제가 내려와 이르되 장차 내 자손
으로 이곳에 나라를 세우려 하니 너는 여기를 피하라(동명이 장차 일어날 조짐을 말함이
다). 동해가에 가섭원이라는 곳이 있고 땅이 기름지니 왕도를 삼을 만하다 하였다.
아란불이 왕에게 권하여 도읍을 그곳에 옮기고 국호를 동부여라 하였다. 부루가 늙
고 아들이 없어서 하루는 산천에 제사하고 후사를 구하니 탔던 말이 곤연에 이르러
큰 돌을 보고 마주 대하여 눈물을 흘렸다. 왕이 이상히 여기고 사람을 시켜 그 돌을
들치니 금빛 개구리 모양의 어린이가 있는지라 왕이 기뻐하여 이것은 하늘이 나에
게 아들을 주심이라 하고 거두어 기르고 이름을 금와라 하였다. 장성하며 태자를
삼고 부루가 돌아간 후 금와가 자리를 이어 왕이 되었다. 다음에 태자 대소에게 전
했던 바 지황 3년 임오에 고려왕 무휼이 쳐서 대소를 죽이니 나라가 없어졌다.[53]

　　이것은 해부루와 금와의 동부여신화의 축약이다. 위 북부여 기록에서는 해모수가 상
제의 명으로 동부여로 옮긴 것으로 되었는데, 여기서는 해부루가 아란불의 권유로 옮겼다
는 점 등 세부적으로는 애매하고 어긋나는 점들이 없지 않다.[54] 이러한 동북부여의 신화
축약의 애매함이 같은『삼국유사』의 다음「고구려조」에는 모두 다 묶어서 애매한 대로
잘 종합이 되어 있다. 여기에는 주몽이 해모수의 아들로 기록되고 같은 해모수의 아들인
부루와 주몽은 이모異母 형제라고 한 점들이 그것이다.
　　그러나 이 유사의 기록들은 또『삼국사기』와 대조해보면 다시 모순이 생긴다. 즉『삼
국사기』「동명성왕조」에는 "부여왕 해부루가 도읍을 옮기고 동부여라 했는데 그 구도舊都

---

53 『三國遺事』卷 第1, 北扶餘條. "北扶餘王 解夫婁之相 阿蘭弗夢 天帝降而謂曰 將使吾子孫 立國於此 汝其避之(謂東明將
　　興之兆也) 東海之濱 有地名迦葉原 土壤膏腴 宜立王都 阿蘭弗勸王 移都於彼 國號東扶餘 夫婁老無子 一日祭山川求嗣
　　所乘馬至鯤淵 見大石 相對俠(淚)流 王怪之 使人轉其石 有小兒 金色蛙形 王喜曰 此乃天賚我令胤乎 乃收而養之 名曰金蛙
　　及其長 爲太子 夫婁薨 金蛙嗣位爲王 次傳位于太子帶素 至地皇三年壬午 高麗王無恤伐之 殺王帶素 國除."
54 서대석,「백제신화연구」,『백제논총』1집(1985), 19쪽.

에는 어디서 왔는지 알지 못할 사람이 자칭 천제자 해모수라 하고 와서 도읍하였다[王移都於彼 國號東扶餘 其 舊都 有人不知所從來 自稱天帝子解慕漱 來都焉].”고 하고 있다. 유사에서는 부자지간인 해모수와 부루가 여기서는 전혀 알지 못할 사람들 사이로 되어 있고, 순서도 반대로 여기서는 해부루가 앞서고 해모수가 뒤잇는 것으로 되어 있다.

전기한대로 부여와 고구려의 건국에는 지금 사학계에서 밝힌 바로는 2세기 내외의 긴 연대차가 있고, 거기에는 지역도 광대해서 이전異傳도 많았을 터인데, 그것들을 한데 묶어서 기술하자니 그것이 후세의 다른 기록끼리는 더구나 맞을 리도 없는 일일 수밖에 없었을 것이다.

(2) 백제의 동명신화

백제의 신화로서는 『삼국유사』에는 특히 거론할 기록이 없고, 『삼국사기』에는 그 백제본기에 다음과 같은 기록이 있다.

> 백제의 시조는 온조왕으로 그 부친은 추모 혹은 주몽이라고 한다. 주몽이 북부여로부터 난을 피하여 졸본부여에 이르렀는데 부여왕은 아들이 없고 다만 세 딸이 있어 근심중 주몽을 보고 비상한 사람임을 알고 둘째 딸로서 그 아내를 삼았다. 얼마 아니하여 부여왕이 돌아가므로 주몽이 왕위를 잇고 두 아들을 낳았는데 장자는 비류라 하고 차자는 온조라 하였다(혹은 주몽이 졸본에 이르러서 월군녀를 아내로 얻어 두 아들을 낳았다고 한다). 그런데 주몽이 북부여에 있을 때에 낳았던 아들이 와서 태자를 삼으므로 비류와 온조는 그가 태자에게 용납되지 않을 것을 두려워하여 드디어 오간, 마려 등 10신과 남쪽으로 떠나니 백성들이 이들을 따라나서는 사람이 많았다. …(중략)… 국호를 백제라 했는데 그 세계는 고구려와 한가지로 부여에서 나온 까닭으로 부여로 성씨를 삼았다.[55]

---

55 『三國史記』百濟本紀 第1. “百濟始祖溫祚王 其父鄒车 或云朱蒙 自北扶餘逃難 至卒本扶餘 扶餘王無子 只有三女子 見朱蒙 知非常人 以第二女妻之 未幾 扶餘王薨 朱蒙嗣位 生二子 長曰沸流 次曰溫祚 (或云 朱蒙到卒本 娶越郡女 生二子)

이 기록은 서두부터 "백제의 시조는 온조왕"이라 했고 그것은 비류와 온조가 십제국十濟國, 백제국百濟國을 건설하는 역사담이다. 따라서 주인공은 동명이 아니고 온조이다. 동명은 백제에서도 범부여계 시조신으로 모셔지기는 했으나 백제의 건국시조는 온조라고 명기하고 있다. 여기서는 동명은 결혼을 잘해서 왕위를 계승할 수 있었던 것으로 되어 있고, 동명의 영웅성이나 신위성 등은 드러날 겨를이 없고, 온조의 모계에 비중이 실려 있다.

이것은 더구나 곧 이어서 『삼국사기』에 괄호 속의 주註로 '일운시조비류왕一云始祖沸流王'하고 기록된 또 다른 전승으로는 비류·온조의 생부는 우태優台로 기록된다. 우태가 죽자 그 미망인 소서노召西奴는 주몽의 "개기창업에 내조가 매우 많다[開基創業 頗有內助]."고 기록되어 비류·온조의 모계 비중은 더 강조되고, 주몽은 그들의 계부로 기록이 된다.

이것은 백제 측의 전설적 역사담이니만큼 주몽을 범부여계의 시조로는 여겼어도 어디까지나 그 건국시조로 여긴 온조나 비류 측에 비중을 둔 기록이다. 전기한대로 2세기 이전 부여의 시조신화의 동명은 설혹 실존했던 영웅이 신격으로 승화되었다고 치더라도 2세기 후의 동일 인물인 고구려 시조신화의 동명은 다만 관념상의 이상적 존재인 신화적 인물일 수밖에 없었다. 부여 이래의 건국신화가 성장하면서 고구려 시조신화로도 계승되었던 신화이다.

그러나 백제의 온조설화는 이제 다 신화는 아니고 그것은 성격상으로는 전설적 역사담으로 보인다. 전설에는 비사실적 요소와 더불어 사실적 요소가 엄존한다. 온조설화는 그러한 전설적 역사담을 신화에 연결시키고 백제의 상황 나름으로 합리적인 기록을 후세에 와서 하게 되니, 또 많은 이전異傳들은 있을 수밖에 없었을 것이다.

(3) 고구려와 고려의 주몽신화

오늘날 고주몽신화의 주요 기록 자료로서 우리가 가지고 있는 『삼국사기』, 『삼국유사』, 「동명왕편」, 『제왕운기』 등은 모두 부여, 고구려시대 이래의 전승이나, 그것은 모두 고려시

及朱蒙在北扶餘所生子 來爲太子 沸流 溫祚 恐爲太子所不容 遂與烏干 馬黎等十臣南行 百姓從之者多 …(中略)… 改號百濟 其世系與高句麗 同出扶餘 故以扶餘爲氏."

대의 기록물이다. 이상에서 『삼국사기』는 삼국의 역사책이니 자연 삼국의 시조신화들도 기록하게 되었다고 하더라도 나머지 3자의 기록이 같은 시대에 같이 이루어진 데에는 그 나름의 시대의식이 작용하고 있는 것을 분명하게 파악할 수가 있다.

고구려시대의 주몽신화는 고구려인들에게는 직결되는 건국시조신화이고 물론 신앙이기도 했다. 그러나 주몽은 고려왕국에는 직결되는 시조신은 아니다. 고려왕실의 시조설화는 따로 있다. 그런데도 잇달아서 나온 기록들에는 그만큼 각박했던 고려시대의 국제적 군사 정치 정세 속에서 그 시대의식이 더 크게 작용한 민족적인 서사문학이 되고 있다. 이제 그 문학의 시대성을 파악하기 위해서 우선 위 4자의 생존연대를 먼저 일람하면 다음과 같다. 여기서 이규보, 일연, 이승휴 3인은 연령차만 있었을 뿐 동시대를 산 인물들임을 알 수가 있다.

> 김부식 1075~1151(문종 29~의종 5), 1145년 『삼국사기』 편찬, 77세 졸
> 이규보 1168~1241(의종 22~고종 28), 1193년 「동명왕편」 제작(26세 때), 74세 졸
> 일 연 1206~1289(희종 2~충렬왕 15), 1280년대 유사 완성, 84세 졸
> 이승휴 1224~1301(고종 11~충렬왕 27), 1291년 『제왕운기』 작성(68세 때), 78세 졸

고려시대는 특히 외침이 많았던 시대인데, 그것은 거란[遼]의 993년 1차 침입에서 1016년 3차 침입이 위 4인의 생존연대 훨씬 이전부터 있었고, 그 무렵에는 뒤이은 여진[金]의 침입들도 있었다. 이 거란과 여진족들에 대해서는 고려는 변방의 오랑캐들로 여기고 군림의 자세를 취해왔으나 나중에 그들의 강대해진 무력 앞에 어쩔 수 없이 군신의 예를 취할 수밖에 없는 많은 굴욕을 당하기도 했다.

그러다가 1216, 1217, 1218년(고종 3, 4, 5)에는 전후 3년간, 3차에 걸쳐서 몽고군에게 쫓긴 거란 난민군의 침입으로 1차는 황해도까지, 2차는 왕도 개성을 지나서 춘천, 원주, 강릉까지 혹독한 침략을 당했었다. 그리고 뒤이어서 1231년(고종 18) 몽고군의 1차 침입으로 개성, 청주, 충주까지 침략당하고 다음 1232년의 2차 침입으로 고려왕조는 끝내 강화도에 천도를 결정하게 된다.

이후 3차(1235년), 4차(1253년), 5차(1254년), 6차(1255년), 7차(1257년)에 걸쳐서 거의 전국적인 몽고군의 파괴와 침략이 거듭 자행된다. 1259년(고종 46)에 고려는 끝내 몽고에 항복하고, 1270년 실로 50여 년 만에 개경으로 환도를 하기는 한다. 그러나 다시 몽고의 일본 원정을 위해서 삼별초 잔군이 평정된 후 제주도까지 29년간 점령되고 1차(1273년), 2차(1281년)의 일본 공격에 고려는 막대한 인명과 물량의 희생을 당해가며 몽고에 협력하지 않을 수가 없었다. 이렇듯 몽고의 야만적인 침략이 자행되던 기간에도 각 지방에서 끈질긴 부분적 항쟁들은 계속되었고, 외침에 대한 국민의 적개심은 한없이 높아가고 있었다.[56]

위 1231년 몽고의 1차 침입에서 1281년 2차 일본 공격까지만 50년간, 몽고의 핍박이 한참 심하던 때는 이규보, 일연, 이승휴 등이 한참 지적 활동을 하던 시대였다. 이규보는 그 와중에서 왕명을 받들고 '답몽고관인서答蒙古官人書' 등을 썼던 것이 그의『동국이상국집』(권 28)에 실려 있다. 3인은 다 그 생애에 피난 수도였던 강화에 한 때 거주하거나 출입이 있었고, 몸소 뼈저리게 국난을 겪으면서 민족의식을 강하게 나타내지 않을 수가 없는 사람들이었다.

이규보의「동명왕편」, 일연의『삼국유사』, 이승휴의『제왕운기』는 각기 그 작품의 주제나 성격이 달랐는데, 당시의 국제적인 군사 정치정세 속에서 작품의 성격상 전체적인 민족정신의 결속을 강조한 점은 자연 이승휴의『제왕운기』에 단적으로 더 많이 드러나지 않을 수가 없었다. 예컨대 그는 그 하권 전조선기에서 "신라, 고구려, 남북옥저, 동북부여, 예와 맥은 모두 단군의 자손이다尸羅 高禮 南北沃沮, 東北扶餘 濊與貊 皆檀君之壽也]."고 주장하고 있다. 그는 같은 뜻의 말을 뒤이은 열국기列國紀에서도 다시금 거듭 외치고 있다.

이우성은 "이러한 풍조 속에서 단군의 개국신화가 민중의 전승을 토대로 형성되어 나왔고, 일연을 거쳐 이승휴에 이르러 민족시조로서의 성격이 명백히 된 것은 아직도 끈질긴 저항정신이 민중 속에 움직이고 있음을 보여주는 것이며, 이 움직임이 당시의 붓을 쥔 사람들에 의하여 기록과 시로 남게 되었던 것"이라고 한 바가 있다.

---

56 이병도,『한국사』중세편(진단학회, 1961), 172~610쪽.

그는 다시 12, 13세기에 있어서 전고에 없는 우리의 민족적 수난과 그것에 대한 민족적 저항이 당시 시인들로 하여금 집단의식을 기반으로 한 영웅시·역사시들을 작성케 한 것이라고 문학의 시대성을 강조하였다.[57] 특히 시조신화의 경우 이러한 경향은 더 강할 수밖에 없으니 그것은 단군신화의 전승사에서 단군신화가 특히 강조된 것이 이렇듯 고려 중엽의 민족수난기와 일제 강점기의 대종교와 그 개천절 제정(1900년) 등이었던 점에도 단적으로 드러나고 있다.[58] 일연의 『삼국유사』도 그 신이사관神異史觀과 더불어 주체사관이 강했던 점은 이러한 시대성과 상관성이 있었다는 논의들이 있어왔다.[59]

　　이규보가 「동명왕편」으로 주몽신화를 영웅서사문학화한 것도 같은 고려 국난기였으니, 그는 그 서문에 그 제작 목적을 분명히 밝히고 있다. "이런 까닭에 시를 지어 이를 기록하고 천하 사람들로 하여금 우리나라의 근본이 성인의 나라임을 알게 하고자 할 따름이라[是用作詩 以記之 欲使夫天下 知我國本 聖人之都耳]."고 특히 강조하고 있다. 그것은 고구려의 후계를 자처했던 고려왕국의 민족적 자부심과 저항정신을 승화시키려는 의도라는 것을 분명히 나타내고 있다.

　　그는 "김부식이 국사를 다시 편찬할 때에 그것을 매우 간략하게 생략했다[金公富軾 重撰國史 頗略其事]."고 불만스러워하고 많은 뜻을 그 서문에 담고 있다. 『구삼국사』를 재삼 탐독 미독하고 보니 "환이 아니라 성이며, 귀가 아니라 신이라[非幻也乃聖也 非鬼也乃神也]."고 스스로도 깨달으며 크게 강조하고 있다. 그것은 고려 창국의 이상이었던 옛날 그 대고구려의 신화의 정신을 다 같이 성스럽게 받들자는 말도 될 것이다. 이리하여 주몽신화는 이제 고구려시대의 시조신 신앙보다는 고려 국난기의 시대성을 반영한 「동명왕편」으로 그 전승의 대단원을 장식하게 되었다.

---

57 이우성, 「高麗 中期의 民族敍事詩 – 동명왕편과 제왕운기의 연구」, 『한국의 역사인식(상)』(창작과비평사, 1977), 187~188쪽.

58 장주근, 「단군신화의 민속학적 연구」, 『서남춘교수 정년기념 국어국문학논문집』(경운출판사, 1990), 338쪽.

59 이재호, 「삼국유사에 나타난 민족자주의식」, 『삼국유사연구』上(영남대출판부, 1983), 10쪽.

3) 주몽신화 전승의 실상

주몽신화는 위에서 보아왔듯이 많은 책에 많은 이전異傳들이 허다하게 기록 전승되어 왔다. 가령 『삼국사기』나 『삼국유사』에도 도처에 '일운一云', '혹운或云', '일작一作' 또는 '일 명一名' 등으로 많은 이전이나 이명異名들을 기록하여 구전으로나 기록으로나 간에 다양한 전승들이 있었던 상황을 보여주고 있다. 그것은 초기 부여 건국 이래의 장구한 전승기간으로 말미암는 점도 있었을 것이고, 만주대륙과 한반도의 광대한 지역에서 부여, 고구려, 백제 등 여러 나라에 전승된 탓도 있었을 것이다. 또 위 백제본기에서 보았듯이 나중에는 신화를 역사담과 결부시키려니 여러 가지 부회附會들이 생긴 탓도 있었을 것이다.

여하튼 1세기에 이미 중국책 『논형』에 주몽신화는 기록이 되어 있었다. 그것은 물론 이 건국신화들을 수록했을 고구려의 4세기의 『유기』나 6세기의 『신집』들보다도 몇 세기나 앞서는 것이었고, 부여 건국 이래로 부여 측에서 형성됐던 동명신화에 의존할 수밖에 없었던 것이었다. 그런데 이러한 영웅시대의 건국신화는 바로 건국서사시의 시대이다.

이러한 건국서사시 시대인 고대에는 문학이 우리말로만 이루어졌고, 그것은 지배층의 무당이나 사제자에 의해서 서사무가로 전승되었을 것이 위해서도 거듭 지적되었다. 이러한 구비서사시(oral epic)는 많은 종류의 구비시(oral poetry) 중에서도 가장 발달된 형식이고, 영웅성을 강조한 장편 서사시는 동서고금에 널리 분포 전승되고 있다.

톰슨S. Thompson도 "헤라클레스나 테세우스 같은 영웅과 수많은 적과의 초인간적인 갈등을 서술하는 일군의 영웅담은 거의 세계 어디에서나 찾아볼 수 있다. 이런 종류의 이야기는 특히 미개민족들 중에서 즐겨 이야기되고 또 문명사회의 영웅시대의 사람들, 예컨대 초기 그리스인 또는 대이동기의 게르만인들 가운데에서도 성행되었다."고 말하고 있다.[60]

이렇듯 고대 그리스의 일리아드, 오디세이 이래로 중세에서도 또 최근에는 핀족, 러시아 제민족, 티벳, 몽골, 중국, 유고슬라비아, 수마트라까지 매우 많은 영웅시들이 폭넓게

---

60 Stith Thompson, *The Folktale*, University of California Press, 1977, p.8.

수집되고 연구되고 있다.[61] 또 일본 북단에 있는 아이누족의 서사시 유카라도 방대하고,[62] 우리의 제주도를 비롯한 한국의 서사무가들에도 기본적으로 그러한 요소는 지금도 다분하다.

그 중에서 오이나스F.Oinas는 구비서사시(oral epic 또는 folk epic)를 따로 들어서 논하였다. 그는 구비서사가요는 특출한 사람의 모험을 다루는 서사시로서 일정한 저자가 있는 기록서사시(literary epic)와 구분되고 그것은 구어로 전승되는 전승물이라고 먼저 전제했다. 그리고 그는 세계 각 지역의 구비서사시들을 그 내용에 따라서 무속적 서사시, 영웅적 서사시, 낭만적 서사시, 역사적 서사시 등의 4종류로 구분하고 각각 그 사례를 들어가며 설명했다.

여기서는 지면상 사례들까지는 생략하고 간단히 그 설명문들만을 참고삼아 인용해보면 다음과 같다. 무속적 서사시(shamanistic epic)는 참다운 영웅이 아닌 주인공이, 비실제적인 주술에 의해서 이루는 행위들을 다룬다. 영웅서사시(heroic epic)는 유능한 비범인의 용기나 묘기 활동이 나라 내외부의 적들에 대항하는 방향으로 표현된다.

낭만적 서사시(romantic epic)는 사랑과 모험의 시를 포함하되 영웅적 위업들은 제외된다. 그리고 역사적 서사시(historic epic)는 여러 가지 역사적 사건과 모습을 다룬다. 그것은 어떤 사건이나 인물 또는 그들이 표출했던 감동들로 말미암는 인상을 보여준다. 그래서 그것은 역사가 아니라 역사적 사건, 성격에 대한 동시대의 시적인 반응이다.[63]

오늘날 구비서사시들의 수집 연구가 국내외에서 활발하게 진행되고 세부적으로 논의되는 위와 같은 경향들에 비추어 볼 때에 초기 부여 이래의 주몽신화는 더욱 무속적인 구비서사시였을 가능성이 더 컸던 것으로 보인다. 더구나 고구려시대에는 주몽은 요동성 같은 성에서도 주몽의 사당을 무속적인 호국신으로 신봉하는 제례를 볼 수가 있었기 때문이다.

---

61 Ruth Finnegan, *Oral Poetry*, Cambridge University Press, 1979, p.9.

62 金田一京助, 『아이누敍事詩, 유우카라 概説』(東京, 1943).

63 Felix J. Oinas, Folk Epic, ed. by R. Dorson, *Folklore and Folklife*, The university of chicago Press, p.99, pp.101~104.

위에서 오이나스는 동서고금의 구비서사시의 종류가 다양하니 그것을 내용별로 4종류로 분류하였고, 분류하니 그 성격과 아울러서 한계들까지도 가리려고 하였다. 그러나 주몽신화는 그 오랜 전승 속에서 무속적인 서사시이기도 하겠고, 물론 영웅서사시, 역사적 서사시이기도 했다. 현재 기록들로 보아서는 낭만적 서사시다운 부분은 적은 듯하다.

그러나 예컨대 해모수 앞에 나타난 유화, 훤화, 위화 등 3미녀의 영롱한 모습과 해모수와 유화의 혼인담들도 있다. 그렇지만 해모수는 그녀를 보고 "왕비를 삼으면 아들을 얻을 만하다[得而爲妃 可有後胤]."고 해서 그 표현이 실리성에 그치고 만다. 주몽도 원자 유리의 어머니와 온조의 어머니와의 두 번의 혼인이 있었겠는데, 그 혼담은 아예 생략되어 버리고 있다. 낭만성은 있을 소지는 충분했으나 한문 표기에서는 아예 거세되어 버렸다는 느낌이다.

본래 영웅서사시라고 하는 것은 위에서도 산발적으로 지적되어 왔지만, 요약하자면 ① 개인 창작이 아닌 집단의 전승물이고, ② 구어로서 운문으로 된 장편 서사가요이고, ③ 신이나 영웅의 행동을 중심으로 삼으면서, ④ 집단의 운명적 사건을 반영 또는 서술한다는 몇 가지 기본적인 성격들을 지닌다. 그것이 한국의 원초적인 경우는 근래 국내외의 연구 성과를 종합할 때에 서사무가였으리라는 것이 많은 학자들에 의해서 주장되어 온 것은 지금까지 살펴본 바와 같다.

이러한 서사무가가 한자의 문헌신화로 정착하는 구체적인 정착과정을 선명하게 보여주는 사례로는 제주도의 삼성신화를 들을 수 있다. 삼성신화는 조선시대 초기 이래로『고려사』등 여러 문헌에 기록되어 문헌신화화하고 있다. 그것은 지금까지 구송되는 당신본풀이들의 ① 남신의 용출, ② 여신의 입도, ③ 남녀신의 혼인, ④ 좌정경위담 등의 기본구조와 같은 서사무가의 기록 정착으로 여겨지고 있다.

서사무가였던 삼성시조신화가 일부 문헌에 정착된 후에도 삼성시조의 제사는 목사 이수동이 처음 사당을 짓고 삼을나의 자손들에게 유교적 제사를 지내게 한 중종 21년(1526)까지는 계속 광양당廣壤堂에서 무격들이 굿으로 해왔다. 따라서 필요에 의해서 한편으로는 문헌신화화하면서도 한편으로 무속제의는 계속되었고, 그 본풀이도 서사무가로 계속해서 구송되었을 것으로 여겨지고 있다.[64]

이렇듯 구비서사시였을 주몽신화도 한편으로 1세기에는 이미 중국의 『논형』에서부터 기록되기 시작하여 문헌신화화하고 있다. 그러나 고구려 말기의 요동성의 주몽사당의 무속제의는 적어도 그때까지는 한편으로 서사무가의 전승 가능성을 보여주고 있다. 그러면서 4세기의 『유기』, 6세기의 『신집』 등 고구려 사서에도 문헌신화화하고 있었을 것으로 여겨지고 있다.

그리고는 『구삼국사』, 『삼국사기』 등에 기록된 신화들이 남아있는데, 다음 이규보의 「동명왕편」에서 드디어 한문학의 일대 영웅서사시로서 그 전승의 대단원을 장식하기에 이른다. 그리고 이 「동명왕편」의 제작에는 12~13세기의 전고에 없던 고려 국난기의 민족의식이 크게 작용하고 있었던 사정도 보아왔다. 그러면서도 한편으로 고려시대에도 민간에서는 "비록 어리석은 남녀의 무리들도 동명왕의 신이한 일을 자주 능히 이야기하고 있었다[世多說 東明王神異之事 雖愚夫駿婦 亦頗能說其事]."

문맥으로 보아서는 이 민간의 이야기는 서사무가류이기보다는 산문조의 구전신화였을 가능성이 더 많아 보인다. 여하튼 고려시대에도 상하 간에 주몽신화는 기록으로도 구전으로도 왕성하게 전승됐는데 그것은 이어서 『삼국유사』, 『제왕운기』 등에 기록되고 다시 조선시대까지 몇몇 지리지에 이제는 전설적 성격까지도 띠면서 전승이 되어 왔다. 또 부여, 고구려, 백제 등 범부여계 여러 나라와 고려시대까지 광범한 지역에서 1500여 년간의 긴 전승사를 가져온 것을 우리는 보아왔다.

4. 맺는말

지금까지 본고는 주몽신화의 형성과 전승의 원동력이고 기반이었다고 할 수 있는 주몽신앙의 변천사를 먼저 살펴왔다. 그리고 이어서 주몽신화의 기록과 전승의 변천을 살피면서 그 실상을 파악하려고 해보았다. 여기서 논의된 요점들을 추리면 다음과 같다.

---

64 장주근, 「구전신화의 문헌신화화 과정」, 『이두현교수정년기념 논문집』(1989), 70~87쪽.

먼저 주몽신화의 발상지인 부여는 농경성도 매우 강한 고대국가였다. 그것은 이 지역의 고고학적 출토품의 절대 다수가 농경기구라는 점과 중국 고문헌 기록들이 부여의 땅이 오곡을 가꾸기에 알맞다[土宜五穀]고 한 표현들로 분명하게 설명해주고 있다. 또 부여에는 비와 가뭄이 고르지 못하고 오곡이 익지 않으면 왕은 마땅히 교체되거나 살해돼야 한다고 했다는 『삼국지』의 기록이 있다. 왕은 마땅히 우사(rain maker)나 농신적 능력을 갖추어야 한다는 국민적인 믿음과 소망이 있었던 셈이다.

이런데서 건국 시조신인 동명에게는 우사이면서 농신, 태양신적인 성격이 부여되고, 한편으로 '신묘이소神廟二所'로 같이 모셔지던 그 모신에게는 곡모신, 지모신, 수신 등의 성격이 부여되고, 부신에게는 천신적인 성격이 요구되었다. 동시에 때는 전국시대여서 그 건국시조 신에게는 영웅성과 뛰어난 활솜씨가 요구되었다. 선사자를 의미한다는 주몽이라는 그의 이름은 이러한 전국시대의 무신적이고 영웅신적인 측면을 상징하는 이름이었고, 동명이라는 그의 또 하나의 이름은 태양신의 광명을 뜻하는 시조신의 농경신적 측면을 상징하는 이름이었다.

고구려의 동맹은 국왕이 친히 제사지내기도 했던 국중대회이고 추수감사 제의였다. 그것은 굴속에 신체를 모셔두었던 전통적인 민족 신앙이었고, 여기서 건국신화는 국민의 자부심과 단결을 고취하는 서사무가로 가창되었을 것이 논의되었다. 그러는 한편으로 왕권국가의 조상숭배로 동명묘가 새로 백제에서도 같이 건립되고 여기서는 국왕의 즉위식, 천지제사, 동맹, 기우제, 기타 다양한 성격의 종교제의가 거행된 점이 보였다. 이 시조묘 제의에서는 특히 왕가의 그 신화체계가 보여주는 신성성, 정통성들이 과시되기도 했을 것이다.

또 고구려 말기에 요동성에는 주몽의 사당이 있었고, 주몽이 호국신, 무속신으로 신봉된 측면이 보였다. 그것은 요동성에만 국한되었을 것은 아니고, 적어도 같은 성들에는 다 있을 수 있는 것이었겠는데, 이러한 주몽의 확실한 무속신앙자료는 그 신화의 서사무가의 가능성들도 한결 더 보여준다는 점에서 귀중한 자료라고 평가될 만한 것이다.

고려시대로 내려오면 주몽신앙의 확실한 자료는 서경의 주몽사뿐이어서 부여, 고구려는 물론 백제와도 시조신으로 신봉됐던 점들과는 달라진다. 다만 동맹은 예의 무천이나 삼한의 10월제 등과 같이 그 제천의식의 전통에 신라의 호국전사 위령제인 팔관회 등 불교색채까지 종합하면서 고려시대 최대의 행사이자 한국 최고의 전통 종교의례의 발전형을 이루었다. 그러나 그 팔관회도 조선시대에 들어서자 곧 폐지되고 그 신앙만이 민간으로 전승되어 갔다.

한편 주몽신화의 기록 전승의 변천에서는 1세기의 『논형』을 비롯해서 초기에는 '부여'의 시조 '동명'으로 기록되었다. 그리고 부여가 멸망한 5세기 이후는 '고구려'의 시조 '주몽'으로 여러 문헌에 기록되었다. 이 '동명'과 '주몽'은 별개 인물이리라는 논의들도 있었으나, 『삼국사기』, 『삼국유사』, 『제왕운기』 등 이래로 현대 사학계에까지 동일인물의 두 이름이라는 것은 확고한 결론이었다.

그러나 부여는 기원전 2, 3세기에 건국되었고, 고구려는 기원전 37년에 건국된 것으로 되어 있어서 2세기 내외의 간격이 있는데 동일 인물이 그러한 두 나라의 건국시조가 될 수는 없는 일이다. 그러니 부여의 시조는 설령 실존 인물의 신격화였다고 치더라도 고구려의 시조는 그 신화가 계승된 신화적 인물일 수밖에 없다. 그것은 신이란 종교적이며 관념적인 존재이고 그러한 문화기반이 규명돼야 하며 객관적인 실존 인물일 수는 없다는 신화의 본질을 증명해주는 사실이기도 하다.

오늘날 구전 영웅담, 구비서사시는 동서고금의 도처에서 허다하게 수집 연구되고, 한국에서도 그것은 전역에서 전승되고 있는 것이 논의되었다. 제주도에서는 삼성신화가 『고려사』 등에 한편으로 기록되고 문헌신화화하면서 한편으로 16세기까지는 광양당에서 삼성시조의 무속제의가 계속됐고, 서사무가는 서사무가대로 전승되었을 가능성들이 논의되었다.

주몽신화도 한편으로 1세기의 『논형』 이래로 4세기의 『유기』, 6세기의 『신집』 등 여러 기록에 문헌신화화하면서, 한편으로는 부여 건국 이래로 적어도 고구려 말 요동성의 주몽사 자료까지는 서사무가로도 전승되었을 가능성을 보여준다. 그러다가 고려 중엽에 이규보에 이르러서 주몽신화는 「동명왕편」으로 그 전승의 대단원을 한문학으로 장식하게 된다.

그러나 이제 그것은 부여, 고구려와 같은 시조신앙에서는 아니었다. 12~13세기의 전고에 없던 외침과 국난을 겪으면서 거란, 여진, 몽골 등 호족에 대해서 옛 대고구려를 계승했던 고려는 민족적 자부심과 결속을 외치지 않을 수가 없었던 것이다. 그것은 당시의 국제적인 군사 정치 정세가 반영되었던 시대적 소산물이었다고 하는 것이 정확한 표현이 될 것이었다.

『민속학연구』 창간호(국립민속박물관, 1994)

III.

김알지신화와 영남지방의 민간신앙

1. 머리말

원칙적으로 신이란 비실재적 존재이며, 신화란 비실재적인 설화이다. 그렇다고 신이나 신화가 물론 황당무계한 조작일 수는 없으며 거기에는 원초 집단생활의 모습이 반영된다. 그 중에서도 신 또는 신화는 다분히 종교적인 존재이기 때문에 종교적인 의례와 깊은 관련을 가진다.

여기 신화 연구에 민간신앙 조사의 필요성이 제기된다고 해야겠거니와, 도대체 민속문화 전반이 끈질긴 원초성 보수성을 지니고 잔존하는 가운데에서도 특히 신앙 면은 다른 물질 면과 달라서 가변성이 희박하다. 필자는 영남지역 일부의 민속자료를 조사 수집하는 기회를 가졌고 거기서 얻어진 민간신앙 자료가 신라 시조신화들과 합치되는 요소가 많음을 생각해 온 바가 있었다.

지금 여기서는 고문헌 신화와 민간신앙의 합치되는 요소들을 들어서 대비를 하여 이들 시조신화들에 대한 민속적인 고찰을 시도해 보고자 한다. 우리의 경우 더구나 신라는 분묘나 기명器皿에 회화가 거의 없어 신화 연구에는 민속학적 고찰이 고고학적 연구보다 더 많은 성과를 가져온다.

우리의 손으로 이루어진 우리 신화의 연구는 극히 부진한 편이어서 문헌상에서도 얼마 안 되는 몇몇 시조신화들에 대한 본격적인 연구가 불과 몇 편밖에 없다.

아직 해석신화학의 단계를 벗어나지 못하고 있기에 여기 그 일조로서 새로 얻어진 부락제의 자료를 가지고 김알지신화를 중심하여 그 정체, 양상들을 우선 생각이 미치고 가능한 데까지 파악해 보고자 한다.

2. 동제의 실제

1) 경북 영일군 구룡포읍 대보리의 예

① 제의 명칭 - 동제洞祭
② 일시 - 음 10월 택일. 자정(첫 계명성鷄鳴聲과 동시)
③ 제신 - 하河, 최崔, 양梁 삼성三姓의 신위神位

각기 '골맥이 하씨할배', '최씨할배', '양씨할배'들로 불린다. 영남 방언에서 이 경우 '할배'의 어의는 '조부'라는 뜻이 아니라 '조상'이라는 뜻이다. 즉 각자 성씨의 이곳에서의 시조라는 뜻으로 사용하는 단어이다.

여기 이 '골맥이'라는 어휘가 이 글에서 주요 핵심의 하나를 이루게 되겠기에 자료를 제공해준 노인의 말씀을 더 소개한다. '골맥이'는 자기 성씨의 이곳에서의 시조신인 동시에 자기 부락의 창건신이요, 또한 부락의 수호신이라는 신앙심이였다. 하씨 조상으로 말하면 임진왜란 때(또는 세조 찬위시) 이곳에 피난 와서 낙향 1대조가 되었다고 한다.

그런데 최씨측에서는 '최씨할배'가 먼저 여기 정착했다고 우겨서 때로는 하河·최崔·양梁의 순위가 최崔·하河·양梁으로 고집되기도 한다. 그것이 마치 제주도의 삼성시조신화와 그 제의의 경우의 고양부高梁夫니 양고부니 하는 순위 관념과 같았다. 그리고 제당의 신목에 내재하는 '골맥이'는 이 신목을 처음 심은 분들로 여기고, 동시에 이곳에서의 삼성의 시조로 여기고 있다고 한다.

④ 제관 - 하河 · 최崔 · 양梁씨 중 40세 이상의 부정 타지 않은 자 1명을 선정한다. 하河 · 최崔 · 양梁 3성의 자손 댁들을 '골맥이집'이라 부르거니와 그 중에서 선정된 제관은 7일간 근신하고 목욕재계한다.

⑤ 제당 - 명칭은 동제당

대보리는 현재 1, 2, 3동으로 구분되어 있으나 제당은 1동, 2동에만 있고 1동의 경우는 당사堂祠와 신목이 같이 있고, 2동은 신목 밑에 돌 제단만이 간소하게 마련되어 있으며, 이 신목들은 '당수堂樹나무'로 불리며 경외의 대상이 되고 있다.

⑥ 제수 - 건乾광어, 3과실(대추, 밤, 감), 백반, 술.

⑦ 제차 - 1동 당사에서 계명鷄鳴전, 자정 전에 제사를 지내고, 대기하고 있다가 첫 계명성과 동시(자정)에 2동 당수 앞에서 지낸다.

※ 참고로 이 부락의 성씨별 호수를 보이면 다음과 같다. 김씨 37, 이씨 17, 서씨 11, 박씨 9, 골맥이집들인 하씨 3, 최씨 3, 양씨 2, 그 외에 천, 윤, 임, 장, 황, 손, 정, 송, 강, 전, 지, 배, 오, 권, 감, 백, 허, 고, 신, 남, 홍, 조, 우, 강 씨들이 각각 1호에서 3호씩, 개중에 권씨 5, 감씨 6으로 많은 숫자도 있었는데 정작 골맥이집 호수는 오히려 많지 못한 편이었다. (이상 대보리 2동 거주 하중청옹 담. 1963년 8월 조사 당시 60세)

2) 경북 영일군 구룡포읍 구만리 1동의 예

① 제의 명칭 - 동제

② 일시 - 음 11월 중 택일

③ 제신 - 골목이 이씨할바시와 김씨할마시 : 발음이 '골목이', '골맥이'들로 일정치 않았는데 들은 발음대로 적어가기로 하겠다.

④ 제관 - 노인층에서 부정 타지 않은 자 1명 선정. 그는 해수로 목욕재계한다.

⑤ 제당 - 이씨할바시가 좌정한 곳은 '남당男堂', 김씨할마시가 좌정한 곳은 '여당女堂'. 공히 송목의 '당수나무'인데 '여당'은 해변에 송목만 있고, '남당'은 송목 '당수나무' 옆에

영일군 구만리 1동의 골맥이 동제당(1963.7)

허물어진 당사가 있었다. 이 당사는 수년 전 사라호 태풍에 무너졌으나 재건 능력이야 있지만 두려워서 손을 못 댄다고 했다. 40여 년 전에 그 당을 지었을 때에 탈이 생겨서 인명 피해가 많았었던 때문이라고 한다.

⑥ 제수 - 어물(문어, 방어, 오징어), 과실, 백반

이 제물을 구입할 때에 장을 보러 간 사람은 일체 에누리 않고 한눈 안 팔고, 함구를 해서 부정을 막는다고 한다.

⑦ 제차 - 제관 1명, 짐꾼 1명 외 일체 접근을 금지하고, 한밤중 한 시경에 제당에 간다. 끝내고 내려오면 동네 유지들이 회동하고 있다가 음복한다. 제일 7일 전부터는 동네 임산부는 출타하고, 음주나 소란을 피우는 일을 금하고 근신을 하는데 이 신성 기간은 제가 끝나면 해금된다.

3) 경북 영일군 구룡포읍 구만리 2동의 예

구만리 1동, 2동의 실정은 구만리 2동의 동사에서 수명의 노인들, 청년들에게 같이 청취했으나 다른 상황은 다 같고 제신은 2동의 경우는 골목이 '망씨할마씨' 한 분이고 이분이 처음 이 동네를 개판開判한 할마씨라고 했다. 그리고 1동에 그 신목과 묘가 있다기에 찾아보았더니 400~500m 떨어져서 신목이 산 밑 밭 가운데 보이고 한쪽 고구마 밭 속에 저평면 면적은 일반 묘와 같으나 높이는 50cm 정도밖에 못되는 묘가 하나 있었다. 동민들은 이 골맥이 할마씨가 실재 인물인 것으로 여기며 수년 전에 그 자손들이 무덤을 살피러 왔었다고 강조했다.(이상 구만리 2동 동사에서 7, 8명의 노인, 청년들 제공, 1963년 8월)

4) 경북 안동군 풍천면 하회동의 예

① 제명 - 동제
② 일시 - 정월 15일과 4월 8일
③ 제당 - 3개 있는데 첫째는 부락 입구에 있는 산 위의 '상당上堂'이고, 둘째는 산 밑에 있는 '하당下堂(또는 국시당)'이고, 셋째는 부락 안에 있는 '삼신당'이다. '상당', '하당'은 초가지붕의 당사가 있고, 삼신당은 거목 한 그루뿐이고 서낭대는 상당에 모셔지고 있다. 그리고 이 밖에도 부락 입구의 고개와 산에 신목뿐인 서낭당이 2개 더 있어 모두 5개가 되는 셈이다.
④ 제신 - 상당은 여신 '김씨할매', 이 신은 '월래(다릿골)'가 친정인데 일단 출가했었고, 옥류동(웅기동)에 왔다가 다시 상당으로 옮겨 좌정했다고 한다. 『부락제部落祭』(「조선朝鮮의 향토신사鄕土神祀」 제1부 총독부 조사자료 제44집 1937년 발행)에는 이 신을 '무진생戊辰生 의성오토산義城五土山 김씨라는 여자가 15세에 남편을 사별한 후 여기 성황신이 되었으며', '동내 삼신의 며느리이다. 삼신은 이 부락 창설 당시부터 있는 부락신인데 성황님城隍任이 온 다음 동신의 지위를 며느리에게 양도했다고 한다.'는 등의 기록이 보인다. '하당(국시당)' 당신도 성씨는 모르나 여신이고, 삼신당의 삼신은 전기와 같다. 결국 세 신이 다 여신인 셈이다.

⑤ 제관 - 지금은 성씨에 제한이 없으나 예전에는 양반인 유 씨는 참여하지 않고 타성이 주동이 되었다고 한다. 이때는 산주 민노인이 노쇠로 기동이 안되는 때여서 유사 2인이 정월 5일에 선정되고 3일전에 그 집에 금삭禁索을 하며 이 유사 2인이 정월, 4월의 제의를 다 주재한다고 했다.

⑥ 제차 - 유사有司 2명과 동장, 무고자들 20~30명이 참가하여 날이 새고부터 상당, 하당의 순서로 제축을 지내고 하당에서 참가자들이 다 음복을 하고, 삼신당은 낮에 1동이 와서 간단히 참배를 한다고 했다.

⑦ 기타 - 이곳 가면은 지금 국보로 지정되었으나 10년에 1회 지냈다던 별신굿놀이는 단절된 지 오래다. 산주도 이제는 다시 선정될 것 같지 않고, '골맥이'에 대해서도 유 씨 종손 유시영 씨댁 식모 박순이(59세) 씨만이 '골맥이닭'이라고 했다고 하며 이 이가 민속의 세부적 전승 상황에는 제일 자세했다. 다른 사람들은 다 '배판한다.'는 말은 있어도 '골맥이'란 말은 이 동네에서는 못 들었다고 했다.

옛 전승 상황들이 다 소멸 변형되어 가고 있는 것인지 아니면 그 분포가 여기에서 그치는 것인지 모르겠다. 그래도 동제 면에서는 워낙 전승이 풍부했던 마을이니만큼 더 조사 연구할 여지와 가치가 있는 곳이다. 전기 '부락제'에도 상당 분량의 조사 기록이 있으니 그리로 미루고, 여기서는 '신령神鈴'에 주목을 하고 그치기로 한다.

이 방울은 '부락제'에도 성황당간城隍堂竿에 달리는데 "이것은 근처의 안동권씨 부락에서 모시고 있던 동신에게서 얻는 것이라고 한다." 했고, 산주 민노인 며느리는 "김씨할매가 처녀 때 하늘에서 떨어진 것을 얻었다."고 했다. 이것이 신체로 여겨지며 존숭되고 있다.(이상 유시영 씨 내외분, 유병하 씨, 동장, 박순이, 산주 민노인 며느리 외 제공. 1963년 8월)

그 외에 현 하회동 거주 신끝봉 씨(65세)에 의하면 자기 큰집이 같은 풍천면 인금2동(다릿골)에 있어서 아는데 다릿골 동제도 정월 15일이고, 성별 성씨는 불명이나 제신은 '골맥이'라고 했다.

또 이웃 풍천면 광덕리에서는 그곳 신망중학교장 유도갑 씨(59세)에 의하면 음 7월 김매기작업 끝에 농악놀이를 하는 '풋굿'을 할 때에도, 그 밖에 동네서 쇳소리(여흥, 음악)를 낼 때에는 먼저 동제당에 가서 치고 오는데 이것을 '골매기 친다.'고 한다는 것이었다.

5) 경북 영주군 부석면 소천리 1리 봉랫골의 예

① 당명 - 서낭당. 이제 당명부터가 달라지거니와 '동제당'이라는 명칭이나 '골맥이'들의 분포권이 이 부근 어디에서 그어져야 할 것 같다. 금후의 조사에 의할 문제이다.

② 제일 - 정월 15일

③ 제관 - 제관 1명, 부제관 1명, 축관 1명

④ 제신 - 보통 '골맥이 서낭'이라고 하는데 '이씨 여서낭님'이라고 했다. '골맥이'에 강원도식인 '서낭'이란 말이 자꾸 끼어든다.

⑤ 제차 - 14일 낮. 청소, 입춘서, 도배들을 하고 제관이 목욕 후 집합 기도, 자정에 밥, 떡, 술로 치성하는데, 각 집의 호주 생일을 기입하고 소지를 올리며, 다음날 아침 제관 집에 음식을 갖고 와서 음복하고, 여러 가지 동네일을 의논하는 회의를 한다. 그리고 회의 끝에 줄다리기, 풍물울리기, 윷놀이 등의 성황을 이루고 옛날에는 5년 또는 10년 만에 보통 5~6일이 걸리는 별신굿을 했다고 한다.

⑥ 기타 - 예전에는 이 비용이 동네 공동 소유 50마지기 땅의 수확으로 충당되었으나 토지개혁 후 분배되고 지금은 동네 갹출이라고 했다.(이상 이정원(70세), 김사덕(60세) 외 3명 제공)

6) 경북 영덕군 남정면 부흥동의 예

골모기(동제당) 동해변 암상에 위치. 제신은 '한씨터전', '정씨·전씨골목님' 3위. 즉 마을 창설의 조상숭배. 이상이 1965년 5월 촬영으로『국어국문학』29호 소재 김태곤 씨의「한국신당연구」중의 사진과 그 설명에 보였고, 본문 속에 '골목이(동제당) : 경북 일대(주로 동해안)'라 보였다.

7) 경남 동래군의 예

『조선의 향토오락』(1941년 총독부 발행) 206쪽. '별신'항에서 … 정월 15일의 야반夜半 제주는 혼자서 부락의 당사(골목이님)에 가서 제를 지낸다 … (중략 일문日文 필자 직역) 이와 같이 경남 동래에 '골목이'의 분포가 하나 보였다. 그리고 또 『석전釋奠・기우祈雨・안택安宅』(「조선의 향토신사」 제2부, 총독부 조사자료 1938년 발행) 192쪽에 무녀의 별신제라 해서

> 앞당산 골목이(前の 堂山コルムキー)
> 뒷산의 골목이(後の 山のコルムキー)
> 남당산 여당산님(男堂山 女堂山ニム)
> (이하 생략)

하고 골목이라는 말이 보이고 있다. 그러나 원래 요긴한 '부락제' 자체에는 국판 639쪽 전체를 통해서 '골목이'는 일언반구도 보이지 않고 있다.

이상이 지금 현재까지 필자 관문 하에서 입수할 수 있었던 골맥이 동제 신에 관한 자료의 전부이다. 이제 이 골맥이의 어의, 기능, 성별, 제의형태(일시・장소・제차・신앙심의 등), 분포 등에 관한 문제들이 검토되어야 하겠으나 논지의 전개 순서상 일단 김알지신화의 문헌자료 인용 후로 미루기로 한다.

그것은 현재의 이 민속자료가 물론 이것대로도 조사 연구가 진행되어야 하겠으나 이 자료들이 그 매듭 매듭에서 김알지를 비롯하여 신라 시조신화들과 합치되는 점이 많기 때문이다. 그리고 김알지신화 해석에 있어서는 하나 더 고려되어야 할 민간신앙 자료로서 '시조단지' 문제가 있기에 다음에 이의 전승 상황을 잠깐 살피고 나서 비교 검토에 들어가기로 하겠다.

3. 시조단지 신앙의 실제

1) 경북 영일군 구룡포읍 대보리의 예

단지 속에 쌀을 넣어서 안방 선반 위에 모셔 놓는다. 매년 추수하면 신곡으로 바꿔놓는데 이것을 '시조단지'라고 한다. 그리고 그 선반 위에 시조단지와 나란히 '조상 당새기'라는 것을 모셔놓는다. 2대 봉사면 둘, 3대 봉사면 셋, 제사를 모시는 수효대로 모신다. 이것은 나무나 대[竹]로 만들어지고 그 안에는 베를 접어 넣고 그 베포 속에 백지가 있었는데 이 속에 소나 논밭 등을 팔았을 때 그 돈 한두 장이나 또는 전부라도 넣어 놓는다. 신고에 대신하는 것이다.

그런데 시조단지의 경우 그 명칭이나 신앙심의는 일정치가 않아서 대보리 3동에서는 김동길 씨, 이장 외 2~3명이 다 한결같이 '시조始祖단지'라고 분명하게 이야기했는데 한학에 조예 있고 양반층인 하중청 옹은 매년 추수하고, 신곡으로 바꾸면 구곡은 꺼내서 밥을 지어 나누어 먹는데 그 반찬에는 '고기'를 안 쓰며 이것을 '세존世尊단지'라 한다고 했다.

조상단지(경북 영덕군, 1972)

이 두 경우는 분명하게 차이가 나는 양극단이요, 이 지방 노인들에게 물으면 '시조', '세준', '시준', '세존' 등으로 발음은 갖가지로 나오는 형편이다. 그리고 이 단지를 안방 시렁 위에 모신다는 것은, 그 건축 양식이 대부분 안방, 윗방, 부엌까지 합해서 방 셋인 일자형 가옥으로, 여기가 가장 신성한 곳이며 '마루'가 없는 가옥들이었다.

마루가 있는 경우는 당연히 마루에 모셔질 것으로 여기거니와 물론 이것이 규모를 갖춘 큰 양반 가옥이 되면 사당이니 신주니로 변화되고 말 것이겠는데, 서민층에서 보존되고 있는 이 옛 전승이 지금 우리의 연구에 크게 도움이 될 것이 우선 다행일 따름이다.

2) 경북 안동군 풍천면 하회동의 예

단지 속에 쌀을 넣고 첫 수확 신곡으로 바꾸고 구곡으로는 밥을 지어서 가족이 나누어 먹는다. 먼저 신곡으로 조상께 천신薦新을 하고(9월 9일) '성주단지·용단지'를 위하는 것은 풍우가 순조롭고, 농사가 풍년이 되게 해달라고 용을 위하는 것이며 성주단지를 위하는 경우는 가내의 평안을 비는 것이라고 했다.(하회동 박순이 씨, 여, 59세 담)

3) 경북 문경시 동노면의 용호龍壺

이 지방에서는 용분龍盆(ryong-tan-tzi)이라 부르며 그 속에 백미를 봉안하고 봉안 장소는 대청뿐이 아니고 편의상 방의 선반에 모시는 일도 있다. 용분은 일가의 수호신으로 신앙되고 있다.(三品彰英, 『朝鮮の新嘗』에서, 전국 30여 개의 예거 중 제15 예, 日文 필자 직역)

4) 전라도 곡성군 목등동면木等洞面의 성주분成主盆

성주단지는 선조의 위패를 대신하는 것으로 매년 신갱미新粳米를 갈아 넣어서 봉안한다.(三品彰英, 『朝鮮の新嘗』 제17 예)

5) 평북 철산군 서림면의 성주분

제석신이라 부르며 창고의 한쪽에 봉안하고 성주분을 놓고 신곡의 벼를 넣어서 매년 바꾼다. 택주가 바뀌면 그것을 바꾼다.(三品彰英, 『朝鮮の新嘗』 제12 예)

신앙심의가 잡다하나 이상 단지 류에 신곡을 모셔 넣는 신앙도 전국 분포이다. 그것은 같은 전국 분포의 부락제 중에서 전기한 영남 지역의 골맥이 동제당의 분포권처럼 한계가 선명치 못한 느낌이 더 많기는 하지만 그런대로 영일군·월성군·경주시 등지의 경우는 그 내용·성격 면에서 역시 김알지신화와 관련되는 면이 있어 보이기에 김알지신화의 인용 후 그 성격·기능·제의형태들을 견주어서 살펴 나가기로 하겠다.

4. 김알지신화의 해석

『삼국유사』 제1권의 기록을 먼저 인용하기로 한다.

　　金閼智 脱解王代

　　永平 三年 庚申(一云中元六年. 誤矣. 中元盡二年而已.) 八月四日 瓠公夜行月城西里 見大光明於始林中(一作鳩林) 有紫雲從天垂地 雲中有黃金櫃 掛於樹枝 光自櫃出 亦有白鷄鳴於樹下 以狀聞於王 駕幸其林 開櫃有童男 臥而卽起 如赫居世之故事 故因其言 以閼智名之 閼智卽鄕言小兒之稱也 抱載還闕 鳥獸相隨 喜躍蹌蹌 王擇吉日 冊位太子 後讓於婆娑 不卽王位 因金櫃而出 乃姓金氏 閼智生熱漢 漢生阿都 都生首留 留生郁部 部生俱道(一作仇刀) 道生未鄒 鄒卽王位 新羅金氏 自閼智始

이병도 박사에 의하면 "원시국가로서의 지지한 걸음을 걸어온 신라가 부근의 군소 제국을 차례로 병탄하여 중앙집권의 정치체제로 발전하기는 전술한 바와 같이 마립간麻立干 칭호를 사용하기 시작한 내물奈勿(제17대)시時(서기 356년 즉위)로 보지 않으면 아니 되겠다."[1]

과연 그래서 신라 초기 제왕들의 그 구석구석에 모두 비실재적인 고대 신앙을 반영하고 있어서 신화학적인 각도에서의 연구를 요청하고 있다. 이제 이 김알지신화를 이런 각

1　이병도, 「고대편」, 『한국사』(진단학회), 398쪽.

도에서 한 구절씩 뜯어보기로 하되, 특히 이것이 부락제와 밀접하게 관련을 가진 것으로 편의상 부락제와 대비해 가기로 하겠다.

1) 일시의 문제

여기 김알지 탄생의 '영평永平 삼년三年 경신庚申[一云中元六年. 誤矣. 中元盡二年而已] 팔월 사일八月四日'의 영평永平 3년 경신庚申은 진단학회 역사 연표에 의하면 후한 명제 3년으로 서기 60년에 해당한다. 그런데 그것이 『삼국사기』에 의하면 탈해왕대의 '구년 춘삼월'로 되어 있고 그것은 서기 65년에 해당되어 다소 차이가 난다. 동년표에 의하면 주註의 중원은 실제로 6년까지 있고, 그것은 서기전 144년에 해당되어 상당한 차이를 보인다. 어떻든 김알지를 비실재 인물로 보는 바에는 조작된 연수로 돌릴 수 있겠으나 일자 문제는 좀 생각을 해봐야 하겠다.

일자는 전기와 같이 『삼국유사』와 『삼국사기』에 각기 '팔월八月 사일四日'과 '춘삼월春三月'로 나와서 언뜻 해석이 안가나, 박혁거세의 일자를 찾아보면 『삼국유사』에는 '전한시절前漢時節 원년임자삼월삭元年壬子三月朔'에 난생卵生이요, '오봉원년갑자남립위왕五鳳元年甲子男立爲王'으로 되어 있다. 『삼국사기』에는 '전한효선제오봉원년갑자前漢孝宣帝五鳳元年甲子 사월병진四月丙辰(一日正月十五日) 즉위卽位 호거서간號居西干'으로 되어 있다.

핵심은 이 박혁거세 즉위 연월일에 있다. 이것이 아마도 기준이 되었을 것 같다. 『삼국사기』요 『삼국유사』라고는 하지만 신라 위주요 우선인 이 사서들의 신화시대의 연대 결부는 자연 신라 시조 혁거세의 건원에 중점을 두었을 것이다. 갑자甲子 건원 사상에 의해서 그 시조 즉위를 '○○원년元年 갑자甲子'라 하고, 그래서 많은 신적 군왕들의 생일 즉위일들 중에서도 시조의 즉위일을 '사월병진四月丙辰(一日正月十五日)'으로 하기에 이르렀을 것이다.

이 4월 병진과 정월 15일을 두고 생각하자면 우선 정월 15일은 지금도 동제를 가장 많이 지내는 대표적인 일자다. 사실 그것은 음력법으로 하자면 첫 대보름 달밤으로, 태음력으로는 참다운 신년 연초이다.

시조 즉위는 '원년元年, 갑자甲子, 년초年初'인 것이다. 이 날의 동제도 그 첫새벽에 거행된다. 전기 『부락제』에 의하면 전국 368개 부락제를 가지고 조사한 결과 일정 제일이 144, 임시 선정이 224이다. 그 중 부락제 제일이 군별로 일람표로 되어 있는 것을 토대로 대체적인 추세를 보이기 위해 계산해 보면 경북이 92%, 경남이 75%로, 정월 15일 제일이 압도적이다. 황해도 같은 데는 9월 9일이 70%가 되어 특이하고, 여타 지방은 제일 면에서는 각월 각일이기는 하지만 고정 일자를 들자면 아무래도 정월 15일이 가장 많다.

다음에 '사월 병진'을 보기로 한다. 이 '사월 병진'을 비롯한 연월일에 대해서는 일찍이 이재수 교수가 다음과 같이 말한 바가 있다. '오봉원년갑자五鳳元年甲子'라는 연차에 대하여서는 선학의 설에서 설명되고 있는 바와 같이, 삼국 중 신라의 건국을 최고最古로 하기 위하여, 또는 갑자건원甲子建元의 사상에 의하여 이러한 연차가 사가의 탁상에서 선정된 것이라 하겠으나, 시일에 있어서는 역사 찬술가가 별로 윤색할 필요가 없었다고 생각하므로 전설 본래 그대로를 인용하였을 것이다.

4월 병진은 불명하나 정월 15일 곧 상원일은 연중에서도 가장 "여러 행사가 많았던 날인만큼 이때 시조왕이 탄생하였다는 데에는 민속과 필연적 무슨 관계가 있지 않을까?" 했다. "4월 병진은 만약 4월 8일이라면 불교의 습합의 결과로 그 월일이 석존강탄일로 추이하였다고 보아야 한다." 했다.

다시 연등 의식에 언급하여 "연등의 의식은 『고려사』에 의하면 태조 때에 고래의 유풍에 의하여 설립하기 시작한 것인데 그 당시에는 정월 15일에 행하기로 되었던 것이다. 현종시에 와서 2월 15일, 즉 불타 열반일에 행하기로 변경하고, 공민왕 시에는 다시 불타의 탄신일 4월 8일에 행하기로 변경하였던 것이다." 했다.[2]

"4월 병진이 만약 4월 8일이라면" 했는데 그것은 아마도 4월 8일이 틀림이 없을 것 같다. 그리고 그 날짜도 역시 민속과 관계가 있는 부락제의 날짜가 아니었을까 생각해본다. 이번 현지조사에서 우리는 가장 고형을 풍부히 보유하고 있던 하회동에서 제일이 정월 15일과 4월 8일의 연 2회의 사례를 단 하나나마 찾았었다.

---

2 이재수, 「박혁거세전설고」, 『경북대학교 고병간박사 송수기념논총』, 530쪽.

계림의 김알지 탄생 비각

전기 『부락제』(449쪽)에도 하나 평북 벽동군의 3월 3일, 4월 8일, 9월 9일의 연 3회 예가 보였다. 보다시피 제일은 3월이면 삼짇날, 9월이면 9일, 정월이면 15일, 4월이면 초8일인 경우가 대부분이다.

시조신화에 4월 초8일이라는 불교적 윤색이 가해진 것은 물론 후세의 일이다. 신화란 어떤 사실에 대한 후세적 설명 설화이며, 그 후세적 형성에 다시 구두 전승되는 후세에 다시 또 후기적 문화소가 첨가될 수가 있다. 그것은 신라 삼국통일 이후에야 비롯된 성칭姓稱이 여기 시조신화들에 박·석·김 등으로 첨가된 것과 궤를 같이하는 것으로 이런 사례는 더 많이 들 수도 있는 문제이다.

시간 면에 있어서도 '호공야행瓠公夜行'으로 전부가 밤중의 얘기로 돼있고 '백계명白鷄鳴'으로 닭 우는 소리까지 나와서 전기한 대보리 부락제 같은 경우와 그대로 부합되는 느낌이다. 그런데 여기 '백계명'이니 '계림'이니 또는 혁거세비 알영부인을 탄생시킨 '계룡鷄龍' 등 '계鷄'의 존재가 매우 주목되는 바 있거니와 이는 '계룡' 좌협 탄생의 알영비

문제의 고찰에 한목 같이 미루기로 하겠다.

2) 장소의 문제

여기 장소 문제는 그대로 제당에 관한 문제가 되겠다. 더러 오늘날 부락제의 제당은 애초에 있었을 신목이 노후되어 없어지면 대신 그 옆에 세워졌던 당사만이 남고, 그렇게 되니 신체로서의 성황대나 신목이 대신 위패(목제에 묵서)나 신도神圖로 대체되어 있는 예를 간간이 보기도 한다.

그러나 아직도 대부분은 신목이 주요, 신목 하나만이 신당과 신체와 제단을 다 겸비하는 것이 역시 원초형이요 일반형이겠다. 그리고 이 신목에 '골맥이'나 '서낭님'이나 '본향님'이 내재해서 이 신목의 가지라도 절단을 하면 동티를 받는다는 것이다. 타일러Tylor의 말을 빌자면 소위 애니미즘에 해당될 것으로 세계적으로 넓은 분포를 보이고 있는 원초적 신앙형태이다.

지금 이것을 김알지신화와 견주어 볼 때에 '견대광명어시림중見大光明於始林中'이니 '괘어수지掛於樹枝'니 '백계명어수하白鷄鳴於樹下'니 '가행기림駕行其林'이니 또는 이 알지 탄생으로 해서 혁거세신화 기록에서는 '개국호위계림改國號爲鷄林'이니 하고 수목 이야기가 많이 나온다. 여기 '림林'이니 '수樹'니 한 이 '계림鷄林'은 역시 원초적인 제당으로 봐야 하겠다.

단 그것이 원초적인 제당이기는 하나 그것은 민간의 것이 아니라 관변적인 것이요 궁중의 것이다. 진홍섭 씨에 의하면 신라 삼국통일 이후의 일이겠으나 당시의 궁성은 월성月城을 중심으로 한 임해전지臨海殿址 일대이며, 이 궁성을 중심으로 북으로 관아가 있었던 듯하니 지금 첨성대 부근도 그 중에 포함될 것이다.[3]

그렇게 되면 계림은 물론 궁성 내에 위치하는 제당이다. 즉 계림은 원초 농경국가에서 가장 중대한 농경의례를 현재의 골맥이 동제와 같이 집단 수호의 기원과 시조에 대한 조상숭배성을 띠며 거행하던 곳이라고 일단 전제해 볼 만하다. 유감스럽게도 『삼국사기』

---

3 진홍섭, 「왕도의 복원」, 『경주의 고적』, 13쪽.

의 '제사'(권 32)조의 기록은 너무 간단하고 김부식의 유가류 필치로 단서를 잡기가 어려웠으나 궁성 내의 농경의례는 조선시대에도 예컨대 다음과 같은 것이 보인다.

內農作 國俗於元月望日 縛藁作穀穗 連常衆多實 架木通索 以所年穀 闕內因國俗 稍煩
其制 模象七月篇所載人物 以爲畎種之狀 (燃藜室記述 別集 12)

'궐내인국속闕內因國俗'이라 했거니와 궁중이라고 해서 다를 것이 있을 수 없다. 후세에 오면 중국의 제의형태들도 받아들여지기는 했지만 그렇지 않은 경우는 민간과 궁중의 제의형태는 서로 넘나들 수밖에 없다. 『삼국사기』, 『삼국유사』들 곳곳에 보이는 신앙 기록들도 현 민간신앙과 흡사한 점이 많음을 볼 때에 계림의 성격에도 현 부락제당 '당수나무'에서의 제의의 관변적官邊的 궁궐적宮闕的인 성격이 갖추어졌던 것으로 보면 될 것이다.

3) 제관의 문제

여기 김알지신화에 출현하는 인물에는 탈해왕과 호공의 둘이 있다. 탈해왕은 4대 왕으로 왕계에 올라있으나 『삼국유사』에 의하면 '동악신東岳神'으로 비실재적인 토함산의 산신이다. 이 신화를 어디까지나 동제와 견주어 봄으로써 김알지의 보다 세부적인 실제와 양상을 파악해보려는 지금, 석탈해를 역시 신으로 돌리면 하나 호공이 남는데 그도 제관으로는 보이지 않는다.

호공은 이 기록 외에도 『삼국사기』, 『삼국유사』 등에 마한에 사신으로 갔던 일(혁거세 왕대), 탈해와 집 다툼을 한 일, 탈해왕대 대보 벼슬을 해서 결국 1·2·3·4대(약 140년간) 임금을 섬겼다는 신화적 인물로 기록되어 있다. 다시 '본왜인本倭人 초이호계요初以瓠繫腰 도해이래度海而來 고칭호공故稱瓠公'으로 다분히 주술성을 띠었으며 지리성으로 해서 생긴 어떤 해양신이 왜인설에까지 발전했던 존재인 것 같다.

결국 여기 제관도 『삼국사기』 혁거세 탄생 기록 중의 진한 6부의 대표자 고허촌장高墟村長 소벌공蘇伐公을 인용해서 봐야 하겠다. 여기 '소벌공'은 『삼국사기』에 보이는 다음 최고 관직명의 동음 차자 표기이다.

> 儒理王九年 置十七等 一曰伊伐湌 (或云 伊罰干 或云于伐湌 或云 角干 或云角粲 或云舒
> 弗邯) (권 38 職官 上)

그리고 『삼국유사』 「혁거세왕조」에는 다음과 같은 기록이 있다. 국호國號 서라벌徐羅伐
우서벌又徐伐[今俗訓京字云徐伐. 以此故也]. 그래서 '서벌徐伐'은 여기 일연선사가 친절하게 주
를 달아주고 있듯이 '시블-셔블-셔울'로 왕경王京 '서울'로도 됐다, 그리고 그 '셔블'은 한편
골맥이를 모시는 당수나무와 같이 조령祖靈 김알지를 모시던 종교적인 '성림聖林-수풀'로
도 관상觀想되었던 낱말이다.[4]

이를테면 서벌徐伐은 제정일치 사회의 제정적 중심처이겠는데 그렇게 보자면 전기한
'소벌공蘇伐公', '서발한舒發翰', '서불감舒弗邯'이야말로 성림에서의 제사장으로 제정일치 사
회의 실재 인물 중에서는 최고 존장자요, 혁거세니 알지니는 그 제의에서 모셔지던 신적
존재임은 두말할 것도 없다.

그리고 그러한 신화시대를 벗어나서 군왕이 실재 인물이 되면 그때 비로소 각간으로
표기되며 예컨대 '대각간 김유신 장군'처럼 군왕 다음의 실재의 최고 관직자가 된다. 이제
제정은 분리되기 시작한 것이나, 그러나 현재의 부락제에도 아직 제정일치적인 면이 있어
서 부락제가 끝나면 부락 내 일 년간의 일들이 논의가 되나 이러한 실정은 뒤의 제차 면
에서 다시 살피기로 하겠다.

이밖에 초기 군왕 중에서도 예컨대 남해차차웅 같은 경우는 신이 아니고 제의상이 존
장자 같은 성격으로 기록이 되었으니 이 경우는 아마도 군왕적인 계보화, 신적인 인격화
에 있어서 실재했던 위대한 샤먼들의 이이미지에 근원이 있었던 것으로 생각된다. 그것은
그 '차차웅'이라는 어의가 존장자를 뜻하고, 김대문의 말과 같이 '방언위무야方言謂巫也 세
인이무사귀신世人以巫事鬼神 상제사尙祭祀 고외경지故畏敬之 수칭존장자위자충遂稱尊長者爲慈

---

4 양주동, 「국문학고전독본」, 253쪽.

充(遺事 南解王條)'으로 샤먼을 의미하는 때문이다.

또 남해차차웅에 짝지어진 운제부인雲帝夫人도 『삼국유사』「남해왕조」에서 보는 바와 같이 '일작운제一作雲梯 금영일현서今迎日縣西 유운제산성모有雲梯山聖母 기한유응祈旱有応'하는 여산신으로 되어 있다. 결국 남해왕은 그 표현에서 위대한 Rain-maker였던 것으로 성격지어지고 있다.

이렇게 보면 오늘날이야 다 동제가 유교화해서 제관이 선택되어 유교식으로 집행되고 더러 별신굿에서나 무격 사제를 보지만, 고형이 더 보존돼 있는 제주도 경우처럼 무속 일색으로 샤머니즘에 기저를 둔 제의가 아니었을까 생각된다. '소벌공'도 따라서 그런 각도에서 봐야 할 것 같고, 이 점은 현재의 동제와 물론 양상을 달리해서 최근까지 무격 사제의 별신굿들이 결부돼 있었던 점을 봐서도 무속적이었던 것으로 봐야 하겠다. 그러자면 제관 '소벌공'이나 '차차웅'은 사실 결과적으로는 다 무격이었겠는데 오히려 샤먼 색조가 짙은 '차차웅'적이었던 것으로 제관은 봐야 하겠다.

4) 제신의 문제

문제는 제신에 있다. 김알지의 정체는 여기서 파악이 세부적으로 될 만큼은 다 되어야 하겠다. 그리고 그 제신에 있어서는 '골맥이'와 '시조단지'가 문제되어야 하겠다.

'골맥이'는 그 음이 '골목이-골맥이'들로 발음이 일정치 않고 종잡을 수가 없었는데 이는 '골'과 '맥이 또는 목이'의 복합어로 간주된다. '골'은 장음으로 발음되는 것이 우리말 사전에서 해당 어의를 찾으면 '곡간谷間', '동리 가운뎃길'과 '고을의 준말' 등이 보인다. 그리고 '맥이'는 '막다防'의 명사형 '막이'의 음운동화(역행)로 봐야겠다. 또는 '맥이'는 값이나 등수 등을 헤아려서 정한다는 뜻의 '매기다.'의 '매기는 자'의 명사화로도 볼 수 있겠다. 결국 생각해볼 수 있는 그 어의는 이러하다.

　① 골로 들어가는 길목의 존재 - '골목이'
　② 고을의 액을 막아주는 자 - '골맥이'

③ 고을을 정하여 준 자-'골맥이'

그런데 골맥이의 기능은 전기한 대로 그 신앙심의에서 부락의 창건신·시조신·수호신의 세 면을 볼 수 있었다. 애초에 그 어휘가 형성될 때에야 삼자 중 어느 한 의미로 형성되었겠으나 현재의 기능면에서는 삼자를 다 구비하고 있으니 어느 것이라 지적하기가 어렵다. 발음도 일정치 않으니 더 종잡을 수가 없기에 그 실정을 살피는 것은 이 정도에서 그치기로 한다.

다음 그 기능면에서는 자질구레한 부대 자료, 단편 설화들이 있으나, 전기한 자료 제시에서도, 지금 어의 고찰에서도 언급이 다소 되었고 지면 관계도 있어서 이만 줄인다. 그리고 그 성별에 있어서는

① 남신례男神例 : 대보리 3, 구만리 이동 1, 계 4
② 여신례女神例 : 구만리 이동 1, 일동 1, 하회동 3, 소천리 1, 계 6
③ 성불명 수 : 하회동 옆 다릿골 1, 부흥동 3, 동래(구포) 1~2, 계 5~6

그래서 신의 수효로는 남신 4, 여신 6, 불명 5~6. 건수로는 남신 2, 여신 4, 불명 3~4의 숫자이다. 더구나 대보리(남신 3)의 경우는 임진란(또는 세조 즉위시)으로 얘기되니 후세적인 남신화를 면치 못했을 것으로 이 적은 숫자로나마 골맥이는 여신이 주요 우위에 서는 존재인 듯하다.

다음에 그 분포 문제를 살펴보면 동해안에서, 북으로는 영덕·영주에서 그치는 것 같고, 서로는 안동, 남으로는 동래에 미치고 있다. 서북으로는 근래의(1964~1966) 성대 국문학과의 『안동문화권 학술조사보고서』에도 12개의 이 지역 부락제 상황이 보고되었는데 골목이는 보이지 않았으니 여기서 그치는 것 같고 남서로 얼마나 더 분포가 돼 있을는지 모르겠다. 앞으로 조사 보고들이 주목된다.

어떻든 김알지는 이 분포권의 중심이며 지금도 분명히 골맥이나 시조단지들의 신앙이 전승되고 있는 이 지역에서 생긴 신화이다. 이상과 같은 어의, 기능, 성별, 분포, 제의형태

들을 갖춰서 거행되던 제의에서 모셔지던 신이다. 이런 각도에서 『삼국유사』의 신화 기록을 다시 살펴보면 대체로 납득이 가는 것 같으나 '운중雲中 유황금궤有黃金櫃'라고 한 '황금궤黃金櫃'를 싸고도는 신화적 표현들이 눈에 띄어서 이제 이것을 문제 삼기로 하겠다. 그 황금궤 속에는 동남이 있었고 그에게 '알지명지閼智名之'했는데 '알지즉향언소아지칭야閼智 卽鄕言小兒之稱也'로 되어 있다.

이 '알지'라는 표기는 김알지의 경우만이 아니고 박혁거세의 경우도 동일하니 『삼국유사』「혁거세조」에도,

位號居瑟邯（或作居西干 初開口之時 自稱云閼智居西干一起 因其言稱之自後爲王者之 尊稱）時人爭賀 ……

양 시조의 이 '알지閼智'라는 어의에 대해서는 미시나 아키히데[三品彰英]과 이재수 교수에 의해서 설명이 되어 있다. 미시나 아키히데三品彰英 씨는 '알갱이', '알곡', '알망이', '씨알' 등의 '알'에 착안하여 이것을 '알지'의 '알'에 관련시켜 '알'을 '곡물穀物', '실實', '핵核' 등을 의미하는 말이며, 지智는 신명 인명의 경칭어미로 영위靈威를 의미하니까 '알'에 '지'를 붙인 신인명 알지閼智는 곡령穀靈(corn spirit)으로 해석할 수 있다고 했다.[5]

오늘날도 쌀알은 시조단지 속에도 담겨지거니와 또 점복업자나 무속제의 속의 신의神意 문답으로 쌀알은 신의를 나타내는 것으로 아직도 많이 사용되고 있다. 이러한 신령이며 곡령인 신들이 소아의 형태로 출현하는 것은 전기한 문헌기록에서의 김알지, 박혁거세뿐 아니라 고주몽, 김수로, 석탈해, 제주도의 고량부삼을나高梁夫三乙那(얼나, 알나=소아 小兒) 등이 다 마찬가지이고 이것은 세계의 시조신들 대부분이 그렇게 신화적인 표현을 받는다.

이상 '황금궤'는 '신라김씨자알지시新羅金氏自閼智始'라 했듯이 신령 겸 곡령을 담았던 그릇이다. 그 점에 있어서는 그것은 시조단지와 조금도 다를 바 없다. 시조단지도 신곡으

---

5 이재수, 앞의 책, 512쪽.

御製
此新羅敬順
王金傳始祖
也金傅金氏得
姓中始金氏之
金積掛于樹者
上其下白鷄
故見而取之
噍金積中有
來金積者氏
男子繼君王
為新罪昔也
其孫敬順其
為高麗盡事
入高麗敬順
亡友順敬順
求順誧敬王
蔵命見之國史
史尚書金盖熙
年敬書當今其趙
敬揚神速奉

금궤도
조선 중기 서화가 조속趙
涑 작. 금궤(中) 아래에 백
계白鷄와 탈해왕의 모습
(左下)들이 보인다.(국립
중앙박물관 소장)

로 곡령을 담는다. 그래서 세존단지라고도 한다. 그리고 그것이 역시 조령을 모시는 실정은 먼저 자료 제시가 되어 있다. 결국 김알지신화의 황금궤는 시조단지를 신화적으로 표현한 것 외에는 아무것도 아니다.

이 조령을 담는 그릇은 단지 외에도 바가지, 고리짝(소형) 등의 예가 있으니 김씨 왕가의 것은 그것이 황금궤로 되어 있었는지 또는 단지가 신화적인 표현을 입어서 황금궤가 되었는지 그것은 알 수 없다. 여하간 그래서 그 주변 표현은 '유자운종천수지有紫雲從天垂地 운중유황금궤雲中有黃金櫃 괘어수지掛於樹枝 광자궤출光自櫃出'이니 '조수상수鳥獸相隨 희약창창喜躍蹌蹌'이니 하여 신화답게 휘황성을 보이고 있다.

그러니 김알지신화가 보통 관변적인 부락제만의 반영이 아니고 색다른 점은 그것이 시조단지 신앙까지 반영 투입하고 있다는 점이다. 이 점은 다음과 같이 해석을 해야 하겠다.

① 시조단지는 개별적이요 가정적인 형태로서 조상숭배, 농경의례, 가내수호의
  신앙이다.
② 부락제는 공동적이요 집단적이며 부락적인 형태로서 조상숭배, 농경제의, 부
  락수호의 신앙이다.

그런데 계림에서의 제의는 김씨 왕가로서의 개별 가정적인 제의와 원초 부락국가로서의 집단적인 제의와의 복합을 기반 이미지로 해서 형성된 신화이다. 조상숭배, 농경의례, 왕가와 국가수호의 기원 심의가 그 속에 다 내포되었을 것은 물론이다. 단 실제 제의가 그렇게 시조단지와 부락제가 다 복합되어 있었는지의 여부에 대해서는 물론 단언키 어렵다.

결과적으로 김알지는 이러한 기반 위의 현 민속으로 하자면 시조단지 신앙의 신화적 인격화요 표현이다. 골맥이할매도 고주몽신화의 곡모적 모신 유화처럼 마땅히 계보화가 되어서 문헌상 신화 기록에 올라야 했겠는데 원초 농경사회에서 중요한 이 여신은 후세 부권사회 사가들의 주목을 끌 수 없었던지 『삼국사기』, 『삼국유사』 어디를 찾아봐도 비견 내지 해당시킬 만한 어휘를 끝내 찾지 못했다. 유화에 대해서는 『북사』「고구려전」에,

有祠廟二所 一曰夫餘神 刻木作婦人像 一曰登高神 云是其始祖 夫餘之子 並置官司 遣人
守護 蓋河伯女 朱蒙云

이런 실제 신앙형태가 보이는데, 그것이 신화상에서는 하백녀 유화가 남분하는 아들 주몽
에게 오곡의 종자를 주는 곡모적 여신의 성격으로 나타나며 그 밖에도 해모수와의 사랑이
야기를 비롯해서 파란만장의 장편설화를 이루었는데 이 신라의 신화는 소박하기 짝이 없
어서 김알지에게는 아버지도 어머니도 아내도 나타나지 않고 오로지 신앙형태만을 간결
하게 반영하고 있을 따름이다.

5) 제차에 대하여

현재 동제를 전후한 행사 중에서 보편적으로 눈에 띄는 것으로 제관들의 목욕재계와
동네 유지 또는 부락민들의 회동 음복이 있다.

날짜는 일정치 않으나 제일을 앞두고 수일씩 목욕재계하는 정화淨化 근신 기간들을 가
지니 이런 민속이 또한 문헌상에 반영되어 있다. 이러한 제의의 행위되는 부분을 제일
많이 반영해준 신화는 김수로왕신화인데 『삼국유사』 권2 「가락국기」에는 수로 탄생의 설
화에 들어가기에 앞서서 그 일자를 '삼월계욕지일三月禊浴之日'이라 하고 있다.

그리고 혁거세 탄생에 앞서서는 '삼월삭육부조각솔자제三月朔六部祖各率子弟 구회어알천
안상俱會於閼川岸上'으로 물가에 모인 것으로 되어 있다. 알지 탄생 기록에는 물가는 보이
지 않는다. 이런 제의를 앞둔 목욕정화를 우리는 세계에서 많이 보거니와 우리나라의 경
우도 이렇게 원초부터의 전승으로 생각된다.

정약용의 『아언각비雅言覺非』 권3에 "禊者潔也 鄕俗於上巳采蘭芷祓除不詳謂之禊 ……
東人凡與衆會飮皆謂之禊 …… 鄕村釀錢者亦皆名禊耳 ……"라고 계禊의 어의와 사회적
인 고찰을 하고 있는데 이렇게 '목욕'과 '제의'와 '희음' 그리고 '갹전釀錢'은 상호간에 깊은
관련을 갖는다. '제귀신군취가무음주祭鬼神群聚歌舞飮酒'라고 위지魏志 동이전에도 있듯이,
그것은 어느 나라나 유사한 일이기도 하겠으나 다 유구한 전승이다. 물론 이 김알지에

대한 제의에서도 유사한 제차 주변의 행사가 이 제의 나름으로 있었을 것을 상상해야겠거니와 참고로 대보리 예를 하나 소개하기로 한다.

대보리에서는 최·하·양 3씨 골맥이집 자손 중에서 40세 이상 청정자 1명이 제관으로 선정되면 그는 제의 전 7일간 목욕재계한다. 그리고 계명성을 전후해서 1, 2동 제당에서 제사를 지내고 다음날 아침에 회동 음복을 하는데 그 제비祭費를 위해서 '제향계祭享稧'를 갖고 있다.

이 계원은 30명, 최·하·양 3성 위주고 후에 타성바지도 참여해서 형제간에서는 큰집에서만 출자하고 옛 그 수합금으로 현재도 밭이 500평 확보된 것이 있다고 한다. 제비는 이 수입에 '어촌계'에서의 보조, 어업조합에서 술 말깨나 기부해주는 것들로 치러나간다고 한다.[6]

그러나 이러한 비용들로는 돈이 많이 드는 별신굿은 해나가기 어려워서 5년, 10년 만에 동제에 연결되던 별신굿은 이제 대부분 소멸되어 버렸다.

그리고 그 다음에는 동네의 회의가 개최되는 것이 또한 지금도 흔히 보이는 바이니 일례로 안동군 풍천면 광덕리에서는 제일 다음 날인 정월 16일 낮에 동민 전체 회의를 여는데 이것을 '대동회'라고 한다. 내용은 동제사에 관한 문제, 동네 재산 운영 문제, 도선장 관계(동네 호당 매 1두를 걷고, 사공을 선정), 송계松契(동네 산 140정보의 임야 운영 문제) 기타들이라고 하며, 이 동네는 예외로 전부터 제후의 놀이는 없었다고 한다.[7]

영덕군 영덕면 화개리의 경우는 15일에 전동민이 회음하고, 동재산 운영, 품값 산정, 향鄕 헌憲, 동네 사업, 도벌 방지책, 혼·상례 논의 등이 있고 다음에 젊은 패들의 놀이가 있다고 한다.[8] 이러한 동제 후의 회의는, 이것을 가지고 원초 부락국가들의 일치되어 있던 '제정'의 상황을 유추하는 자료로 삼을 만하다.

---

6 하중청 옹(60세) 담.
7 유도갑 씨(남, 59세, 同洞 소재 신망중학교장) 담.
8 박충환 씨(영덕군 내무과 근무, 남, 30여 세) 담.

5. 맺는말

신라의 시조신화들은 고구려의 고주몽신화처럼 호장한 장편설화를 이루지 못하고 소박하게 신앙을 반영하고 있다. 같은 신앙의 반영이라도 그것은 또한 제주도의 삼성시조신화처럼 제의에서의 가창되는 부분의 반영이 아니라 행위되는 부분이 반영된 신화이다.

행위되는 부분도 가락국의 김수로왕신화는 제의 속의 행위 절차를 많이 반영하고 있는데 신라 시조신화들은 지금까지 살펴 온 바와 같이 제당, 조상단지, 계욕禊浴 등 중요 형태들과 그 형태들에 대한 신앙심의의 반영으로 이루어지고 있다.

그 잡다한 신앙들이 적절히 안배되어서 혁거세신화도 김알지신화도 또 여타 신화들도 형성하고 있다. 그 중에서 혁거세신화는 난생卵生 요소, 마숭배馬崇拜 등 전파적 각도에서의 고찰을 요하는 부분들이 보다 많고, 김알지신화는 민속적인 신앙의 반영이라는 각도에서의 고찰을 요청하는 면이 더 많다. 그러나 양자는 서로 넘나드는 면이 많아서 완전 분리해서 고찰을 하면 이중으로 언급될 부분이 많겠기 때문에 고찰될 박혁거세신화와의 연결로서 먼저 그 일부가 여기 제시되는 셈이다.

고주몽, 박혁거세, 석탈해, 김수로 등의 신화는 그 문헌 기록들이 보이는 바와 같이 분명한 난생신화요, 김알지신화도 지금까지 난생의 변화형으로 간주되어 같이 5개 난생신화로 취급되어 온 실정이었다. 그리고 박혁거세신화에서와 같이 그 탄생 유아에 '알지'라는 어휘가 붙는 점에서 관련성을 가지나, 그러나 지금까지 살펴온대로 그 '황금궤'를 '시조단지'의 신화적 반영으로 본다면 이는 어디까지나 민간신앙의 반영이다. 그것도 부락제나 시조단지의 그 반영 실제가 어디까지나 영남지역 특유의 민간신앙을 반영한 신화라는 점에서 끝까지 영남지역의 민간신앙의 조사와 그 대비에서 세부적인 양상의 해석 파악이 추구되어야 할 성질의 것이었다.

문화재 3호(문화재관리국, 1967)

골맥이 서면조사 집계표 및 골맥이 분포도

위 논문에서 골맥이의 자료는 도합 7개소에서 수집되고 있었다. 그 분포 영역은 영일군 3, 영덕군 1, 동래군 1로 동해안에 많았고, 남으로는 동래, 서·북으로는 1건씩이 안동, 영주군에 걸쳐 있었다. 한편 7개 마을 동제당의 골맥이 신위 수는 15신위로 남신 4, 여신 6, 성 미상 5로 집계할 수가 있었다. 이러한 자료들을 얻은 것은 1963년 7월이었다.

그런데 그 후 1967년도에 필자는 전국 동제당 서면조사를 할 수 있는 좋은 기회를 가지게 되었다. 당시 문교부 소속이던 문화재관리국에서 12,000매의 질문지를 배포하여 초등학교 교사들을 비롯한 각급 학교 교사들에게 시달해서 동제당의 세부 항목들을 조사 기록하게 하고 5,577여 건의 동제당 조사서를 회수할 수가 있었다. 그 수합 결과로 동제당의 지역성, 분포, 통계들은 1차적으로 1969년도에 집계하여 이두현, 장주근, 현용준, 최길성 4인 명위로 『부락제당』(문화재관리국, 민속자료조사보고서 39호)로 공판 인쇄된 바가 있다.

여기서는 위의 집계 자료들에 의해서 골맥이 자료를 우선 보완해 두려고 하거니와, 위 집계 결과의 통계 작성들에는 소루한 느낌이 적지 않았다. 그리고 한편으로 위 5,577건의 동제당 조사서는 최근에 일반 출판사에서도 출판 의사를 제의해 온 바도 있어서 국립민속박물관으로서는 통계들을 다시 정밀하게 재집계해서 우선 1995년도에 서울·경기 지역편부터 연차적으로 출판하기로 결정하게 된 점을 여기 아울러서 첨기해두기로 한다.

위 1차 집계에서 당 이름이나 제신, 신격 난에 골맥이라는 이름이 보인 지역과 그 수, 그 지역의 전체 회수 부수들을 먼저 일람표화하면 다음과 같다.

골맥이 서면조사 집계표

	회수 부수	골맥이수	남신	여신	성 미상
강원도	881	11	1	7	3
경상북도	1196	398	44	68	286
경상남도	1775	331	48	151	132
합계	3852	740	93	226	421

※ 女神數 – 男神의 2.4倍

　여기 수합된 골맥이 동제당 총수 740건은 물론 1967년 당시의 전승자료 전부가 남김 없이 다 파악된 것이라고 하기는 어려울 것이다. 그러나 어떻든 위 본문에서 파악되었던 7건에 비하면 100배가 넘는 결정적인 자료일 수밖에 없다. 이제 이것을 종합 분석하면 골맥이 동제당의 분포는 강원도 동남해안 일부를 포함해서 경상남북도에만 전승되던 동제당의 한 지역적 유형임을 단정할 수가 있다. 그리고 그 분포는 옛 신라의 판도와 대체로 합치되는 것으로서, 신라 시조신화들의 발생 전승의 기반이었다고 할 수도 있을 것으로 생각된다.

　그리고 740건 중 여신은 도합 226건이고, 남신은 93건으로서, 여신이 남신의 2.4배이다. 이것은 우리 농경사회의 유구한 풍요 다산 기원의 지모신 숭배로서 여신이 주류를 이루는 고형을 지금껏 전승시키고 있음을 그 전체 통계숫자가 웅변적으로 설명해주고 있는 것으로 볼 수가 있다. 그리고 그 분포의 경향은 분포도에 보이는 바와 같이 내륙 서남부의 고령, 함양, 합천, 산청군 등에서는 한 건도 파악이 안되었고, 동쪽으로 이동함에 따라서 거창 1, 금릉 2, 성주 1, 상주군 8 등으로 10 미만 단위의 숫자들을 보이고 있다.

　그것이 다음에는 의성 16, 영천 19, 경산 11, 양산군 29 등으로 동쪽으로 이동할수록 10단위로 대체적인 골맥이 전승의 밀도를 더해주고 있다. 그러다가 영덕 104, 영일 106, 월성 43, 울주군은 214, 동래군 72 등으로 동해안에 밀집된 전승을 보이고 있다.

이 밀집지역들은 1970년대까지만 해도 교통이 불편했던 문명의 소외지대였으며 해안 지대로서 농촌보다는 신앙이 절실하게 더 필요한 어촌적 신앙 상황을 보여주는 분포 경향 이라고 할 수가 있겠다. 어떻든 오늘날 골맥이 동제당의 전승 지역은 영남지역으로서 옛 신라의 판도와 관련되며 그 밀집 지역은 지금 동해안 지역으로 되어 있다.

□골맥이 분포도

필자는 위 분포도를 슬라이드로 만들고 그것을 동경대학의 한국 민속 강의에서 설명한 일이 있었다. 강의가 끝나자 한 대학원생(현 도쿄대[東京大] 이토 아비토[伊藤亞人] 교수)이 기본 적인 성격이 꼭 같은 민속이 일본에도 있다고 하면서 『와까사[若狹]의 민속』이라는 조사보

고서를 제시해주었다. 그 속의 「니소의 숲ニソの杜」 신앙이 그것이었는데, 그 내용은 다음과 같다.

그것은 일본의 교토[京都] 북방, 동해쪽 와까사[若狹] 지방의 민속이었는데 마을의 개척 조상의 신령을 신목에 제사하며, 각기 동족집단의 자손이 계와 제의를 주도하는 핵심 요소들이 우리 골맥이 동제당들과 흡사했다.

이것은 원래 종가, 구가의 조상신을 제사하던 것이 지연적인 동제신으로 전개된 동제당의 유형들이었다. 그리고 그 조사자는 이것은 이 와까사 지방만이 아니라 널리 일본 각 지방에 공통하는 기반 위에 선 하나의 고형古形이라고 마무리하고 있었다.[1] 이 맺는말은 한국의 경우에도 해당된다고 할 수가 있는 말이라 하겠다.

이 양국의 흡사한 고형 자료들은 광범한 민중 레벨의 고대문화를 비교 연구하는 데에도 중요한 자료가 되겠다. 그리고 동시에 고대 이래로 한국문화가 일본에 이동 전파해 간 자료들을 헤아리는 데에서도 중요한 한 요소가 되겠기에 여기에 약간 사족을 보태기로 하겠다. 와까사지역에는 일본의 다른 지역에는 없는 온돌의 유적들도 있다고 하거니와 바로 이웃 노또能登 반도에서도 吉岡金布는 "노또의 신사神社의 8할 이상은 조선계의 신"이라 하였고, 小倉學은 "표착신의 전설을 가진 신사의 중요한 것만도 60사社라고 하고 있다."[2]

다시 일본에서는 서기 기원 전후에서 수세기 동안 한반도에서 일본으로 유입된 문화를 도래문화와 표착문화의 두 계통으로 보는 三上鑛博의 설도 있다. 도래문화라는 것은 한국 → 제주 → 대마對馬 → 일기壹岐 → 북구주北九州로 의식적 계획적으로 반입된 문화이며, 표착문화라는 것은 한국 → 산음山陰(長門・石見・出雲 등지) → 노또반도[能登半島]로 표착하여 우발적으로 이 지역 문화의 기층이 된 문화라 한다. 그리고 전자는 수입문화로서 문화유입의 주류이고, 후자는 표면에는 나타나지 않고 방계에 불과하지만 시간적으로는 보다 고층을 형성한다는 것이다.[3]

---

1 直江廣治, 「ニソの杜 信仰と その 基盤」, 『若狹の民俗』(東京, 1966), 198~211面.
2 김택규, 「古代東海文化圈探訪記」, 『韓日文化比較論』(1993), 157쪽.

김택규는 이러한 견해에 부분적으로 동의하면서 비판도 가하며 다음과 같은 결론들을 내리고 있다. "한국과 일본의 문화비교에 있어서는 주로 고고학 미술사적인 발굴 성과와 신화 종교를 중심으로 부여 → 고구려 → 백제계의 문화가 일본의 북구주北九州 → 세도내해瀨戶內海 → 기내畿內 → 이세伊勢로 이식된 경로와, 가야 → 북구주北九州에 치중되어 온 감이 있다.

그러나 우리는 일본의 보다 고층의 문화인 출운出雲문화가 동해의 환류를 이용하여, 한반도 동남부에서 리일본裏日本으로, 즉 예맥 → 신라 → 출운出雲 → 산음山陰 → 중국中國 지방 → 기내畿內 → 이세伊勢로 신장되어간 진·변한계 문화와 신라계 이주민의 문화라는 관점에서도 보다 적극적인 연구가 필요하다는 것을 알아야 하겠다."

그리고 다시 "이들에 대한 적극적 연구는 우리에게 남아있지 않은 고대문화의 연구의 일환으로서 우리의 처지에서 연구되어야 함은 재론을 요치 않거니와 아시아 문화 연구의 일환으로서도 중요한 과제라 할 것이다."[4]고 맺고 있다.

영남 지역의 동해안에 치우친 동제당의 한 유형인 '골맥이'와 일본 와까사 지역의 '니소의 숲'은 위와 같은 비교 연구에서도 매우 흥미 있는 한 연구거리가 될 것으로 생각된다.

이상 인용이 다소 길어졌으나 본 논문의 보완에서는 먼저 7건의 골맥이 동제당 자료에 비하면 740건의 자료는 매우 힘 있는 자료가 되어 주고 있다. 박혁거세도 김알지도 각기 박씨족, 김씨족 집단의 시조신이고 창건신이며 수호신이었기 때문에 충분히 박씨족, 김씨족의 골맥이였다고 할 수가 있다. 그것은 광범하고 유구했던 민간신앙이 궁중제의로 승화되고 그것이 신화적으로 반영된 결과라고 할 수가 있는 것이었다.

1995년 7월 추가 보완

---

3 김택규, 「古代羅日文化比較를 위한 몇 가지 視角」, 『韓日文化比較論』(1993), 39쪽.
4 김택규, 앞의 책, 50~51쪽.

IV.
제주도 당신신화의 구조와 의미

1. 머리말

한국의 문헌신화들에 무속적 기반이 강하다는 것은 논자들이 두루 공인하는 사실이다. 그래서 한국 신화학계에는 '상고대의 왕권신화는 왕조의 본풀이'라는 하나의 명제命題가 제시되어 왔다. 즉 "무속신화와 왕권신화 사이에는 원형과 그 분파형의 관계가 존재하고 있음을 알게 된다."는 것이다.[1]

그러한 현상을 가장 선명하게 보여주는 것이 제주도의 무속신화인 본풀이들이다. 그리고 특히 문헌신화의 원형을 보여주는 것은 본풀이들 중에서도 당신본풀이들이다. 문헌신화의 하나인 제주도의 삼성시조신화는 바로 이 당신본풀이들을 원형적인 기반으로 삼고 기록 정착된 분파형의 하나이다.

즉 당신본풀이도 삼성시조신화도 다 같은 공통구조의 한 분파형들이다. 그래서 여기서는 그 당신신화의 원형으로서의 공통구조를 찾고, 그 분파형으로서의 문헌신화 형성의

---

1 김열규, 「신화학적 측면에서 본 한국사상의 원류」, 『민족문화의 원류』(한국정신문화연구원, 1980), 115쪽.

구체적인 과정을 찾아봄으로써 한국신화를 이해하고 분석하는 시각을 마련해보기로 하겠다. 단 그 공통구조나 원형을 형성시키고 보여주는 기반은 학술적 표본사회인 제주도라는 섬 사회의 경우가 된다.

신화란 세계 어디서나 그 지리적 환경을 민감하게 반영하는 법이다. 여기 제주도의 당신본풀이들은 더구나 그 섬 사회의 촌락들의 신앙생활에서 형성된 신화들이기 때문에 그 지리성의 반영은 더 뚜렷하다. 그래서 그 공통구조라는 것이 제주도 나름의 지역성을 띤 것이라는 점이 전제되어어야 하겠다.

같은 제주도 무속신화 중에서도 산신産神, 농신農神들의 근본을 풀이하는 소위 일반신본풀이들은 그런 점에서는 사정이 매우 다르다. 이 일반신본풀이들은 그 내용이나 줄거리가 본토와 같은 것이 많다. 개중에는 불교 색채가 매우 강하고 중국의 강창문학 작품들과 내용이 꼭 같은 것들도 여러 편이 보인다. 그리고 이 설화들에는 제주도다운 섬도 바다도 한라산도 나타나지 않는다. 그래서 그 일반신본풀이들은 제주도 내에서의 토착적인 발생물이 아니고, 본토에서 수용해 온 것임을 알 수가 있다.

그러나 당신본풀이들은 다르다. 여기에는 바다와 한라산은 물론, 크고 작은 곳곳의 지명들도 소상하게 나타나며, 이것은 매우 토착적이어서, 그런 점에서는 일반신본풀이들과는 정반대라는 느낌마저 뚜렷하다. 또 하나 제주도의 본풀이들을 우리가 세 분류하고 있는 조상신본풀이들도 토착성은 많다.

삼자三者는 같이 제주도의 굿에서 구송 전승되고 있는 살아있는 신화이지만, 그 발생근원은 전혀 다르다. 여기서는 이 고장 문헌신화인 삼성신화의 모태요 원형이기도 하고, 또 공통구조성도 뚜렷하게 느끼게 해주는 당신본풀이들을 주 관심대상으로 삼기로 하겠다.

여기서 대상으로 삼을 당신본풀이들의 자료에는 다음과 같은 것들이 있다. 현용준의 『제주도 무속자료사전』(신구문화사, 1980)에 70편이 구송 원음 그대로에 소상한 주석이 붙여 있다. 같은 현용준의 『제주도신화』(서문문고, 1976)에는 위에서 추려낸 12편의 당신화 줄거리가 표준말로 고쳐서 소개되어 있다.

또 진성기 편저 『남국南國의 무가巫歌』는 프린트본이고 원음 그대로에 주석도 없지만, 동일 본풀이들도 2~3명씩의 심방(무격)의 구송을 수록해서 이 구전문학의 개인차까지 알 수 있게 되어 있다. 따라서 이것은 편수를 셀 수 없을 만큼 많은 분량이고 부제 그대로 『제주도 무가전집』으로서 지금은 오히려 신입 심방들도 사서 보는 제주도 무속의 경전[Bible]이다. 그리고 필자의 『한국의 민간신앙』(東京 : 金花舍, 1973) 자료편에 당신본풀이는 20편의 수록이 있다.

2. 던데스의 북미인디언 설화 형태론

던데스Alan Dundes는 북미인디언 설화의 구조적인 유형을 4개로 귀납 설정한 바 있었다. 여기 그 복잡한 이론체계를 다 소개할 겨를은 없다. 다만 먼저 가장 단순한 유형 하나만을 예로 들어보면 다음과 같다.

즉 결핍缺乏(Lack, 약호 L)-결핍의 해소(Lack Laquidated, 약호 LL)로 이루어진 가장 간단한 형태로는 '괴물이 세계의 물을 다 가두었다.(L)', '영웅이 괴물을 죽이고 물을 방출했다(LL)'는 것이 있다. 이와는 별도로 '콜롬비아인은 눈도 입도 없었다(L)', '그들은 냄새를 맡는 것으로써 먹는 일로 삼았는데, 코요테가 그들의 눈과 입을 열어 주었다(LL)'는 설화도 있다. 이들은 다 어떤 결핍-결핍의 해소(L-LL)라는 상태의 연결로 이루어진 같은 단순한 형태로 귀납될 수가 있다.

던데스는 이렇듯 실증적인 귀납을 통해서 북미인디언의 구조적 설화형을 4개로 설정했는데, 그것은 8개의 motifime의 변화있는 연결들로 되는 것으로 분석했다. 참고로 8개의 motifime은 위 L-LL 외에 금지(Int), 위반(Viol), 기만(Dcpn), 성공(Dct), 탈출의 시도(AE), 결과(Consq) 등이다. 이 8개의 motifime들이 연결돼서 위의 제일 단순형인 ① L-LL형에서부터 ② Int-Viol-Consq-AE, 또는 ③ L-LL-Int-Viol-Consq-AE의 긴 설화도 형성하고, ④ L-Dct-Dcpn-LL형 등을 형성한다는 것이다.[2]

그래서 그는 북미인디언들의 설화가 결코 모티프motif들이 멋대로 우연스럽게 집성돼

---

2 Alan Dundes, "Structural Typology in North American Indian Folktale", *The Study of Folklore*, 1965, pp.206~215.

서 이루어진 것이 아니고 위와 같이 고정된 구조성을 가지는 것이라고 추상화한 이론체계를 제시하면서 주장하고 있다. 그러나 북미대륙은 지역도 방대하려니와, 설화자료도 유럽대륙 다음으로는 철저하게 수집된 방대한 자료들을 가지고 있다. 이 방대한 대륙 각 지역의 설화의 차이는 놀라운 것이다. 예컨대 그린랜드설화와 캘리포니아 서남부의 설화는 도저히 동일세계의 것으로는 생각할 수 없는 것이라고 한다.[3]

그래서 던데스의 위 실증적인 귀납 이론이 어느 정도 그 방대한 설화들을 타당성 있게 고루 포괄했는지 지금 두루 살필 겨를을 가지기가 어렵다. 그에 비하면 제주도는 지역도 좁으려니와, 그 당신본풀이는 수도 매우 적은 편이다. 또 동시에 여기 제주도 당신본풀이들의 구조를 파악하는 작업에서 필자는 반드시 던데스의 이론을 그대로 적용하려는 것도 아니다.

그러나 당신본풀이는 일반신본풀이나 조상신본풀이들과는 달리 같은 모티프들이 자주 나타나고 그 나름으로 하나의 구조성 같은 것을 분명히 보여주고 있다. 그러한 평소의 소감이 던데스의 논문을 보고 이 글을 쓰게 되는데 하나의 자극이 된 것만은 분명하다는 느낌이다. 그러나 제주도의 당신본풀이들에는 그 나름의 실정이 있어서 지금 이것을 필자 나름대로 따로 귀납해보려고 한다.

3. 당신본풀이의 주요 구성요소들

1) 남신의 용출湧出

제주도 당신본풀이들의 전반 상황을 살필 때에 먼저 눈에 띄는 것은 남신은 섬 안에서 솟아나고, 여신은 외부에서 입도入島한다는 신들의 출현 방식에 있어서의 뚜렷한 한 경향이다.[4]

---

3 Stith Thompson, *The Folktale*, University of California Press, 1977, p.299.
4 현용준, 『제주도 무속의 연구』(東京 : 第一書房, 1985), 214쪽.

제주도 당신의 조종祖宗이라고 하는 구좌면 송당리의 소천국도 알손당의 고부니므루에서 솟아나고, 세화리의 천ᄌᆞ또도 한로영산靈山 지질개 백록담에서 솟아난다. 남군에서도 한로영주 삼신산三神山 섯어깨[西肩] 소못된밭에서 솟아난 아홉성제가 각처의 당신으로 좌정하고 있다.[5] 신은 남녀 간에 이렇듯 혼자만이 아니고 형제가 많아서 복잡한 계보를 형성시키기도 한다. 이들은 대개 마을 호적戶籍 장적帳籍을 차지하고 마을을 수호하며, 흔히는 노루 사슴을 사냥하는 수렵과 육식생활을 전개한다.

2) 여신의 입도入島

북군 김령리 큰당 본향본풀이에는 세 여신의 입도 사례가 보인다. 즉 "江南天재國 정ᄌᆞ國 안마을에서 솟아나신 삼 형제가 제주 입도해야 큰성님은 朝天館 앞선도 정중부인이고, 중형님은 짐寧 관사전부인, 족은아시는 열누니(溫平里) 坐定ᄒᆞ신 맹호부인으로" 풀이되어 있다. 이렇듯 여신들의 본은 강남천자국江南天子國, 용왕국龍王國이 많다.

그런가 하면 제주도 당신의 조종인 백주할망은 서울 남산 송악산에서 솟아나서 송당에 소천국을 찾아와서 부부 인연을 맺는다. 물론 이 신들이 하늘에서 내려오는 경우도 전혀 없지는 않고, 또 반대로 남신이 서울 등지에서 솟아나고 입도하는 경우도 더러 없지는 않다. 그러나 남신의 도내 용출, 여신의 입도는 수적으로도 훨씬 많은 뚜렷한 경향이다. 이때 여신들의 출처는 용왕국, 강남천자국, 서울 등 상징성이 강한 곳이고, 소재불명의 가상지명도 많다.

이렇듯 상징성이 강한 신화적인 곳에서 온 여신에게는 따라서 어떤 신술神術이 동반되는 경우들이 많다. 세화리의 백주또는 서울 남산 송악산에서 솟아나고 용왕황제국에 수청부인으로 들어가 열두 삼춘이 준 열두 부술符術을 받아가지고 나와서 교만을 떠는 삼천선비들을 혼내주는 이야기가 나온다. 이러한 신술은 토산 웃당신 용왕녀도 나타내고 있다.

또 도내에서 용출한 남신들이 수렵 육식성이 강한 데 반해서 이 여신들은 미식성米食

---

5 장주근, 『한국의 민간신앙』 자료편(東京 : 金花舍, 1973), 287~303쪽.

性이 강하고, 남신에게 권농勸農하는 농경적 성격도 많이 띄고 있다.[6] 그런가 하면 이 입도하는 여신들 가운데에는 사신蛇神들도 있다. 제주도 민간신앙에는 사신숭배의 색조가 본토보다 많이 짙은 편이고, 일반신본풀이인 칠성본풀이에도 일곱 여사신의 입도 이야기가 있다. 그러한 당신본풀이의 대표로서는 유명한 토산 알당본풀이가 있다. 이 여사신은 나주 금성산의 대사가 퇴치되고 금바둑돌로 변해서 입도한 것으로 풀이되고 있다.

3) 좌정 경위

신들도 여기저기 돌아다니다가 신의 거처다운 일정한 좌정처를 찾아서 마을수호신으로 자리를 잡고 신앙민의 제물을 받아먹고 지내야 한다. 이 좌정에는 여러 가지 방법이 있는데, 그 중 대표적인 것의 하나가 활을 쏘아서 화살이 떨어지는 곳으로 정하는 방법이다. 삼성시조신화의 사시복지射矢卜地가 바로 그것이다. 서귀리 본향본풀이에도 바로 그 삼성신화와 같이 신의 관할구역을 정하는데 이 활 쏘는 모티프가 보인다.

즉 "땅과 지경을 가르자 하고 브롬우님은 화살동개를 질러 활을 쏘니 蚊섬東개를 질러 문섬 뒤으로 지어" 그 가운데인 하서귀 신남神木알로 와서 좌정한다. 조천면 교래리의 돌윗당본향본풀이에도 당신이 "한날기[一矢]는 돕배오름을 봇트귀[鴻] 돕배오름 좌정해야 천지지기天地之氣를 집떠보니." 하고 구송되고 있다.

또 하나 좌정의 방법으로는 신이 어떤 마을에 자리를 잡았으되 마을 사람들이 알지를 못하고 누구 하나 제물을 바치는 자가 없으니 흉험과 급병을 주어서 알리고 제물을 받으며 좌정을 굳히는 경우들이 있다. 이러한 사례도 매우 많은 편에 속한다. 고광민은 6편의 제주도 처녀당신본풀이들만을 모아서 연구한 논문에서

① 기 : 한 처녀가 처했던 불운한 상황[狀況提示部]

---

6 장주근, 앞의 책, 286~292쪽.

② 승 : 불운에서 벗어나지 못한 원통한 죽음[寃死部]

③ 전 : 흉험[凶險]을 준 직접 간접의 호소[伸寃部]

④ 결 : 신앙민들의 봉제奉祭로 당신으로의 좌정[坐定部]

이렇게 이어지는 것이 그 공통구성이라 하고 그 형성 요인과 의미들을 상론한 바가 있다.[7] 이것을 제주도 당신본풀이 전체의 구성면에서 보면 흉험을 주고 알리는 좌정경위 담에 속한다고 할 것이다. 그런가 하면 서귀리 본향본풀이처럼 "먹구둘괴[窟]에 좌정하니 이제는 시내방천이 궂어지고 우흐론 쇠발소리가 듣기 싫프고, 개소리 듥 소리가 듣기 실프고 다시 인도를 시키라." 하고 마을 사람에게 신의 좌정처다운 정한 곳에 안내시키고 좌정하는 경우도 있다.[8]

좌정한 신들에 대해서는 흔히 그 직능이나 제일의 설명이 덧붙는다. 김령 큰당본풀이 처럼 "안음 버은(한알음이 넘는) 金邢에, 좀이 버은(한줌이 넘는) 金붓대, 三千장 베릿돌 (硯), 낳는 날은 生産을 춫이흐고 죽는 날은 물故를 춫이흐시고, 정월 열사흗날 아침 大祭 日 받고, 7월 열사흗날 마불림대제일 받고, 9월 열사흗날 시萬穀大祭日을 받습고……"[9] 이런 설명은 단편의 경우에 많이 덧붙는다. 더러는 마을의 단골 신앙민들의 성씨와, 제물 에 대해서도 약간의 설명이 덧붙는다.

4) 결혼

결혼이 인간세계 남녀 간의 대사임은 신의 세계에도 그대로 반영된다. 그러나 당신들 의 혼인은 결코 삼성신화의 '삼인이년차분취지三人以年次分聚之'처럼 원만하고 간단하지 않 다. 백주또는 서울에서 송당의 남신 소천국을 찾아와서 혼인을 한다. 자식이 많아지자 그

---

7 고광민, 「제주도 처녀당본풀이 연구」(제주대 교육대학원 석사논문, 1982), 37쪽·62쪽.

8 장주근, 앞의 책, 286~301쪽.

9 장주근, 앞의 책, 286쪽.

녀는 남편에게 권농을 했는데, 소천국은 내 소도 남의 소도 잡아먹는 대식한 식성으로 갈등이 생기고 별거하게 된다. 그리고 소천국은 오백장군 뜨님애기를 호첩呼妾하고 일부다처제를 노정시킨다. 이러한 일부다처는 평대리 당신명동소천국도 마찬가지로 그러한 수효도 적지 않다.

부부신의 식성의 갈등은 세화리의 백주할망과 금상님의 경우에도 보인다. 혼담 당초부터 식성을 묻자 금상님은 돼지고기를 먹는다고 했다가 '투더럽다. 나고갑서' 하고 쫓겨난다. 안 먹기로 약속하고 혼인한 금상님은 피골이 상접하는 갈등을 겪다가, 이 경우는 그런대로 일단 동거하는 결말을 본다. 이러한 남신의 대식, 육식은 토산 웃당신 용왕녀의 남편이 된 소천국의 막내아들의 경우 더 뚜렷하다. 그는 부전자전으로 용왕국의 창고를 다 비워내는 대식한이었으나 반란을 평정하는 해중무용담의 주인공이 되기도 한다.[10]

5) 식성의 갈등과 별거

위와 같이 남녀신의 세계의 결혼은 결코 간단하고 원만하지 않았다. 그리고 그 갈등은 식성의 차이에서 오는 경우가 많았다. 그리고 일부다처제, 여신의 미식성米食性에 대한 남신의 육식, 대식성, 그로 인한 남신의 해중무용담들로 신화를 구조적으로 전개시켜 가고 있다. 그러나 이러한 식성의 갈등과 그로 인한 별거는 반드시 남신의 육식, 여신의 미식 때문만으로 일관되지는 않는다. 그 반대의 경우들도 있다.

토산 웃당신 용왕황제국 말잿뚤애기 일뢰또는 토산으로 좌정하러 가는 도중에 혼자 한라산 구경을 가다가 산중에서 목이 마르고 멧돼지 발자욱의 고인 물을 마신다. 그때 돼지털이 하나 코에 들어가서 돼지고기를 먹은 충족된 기분을 느끼나, 남편에게 노릿내가 난다고 양반답지 못하다는 죄목으로 마라도에 정배를 당한다. 이 일뢰또는 돼지고기를 제물로 바치고 빌면 육아, 안질, 설사, 피부병 등에 효험이 있다고 믿어진다. 이와 같이 설화 모티프와 같은 신앙성은 구좌면 월정리 본향당의 서당舖堂 할망 경우에도 보인다.

---

10 장주근, 앞의 책, 287~297쪽.

다 식성으로 인한 갈등과 별거의 모티프들이다.[11]

그리고 이 식성으로 인한 갈등과 별거는 장편화된 당신본풀이들에는 1차 2차로 되풀이되어 나타난다. 1차는 부모신인 백주할망과 소천국의 경우이고, 2차는 그 아들신이 무용담을 전개한 후 용왕녀를 데려온 후의 별거이다. 그만큼 식성으로 인한 갈등은 심각하고 짙게 투영되어 있는 셈이다.

6) 추방된 아들신의 해중무용담

송당의 백주할망과 소천국 부부는 아들이 18명, 딸이 28명, 손자가 378명이나 되게 퍼져 나갔고, 이 자손들이 도내 각 마을의 당신이 되었다고 한다. 그 총수나 각 마을의 당신으로 좌정한 아들들의 순서는 하도 많으니 심방들의 구송에 따라서 각기 다소간의 개인차를 보인다. 토산일뢰당의 당신의 경우는 어떤 심방은 그 일곱째 아들로 구송했고, 어떤 심방은 셋째 아들의 또 셋째 아들인 손자가 주인공이라고 구송한 본풀이들이 보인다.[12]

어떻든 이 아들신들은 어려서 부모에게 버릇없이 행동했다는 죄 아닌 죄목으로 무쇠석곽에 담겨서 바다에 버려진다. 그것이 용왕국에 표착해서 아들신은 용왕의 사위로서 용왕국 셋째 딸을 아내로 삼고 강남천자국의 변란을 평정하고 돌아오는 해중무용담을 전개한다. 이렇게 해서 동반되어 오는 용왕국 따님애기는 의례 부술符術을 가지고 돌아와서 신술도 부리려니와 질병신으로 좌정하는 설화들도 같이 따른다.

그래서 이것은 결코 하나의 짧은 모티프 정도가 아니라 긴 설화가 되는데 그것이 토산웃당, 김령괴내기당, 제주시 내왓당 천자또본풀이에다가 송당본풀이 자체도 다 이렇게 같은 장편설화로 구송된다. 그래서 그 장편 당신본풀이들에는 지금까지의 ①, ②, ③, ④, ⑤, ⑥의 길고 짧은 모티프들이 일단 다 내포되는 셈이다.

---

11 현용준, 『제주도 신화』(서문문고 219, 1967), 250~280쪽.
12 장주근, 앞의 책, 294쪽; 현용준, 앞의 책, 274쪽.

궤내귀당 신목(북제주군 구좌읍 김녕리, 1973)

단 마지막 ⑥ 추방된 자신子神의 무용담에는 추방, 무용담, 결혼, 용녀신 동반 입국이 위 4대 장편본풀이에 다 나오지만, 여신의 부술, 돼지털 식성으로 인한 2차 별거는 토산 웃당 본풀이에만 나온다. 그것은 그 설화 부분이 치병신治病神과 그 돈육제법豚肉祭法에 관련되기 때문이다. 이렇듯 설화의 어떤 부분과 신앙의 한 부분이 같이 붙어다니는 점은 더욱 주목되는 일이다.

4. 주요 구성요소들의 연결 구조

이상 제주도 당신본풀이를 구성하는 주요 구성요소들을 6개로 나누어서 살펴보았다.

물론 70편이 넘는 당신본풀이들에는 여기에 포함되지 않는 모티프들도 있다. 그러나 이상은 그 골자들이고, 주요한 당신본풀이들은 일단 이것들로 구성되며 그 밖의 당신본풀이들도 다 이 모티프들과 관련은 가지게 된다.

이제 당신본풀이들을 구성하는 이 주요 모티프들의 연결 구조를 살피기로 한다. 그런데 실제로 당신본풀이로 채록된 것들을 보면, 남신의 용출이건 여신의 입도건 좌정이건 아무것도 없이 다만 마을의 지명들과 신명들만 2~3행이 기록된 것들도 있다. 심방들은 이 당의 본풀이는, 또는 본초는 이것밖에 없고 이렇게 부른다고 한다.

그러나 여기에도 이미 인격화된 신관념이 있다. 그 신명으로 남녀신의 구분이나 성격이 짐작가는 데다가, 여기에 축원사가 따르고 제의에서 구송되니 본풀이라고 할 수는 있겠다. 그러나 그것은 아직은 잠재적인 신화이다. 현용준은 그의 「무속신화 본풀이의 형성 形成」[13]에서 이런 것을 태동형이라고 이름 지은 바 있었다.

그리고 그는 본풀이를 장단편에 따라서 또는 성장 단계에 따라서 ① 태동형 ② 기원형 ③ 기본형 ④ 성장형 ⑤ 완성형 ⑥ 설화형으로 구분하였다. 여기서 ① 태동형은 위와 같은 신명, 지명만의 최단형이고, ② 기원형은 신명에 직능, 단골, 제일, 축원사, 해설들이 붙은 것이다. 대개 10행 내외 정도의 길이가 된다. ③ 기본형은 위의 것이 다 있는 데에 신의 좌정경위담이 약간 설화화해 가는 단계의 것이다. 20~30행 정도의 길이라고 일단 제시해 두기로 한다.

다음 ④ 성장형은 신의 내력담, 생활사들이 제법 흥미로운 설화로서 성장하고 신의 직능, 단골, 제일들은 그 속에 소화 용해돼 버린 것들이다. 이 성장형은 당신본풀이로서는 가장 긴 큰 당들의 당신본풀이들이다.

송당본풀이, 서귀리본풀이, 토산본풀이 등 당신본풀이들로서는 최장편들로서 유명하고, 그 당 자체도 유명하고 큰 당의 본풀이들이다. ⑤ 완성형은 일반신본풀이들로서 더 장편화한 것들이고 ⑥ 설화형은 이제 그것이 종교의례를 벗어나서 어린이들에게 노인들이 옛말로서 해주게 된 것을 가리켰다.

---

13 현용준, 「무속신화 본풀이의 형성」, 『국어국문학』 26집(1963), 124~140쪽.

본고는 머리말에도 전제했거니와 같은 본풀이들이로되 발생 근원이 다른 일반신본풀이는 제외하고, 제주도내에서 근원적 발생을 한 토착적인 당신본풀이만을 대상으로 삼고 있다. 따라서 위 6단계에서 ① 태동형에서 ④ 성장형까지가 대상이 된다고 할 수가 있다. 당신본풀이는 현용준의『제주도 무속자료사전』에 70여 편이 실려 있다. 개중에는 30년 전 1950년대 후반부터 노심방들에게서 채록한 것들이 있고, 현재는 전승이 의심스러운 것도 없지 않을 것이다. 그래서 이 70여 편으로 대충 오늘날 당신본풀이의 전모를 볼 수 있을 것으로 생각한다.

그 중에서 ④ 성장형 당신본풀이로서는 송당松堂, 김령 괴내기당, 제주시 내왓당 天추또, 서귀리 본향당, 토산 웃당(일뢰또-질병신), 토산 알당(여드렛또-사신蛇神) 등의 6편 남짓밖에 안될 것이다. ③ 기본형도 꽤 많은 편이기는 하다.

그러나 대부분을 차지하는 ② 태동형, ① 기원형들은 다 신화적인 줄거리의 설화화를 아직 보이지 못하고 있는 것들이다. 후기하겠지만 유구한 역사를 가진 이 제주도 토착적인 신화의 세계가 그래서 너무나 가난한 상황이 아닌가 하는 생각이 들을 때가 적지 않다.

비록 이 토착신화가 가난한 상황이라고 해도, 지금 그것은 신화학적으로는 세계적으로도 귀중한 한 지역적 양상이며 자료이다. 그리고 이 토착신화의 가난에는 그만한 제약이 있었던 것으로 보인다. 그 제약의 첫째는 이 무속세계에 있는 일정한 어떤 기성 공통 관념이다. 그것은 심방들 세계의 신학이다. 무속신화는 개인 창작이 아닌 일종의 공동 전승물이다.

따라서 그 기성 공통 관념에서 벗어나는 개인의 창작은 그 신학에 영합되지 못하면 유산될 수밖에 없다. 그 기성 공통 관념인 신화의 세계는 전기한 6개의 주요 구성요소들로 이루어지는 것이라 할 수가 있다. 그래서 특히 이 당신본풀이들은 당신앙이라는 종교와 밀착되고, 그것을 떠나서 함부로 발상될 수 없는 제약을 받는다는 말이 될 수가 있다. 그런 점에서는 당신본풀이의 그 가난이 오히려 신화의 본연적인 양상, 학술적 가치를 더 인식하게 하는 것이 된다.

당신본풀이의 성장의 둘째 제약은 일반신본풀이, 조상신본풀이들의 병존과도 관련될 수 있었을 것이다. 굿판의 무속신화에서 요구되는 민중의 문학적 욕구, 예술적 충족은 일반신본풀이의 풍성한 설화가 그것을 대신해준다고 할 수가 있다. 당신본풀이와 일반신본풀이는 발생 근원이 다른 것이지만, 이들은 당굿이나 일반 가정굿에서 서로 넘나들며, 무속세계에서는 큰 구분의식 없이 구송 전승이 되고 있기 때문이다.

당신본풀이 성장의 셋째 제약은 '지척민빈地瘠民貧'해서 그 각박한 민중생활이 공상의 날개를 화려하게 펼칠 수 없었던 데에서 들을 수도 있다. 또 넷째 제약으로는 오랜 지배문화였던 유교가 이것을 '음사淫祀'로 강하게 억압해왔고, 일제 이후 오늘날까지 또한 '미신'으로 강압해온 점도 생각할 수가 있다. 이상 이 토착신화의 생태 내지는 그 신화 전승의 동태를 생각해보았다.

이러한 상황하에서 이제 그 주요 구성요소들의 연결구조를 생각해보기로 한다. 먼저 필자 나름으로 제주도 당신본풀이들의 주요 구성요소들을 요약 귀납한 결과는 전기한 바와 같은 6개였다. 그리고 이것의 연결구조는 다음과 같은 4개 유형이 되었다. 이것을 먼저 제시하고 부연 설명을 보태기로 한다. 그리고 이 4개 유형에 대해서는 보기 한 편씩만을 뒤에 자료로서 첨부 제시하기로 하겠다.

  Ⓐ 기원형 : ① 남신의 용출 또는 ② 여신의 입도만으로 형성된 것.
  Ⓑ 기본형 : ① 남신의 용출-③ 좌정경위 또는 ② 여신의 입도-③ 좌정 경위의
    연결로 된 것
  Ⓒ 성장형 : ①-②-③↔④ 결혼
  Ⓓ 완성형 : ①-②-③↔④-⑤ 식성의 갈등과 별거-⑥ 추방된 자신의 무용담

Ⓐ 기원형
(① 남신의 용출 또는 ② 여신의 입도만으로 형성된 것)

당신본풀이들의 구송 채록 실태들을 보면 깨끗하게 전형적인 형태를 취한 경우도 많지만 혼돈 상태들도 많다. 즉 용출이고 입도고 간에 그 신의 근본에 대한 풀이는 일언반구도 없이 무조건 신명만이 먼저 나와 있고, 여기에 제일이나 직능, 축원사들만이 덧붙은 2·3행의 극히 짧은 것들이 있다. 이것은 좋게 말하면 신격과 신명이 이미 형성돼 있으니 역시

본풀이의 태동형은 되겠으나 그러나 아직 혼돈상태로서 제외하기로 한다.

기원형은 아직 당신신화로서의 서사성은 없어도 그 신의 근본이 어디라는 정도의 풀이는 있어서 최소한도 본풀이로서의 기원적인 요소는 갖춘 것에서부터 포함시키고자 한다. ① 남신의 용출만으로 형성된 전형에는 구좌면舊左面 세화리細花里의 天ᄌ또本풀이가 있고, ② 여신의 입도만의 전형으로는 김녕金寧큰당堂과 온평리 본향본풀이들이 있다. 이 두 여신은 세 자매신 중의 둘째와 셋째로서 강남천자국이 본이라고 풀이되어 있다.[14] (뒤 자료 Ⓐ 참조)

기원형의 아직 짧은 본풀이는 신명과 그 신의 근본의 풀이에 직능, 제일, 단골, 축원사들이 덧붙어도 5·6행, 7·8행 정도의 아직 서사성이 없는 단편들이다. 그리고 전기한 대로 제주도 당신신화 중에는 남신은 도내에서 용출하고 여신은 밖에서 입도하는 경우가 매우 많고, 뚜렷한 경향을 이룬다고 했는데, 그 말은 예외도 물론 있다는 말도 된다. 따라서 반대로 남신의 입도나 여신의 용출도 물론 없지는 않다.

Ⓑ 기본형

(① 남신의 용출-③ 좌정경위 또는 ② 여신의 입도 ③ 좌정 경위의 연결로 된 것)

전자인 ① 남신의 용출-③ 좌정경위의 전형으로는 남군의 색달리나 상창리 당본풀이에 보이는 아홉 형제신들의 용출과 좌정경위의 많은 신의 계보가 있다.[15] (뒤 자료 Ⓑ 참조) 길이는 1페이지에서 2, 3페이지 이상으로 길어질 수도 있다고 해두는 것이 좋겠다. ② 여신의 입도-③ 좌정경위형의 전형으로는 남군의 열리본향과 감산리 일뢰당본풀이에 보이는 일곱 자매신들의 좌정경위와 그 계보화가 있다.[16]

이렇듯 남신들 형제만의 계보화와 여신 자매들만의 계보화도 당신본풀이들의 한 특성이라 할 수 있겠다. 제주도 당신의 조종이라는 송당의 소천국, 백주할망은 아들이 18, 딸

---

14 장주근, 앞의 책, 286~300쪽.
15 장주근, 앞의 책, 302~303쪽.
16 장주근, 앞의 책, 304~305쪽.

이 28, 손자가 378명이라 하지만 아들 10명 정도의 계보화만을 보이는 것도 그것이다. 이러한 2세 아들신들의 경우는 당연히 좌정경위만이 나온다. 전기한 처녀당신들의 경우도 좌정경위담이 주로 되어 있다. 이 좌정경위담이 기본적 신화의 서사성을 이루기 시작하는 것이기에 이런 것들을 기본형이라 명명해두고자 한다.

ⓒ 성장형

(①－②－③↔④ 결혼)

이것은 기본적인 남신이나 여신의 좌정 경위가 두 개가 겹치고 더 성장해서 결혼담을 이루는 것이다. 구좌면 세화리의 백주또와 금상님의 결혼담은 이의 한 전형이다. (뒤 자료 ⓒ 참조) 이때 결혼과 좌정은 남녀신男女神 쌍방에서 각각 앞서거니 뒤서거니 할 수가 있다. 또는 결혼하고 나서 같이 본격적인 좌정을 하는 수도 있어서 ③ 결혼↔④ 좌정으로 그 순서는 바꾸어도 좋다.

제주시 칠머리당의 지방감찰관과 용왕부인도 이 유형이다. 평대리 본향당의 백조할마님 다섯째 아들 멍동소천국은 송씨할망과 오솔령이 뜨님애기의 두 처를 거느리는데, 신들의 결혼도 이런 인간세상의 일부다처제를 반영한 경우가 적지 않다. 삼성시조신화도 이 성장형 유형에 속한다. 그런 점에서 이 문헌신화는 원형인 당신신화의 공통구조의 한 유형이 분파형으로서 구전에서 기록 정착된 신화라 할 것이다.

ⓓ 완성형

(①－②－③↔④－⑤ 식성의 갈등과 별거－⑥ 추방된 아들신의 해중무용담)

완성형은 그 수가 많지 않아서, 6~7편 정도 밖에는 꼽을 수가 없다. 그 중에서 송당, 김령 괴내기당(뒤 자료 ⓓ 참조) 토산 웃당, 제주시 내왓당 천조또 본풀이들은 다 똑같이 이 ①－②－③－④－⑤－⑥의 연결구조로 같은 줄거리를 형성하고 있다. ①－②－③－④는 기술했으니 생략하고 ⑤ 식성의 갈등과 별거는 먼저 남신의 육식과 여신의 미식으로 인한 갈등으로 표현되고 있다. 그런데 그것은 처음 1차적인 부모신의 경우이다.

두 번째로 ⑥ 추방된 아들신이 무용담 후 데려온 용왕녀는 반대로 돈육식성으로 동일본풀이 안에서 2차적인 식성의 갈등과 별거로 유배를 당하는데 이것은 토산 웃당 본풀이에 한한다. 어떻든 ⑤-⑥은 늘 붙어다니는 연결구조를 이루고, 신화를 더욱 장편화시키면서 해중무용담까지 전개시켜서 당신신화의 완성형을 이룬다.

그런데 이런 완성형이 아니면서 ⑤ 식성의 갈등과 별거만으로 따로 한편의 당신본풀이를 구성하는 경우도 있다. 예컨대 구좌면 월정리 본향당처럼 이런 돈육식성으로 별거하게 되는 여신은 토산 웃당신(용왕녀)처럼 치병신이 되고, 그 설화상에도 일곱 아이를 낳는다는 공통성을 보이고 있다.

여하튼 완성형은 6~7편의 소수인데 그나마 위 송당, 김령괴내기, 토산 웃당, 제주시 내왓당의 4편이 다 같은 줄거리이다. 그 밖에 완성된 형태의 당신신화로 서귀리본향, 토산 알당본풀이들을 들을 수가 있겠는데 이들은 이 6개의 요소 중 3~4개만을 공유하나 기본구조성에서 위 송당계와는 다른 것이라 해야 하겠다.

이상 제주도 당신신화의 기본적인 요소들의 연결구조는 매우 단순하고 간단하다. 이 기성 공통관념의 도식은 제주도 심방들의 기본적인 신학이고, 신화의 세계이다. 그래서 당신본풀이는 촌락생활의 신앙체계를 벗어나서 멋대로 형성되지 못하는 제약을 지니고 있다. 그래서 완성형은 6편 정도뿐이고 그나마 4편은 같은 줄거리라는 단조로움과 가난을 노정시키고 있다. 그러나 그것은 종교와 신화의 긴밀한 상관성을 보여주는, 아직도 진실되고 소박한 값진 가난이 아닐 수가 없다.

5. 당신본풀이의 역사성과 삼성시조신화

던데스Alan Dundes는 "프롭V.Propp의 말처럼 기원의 문제는 형태론 연구자의 본분은 아니지만, 구조분석이 역사적 및 심리적 기원 문제에도 도움을 주는 것은 틀림이 없다." 고 했다. 그는 또 북미 인디언의 설화의 형태론은 그 아시아 기원론에도 도움을 줄 것이라고 많은 강조를 하고 있다.[17]

제주도 당신본풀이는 지금까지도 간혹 언급됐지만 분명히 위와 같은 그 주요 구성요소들이, 옛 문헌들에 기록되고 있다. 삼성신화가 그것이다. 여기서는 『고려사』, 『동국여지승람』, 『탐라지』 등 많은 기록들 중에서 제일 오랜 『고려사』의 삼성신화 기록을 일단 옮겨놓고 살피기로 하겠다.

耽羅縣 在全羅道南海中 其古記云 太初無人物 三神人從地聳出 [其主山北麓有穴曰毛興是其地也] 長曰良乙那 次曰高乙那 三曰夫乙那 三人遊獵 皮衣肉食一日見 紫泥封藏木函 浮至于東海濱 就而開之 函內又有石函 有一紅帶紫衣使者隨來 開石函 出現靑衣處女三 及諸駒犢 五穀種 乃曰 我是日本國使也 吾王生此三女云 西海中嶽降神子三人 將欲開國 而無配匹 於是命臣 侍三女以來 爾 宜作配以成大業 使者忽乘雲而去 三人以年次分娶之 就泉甘土肥處 射矢卜地 良乙那所居 曰第一都 高乙那所居 曰第二都 夫乙那所居 曰第三都 始播五穀 且牧駒犢日就富庶

『高麗史』 志 卷第11 地理 全羅道

이 기록은 그대로 전기한 ① 남신의 용출 - ② 여신의 입도 - ③ 좌정 ↔ ④ 결혼의 주요 모티프의 셋째 연결구조의 전형이다. 3신인이 '從地聳出'하고 '遊獵 皮衣 肉食'했다는 것은 본풀이 속의 남신들의 생활 그대로이다. 세 여신이 입도하되 오곡종을 가지고 왔다는 것도 본풀이들과 유사하다. 즉 본풀이 속의 기본적인 여신의 미식성과 권농들과 그대로 상통하고 있다.

③ 좌정에서의 사시복지射矢卜地도 당신본풀이들에 많은 그대로이다. ④ 결혼에서 이 육식의 남신들과 미식의 여신들 사이에는 아무런 갈등이 없고 매우 순조롭다. ⑤ 갈등과 별거가 본풀이에서는 있는 경우도 있고 없는 경우도 있다. 삼성신화는 물론 없는 경우로 되어 있다. 설혹 또 뒤에 ⑥ 추방된 아들신의 무용담같은 것들도 당시에 이미 있었어도 이 ⑤-⑥은 더 문헌신화에는 기록될 필요가 없었을 것이다.

④까지로 시조신화의 구실은 충분히 되었고, ⑤-⑥은 더구나 그 '음사淫祀'적인 갈등이

---

17 Alan Dundes, *The Morphology of North American Indian Folktales* (池上嘉彦 譯, 『민화의 구조』(東京 : 大修館書店, 1980), 187~188面).

나 공상담들이 합리성을 존중하는 유학자들의 안목에는 맞지 않았을 것이다. 이러한 구전문학은 그 기록 정착에서의 계기가 매우 중요하다. 어떤 인물에 의해서, 어떤 동기로 기록되느냐에 따라서 그것은 크게 좌우되지 않을 수 없다. 그런데 이 고려사 지리지의 기록은 이미 당시에 탐라현에 있었던 어떤 '고기'에 기록되어 있었던 것을 인용하고 있는 형식으로 되어 있다. 기록의 첫머리에 바로 '기고기운其古記云'하고 인용한다고 전제하고 있는 것으로 그것은 분명하다.

결론적으로 말해서 그 '고기古記'는 양梁(良)씨족보氏族譜일 것으로 생각된다. 그 까닭은 고려사 지리지는 양성지梁誠之의 저술이고, 고려시대는 필사본 족보가 한국에서 생기던 시대이기 때문이다. 먼저 『고려사』는 태조의 명으로 편찬이 시작되어 태종, 세종대를 거치고 문종 1년(1451)에 완성되고 단종 2년에 간행을 착수한 것으로 되어 있다.[18] 그리고 양성지[태종 14년(1414)-성종 13년(1482)]는 동국도경東國圖經들과 더불어 『고려사』「지리지地理志」의 저술자로 명시되어 있다.[19]

한편 한국의 족보는 물론 중국에서 도입한 것인데, 그것은 중국에서 당·송대의 정비된 것을 고려 중엽에 받아들이기 시작한 것이었다. 그 족보의 최초의 간행은 조선시대 성종대의 안동권씨세보로 추정되나[20] 필사본은 특히 거문벌족들의 경우 고려시대부터 있었다는 것이 김두헌의 연구 결과의 제시이다.[21]

족보의 정비되었다는 공통적인 편찬 체제는 ① 서언, ② 조상의 내력, ③ 족보의 내용 계보의 순서이다. '기고기운其古記云'하고 인용된 위의 삼성신화는 바로 이 ② 시조의 내력 부분인 듯하다. 그래서 고양부의 순서로 되는 경우가 많은 삼성시조의 순서가 여기서는 양성지에 의해서 자연 양씨의 족보가 인용되기 쉬워서 양고부의 순서로 기록되기에 이른 것이 아닌가 생각하게 된다.

여기서 우리는 신화라고 해서 그것이 함부로 무에서 창조되는 것이 아니고, 본풀이에서

---

18 이홍직 편, 『국사대사전 上』(1963), 115쪽.
19 이홍직 편, 위의 책, 898쪽.
20 김두헌, 『한국가족제도연구』(1948), 71~73쪽.
21 김두헌, 위의 책, 66~70쪽.

기록 정착이 된 것임을 알 수가 있었다. 이 경우 그것은 구전되다가 먼저 필사본 족보에 기록이 되고, 다시 그것이 『고려사』라는 정사에 인용된 것으로, 퍽 구체적인 그 생성 과정의 추정을 할 수가 있었다. 어떻든 그래서 본풀이는 원형이고, 문헌신화는 그 분파형이라는 구체적인 전형적 사례도 여기서 찾을 수가 있다. 그리고 '상고대上古代의 왕권신화는 왕조의 본풀이'라는 명제도 이런 사례가 한결 힘있게 뒷받침할 수 있을 것으로 생각된다.

그리고 『고려사』에 기록된 당신본풀이의 한 연결구조형을 통해서 우리는 고려시대에는 이미 당신본풀이가 전승되고 있었던 확증은 얻을 수가 있다. 따라서 그것은 고려시대에는 이미 형성 전승되고 있었던 유구한 역사를 가진 하나의 전승 문화체였다는 사실을 알 수도 있게 된다.

6. 주요 구성요소들과 구조의 의미

1) 남신의 용출

앞에 인용한 『고려사』의 삼성신화에, 종지용출從地聳出한 세 신이 유렵遊獵 피의皮衣 육식肉食했다는 표현이 보이고 있다. 이 '피의'는 본풀이에는 '지달피알통[地狸 下衣] 산달피 웃통[山狸 上衣]'으로도 표현된다. 최근까지 도내 민가들에 남아있다가 각 박물관들에 수납된 산쟁이 옷들은 주로 개가죽옷이었다. 시조신들도 본풀이의 남신들도 최근까지의 산쟁이들도 다 이런 피의로 유렵하고 육식을 했던 셈이다.

제주도 가죽옷
(서울국립민속박물관, 1967)

제주도 한라산은 지금껏 현대식 사냥의 명소로 꼽히고 있다. 범, 곰 등의 맹수는 역사 시대에 들어서는 없었던 모양이고, 사슴과 멧돼지도 지금은 없으나 노루, 토끼, 꿩 등은 매우 많다. 본풀이의 남신들이 많이 잡던 것은 노루 사슴들로 구전되고 있다. 이렇듯 남성에 의한 수렵문화는 고금을 통한 이곳의 토착문화이고, 그것은 농경 의존도가 적었던 옛날일수록 비중이 더 클 수밖에 없었을 일이다.

그래서 이 남신들의 유렵 피의 육식은 어디까지나 고금의 이 고장 토착문화의 반영이 짙을 수밖에 없는 부분이 된다. 그러나 여기에도 신앙 관념이 전무하지는 않다. 세화리의 천ㅈ또는 한로 영산에서 솟아나고, 남군의 아홉 형제신들도 한로 영주 삼신산에서 솟아났다고 풀이되어 있다. 즉 산악숭배 관념이 여기에도 같이 혼용되어 있다는 말이 되는 셈이다.

2) 여신의 입도

여신들의 본은 흔히 용왕국, 강남천자국들로 풀이되고 있었다. 이것은 남신들의 유렵 피의 육식이 실제 문화사적인 반영인데 대해서 다분히 섬 사회의 지리성을 반영한 것이 된다. 또 동시에 그것은 섬 사회의 신화다운 심리적인 기원 면을 연상시키기도 한다. 그래서 이 여신들은 흔히 신화적인 상상의 나라에서 부술, 신술을 가지고 들어오기도 한다.

그러나 여기에도 문화사적인 반영은 없지 아니하다. 이 여신들은 백주할망처럼 '서울 남산南山 송악산松嶽山에서 솟아나서' 입도하는 경우도 있다. 그리고 강한 미식성으로 남신들에게 농업을 권하는 많은 농경적 성격을 풍긴다. 그것이 『고려사』에는 송아지, 망아지와 오곡종을 가지고 들어오는 것으로 표기하게 하는 기반이 된 것으로 보인다. 이렇게 되면 이 기록은 남성에 의한 선재 토착 수렵문화에 대해서 여성에 의한 후래 신입 농경문화라는 새 병존관계를 상징하는 것이 될 수가 있다.

그 병존관계가 삼성신화에서는 '시파오곡始播五穀 차목구독且牧駒犢 일취부서日就富庶'로 시조신화의 유교적인 표현답게 매우 원만하다. 그러나 본풀이에서는 거기서 식성관계로 제1차적인 갈등이 일어나고 부부신은 별거하게 되며 다시 신화답게 전개시켜 나가기도 한다. 그리고 이 입도하는 여신들 중에는 토산 알당본풀이처럼 나주 금성산의 사신이 입도하는 경우도 있다. 이것을 아키바 다카시[秋葉隆]은 "인간도 문화도 되풀이해서 남부조선에서 도래한 것을 말하는 것으로서, 우리는 여기에서 이 섬 문화의 성층成層을 읽을 수가 있다."고 표현하고 있다.[22]

그래서 이 여신의 입도에는 신화적인 비실제의 상상적인 부분과 실제 문화적인 반영과, 또한 제주도에 짙은 사신 관념이라는 종교 신앙적인 요소들도 다 한데 얽혀서 투영되고 있는 셈이 된다.

3) 좌정 경위

신화의 서사성은 그 줄거리 전체를 좌정경위담으로 볼 수도 있겠으나 여기서는 좌정하는 방법만을 보기로 하였다. 그 방법에는 사시복지하는 것이 많았다. 그리고 신이 일단 좌정은 했으나 인간이 알지 못하고 대접을 아니 하니 재난과 흉험을 주어서 신의 좌정을 인지시키는 방법도 있었다.

특히 돼지고기를 제물로 받는 신들에 이러한 사례가 퍽 많았는데 그것이 다 신의 성품, 제물, 제법 등 종교의례법과 밀접한 관계를 가지는 것이었다. 또 신은 신다운 정한 거처를 택해서 인간에게 안내시키는 방법도 있었다. 삼성신화에서는 더구나 유렵하던 남신들이라 그 중에서 사시복지하는 방법이 선택되고 있었다.

4) 결혼

남신만이나 또는 여신만의 좌정으로 끝나는 본풀이들도 많은데 그것은 단편인 경우에 더 많을 수밖에 없다. 남녀신이 만나서 결혼을 하면 흔히 식성관계로 갈등이 생기고 아들

---

22 秋葉隆, 『조선민족지』(東京 : 六三書院, 1954), 215쪽.

신이 추방되고 해서 신화는 장편화할 소지를 가지게 된다. 이러한 결혼에서 간간히 남신들이 별거를 하면 자기는 첩을 데리고 딴 살림을 차려서, 지난날의 일부다처라는 실제 사회성을 반영시키기도 한다. 이 결혼담들은 다음의 ⑤ 식성의 갈등과 별거로 연결되면서 더 다양화한다.

5) 식성의 갈등과 별거

식성의 갈등과 별거는 1차적으로는 수렵 육식의 남신과, 남편에게 권농하는 여신들 사이에서 일어난다. 이런 유형의 결혼에서는 육식을 한다면 '투더럽다 나고갑서' 하고, 미식을 신성한 것, 육식은 부정한 것으로 생각하는 대립적 관념이 보이고 있다. 그러나 육식을 여신이 하는 반대 경우의 대립 관념도 보이고 있다.

토산 웃당 본풀이처럼 추방된 아들신이 영웅담을 전개한 후 데려온 용왕녀가 돼지털을 먹은 냄새를 양반답지 못한 일로 여기고 귀양정배를 보내는 경우도 있다. 이것이 2차적인 식성의 갈등과 별거이다. 이러한 여성 육식신은 설사, 안질, 피부병 등의 치병신의 경우이다.

이렇듯 남녀 간에 신을 육식신과 미식신으로 나누어서 대립적으로 생각하는 데에는 무엇인가 의미가 있어 보인다. 현용준도 이 현상에 대해서 다음과 같은 말을 하고 있다.

신들의 식물은 인간의 식물의 투영投影이다. 그것이 오랜 옛날의 귀중한 식료食料의 모습이라면 그것은 고대의 생산경제와 관련된다. 육식은 수렵 내지는 목축문화의, 미식은 농경문화의 소산일 것이다.

육식신肉食神 미식신의 병존은 두 문화의 습합習合을 의미하는 것이겠고, 또 미식신을 청결한 상위신上位神으로 여기는 것은 그 문화의 우월성을 말하는 것이 되리라.[23] 어떻든 신화는 여기서도 실제 문화사적인 반영성과, 종교 관념에 상상성 등을 아울러서 투영시키고 있다는 실정을 보여주고 있는 셈이다.

---

23 현용준, 『제주도 무속의 연구』(東京 : 第一書房, 1985), 211쪽.

6) 추방된 아들신의 영웅담

이 부분은 실제 문화사적인 반영보다는 상상적인 신화의 세계를 흥미 깊게 보여주는 대목이다. 그래서 그것은 섬 사회인들로서의 신화의 심리적인 기원, 섬이라는 지리 환경적인 신화의 양상을 잘 보여주고 있다. 특히 육식 영웅신들이 용왕국, 강남천자국들에서 전개하는 무용담들은 영웅서사시의 싹을 제주도에서도 보여주어서, 문학사적인 흥미를 크게 일으키는 바가 있다. 이것은 다 장편화된 완성형의 당신본풀이들의 경우로서, 장편화할수록 당신본풀이들도 심리적인 상상성이 많아진다는 것을 보여주고 있다.

7) 전체 구조의 의미

이상을 종합해볼 때에, 제주도 당신본풀이의 구성요소들의 연결 구조체에는 그 나름의 의미가 엿보인다. 그것은 한마디로 말해서 이 섬의 촌락 생활에 있어서의 당신신앙의 종교체계를 의미해주고 있다. 그것은 그 종교체계에 대한 심방들의 신학이기도 했고, 또 당신 신화의 세계를 종합적으로 제시해주고 있기도 했다. 그리고 그것은 당신신화의 세계를 종합해주는 만큼 종교체계만으로 그칠 수는 없었다.

그래서 당연히 그 연결구조체는 전체적으로 당신신앙의 종교체계는 물론, 신화답게 섬의 지리성도 민감하게 반영하고 있었다. 그리고 문화사적인 발전 단계도 상징적으로 반영하고 있었고, 해중무용담의 전개로 영웅서사시의 싹까지도 보여주면서 문학사적인 흥미도 돋아주는 바가 있었다.

이렇게 상상성을 가미시키면서도 당신신화들은 결코 우연한 모티프들의 무원칙한 집성으로 이루어지는 않고 있다. 그것은 해중무용담이 송당, 토산 웃당, 괴내깃또, 내왓당 천즈또 등의 완성형에 다같이 식성의 갈등으로 추방된 아들신의 영웅담으로 꼭 같은 줄거리로 꼭 같이 전개되는 단조로움에서도 여실히 들어난다. 그만큼 거기에는 강한 기성 공통 관념이 작용하고 있으며, 주요 구성요소들의 고정적인 연결구조성이 강한 제약을 가하고 있는 점이 보이고 있다.

7. 맺는말

본고는 던데스Alan Dundes의 북미인디언 설화의 형태론 연구에서 다소간의 흥미를 느끼고, 필자 나름으로 별도로 제주도 당신본풀이의 형태를 생각해본 것이었다. 이제 그 논지를 요약해보면 다음과 같다. 70~80편의 전체 제주도 당신신화에는 6개의 주요 구성요소가 있었고, 그 연결구조는 다음과 같은 4개 유형으로 되어 있다고 귀납 요약할 수가 있었다.

Ⓐ 기원형 ① 남신의 용출 또는 ② 여신의 입도만으로 완성된 것

Ⓑ 기본형 ①-③ 좌정 경위 또는 ②-③으로 형성된 것.

Ⓒ 성장형 ①-②-③↔④ 결혼

Ⓓ 완성형 ①-②-③↔④-⑤ 식성의 갈등과 별거-⑥ 추방된 아들신의 해중 무용담

Ⓐ 기원형은 단순히 ① 남신이 용출했거나, ② 여신이 입도해서 당신이 됐다는 본풀이들이다. 여기에 그 신들의 직능, 제일들과 축원사에 단골 성씨들이 덧붙어도 5~6행 정도밖에 안되는 제일 짧은 본풀이들이다. 여기에는 아직 아무런 서사성이 없다. 예외도 물론 없지는 않으나 남신들은 섬안의 신성스러운 곳에서 솟아나고, 여신은 용왕국, 강남천자국, 서울 등지에서 입도한다는 관념은 매우 뚜렷하고 그 수효가 많다.

Ⓑ 기본형은 ① 남신의 용출이나 ② 여신의 입도 후에, 그 신들이 사시복지하거나, 알맞은 곳을 찾아서 ③ 좌정경위로서 신화의 기본적인 줄거리가 생길 듯하나 아직은 뚜렷하지 못한 것이 대부분이다.

Ⓒ 성장형은 ① 남신은 용출하고, ② 여신은 입도해서, ③ 좌정하거나 또는 ④ 결혼하고 나서 좌정하는 본풀이들이다. 여기서부터는 신화로서의 서사성이 확실해지고, 그 결혼에서부터 식성에 의한 갈등이 생기기 시작하기도 한다.

Ⓓ 완성형은 이상 ①-②-③-④의 연결에 다시 ⑤-⑥이 모두 다 연결된 것이다. 송당,

토산 웃당, 김령괴내기당, 제주시 내왓당 천ᄌ또 본풀이들이 다 같은 이 연결형으로 같은 줄거리를 형성하고 있다. 그것이 4편 정도가 된다. 이밖에 완성 형태를 보이는 것에 토산 알당(여드렛또·사신)과 서귀리 본향당의 본풀이들이 있으나, 이들은 이 완형은 못되고 그중 2~3개씩의 같은 구성요소들을 공유하고 있다.

먼저 이 모티프들의 의미로서는, ① 남신의 용출과 수렵 육식의 생활에서는 고금을 통한 이 고장의 남성에 의한 토착 수렵문화의 반영을 볼 수가 있었다. 거기에는 한라산에 대한 숭배성도 적지 않게 엿보였다. ② 여신의 용왕국, 강남천자국, 서울 등지에서의 입도와 미식성, 권농, 부술 등에서는 섬이라는 지리적 환경 외에도 많은 의미를 찾을 수가 있다. 바다에 대한 신앙도 그것이고, 남성에 의한 토착수렵문화에 대해서, 후래한 여성에 의한 농경문화가 상징적으로 대립 관념을 보이고 있는 것도 그것이다.

남녀신은 당연히 ④ 결혼도 해야 하고 ③ 좌정도 해야 된다. 여기서 본풀이들은 신화로서의 서사성도 갖추는데 여기서 일단 끝나는 본풀이들도 있다. 또 ⑤ 식성의 갈등과 별거로 연결돼서 연장되는 신화들도 생긴다. 이 식성의 갈등에서는 언제나 미식은 우위의 것으로, 육식은 하위의 것으로 여겨지는 대립 관념이 보이고 대개 그것은 별거라는 결과를 초래시키고 있다.

이때 육식하는 남신들은 대식한이고, 그 ⑥ 아들신들은 추방되어서 해중무용담을 전개하는 주인공이 된다. 그리고 육식으로 추방되는 여신들은 치병신이 된다. 남녀신을 불문하고 이러한 육식신들에게는 제물에 돼지고기를 바쳐야 한다는 신의 성격과 제법에 관한 풀이의 구실도 이 본풀이들은 하고 있다. 그리고 이 추방된 아들신들의 해중무용담들은 신화로서의 연결구조의 대단원을 이룬다.

이상과 같은 당신신화의 전체 연결구조가 가지는 의미는 한마디로 말해서 촌락생활에서의 당신신앙의 체계요 신학이라고 할 수가 있다. 이 종교체계와 신학에 어긋나는 이야기들은 여기에 함부로 끼어들을 수가 없다.

던데스는 북미인디언의 설화들이 결코 모티프들이 멋대로 우연스럽게 집성된 것이 아니고 고정된 구조성을 가지는 것이라고 했다. 더구나 제주도에서는 종교체계가 여기에 제약을 가하고 있는 것이다. 물론 여기 종교체계에는 신화로서의 지리적 환경이나 상상성들도 가미되어 있다.

제주도의 삼성시조신화도 결국은 위 공통구조의 성장형인 ①-②-③-④ 유형이 기록 정착된 한 예이다. 그것은 당신본풀이가 먼저 족보였을 「고기」에 기록되고 그것이 당시 정사인 『고려사』에 기록되어서, 신화가 문헌상에 기록 정착되는 과정까지도 보여주었다.

한국 고대의 왕권신화는 왕조의 본풀이라는 명제를 머리말에서 인용했거니와, 고·양·부 3성시조는 고대 탐라국의 주권자로 전하고 있다. 여기에서 우리는 무속신화가 원형으로서 문헌신화를 분파형으로 탄생시키는 구체적인 과정과 전형을 보게 되기도 한다.

제주도의 본풀이를 3대 분류한 것의 또 하나인 일반신본풀이에 대해서는 지금까지 단편적으로 본고에서도 언급된 바가 있었다. 그것은 본토의 서사무가들과 공통되는 면들도 보이고, 중국 고래의 강창문학들과의 공통성도 많이 보여서 강한 불교 색채를 풍겨주고 있었다. 그래서 필자는 이들 일반신본풀이들을 전체적으로 들어서 강창문학의 시각에서 검토를 시도한 바가 있었다.[24] 그때 그것은 문학사적인 의의를 강하게 풍겨주는 것이 되었다.

지금 본고에서는 당신본풀이들을 전체적으로 들어서 검토를 시도해 보았다. 이것은 일반신본풀이들과는 반대로 제주도의 독자성, 토착성을 그 본질로 하는 것이었다. 그리고 이것은 신화학적인 시각이 중요하게 떠오르는 것이었다.

이상 일반신본풀이, 당신본풀이에 조상신본풀이를 합해서 제주도의 본풀이는 종합된다. 3자는 각기 발생 근원부터 다른 것이지만, 장구한 전승 속에서 지금은 서로 넘나들면서 같이 제주도의 무속의 세계를 형성하고, 아직도 생동하는 제주도의 신화의 세계를 형성하고 있는 것이다.

끝으로 4개 연결구조 유형의 견본으로 당신본풀이 한 편씩을 부록자료로 제시한다.

---

24 장주근, 「서사무가의 시원과 민속문예사상의 위치」, 『문화인류학』 5집(1972), 5~32쪽(『韓國民俗論考』(1986)에 「敍事巫歌와 講唱文學」으로 改題하여 揭載).

Ⓐ 기원형起源形

(② 여신의 입도)만의 예

김녕리金寧里 큰당 본향본本鄉本풀이(이달춘李達春 옹翁 구송口誦, 남무男巫 70세, 1959년 12월 채록)

江南天재國 정ᄌᆞ國[1] 안까름서[2] 솟아나신 三兄弟가[3]

제주 입도해야 큰성님은 朝天[4]관 앞선도 정중夫人이고,

中형님은 짐寧 官舍전夫人 하늘공저 소공저

안음 버은[5] 金册에 좀이 버은[6] 金붓대 三千장 베릿돌[7]

낳는 날은 生産을 춫이ᄒ고 죽는 날은 물故를 춫이ᄒ시고,

正月 열사흘날 열나흘날 아침 大祭日을 받고,

七月 열사흘날 열나흘날 마불림[8] 大祭日 받고,

九月 열사흘날 열나흘날 시만국大祭日을[9] 받숩고,

萬民 단골덜이 三大祭日로 위하는 神堂입내다.

족은 아시[10] 열누니[11] 고장남밧[12] 坐定ᄒ신 맹오夫人입내다.

---

1 가상의 나라.

2 까름은 마을. 안마을에서.

3 三姉妹神이.

4 이웃面 朝天面.

5 한 아름이 넘는.

6 한줌이 넘는.

7 벼릇[硯]돌.

8 마는 곰팡이, 장마 후의 神衣淸掃祭.

9 신만곡대제(新萬穀大祭)=추수감사제(秋收感謝祭).

10 막내아우.

11 이웃 城山面 溫平里.

ⓑ 기본형基本形

(① 남신의 용출湧出 - ③ 좌정경위坐定經緯의 예例)

색달리穡達里 본향본풀이(강철년姜哲年 옹翁 구송口誦, 남무男巫 63세, 1959년 8월 채록)

漢로瀛洲 三神山 섯어깨[13] 소못된밭[14] 乙丑三月 대보름날

아홉성弟가 솟아나고 신거리 된 밭도[15] 位가르고 座가르고,

큰성님은 水山[16] 물뢰무루하로山[17]

둘챈 물뮈[18] 帝釋天王하로山[19], 셋챈 예村[20] 산신백관또하로산

넷챈 호근이[21] 서천밭 하로山 다섯챈 中文里하로산

여섯챈 색달리하로山 일곱챈 열뤼하로산

여덥챈 통천里 고나무上太子하로산

아홉찬 날뤼[22] 帝釋天王하로山

여섯챗 한집이 선궤무을로[23] 녹하지로[24] 발화가지고[25]

모라리오름으로[26] 성국을[27] 블러서 국왁부리[28] 블라서 ㄴ려와

---

12 地名 '고장'은 꽃, '남'은 木, 화목전(花木田)의 뜻.

13 西편 어깨쪽.

14 지명.

15 지명.

16 城山面 水山里.

17 堂神名.

18 涯月面 水山里.

19 堂神名.

20 南元面 下禮里.

21 西歸邑 好近里.

22 大靜邑 日果里.

23 中文面 地名.

24 中文面 山名.

25 밟아가지고.

26 中文面 山名.

27 형국(形局).

배락돌동산 누려서 구리남통산에[29] 座基해서 보고

醋재동산[30] 누려와 오름코미동산에[31] 와 座基해야 앚았더니

金성房 여울영오롯콤[32] 짐戶長 셋戶長 三位가 앉아보니

오롯콤드레 살펴보니 어떠한 仙官 道서任이 와 座基礎해서 앉아시니 金戶長 셋戶長 金성房 三位가 百步밖의 내업대서[33] "어떠한 선관도ᄉ任입내까?"고 물으니

"나는 漢로瀛洲三神山 섯어깨 소뭇된 밭의서 솟아나시니 갈 길을, 좌기 흘디를 몰라서 여기 성局이 좋아서 座基했노라." 그러면 선관 本鄕任이[34] 받께 三位가 말을 여쭈오대 "우리ᄆᆞ을 土主官으로 座基하기 어찌하오리까?"

그 本鄕 말씀ᄒᆞ되 "그레면 내가 여기 밟아 와시니 그 ᄆᆞ을 土主官으로 들어갈태니 낡도 찾이 도짐실레[35] 물도 찾이 도짐실레 戶籍帳簿찾이ᄒᆞ셔 물살을[36] 잡겠다."

물살을 잡는듸, "고여물을 먹을물을 잡고 생숫물을[37] 잡고

말물은 베릿물을[38] 잡겠다." 하고보니 물쌀 산쌀[39] 잡고

戶籍찾이하시니 "어디로 가겠느냐?" 하니

짐戶長 셋戶長 짐성방 三位가 말씀을 ᄒᆞ되

"土主官이 몸받은 巫堂의[40] 집으로 모사가면 어찌하오리까?"

"그레면 글로 가자." 그때 "심방 주첨주 주리방 집의 안으로 당주[41]로 자定ᄒᆞ서." 座基

---

28 색달리 地名.
29 색달리 地名.
30 儒式 洞祭 장소.
31 색달리 지명.
32 색달리 지명.
33 「내-」는 접두사, 업드려서.
34 마을 수호신=土主官=本鄕=한집.
35 미상.
36 물의 혈[水脈].
37 색달리 水名.
38 벼루물, 硯水.
39 水穴, 山穴
40 매인 무당, 고정된 司祭者.

하니 상을 받되 三位하는 말씀이 "八月 대보름날랑 마불림祭[42]로 받들고 正月上달 初하루날랑 마흔여덥 上丹骨 서른여덟 中丹骨 수물여덥 下丹骨 만민단골 수원단골의[43] 正주 問安 新過歲를[44] 받자옵서.

그러니 오롯콤 짐戶長 짐성房孫이 上丹骨이고 셋戶長은 中丹骨 로 올리고 下丹骨 수원단골 만민단골 지극 정성 드립니다. 本鄉任 이 東으로나 西으로나 큰 病오드라도 모든 厄연을 막아줍서." 하니

"걱정말라 내 다 千斤활에 百斤살에 올리동동ᄌ부금살애[45] 범의 가죽 폴치[46] 메고 쌀을[47] 받으맨 百斤쌀에 오리동동 같이 띄와 東으로 한 데 쏘으면, 東으로 오는 病을 재초하고, 南北病을 다 재초마." 文세 찾이해시니

"낳는날은 生産文세를 잡고, 죽는날은 믈故文세달리겠따."

매밥해 오랐수다. 떡도 해왔수다. 정성을 다해와시니 모든 병 막아줍서. 병을 한집님 덕으로 막아줍서.

---

41 堂主. 무당이 巫祖神을 모시는 神壇.
42 마는 곰팡이, 장마 후의 神衣淸掃祭.
43 수많은 단골의.
44 新年祭.
45 화살의 종류인 듯.
46 虎皮팔찌.
47 화살[矢].

ⓒ 성장형成長形

(①-②-③ ↔ ④의 예)

세화리細花里 금상님본풀이(고대중高大仲 씨 구송口誦, 남무男巫 43세. 1959년 8월 채록)

아양동축 은하장당서[48] 솟아난 날로 禁上 달로 배실 億萬名이 大兵軍士 一時 槍劍 日月戲弄케 거니럽던 금상한집 난수생. 아양동축서 솟아나 혼일곱살 나신때에 ㅈ정비亂이 일어 세變 都元시[49] 막을 때에

머리 하나 돋은 장수 목을 베어 신전내 올리고[50]

머리 둘 돋은 장수 신전내 올리고

머리 셋 돋은 장수 신전내 올리고

머리 넷 돋은 장수 신전내 올리고

머리 다섯 돋은 장수 신전내 올리고

머리 여섯 돋은 장수 신전내 올리고

머리 일곱 돋은 장수 신전내 올리고

머리 여덟 돋은 장수 신전내 올리고

머리 아홉 돋은 장수 신전내 올리고

머리 열 돋은 장수 신전내 올리고

머리 열하나 돋은 장수 신전내 올리고

머리 열둘 돋은 장수 신전내 올리고

이장수 그대로 두었다는 이 내國이 亡 할로다 ᄒ야

무쇠단鐵에 무쇠철망에 잠 잘때에 디려놓고

무쇠 불미[51]를 석달열흘 百日을 불어서 죽이기로 ᄒ야

---

48 未詳의 地名.
49 도원수로 事變을.
50 神前에 올리고.
51 풀무.

무쇠 불미를 불더니 청태산이 마고할망 지어 노레부르되

"그만 이견 그만 제단에[52] 불타 죽을 일 있으랴." 호야

엄득 깨어나고 보오시니 火방이 충천호였더라

우인 눈雪재를 써붙이고 아래는 어름氷재를 써서

끌 안 앉앗이니 석달열을 무쇠불미를 불되 그대로 아자시니

이 장수가 나아오고 "여기 앚았다는 다시 고쪄 무신 患이 닥칠넌지?" 모르오니 제주絶島섬 白主님이 天上配匹ᄀ음 당호니

"백조 찾아 제주절도섬 들어가저." 호고

억만명에 대병군사 거늬리고 1첩은 2첩 3첩 4첩 5첩 기대장 엇 廣大 빗광대 초란광대 갈채광대 할미광대 청을 거늬리고 정상 도라 77關 전라道라 53關[53]

一濟州는 二巨濟 三珍두 四南海[54] 금천노구 배진고달도

들어오구 배를 잡아 둘러타고 억만명의 諸軍士를 거늬려서

제주절도섬 들어올때 소섬[55] 진질깍[56] 목벤황곳이를 내세우고

벨방[67] 상곳이로 솔락개로 배를 붙여 억만명의 대병군사 내리와

놓고 風樂노념 일월희롱케 호엮더니

上서花里 백조님은 풍악소리 들리시니 벨방 솔락개를 ᄂ려가고 보오시니 금상님이 오라아서 억만명의 대병군사 풀어놓고 일월희롱케 풍악호엮시니 백조님이 금상님을 보오시니 大丈夫가 당연해야 男便삼을 생각나고 금상님은 백주촛안 오신길이니 백조님과 서로를約호야 부부간을 무으기로 말씀호고 백주님이 말씀호대

"하르바님안틱 허락받읍소서." 금상님이 "걸랑 그리호오리다."

---

52 그만한 지혜와 재주.
53 本土 各地를 여행해서 내려온다는 常套的 表現.
54 해상 항해시의 상투적 표현.
55 우도(牛島).
56 이하 지명들.
57 舊左面 下道里 지명 別防.

풍악노념 끝난 뒤에 백조님이 앞이 사고 금상님은 뒤에 둘롸 上서와里 손드랑ᄆ르 올라오라 天帝할아바님안태 들어오고 예배ᄒ니

"어디 장사 되옵네까?" 금상님이 말씀ᄒ되

"아양동축은하장당서 솟아난 날로베슬 날로금상이되옵내다."

천제할아바님 말씀ᄒ되 "무신 일로 이러허신 小國이 오십디까?" ᄒ오시니 금상님이 대답ᄒ되

"백조님이 天上配匹 ᄀ움이 당해야서 백조촛안 오랏내다."

천제할아봐님 말씀하되 "무신 음식 잡숩내까?"

"밥도 장군 술도 장군 안주 장군 제肉안주 전머리로[58] 먹읍니다."[59]

天帝할아바님 말씀ᄒ되 "투더럽다 나고갑서 우리는 인간 손으로 맨들면은 인간내가 나고 칼로 베면 쇳내가 나고 춤실로 밴 점정괴나[60] 白도래[61]나 白시리[62]나 청감주나 鷄알안주나 둑은 잡으면 안전지나[63] 먹읍니다. 나고갑서."

ᄒ오시니 금상님이 생각에는 "나만 이견 나만 제단에 백주 만

ᄒ신 천상배필 못내 무으리야." ᄒ야 나오더니

백조님이 문ᄌ붉은 문드광에 사앗다가 심어사명[64] 말을 ᄒ되

"내 상에 생각있어서 오셨시면 그말 대답 못내 ᄒ오리까."

ᄒ니 금상님이 다시고쳐 할으바님안테 되돌아가고

지어 말씀ᄒ되 "前에 먹던 술과 안주를 참으리다."

일르시니 할으바님 말씀ᄒ되 "莫여無관아니로다."

허락ᄒ니 백조님과 夫배間을 무어서 살렴살이 ᄒ옵대다

---

58 전(全)마리로.
59 大食漢의 食性表現의 상투어.
60 각종 과일.
61 희고 둥근 떡.
62 흰시루떡.
63 내장.
64 잡으면서.

흥실때에 한둘 두둘 살아가니 금상님이 皮骨이 相직해야
전잇얼굴 기상이 없읍대다. 백조님이 남편상에 마음이라
"어찌흐야 郎곤님은 전잇얼골 없읍내까?" 일르시니
금상님이 대답흐되 "전잇 먹던 술과 안주를 참으시니 皮고을이
相직흐나니라." 일르시니 죽음광 삶이 맛사랴 흐샤
더럭칩이 上丹궐칩 굽어보니 인간 婚연大서 해염더라.
新郎新婦의 숭엄[65] 주어 느림설세 배아피와 이질틀름[66]
심상안을[67] 주으시니 신랑신부 죽을 死境 당흐시니
各道의 문점흐니 "男새노라." "女새[68] 노라." 흐시다가
매말자인 "내 내노라." 나아사서 감은 족발床을[69] 받은 때에 설궁기로 피가 나고 피궁
기로 서리나서 설에 자소지를 타 올리시고 열두신뼈 올리시고 내에 안칩을 올리시고 금상
나신 열두뼈에 설盤해야 올리시고 億萬名의 大兵軍士나신 열두정盤 올리시고 상을 받아
백주님전 돌아갈 때 팥죽 쑤어 목가시고[70] 身가시고 청감주로 모沐흐고 백주님한테 돌아
가니 알당으로 三日後엔 백조님께 한반 일반하옵대다.

---

65 흉험(凶險).
66 설사, 복통, 赤痢.
67 안질.
68 사(邪), 살(煞).
69 豚肉祭床.
70 다른 심방 구송 채록에는 백주님과 천즈 또는 米食床을, 금상님은 豚肉祭床을 따로 받는다는 내용이 보인다.

Ⓓ 완성형完成形

(①-②-③-④-⑤ 식성食性의 갈등葛藤과 별거別居 - ⑥ 추방追放된 자신子神의 해중무용담의 예)

• 송당본향본풀이
• 김녕 궤내기당 본향본풀이

위 두 본풀이는 부모신과 그 여섯째 아들신의 신화로, 내용이 같기 때문에 같이 가창되고, 다만 뒤에 아들신의 신화가 좀 더 연장된다. 제주 방언이 난해하고, 지면관계를 고려해서 여기서는 현용준의『제주도 신화』(서문문고본, 1976)의 표준말 기록을 옮기기로 한다.

소천국은 알손당[下松堂里] 고부니마를에서 솟아나고, 백주또는 강남천자국의 백모래밭에서 솟아났다.

백주또가 인간 탄생하여 열다섯 십오 세가 되어, 가만히 천기天機를 짚어 떠보니, 천정배필이 될 짝이 조선국 제주도 송당리에 탄생하여 사는 듯했다. 백주또는 신랑감을 찾아 제주도로 들어와 송당리로 가서 소천국과 백년가약을 맺게 되었다. 부부는 아들을 5형제 낳고 여섯째를 포태중인 때였다. 백주또는 많은 자식을 먹여 살릴것이 걱정이 되었다.

"소천국님아, 아기는 이렇게 많아 가는데 놀아서 살 수 있겠습니까? 이것들을 어떻게 길러 냅니까? 농사를 지으십시오."

부인의 말에 소천국은 오붕이굿왓을 돌아보았다. 피씨 아홉 섬지기나 되는 넓은 밭이 있었다. 소를 몰고 쟁기를 지워서 밭을 갈러갔다. 백주또는 점심을 차리는데 국도 아홉 동이, 밥도 아홉 동이, 열여덟 동이를 차려서 밭에 지고 갔다.

"점심일랑 소 길마나 덮어 두고 내려가오."

백주또는 집으로 돌아오고 소천국은 계속 밭을 갈고 있었다. 이때 태산절 중이 지나다가 배가 고프다면서 들렀다.

"밭가는 선관仙官님아, 잡수던 점심이나 있거든 조금 주십시오."

소천국은 먹은들 얼마나 먹으랴 하고

"저 소 길마를 들고 보아라."

이렇게 말하였다. 중은 국 아홉동이, 밥 아홉 동이를 모조리 쓸어먹고 도망가버렸다. 소천국은 배가 고파 점심을 먹자고 보니 밥은 한 술도 없었다. 할 수 없이 밭 갈던 소를 때려죽여 손톱으로 잡았다. 찔레나무로 고기를 구우며, 익었는가 한 점, 설었는가 한 점, 먹다 보니 소 한 마리가 다 되었다. 그래도 초요기도 되지 않았다. 다시 소가 없을까 하여 묵은 각단밧을 보니 검은 암소가 한 마리 풀을 뜯고 있었다. 소천국은 이놈을 잡아먹으니 그제야 다소 요기가 된 듯했다. 쇠머리도 두 개, 쇠가죽도 두 개를 담장에 걸쳐 두고, 소천 국은 배때기로 밭을 갈고 있으니, 백주또가 점심 그릇을 가지러 왔다.

"소천국님아, 어째서 배때기로 밭을 갑니까?"

"그런게 아니라, 태산절 중이 지나다가 국 아홉 동이, 밥 아홉 동이를 다 들러먹고 도 망가 버리니, 할 수 없이 밭갈던 소를 잡아 먹고 남의 소까지 잡아먹으니 겨우 초요기가 되었노라."

"당신 소 잡아 먹은 건 예상사지만 남의 소까지 잡아먹었으니, 소도둑놈·말도둑놈이 아니냐, 살림을 분산합시다."

백주또는 화를 내며 바람 위로 올라서고 소천국은 바람 아래로 내려서서, 백주또는 당오름에 가 좌정하고, 소천국은 알송당 고부니마를에 와 좌정했다. 소천국이 배운 것은 본래 사냥질이었다. 백주또와 갈리자, 총열銃身이 바른 마상총馬上銃에 귀약통·남날개를 둘러메고, 산야를 휘둘며 노루·사슴·산돼지를 잡아 먹었다. 사냥을 다니다가 해낭곳굴 왓에서 정동칼쳇 딸을 만나 첩으로 삼고 고기를 삶아 먹으며 새 살림을 꾸몄다.

한편, 백주또는 아들을 낳았다. 아들이 세 살이 되자 제 애비나 찾아주려고 아이를 업 고 소천국을 찾았다. 해낭곳굴왓 움막에서 연기가 모락모락 나는 것을 보고 찾아가보니 소천국이 있었다. 업은 아이를 부려놓았다. 아이는 아버지를 만났으니 어리광을 부리느 라고, 아버지 무릎에 앉아 삼각수三角鬚를 뽑고 가슴팍을 치곤했다. 아버지인 소천국은 화 를 내었다.

"이 자식 밴 때도 일이 글러서 살림이 분산되더니 나서도 이런 불효한 행동을 한다. 죽여야 마땅할 것이로되 그럴 수는 없고 동해바다로 띄어 버려라."

무쇠 석갑에 세 살난 아들을 담아 자물쇠로 잠그고 동해바다에 띄워버렸다. 무쇠석갑은 용왕국에 들어가 산호수 가지에 걸렸다. 그날부터 이상하게도 용왕국엔 풍운조화가 일어나는 것이었다.

용왕국 대왕이 이상히 생각하고 큰딸을 불렀다.

"큰딸 아기 나가 보라. 어찌 든변 난변이 세어지느냐?"

"아무 것도 없습니다."

"둘째 딸 아기 나가 보라. 어찌 든변 난변이 세어지느냐?"

"아무 것도 없습니다."

"작은딸 아기 나가 보라. 어찌 든변 난변이 세어지느냐?"

작은딸이 나가 보더니,

"산호수 상가지에 무쇠 석갑이 걸렸습니다."

"큰딸아기 내리워라."

"한쪽 귀도 달싹 못하겠습니다."

"둘쨋딸 아기 내루워라."

"한쪽 귀도 달싹 못하겠습니다."

"작은딸 아기 내리워라."

작은딸은 번쩍 들어 내려놓는다.

"큰딸 아기 문 열어라."

"둘째 딸 아기 문 열어라."

열 수가 없었다.

"작은딸 아기 문 열어라."

작은딸 아기는 꽃당혜 신은 발로 세 번을 돌아가며 둘러차니 무쇠 석갑이 저절로 설강 열려졌다. 속에는 옥같은 도련님이 책을 한 상 가득히 받고 앉아 있었다. 용왕국 대왕이 말을 걸었다.

"어느 국國에 사느냐?"

"조선 남방국 제주도에 삽니다."

"어찌하여 왔느냐?"

"강남천자국에 국란이 났다 하기로, 세변을 막으러 가다가 풍파에 쫓겨 들렀습니다."

용왕국 대왕은 얼른 천하 맹장이라는 생각이 들었다.

"큰딸 방으로 드십시오."

대답이 전무하고,

"둘째 딸 방으로 드십시오."

작은딸 방으로 들어간다.

작은딸은 음식상을 차리되 칠첩반상기에 융숭하게 차려갔으나 거들떠보지도 않았다.

"조선국 장수님아, 무슨 음식을 잡습니까?"

"내 국은 소국이라도 돼지도 잡아 전 마리를 먹고, 소도 잡아 전마리를 먹는다."

아버지에게 가 말을 하니, 용왕국 대왕이 말을 하되,

"내 기구를 가져서 사위손 하나 못 대접하겠느냐?"

날마다 돼지를 잡고 소를 잡고 석달 열흘을 먹여 가니, 동창고·서창고가 다 비어갔다. 용왕국 대왕이 생각하되, 요 사위를 그대로 두었다간 용왕국이 망할 듯했다.

"여자라 한 것은 출가외인이니 남편따라 나가거라."

용왕국 대왕은 막내딸을 불러 지시하고, 무쇠 석갑에 사위 부부를 들여놓아 물 바깥으로 띄워 버렸다. 무쇠 석갑은 강남천자국 백모래 밭에 떠올랐다. 그날부터 강남천자국에 풍운 조화가 일기 시작하는 것이다. 천자님은 매우 걱정하여 하인을 시켜 해변을 돌아보도록 하였다. 보고가 들어왔다. 백모래밭에 무쇠 석갑이 떠올랐는데 거기에서 풍운 조화가 일어난다는 것이다.

"황봉사를 불러라."

황봉사에게 점을 치니, 무쇠 석갑의 문을 열자고 하면 천자님이 모대帽帶를 차리고 향촉을 피워 북향 사배를 드려야 열려지겠다는 것이다. 할 수 없이 천자님이 모대를 차리고, 북향 사배를 드리니 무쇠문이 열려졌다. 속에는 옥같은 도련님과 아기씨가 앉아 있었다.

"어느 국 삽니까?"

천자님이 정중히 물었다.

"조선 남방국 제주도 삽니다."

"어찌하여 오셨습니까?"

"소장小將은 귀국에 남북적을 격파하고 세변世變을 막으러 왔습니다."

그때는 마침 남북적이 강성하여 천자국을 치려는 판이었다. 천자님은 팔목을 덥석 잡고 궁 안으로 모셔들였다. 그 대우는 이만저만이 아니었다. 무쇠 투구·갑옷·언월도偃月刀·비수검匕首劍·나무활·보래활·기치창검旗幟槍劍을 내어주고 남북적을 쳐주도록 부탁이 단단했다. 이 아들은 억만 대병을 거느리고 싸움판으로 나아갔다. 처음에 들어가서 머리빡 둘 달린 장수를 죽이고 두 번째 들어가서 머리빡 셋달린 장수를 죽이고 세 번째 들어가서 머리빡 넷 달린 장수를 죽이니, 다시는 대항할 장수가 없었다. 천자님이 대희하여 포상을 하려했다.

"이런 장수는 천하에 없는 장수로다. 땅 한 조각, 물 한 조각을 베어드릴테니 땅세·국세를 받아먹고 사십시오."

"그도 마외다."

"그러면 천금상千金賞에 만호후萬戶侯를 봉하리다."

"그도 마외다."

"그러면 소원을 말하십시오."

"소장은 본국으로 가겠습니다."

관솔을 베어서 전선 한 척을 짓고, 산호수·양식 등 한 배 가득 싣고 억만 군사를 대동하여 조선국으로 나왔다. 경상도라 칠십칠관七十七官, 전라도라 오십삼관으로 하여, 일제주一濟州·이거제二巨濟·삼남해三南海·사진도四珍島·오강화五江華·육완도六莞島로   하여 제주도로 들어온다. 제주 바다로 배를 놓으니 마침 썰물을 만나서 소섬舊左面 牛島 진질깍으로 배를 붙였다. 소섬 모살내기로 올라 예물에 와서 영기令旗를 세우고 소섬을 둘러보니, 말과 소만 가두어서 먹일 곳이었다. "묻섬濟州本島으로 올라가자." 하고 종달리舊左面 終達里에 오고보니 소금만 해먹을 데였다. 산 쪽으로 올라가기로 했다. 들판을 거슬려 올라 비자림榧子林에 올라가서 천지가 진동하게 방포일성放砲一聲을 놓았다. 송당리에 있는 아버지 소천국과 어머니 백주또는 총소리에 깜짝 놀라 하녀를 곧 불렀다.

"어찌하여 방포 일성이 크게 나느냐?"

하님이 나가 보더니,

"세 살 적에 죽으라 무쇠 석갑에 담아 띄어 버린 상전님이 아버지를 치러 들어옵니다." 하고 황급히 보고해왔다.

"에, 이년, 고약한 년이라, 그 새에 무쇠 석갑이 다 녹아 없어졌을터인데, 여섯째 아들놈이 살아올 리가 만무하다."

말이 끝나기도 전에, 방포 일성을 크게 내며 여섯째 아들이 들어왔다. 아버지는 겁이 나서 어쩔 줄을 모르고, 알손당下松堂 고부니 마를로 도망가다 죽어 당신堂神이 되고, 어머니는 겁이 나서 도망치다가 웃손당 당오름에 가 죽어 당신이 되어, 정월 열사흗날 대제大祭를 받아 먹게 되었다.(송당본풀이는 여기서 끝난다)

(이하 굴당窟堂의 당산인 여섯째 아들 궤[窟] 내[內] 귀鬼 또[神]의 궤내귓당 본풀이에만 이 좌정경위담이 덧붙는다.)

여섯째 아들 궤내깃한집은 각 마을 일류 포수들을 모아다 노루·사슴·산돼지들을 많이 잡아 오게 했다. 아버지가 생시에 사냥을 잘하고 고기를 좋아했으므로, 사냥해온 고기를 올려 제를 지낸 후, 방광오름으로 가서 억만 군사를 다 돌려보내 버렸다. 이제는 홀가분한 몸으로 한라영산이나 구경가자는 것이다.

꿩앉인존재로, 매앉인존재로, 북오름으로, 체오름으로, 차차 올라다리[橋來] 앞벵뒤로, 뒷곳으로, 알소남당으로, 웃소남당으로 하여 테역장오리로 올라가서 물을 마시고 좌우를 둘러보니, 과연 용맹한 장수가 날 듯했다. 이젠 그만 구경하고 바람 위로 찾아가기로 했다. 바람 위는 김녕리金寧里다. 웃소남당으로, 알소남당으로, 다리앞벵뒤로, 지레기된밧으로 차차 내려와 백캐골왓으로, 서리왓으로, 오름새끼로, 한가름으로 하여, 어대오름·씰곳·만쟁이거멀로, 남산거멀로, 어욱 돋은 못으로, 희연못으로, 화수리로, 지미산전을 지나 정시물에 왔다. 여기나 좌정할가 하여 보니 여자들이 목욕을 하고 있는게 보였다.

"더러워 못쓰겠다."

다시 좌정할 곳을 찾으려고 좌우를 살펴보니 김녕[金寧里]의 입산봉入傘峯은 일산日傘 세운 듯하고, 괴살미[猫山岳]는 양산 홍산紅傘 불린 듯하다. 아끈다랑쉬, 한다랑쉬細花里의 언덕빼기는 초출일산初出日傘 불린 듯하다. 웃궤내기로 들어가보니 위로 든 바람 아래로 나고, 아래로 든 바람 위로 나고 알궤내기를 굽어보니 별도 솜솜 달도 솜솜해서 과연 좌정할 만 했다. 좌정할 곳을 정해두고 사장射場을 내리달아보니, 서을 둥당 과거 줄 만하다. 노물이(金寧里의 地名)는 괴괴잔잔하고, 젱핌(金寧里의 地名)은 말발이 세고, 당을래는 인발人발이 세고 식당빌레는 개짐승이 세다. 김녕리를 한바퀴 들러본 뒤, 망태목에 차일을 치고 사흘, 이레 동안을 앉아 있어도 어느 누구 대접하러 오는 자가 없었다. 궤내깃한집은 마흔여덟 상단골 설흔 여덟 중단골, 스물여덟 하단골에 풍운 조화를 내려줬다. 단골들은 원인을 알 수가 없었다. 심방[巫]을 데려다 점을 쳐보았다. 심방은

　　"소천국 여섯째 아들이 옥황상제의 명을 받아 김녕리 신당으로 상을 받으려고 내려준 풍운 조화입니다."

　　점괘를 풀이했다. 단골들은 궤내깃한집을 모시고 물었다.

　　"그러면 어디로 좌정하겠습니까? 좌정지를 말씀하옵소서."

　　"나는 알궤내기로 좌정하겠노라."

　　"뭣을 잡숩니까?"

　　"소도 전 마리를 먹고 돼지도 전 마리를 먹는다."

　　만백성들이 사정을 했다.

　　"가난한 백성이 어찌 소를 잡아 위할 수 있겠습니까? 가가호호에서 돼지를 잡아 위하겠습니다."

　　"어서 그리해라."

　　그리하여 만백성이 알궤내기에 자리를 고르고 제단을 만들어 1년에 한번 돼지를 잡아 물 한방울도 덜지 아니하고 위하는 신당이 되었다.

제주시 건입동 박수 이달춘李達春 제공
『경기어문학』 7집 (경기대학교 국어국문학회, 1986)

V.
구전신화의 문헌신화화 과정
-제주도 당신본풀이의 삼성시조신화화를 중심으로-

1. 머리말

신화란 신의 이야기이고 원초적인 종교의 소산물이다. 따라서 한국의 신화는 한국의
원초 종교인 무속의 소산물이라 할 수가 있고 동시에 한국의 신화에는 무속적인 기반이나
성격이 강할 수밖에 없다. 그래서 '상고대의 왕권신화는 왕조의 본풀이'라는 명제가 우리
신화학계에서는 제시되어 왔다.

'무속신화와 왕권신화 사이에는 원형과 그 분파형의 관계'가 존재한다는 것이다.[1]

이제 여기에서는 무속제의를 기반으로 해서 전승되어 오던 그러한 무속신화의 전통이
유교제의화하면서 그 신화가 문헌신화로서 기록 정착하는 과정을 가장 선명하게 보여주
는 자료들이 있었기에, 그 자료들을 중심으로 그 과정의 구체적인 실상을 살펴나가기로
하겠다. 이것은 한국 신화의 구체적인 실상을 다각적으로 이해할 수 있는 한 시각을 마련
해줄 것으로 생각한다.

---

1 김열규, 「신화학적 측면에서 본 한국사상의 원류」, 『민족문화의 원류』(한국정신문화연구원, 1980), 115쪽.

자료는 역시 아직도 문헌신화에 무속신화도 아울러서 풍부하게 전승하는 제주도에 있다. 제주도는 주지하듯이 그리 크지 않은 섬 사회에 이러한 민속문학의 전승도 풍부하게 가지고 하나의 살아있는 실험실적인 학술자료 사회를 이루고 있다. 그렇다고 여기에서 추출된 시각이나 결론은 결코 제주도 사회에만 국한되고 말 것은 아니다. 그 시각은 한국 본토에도, 더 넓게는 세계 학계에도 도움을 줄 수가 있을 것으로 여긴다.

본고에서는 그러한 점들도 아울러서 탐색해 나가기로 하겠다.

2. 광양당굿의 삼성시조

1) 제주목사濟州牧使 이명준李命俊의 계문啓文

앞에서도 언급했듯이 신화란 원초사회의 소산물이다. 더구나 한 사회집단의 시조신화와 그 제의는 그 연원이 더 유구한 원초사회로 소상될 수밖에 없고 한국의 경우 그 제의가 무속적인 굿일 수밖에 없었다는 것도 결코 짐작하기 어려운 일이 아니다. 그리고 제주도 옛 기록 자료들은 그 무속적인 굿이 유교적인 제의로 전환되었다는 증거들도 구체적으로 제시해주고 있다.

이제 이러한 유제화儒祭化가 제주도 사회에 전반적으로 미쳐오는 상황 속에서 삼성시조제가 당굿에서 유제화하는 기록들을 추려서 살펴나가기로 하겠다.

먼저 유교의 수입은 아득히 삼국시대 초기로 공인되고 있으나, 주지하듯이 그 후 통일신라시대도 고려시대도 한반도에는 불교를 국교로 하는 불교 우위시대가 지속되어 왔다. 물론 유교의 영향이나 보급이 이 시대들에도 전혀 없었던 것은 아니나, 그것은 미미했던 것이고 지금 여기서는 그렇게 중요시할 것은 되지 못한다.

유교의 국민생활 일반에의 본격적인 보급은 숭유배불을 국시國是로 내세운 조선시대에 들어서면서 비롯됐다는 것도 우리들이 주지하는 사실이다. 과연 그래서 조선시대에 들어서자 제주도에도 곧 향교가 생기기 시작한다.

국사대사전에는 향교를 '시골에 있는 문묘文廟와 그에 부속된 옛날의 학교'라 했고, 이 것이 '고려시대에 비롯되어 이조에 계승된 지방교육 기관'이라고 했다.

그리고 태조 1년(1392)에 "제도諸道 안찰사按察使에 명하여 향교의 흥폐로써 지방관 고 과考課의 법으로 삼고, 부府 목牧 군郡 현縣들에 각각 1교씩 설립을 보게 되고 점차 전국에 이르게 되었다."고 했다.[2] 제주도에는 먼저 제주목에 태조 3년(1394)에 향교가 창건되고, 이어서 태종 16년(1416)에 대정현과 정의현에도 각각 향교가 창건된 것이 그 시초이고, 지 금까지도 봄 가을로 석전제釋奠祭를 지내오고 있다.[3]

이 향교들은 각기 교수教授와 훈도訓導들을 두고 많은 유생들을 교육시키며, 춘추로 석 전제를 지내왔으니, 그러한 유교식 교화나 제의가 전국에 고루 점차 보급되는 데에도 적 지 않은 작용을 미쳤을 것으로 생각해야 할 것은 물론이다. 그리고 그것이 이제 우리의 관심사인 삼성혈의 유제화로 나타나게 된다.

한편 삼성혈이나 삼성신화의 역사에 대한 가장 오래된 기록으로는 저자나 저술 연대 는 미상이지만 고려 말기의 기록으로 여겨지고 있는 『영주지瀛州誌』가 있다. 그리고 정이 오鄭以吾(1354~1434)가 태종 16년(1416)에 지었다는 『성주고씨가전星主高氏家傳』과, 단종 2년 (1454)에 간행된 『고려사』 등에도 삼성신화의 기록이 있다.[4]

이러한 삼성신화의 문헌상 기록으로 보아서, 그것은 그 오랜 구전을 거치고 이미 고려 시대 말기부터는 한편으로 기록 정착의 과정을 밟고 있었던 것으로 보인다. 그에 대해서 는 다시 후기하겠으나, 여기서는 그러한 유구한 신화의 구전이 고려 말기부터는 이미 기 록물로서도 존재해왔다는 것만을 확인하고, 그 종교 기반의 성격에 대해서 먼저 살펴나가 기로 하겠다.

여기에 매우 요긴한 한 자료가 있으니, 그것은 제주 목사 이명준이 정조 10년(1786)에 임금에게 올린 계문으로서 '시조 위차位次 변경에 관한 전말 장계狀啓'이다. 이것은 "양씨

---

2 이홍직 편, 『국사대사전』(1963), 1704쪽.

3 고씨종문회총본부, 『耽羅星主遺事』(1979), 209~210쪽.

4 고씨종문회총본부, 위의 책.

족보에는 다만 『여사고기麗史古記』에 장왈양을나長曰良乙那라는 오자五字가 있다고 했으나 이제 『여사고기』라는 서적은 없어 증명[微信]할 문적은 되지 못한다.''고 고씨측에서 양고부梁高夫의 순서를 고양부의 순으로 바로잡아 달라는 누차의 상소문에 대한 현지 지방장관으로서의 의견의 상신이다.

이명준 목사는 이 고·양의 '양성이 각기 그 선조를 숭상하는 마음으로 서로 다투고 누차 천청天聽을 번거롭게 하니 지극히 외람스러운 일'이라 했다. 그리고 '도중島中의 여론이 고양부의 순서에 찬동하는 자는 십분十分의 육六, 칠七이고, 양고부 순에 찬동하는 자는 십분의 삼, 사가 된다.'는 일들을 들고, '고양부의 순으로 하면 양성의 분란은 종식될 것이라'고 맺고 있다. 그러나 이 분란은 뿌리가 깊고 예나 지금이나 상황도 거의 그대로 지금까지도 지속되고 있는 일이다.

이 계문은 매우 길고 많은 내용을 적었는데 여기에는 다음과 같은 중요한 대목이 보이고 있으니 그대로 옮겨 놓으면 다음과 같다.

> 삼성시조에 대해서는 "당초에는 사당을 세우고 향사한 일이 없었으며 다만 광
> 양당이 있어 무당들이 빌고 굿하는 장소이었는데 가정오년嘉靖五年 병술년丙戌年(중
> 종中宗 21, 1526)에 목사 이수동李壽童이 비로소 모흥혈 옆에 단을 쌓고 삼을나三乙
> 那의 자손으로 하여금 매년 중동仲冬에 제향을 올리게 하였습니다[初無建祠 致祭之事
> 只有廣壤堂 而爲巫覡 禱賽之場矣 嘉靖丙戌 牧使臣李壽童 始爲築坍於穴傍 使乙那子孫 每於仲
> 冬 行祭是白如可]."[5]

전기한 대로 조선의 건국 초 태조 대부터 향교를 전국에 세우기 시작했고, 그 유교의 교화가 미쳐와서 드디어 중종대, 16세기에 들어서자 3신인에 대한 광양당의 당굿이 삼성혈의 유제儒祭로 전환을 보게 된 것이다. 그러나 또한 전기한 대로 삼성신화는 그전의 『영주지』나, 『성주고씨가전』, 『고려사』 등의 기록물들에 시조신화로서 이미 14세기에는 정착

---

5 고씨종문회총본부, 앞의 책, 627~635쪽.

과정을 밟기 시작하고 있었다. 그러나 또한 광양당의 당굿은 당굿대로 따로 지속되고 있었던 것이 그 후의 문헌들에도 계속 보이고 있다.

2) 광양당廣壤堂의 성격

이 광양당이라는 이름의 당은 최근까지도 제주시 이도동의 삼성사 옆 진성기 씨의 전 제주민속박물관 구역 내 바위틈에 남아있었으나, 그 후에 민속자연사박물관들이 거기에 들어서면서부터는 알 수가 없게 되었다. 그것이 그 옛날의 광양당 자리에 그대로 있었던 광양당인지 아니면 단순히 이전되고 쇠퇴한 당인지 그간의 사정들은 알 길이 없다.

다만 이제 광양당에 대한 그 후의 문헌 기록들을 시대 순으로 나열해서 그 성격이나 자취들을 여기서 일단 살펴두기로 하겠다. 이제 광양당에 관한 문헌 기록들 중에서 100여 년씩 차이를 둔 자료들을 4개만 추려보기로 하겠다.

(1) 『신증동국여지승람新增東國輿地勝覽』(중종中宗 25년, 1530년 간행) 속의 광양당

광양당은 주州 남南 3리里에 있는데, 한라산 호국신사護國神祠이다. 옛날부터 전하는 말이 한라산신의 아우는 성덕이 있어 죽어서 신이 되었다. 고려 때 송나라 호종단胡宗旦이 이곳에 와서 땅 맥을 누르고 바다에 배를 띄우고 가는데 신이 화하여 매가 되어 돛대 위에 날으니 북풍이 크게 불어서 종단의 배를 부수고 서쪽 비양도 암석 사이에서 죽게 하였다. 조정에서는 그 영이靈異함을 칭찬하여 식읍食邑을 내려주고 광양왕廣壤王을 봉하고 해마다 향폐香幣를 내려 제사지내도록 하였다. 본조에 와서는 본읍으로 하여금 제사하도록 하였다고 한다.

이상은 제주목濟州牧 사묘조祠廟條의 기록인데 사당들 중에서 차귀사遮歸祠, 천외사川外祠, 신춘사神春祠 등은 이름과 위치만을 간단히 기록했는데 광양당만은 당으로 적어서 격을 높였고 위와 같은 긴 설명도 적고 있다. 그리고 조정이 '封爲廣壤王 歲降香幣以祭 本朝令本邑致祭'했다는 끝의 기록으로 보아서도 이 당이 매우 격이 높았고, 관제官祭의 성격도 느껴지니 그 치제에도 어떤 유교적 가미가 있지 않았을까 생각해봄직도 하다.

그리고 이 『신증동국여지승람』이 간행된 중종 25년, 1530년(처음 동국여지승람의 찬진撰進은 성종 12년, 1476년)은 전기한 이명준 목사 계문에 보인 이수동 목사의 삼성혈 유제화(중종 21년, 1526년)보다는 4년 후의 일이 된다. 그래서 설령 이 『신증동국여지승람』의 치제에 유제가 가미됐더라도 그것은 이수동 목사의 유제화하고는 직접적인 관련은 없었던 것으로 보는 것이 좋을 듯하다.

또한 이 책의 같은 제주목 풍속 조에는 다음과 같은 기록이 보인다. "봄 가을로 남녀가 광양당, 차귀당에 군취하여 주육을 갖추고 신을 제사한다. 또 이곳에는 사훼蛇虺 오공蜈蚣이 많은데 흑 회색의 뱀을 보면 차귀지신이라 하고 금하여 죽이지 아니한다." 또 이 책의 대정현 사묘조에는 "성황사 차귀당이라 부르며 사귀蛇鬼를 제사한다. 차귀遮歸의 자는 즉 사귀蛇歸의 오자誤字라."고 적고 있다.

이러한 사신숭배에 대해서는 아키바 다카시[秋葉隆]이 이것을 섬의 대부분에 성했던 산촌적 고문화로 주목한 바가 있었다.[6] 여기서는 다만 삼성사 유제儒祭의 전단계로 보이는 광양당의 무의巫儀도 이상과 같은 사신신앙성을 지니고 있었던 것으로 여겨지는 느낌도 있었다는 점만을 인식하고 넘어가기로 하겠다.

(2) 『탐라지耽羅志』(효종孝宗 4년, 1653년) 속의 광양당

이 책은 목사 이원진이 당시 제주의 석학인 전적典籍 고홍진의 감교로 완성하고 목판본으로 간행한 책이다. 『동국여지승람』, 「풍토록」 등 그 전의 많은 문헌들을 인용했는데 위 여지승람의 광양당의 두 기록도, 심지어 대정현의 성황사(일명 차귀사)의 기록까지도 거의 그대로 적혀 있다.

따라서 이수동 목사의 삼성사 유제화 후 근 130년이 지났으니 삼성사에서는 유제를 했지만 별도로 광양당의 무의는 무의대로 사신숭배성을 지닌 채 따로 계속되고 있었던 것이 아닌가 하는 상황도 짐작할 수가 있다. 그러나 광양당에 대해서는 '본조령본읍치제

---

6 秋葉隆, 『조선민속지』(東京 : 六三書堂, 1954), 227쪽.

本朝令本邑致祭'라는 기록까지도 같이 적혀 있어서 구체적으로는 그 실상을 더 자세히 짐작하기가 어려운 상황이다.

(3) 『남환박물南宦博物』(숙종肅宗 30년, 1704년) 속의 광양당

목사 이형상의 저술이다. 불사佛寺와 신당을 부수고 배격한 지방관은 조선시대에 여러 사람이 있었지만 그 중에서도 그는 대표적인 사람이다. 이 책에는 그는 "사신邪神을 섬기는 사당은 광양당, 차귀당, 천외사, 신춘사 및 각읍 각면에서 무릇 129처나 되는데 모두 당우堂宇가 있고, 도민들을 속여 온 지 오래이므로 이제 한 곳도 남김없이 불살라 버렸다."고 했다.

그래서 그런지 더구나 제주도의 신당들은 적당한 곳으로 얼마든지 손쉽게 옮겨 다닌다. 광양당의 이동을 앞에서도 잠깐 언급했으나, 그래서 "마음의 당을 없애야지 외형적인 신당은 아무리 부숴 봐도 소용이 없다."는 말도 있다. 그는 아마도 이런 실정을 몰랐던 모양이다. 이밖에도 후대의 기록들은 그가 삼읍 음사三邑淫祠와 불우 백삼십여소佛宇百三十餘所를 분소하고 무당 사백여 명을 각기 귀농시켰다고 기록하고 있다.

그 밖에 이 『남환박물』은 "본도의 삼성혈은 도민의 풍속이 역몰貿沒하여 옛날에는 사전祀典이 없었는데 근년에 단壇을 설치하고 제례를 행했다."고 기록하고 있다. 앞의 이수동 목사의 유제화(중종 21년, 1526년) 후로는 근 180년이 지났는데 여기 유교식 제례를 행했다는 '근년'은 그 180년 전의 일을 두고 한 기록인지 확실하게는 알기 어렵다.

(4) 『증보탐라지增補耽羅誌』(1954년) 속의 광양당

담수계淡水契의 12명의 한학자들이 지금까지의 문헌들을 종합 정리한 지지이다. 여기 「삼성사조」(178쪽)에도 "중종 21년 목사 이수동이 축단하여 소비小碑와 홍문紅門을 설립하야 삼신 후예로 하여금 춘추로 치제케 하다."라는 기록이 보인다. 그리고 「광양당조」(182쪽)에는 "제주읍 남문외 一秤許에 재하니 즉 한라호국신사라. 숙종 28년에 목사 이형상이 훼철하다."고 기록하고 있다.

또 기문전설조奇聞傳說條에는 광양당에 대한 다음과 같은 기록도 보이고 있다.(274쪽)

"광양당은 奉三乙那之神이라. (舊諺云漢拏山神之弟) 宋胡宗旦이 來壓此土타가 浮海而返할새 神化爲鷹하고 飛上檣頭하니 俄而北風이 大吹하야 擊碎宗旦之舟하야 沒于飛揚島 岩石之間하니 朝廷이 褒其靈異하고 封爲廣壤王하야 歲降香幣하야 以祭라. 今廢라."

여기 '광양당은 봉삼을나지신이라'라는 기록이 여기서도 매우 주목되는 기록이 아닐 수 없으나, 그들은 그 근거를 확실하게 밝히지는 않고 있다. 그리고 또 목사 이수동조(445쪽)에도 "중종 21년 병술 4월에 도임하고 越二年 戊子 12월에 刑曹參議로 移拜去하다. …(중략)… 모흥혈 내에 돌담을 축하며 홍문을 설립하고 삼신 후예로 춘추에 전사케 하니라."는 기록도 하고 있다.

이상을 종합할 때에 지금의 삼성사의 유교식 제의는 조선 전기 16세기 초까지는 광양당에서 삼을나신을 무속적인 굿으로 제사 지내다가 그 후로는 삼성사에서의 유교식 제사로 전환돼 온 것을 확실하게 알 수가 있다. 그리고 그 굿의 성격은 그 기록들로 보아서 오늘날 본향당의 당굿들과 유사하며, 사신숭배성도 지니고 있었던 것으로 느껴진다.

그리고 아득히 『신증동국여지승람』의 15세기의 기록에서부터 광양당은 제주도에서는 최고로 격이 높고 두드러진 당이었다는 것도 알 수가 있다. 그리고 또한 삼성신화는 이미 고려말기부터 문헌상에 기록 정착을 하고 있었으나, 유제화 후에도 광양당의 당굿은 따로 오늘날 20세기까지도 전승되고 있었다는 것도 우리는 알 수가 있었다.

끝으로 현용준의 『제주도무속자료사전濟州道巫俗資料事典』에도, 진성기의 『남국南國의 무가巫歌』에도 각기 광양당의 본풀이가 채록되어 있다. 그러나 '금자광록 태광성, 제석도 마노라, 선녀국 대부인, 지방감찰관' 등 신명의 나열뿐이 대부분이고 이제 삼성신화와 관련성 같은 것은 찾을 길이 없다. 그나마 그 광양당도 전기한 대로 진성기 씨의 전 제주민속박물관 구역 내에 있었으나, 1980년대에 들어서 민속자연사박물관들이 들어서면서는 그 후에 어찌되었는지 미처 필자는 확인을 못하고 있다.

3. 당신본풀이의 구조와 삼성신화의 문헌신화화

제주도 삼성신화의 근원이 무가였다는 것은 지금까지 몇 차례 논의되어 왔다. 처음에 필자가 제창하고[7] 이어서 현용준도 다음과 같은 주장을 편 바가 있었다. 즉 삼성혈 바로 옆의 광양당신을 ① 한라산 호국신 ② 한라산신의 제 ③ 봉삼을나지신 등이라 한 것으로 보면 광양당신은 한라산 출생계 당신이 분명하고 삼을나는 이 신과 주종적 계보의 신임이 확실하니 삼을나신도 광양당신과 같은 당신일 것이며, 한라산계 또는 송당계의 당신이라 추단할 수가 있다. 그렇다면 지금의 삼성사도 본래 당이며 그 신화도 당신화였다고 할 수 있는 것이라고 했다.[8]

이러한 추론은 제주도의 무가 자료들과 각종 문헌 자료들을 살필 때에 대충 짐작이 가고 남는 일이었다. 그런데 그것을 명확하게 단정해서 기록해 준 점에서 위 이명준 목사의 계문은 뛰어나게 학술가치를 지니며, 그것은 이제 이러한 추론들에 결정적인 마무리를 지을 수 있게 해주는 기록이 될 수가 있다. 본고도 이러한 확고한 기록에 힘입어서 이 무의의 유제화와, 구전 무가의 문헌신화화 사례를 여기에서 그치지 않고, 더 자료를 동원해서 그 원칙의 확대를 시도하여 한국신화의 한 시각의 거점을 마련해보고자 하는 것이다.

그것은 그렇고 현용준은 다시 그 후에도 삼성신화가 본래 삼성씨족의 조상본풀이요, 이 씨족이 숭앙하던 당본풀이적 성격의 신화였음을 논하고, 그 형성과 계통, 문화배경, 구조와 사고들을 다시 연구 발표한 바가 있었다.[9] 그리고 필자도 또 다시 삼성신화는 제주도 당신본풀이들의 구조유형들 중의 하나로서, 그것이 문헌신화화한 것이라고 다음과 같이 논한 바가 있었다.

즉 현재 전승 채록되고 있는 도내의 70~80편의 당신본풀이들은 다음과 같은 6개의 주요 구성요소들의 연결구조로 이루어진 4개 유형에 그 대부분이 속하고 있다는 것이었

7　장주근,「三姓神話 解釋의 한 試圖」,『국어국문학 22호』(1961), 65~70쪽.

8　현용준,「堂굿의 儒式化와 三姓神話」,『제주도』 14호(1964), 144쪽.

9　현용준,「삼성신화연구」,『耽羅文化』 2號(1983), 45~91쪽.

다. 그것은 다음과 같다.

㉮ 기원형, ① 남신의 용출 또는 ② 여신의 입도만으로 형성된 3, 4행 정도의 단편들
㉯ 기본형, ① 남신의 용출 - ③ 좌정경위담 또는 ② 여신의 입도 - ③ 좌정경위담
　　의 유형들
㉰ 성장형, ① 남신의 용출 - ② 여신의 입도 - ③ 좌정경위담 ↔ ④ 남녀신의 결혼
　　의 유형들
㉱ 완성형, ① - ② - ③ ↔ ④ - ⑤ 식성의 갈등과 별거 - ⑥ 추방된 아들신의 해중무
　　용담의 장편들

　삼성시조신화도 결국은 위 ㉰ 성장형의 하나이다. 지금도 제주도에서는 특히 마을의
수호신인 당신을 흔히 조상으로 관념하고 조상이라고 부르거니와, 시조신화도 무에서 창
조될 수는 없으니, 이러한 구전설화가 아득한 옛날부터 자연스럽게 기록화되어 왔던 듯하
다. 그리고 그 기록화는 위에서 보았듯이 고려 말에서부터는 그 자료들이 나타나기 시작
하고 있었다.

　고려시대는 한국에서 족보의 필사본이 형성되던 시대이다. 한국의 족보는 물론 중국
에서 도입한 것이다. 그것은 중국의 당송대에 정비된 체제를 고려 중엽에 도입하기 시작
한 것이고, 그 최초의 목판본 간행은 조선시대 성종대의 『안동권씨세보安東權氏世譜』로 추
정되나, 필사본은 특히 거문벌족들의 경우 고려시대부터 있었다는 것이 김두헌의 연구결
과 제시이다.[10]

　한국의 문헌신화는 주지하듯이 건국 시조신화와 씨족 시조신화가 그 주류를 이룬다.
그리고 박혁거세나 김알지, 김수로 등 건국과 씨족시조의 양자를 겸한 신화들도 많다. 제
주도의 삼성신화도 그러한 신화로 우리들은 보아오고 있다. 그리고 이 씨족 시조신화들은
대개 그들 족보에 수록되어서, 한국의 신화와 족보와의 관계도 또한 매우 긴밀한 편이다.

10　김두헌, 『한국가족제도연구』(1948), 66~73쪽.

삼성신화도 족보와의 긴밀한 관계는 매우 짙다. 이것을 처음으로 정사에 실은『고려사』의 기록을 다음에 옮겨놓고 보기로 한다.

耽羅縣 在全羅道南海中 其古記云 太初無人物 三神人從地聳出 [其主山北麓有穴曰毛興 是其地也] 長曰良乙那 次曰高乙那 三曰夫乙那 三人遊獵 荒僻皮衣肉食一日見 紫泥封藏木 函 浮至于東海濱 就而開之 函內又有石函 有一紅帶紫衣使者隨來 開石函 出現靑衣處女三 及諸駒犢 五穀種 乃曰 我是日本國使也 吾王生此三女云 西海中嶽降神子三人 將欲開國 而 無配匹 於是命臣 侍三女以來爾 宜作配以成大業 使者忽乘雲而去 三人以年次分娶之 就泉甘 土肥處 射矢卜地 良乙那所居 曰第一都 高乙那所居 曰第二都 夫乙那所居 曰第三都 始播五 穀 且牧駒犢日就富庶

『高麗史』志 卷第11 地理 全羅道

이 고려사 지리지의 기록은 이미 당시 탐라현耽羅縣에 있었던 어떤「고기古記」의 기록을 인용한 형식으로 되어 있다. 첫머리에 바로 '기고기운其古記云'하고 어떤 고기古記를 인용한 다는 것을 전제하고 있어서 그것은 분명하다. 결론적으로 말해서 그「고기古記」는『양씨족 보梁氏族譜』였을 것으로 생각된다.

『고려사』「지리지」는 양성지梁誠之의 저술이고, 고려시대는 전기했듯이 필사본 족보가 한국에 생기던 시대이기 때문이다. 그리고『고려사』는 태조의 명으로 편찬이 시작되고 태종, 세종대를 거치고 문종 1년(1451)에 완성됐고 단종 2년에 간행에 착수한 것으로 되어 있다.[11]

그리고 양성지[태종 14년(1414)-성종 13년(1482)]는『동국도경東國圖經』들과 더불어『고려 사』「지리지」의 저술자로『국사대사전』에도 명시되어 있어서[12] 그 가능성은 더욱 뚜렷해 진다. 그리고 그 가능성은 말썽 많던 고·양·부의 순차도 양·고·부의 순으로 되어있

---

11 이홍직 편,『국사대사전』上(1963), 115쪽.

12 이홍직 편, 위의 책, 898쪽.

는 것으로서도 또한 뒷받침이 된다고 할 수가 있다. 이 순차는 앞의 『성주고씨가전星主高氏家傳』 등 고씨 관계 기록들에는 고·양·부 순으로 되어 있어서 기록의 초기에서부터 고씨 양씨간의 그 순차 관념은 퍽 뚜렷했던 것으로 보인다.

그래서 삼성신화는 애초에 그것이 당신화에 그 연원을 두고, 구전되다가 먼저 필사본 족보에 기록이 되고, 다시 그것이 『고려사』라는 정사에 인용된 것으로 퍽 구체적인 그 문헌신화화 과정을 추정할 수가 있게 된다. 그래서 본풀이는 원형이고, 문헌신화는 그 분파형이라는 한 공식의 구체적인 사례도 여기서는 분명하게 찾을 수가 있다. 그리고 '상고대의 왕권신화는 왕조의 본풀이'라는 명제도 이러한 사례는 한결 힘있게 뒷받침할 수 있을 것으로 생각된다.[13]

4. 기타 문헌신화들의 경우

1) 초기 건국신화의 경우

우리는 한국의 청동의기들 중 특히 팔두령, 다뉴세문경, 세형동검들에서 오늘날 무령, 명두, 신칼들의 조형祖型 내지는 원류를 발견할 수가 있다.

그리고 청동기시대는 초기국가 형태의 형성기로 인정되어 오고 있다. 그래서 이 신성무구들은 고조선의 제정일치성을 엿보게 하기도 하고, 또는 단군신화의 천부인天符印 삼개三個를 연상시키는 바도 없지 아니하다.

본고에서 특히 흥미롭게 여겨지는 바는 그 신성무구들 중에서도 특히 방울은 8두령, 5두령에 다양한 2두령들로 종류가 매우 풍부한 점이다. 이들은 이 초기 국가 형성기의 다양한 무속의례와 풍성했을 무속가무들을 연상시켜 주고도 남음이 있다고 할 것이다. 이러한 사실을 우리는 고조선의 제정의식 내지는 단군신화의 전승들과 관련지어서 연상

---

13 장주근, 「제주도 당신신화의 구조와 의미」, 『京畿語文學』 7輯(1986), 23~47쪽.

을 해볼 수도 있을 것이다.

일단 이러한 전제하에서 다음에 기타 문헌신화들의 구전 가능성을 정리해 보기로 하겠다.

지금까지 이러한 문헌신화들의 무가에서의 전승 과정의 탐색으로는 먼저 김태곤의 논문이 있었다.[14] 그는 그의 논문에서 단군신화와 현전 성주무가 4편이 ㉮ 천신하강 ㉯ 인간교화 ㉰ 신격화로 그 기본구조가 같은 동계의 신화라는 점을 먼저 지적하고 있다.

그리고 "고대 제천의 찬가가 신앙을 중심으로 사제자들에 의해 구전되다가 중간에 그 천신의 찬가 이야기가 유출되어 민족적 국조신화 형태의 단군신화로 전성 기록 정착되고, 그 원류는 계속 제천의 사제자 계통을 이어 신앙성을 고수하면서 구전되어 온 것이 성주무가라 생각된다."고 하고 있다.

다음에 서대석도 이 방면에 관심을 보여 오고 있다. 그는 오늘날의 무속신화는 고대로부터의 전승물임을 먼저 지적한다. 그래서 "본래 하나의 뿌리에서 연원된 신화가 건국신화로 문헌에 정착되기도 했고, 민간의 무속의식을 통해 구전되어 오늘에 이르렀다고 볼 수 있는 것이다."고 했다. 그러한 예로서 그는 "동명왕신화가 창세신화나 제석본풀이와 같은 서사무가에 녹아있고, 마한 주민들의 신화도 야래자설화 속에서 찾을 수 있다."고 맺고 있다.[15]

이러한 상황들을 조동일은 최근의 그의 『한국문학통사』의 고대문학편에서 다음과 같이 정리 서술하고 있다. 건국 신화들은 오늘날 제주도 같은데서 마을 무당이 마을신의 본풀이를 길게 노래로 부르듯이, 건국시조신의 내력을 서사시로 들려주지 않았던가 한다. 그 내용이야 그 나라 사람이면 누구나 알고 있었겠지만, 일정한 격식을 갖추어 사건의 서두에서 결말까지를 노래하며 건국의 자랑스러운 역사를 확인하는 것은 아주 의의가 큰 공식행사였으리라고 추정하는데, 후대의 서사무가는 여러모로 유력한 방증이 된다.

건국서사시에서의 건국시조가 서사무가에서는 무속신으로 바뀌었지만 섬기는 대상을

---

14 김태곤, 「巫俗上으로 본 檀君神話」, 『사학연구』 20(1968).

15 서대석, 「고대 건국신화와 현대구비전승」, 『民俗語文論叢』(계명대출판부, 1983), 195~212쪽.

영웅적인 인물로 설정해서 주인공으로 삼고, 주인공이 비정상적으로 태어나서, 어려서부터 시련을 겪고 마침내 영광스러운 자리를 차지하기까지의 과정을 노래로 풀이하는 전통은 후대까지 변함없이 이어졌다 하겠다.

그래서 그는 건국신화시대가 바로 건국서사시시대이고, 또한 영웅의 시대인데, 그것은 기원전 1천 년경까지 소급될 수 있다는 고조선 시대부터 신라, 가락국, 탐라국까지 10여 세기 동안이 된다고 했다. 그리고 이 시기는 문학이 우리말로만 이루어졌고, 중세문학의 특징인 한문학과 국어문학의 이원성의 시대는 아직 아니라고 했다.[16]

2) 고주몽신화의 경우

다음에 다시 위와 같은 시각에서 우리 문헌신화들의 구전 가능성을 간단히 더듬어 보기로 하겠다. 먼저 단군신화의 경우는 위와 같은 여러 가지 시대상황을 짐작할 수 있을 뿐이고, 자료 부족으로 그 구전 상황의 가능성을 구체적으로 지적할 여지는 찾아보기 어려운 것으로 생각된다.

단군신화와는 반대로 구전 가능성을 구체적으로 제시해볼 수 있는 자료가 제일 많고 뚜렷한 것으로 고주몽신화를 들 수가 있다. 그것은 위에 이미 제시된 서대석의 제석본풀이 등 서사무가들과의 기본구조의 유사성, 조동일의 한국적 영웅담의 전통에서도 고주몽신화는 가장 전형적이라는 점들 이외에도 다음과 같은 구체적인 자료들이 더 있기 때문이다.

그 첫째는 고주몽이 고구려, 고려시대의 오랜 기간에 걸쳐서 무신巫神으로 신봉됐다는 자료이고, 둘째는 고려시대까지도 폭넓게 고주몽신화가 서민층에 전승되었었다는 이규보의 기록 자료이다. 첫째 무신으로서의 고주몽 신봉 자료로는 먼저 요동성의 주몽사당의 자료가 검토되어야 할 것이다.

---

16 조동일, 『한국문학통사Ⅰ』(지식산업사, 1989), 64~65쪽.

李世勣 攻遼東城 晝夜不息旬有二日 帝引精兵會之 圍其城數百重 鼓噪聲振天地 城有朱
蒙祠 祠有鎖甲銛矛 妄言前燕世天所降 方圍急 飾美女以婦神 巫言 朱蒙悅 城必完

『三國史記』 高句麗本紀

여기서는 요동성에서 주몽을 국가수호신으로 모시고 신무神巫가 미녀를 신처神妻로 바쳐서 기원하고 주몽이 성의 안전을 지켜주리라고 장병을 고무하고 있는 셈이다. 이렇게 보면 주몽을 국가수호신으로 사당에 모시는 사례는 이 요동성에만 한하는 일은 아니었겠고, 적어도 성들에는 보편적인 현상이었을 것을 짐작할 수도 있겠다. 이렇게 주몽과 그 모신 하백녀까지도 사당에 모신 기록은 『북사』(7세기)에도 두루 보인다.

둘째로 "世多說世多說 東明王神異之事 雖愚夫駿婦 亦頗能說其事"했다는 이규보 당시의 기록 자료는 위와 같이 유구했던 주몽의 무신巫神으로서의 신봉과 아울러서 생각할 필요가 있다. 이규보 같은 유학자로서 "僕嘗聞之笑曰 先師仲尼 不語怪力亂神 此實荒唐奇詭之事"라고 했던 점으로 미루어 볼 때 동명왕東明王 신이지사神異之事는 어리석은 서민층에 더 많이 전승됐던 것이 분명하다.

이러한 동명왕설화와 그 무신 신봉의 오랜 전승을 두고 조동일도 다음과 같이 말하고 있다. 건국신화는 국중대회와 밀접한 관련을 가졌고, 고구려는 동맹에서 수신을 모셨고, 또 후에는 부여신扶餘神 등고신登高神을 모셨다는 기록도 있다. 이런 신앙을 숭앙의 대상으로 삼으면서 건국신화의 내용을 굿으로 하고 노래로 불렀을 것이다.

그래야만 국가적인 번영을 기원하고 국민의 단합을 꾀하는 목적을 온전하게 달성할 수 있다고 믿었을 것이다. 그리고 그는 다시 위 이규보의 말을 통해서 동명왕신화의 구전의 전통이 끊어지지 않았음을 알 수 있다고 하고, 그 구전은 이야기만은 아니라고 할 수 있다고 했다.

오늘날까지 전승된 서사무가 중에서 '당금애기'라는 것은 유화가 해모수를 만나 주몽을 잉태한 과정과 그 다음의 고난을 변형된 모습으로 나타낸다는 견해가 있어서 주목된다는 지적도 아울러서 하고 있다.[17]

이상 동명왕의 무신 신봉의 유구한 전통, 서민층 위주의 황당한 설화의 전승들을 아울러 생각할 때에, 그 연원이 서사적인 무가에 있었으리라는 가능성에서 동명왕신화는 제일 두드러지는 존재라고 하지 않을 수 없다.

이렇듯 고려 중엽까지도 서민층에 왕성하게 구전되던 주몽신화도 이미 『구삼국사』는 물론 중국 측에서도 『후한서』, 『위서』, 『주서』, 『수서』, 『북사』 등 고대의 역사서들에 문헌신화로서 한편으로 많은 기록화 현상을 보여 오고 있었다.

3) 신라 · 가야의 건국 시조신화들의 경우

다음에 신라의 건국 시조신화인 박혁거세신화와 김알지신화는 서사적인 설화 내지는 무가로 보기보다는 오늘날 영남 지역의 골맥이 동제나 조상숭배 등의 신앙 행위가 왕궁 제의화한 것의 반영에서 이루어진 신화로 보인다.

왜냐하면 박혁거세 즉위일이 정월 15일 『삼국사기』로 된 기록은 오늘날 동제일과 합치된다는 지적도 있었고,[18] 김씨 왕가의 조상신 김알지가 출현했다는 황금궤는 조상단지의 왕실적인 형태 내지는 그 신화적인 미화일 것으로 지적될 수도 있었기 때문이다.[19]

이들에 비하면 본고의 취지에서 볼 때에 석탈해신화나 김수로왕신화들은 그 장편적인 서사성에서나, 그 내용의 공상성에서 설화 내지는 근원적인 무속적 전승성을 더 많이 헤아리게 하는 신화들이라고 할 수 있다.

탈해는 용성국에서 난생을 하고 버림을 받았으나 나중에 왕위에 오른다는 영웅담의 전형을 이룬다. 그는 무당의 직능까지도 지니는 아장성治匠性도 아울러 가졌고, 죽어서는 토함산의 산신이 된다.

탈해는 수로와의 싸움에서는 패해서 도망친 것으로 수로왕 측 기록에 나타나는데, 이런 자기측 신봉신이 대립성을 띨 경우에 인접 집단의 신보다 우월하다는 것은 무속신들의

---

17 조동일, 위의 책, 64~78쪽.

18 이재수, 「박혁거세전설고」, 『경북대 고병간박사 송수기념 논총』(1960), 530쪽.

19 장주근, 「김알지신화와 영남지방의 민간신앙」, 『문화재』 3호(1967).

경우에도 기본적으로 나타나는 사고들이다.

또 수로왕신화에 나타나는 구지가는 흔히 지적되듯이 해가海歌와 공통되는 위협 강청의 주술적 가요로서의 전통을 보이는 것이다.

이 구지가 부분에 대해서도 조동일은 그것이 맞이굿이었을 것 같다고 지적하고 있다. 그리고 그는 "굿을 벌이고 노래로 엮어낸 내용은 탄생한 생명의 맞이만이 아니다. 그 뒤를 이어서 탈해와의 싸움, 허후許后와의 혼인이 있다. 어쩌면 건국서사시도 거기까지 이어졌겠는데 지금 전하는 자료에서는 맞이 절차의 절정에 해당하는 대목만 노래로 소개했다."고 하고 있다.[20]

이상을 요약할 때에 서사무가의 문헌신화화에서 눈에 보듯이 선명한 것은 우선 제주도의 삼성신화였다. 그리고 그런 각도에서 볼 때에 동명왕신화가 그 가능성을 다분히 그 설화적 내용이나 무신 신봉의 오랜 자료들로서 보여주고 있었다. 그리고 또 그에 준하는 가능성을 많이 보여주는 것으로서 김수로왕신화나 석탈해신화들을 들 수가 있었다.

5. 맺는말

본고는 우리 상대신화들의 구전적인 실제 양상들과 그 문헌신화화 과정들을 살피고자한 것이다. 그것은 상대 왕권신화는 왕조의 본풀이고, 무속신화와 왕권신화 사이에는 원형과 분파형의 관계가 있다는 명제를 구체적으로 증명해보려는 뜻도 가지고 있었다. 그것이 한국 문헌신화들의 구체적인 실상을 다각적으로 이해할 수 있게 해주겠기 때문이었다.

이하 그 논지를 요약하면 다음과 같다.

본고는 먼저 그 핵심적인 모델로서 제주도의 삼성신화를 들었다. 여기에는 문헌신화도 현전 무속신화도 그 자료들이 풍부하기 때문이다.

그 중에서 광양당이 본래는 3신인을 모시는 당이었다. 여기는 "무당들이 빌고 굿하는

---

20 조동일, 앞의 책, 84쪽.

장소이었는데 가정 5년嘉靖五年 병술년丙戌年(중종中宗 21, 1526)에 목사 이수동이 비로소 모흥혈毛興穴 옆에 단을 쌓고 삼을나三乙那의 자손으로 하여금 매년 중동仲冬에 제를 올리게 하였습니다.” 하는 제주 목사 이명준이 정조 10년(1786)에 올린 계문啓文이 보였다.

지금까지 삼성신화가 본래 무가이고 본풀이였으리라는 논의는 거듭되어 온 바가 있었다. 그런데 위의 기록은 그것을 직접적이고 구체적으로 증명해주는 가장 힘있는 기록이 되어 주었다.

고량부 삼성시조를 모시고 유제를 지내게 된 장소가 바로 그 신인을 모시고 굿을 하는 장소였다는 것이다. 그렇다면 그 신화는 본래 삼성씨족의 조상신본풀이의 성격도 지니는 것이지만 그것이 당굿에서 가창된 것이라면 그 지연적인 거주 집단들의 조상신, 수호신인 당신본풀이의 성격이 더 많았다고 해야 할 것 같다.

그 당굿 자체는 16세기 조선시대 중엽에야 유제로 바뀐 셈이었으나, 그 신화의 기록 정착에는 한국에서의 족보의 형성이 크게 작용했던 것으로 보였다. 고려시대는 중국에서 다듬어진 족보의 형태가 한국에 도입되고 아직 목판본 간행은 없었으나 거문벌족들은 필사본을 마련하던 시대였다.

『고려사』에 기록된 삼성신화는 『기고기운其古記云』하고 탐라현의 어떤 『고기古記』를 인용하고 있다. 이것은 3시조 순위가 양고부로 되어있는 점과 이 고려사 지리지의 편자가 양성지였던 점으로 보아서 양씨족 족보의 필사본이었을 가능성이 매우 높다.

한편 현재 채록된 제주도 당신본풀이는 도합 70~80편이 될 것이다. 그런데 그 주요 구성요소들의 연결구조 형태를 귀납해보면 대략 다음과 같은 4종의 유형으로 정리될 수가 있다.

1. 기원형, ① 남신의 용출 또는 ② 여신의 입도만으로 형성된 3, 4행 정도의 단편들
2. 기본형, ① 남신의 용출 - ③ 좌정경위담 또는 ② 여신의 입도 - ③ 좌정경위담의 유형들
3. 성장형, ① 남신의 용출 - ② 여신의 입도 - ③ 좌정경위담 ↔ ④ 남녀신의 결혼 의 유형들

4. 완성형, ①-②-③↔④-⑤ 식성의 갈등과 별거 - ⑥ 추방된 아들신의 해중무용담의 장편들

삼성신화는 결국 이 성장형이 흔히 족보의 체제를 이루는 ① 서문 ② 시조의 이적 ③ 족보의 내용으로 이어지는 ② 시조의 이적으로서 기록 정착의 과정을 보인 것으로 봐야 할 것이다.

신화란 필경 신의 이야기이고, 신앙을 그 기반으로 삼지 않을 수 없다. 따라서 한국의 고문헌신화들은 모두 한국 본래의 종교인 무속적 기반을 벗어날 수가 없다.

위와 같은 삼성신화의 서사무가의 문헌화 과정으로 미루어보아서 그 다음으로 그 가능성이 제일 많은 것으로 우리는 동명왕신화의 여러 가지 자료를 들 수가 있었다. 다음으로 석탈해신화나 김수로왕신화도 그 근원이 무가였을 가능성을 많이 보여주는 것이었다.

물론 신화의 형성에는 제의의 행위부분(dromenon)보다 가창부분(legomenon)이 보다 많이 보다 밀접하게 작용한다고는 하지만,[21] 그러나 모든 신화가 반드시 제의의 가창부분(풀이 부분, 무가)에서만 형성될 수는 없다. 행위부분(놀이 부분)만의 반영이나, 또는 놀이, 풀이의 혼합 반영이나 또는 문화나 신앙 관념의 반영들로도 매우 다양하게 신화는 형성될 수가 있다. 본고는 그 중에서 제일 비중이 큰 풀이부분(가창 부분)이라는 한 측면만을 살폈던 것이라고 해야 할 것이다.

『이두현교수 정년기념논문집』(동 간행위원회, 1989)

21 松村武雄, 『신화학원론』 上(1940), 219쪽.

VI.
삼성신화의 형성과 문헌 정착과정

1. 머리말

삼성신화에 대해서는 필자로서는 세 번의 관련 논문을 발표한 바가 있었기에[1] 더 언급할 것이 없는 실정이었다. 그러나 그 후에 '삼성신화'라는 용어의 불가론이 나오고, 이번에는 탐라문화연구소의 요청을 어기지 못하여 마지못해서 다시 붓을 들기로 하였다.

2. 삼성신화의 형성과 전승

삼성신화의 형성에 대해서는 요약하자면 제주도에 지금도 흔히 전승되는 서사무가,

---

1 장주근, 「삼성신화 해석의 한 시도」, 『국어국문학』 22호(국어국문학회, 1960); 「제주도 당신신화의 구조와 의미」, 『제주도연구』 3집(제주도연구회, 1986); 「구전신화의 문헌신화화 과정 – 제주도 당신본풀이의 삼성시조신화화를 중심으로」, 『이두현교수 정년기념논문집』(1989).

특히 당신본풀이의 기본 모티브들이 삼성신화의 모티프와 공통된다는 점에서 누차 논급되어 왔다. 그 공통되는 모티프란 예컨대 ① 남신의 용출 ② 여신의 입도 ③ 좌정경위담 ④ 남녀신의 혼인 등으로서, 이것이 그대로 삼성신화를 형성하는 기반이 되었다는 것이다.

이러한 요지는 필자의 위 3편의 논문에서도, 현용준 교수의 삼성신화에 대한 두 편의 주논문과[2] 그 외에도 누차 언급되었고, 이 부분에 대해서는 기본적으로 논지는 같았고, 학계 전반적으로도 별다른 이견은 없었던 것으로 여겨진다.

한국은 청동기시대부터 청동의기에 이미 다뉴세문경, 세형동검, 팔두령 등 오늘날 본토의 무구인 명두, 신칼, 방울들의 조형을 정교하게 보여주면서 강한 무속성을 나타냈고, 단군신화에서부터 단군이 무왕이라는 논급들이 있어 왔다. 삼성신화도 근래 제주도에서 유적들이 많이 발견되는 바와 같이 아득한 선사시대부터, 그 내용에 반영되어 있는 대로 씨족 내지 부족사회를 형성하면서 무속성을 띠고 형성되어 왔으리라는 것을 상정할 수가 있겠다.

그 후 이 신화는 유구히 전승되다가 고려말 조선 초에는 한편으로 기록 정착이 되면서 그 당시의 서사무가적인 전승 기반을 보여준다. 그렇게 한편으로 기록되는 또 한편으로 무가로서도 계속 조선시대의 적어도 중종대中宗代 무렵까지는 구전되었으리라고 짐작할 수 있는 자료가 있다. 그것은 제주 목사 이명준이 정조 10년(1786)에 임금께 올린 계문啓文 속에 다음과 같이 나타난다.

> …(전략) 삼성시조에 대해서는 "당초에 사당을 세우고 향사한 일이 없었으며, 다만 광양당이 있어 무당들이 빌고 굿하는 장소이었는데, 가정 병술년(중종 21, 1526)에 목사 이수동이 비로소 모흥혈 옆에 단을 쌓고 삼을나의 자손으로 하여금 매년 11월에 제향을 올리게 하였습니다."[3]

---

2 현용준, 「당굿의 유식화와 삼성신화」, 『제주도』 14호(제주도, 1964); 「삼성신화연구」, 『탐라문화』 2호(제주대 탐라문화연구소, 1983).

이 기록으로 보아서 적어도 이수동 목사가 축담했던 중종 21년(1526)까지는 삼성시조는 광양당에서 무속제의로 모셔졌던 것을 알 수가 있다. 이에 대해서는 현교수도 "삼을나신도 광양당신과 같은 당신일 것이며, 한라산계, 또는 송당계의 당신이라 추단할 수가 있다. 그렇다면 지금의 삼성사도 본래 당이며 그 신화도 당신화였다고 할 수가 있는 것이다."고 한 바가 있다.[4]

결국 이때까지 삼성시조를 모셨던 광양당굿도 본래는 제주도의 본향당굿의 하나였던 것을 알 수가 있다. 그런데 본향당이란 명칭은 한국 동제당 명칭의 한 지방형이다. 동제당은 지방에 다라서 산신당, 또는 산제당(경기, 충청), 부군당(서울), 서낭당(강원), 당산(전라, 경상), 본향당(제주)들로 명칭에 넘나듦이 있으나 근원은 다 같은 것이다. 그리고 그 기본적인 성격은 지연적 화합성을 강하게 띄는 것이고 그것은 동제의 중요한 기능이기도 하다.

그리고 동제에서 모시는 신은 여신인 경우가 많기는 하나, 물론 남신도 적지 않고, 부부신을 모시는 경우도 적지 않다. 제주도도 마찬가지이고, 여신이 많아서 당에 가는 것을 흔히 할망당에 간다고도 한다. 그런데 필자의 관견으로는 제주도의 3성시조와 같이 한 마을 동제당에서 다른 세 성씨의 시조를 같이 모시는 경우를 꼭 하나, 경북 영일군 구룡포읍 대보리에서 발견한 일이 있었다.

여기서는 골맥이 하씨할배, 최씨할배, 양씨할배의 3신위를 모신다. 그 중 하씨 조상은 임진왜란 또는 세조 찬위 때에 이곳에 피난 와서 처음으로 이 마을을 이룩하고 낙향 1대조가 되었다고 한다. 그런데 최씨측에서는 최씨할배가 하씨할배보다 더 먼저 여기 와서 정착했으며 처음 이 마을을 이룩했다고 우겨서 때로는 하·최·양의 순위가 최·하·양으로 고집되기도 했다.[5]

이것은 한국 본토의 수천 건의 동제 중에서 하나만이 발견된 특수한 사례라고 할 수가

---

3 高氏宗門會總本部, 『耽羅星主遺事』(1979), 632쪽.
　…(前略) 初無建祠 致祭之事 只有廣壤堂 而爲巫覡 禱賽之場矣 嘉靖丙戌 牧使臣李壽童 始爲築坍於穴傍 使乙那子孫 每於仲冬 行祭是白如可.
4 현용준, 「堂굿의 儒式化와 삼성신화」, 『제주도』 14호(제주도, 1964), 144쪽.
5 장주근, 『한국의 향토신앙』(을유문고, 1975), 37~38쪽.

있는 것이었다. 여기에 또 하나를 더 꼽는다면 그것이 곧 삼성사의 유교식 제사로 전환되기 이전의 광양당굿이라고 할 수가 있겠는데, 이들은 다 그만큼 희귀한 사례에 속하는 것들이라고 할 수가 있는 것인 셈이다. 그러나 그것도 다 본래는 지연적 화합정신을 기본으로 한 동제의 한 갈래들이었다.

3. 문헌상의 정착과정

크게는 우주, 국가, 작게는 한 집안에 이르기까지 그 근원적인 뿌리에 대한 지적 욕구는 동서고금에 공통된 것으로 여겨진다. 삼성신화도 그 성격이 3시조신을 주인공으로 한 건국신화라는 것은 그 기록들에 시조신의 내력과 이름들 그리고 '장건국將建國'이라든가 '국호탁라國號乇羅'들로 마무리되는 데에서 분명하게 나타난다. 그러나 다만 우리가 현재 볼 수 있는 삼성신화의 초기 기록들은 거의 족보에 실린 것이 대부분인 듯하다.

그것은 삼성신화의 기록 중 연대가 확실하고 가장 오랜『성주고씨가전星主高氏家傳』에서부터 '족보에 이르기를[譜云]'하고 어떤 족보의 내용을 길게 인용하고 있는 데서도 나타난다. 그래서 이 점은 다시 상론하기로 하고 여기서 한국 족보의 초기 상황을 참고삼아 알아둘 필요성을 느끼게 된다.

족보는 동족 결합의 표현으로서 그 필사본은 고려시대부터 귀족층에서 작성되어 있었다. 그리고 그 목판인쇄의 첫 간행본은 세종 5년(1423)의『문화류씨영락보文化柳氏永樂譜』로 알려져 있으나, 현존하는 최고본은 1476년에 간행된『안동권씨세보安東權氏世譜』로 확인되었다.

족보의 체제는 ① 서문과 발문 ② 기記 또는 지誌로서 이것은 시조의 사전史傳, 시조전설, 득성사적, 지명 연혁 등인데 본고에서는 특히 이것이 문제가 되는 부분이 된다. 그리고 ③ 시조의 분묘도 ④ 편수자의 기명 ⑤ 범례 ⑥ 계보표로서 이것이 족보의 대부분 분량을 차지한다는 것은 누구나 아는 바와 같다.[6]

다시 삼성신화와 그 초기 기록들의 족보관계를 살필 때에 일단 문제되는 기록은『성

주고씨가전星主高氏家傳』, 『고려사』, 『영주지瀛州誌』의 세 기록이 될 듯하다. 그러나 영주지
는 이본이 많고 저자와 연대가 미상이어서 먼저 문제가 되는 것은 앞의 두 기록이 되겠다.

둘 중에서는 『성주고씨가전』이 먼저이다. 여기에는 끝에 '영락십사년永樂十四年 대제학
大提學 정이오鄭以吾 찬撰'이란 기록이 있어서 그것이 태종 16년(1416)에 작성된 것을 알 수
있다. 그리고 여기에는 전기한대로 "족보에 이르기를[…譜云…]"하고 분명하게 어떤 족보의
내용을 인용하고 있다. 그 필요한 부분들만을 인용하면 다음과 같다.[7]

…(전략) 세 사람이 한꺼번에 솟아났는데 고을나, 양을나, 부을나라 한다. 그런데
고을나는 곧 고씨의 시조다. 모두 고기잡이와 사냥으로 먹고 지냈다.

족보에 이르기를 "일본국의 임금이 딸 일곱을 낳았는데, 딸 넷은 단적국으로 보냈
다. 단적은 곧 이른바 적적의 종족이다. 그 딸 셋에게 명령하기를 '서남쪽 바다에
산이 있어서 그 산이 잉태하여 신인 삼 형제를 낳았는데 국가를 세우려하나 배필이
없으니 너희들은 가서 그를 섬기라. 후세에 자손이 반드시 번성하여 많아질 것이다.'
하고 그들을 배에다 태우고 오곡의 씨앗과 마소까지 갖추고 또한 신인으로 하여금
보호하여 그들을 보냈다. 탐라의 동쪽 바닷가에 신인의 아들 세 사람이 사냥하러
나왔다가, 그들과 만났는데, 그를 보호하고 온 사자는 곧 붉은 가죽띠를 띠고 자주빛
장삼을 입었는데 공중으로 날아서 가버렸다. 세 사람은 나누어서 그들에게 장가를

---

6 최재석, 「족보」, 『한국민족문화대백과사전』 20권(한국정신문화연구원, 1991).

7 鄭以吾, 『星主高氏家傳』(東文選 43卷 130面 所載).
 …(前略) 三者同時湧出 曰高乙那, 良乙那, 夫乙那 而高乙那 卽高氏鼻祖也 俱漁獵以爲食 譜云 日本國主生女七人 遣四
女于丹狄國 丹狄卽所謂 赤狄之種也 命其女三曰 西南海有山 孕秀生神 人三昆季 將建國 無媲偶 若輩可往事之 後世子
孫 必繁衍盛多矣 乘之以全木船 兼備五穀牛馬 之種 且使神人衛而送之 至耽羅東海之濱 神子三人 出獵遇之 其衛護神人
乃紅鞓紫衫者也 凌 空而去 三子分娶之 卜毛興窟近地以居 數年 間 産業俱就 其後漸大 至高乙那十五世孫 高厚 與其弟
高淸 將朝見新羅 有客星先現 觀臺報云 異邦神人來朝之徵也 旣而高厚兄弟渡海 初泊 耽津 遂至新羅 王喜待之 以客星先
現之 故賜高 厚爵星主 且令高淸 出王之胯下 愛如己子 爲王子 賜邑號曰耽羅 蓋自耽津至新羅故也 羅史載 之甚詳 …(中
略)… 得宗謂以吾曰 吾宗肇基毛興之穴 自新羅式至 于今 世襲星主 …(中略)… 然世大譜牒 不全 故以大槪爲請 (下略)…
永樂十四年 丙申秋七月 日 資憲大夫藝文館大提學知春秋館 鄭以吾 撰. (이상 번역문, 원문은 모두 위 耽羅星主遺事
(329~334쪽)에서 引用)

들어가지고 모흥굴 근처에 자리를 잡고 살았다. 수년을 지나는 동안 살림이 모두 이루어졌고 그 후손이 차츰 커졌다.

고을나의 15세손인 고후에 이르러 그의 아우인 고청과 장차 신라에 조회하려 하는데 객성이 먼저 나타났다. 관대에서 아뢰기를 '다른 나라에서 신인이 조회하러 올 징조입니다.' 하였다. 얼마 후에 고후의 형제가 바다를 건너서 처음으로 탐진에 닿아서 드디어 신라에 이르렀다. 임금은 그들을 반가이 대접하고 객성이 먼저 나타났기 때문에 고후에게 성주라는 작위를 주고 또한 고청은 임금의 무릎 가까이 있게 하고 그를 자기 아들처럼 사랑하여 왕자를 삼고 고을의 칭호를 탐라라 하였다. 대개 탐진에서 신라에 이르렀기 때문이다." 하였다. 신라의 역사에 이것이 상세히 기록되었다.

…(중략)… 고득종高得宗이 정이오鄭以吾에게 이르기를 "우리 집안이 모흥혈에서 기초를 세운 이후로 신라로부터 지금까지 대대로 성주의 작위를 세습하였고 …(중략)… 그러나 세대의 차서라든가 족보의 기록이 완전하지 못하여 우선 대략을 적어서 부탁한다." 하였다. (후략)…

태종 16년(1416) 병신 7월 자헌대부 예문관 대제학 지춘추관 정이오 찬

이상으로 보아서 이 성주 고씨가전이 1416년(태종 16)에 고득종의 부탁으로 정이오가 쓴 것임을 알 수가 있다. 정이오는 그 앞부분에서 고씨 족보를 인용해서 삼성신화를 적었고, 또 고득종은 정이오에게 부탁할 때에 완전하지 못한 고씨 족보이지만 그 대략을 자료로 준 것도 알 수가 있다. 여기 인용된 족보도, 자료로 건네 준 족보자료도 아직은 필사본이었을 것으로 짐작해보거니와, 이러한 필사본들은 다 후에 인쇄본 족보 간행의 자료로 활용되기도 했을 것이다.

다음에는 고려사 지리지의 삼성신화를 보기로 한다.[8]

---

8 高麗史 地理誌 濟州. 耽羅縣在全羅道南海中 其古記云 太初無人物 三神人從地聳出 [其主山北麓有穴曰毛興是其地也] 長
   曰良乙那 次曰高乙那 三曰夫乙那 三人遊獵 荒僻皮衣肉食一日見 紫泥封藏木函 浮至于東海濱 就而開之 函內又有石函
   有一紅帶紫衣使者隨來 開石函 出現靑衣處女三 及諸駒犢 五穀種 乃曰 我是日本國使也 吾王生此三女云 西海中嶽降神子

탐라현은 전라도 남쪽 바다에 있다. 그 고기에 이르기를 "태초에 사람이 없더니 세 신인이 땅에서 솟아났다. 한라산의 북쪽 기슭에 구멍이 있어 모흥혈이라 하니 이것이 그곳이다. 맏이를 양을나 하고 다음을 고을나 하고 셋째를 부을나 했다. 세 신인은 황량한 들판에서 사냥을 하여 가죽옷을 입고 고기를 먹으며 살았다. 하루는 자주빛 흙으로 봉해진 나무함이 동쪽 바닷가에 떠오는 것을 보고 나아가 이를 열었더니 그 안에는 돌함이 있고 붉은 띠를 두르고 자주빛 옷을 입은 사자가 따라와 있었다.

돌함을 여니 푸른 옷을 입은 처녀 세 사람과 송아지 망아지와 오곡의 씨가 있었다. 이에 사자가 말하기를 '나는 일본국 사자입니다. 우리 임금께서 세 따님을 낳으시고 이르되, 서쪽 바다에 있는 산에 신자 3인이 탄강하고 나라를 열고자 하나 배필이 없다고 하며 신에게 명하기를 세 따님을 모시도록 하므로 왔으니 마땅히 배필을 삼아 대업을 이루소서' 하고 사자는 홀연히 구름을 타고 가버렸다. 세 사람은 나이 차례에 따라 나누어 장가들고 물이 좋고 땅이 기름진 곳으로 나아가 활을 쏘아 거처할 땅을 점치니 양을나가 거처하는 곳을 제1도라 하고, 고을나가 거처하는 곳을 제2도라 했고, 부을나가 거처하는 곳을 제3도라 했다. 비로소 오곡의 씨를 뿌리고 소와 말을 기르니 날로 살림이 풍부해지더라."

이 신화는 '기고기운其古記云'하고 탐라현에 있던 어떤 고기의 내용을 인용하고 있는데, 그 인용은 위에 적은 인용의 전부일 것으로 여겨진다. 그런데 3신인의 순서가 양, 고, 부로 되어 있어서 그것은 양씨측의 기록 중에서 위에 소개했던 족보의 ②'기記 또는 지誌'의 시조의 사전史傳, 시조전설, 득성 사적, 지명 연혁 등의 부분이 인용되었을 것으로 필자는 생각해왔다.

그 가능성은 더구나 양성지梁誠之[태종 14(1414)~성종 13(1482)]가 고려사(1454년, 단종 2년 간행) 수사관으로 참여하였기에[9] 자연히 그렇게 이루어지게 되었던 것이 아닌가 생각된다.

三人 將欲開國 而無配匹 於是命臣 侍三女以來爾 宜作配以成大業 使者忽乘雲而去 三人以年次分娶之 就泉甘土肥處 射矢卜地 良乙那所居 曰第一都 高乙那所居 曰第二都 夫乙那所居 曰第三都 始播五穀 且牧駒犢日就富庶 (下略)…

그렇다면 그것은 족보의 첫 인쇄본이 나왔다는 1423년(세종 5) 무렵이 일이니 그 족보도 역시 필사본이었을지 또는 인쇄본이었을지 궁금해진다. 다음에 영주지도 거론될만한 탐라역사서인데 이것은 이본이 많은 듯하고, 위의 고득종高得宗이 1450년(세종 32)에 기록한 것도 있다고 한다.[10] 그 첫머리 신화 기록은 대체로 고씨 측 족보와의 관련성을 느끼게 한다.

지금까지 살펴온 대로 삼성신화는 상대의 무속적인 형성 이래로 유구한 전승기간을 가져왔다. 그리고 현재 우리가 볼 수 있는 한도 내에서는 그 초기의 문헌상 정착에는 족보와의 관련성이 매우 긴밀했다. 그것은 『성주고씨가전星主高氏家傳』(1416)이나 『고려사』(1454년 간행)의 삼성신화가 족보의 첫 간행본(1423년)과 전후에서 나온 시대성이 작용한 탓이 클 것이다.

이것을 잠깐 고주몽신화의 형성 전승과 비교해보면, 고주몽신화도 부여 건국(B.C.3C), 고구려 건국(B.C.37) 이래로 무속적인 형성을 해왔겠는데 그것은 1세기에 중국책 『논형』에 이미 기록 정착이 된다. 그 후 그것은 『위략魏略』(3C), 『후한서』(5C), 『위서』(6C), 『양서』(7C) 등 10여 개의 문헌에 전국시대의 중국인들이 상대국에 대한 관심으로 기록을 한다. 고구려서도 물론 『유기留記』(4C)나 『신집新集』(600년)에 그 건국시조신화를 기록했겠으나 현존하는 것은 『삼국사기』(1145년), 『삼국유사』(1280년), 『동명왕편』(1193년), 『제왕운기』(1291년) 등의 기록이다.

이 12~13세기는 고려가 거란[遼], 여진[金], 특히 몽고[元]의 야만적인 침략을 당하던 전고에 없는 국난기였다. 단군이 일연을 거쳐서 이승휴에 이르러 민족시조로서의 성격이 명백히 된 것도, 이규보가 『동명왕편』을 집대성하는 것도 다 국민의 결속과 자긍심을 불러일으키지 않을 수 없었던 문학의 시대성이 큰 탓이다.[11] 특히 신화는 그 형성기나 전승시대도 중요하지만, 그것을 기록하는 사람과 정착시키는 시대성도 중요하다.

---

9 국사대사전(이홍직 편), 『한국민족문화대백과사전』 등 의거.

10 현용준, 「삼성신화연구」, 『무속신화와 문헌신화』(집문당, 1992), 222쪽.

11 이우성, 「고려중기의 민족서사시」, 『한국의 역사인식(上)』(창작과비평사, 1977), 187~188쪽.

주몽신화도 1세기부터 한편으로 기록 정착이 되면서도, 7세기 고구려 말 요동성의 주몽사 무속제의는[12] 그 신화의 무속적 전승 가능성을 보여준다. 그것은 삼성신화가 15세기 초에는 기록되는 한편으로 16세기 조선시대 중종 대까지는 광양당굿으로 무가로서의 전승의 가능성을 보이는 점에서는 유사성을 느끼게 한다.

그러한 전승에서 3시조신으로 모시던 광양당굿 같은 본향당굿은 본래 지연적 화합성을 기본으로 하던 것이었다. 그런데 그 신화는 기록 정착에서는 성씨중심주의姓氏中心主義, 혈연중심주의血緣中心主義로 사회적 기능면에서는 결과적으로는 역기능을 하는 측면도 노정시키기에 이르고 있다.

4. 명칭 문제

삼성신화의 명칭 문제에 대해서는 근래 전경수 교수의 다음 발표들에서 거듭 이견이 제시되어 왔다.

　① 「上古耽羅社會의 基本構造와 運動方向」, 『濟州島硏究』 4輯(濟州島硏究會, 1987).
　② 「濟州硏究와 用語의 脫植民化, 濟州島의 陸上 및 海洋資源」, 『濟州島硏究會 7次 全國大會 論文集』(1991).
　③ 「乙那神話와 耽羅國의 散考」, 『濟州島硏究』 9輯(濟州島硏究會, 1992).

필자가 볼 수 있었던 것은 위 3편인데, 여기 그 내용을 먼저 소개할 시간과 지면의 여유가 없기에 그 주요 논점들만을 논의해 나가기로 하겠다. 전경수 교수는 위 글에서 "삼성신화라는 용어의 출현은 식민주의와 서구학문이 조합적으로 창조한 배경과 전혀 무관한 일이 아니라고 생각된다."고 하고, 이 신화의 기본 성격은 탐라부족신화耽羅部族神話

---

12 新唐書 高麗條. 「城有朱蒙祠 祠有鎖甲銛矛 妄言前燕世天所降 方圍急 飾美女以婦 神巫言 朱蒙悅 城必完」.

이고 이름은 을나신화乙那神話가 좋겠다고 제안하고[13] 사용도 하였다.

먼저 '탐라부족신화'라는 용어에는 탐라의 개국신화 외에도 예컨대 천지개벽신화나 일월성진의 신화들도 포함될 수 있기에 '탐라개국신화耽羅開國神話'라고 기본성격은 분명하게 규정짓는 것이 좋겠다. 그리고 그 이름에 대해서는 고조선 건국신화를 단군신화檀君神話로, 고구려 건국신화를 고주몽高朱蒙[東明王]신화神話로, 흔히 그 시조명으로 학계에서 통칭하듯이 을나신화乙那神話로 하자는데 대해서 일단 찬동한다. 다만 을나는 3인이었으니 삼을나신화三乙那神話라고 하면 전체 한국 학계에 내놓아도 언뜻 납득이 더 빨라서 좋을 것으로 생각한다.

그런데 '을나'라는 낱말의 뜻은 일단 여기서 검토할 필요가 있다. 이 '을나'들에 대해서는 먼저 올닉[良乙那] 골닉[高乙那] 볼닉[夫乙那]의 한자표기로, 그것은 올[神聖], 골[光明]의 뜻에 인격을 표시하는 '네'가 붙은 것이라는 이은상李殷相 씨의 설이 있다.

그리고 현용준 교수는 고을나는 높을닉로 높은이, 양을나는 어질닉로 어진이, 부을나는 볼닉 내지는 불닉로 밝은이라는 뜻으로 해석하였다.[14] 또 전경수 교수는 『탐라기년耽羅紀年』(1918)의 '乙那…鄕言王'을 "그 풀이의 근거가 제시되지 않았기에 탐라 고어의 문화사적 의미를 깊이 생각해보지 않은 비약적 해석이라고 생각된다."고 일단 전제는 하면서[15] '을나신화'를 제안하고 있다.

한편 필자는 이 '을나'가 '얼라', '알라', '얼래'들로 남부지방에 널리 분포하는 '소아小兒'의 방언 내지는 고어를 그대로 한자표기한 것으로 본 바가 있었다.[16] 그 까닭은 『삼국유사』에 김알지를 '알지즉향언閼智卽鄕言 소아지칭야小兒之稱也'라 하고 '인금궤이출因金櫃而出 내성김씨乃姓金氏'라고 적힌 바와 같이 이들은 같이 동자신童子神으로 출현한 것으로 되어 있기 때문이다.

이 동자신의 출현 관념은 김수로왕도 석탈해왕도 같다. 유사遺事의 「신라시조新羅始祖

---

13 전경수, 「乙那神話와 耽羅國의 散考」, 『濟州島硏究』 9輯(濟州島硏究會, 1992), 24쪽.

14 현용준, 「삼성신화연구」, 『무속신화와 문헌신화』(집문당, 1992), 216쪽.

15 전경수, 「上古耽羅社會의 기본구조와 운동방향」, 『제주도연구』 4輯(1987), 20쪽.

16 장주근, 『한국의 신화』(성문각, 1961), 85쪽.

혁거세왕赫居世王」조에도 다음과 같이 보인다. 즉 "位號曰居瑟邯 或作居西干 初開口之時 自稱云 閼智居西干一起 因其言稱之 自後爲王者之尊稱"라 했고, 이어서 「향인이호위박鄕 人以瓠爲朴 고인성박故因姓朴」이라고 성씨의 연원도 설명하고 있다.

현용준 교수는 "高·良·夫는 본래 姓일 수 없고, 이것 자체도 이름의 한자 차자표기라 본다. 선사시대에는 한자의 성씨가 있을 수 없기 때문이다."고 위의 글에서 적고 있다. 그러나 위 신라 시조들 때야말로 분명히 한자 성씨는 없던 때인데 성씨가 붙고 있으며, 『성주고씨가전』이나 『고려사』의 삼성신화 기록에서는 보는 바와 같이 분명하게 고高·양良·부夫의 성씨를 적어놓고 있다. 이상과 같은 이유로 필자는 을나도 알지와 같이 당시 소아지칭小兒之稱의 표기 차이일 뿐이라는 것을 지금도 굳게 믿고 있다.

그렇게 믿으면서도 필자도 「영남지방의 민간신앙과 김알지신화」(『文化財』 3號, 1967)라는 이름의 논문을 발표한 바가 있다. 그래서 '을나신화'는 '어린애신화'라는 뜻이라도 이 신화의 명칭으로서 좋기는 하나 고·양·부 삼을나 신화이니 줄여서 '삼을나신화'라고 명명하는 것이 좋겠다고 한 바이다. 다음에 전 교수는 "'삼성신화는 제주도의 삼성씨족의 시조신화인 동시에 개국신화다.'(현용준, 1983 : 45)라는 단정적인 진술은 이 신화를 보는 일반적인 시각과 입장이 안고 있는 문제점을 보여주는 사례라고 생각된다."고 하였다.[17]

또 이어서 "이 신화의 중심 주제를 시조신화라고 해석하는 견해(현용준, 1983)는 사회조직의 차원에서 볼 때, 신화의 성격을 혈연 중심의 가족사회에로 귀속시키고 있는 것이라고 생각된다."[18]고 못마땅하게 여겼다. 한두 집안이나 시조의 신화로 보지 말고, 전체 국가나 부족의 신화로 보자는 것은 좋다. 그러나 건국신화들의 경우 주인공은 어디까지나 시조신이고, 굳이 중심 주제를 논한다면 그것은 시조신화로 될 수밖에 없다고 생각된다.

가령 고주몽신화와 더불어 시조 주몽은 종교적 신봉의 대상이 되며, '주몽사'도 '동명묘'도 생기며, '아시천제자我是天帝子 하백손河伯孫'이라고 왕가의 혈통의 신성성도 강조되어야 했다.

---

17 전경수, 앞의 글(1987), 23쪽.
18 전경수, 앞의 글(1991), 213쪽.

건국신화는 기본적으로 시조의 혈통의 신성성이 강조되기 마련이지만, 그러나 혈통이건 혈연이건에 앞서서 먼저 건국신화는 시조의 건국 위업을 기리는 신화이니 시조신은 그 중심이 될 수밖에 없다. 삼성신화도 삼성사를 가졌고, 기본적 성격은 같다.

다음에 '신화神話'라는 용어도 한국 학계에서는 1960년대에 들면서 비로소 일반화된 점을 첨기하기로 한다. 이 방면의 전문학자인 손진태孫晉泰 선생도 "檀君傳說, 東明王傳說 등 상고시대의 建國傳說을……."했고,[19] 이병기李秉岐 선생은 "고문헌에 전하는 신화로는 檀君開國說話, 東明王誕生傳說가……."했다.[20] 신화라는 용어가 후자에는 보이나 개념이 분명하지 않다. 그것은 서구학문이 일본을 통해서 유입되던 1920년 무렵 이후의 현상인 듯한데, 아마도 조선시대까지도 신화神話라는 용어는 사용되기 어려웠던 것이 아닐까 생각되나 일단 숙제로 남겨두기로 한다.

그러다가 근래의 서구식으로 "설화의 분류는 신화(Myth), 전설(Legend), 민담民間說話(Folktale, Marchën) 등으로 나누는 것이 통설로 되어있다."고 분명한 개념 규정과 분류, 명명을 시도하는 1960년대 초기의 상황이 나타난다.[21]

임동권 교수가 설화를 신화, 전설, 민담으로 구분한 『민속문학론』을 발표한 것도 같은 무렵이다.[22]

같은 시기에 필자도 신화라는 용어로 「삼성신화 해석의 한 시도」라는 논문을 발표했다.[23] 정확하게는 '제주도濟州島 삼성시조신화 해석의 한 시도'인데 어떻게 그 논문 명칭을 간결화하느냐 하고 고민하다가 '제주도'도 빼고, '시조'도 중요하지만 빼버렸던 기억이 난다.

그것은 이를테면 조선시대부터도 많이 삼성사三姓祠, 삼성묘三姓廟 등으로 사용되었던 삼성의 시조의 신화이니, 줄일 때에는 자연히 삼성신화라고 하는 길밖에는 없었던 것이

19 손진태, 『조선민족설화의 연구』(을유문화사, 1947), 2쪽. (序說部分)
20 이병기 · 백철, 『국문학전사』(신구문화사, 1957), 31쪽.
21 장덕순, 『국문학통론』(신구문화사, 1960), 132쪽.
22 임동권, 「민속문학론」, 『현대문학』 1961년 3 · 4月號. (『한국민속학논고』에 수록)
23 장주근, 「삼성신화 해석의 한 시도」, 『국어국문학』 22(국어국문학회, 1960).

다. 그런데 그것이 전 교수에 의하면 "탐라인들의 을나신화는 조선 정부의 중앙집권적인 정책에 이용된 가족주의와 성씨중심사상에 의해서 1차적으로 의미변화를 경험하였고, 2차적으로는 일제에 의해서 식민 정책에 이용당했다고 생각된다. 탐라에 대한 조선의 식민주의와, 조선에 대한 일제의 식민주의가 중첩적으로 가중되면서 을나신화의 중심 개념은 정치적인 차원에서 집안 문제의 차원으로, 을나신화의 명칭은 '삼성신화'로 정착된 것이라고 해석하고 싶다."[24]고 논의된다.

그래서 현 교수는 삼성신화라는 용어의 처음 사용 예를 추적해보니 아직껏은 필자의 위 1960년도 논문이 처음 사례라고 한다. 그래서 필자는 졸지에 조선시대인도 아니고, 일제강점기에는 아직 소년이었는데 두 시대의 식민주의를 중첩적으로 제주도에 범한 장본인이 된 듯하니 어리둥절하고도 떫은 기분이다.

그러나 학문은 먼저 대상을 있는 사실 그대로 밝히고 직시하며, 교훈을 얻는다면 거기에서 얻어야 하는 것이라고 생각한다. 사실 성씨 중심의 기록은 위에서 살핀 바와 같이 확실한 자료로는 족보에서부터, 여말 선초의 제주인들에서부터 비롯되고 있었다. 족보는 특히 귀족층의 특권 세습의 관심에서 고려시대에 비롯되지만 특히 조선시대의 유학사상이 거기 큰 영향을 미쳐 온 것이었다.[25]

그러나 현대는 이미 조선시대는 아니다. 유교의 혈연 중심 사상적 측면은 더구나 이제는 우리 스스로가 초극해야 할 시대이다. 삼성신화와 그 제의는 본래 그 근원이 지연적 화합성을 기반으로 했던 점은 위에서 거듭 논의된 바와 같았다. 그것은 차치하고라도 시정해야 할 문제가 아직 있다면, 언제까지 그것을 방치하지 말고 시정할 마음가짐을 다져보는 것이 오히려 중요한 일일 것으로 생각한다.

---

24 전경수, 앞의 글(1992), 266쪽.
25 김두헌, 『한국가족제도연구』(서울대출판부(復刻板), 1969), 67쪽.

5. 맺는말

삼성신화는 탐라개국신화였고, 동시에 그 주인공인 삼성시조의 신화였다. 그 명칭은 삼을나신화도 좋고 삼성시조신화, 줄여서 삼성신화라고 해도 무방하다고 생각한다. 그 기본성격이 그러하기 때문이다. 그것은 박혁거세신화, 김알지신화, 석탈해신화 등 신라의 시조신화들처럼 각기 별도로 되어 있지 않기 때문에, 묶어서 불러야 하니 삼성신화라도 좋고 삼을나신화라도 좋다고 생각한다. 다만 언어란 사회적 공약물이니 그 사회적 공약의 귀결을 무시할 수는 없을 것이다.

필자는 제주도의 민속과 특히 서사무가, 신화에 대해서 학문적인 관심과 애착을 가져온지 오래되었다. 그러나 그 중 중요한 삼성신화에 대해서는 제주도에서 논의하는 일에 학문과 언론의 자유라는 면에서 다소간의 조심성 같은 것을 느껴온 것이 솔직한 심정이었다. 이른바 혈연 중심, 성씨 중심 사상으로 서열문제가 법정문제로까지 됐다는 소문도 들려오는 마당에, 학문적 관심으로 기록한 것도 어떻게 누가 될지도 모르겠다는 불안감도 작용할 수 있기 때문이다.

그러나 이제 그것은 초극되어야 한다. 실제로 필자는 3성 중의 젊은 세대에게서 예컨대 "고씨면 글을 쓸 때에 부, 양, 고 순으로 쓰고, 이제 그것은 극복돼야 한다."는 말을 들은 바도 있다. 그러한 사례가 이제는 장년층에게는 물론 노인층에게도 너그럽게 칭찬받는 날이 멀지 않을 것으로 믿고 싶다.

「특집 : 삼성신화의 종합적 검토」, 『耽羅文化』 14號(제주대학교 탐라문화연구소, 1994)

Ⅶ.
처용설화의 고찰

1. 머리말

처용설화는 한국문화사상에서는 매우 비중이 큰 존재이다. 이른바 향가도 한 수를 동반하고 궁중의식에서나 민간신앙면에서 한결같이 중요한 존재였기 때문에 근래에 와서도 이에 대한 수많은 연구들이 나와서 연구사를 형성할 수 있을 정도이다. 이제 다시금 그 신으로서의 성격을 생각할 때, 그것은 원초적인 인간생활에서는 필요불가결의 존재인 동시에, 오히려 세계적인 공통성을 띤 신격이기도 했기 때문에 그만한 까닭은 충분히 있었던 것으로 생각되는 바가 있다.

그 수많은 처용연구의 논문들 가운데에서 필자도 「처용설화의 연구」(『국어교육』 6집, 1963)라는 글을 발표한 일이 있었다. 그러나 이제 시일도 많이 흘렀다. 생각의 기본적인 골자에는 아직도 변화는 없지만, 그 글은 당초부터 스스로 부족하게 느껴지던 부분들도 있었고, 또 그것은 그 후 우리 학계의 연구들에 의해서 깨우쳐진 바도 있었다.

이제 이 책의 청을 기회로, 윗글에서 미흡했던 부분들을 보완하고, 오늘날의 시점에서 처용설화에 대한 필자의 견해를 여기 다시 한 번 종합 정리하기로 한다. 그리고 위의 글과 구분하기 위하여 여기서는 일단 「처용설화의 고찰」이라는 이름을 붙이기로 한다.

2. 벽사가면의 인격신화

우리는 한국문화사상에서 한국 고유의 벽사가면을 우리가 가지게 됐다는 확실한 기록을 역사가 많이 진전된 후세에 와서야 가지게 된다. 그것이 신라 말의 일로서 『삼국유사』에 기록되고 있는 "처용랑 망해사"의 기록이다. 그러나 이러한 한국 나름의 벽사가면도 그 기본성격상 그 연원은 아득하게 더 원초적인 사회에 소상돼야 할 것으로 생각된다.

먼저 결론적으로 말해서 처용설화도 근원적으로는 어디서나 원초사회에서는 보편성을 띠던 벽사가면의 인격화에서 이루어진 것으로 여겨진다. 그래서 여기서는 먼저 원초사회의 가면들의 상황에 대해서 눈에 띤 것이 있었기에 먼저 잠깐 인용 제시하여 두기로 한다.

> 인간을 해치는 맹수, 독성이 강한 초목, 곤충, 독사 등이 무리지어 사는 열대의 울창한 삼림은 천연의 무수한 요마의 소굴이다. 아프리카에서는 이러한 수림을 요마에 대한 방비책을 마련하고 통과한다는 것은, 인간의 생명을 존중하는 것보다도 더 중요한 일로 여겨진다. 여기에 가면의 제작이 요청된다. 왜냐하면 용모를 가장한다는 것은 상대방 요마를 구축하는데 주효하기 때문이다. 그 형태, 색채 등이 가지는 내적 주력呪力은 모든 무용, 성사聖詞들보다도 훨씬 유효하다고 믿어지기 때문이다.[1]

위 책의 저자는 먼저 위와 같은 원시가면의 사진판 수십 매를 제시하고 원초사회에서의 벽사가면의 필요성과 그 실황을 강조하고 있다. 그 사진판들은 인상이 강했고, 자연히 그것은 한국의 벽사가면으로서의 처용면도 생각하게 했다. 오늘날 우리 무속巫俗 신앙면

---

1 南江二郎, 『원시민속가면고』, 52쪽.

에서도 아직 살煞이니 액이니 병마니 해서 생로병사의 모든 인생과정에서 눈에 보이지 않는 잡다한 잡귀들이 인간을 위협하고 해치고 있는 것으로 관상되고 있다.

이러한 원초사회 이래의 하나의 필연성에 의해서 생긴 벽사가면에 근원한 것이 우리의 경우 처용이고 처용설화라고 간주된다. 이제 이러한 벽사가면과 처용설화의 형성과의 관련을 고찰하기 위하여 먼저 희랍의 경우를 하나 예로 들기로 한다. 그것은 비교신화학적인 각도도 각도려니와 앞서서 많이 연구가 된 그 성과들이 지금 우리에게 시사를 던져주는 바가 매우 크기 때문이다.

희랍의 벽사신에 해당되는 유사한 신격의 하나에 고르곤Gorgon이 있다. 이 설화도 벽사가면에 그 근원을 두고 있다. 고르곤은 대지의 먼 서쪽 끝에 사는 사발蛇髮의 마녀이며 머리칼의 하나하나가 다 뱀이다. 그래서 불사신이 아닌 인간들에게는 몹시 경원을 당하는 괴물이다. 그들은 세 자매로서 사발에 다시 이빨은 산돼지 이빨이요 손은 청동으로 되었고, 어깨에는 황금의 날개가 달려있다. 그들은 정면으로 보기만 하면 그 사람은 즉석에서 공포감으로 돌로 굳어지고 죽어버린다.

그 세 자매 중에서 하나 메두사Medusa만이 영생永生이 아니다. 영웅 페르세우스Perseus가 그 고르곤Gorgon 메두사의 목을 잘라 드는 설화나, 그에 다시 첨가되는 에티오피아Etiopia의 공주 안드로메다Andromeda를 아내로 삼는 소위 페르세우스형[Perseus type](영웅英雄의 사신퇴치형邪神退治型) 설화는 유명하기도 하려니와 널리 세계에 분포되어 있는 설화형이기도 하다. 그러나 물론 이 설화도 설화의 본질적인 유동 변화성에 의한 후세의 변화형이다. 이 후세적 변화요소들을 분석해내고 원형을 찾아야 한다. 지금 그러한 결과가 하나 보였기에 인용하기로 한다.

Gorgon이라는 이 신의 이름은 Gorgoneion이라는 가면의 이름에서 유래했다.
Gorgoneion은 고대 희랍사회의 제의용 가면이었다. 그것은 제의에서 악령을 쫓기 위하여 사령자司靈者에게 착용되었으며, 한편으로는 악령의 침범에 대한 방어나 악령의 구축용으로 문이나 방패들에도 붙여졌다고 한다.[2]

해리슨Harrison여사도 "Gorgoneion이란 단순한 제의가면으로 인간뿐이 아니라 신령들도 위협하기 위해서 가능한 한 추악하게 만들어진 것이었다. 그것은 공포를 구상화한 형상이었다. 이러한 제의가면은 지금도 야만인들 간에 모든 마물과 살아있는 적, 또는 명계冥界의 적을 위협하기 위해서 사용되고 있다. …(중략)… 그리고 괴물로서의 Gorgon은 Gorgoneion에서 나온 것으로 Gorgoneion이 Gorgon에서 나온 것은 아니다."고 같은 견해를 훨씬 먼저 표명한 바가 있었다.[3]

결국 먼저 있어 왔던 그 추악한 가면(Gorgoneion)이 무서운 인격신화人格神化(Gorgon)를 이루고, 그 무서운 인격신 고르곤Gorgon이 도대체 어떤 성격의 존재냐 하는 지적인 욕구가 민중간에 작용해서 설명이 내려지면서 설화가 형성된 것이다. 그래서 해리슨Harrison여사는 고르곤Gorgon의 머리만이 민중에 관상되면, 그 추악한 머리는 누구에게건 잘린 것으로 여겨져야 한다. 재빨리 그들은 그 역할을 페르세우스Perseus에게 맡기게 된 것이라고 했다. 그래서 여기서 다시 세계에 널리 분포된 영웅의 사신퇴치형 설화까지가 후세에 와서 덧붙게 된 것이라 하겠다.

우리도 희랍의 경우와 같이 그러한 벽사귀면을 대문에 붙이던 민속을 신라시대에는 이미 가지고 있었던 것을 우리는 『삼국유사』의 처용랑 기록을 통해서 알고 있다. "국인문첩國人門帖, 처용지형處容之形 이벽사진경以辟邪進慶"이 그것이다. 그런데 이 처용무에 대해서는 중국 방상씨 가면무인 구나驅儺의 영향 관계가 논의된 일도 있어서[4] 여기서 잠깐 중국의 벽사신들에 대해서 살펴두어야 하겠다.

중국의 벽사신은 실로 잡다하다. 그 중에서 소위 방상씨의 가면무는 특히 궁중에서는 대규모의 성황을 이루었다. 그리고 민간에서도 "농촌에서도 12월 8일이 되면 모두 세요고細腰鼓를 치면서 금강역사로 분장하고, 귀면을 쓴 장한壯漢을 따라서 질병과 재화를 초래하는 요괴들을 멀리 쫓아버리는 벽사의식을 지낸다."[5]

2 松村武雄, 『신화학원론』 상권(1940), 266쪽.

3 Harrison, *Greek Mythology*, 佐佐木理 譯, 『希臘神話論考』(1943), 94쪽.

4 이두현, 『新羅五伎考』, 3~7쪽.

5 袁珂, 伊勝敬 一外 譯, 『중국고대신화』 상권.

방상씨 가면(서울시 창덕궁 소장, 1966.4)

그리고 또 민간에는 따로 문신門神들이 중국에는 있다. 귀족 관리들을 위해서는 무기를 들고 대장군 모습을 한 진군秦軍과 호사胡師의 그림이 붙여진다. 또 민간 문신에는 신다神茶 울뢰鬱儡 형제가 있고, 또 종규鍾馗도 있으며 이들에 대해서도 물론 각기 그 설명설화들이 있다. 이상 여러 벽사신들 중에서 특히 방상씨는 삼국시대부터 이미 신라에 들어와 있었다는 자료가 파악되고 있다.

1946년 경주에서 발굴된 호우총壺杅塚의 목심칠면木心漆面에 대해서 김재원은 그것을 방상씨 가면이라 추정하고 샤머니즘과 관련이 있는 것이라고 하였다. 그리고 그 호우총이 5세기에서 6세기에 걸친 신라통일 이전의 왕족의 무덤이라고 한 바가 있었다.[6] 방상씨는 위에서도 처용무에의 영향이 잠깐 언급되었거니와 여기 출토품으로도 나타나서 그 존재

---

6 김재원, 『호우총과 은령총』(국립박물관 발굴보고, 1946).

가 강해지는 느낌이다.

그리고 신라에는 또 진평왕대 이전부터 비형랑이라는 벽사신도 있었다. 그는 진지왕의 혼생자魂生子요 진평왕이 궁중에 수양했다는 설화가 붙은, 역시 일종의 벽사신이다. 향속鄕俗 첩차사帖此詞 이벽귀以辟鬼했다는 주시呪詩도 있다. 성제혼생자聖帝魂生子 비형랑실정鼻荊郎室亭 비치제귀중飛馳諸鬼衆 차처막유정此處莫留停이 그것이다. 이상을 종합할 때 이 비형랑은 매우 상층 지식층에서 섬기던 벽사신인 듯하다.

끝으로 하나 더 삼국시대 이래로 조선시대까지 계속 사용되어 온 귀면와들도 벽사신의 구상화로서 처용과는 상통하는 바가 있는 것이기에 여기에서 일단 주목하고 넘어가야 하겠다. 여기에는 숫막새, 암막새, 서까래막새, 내림막새기와들의 다양한 귀면들이 있고,

고구려 수막새기와(위)와 신라 수막새기와(아래)

그 목적도 벽사에 있다는 것이 통설이다.[7]

이러한 공포의 구상화로는 다시 삼국시대의 전塼도 있고 문고리들에도 많다. 문고리에 이르면 더욱 문첩처용지형門帖處容之形과 접근이 되는 셈이다. 이들은 다 관념적인 벽사신들을 구상화해주고 있는 것이기 때문에 여기서는 한층 관심 깊게 보아야 할 것으로 생각된다.

---

7 진홍섭, 「와당에 새겨진 도깨비」, 『한국의 도깨비』(국립민속박물관총서 I , 1981), 23~41쪽.

3. 처용설화의 형성과 변화과정

위에서 논술한 대로 대개의 미개사회에서는 벽사가면을 가지게 되는 것이 하나의 공통적인 현상이었다. 그것은 물론 문명사회의 원초시대에서도 마찬가지였고, 그러한 사례를 고대희랍과 중국을 통해서 위에서 보아왔다. 그리고 한국의 많은 벽사신의 사례와 구상화된 귀면와의 예들도 보아왔다. 처용설화의 형성도 물론 그러한 상황하에서 이해되어야 할 것이다. 이제 이 과정을 쉽게 표시하면 다음과 같이 되겠다.

벽사가면辟邪假面 → 인격신화人格神化 → 설명성說明性 → 설화說話 형성形成

즉 먼저 벽사가면이 있고, 그것이 의식에 사용되면서 인격신화하고, 이름도 붙여지게된다. 그러면 그 신격이 도대체 어떤 존재냐 함을 알고자 하는 지적 욕구가 민중 간에작용하고 그에 따라서 어떤 설명(설화)이 내려진다는 것이 일반적인 순서이다. 희랍의 고르고네이온Gorgoneion(가면)에서 고르곤Gorgon(인격신人格神)이 생기고 거기에 신화가 형성되어 온 과정을 우리는 위에서 이미 선명하게 살핀 바 있었다.

우리 처용설화의 연구 결과는 지금까지 논자에 따라서는 처용을 화랑, 호족의 자제,무격, 무신, 이슬람 상인 등으로 너무나 다양하게 해석해온 것이 사실이다.[8] 그러나 국문학, 민속학 측의 연구 결과는 대체로 무속적인 해석으로 기울고 있다. 근래의 한 논문은그 경향들을 요약한 바가 있었는데[9] 이제 그것을 다시 요약하면 다음과 같다.

① 이능화李能和 — 대문에 처용그림을 붙이는 액막이 문신으로 해석 (『朝鮮巫俗考』,
　　守門將條, 1927)
② 김동욱金東旭 — 처용을 용신의 사제자로서의 무격으로 해석 (『韓國歌謠의 硏究』,

---

8 성균관대학교 대동문화연구소 주최, 「처용설화의 종합적 고찰」, 『別輯 I』(1972).
9 김학성, 「처용설화의 형식과 변이과정」, 『한국민속학』 10輯(1977), 1~4쪽.

「處容歌 研究」, 1967)

③ 김용구金容九 - 삼한시대 이래의 원시 가면무가 신라에 계승되고 여기 불교의 용신사상이 결합되어 처용무를 형성했는데 그 의식의 설명설화로서 이루어진 것이 처용설화이다. (「處容研究」, 『忠南大 文理大 卒業論文集 Ⅰ』, 1956)

④ 김열규金烈圭 - 처용은 역신을 구축하는 의무醫巫 주술사이고, 그 설화는 주술사의 유래와 행위를 기술한 일종의 신성 전설이다.

⑤ 현용준玄容駿 - 처용가는 의례에 기능하고 있던 신화, 즉 가무의 일부가 정착된 것이고, 여기에 용자전설과 벽사문신 관념이 영향하고, 이것이 망해사 연기설화로 윤색되었다. (「處容說話考」, 『국어국문학』 39·40, 1968)

⑥ 문상희文相熙 - 처용이라는 신격의 힘으로 병마를 쫓는 원시신앙이 역사화된 것이 처용설화이다. 헌강왕 운운한 것은 편집자의 작위이다. (前揭 大東文化研究院 別集)

⑦ 이두현李杜鉉 - 원초 이래 인류가 가져온 벽사가면의 인격화와 그에 따르는 해석 설명으로 형성된 것이 처용설화이다. (위 別集)

⑧ 서대석徐大錫 - 처용은 용과 인간의 양면성을 띠고 동해용신을 제사하는 강신무이다. 간통은 처용 처가 질병에 걸린 상태, 처용의 가무는 역신 구축의 주력 행사, 곧 병굿이다. (「處容歌의 巫俗的 考察」, 『韓國學論集』 2, 1975)

이상을 종합할 때에 처용이 고대의 벽사신이고 무신 내지는 무격이로되 특히 병마구축의 색조가 짙게 풀이된 대체적인 경향을 알 수가 있다. 다만 여기에 가능한 한도 내에서 보다 구체적인 풀이를 필자 나름으로 조금 더 시도해보면 다음과 같이 되겠다. 그 첫째로 들고 싶은 것은 처용가의 재래의 해석에 대한 이기문李基文의 새로운 해석이다. 먼저 처용가를 양주동의 『고가연구古歌研究』의 풀이대로 옮겨놓고 보기로 한다.

식블 불기 드래 밤드리 노니다가
드러사 자리보곤 가르리 네히러라

백제 청동가면(부여박물관 전시품, 1973.2)

둘흔 내해엇고 둘은 뉘해언고

본디 내해다마른 아사늘 엇디 ᄒ릿고

이 끝구는 재래 "빼앗긴 것을 어찌하겠느냐." 하는 처용의 체념적인 태도로 여겨져 왔다. 그것을 이기문은 "어찌(감히) 빼앗음을 하릿고"로 썩 물러가라는 공갈 협박을 하는 강세도치법 표현으로 해석한 바가 있다. 그리고 원시종교에 대해서 조금이라도 조예를 가진다면 체념 운운하는 것은 매우 부당하다고 했다.[10] 필자는 이 국어학의 해석에 크게 힘을 얻고 이러한 처용가의 성격을 여기서 좀 더 구체적으로 살피고자 한다.

현재의 무속과 굿에도 벽사신이 잡귀를 쫓는다는 관념이나 부분은 매우 많다. 그 중

---

10 이기문, 『국어사개설』(민중서관, 1961), 66쪽.

에서 한 예로 신장거리를 들면 무당이 구군복 차림을 갖추고 "잡귀 잡신들은 썩 물러가라, 물러가지 않으면 간날 간시 모르게 없애버리겠다!"고 공갈 협박하는 장면은 흔히 볼 수가 있다. 이것을 이렇게 위의 처용가 해석과 맞춰볼 때에 처용가는 틀림없는 무가가 될 수밖에 없다.

동시에 그것은 무당이 신장신의 입장이 되어서 1인칭으로 하는 소리이니 신장신의 공수가 되고, 신장신의 찬가는 아닌 것으로 된다. 마찬가지로 처용가도 무당이 신장과 같은 벽사신 처용의 입장이 되어서 부른 무가가 되며, 그것은 처용신에 대한 찬가는 아니며, 처용신으로서의 1인칭의 공수 같은 노래가 된다. 그러니 처용 자체가 무당일 수는 없고, 처용은 어디까지나 신장과 같은 벽사신이다.

그래서 처용가가 무가라고 단정은 돼야 하겠지만, 우리는 여기에서 더 이상 신라 당시의 무속을 구체적으로 논할 길은 없다. 당시의 처용가가 오늘날 신장거리 같은 처용거리였다고 하더라도 그 후로 그것은 궁중의식화한 『악학궤범』의 처용가밖에는 자료가 없다. 현재의 굿에도 처용거리 같은 것은 없다. 다만 그것은 신장거리와 유사한 것이었다고 짐작할 길밖에는 없다.

그러니 언제부터인가 그 처용굿은 무속에서 사라지고, 또 언제부터인가 오늘날과 같은 신장거리가 굿거리로 등장하게 되었다고 할 수밖에 없다. 어떻든 이 양자에는 그렇게 밀접한 동질성이 있다. 처용무와 신장거리가 유사하다는 것은 양자가 같이 오방처용과 오방신장으로 나타나는 점에서도 유사하다. 다만 처용무는 5인의 처용으로, 오

오방신장(서울 국립민속박물관, 1980)

방신장은 무신도에서 5인의 무서운 무장신장으로 나타나는 점에서 다르지만, 중앙과 동서남북 사방 잡귀들을 쫓는다는 오행사상의 영향을 입고 있다는 점에서도 역시 같다.

다만 무신도의 오방신장은 지금도 무서운 얼굴들로 공포를 구상화하고 있다. 그러나 악학궤범에 보이는 처용의 얼굴은 어느덧 '인자한 아빅 즈이'로 변화하고 있고 이 악학궤범의 그림을 근거로 제작됐다고 하는 오늘날의 국악원의 처용가면도[11] 이제는 적어도 옛 귀면와들에서 보는 무서운 모습은 아니다. 그리스에서도 사발蛇髪의 마녀 고르곤Gorgon의 그 무서운 얼굴이 후세에는 창백한 마녀로 바뀌고 있다.

아마도 공포의 구상화를 후세에 시적으로 미화하는 것은 그리스의 시인들만이 한 일은 아니고 이것 역시 동서양이 같았다는 느낌이 든다. 참고로 『악학궤범』에 보이는 후대 처용가의 일부만을 들어두기로 한다. 여기에도 공포는 사라지고 시적인 미화가 가해져서 많은 변화를 보이고 있다.

어와, 아빅 즈이여 處容아비 즈이여	滿頭揷花 계오샤 기울어신 머리에
아으 壽命長願ᄒᆞ샤 넙거신 니마해	山象이슷 깅어신 눈썹에
愛人相見ᄒᆞ샤 오을어신 누네	風入盈庭ᄒᆞ샤 우글어신 귀에
紅桃花ᄀᆞ티 붉거신 모야해	五香 마ᄐᆞ샤 웅긔어신 고해
아으 千金 머그샤 어위어신 이베	白玉琉璃ᄀᆞ티 ᄒᆞ어신 닛바래

(以下 省略)

다음에 위 처용가의 "가ᄅᆞ리 네히러라 둘은 내해엇고 둘은 뉘해언고."하는 처용처와 역신의 교구 문제를 잠깐 살피기로 한다. 이에 대해서 일찍이 현용준이 이것을 제주도의 도채비 퇴송退送굿인 영감놀이로 비교 설명한 바가 있었다. 영감 또는 참봉은 제주도에서 쓰는 도깨비에 대한 존칭이고 도채비는 도깨비의 사투리이다. 제주도의 도깨비는 아직도

---

11 국립국악원에 처용가면이 없었기 때문에 『樂學軌範』의 그림을 근거로 해서 일제강점기에 제작한 것이 오늘날의 처용가면이라는 말을 金千興선생께 직접 들은 바가 있다.

국악원의 처용가면(서울 국립국악원, 1980)　　　　　악학궤범의 처용면

① 부신富神·풍어신, ② 조상신·씨족수호신, ③ 대장신, ④ 마을공동체의 신, ⑤ 역신 등의 다양한 고형어린 성격을 가지는 신이다.

특히 해녀, 미녀들을 좋아해서 같이 살자고 덤비는 버릇이 있고 그래서 이 신이 짚히면 광증이 생기는 것으로 여겨져서 역신으로서의 측면도 가지게 되는 셈이다. 따라서 어떤 정신적 질환에 대해서 그것이 도채비가 붙은 탓으로 여겨지면 영감놀이라는 굿을 하게 된다. 여기서는 영감의 형제들이 여인에게 지핀 동생 영감을 데려가는 모의적 주술성을 띤 놀이가 연희된다.[12]

현용준은 이 도채비가 미녀를 좋아하고 지펴서 질병을 일으키는 사례에, 다시 전국적

---

12 김영돈·현용준, 『제주도 무당굿놀이』(1965), 359~388쪽.

인 도깨비의 미녀 교구, 질병 야기의 민담을 통한 관념들을 제시했다. 그리고 도채비의 교구는 질병 침염의 방식이고, 처용가에서도 역신의 구축은 이것을 간접 협박 구축법으로 해석했다. 그래서 무당이 구축신 처용의 신분으로 "시볼 볼기 드래 … 아사놀 엇디 ᄒ릿고"라고 부른 것이 처용가라고 했다.[13]

이렇듯 도깨비가 해녀나 과부 등 미녀를 따라붙어서 병을 준다는 사례는 최근에 이두현도 보고한 바가 있다. 즉 도깨비신을 위하는 집 주부는 남편이 출타한 경우에는 도깨비신이 남편처럼 나타나 교구하기에 항상 안색이 파리하다 하였고 또 그 집에 과년한 딸이 있어도 도깨비신이 나타나 교구한다고 한다. 물론 이러한 도깨비신의 교구와 그것이 부와 관련된다는 관념은 제주도뿐만 아니라 전국적인 분포이었던 것 같다.

무라야마 지준[村山智順]의 『조선의 귀신』(188쪽)에도 그 예가 보이고, 이두현이 봉산탈춤의 예능보유자인 김선봉 씨(59세, 女)에게서 들은 이야기도, 자기 친구인 요정마담이 꿈에 나타난 초립동이 모습의 도깨비귀신과 교구하여 영업이 번창하고 돈은 벌었으나 그 일이 지겨워서 모든 것을 청산하고 교회로 뛰어들었다고 한다. 이것은 해방 후의 이야기이고 그 사람은 아직 살아있다고 한다.[14] 이상 도깨비의 교구나 영감놀이 등은 처용설화의 고찰에는 위와 같이 중요한 시사를 해주는 것이라고 하지 않을 수가 없다.

끝으로 처용설화의 변화과정으로서의 망해사 연기설화 부분을 살펴두기로 하겠다. 본래 벽사신 처용과 망해사는 그 둘만이 가질 그들끼리만의 관련성은 있을 수 없다. 가깝다면 처용은 벽사신으로서 어디서나 누구에게나 신봉될 수 있고 가까울 수 있는 존재이다. 그러나 망해사는 울산이라는 한 고장에 고정된 존재이다. 이것은 결국 울산의 망해사에서 그 지방에도 전승되던 벽사신 처용의 신앙을 인용 활용하게 된 것이라는 생각을 하게 한다.

본래 연기담들은 전설의 한 부류로서, 그 지방의 토속신앙 내지는 지방 전설의 인용에다가 변화 혹은 발달이 가해지고 있는 것들이다. 전연 그 지방에 인연이 없는 것을 가지고는 지방민의 영합을 얻는 일이 불리한 모양이다. 그래서 연기담의 가장 작위를 입지

---

13 현용준, 「처용설화고」, 『국어국문학』 39·40 合併號(1968), 27쪽.
14 이두현, 「제주도 민속조사」, 『한국문화Ⅰ』(1980), 253쪽.

않은 부분은 지방 전설과 그 근원을 같이하는 경우가 많다.[15]

망해사는 주지하듯이 제49대 헌강왕대에 지어진 것으로 『삼국유사』에 기록되어 있고, 망해사지 석조부도(국보 291호)도 신라 말기 형식의 우수한 작품으로 지목 평가되고 있다. 망해사는 과연 신라 말에 지어졌더라도 이 연기담도 그 전부가 다 동시에 신라 말에 인용 형성되었다고 단정할 수는 없다.

왜냐하면 『삼국유사』의 기록이 고려 충렬왕대의 일이기 때문이다. 동시에 처용가 기록에서도 '싀블 블기 ᄃ래[東京明期月良]'로 했는데 신라시대에 그 서울(경주)을 '동경'이라 했을지는 의심스러우니 이것도 고려시대에 개변된 것이 『삼국유사』에 실렸으리라는 의문의 제기도 있었기 때문이다.[16]

어떻든 유사의 기록에는 개운포, 울주, 영취산 동록, 망해사 등의 지명과 헌강왕대라는 시대가 고정돼서 기록된다. 결국 망해사는 이때 이 고장에 지어졌고, 처용 전승이 연기담으로 여기에 인용된 것은 그 이후의 구전과 개변을 거친 어느 때일 것으로 여겨진다. 헌강왕대에 망해사가 창건되었더라도 망해사의 연기설화는 그 후에야 이루어질 수밖에 없다. 개운포라는 지명도 그것이 생긴 다음에야 그 연기설화가 형성될 수가 있다.

그래서 망해사 승려들을 중심으로 그 주변의 기왕의 실제 사실인 망해사, 개운포, 헌강왕 등 전설의 본질의 일면인 반사실성을 기반으로 삼고, 동해용왕 그리고 벽사신 처용신앙 등 전설의 또 한면의 본질인 반비사실성 등이 서로 연결되면서 형성된 것이 『삼국유사』의 처용랑 망해사의 기록이다. 그 처용랑 부분은 세계적인 공통성을 띤 벽사신에 대한 신화적인 부분이었고, 그것이 결국은 망해사의 연기담으로 다 종합된 것이 이 처용랑 망해사의 기록이다.

---

15 柳田國男 감수, 『민속학사전』(緣起項, 1951), 72쪽.
16 이기문, 『국어사개설』(1961), 64쪽.

4. 맺는말

　지금까지 논의된 것을 요약하면 다음과 같다. 인간생활을 해치는 온갖 잡귀들을 구축하기 위해서 인류는 도처의 미개사회나, 문명사회의 원초시대에, 다 공통적으로 벽사가면을 가져왔다. 고르곤Gorgon도 방상씨도 처용도 다 그러한 벽사가면의 인격화에서 이루어진 신이다. 이들은 다 가능한 데까지는 무섭게 공포를 구상화한다. 그런 점에서는 삼국시대 이래의 귀면와들도 공포를 구상화한 벽사기능을 가지기 때문에 처용과는 상통하는 성격을 가진다.

　그러한 처용가무에 대한 한국 학계의 해석은 다양하나 국문학, 민속학계에서는 대체로 처용을 무신巫神으로, 처용가를 무가로 해석하는 대체적인 공통성을 보여주고 있다. 국어학에서는 끝구 "아ᅀᅡᄂᆞᆯ 엇디 ᄒᆞ릿고"를 처를 **빼앗긴**데 대한 체념이 아니고, "어찌 (감히) 빼앗음을 하릿고"어서 썩 물러가라는 역신에 대한 공갈 협박 구축으로 풀이하고 있다.

　필자는 여기에 더 힘을 얻어서 처용가는 오늘날 무속의 굿으로 말하면 벽사신이라는 점에서 신장거리와 유사한 것이라고 생각했다. 그리고 처용가의 무속적인 보다 구체적 접근과 이해를 위해서 처용가무와 신장거리를 다각적으로 비교하였다. 처용의 처와 역신의 교구에 대해서도 미녀를 잘 따라붙고 질병을 일으킨다는 도깨비의 고형 관념과 그러한 도채비 퇴송굿인 제주도의 영감놀이를 견주어서 해석하였다.

　그리고 '처용랑 망해사'는 이 양자만이 가지는 특별한 관계가 있었던 것은 아니다. 처용은 어디서나 누구나 언제나 섬길 수 있는 벽사신이기에 울산지방에도 전승되던 이 신앙이 망해사의 연기담으로 인용된 것이다. 망해사는 신라 말기에 세워진 절이고, 이 연기담은 그 후에 전설로 형성 전승되다가 더러는 개변도 거치고, 고려 충렬왕대에 일연선사에 의해서 『삼국유사』에 수록된 것이다.

현재의 망해사 –
멀리 뒤 축대 위에 부도
2기가 보인다.
(1963.4)

망해사 부도
(경북 울주군 청량면
율리, 1963.4.11)

　끝으로 부록 삼아서 1963년 4월 망해사望海寺와 개운포 일대의 현지를 답사했던 요점
만을 소개한다. 당시 행정구역으로는 경남 울주군 청량면 율리栗里에 망해사가 있었다.
울산시에서 버스로 20분 정도로 기억한다. 영취산靈鷲山은 지금은 지도에도 지방명이 청
량산靑良山이고, 그 동록이라기보다 동쪽 중허리에 망해사가 지금은 15, 16평 정도의 작은
건물로 서있었다.

　그리고 그 옆에 몇 천 평의 평지 옛 절터가 지금은 밭으로 경작되어 있었고 그 축대석
에 사방 1m가 넘는 거석들이 많아서 망해사의 큰 옛 규모를 생각하게 했다. 그리고 그
정지된 한쪽에 국보 291호인 화강석제 팔각형 사리탑 2기가 있었다. 높이가 3m를 넘고
신라 말기의 우수한 작품으로 평가되며, 매우 정교한 공들인 사리탑이었다. 절 이름이 망
해사이지만 주지 김영암 스님(39세)에 의하면 동해까지 직선거리가 20리는 된다고 하니
아득히 먼 수평선만이 보이는 듯 마는 듯 가물거릴 뿐이었고, 개운포는 망해사에서는 그
방향도 짐작을 할 수가 없는 상황이었다.

　망해사에서 하루밤을 자고, 다음날 아침 일찍 하산하여 울산을 거쳐서 또 버스를 타고
가다가 내려서 10리 길을 걸어서 같은 울주군 대현면大峴面 세죽리細竹里의 개운포를 찾았

개운포 앞바다의
처용섬 – 그 건너에
처용촌이 있다.
(1963.4)

다. 개운포는 사람도 인가도 드문 고요한 갯가였고 그 앞바다에 처용암處容岩이 있고 그 입만入灣 300여m 건너에 온산면溫山面 처용촌處容村이 있었다. 처용촌은 호수 30, 김해 김씨가 약 반수로 14대조 때에 처음 입촌했다고 한다.

이 처용촌과 이웃 신기新基, 학동鶴洞 등 세 마을을 합해서 처용리라 하는데 호수는 100여 호, 3년마다 이웃 당월리唐月里, 달포리達浦里 등과 합해서 윤번으로 개최하는 별신 굿이 성행하며 선주, 상인들이 무수히 모여들어서 정월 14일 밤부터 주야 일주 여에 걸친다고 했다. 오히려 노인들이 미루려고 해도 청년들이 해상사고가 잦다고 실행을 독촉한다는 것이었다.

처용촌에서 이웃 200여m 앞바다에 천연기념물로 지정 보호를 받고 있는 동백으로 유명한 춘도椿島에 벚꽃이 구름같이 만발해서 손짓했고, 관람객들이 많이 드나들기에 들려 보았다. 때마침 만발한 벚꽃에 동백꽃도 한창이고 그것이 대나무 숲에 수를 놓은 것이 참으로 황홀한 가경이었다.

『처용연구』(서울 시립무용단 文―枝 엮음, 1987)

VIII.
제주도 무속신화 :
본풀이 전승의 현장 연구

1. 머리말

제주도의 서사무가 본풀이의 전승은 그 분량이 대단히 방대하다. 본토에도 물론 서사무가는 전승하지만, 그 어느 지역의 전승량도 비교가 되지 않을 만큼 제주도의 전승 분량은 방대하다. 일리아드Iliad가 15,000행이고, 오디세이Odyssey는 12,000행이어서 확실히 기억하기에는 너무나 길다고 하지만[1] 제주도의 전승 분량도 그에 못지 않고, 현재도 많은 심방들에 의해서 구연되고 있다.

400~500페이지의 한 권의 책이 되고도 남을 이 방대한 분량의 서사무가를 제주도 심방들은 어떻게 외우고 구연하는가? 그 학습 과정은 어떠하며 암송, 구연의 방법은 어떠한가? 제주도 무속세계와 그 신학체계와의 연관성의 실제는 어떠한가? 더 나아가서 소위 음송시인과 심방과의 유사성과 차이점은 무엇이고, 본풀이의 문학사적인 위상은 어떠한가? 이러한 측면의 관심들은 앞으로도 두고 더 논의되어나가야 할 것이다.

---

1 Ruth Finnegan, *Oral Poetry*, Cambridge University Press, 1977, p.58.

알버트 로드Albert B. Lord의 『이야기의 가객The Singer of Tales』(1960)이 출간된 이래로 그것이 세계 구비문학 연구계에 많은 영향을 주어 온 것이 사실이다. 한국에서도 1970년 대 후반에서부터 그의 구전상투어구론(oral formulaic theory)이 주목을 받기 시작하여 적지 않은 논의와 연구들이 있어왔다. 서사무가에 대해서도 구전상투어구론의 논의들은 있었 으나 그것은 판소리 분야에 더 많은 적용과 연구들이 있어왔다.

서사무가로서는 처음부터 언급한 대로 제주도의 본풀이가 그 방대한 전승 분량으로서 도 더 관심의 대상이 되어야 할 것이 그 실정이다. 필자로서도 오랜 관심사였던 제주도 서사무가의 위의 문제들에 대해서 이 이론과 연구 경향들에 힘입어서 여기에 소견을 일단 종합정리해보고자 한다. 오랫동안 관련 자료들을 모아보기는 했으나 특히, 제주도 민속세 계의 세부 실정에는 외부인으로서는 어두운 면들이 없을 수가 없어서 앞으로 많은 교시를 바라고 싶다.

2. 본풀이의 상투적 표현과 문체론

본풀이의 전승에서는 표현 형식에서 먼저 두드러지게 눈에 띄는 것이 상투적 표현어구 가 대단히 많은 점이다. 그리고 그 속에 다시 대구對句, 반복, 과장들로서 점층적 강세 표현 법이 자주 되풀이되는 점들도 눈에 띤다. 이러한 본풀이의 표현형식과 나아가서 그 문체를 먼저 살펴두기로 하겠다. 일반신본풀이에 많지만 처음에 부부간에 늙도록 자식이 없어서 한탄할 때에는 으레 다음과 같은 유사한 표현들이 장고의 리듬을 타고 흘러나온다.

"강답쌀이는 강나록과 차쌀이는 차나록을 싱거먹으며 사는 것이 천하거부로 살아 지되 20은 스물, 30은 서른, 40은 마흔, 50은 쉬은격이 근당하되 남녀간이 생불生佛없 어 무이이화 하옵대다."

(초공본풀이, 高大仲 口誦)[2]

여기에 중이 나타나서 기자불공을 권하는데, 이것도 다 유사한 상투적 표현들로 진행된다.

"황금산 도단땅 절간이 대大서직헌 소小서중이 하늘같은 금송낙을 둘러쓰고 지地애같은 굴장삼을 둘러입고 목에는 단주를 걸고, 손에는 목木덕을 치어."

"아방 먹던 금백미, 어멍 먹던 매백미 백근장百斤튽대 저울이고 밤이는 츤이슬을 마치고, 낮에는 츤벳을 마쳐 사흘 앞서는 단단 의복 개주심을 하고 마바리에 실러아정 우리 법당 원불수륙願佛水陸드리레 도옵소서."

이 뒷부분은 그 후 노부부의 실행이 똑같이 되풀이해서 또 다시 가창되는데 다만 끝은 "마바리에 실러아전 황금산 절간으로 부부간이 츨러아전 나고가는고!" 하고 강세형의 현재 종지형으로 가창되는 경우가 많다. 무엇보다도 기본적으로는 처처에 대구, 반복, 점층법 표현들이 속출하고 있다.

이리하여 절에 가서 소승을 부르고, 안내를 받고, 대사를 만나 뜻을 전하고, 기자불공을 드리는 대목들이 4, 5편의 일반신본풀이에 공통되게 정해져있는 공식적 표현어구들로 진행된다. 그리고 집에 돌아와서는

"부부간이 천상배필을 무엇더니
아방 몸에는 석달열흘 뼈를 빌고
어멍 몸에는 술을 얻고
일곱둘에 예치기상을 그리고
아홉달 열둘 과만준삭 채오시고
예궁예 아가씨 탄생하고

2 장주근, 『한국의 민간신앙』 자료편(東京 : 金花舍, 1973), 318쪽.

이 애기씨는 탄생해야시니."

이렇게 기자불공으로 점지된 태아의 탄생과정도 어디서나 같은 공식적 표현이다. 그렇게 해서 탄생된 아들 딸들이 주인공이 되는 셈인데, 그것이 일반신본풀이 10편 중 4, 5편이 다 유사하고 약간씩의 차이를 보여서 일반신본풀이의 강한 불교적 색채를 보여주기도 한다. 이러한 남녀 주인공의 생애는 각자 나름대로 전개되는데 그 과정에서도 상투어구들은 늘 공식적으로 따라다닌다.

등장인물이 장애에 부딪치면 크게 슬프건 약간 외롭건 간에 다음과 같은 표현도 하나의 공식어구이다.

"광주청 눈물은 쥐웅아반 연주지듯
비새같이 울면서 나고가는고!"

그리고 주인공이 여행을 하게 되면 다음과 같은 상투어구도 공식적 표현으로 나온다.

"어서 빨리 내 國 제주도로 가자
정尙道는 七十七關長 일흔일곱 關門
전라도는 五十三, 충청도는 三十三관장 들었구나
一濟州는 二巨저 三珍島 亽南海
금천 노기땅 배질흐라 제주도로 가자."

이것도 당신본풀이나 일반신본풀이에도 보이는 상투적 표현의 하나인데 상경上京길이건 하경길이건 실제에는 순서가 꼭 맞지는 않고, 다만 장고의 리듬과 더불어 긴 여정旅程의 느낌을 느끼게 해주는 것이다. 또 당신본풀이에는 당신의 직능職能으로서 다음과 같은 공식적 표현들도 자주 보인다.

"안은 버운 金册, 좀이 버운 금붓대

　　三千장 베릿돌에 一千장 먹을 굴려

　　올라 玉皇文세, 느려 이승 文세

　　戶籍 文세 帳籍 文세

　　낳는 날은 생산 잡고 죽는 날은

　　물故 落點 줏이ᄒ던 천ᄌ또."

(細花里 本郷본풀이, 高大仲 口誦)[3]

　　한아름이 넘는 책과, 한 줌이 넘는 붓대로 마을 주민들의 생사를 관장한다는 당신의 구실을 표현한 이 관용구들도 오랜 관용에서 연마된 제주도 서사무가 특유의 맛을 느끼게 해주는 상투적 표현의 하나이다. 로드A.Lord는 일리아드에서 보기로 15행을 옮겨놓고 그 90%는 상투어구로 분석되는 점에 주의할 것이며, 그 상투어구의 테크닉이 완벽함을 칭찬했는데,[4] 제주도 서사무가도 대부분이 상투어구이며 나름대로의 원숙성을 여기서 보여주고 있다.

　　이상 제주도 서사무가의 상투적 표현의 몇 대목을 먼저 인용해 보았다. 여기에는 처처에 대구, 반복, 과장과 점층적 강세 표현법들이 적절히 조화된 상투적 표현 단위들이 보인다. 이러한 표현 단위들은 모두 그대로 또한 축약 변화형으로도 일반신본풀이나 당신본풀이들 전체 서사무가의 여기저기에 3, 4획씩에서 10여 회까지도 공식적으로 사용되고 있는 것이 보인다.

　　여기서 잠깐 전기한 로드A.Lord의 구전상투어구론과 한국에서의 그 적용 연구 예들을 살피기로 하겠다. 로드의 이 『이야기의 가객The Singer of Tales』은 그의 스승 밀만 패리 Millman Parry가 1930년대에 유고슬라비아의 음송시인들과 그 서사시를 현지 조사한 결과를 계승 발전시킨 구비서사시의 이론체계를 제시한 책이다. 여기에서 중요한 개념은

3　장주근, 위의 책, 291쪽.

4　Albert B. Lord, *The Singer of Tales*, Harvard University Press, 1973, pp.142~144.

formula와 theme이다.

로드는 formula란 "하나의 주어진 핵심적인 생각을 표현하기 위하여 동일한 율격 조건하에서 규칙적으로 사용되는 단어군(a group of words which is regularly employed under the same metrical conditions to express a given essential idea)"이라는 패리의 정의를 인용했다. 그리고 '상투적 표현(formulaic expression)'이라는 말은 상투어구들의 패턴 위에 구성된 한줄 또는 반줄을 의미한다고 부연하고 있다.

다음에 theme에 대해서는 '노래들 속의 반복된 사건들이나 묘사적 대목들(the repeated incidents and descriptive passages in the songs)'을 가리키는 것이라고 먼저 서두에서 두 낱말의 정의를 일단 내려놓고 있다.[5] 이 formula에 대해서는 투식어구,[6] 상투적 표현단위,[7] 상투어구,[8] 공식적 표현구[9]들의 번역어 사용 예들이 있어 왔다.

한편 theme에 대해서는 김병국은 무어라고 번역하기 어려운 이 말을 그 내포하는 의미에 따라서 '핵심적 개념'이라 했고, 서대석과 이헌홍은 그것을 판소리의 '삽입가요'에 해당하는 것으로 여기고 있다. 이헌홍은 로드가 formula보다 더 큰 단위 즉 formula의 그룹을 theme라고 했는데, 이것 역시 이미 형성되어 있는 단위이며 우리 판소리나 서사무가의 삽입가요에 해당된다고 할 수 있을 듯하다. 따라서 theme이란 생경한 용어를 굳이 쓸 필요가 없고 '삽입가요'라는 용어가 더 설득력이 있을 것이라고 하고 있다.[10]

판소리에 대해서는 theme에 해당하는 삽입가요의 연구가 특히 김동욱의 연구 이래로 계속 지금까지도 많이 쌓여오고 있다. 서사민요는 연구 인원은 적었으나 조동일이 그의 『서사민요연구』(1970)의 4.문체론에서 서사민요가 지닌 '공식적 관용적 차용적 표현'의 구전적 실상과, 그 언어 구조적 규칙과 이의 문학적 기능 및 효과를 다각도로 분석 검토하고

---

5 Albert B. Lord., 위의 책, p.4.

6 서대석, 『한국무가의 연구』(1980), 139쪽.

7 이헌홍, 「판소리의 '포뮬라'에 대하여」, 『한국민속학』 15(1982), 147쪽.

8 최정무, 「口述－常套語句論」, 『민담학개론』(1982), 158쪽.

9 김병국, 「口碑敍事詩로서 본 판소리 사설의 構成方式」, 『韓國學報』 27(1982), 129쪽.

10 이헌홍, 앞의 글, 145~147쪽.

있다. 그는 이 책에서 구전 공식구 이론을 직접 거론한 적은 없으나 실상 방법론적으로는 이를 포괄하고 있다고 평가되고 있다.[11]

서사무가에 대해서는 서대석이 한국인으로서는 처음으로 로드의 이론을 소개하며 판소리와의 대비 연구를 시도하였다.[12] 그리고 서사무가에 대해서는 그는 다음과 같이 말하고 있다. "서사무가를 구성하는 언어도 우리가 알고 사용하는 말임에는 틀림없다. 그러나 무가로서의 투식어구(formula)는 지역에 따라 무풍에 따라 차이가 있다.

이러한 투식어구는 축원이나 공수 등 서사무가가 아닌 일반무가에도 많이 등장한다. 그리고 이처럼 암기된 일반 무가의 단위들은 서사무가를 구연할 때 적절하게 서사구조 속에 안배되는 것이다. 무당들이 학습하는 것은 투식어구만이 아니다. 무경巫經, 불경, 민요, 잡가, 유행가에 이르기까지 세속가요 전반을 공부하고 그 모든 단위가 서사무가 구연에 이용되는 것이다.

서사무가의 줄거리는 설화와 같아서 그것을 기억하는 것은 큰 문제가 되지 않는다. 문제는 어떤 장면의 묘사에 동원된 구체적 사설에 있다. 그런데 그 사설은 대체로 이미 학습했던 구비문학 단위라는 사실이다. 따라서 서사무가 구연자는 작품의 줄거리와 그 속에 안배된 삽입단위(theme)의 종류와 순서를 기억하면 구연시에 서사무가의 구연본口演本을 조직할 수 있다."[13]

긴 인용을 조금은 축약했으나, 이제 서사무가에서의 formula와 theme의 존재양상과 작용은 매우 평이하게 일단 설명이 된 것으로 여겨진다. 그런데 theme보다는 formula의 기능이 훨씬 중요하다는 것은 인식되어야 하겠다. 이헌홍은 이야기 줄거리 단락은 상투적 표현단위들을 중심으로 전개되며, 상투적 표현단위들이 특성 상황이나 사건의 표현 및 묘사라는 목표를 위해서 집중적으로 사용되는 경우가 삽입가요인 셈이라는 것을 강조하고 있다.[14]

---

11 김병국, 앞의 글, 134쪽.

12 서대석, 「판소리의 전승론적 연구 – 서사무가와의 대비에서」, 『현상과 인식』 3:3(1979 가을호).

13 서대석, 『한국무가의 연구』(문학사상사, 1980), 139~140쪽.

14 이헌홍, 「판소리의 '포뮬라'에 대하여」, 『한국민속학』 15(1982), 154~155쪽.

VIII. 제주도 무속신화 : 본풀이 전승의 현장 연구   **539**

이것을 제주도 본풀이에서 예를 들면 위에서 보인 바와 같다. 즉, "강쌀이는 강나록과 차답이는 차나록을 싱거먹으며", "아방 먹던 금백미, 어멍 먹던 매백미 百斤長대 저울이고", "안은 버운 金冊, 줍이 버운 금붓대" 등과 같은 상투어구들이 필요에 따라서 공식적으로 적소에 안배된다. 그리고

> "아방 몸에는 석달열흘 뼈를 빌고
> 어멍 몸에는 슬을 얻고
> 일곱들에 예치기상을 그리고
> 아홉달 열들 과만준삭 채오시고."

같은 묘사구절의 그룹은 서사무가를 떠나서도 독자적으로 전승되는 잉태과정의 단위로서 삽입가요에 해당되는 것이라고 하겠다. 삽입가요는 판소리에 많고 서사무가에는 상투어구가 주종을 이루고 있다.

이러한 상투어구들을 주로 해서 여기에 삽입가요도 곁들이면서 본풀이는 전승되는 것이겠는데, 이제 그 표현상의 특징을 더 들어서 본풀이의 문체론을 일단 마무리해두기로 하겠다. 그런데 본풀이의 서술 진행에서 하나 더 눈에 띄는 것에 잦은 대화 형식이 있다. 이것은 현대소설의 대화 정도를 지나쳐서 희곡과의 중간 정도로 여겨지는 경우들도 있다. 예를 하나 들어보기로 하겠다.

> "銀粧아가 은장아가 너는 누구 덕에 밥을 먹고
> 은대영에 싯술ᄒ고 놋대영에 시수를 ᄒ느냐?"
> "아바님도 덕입네다. 어머님도 덕입네다."
> "나 ᄯᅩᆯ애기 착실하다. 내(네)방으로 들어가라."
> 놋장애길 불러내고
> "놋장아가 놋장아가 너는 누구 덕이 밥을 먹고
> 놋대영에 싯술 ᄒ고 은대영에 싯술 ᄒ느냐?"

"아바님도 덕입네다 어머님도 덕입네다."

"나 똘애기 착실하다 네 방으로 들어가라."

감은장애길 불러내고…

(三公본풀이, 高大仲 口誦)[15]

또 같은 대화를 되풀이하는데, 이렇듯 지문은 거의 없이 대화만으로 사건을 전개시켜 나가는 경우들이 적지 않다. 그래서 본풀이의 표현 형식과 그 문체론의 특성을 여기서 일단 요약하면 다음과 같이 정리할 수가 있다.

① 상투용어가 대단히 많은 운문이라는 점

② 그 상투용어들이 대구, 반복, 과장 등의 점층적 강세표현이 많은 점

③ 현재형의 서술이 많고 강세 종지형 내지는 감탄 종지형이 많은 점. 이것은 위에도 잠깐 그 예가 보였듯이 "울면서 나고가는고!" "출려아전 나고가는고!" 로 눈앞에서 신이 현현顯現하고 행동하는 듯한 강세 표현들을 하고 있는 점이 주목된다.

④ 대화가 많은 점들이다.[16]

이러한 본풀이의 문체에 대해서는 일찍이 현용준도 다음과 같이 그것을 정리한 바가 있었다.

① 문체의 운율성

② 현재형 서술

③ 대화의 형식

---

15 장주근, 앞의 책, 337쪽.

16 장주근, 『한국의 민간신앙』 논고편(동경 : 금화사, 1973), 123~126쪽.

④ 상투적 표현

⑤ 반복, 대구, 과장 등의 수사법[17]

이렇듯 상투용어와 대화가 많은 점들은 본토의 예컨대 동해안의 서사무가에도 공통점이 보인다. 그리고 또 『월인석보』의 불전설화들에도 이와 유사한 문체와 표현형식들이 보여서 흥미로운 바가 많다. 사재동이 그 문체를 요약 정리한 바를 그대로 인용하면 다음과 같다.

① 고대소설이 한자 숙어들을 주로 사용한데 반해서 순우리말을 잘 골라 쓰고 있는 점

② 희곡의 대화법과도 유사하게 당시의 실제 회화와 유사하게 언문 일치적인 대화형식이 많은 점

③ 고사숙어를 나열한 번지르르한 문장이 아니고 구상적 표현을 한 점

④ 실속 없는 화려체가 아니고 간결체 문장을 이루고 있는 점

⑤ 각 장면에 설명을 삼가고 묘사를 주로 해서 실감이 있게 한 점

⑥ 문체의 기교면에서 대조법, 점층법, 강세법, 비유법 등을 자연스럽게 사용하고 있는 점[18]

위에서 ① 순우리말의 ② 언문일치적인 대화 형식이 많은 점에 ⑥ 문체의 기교면에서 대조법, 강세법, 비유법 등이 사용되고 있는 점들은 서사무가와 같다. 그리고 지금은 『월인석보月印釋譜』의 불전설화들이 화청으로 간주되고 있는데[19] 「안락국태자경」들도 화청으로서 불교계에서 가창되던 서사가요였을 가능성을 가늠할 수 있는 측면 자료로서 더 면밀

---

17 현용준, 「本풀이의 형식과 내용」, 『한국언어문학』 창간호(1963); 『무속신화와 문헌신화』(집문당, 1992), 51~55쪽에 수록.

18 사재동, 「安樂國太子經 研究」, 『語文研究』 5輯(大田語文研究會, 1967), 118~120쪽.

19 임기중, 「화청과 가사문학」, 『국어국문학』 97(1987), 241~247쪽.

한 연구 검토가 필요하지 않을까 생각되기도 한다.

이러한 상투어구나 대화형식들은 판소리에도 아니리나 창에도 두루 보이고 있다. 그리고 그러한 많은 대화들은 오디세이에도 보이거니와 이 그리스의 서사시나 남부 슬라브의 서사시들도 상투어구의 테크닉을 같은 원리로 똑같이 운영하고 있다고 로드는 거듭 강조하고 있다.[20]

3. 본풀이의 서사 법칙

올리크A.Olrik는 구비전승물들에는 그것을 구성하는 일반적인 법칙이 있음을 지적하고 그것을 서사시 법칙(epic laws)이라고 명명했다. 거기에는 개화開話의 법칙, 종결의 법칙, 반복의 법칙, 3의 법칙, 한 장면 2인人의 법칙, 대조의 법칙, 쌍雙의 법칙 등 10여 가지가 있다고 나열 설명을 하고 있다.[21] 본풀이에도 본풀이 나름으로 유사한 서사적 법칙이 보이니 이것을 정리해보면 다음과 같다.

첫째는 개화開話의 법칙이다. 본풀이의 구송에서는 대개 그 첫머리에 먼저 신에게 본풀이를 올린다는 인사를 드리고 나서 등장하는 주요한 신명을 나열하거나, 계보를 먼저 제시하는데 예를 들어보면 다음과 같다.

> "初公본풀이 아룁니다.
> 초공 임정국상시당 마누라님
> 짚은 궁도 궁입내다. 얖은 궁도 궁입내다.
> 삼저삼궁 전제석궁 신임 초공 임정국상시당.
> 초공 하르바님 姓하르방(親祖父)은 釋하如리

---

20 A. Lord, 앞의 책, p.144.
21 A. Olrik, "Epic Laws of Folk Narrative", A. Dundes ed., *The Study of Folklore*, Prentice-Hall, 1965, pp.129~141.

성하르망(親祖母)은 釋카牟尼

외하르방은 天에 올라 임정국 대감님

외할마님은 地에 나려 지애 김진국부인님

초공 아방은 황금산 주접先生

초공 어멍은 노가단풍 자지명왕애기씨

저 산 앞이 발이 벗나 줄이 벗나 광대월산 금하늘

신임 초공 임정국 상시당 하늘님

前성 굿인 신9월 초여드레 본명두

열여드레 신명두, 스무여드레 沙羅 西쪽 삼명두

저승은 三十王 이승은 삼하늘 삼명두

28년 신임 초공 임정국 상시당 마누라님 난수생(본풀이)입니다."

(初公본풀이, 高大仲 口誦)

안사인安仕仁 구송본口誦本도 이와 거의 같은데[22] 박봉춘본朴奉春本은 다음과 같이 간략화되면서도 개화의 법칙을 지키며 본풀이의 내용에 들어가고 있다.[23]

"임정국 天下文章, 금정국 地下文章

황금산 朱子先生, 로계단풍 테역단풍 자지명왕아기씨

初공이 二궁이 三궁이 본풀이 아룁니다.

무슨 본풀이냐 하옵거든

천하문장과 지하문장의 양두 夫婦가 임정국에 사옵는데."

---

22 현용준, 『제주도무속자료사전』(신구문화사, 1980), 143쪽.
23 秋葉隆, 『조선무속의 연구』 상권(1937), 388쪽.

이러한 서두의 신의 계보는 당신본풀이에도 자주 나타나서 지역 신들의 계보와 나아가서는 당신들의 신학의 체계도 먼저 제시를 한다.

"웃손당(上松堂) 금백조(祖宗여신), 샛손당 새명조

알손당은 소로 소천국(祖宗남신)

아들애기 열여덟, 딸애기 열여덟,

가지질소싱(孫子) 3백이른여덟,

큰아들은 거머 문곡성(南郡 安德面 沙溪里 堂神)

둘챗아들은 大靜 廣靜堂(堂神)

셋챗아들은 웃내끼(南郡 表善面 下川里 堂神)

네챗아들은 광영당(濟州市 廣壤堂神)

다섯챗아들은 열두시 내왓당(濟州市 川外堂神)

여섯챗아들은 서낭당(濟州市 城隍堂神)

일곱챗아들은 괴로본산국(北郡 舊左面 漢東里 堂神)

여덥채아들은 걸머리 큰도한전(濟州市 巨老里 堂神)

아홉채아들은 글도 활도 몰라지어

三千백맷댈(兵馬旗) 거느려, 네눈이 반등갱이(獵犬)거느려."

(드리堂 [朝天面 橋來里 堂神] 본향본풀이, 金午生 口誦)[24]

이렇듯 본풀이는 그 서두에서 신의 계보와 신학의 체계를 전제하면서도 여전히 대구와 반복으로 율조를 띤 음성 주술성을 나타내는데, 가다가는 직접 신을 강림시키려는 언어주술적 속담을 전제하는 경우들도 적지 않다. "귀신은 本을 풀면 신나락 만나락하고 生人은 본을 풀면 百年 원수가 된다."는 것이 그 속담인데 이것은 인간은 결점이 많으니 근본을 다 풀어내면 원수가 될 수밖에 없으나, 신은 훌륭하니 본을 풀면 칭찬을 듣게 되어

---

24 장주근, 앞의 책, 286쪽.

의기양양해서 거동하고 강림도 한다는 것인데, 이것이 직접 서두에 다음과 같이 삽입되는 일이 적지 않다.

> "일뢰한집(七日堂神) 난수생(본풀이) 올립니다.
> 본사국(本産國)데레 과광성(활발하게) 신풀어사옵소서(降神하옵소서)
> 生人은 本을 풀어 百年 원수집니다.
> 구神은 本을 풀면 과광성 신풀어삽니다.
> 일뢰또한집 어멍국은 웃손당(上松堂) 백주님
> 아바님은 알손당 소천국 하르바님
> 하나 두개 시개 늬개 다섯 여섯 일고차 아들입니다."
>
> (토산 웃당 [疾病神·龍女神] 본풀이, 高大仲 口誦)[25]

그래서 본풀이의 서두序頭의 법칙은 신에게 본풀이를 올린다는 인사를 드리면서 운율적, 또는 언어적 주술성으로 신을 거동시키는 한편, 신들의 계보를 나열해서 신학적인 상호관계를 밝히고 주인공의 활동으로 이끌어나가는 방식이라고 할 수가 있다.

둘째는 반복의 법칙이다. 반복은 표현에서도 반복·대구들이 상투어구로도 허다하다. 올리크A.Olrik는 반복은 대개 3회이고 3이 법칙이며, 7이나 12, 기타도 물론 있으나 3은 신화, 전설, 민담들에 믿을 수 없을 만큼 자주 나오는 것으로 호머Homer의 서사시에도 고대 아이스랜드의 서사시집 『에다Edda』 등에도 있는 것이라고 지적하고 있다.[26]

김영일도 바리공주에서 "물 3년 길어주소, 불 3년 째여주소, 석삼년 아홉해를 살고나니 무상신선 하는 말이"처럼 3이라는 이미지에 의한 반복이 다양하게 전문면全文面 도처에서 52회나 거듭되는 양상을 보여주고 있다고 지적하고 있다.[27]

---

25 장주근, 앞의 책, 294쪽.
26 A. Olrik, 앞의 책, p.131.
27 김영일, 「무가의 주술적 기능과 서사구조」, 『加羅文化』 2輯(1983), 58쪽.

제주도의 본풀이도 물론 같은데, 특히 눈에 띄는 것이 삼 형제, 세 자매들의 3회의 되풀이이다. 송당계松堂系 아들신이 담겨서 추방된 무쇠설꽉이 용왕국의 무나무(산호) 上가지에 걸린 대목에서

> "큰똘애기 불러내여 「무우남 우이 바래여보라」
> 큰똘애기 나고보니 「아무것도 없습니다」
> 「둘찻똘애기가 나고보라」 「아무것도 없습니다.」
> 「싯찻똘아가 나고보라」 세찻딸아가 나고보니
> 무우나무 上가지에 무쇠설꽉이 걸어지었더라.
> 「큰똘아기 ᄂ리우라」 흔귀도 들싹 못내흔다
> 「못ᄂ리우겠습니다」 「둘찻똘아기 ᄂ리우라」
> 흔귀도 들싹 못내 ᄂ리우니 「못ᄂ리우겠습니다」
> 「싯찻똘아기 ᄂ리우라」 셋찻똘아기가 나고가서
> 무우남 우이 무쇠설꽉을 ᄂ리웁데다. ᄂ리와놓고
> 「큰똘아기 열아보라」 못내연다.
> 「샛똘아기 열아보라」 못내엽데다.
> 「족은똘애기 열아보라」 족은똘애기가."
>
> (토산 웃堂神 본풀이, 高大仲 口誦)

세 딸이 무쇠설꽉 찾아보기를 3회 반복하고 이어서 끌어내리기를 3회, 열어보기를 또 3회씩, 3중으로 3회를 되풀이하고 있는데, 그것으로도 끝나지 않고 무쇠설꽉에서 나온 주인공은 곧 이어서

> "「큰딸 방으로 드옵소서」 눈도 아니 거듭뜬다.
> 「셋딸 방으로 드옵소서」 눈도 아니 거듭뜬다.
> 「족은딸 방으로 드옵소서」 서른여듭 늬빠디를

허허덩쌍 우습다. 족은딸 방으로 들어간다."

이렇듯 다시 세 딸 방이 되풀이된다. 이러한 3회의 반복은 일반신본풀이에서도 예컨대
삼공三公본풀이의 세 딸과 세 마퉁이 대목에서는 실로 5회의 2중 3중의 반복이 되풀이되
고 있다. 그 첫 번째는 위에서 이미 본풀이에 대화가 빈번하다는 지적에서 세 딸에게 누
구 덕에 잘사느냐는 부녀간 문답의 3회 되풀이를 인용 제시한 바가 있다.

　　다시 집에서 추방된 감은장아기가 길을 가다가 마퉁이 삼 형제를 만나는 대목에서
는 또 ① 길을 묻는 대목, ② 그 집에 유숙하는 대목, ③ 쌀밥을 먹여보는 대목, ④ 발 막
기로 셋째 마퉁이와 혼인하는 대목 등에서 연속 4회나 마퉁이 삼 형제와의 3회 반복이
거듭된다. 여기서는 ①과 ②의 각기 3회 반복 중에서 첫 번째만을 보기로서 인용해두기
로 한다.

　　　　"「마 파는 신선비님 어들로 가면 人間체를 가옵니까?」
　　　　이말ᄒ니 큰마퉁이가 말을 ᄒ되
　　　　「예펜은 꿈에 시꾸와도(보여도) 새물(邪物)이라 모쓴다
　　　　마 야개기만(목아지처럼) 꺾어져라」 厚辱ᄒ니
　　　　그대로 돌아오라(下女가) 감은장아기씨보고 말을 ᄒ되
　　　　「마 야개기 꺾어져라 말을 ᄒ며 예펜은
　　　　꿈에 시꾸와도 몹쓴는다 어서 가라 후욕허여
　　　　돌아오랐습니다」 다시 고쳐 가다보니 샛마퉁이…."

　　　　　　　　　　　　　　　　　　　　　　　(三公본풀이, 高大仲 口誦)[28]

　　샛마퉁이도 위와 꼭 같이 후욕을 반복하고 3회째 족은 마퉁이에게 꼭 같이 묻고 비로
소 안내를 받는데, 그 안내받은 곳이 하나밖에 없는 마퉁이네 집이다. 여기서도 마퉁이

28　장주근, 앞의 책, 327쪽.

삼 형제의 대응이 3회 또 되풀이된다.

　　　　"을크르랑 울크르랑 ᄒᆞ는 소리가 나는구나

　　　　「할마님 저것은 무신 소리 되옵니까?」

　　　　「우리집이 큰마퉁이 마파서 둥글어오는 소리 되옵니다.」

　　　　조끔 시니 큰 마퉁이가 마를 파고

　　　　맥다리에 짊어지고 들어온다. 들어오고

　　　　「저건 누게우까?」 물으시니 「길 넘어가는 사람

　　　　집 빌렌ᄒᆞ와 집은 없어, 못빌리고

　　　　마당 구석 빌려주었노라」 일르시니

　　　　「이 늙은이 저 늙은이 늙구두고 쒜모들이 ᄀᆞᆮ은

　　　　늙은이, 우리 삼 형제가 마 파다가

　　　　씹두던이가 밸라지게 멕영 놓아두명

　　　　집이 앉아둠서로 질간나이 뙤깐나이 멈쳤구나」."

　　이런 후욕도 샛마퉁이가 또 되풀이하고 3회째로 족은마퉁이의 친절한 안내를 받게 된다. 때문에 필록자도 이런 대목에 들어서면 다음이 예견되거니와 이러한 반복의 진행은 구송자ㅁ誦者들에게 암송의 편의도 주었을 것이다. 올리크는 인도 같이 종교 관념에 따라서는 예외로 4가 중요할 수도 있으나 그 밖에 7, 12도 있다고 했는데,[29] 제주도 본풀이에도 실제로 12회까지의 똑같은 되풀이도 보인다.

　　　　"저정비 亂이 일어 세変, 都元시 막을 때에

　　　　머리 하나 돋은 장수 목을 베어 신전 내울리고

　　　　머리 둘 돋은 장수 신전에 올리고(神前에 바치고)

29　A. Olrik, 앞의 책, p.133.

(머리 3, 4, 5, 6, 7, 8, 9, 10 돈은 장수 신전내 올리고, … 거듭 중복 가창 …)

머리 열하나 돈은 장수 신전내 올리고

머리 열둘 돈은 장수 신전내 울리고."

(細花里本鄕본풀이, 高大仲 口誦)[30]

이 3, 7, 12들은 다 종교적인 성수이고, 그 반복은 뜻의 강조와 직결된다.

다음에 올리크가 말한 한 장면에 2인 이상의 등장인물 제한의 법칙, 대조의 법칙 등 이하는 여기서는 너무 장황해지겠기에 생략하기로 한다. 다만 한 장면에 둘 이상이 등장 하면 서사 진전에 혼돈이 생기겠기에 피하게 된 것 같다. 대조의 법칙은 선善과 악惡, 인 간人間과 괴물怪物, 청년靑年과 노인老人, 빈貧과 부富, 대大와 소小의 대립으로 이것은 서사 물의 기본율基本律이며 이것은 위 한 장면 2인人의 법칙과 상관관계를 가진다는 시사성 있는 견해들을 올리크는 피력하고 있다.[31]

끝으로 여기서는 본풀이의 종결終結의 법칙을 살피고 마치기로 하겠다. 본풀이는 신화 로서 신화가 가지는 원초적 설명성으로 그 끝을 맺는 경우가 많다.

그 법으로 노일국 노일저댄(厠神) 동토(동티)지신

토조나라 토조부인은 조왕할망

남명복당 남선빈 문전할으방

큰아들은 저 올래(入口)의 주먹대신(柱木大神)

남은 ᄋᆞᆺ성젠 큰성 혼정(魂)을 빼앗안

하늘에 올라간 北斗七星으로 들어샀수다.

(門前본풀이, 이춘아 口誦)[32]

---

30 장주근, 앞의 책, 293쪽.

31 A. Olrik, 앞의 책, p.135.

32 진성기, 『제주도 무가 본풀이사전』(민속원, 1991), 111쪽.

그 법으로 금시상에 어멍은 죽으민

먹우낭 방장대(상주지팡이)를 짚으곡

아방은 죽으민 왕대(竹)로 방장댈 ᄒᆞ영 짚으곡

또시 동싱은 죽으민 두건도 망건 우이 씨곡

동싱은 옷 우이 ᄇᆞ름이라 동싱 죽음은 거름이라 흡네다.

금시상 기일 제ᄉᆞ법이 그때에 김칫골 원님이 낸 법이우다.

(差使本풀이, 김해춘 口誦)[33]

이상의 두 인용문은 각기 그 본풀이의 끝부분인데, 이와 같이 그 결말을 본풀이의 내용에 등장했던 신들이 각기 신직神職을 맡아서 신격으로 좌정하게 된 결과를 설명하거나, 또는 자연현상(여기서는 북두칠성北斗七星)이나 인문현상(장례법)의 연원을 설명하려는 의식이 많이 작용하고 있다는 것을 알 수가 있다. 이것이 당신본풀이의 끝에서는 "한집님이 나려사 상받읍서.", "어진 한집님전 축하올립니다." 등으로 본풀이가 끝난 것을 아뢰고 기원의 말로 넘어가는 것이 일반적이다.

4. 본풀이의 구성

1) 당신본풀이의 구성

제주도의 신당은 최근에는 250여 개가 조사된 바 있으나[34] 반 이상은 본풀이 전승이 보이지 않고 있으며, 있어도 신명에 제일들만이 따르는 한두 줄 정도의 경우가 적지 않다. 그러나 당신본풀이들은 한라산과 바다 등 그 지리성을 긴밀하게 반영하며 강하게 토착적

---

33 진성기, 위의 책, 228쪽.

34 문무병, 「제주도 당신앙연구」(제주대 대학원 박사학위논문, 1993), 47쪽.

인 자생신화의 성격을 보여주어서 소중하다.

당신본풀이는 ① 신명神名 ② 신의 출처와 좌정경위담 ③ 신의 역할 ④ 제일 ⑤ 동네 단골 성씨명 ⑥ 축원들로 구성된다. 이러한 몇 줄 정도의 짧은 본풀이들이 장편화하는 것은 ② 신의 출처와 좌정경위담에 의하는 것인데, 그 주요 모티프들과 그 결합 형태를 유형별로 나누어보면 다음과 같다.

Ⓐ 기원형起源形 : ① 남신의 용출 또는 ② 여신의 입도만으로 형성된 단편들
Ⓑ 기본형基本形 : ① 남신의 용출 + ③ 좌정경위담 또는 ② 여신의 입도 + ③ 좌정경위담
Ⓒ 성장형成長形 : ① + ② + ③ ↔ ④ 남녀신男女神의 결혼結婚
Ⓓ 완성형完成形 : ① + ② + ③ ↔ ④ + ⑤ 남녀신男女神의 식성食性의 갈등葛藤과 별거別居 + ⑥ 추방追放된 자신子神의 해중무용담

여기서 Ⓐ 기원형은 몇 줄 정도의 단편인데, 이것이 태반이고, Ⓑ 기본형은 한 페이지 이내의 단편이나마 서사성을 띠기 시작하며 Ⓒ 성장형은 한두 페이지 정도의 길이로 본풀이다운 구색을 갖추는데, 삼성신화도 여기에 포함될 성격의 것이 된다. Ⓒ 완성형은 5~6페이지 정도의 신화다운 서사시성도 갖추는데, 이것은 송당, 김녕괴내귓당, 토산 웃당龍王女, 治病神, 토산 알당蛇神, 제주시 내왓당, 서귀리 본향당본풀이 등 6편 정도에 불과하다.

그래서 제주도의 당신신화는 몹시 가난한 신화의 세계라고 할 수도 있다. 그러나 거기에는 각 마을의 향토신앙에 대한 신학의 체계가 있고, 함부로 공상과 창작하는 것을 허용치 않는 당신 신앙 체계상의 제약이 있다. 그래서 그것은 아직 결코 서사시는 아니고 그 전단계인 종교의례를 좌우하는 신화의 세계인 것이다.

톰슨은 예컨대 캘리포니아 서남부와 그린랜드의 설화는 도저히 동일 세계의 것으로는 보기 어려울만큼 차이가 많다고 했다.[35] 그러나 던데스는 그 광대한 지역의 북미 인디언의 설화들도 결코 모티프들이 멋대로 우연하게 집성된 것이 아니고 ① 결핍缺乏, ② 결핍

의 해소, ③ 금지, ④ 위반, ⑤ 결과, ⑥ 탈출의 시도, ⑦ 성공, ⑧ 기만 등 8개의 motifime이 4개의 연결구조의 유형을 이루는 것이라고 종합한 바가 있었다.[36]

그에 비하면 제주도는 지역도 좁고 당신본풀이만이면 70~80편 정도로 수효도 적다. 그리고 그 모티프들은 다 그만한 종교 내지는 문화사적인 의미들을 가진다. 예컨대 ① 남신의 용출은 한라산에서의 용출이 많고 그것은 산악숭배성과 동시에 그들의 수렵 육식 생활은 원초적인 남성 수렵문화의 토착성을 반영한 것이다. ② 여신의 용왕국에서의 입도 는 섬 사회의 해양숭배성과 동시에 그녀들의 미식성, 권농 등은 새로운 농경문화의 유입 을 반영하기도 한다.

그에 따라서 제의에서도 남신에게는 육류를, 여신에게는 백미를 바쳐야 하는 제법상 의 지침이 생기기도 한다. ③ 좌정경위도 남신은 수렵육식신답게 사시복지射矢卜地하는 경 우가 많고, 여신은 자신의 좌정을 흉험을 주어서 지역민에게 알려서 신봉하게 하거나, ④ 남신과 결혼하고 나서 같이 좌정하기도 한다. 삼성신화는 후자에 속하는 셈이고, 유교적 인 족보상의 시조신화답게 여기서 점잖게 마무리되고 있다.

⑤ 식성의 갈등과 별거는 남신의 육식과 여신의 미식으로 인한 갈등이 많은데, 반대로 여신의 돈육식豚肉食을 부정하다고 귀양 보내는 별거도 있다. 이러한 갈등 속에서 ⑥ 추방된 아들신의 무용담도 전개되는데 여기에는 서사시다운 문학성의 싹도 보인다고 할 것이다.

물론 이러한 모티프들의 연결 구조에는 예외도 있다. 서귀리 본향본풀이같은 경우 남 녀신의 갈등은 식성 때문이 아니고, 완전히 애정의 갈등으로 삼각관계를 이룬 끝에 남신 바람웃 또는 처제 지산국과 같이 서귀리당신으로 좌정하고, 본처였던 고산국은 이웃 서홍 리의 당신으로 좌정하고 만다.

그리고 이렇듯 두 마을 본향당신은 연적戀敵 사이여서 감정의 갈등이 심할 수밖에 없 어졌으니 "내 자손은 네게 못갈 것, 네 자손은 내게 못올거." 하고 땅 가르고 물 갈라서 영원히 서로 돌아서고 만다. 그래서 두 마을 자손들은 일체의 거래나 혼인들을 하지 않았

---

35 Stith Thompson, *The Folktale*, University of California Press, 1977, p.299.

36 Alan Dundes, "Structural Typology in North American Indian Folktale", *The Study of Folklore*, 1965, pp.206~215.

다고 하거니와[37] 이러한 말은 지금도 전하고 있고 이러한 유사한 사례는 구좌면 세화리와 평대리 당신본풀이에도 나온다.

따라서 이런 경우에는 본풀이는 단순히 종교의례와 관련되어서 의례의 근원을 이루는 데 그치지 않고 신앙민들의 생활관습의 근원을 풀이하기도 한다. 그래서 이 당신본풀이는 결코 우연한 모티프들의 집성일 수는 없고, 제주도 촌락 신앙의 종교체계이며 신학이 된 다. 또 제주도 지리성과 문화사를 반영하고 신화적인 상상성도 조금은 가미하고 있다.

그것은 그 유구한 역사에도 불구하고 가난한 신화의 세계인데, 그 가난도 결코 지척민 빈地瘠民貧이나, 후세 유교 합리성의 억압 때문만도 아니다. 그것은 신화로서 종교체계와 밀접한 상관성을 가졌던 때문인데 거기에 오히려 진실한 신화의 참모습이 있는 것이기에 더욱 값진 가난이다.[38]

2) 일반신一般神본풀이의 구성構成

일반신본풀이들에는 당신본풀이와 달리 제주도의 지리성도 지명도 보이지 않는다. 주 년국, 노싱생이노싱땅(초공, 세경본), 소천국(이공), 남방국(삼승할망본), 동계남은중절(이공, 세 경, 차사, 칠성본) 등으로 다 가상의 국명, 지명, 절 이름들이 그 발단에서부터 거명된다. 그 리고 본토의 서사무가들과 부분적으로나 전체적으로 줄거리가 공통되는 사례들도 적지 않다.

그래서 당신본풀이들이 제주도의 토착적이고 자생적인 신화들이라고 한다면, 일반신 본풀이들은 본토에서 유입된 것으로 그 형성 근원이 당신본풀이들과는 다르다는 점을 먼저 전제할 수가 있다. 지금 전승되는 일반신본풀이류는 다음과 같은 10편을 헤아릴

---

37 秋葉隆·赤松智城,『朝鮮巫俗の硏究』上卷(1937), 536쪽.
　　20여 년 전까지 서로 혼인하면 不幸해진다고 해서 혼인이 없었고, 피차 나무하러 갔다가도 病을 얻었다는 말도 전한다고 註에 기록되어 있다.
38 장주근,「제주도 당신신화의 구조와 의미」,『경기어문학』7집(1986), 249~256쪽.

수가 있다. ① 천지 도읍, ② 삼승할망, ③ 초공, ④ 이공, ⑤ 삼공, ⑥ 세경, ⑦ 차사, ⑧ 문전, ⑨ 칠성, ⑩ 맹감본풀이.

이 일반신본풀이들이 주인공의 전기적傳記的 구성構成으로 이루어진다는 것은 논자들이 대개 의견을 같이하는 것인데, 현용준은 그것을 다음과 같이 풀이한 바가 있었다.[39]

```
發端  －  起  － 出生
  ↓          ↓
經過  －  承  － 苦行 또는 結緣
  ↓    －  轉  － 回運 또는 破綻
結末  －  結  － 坐定
```

주인공들의 출생은 부모가 늦도록 자식이 없어서 절에 기자불공을 드린 결과로 탄생하는 경우가 많다. (이공, 세경, 차사, 칠성본풀이들) 그리고 무조신화 초공 삼 형제는 중의 아들로 태어나고, 삼승할망을 생불生佛할망, 그 굿거리는 불도佛道맞이라 부르고, 삼공은 전생인연신前生因緣神이라 하는 등으로 일반신들에는 불교 색조가 짙은 것도 하나의 특색이다.

승단承段에서는 재주는 뛰어나나 중의 아들이라는 신분 때문에 양반의 학대로 출세길이 막혀서 울분하거나(초공) 장자의 모진 학대와 모자가 고생하다 끝내 모친은 살해를 당하거나(이공) 부모에게 추방되어 유랑길을 떠나거나(삼공), 결연 후에 소식 없는 낭군을 찾아서 헤매거나(세경), 중의 자식을 잉태하여 쫓겨나거나(초공, 칠성), 처자를 위해서 장사길에 나섰다가 거지신세가 되거나(문전) 해서 고행이 계속된다.

전단轉段에서는 고행 끝에 소망이 이루어지나 반드시 행복해지지는 못하고 결국은 신으로서 좌정하게 된다. 중의 자식이어서 과거에 급제하고도 벼슬을 못하고 부친에게서 주구呪具를 얻고 무조가 된다거나(초공) 장자를 죽이고 모친을 소생시켜 서천 꽃감관이 된다든가(이공)하는데, 부모를 거지잔치에서 개안시키고 행복하게 끝맺는 경우도 있다.(삼공)

---

39 현용준, 『무속신화와 문헌신화』(집문당, 1992), 56쪽.

그 중에서 그리던 낭군을 만나 결혼생활에 들어가나 결국 파탄되고 실망하여 인간세계에 하강해서 농신으로 좌정하는 제석(세경)할망본풀이는 하나의 전형이 된다.

5. 심방과 전승의 현장

이중춘(1992년 62才)은 오현중학교 출신으로, 성품은 다소 까다로우나 학식과 조리가 있는 원로 심방으로서, 제주도 무형문화재 '영감놀이'의 기능보유자이다. 그는 많은 담론 중에서 그 많은 본풀이의 분량에 대해서는 "노력해야지요, 외워야지요.", "무가 사설들은 굿마다 달라서 사실 어려운 것"이라고 하는 자세였다.

김윤수(1993년 47才)는 오현중학교 1년 중퇴의 학력이나, 과묵 침착한 성품이며, 중요무형문화재 영등굿의 기능보유자 후보로 그 보존회 회장으로서 신망을 받고 있는 지도자적 위치의 심방이다. 그는 악기들을 익히기는 어렵지 않으나 본풀이를 익히는 일은 심방 각자 나름으로 쉽지는 않은 일이라고 한다.

스승이 그것을 구송할 때 정신을 집중시켜서 익혀야 하는데 북군北郡 관내 50여 명의 심방 중에서 열두본풀이를 다 하는 심방은 30여 명 정도일 것이라고도 했다. 또 단골 할머니들이 내용들을 다 환히 알고 있기 때문에 함부로 신축할 수도 없는 것이라는 말도 했다.

강치옥(1982년 45才) 무녀는 4·3사건으로 초등학교에 입학만 해봤던 것이 학력의 전부이나 영리한 성품이었다. 그녀도 부친이 유명한 큰심방이었다고 하지만 위 두 사람도 모계나 부모계에 다 심방 내력들은 있다. 따라서 그들 스스로가 무업에 나서고 세월만 다소 지나면 이른바 무가의 상투용어(formula)들은 습득이 어렵지는 않을 것으로 생각할 수가 있다.

강씨는 한밤중에 최장편인 세경본풀이의 구송을 끝냈을 때에 "그 긴 것을 어떻게 외었느냐?" 하는 필자의 질문에 "당신도 TV 드라마를 보고 그 줄거리를 옮길 수 있지 않느냐! 그것과 마찬가지다."고 간단명료하게 순간에 적절한 비유를 해준 것이 지금껏 인상적으로 기억에 남아있다. 줄거리의 대목들만 외어두면 상투용어(formula)와 서사시 법칙(epic law) 등이 적절하게 공식적으로 작용해 준다고 할 것이다.

제주도 민속사회에서는 긴 본풀이의 줄거리를 옛날이야기로 할머니들이 손자녀들에게 들려주는 일이 흔한데, 강씨는 옛날이야기로도 역시 장편인 차사본풀이를 들은 일이 없었으나 본풀이로 한번 딱 들었을 뿐이었는데 하라고 해서 못한다고 했으나 하도 강요를 당해서 첫 번째는 많이 더듬거리기는 했으나 두 번째는 되더라고 했다. 그녀는 TV를 보고 줄거리를 옮기듯이 한번 들은 본풀이의 줄거리는 금방 외우며, 첫 번째는 더듬거려도 두 번에서 세 번만 하면 된다고 했다. 그러나 몇 십 년을 가도 굿에서 본풀이의 가창을 못하는 심방도 없지는 않다고 했다.

그리고 구비시인들은 그 구연에 많은 자유와 신축성을 가지기 때문에 그들의 전통적인 스타일에도 역시 개성이 작용해서 그들은 전통적이나 창조적인 예술가도 된다. 더 나아가서 구비시인은 작시자作詩者이다. 가창과 연희와 작시는 같은 행위의 다른 측면들이다.[40]

본풀이의 구송도 각자가 다 똑같을 수는 없고, 각자 나름의 상투어구와 표현들을 하고 있다. 위 개화의 법칙의 예문에서도 그 개인차가 약간씩은 비춰진 바가 있었으나, 여기서는 중간의 에로 문학적文學的 표현들에서 개인차의 실상을 약간만 더 살펴두기로 하겠다.

동서고금의 신화에 에로티시즘이 등장하는 것은 드문 일이 아니다. 그리스에서 여신 데메테르Demeter의 분노를 풀기 위해서 시녀가 성기를 노출하는 대목이, 천조대신天照大神의 화를 풀기 위해서 천세여명天細女命이 성기를 노출하고 웃음판을 이룬 점과 신통하게 같다고 비교신화학적 측면에서 지적한 일본의 신화학자도 있다.[41] 한국의 굿은 지난날 여성사회의 전유물이 되다시피 되어 있었다. 특히 제주도의 경우 유교적 윤리 관념을 극복하고 적이 농도 짙은 에로티시즘을 밤중에 중년 이상 부인들이 모인 굿판의 본풀이에서 노정시키는 경우들이 있었던 것도 흥미롭다.

---

40 A. Lord, 앞의 책, p.5 · p.13.
41 吉田敦彦, 『日本神話의 源流』(1976), 130쪽.

본풀이의 가창(북제주군 구좌읍 김녕리, 1980.7)

위에도 인용했으나 삼공三公본풀이에서 감은장아기가 집에서 추방될 때 자기는 자기 배또롱(배꼽) 아래 선구뭇이[縱線] 덕에 잘 산다고 대답한 것도 그 하나라고 할 수 있겠다. 세경본풀이에서는 자청비가 하인 정수남의 꼬임으로 단둘이 심산 유곡에서 알몸이 되기도 하고, 밤을 새기도 하는 장면들이 나온다.

이 장면은 길고 다양하게 전개되는데 이것을 두 심방의 구연본을 한 부분씩만 비교하면 다음과 같이 상당한 차이들을 보이고 있다. 먼저 고대중본을 보면 밤새 성적 흥분이 지속된 정수남을 달래기 위해서 자청비는 이[虱]를 잡아주겠다고 무릎 위에 눕히고 이를 잡기 시작한다. 그런데

"정수냄이는 쇠스렁 닮은 손을

자청비 강알레레(가랭이 아래에) 설풋설풋ᄒ는고

ᄌ청비는 앙기조침 앙기조침 나앉이면서

오독독이(이를) 죽여가난 無情눈에 줌이사

소로로ᄒ게 들어가는고."

(세경본풀이, 高大仲 口誦)[42]

한편 강일생(女巫, 70세)본은 여기서는 사실적인 대목은 없고, 다만 이를 잡아준다고 속이고 잠든 사이에, 정수남을 죽이고 자기 몸의 순결을 지키는 줄거리만은 같다. 대신 그에 앞서서 낮에 산중을 헤매다 물 마시려는 대목에서 외설적 표현들이 역시 없지 않은데 한 대목만 보이면 다음과 같다.

옷을 우알막이 확 벗언 드리댓겨(던져) 두언

끅정동(칡덩굴)을 걷어다가 원수님(성기)을 걸러매고

ᄌ청비ᄀ라 말을 ᄒ되 "상제(上典)님

이걸 심엉(잡고) 사십서(서계십시오). 나 물 먹어가민

물귀신이 날 심엉 ᄃᆞᆼ기여 붑네다(당겨 버립니다)."

(세경본풀이, 강일생 口誦)[43]

고대중본에도 남녀 간에 알몸이 되어 그럭저럭 물 마시는 대목들은 있으나 이렇듯 걸직한 표현들은 없다. 그래서 양자가 큰 줄거리만 같고, 산중山中에서의 대목 대목들은 그 설정이나 이행 또는 표현과 상투어구들도 각각 다르다. 결국 앞의 로드의 말처럼 이 구비시인들은 전통적인 스타일만 같고, 같은 연희자(performer)이긴 하지만 늘 부분적으로 서

---

42 장주근, 『한국의 민간신앙』 자료편(동경 : 금화사, 1973), 349쪽.
43 진성기, 『남국의 무속서사시』(1980), 117쪽.

로 다른 독자적인 작시자作詩者(composer)이다.[44] 같은 고대중의 같은 본풀이도 꼭 같을 수는 없으니 구비서사시에 고정된 텍스트는 없고, 그야말로 부를 때마다 부분차는 있을 수밖에 없는 무형문화재인 셈이다.

이러한 개인차個人差가 극도로 벌어진 사례를 서귀리 본향본풀이의 여러 이본異本에서 찾아볼 수가 있다. 서귀리는 앞바다에 섬들이 그림같이 떠있고 정방, 천지연폭포들이 흘러내리는 한국 최남단의 정서가 넘치는 큰 마을이었다. 그래서 그런지 이 본풀이는 풍신 인문관바람웃또와 부인 고산국, 처제 지산국 간의 삼각관계가 낭만적으로 얽히는 신화로 형성되어 있다. 그런데 지역마다의 당신본풀이는 그 당맨심방에게서 채록하는 것이 당연하다.

겸해서 서귀리 본향당의 맨심방은 지금은 작고했으나 옛날 남군 경신회장을 지냈던 큰심방 박생옥朴生玉 씨였다. 그래서 현용준, 진성기, 장주근이 각기 채록한 서귀리 본향본풀이는 다 박생옥朴生玉 씨의 구송본으로 되어 있다. 그러나 그는 성품이 매우 괄괄하고 다혈질이고 성급하니 그의 구송본도 앞뒤 없이 성급해지고 있다. 현玄, 진秦, 장張 3인의 채록본은 동일인 박생옥朴生玉의 구송이라도 역시 줄거리는 같되 표현의 어귀와 매듭들은 똑같을 수는 없으나 참고로 필자 채록본의 첫머리 일부를 제시하면 다음과 같다.

"아방국은 홍토나라 홍토 천리
어멍국은 비우나라 비우 천리
ㅂ름웃님과 고산국 婚연 入場시켰습니다.
큰夫人은 얼굴은 박색이로되 기술은 좋아
축지법이 좋아지되, ㅂ름웃님이야 생각이 없어지니
妻아지망(妻弟)이 얼굴이 천하미색이요
처아지망을 姓은 高가를 池가로 변경시켜

---

44 A. Lord, 앞의 책, p.4.

絶頭絶섬으로 피난옵너니다.

漢루 영주 蓬萊 方丈 三神山을 올라사옵시되

밤도 왁왁 일목공(暗黑狀), 낮도 왁왁 일목공 되어갑너니다."

(西歸里本鄉본풀이, 朴生玉 口誦)⁴⁵

그런데 이 바람웃님과 지산국이 좌정한 서귀리 본향당과 연적戀敵 사이로 땅 가르고 물 갈라서 이웃에 고산국이 좌정한 서홍리 본향당은 당신들의 근본과 내력이 같기 때문에 당굿에서 같은 본풀이가 구송된다. 그러한 본풀이들을 진성기의 『본本풀이사전』은 고루 다 채록했고, 그것도 개인차를 보기 위해서 두루 복수 채록을 하고 있어서 더욱 소중한 가치를 지니고 있다. 그 중에서 김영식(58세, 男), 김화춘(56세, 女) 등의 구송본의 첫머리 부분만을 장황해질 것을 피하기 위해서 줄거리만이라도 옮겨보면 다음과 같다.

"서울의 일문관 바람웃도가 중국에 유람가서 大臣집에 머물다가 얼핏 예쁜 처녀를 보고 반해서 大臣에게 청혼해서 승낙을 얻고 결혼했는데, 하고보니 천하의 박색이어서 마음이 돌아선다. 大臣이 결혼시킨 처녀는 큰딸이고, 바람웃도가 먼저 보았던 미인은 둘째 딸로서 처제가 된 셈이었다. 끝내 바람웃도는 미인 처제와 눈이 맞아서 둘이 몰래 제주도로 탈출해 오는데, 고산국이 뒤쫓아오면서 신술의 싸움을 벌이다가 각기 서귀리와 서홍리로 좌정처를 찾아가게 된다."

(西烘里本鄉본풀이, 김영식 口誦)⁴⁶

이상으로 이 본풀이가 풍신과 두 자매간의 삼각관계를 공통의 큰 줄거리로 삼고 있는 것을 알 수가 있다. 그러나 박생옥朴生玉 구송본은 모두 신神들의 근본 출처가 가상의 나라로 불분명하게 되어 있어서 무방하겠으나, 그것은 기타의 이본異本들과는 다르다.

---

45 장주근, 앞의 책, 자료편, 300쪽.
46 진성기, 『제주도 무가 본풀이사전』(민속원, 1991), 501~506쪽.

큰굿의 시왕맞이에서 차사본풀이를 구송하고 있는 심방 – 위는 시왕상, 아래 우측은 차사상(서귀포시 서귀리, 1959.7)

위 김영식(58세, 男) 구송본들은 서울 출신의 바람운과 중국 출신의 자매신으로 되어 있다. 또 아키바본[秋葉本]의 박봉춘朴奉春 구송본에서는 "제쥬짜 설매국에 일문관바람운님 이 소사나니."[47] 한 것과 서로 신들의 근본이 달라서 심방들 간에는 논란의 소지가 없지 아니하다.

심방은 음송시인들과는 다르고, 본풀이도 서사시와는 다르다. 본풀이는 신화로서 종 교의례와의 유기적 상관성을 벗어날 수 없는 일정한 원리이어야 하고, 심방은 그 사제자 로서 본풀이의 가창에서는 신을 거동시키는 주술성을 아울러서 작용시켜야 한다. 실제로

---

47 秋葉隆, 『朝鮮巫俗の研究』 上卷(1937), 341쪽.

굿의 진행에서 초공본풀이의 가창이 10여 차례나 중단되던 사례가 있었다고 한다. 용어나 줄거리 내용에 대해서 이의를 제기한 큰 심방들이 중단을 시키고 "어디서 나온 문서文書냐?", "선생이 누구냐?"고 따지기 시작했다는 것이다.

이것은 고광민이 제시한 목격했다는 사례인데 큰심방들이 용어나 내용 문제로 토론 끝에 싸움도 하다가 줄거리 내용을 이것으로 합의를 보자고 결론을 도출한 후에 가다가 또 중단시키고 하기를 10여 차례나 했다는 것이다. 예컨대는 잿북이[巫祖] 삼 형제가 넘어간 강이름 가지고도 그랬다는 것이다.

이에 대해서 이중춘李仲春은 정히 안되겠으면 굿하다가 심방을 교체시킬 수도 있는 것이라고 동조했다. 또 이중춘은 굿의 시원始源은 잿북이 삼 형제이지만 굿을 심방들에게 전한 것은 유정승따님애기라고 하니, 고광민은 그것 가지고도 중단하고 논쟁이 있었다고 한 바가 있었다.[48]

본풀이는 서사시 이전의 신화이며, 그 신학의 체계이며 원리인 동시에 제의의 가장 중요한 구성요소이다. 본풀이를 유창하게 잘 부르는 것은 신을 기쁘게 하는 일도 되며, 인간도 같이 즐기는 일이며, 제의의 효과도 높이고 기주祈主도 즐겁게 하고, 심방 자신도 인기를 얻는 일이 되기도 하는 것이다. 이런 점에서 본풀이는 서사시적 성격을 띠고, 서사시의 원천이 될 수는 있으나 아직 그것은 엄연한 서사시 이전의 신화인 것이다.

6. 맺는말

일리아드Iliad는 15,000행이고, 오디세이Odyssey는 12,000행이어서 기억하기에는 너무나 길다고 논의되었다. 제주도의 본풀이도 그에 못지않은 방대한 전승 분량인데 많은 심방들은 그것을 어떻게 외우고 구연하는가? 이 신화가 가지는 종교제의와 그 신학체계와

---

48 1992年 9月 28日, 李仲春氏宅을 찾아가서 本풀이 傳承에 대해서 한담의 기회를 가졌을 때에 同行했던 高光敏氏(濟州 大博物館 研究員)가 제시했던 아주 소중한 자료가치를 지니는 이야기들이다.

의 실제적인 연관성은 어떠한가? 또 소위 음송시인과 심방과의 유사성과 차이점은 어떠하며, 본풀이의 문학사적 위상은 어떠한가? 본고는 본풀이 전승의 현장에서 이러한 문제들의 실상을 찾아보고 해답도 구해보려고 시도하였다. 다음에 논의된 그 내용을 요약하기로 한다.

2절에서는 먼저 로드A.Lord의 구전상투어구론(Oral-formulaic theory)의 시각에서 본풀이의 전승을 살펴보았다. 특히 장편 서사무가도 한번 들으면 TV 드라마를 한번 보고 줄거리를 옮길 수 있듯이 줄거리의 기억은 큰 문제가 되지 않는다는 한 여심방의 비유담은 인상적이었다. 제주도 심방은 세습성이 강하기 때문에 상투어구의 습득은 용이한 것이니 외운 줄거리에 상투용어를 공식적으로 적용해가면 본풀이의 구송도 따라서 어려운 일이 아니라는 해답을 내릴 수가 있는 셈이었다.

다음에 본풀이의 여러 채록본을 종합해서 그 문체론을 정리해본 바는 다음과 같았다.

① 운문체로서 상투용어가 매우 많은 점
② 그 상투용어들이 대구, 반복, 과장 등의 점층적 강세표현이 많은 점
③ 현재형의 서술이 많고, 그것이 강세 종지형 내지는 감탄 종지형이 많은 점
④ 대화가 많은 점

이러한 문체론적 특징은 본토의 무가에도, 판소리에도 상통되며, 호머Homer의 서사시나 유고슬라비아의 서사시에도 상통된다. 또 하나 『월인석보』의 불전설화들도 지금껏 전승의 맥은 지속되고 있는 불교가요인 화청으로 간주되는데, 그 불전설화들도 서로 상통하는 문체론상의 특징을 보이는 바가 있어서 앞으로 이러한 시각에서의 연구의 여지를 느끼게 해준다.

3절에서는 올리크A.Olrik의 서사시 법칙(epic laws)을 적용시켜보았다. 첫째로 개화의 법칙에서는 신에게 본풀이를 올린다는 인사를 드리며 언어적 운율적 주술성으로 신을 거동시키는 한편 신들의 계보를 나열해서 신학적인 체계를 밝히고 주인공의 활동으로 이끌어나가는 방식이 보였다. 둘째로 반복의 법칙에서 본풀이는 삼 형제, 세 자매들의 3회의

반복이 특히 많았고 12회에 걸치는 똑같은 반복도 보였다.

선과 악, 빈과 부 등의 대립, 대조의 법칙 기타 올리크가 말한 여러 법칙과도 상통하는 바가 있었다. 끝으로 종결의 법칙에서는 본풀이는 등장인물들이 각기 신직을 맡아서 신격으로 좌정한 결과를 설명하고, 자연현상이나 인문현상들의 연원을 설명하는 신화로서의 설명성을 많이 보여주는 점이 지적되었다.

4절에서는 본풀이의 구성이 논의되었다. 당신본풀이는 제주도에서 자생한 토착적인 신화로서, 결코 우연한 모티프들의 집성으로 형성된 것이 아니었다. 그 모티프들은 지역사회의 종교 관념과 신학의 체계, 제의방식의 원리들로서 상호간에 유기적인 상관성을 긴밀하게 지니는 전체 구조의 한 부분들이었다.

그에 비하면 일반신본풀이에는 제주도의 지리성의 반영이 적고, 본토의 무가들과 상통하는 경우도 많아서 유입 전파한 느낌이 많고 그 구성도 주인공의 전기적傳記的인 유형들이 많다. 그러나 제주도의 전체 종교구조의 신화적 원리로서 작용하고 있는 점에서는 당신본풀이들과 다를 바가 없다.

5절에서는 특히 본풀이 전승의 현장에서 구체적 사례들을 더 살펴보았다. 심방들은 각자의 상투어구 체계들을 가졌고 때로는 개성까지 작용하는 사례도 보였다. 그래서 심방들의 본풀이 전승의 스타일은 동일하나 그 가창에는 텍스트가 있을 수 없고 그들 연희자(performer)는 언제나 작시자作詩者(composer)이기도 했다. 구연口演과 작시作詩는 언제나 동일 행위의 양측면이기도 했다.

로드는 옛 그리스의 서사시나 현 유고슬리바의 서사시가 다 상투어구의 테크닉을 같은 원리로 운영하고 있는 같은 서사시임을 거듭 강조했다. 본풀이도 그 전승의 상투어구론에서는 같은 서사시이다. 그러나 본풀이는 엄연히 종교의 원리로서 작용하고 있는 신화였다. 그것은 본질적으로는 서사시보다 하나 더 전단계의 문화형태이고, 문학 장르이면서 지금껏 온존돼있는 점에서 더욱 소중한 민속문화재라고 하지 않을 수가 없는 것이었다.

『濟州島研究』 11집 (濟州島研究會, 1993)

IX.
화청의 문학사적 연구

1. 머리말

화청和請은 한마디로 말해서 우리말로 가창되는 불교의 의식가요이며, 포교가요이다. 그것은 같은 불교 의식가요로서 순 한문으로 가창되는 범패梵唄와 불교의식 속에서 공존하고 있다. 그러나 범패는 격식이 엄격하고 무형문화재로 지정될 정도로 존중되기도 하나, 화청은 동냥중이나 부르던 것이라고 해서 대단히 천대를 받고 있다. 그러나 필자가 보기로는 화청과 범패의 이 평가와 존재가치는 지금과는 정반대가 되어야 마땅할 것으로 생각된다.

화청은 신라 이래의 오랜 역사적 전승 속에서 불교의 대중적 보급에 공이 컸을 것으로 생각될 뿐 아니라, 우리 국민 문화사상에도 많은 영향을 미쳤고, 그 성격도 복잡 다양했던 것으로 보인다. 그런데 지금 화청은 그 이름마저 영원히 말살 당하려는 상황인 것으로 보인다. 화청의 역사는 설혹 기록이 적어서 불분명한 점이 있다고 하더라도 현재도 엄연히 전승되고 있는데도, 모든 사전에서 화청이라는 낱말은 자취조차 찾아볼 길이 없다.

심지어는 최근 1982년도에 간행된 전 7권인 『한국불교대사전』에도, 뒤의 색인에까지도 화청이라는 낱말은 일언반구도 보이지 않고 있다. 『국사대사전』에도 『한국어대사전』에도 보이지 않는다. 아마도 동냥용으로 화청이 가창되었던 일 때문에 화청의 명창 스님들도 그 전력을 스스로 노출시키는 부끄러운 결과가 된다고 해서 이것을 숨기려드는 사정도 작용을 하고 있는 것 같다.

그러나 어떻든 화청은 현재도 불교의식 속에 엄존하고 있고, 불교 보급용으로도 동냥용으로도 다양하게 전승되어 왔다. 이러한 화청의 오랜 역사적 전승은 당연히 우리 불교가요의 생명을 북돋우어 왔고, 나아가서는 가사문학이나 여러 민속문학들에도 많은 영향을 미쳐 온 것으로 보인다. 그래서 화청의 중요성은 국문학사적으로 볼 때에는 매우 큰 것이고 범패의 그것과는 비교가 될 수 없을 만큼 중요하다.

그러한 화청의 중요성에 비하면, 그 학문적인 연구는 지금까지 너무나 미미했다. 그리고 일반적으로 아직 그 존재조차 인식되고 있지 못한 느낌이다. 본고에서는 우선 문학사적인 측면에서 화청이 가지는 위와 같은 다양한 성격과 역할들에 대하여 1차적인 정리작업을 시도해보고자 한다.

이때 화청은 우선 그 옛 문헌기록 자료들이 드물다. 그리고 민간에서 다양하게 인접 문화 형태들과 뒤섞여 왔기 때문에 그 개념이나 한계의 구분에도 난점들이 따른다. 거기에 아직 선행 연구들도 적다. 그래서 본고는 먼저 선행 연구들을 검토하고 나서 한·중·일 동양 삼국의 동계 불교가요의 비교 전망을 통해서 우리 화청의 존재 양상에 대한 이해에 도움을 얻어 보기로 하겠다.

역사적인 규명은 물론 문헌상의 기록 자료들에 의존하겠으나, 화청의 현황에 대해서는 다소간의 현지조사 자료들도 곁들이기로 하겠다. 화청의 문제는 앞으로 더 크게 확대될 수가 있겠고, 현재는 아직 불분명한 점들이 많아서, 본고는 이에 대한 필자 나름의 생각이나 자료를 일단 정리해보는 시도로 삼고자 한다.

2. 선행 연구들의 검토

1) 이병기의 연구

국문학계에서 화청에 대하여 먼저 중요한 언급을 한 것은 이병기로 여겨진다. 그는 먼저 그의 『국문학개론』에서 다음과 같이 언급한 바가 있었다.

> "佛家에서는 和請鼓舞라 하여 法式이 있을 때엔 북을 치고 法鑼를 울리며 旋風舞를 추며 悠永 請和하게 梵唄를 부르는 바 이를 이르되 和請이라 하여 西往歌, 回心曲, 장打令 등을 부르는 것이다. 慵齋叢話의 '世祖朝 行轉經法 卽 高麗古俗也 … 簫鼓梵唄 振于太空'이란 걸 보더라도 麗末 懶翁和尙이 지었다는 가사도 후인의 僞作으로만 돌릴 수 없다."[1]

그는 그의 『국문학전사』에서도 다시 위 나옹화상의 서왕가에 대하여 다음과 같이 언급하였다. "가사체가 고려 말엽에 이미 발생할 수 있었다는 생각을 더욱 굳게 하여 주는 자료로는 현재 해인사 장판중藏板中 『염불보권문念佛普勸文』(肅宗 3년, 1704년 明衍 撰集)과 『신편보권문新編普勸文』(英祖 5년 1776년 해인사 開刊)에 려말의 명승 나옹화상이 지었다는 '서왕가西往歌'라는 가사가 있어 우리의 주목을 끌고 있다. 물론 이 노래는 후인이 전사轉寫하는 가운데 약간 와전도 되고 개찬도 있었으리라는 것은 추측되나 그래도 얼마큼 그 원형을 지니고 있으리라고 본다."

그는 이 서왕가들의 원문을 제시하고 "이 가사는 물론 그 원형 그대로 지녔다고는 생각되지 않으나 고려조 말엽에 가사체가 이미 형성되어 있었고 또 문학의 발전상 능히 있을 수 있다는 신념을 더욱 굳게 하여 주는 좋은 증거라고 생각한다."고 하고 있다.[2] 그리

---

1 이병기, 『국문학개론』(일지사, 1961), 141쪽.

2 이병기·백철, 『국문학전사』(신구문화사, 1957), 108쪽.

고 "정극인은 려조가 망한 후 10년에 출생한 이로 그가 상춘곡과 같은 원숙한 가사를 일조일석에 창시하였다고는 도저히 볼 수 없는 이상 과연 이 가사체는 려말의 나옹화상의 서왕가 무렵부터 있었다고 봄이 타당할 것 같다."고 하고 있다.[3]

이상에서 우리는 화청 중에서 고려 말의 서왕가가 가사문학의 효시를 이루었다는 한국문학사상의 중요한 가치를 우선 인식하지 않을 수 없게 된다. 그러나 여기에는 이론도 없지는 아니하다. 즉 김사엽, 김기동 등은 서왕가는 후대인의 위작으로 단정하고 있다. 그리고 한편 김태준, 권상로, 이병기, 김성배, 이상보 등 그것이 나옹화상이 지은 것이라고 시인하는 계열의 학자들도 있다.[4] 이에 대해서는 다시 후기하겠다.

2) 김성배의 연구

김성배는 그의 『한국 불교가요의 연구』에서 화청에 대하여 다음과 같이 말하고 있다.

"화청은 물론 의식악儀式樂이라고 할 수 있겠으나, 그보다 대중 교화의 방법으로서 그 의의를 평가해야 한다. 그것은 집회나 법회의 자리에서 불교를 쉽게 이해하고 신봉하게 하는 법문을 대신하는 음악이다. 이렇게 보면 화청의 시작은 이미 오래 전 삼국 신라시대에까지 소급하여 생각할 수 있을 것이다. 이미 말한 신라 원효를 비롯한 대중교화의 일선에 떨치고 나섰던 여러 승려의 가무와 향언鄕言으로 된 불요佛謠들은 바로 이 화청이 아니고 무엇이었던가? 염불승, 동발승銅鈸僧, 일련의 문승門僧들은 화청의 유포자들이었다."[5]

그래서 그는 그 책의 마지막 결론에서도 다음과 같이 마무리하고 있다.

---

3 이병기·백철, 위의 책, 122쪽.
4 이상보, 『한국고시가의 연구』(형설출판사, 1975), 42~44쪽.
5 김성배, 『한국 불교가요의 연구』(아세아문화사, 1973), 126쪽.

粒乞僧貪

동냥중의 걸립 모습
(김준근 풍속도, 1880~1900 무렵)

"이른바 문전 염불로 동령銅伶, 모연募緣, 공덕 功德을 목적한 각종 염불은 신라시대에 이미 행하 여졌고, 불교 본래의 공양 시주를 찾아다니는 포 시布施 문승門僧의 존재도 잊을 수 없다. 일반 서 민을 상대한 문승 동냥승 등의 구창에 오른 염불 은 다만 칭불명稱佛名에 그치지 않고 향체의 불찬 佛讚을 파생시켜 이른바 향찬 곧 불교향가(사뇌 가)의 성황을 이루었다.

신라의 불교향가는 신라 민중가요 문학의 주 축을 이룬 백미편들이다. 이와 같은 향찬의 평민 적인 불교가요 형식은 토착적인 민속가요의 전통 위에서 외래적 불교가요가 성취한 문학적 정화인 것이다. 신라 불교향가의 이와 같은 민속적 전통 은 고려대의 평민가요 형식인 장가에서도 실현되 었다. 고려 말과 이조 초에는 다분히 평민 교화를 목적한 서사적인 민속적 형식으로 불교가사가 이 루어졌다. 모연과 공덕을 위한 불교가사는 전대 의 서사불교가요의 서사적 기능을 가장 충실하게 성취하여 이룬 형식으로 현대의 화청의 지배적

원류가 된 것이다."[6]

그는 불교의 포교와 대중화의 입장에서 볼 때에 신라의 무애가無㝵歌나 화청은 다 같 은 유구한 한 계열의 흐름이라는 것을 강조하고 있다. 그리고 신라의 향찬鄕讚 즉 불교향 가들도 다 같은 토착적인 민속가요의 전통 위에서 이루어진 것으로 이들도 다 화청의 원

---

6 김성배, 위의 책, 151쪽.

류를 이루는 것이라고 한다.

우리는 위 이병기의 연구에서는 가사문학의 효시가 정극인의 상춘곡에서 비롯하는 것이 아니라 나옹화상의 서왕가에서 비롯된다는 점에서 화청이 가사문학의 효시를 이룬다는 데서 그 중요성을 인식했다. 그리고 여기에서는 다시 화청은 신라 이래의 유구한 역사를 지니고 불교향가들이나 무애가들과 같이 불교의 대중화에도 기여하고 한국 불교가요의 기반을 이루어왔다는 중요성을 또한 인식하지 않을 수가 없게 되는 것이다.

3) 이상보의 연구

이상보는 그의 『한국고시가의 연구』라는 저술에서 「불교가사의 연구」(上・下), 「한국 불교가사의 역사적 고찰」 등 많은 불교가사에 대한 연구논문을 발표 하였다. 그는 특히 그 「고려말기 가사발생설」이라는 논문에서 가사 발생에 관한 두 가지 설에 대해서 본격적인 정리를 시도하였다. 즉 정극인의 상춘곡을 가사의 효시로 보는 견해와 려말麗末 나옹화상의 서왕가들에서 발생 시기를 잡는 설說들을 소개하고 후자에 대한 강력한 지지와 증명을 시도하였다.

그는 그 결론에서 가사문학은 고려 말기에 이미 한시체에 현토함으로써 그 발생 형태를 찾을 수 있다고 하였다. 그것이 구전으로 전송되다가 훈민정음 제정 후에 국문으로 정착되었는데 그 중간에 이두吏讀 표기의 가능성도 있었다. 그 좋은 자료가 나옹화상의 승원가僧元歌요, 또 신득청申得淸의 역대전리가歷代轉理歌라고 하였다.[7]

승원가는 부산시 조정제 씨 집에 전래하는 가보를 김종우 박사가 발견하고 학계에 소개한 것인데 전사자와 전사 시기가 조선조 후기일 것이기에 문제가 없지는 않다. 그러나 그 표기를 이두吏讀로 해놓은 것이 국문 제정 이전의 표기의식을 나타내고 있어서 흥미로운 것인데 그 끝 부분만을 잠깐 보이면 다음과 같다.

---

7 이상보, 「고려말기 가요발생설」, 『한국고시가의 연구』(형설출판사, 1975), 345쪽.

．　．　．　．　　　．　．　．　．　．　　．　．　．
　於西於西 底極樂涯 速耳速耳 受耳可自 南無阿彌陀佛

　"어서 어서 저 극락에 속히 속히 들어가자."는 것인데 이 승원가에 비하면 고려 공민
왕 신해년(1371) 겨울에 신득청이 지은『역대전리가』는 역시 이두표기로 되어 있는데 한
문에 토를 달은 가사체를 뚜렷이 형성하고 있어서 더 확실한 자료가 되어 주고 있다. 한
구절만을 옮겨 보이면 다음과 같다.

　　　　　　　　　．　．　　　　　　　　　．　．　　　　　　　　　　．　．　．
　　貪虐無道 夏桀伊難(이난) 丹失商均 不肯爲也(하야) 堯舜禹矣 禪位相轉 於以他可(어
이타가)
　．　．　　　　　　　．　．　　　　　　　．　．　　　　　　　　　．　．　．
．　不知爲古(하고) 妹喜女色 大惑爲古(하고) 可憐割史(할사) 龍逢忠臣 一朝殺之 無三日
高(무삼일고)

　이상과 같은 자료들의 탐색과 정리, 그리고 그 논단은 화청의 국문학사적 연구에 결정
적인 힘을 준 것이 사실이다.

4) 임기중의 연구

　최근 1987년에 임기중은 「화청과 가사문학」이라는 제목으로 국어국문학 전국대회에
서 발표한 바가 있었다. 직접 논문 제목에 '화청'이라는 용어가 본격적으로 등장하기는
이것이 처음이다. 여기서는 화청의 발생을 혜공惠空, 대안大安, 원효元曉 등에서 찾고, 그
전개를 월명사, 영재 등의 도솔가, 우적가 등에서 보현십원가까지 향가계에 두고 있다.
그리고『석보상절』이나『월인천강지곡』들도 과도기적 시형의 화청으로 간주했다.
　그는 더 나아가서 중국의 변문變文과 화청을 조목조목 비교 대조하고 결론적으로 다음
과 같이 지적했다. "불교가 중국에 들어가서 만들어낸 문학 장르 변문에 상응하는 한국적
인 변문이 화청이라는 장르이다. 화청이 한국적 장르로 완성된 것이 가사다. 가사는 변문
보다 훨씬 세련된 문학형태로 변모되고 승화된 것"이라고 했다.

그래서 그는 화청이 "변문이 가지고 있는 향유 계층의 제한성을 극복하고 초월한 문학 장르이기 때문에 그에 따르는 새로운 조명과 평가가 이루어져야 한다."고 학계에 촉구를 하고 있다. 그래서 그의 화청의 범주는 무애가 이래 일부 향가, 경기체가, 서왕가 등의 불교가사는 물론 『월인석보』「왕랑반혼전」 등에 일부 가사문학까지의 모든 것이 다 포함되는 광범한 것이 되고 있다.

이상은 전국대회에서의 발표 요지의 항목들의 열거에 약간의 설명문만 있는 것이었고[8] 아직 정식으로 논문화되어 있지는 아니하다. 그 탈고가 기대되거니와, 화청은 이상에서도 짐작이 가듯이 우리 한국문학사상에서 여러 문학 장르들과 관련을 가지면서 그 산출과 발생의 모태나 기반의 역할을 해온 중요한 존재였다.

5) 기타 국문학계의 연구들

국문학계에서는 위의 연구들과 같이 화청이라는 용어는 인용 사용하지 않았더라도 화청과 밀접한 관련성을 가진 연구들은 매우 많다. 문승, 동냥승, 모연배 등의 염불타령들에 대해서는 김동욱, 황패강 등을 비롯해서 그 언급이 부지기수라고 할 정도로 많다. 그것은 한국의 불교 수입 이후의 대중적인 보급과정에서부터, 예컨대 무애가 등에서부터 관련지어서 추구되지 않을 수가 없는 문제이기 때문이다.

그 중에서 여기서는 지금까지 화청이라는 용어를 분명하게 내세우고 연구 언급한 논문들만을 간단간단히 살펴왔다. 그런 가운데서 필자도 최근에 「무불巫佛 습합문예習合文藝의 전통」이라는 주제에 '변문, 화청, 무가, 판소리, 고소설들의 상관성에 대하여'라는 부제를 단 발표를 1985년 국어국문학 전국대회에서 한 바가 있었다. 그 요지는 다음과 같다.

첫째로 화청은 신라의 무애가 이래의 유구한 역사를 가지고, 불교 대중화에 공헌을 해왔다. 둘째로 가사문학의 효시로서 국문학사상에 획기적인 가치를 지닌다. 셋째로 후

---

8 임기중, 「화청과 가사문학」, 『국어국문학』 97(1987), 241~247쪽.

기되겠으나 판소리 발생에의 영향이 다시 주목되어야 하겠다. 넷째로는 회심곡 등 민속가요의 형성에도 기여했고, 다섯째로 이들이 다 후기되겠으나 서사무가들의 내용도 풍성하게 한 것으로 보인다. 여섯째로 이상이 다 아울러서 불교계 국문소설들을 태동시키는데도 크게 공헌해왔다.[9]

위의 모든 연구들이 대개 시가문학, 운문문학 연구의 측면이었다면, 필자는 화청을 산문문학 연구의 측면에서도 다시 접근해 본 셈이 되었다. 그리고 그것은 무엇보다도 한자문학이 아니고 순 우리말 문학의 전통을 더 찾아보자는 결과가 된 것이었다. 그리고 위 부제목의 변문-화청-무가-판소리-고소설들의 순우리말 무불 습합문예들은 다 서로 어울려서 우리 민중문예의 큰 흐름을 유구하게 형성해온 참다운 우리말 문학의 정통으로 인식돼야 하는 것이고, 가장 중요한 큰 기간이고 조류였다. 이에 대해서도 뒤에 다시 좀 더 부연하기로 하겠다.

6) 동국대학교 불교대학의 연구

불교 연구에는 이능화의 『한국불교통사』를 비롯해서 많은 연구들이 있었으나 머리말에서도 언급했듯이 화청에 대해서는 깊은 관심의 경주가 보이지 않고 있었다. 그러다가 근래에 동국대학교 불교대학에서 특별히 『화청』이라는 책이름을 붙여서 이에 대한 집중적인 조사보고서를 낸 것이 있었다. 이것은 문화재관리국의 위촉을 받은 조사보고서로서,[10] 김성배도 이것을 근래의 큰 성과라고 평언한 바 있거니와, 이제 그 요점만을 여기에 추려보기로 하겠다.

먼저 이 책은 화청의 역사적 유래에 대해서 원효의 스승인 대안[진흥왕 32년(571)-선덕여왕 13년(644)], 혜공(진평왕대-선덕여왕대), 원효[진평왕 39년(617)-신문왕 6년(686)] 이래로 탁발승의

9 장주근, 「巫佛 習合文藝의 傳統 – 변문, 화청, 무가, 판소리, 고소설들의 상관성에 대하여」, 『한국민속논고』(계몽사, 1986), 379~399쪽.
10 동국대학교불교대학, 『화청』, 「무형문화재조사보고서」 65호(문화재관리국 공판인쇄본, 1969).

화청과 건립패의 화청 등 오랜 역사를 가진 것이라 했다. 그리고 화청의 기능은 불교 의식음악이고 또한 불교의 포교음악이라고 하고 있다.

그리고 화청의 범주에 대해서 "장가형식으로 된 범패성이 아닌 토속적인 염불송의 모두"가 넓은 의미의 화청이라고 했다. 그리고 좁은 의미의 화청은 "범패성이 아닌 장가형식으로 된 불교가요 전반"이라고 했는데 그 광협의 두 개념 구분에는 선명한 큰 차이는 잘 보이지 않는 것 같다. 그리고 가사 면에서 본 화청의 종류로서 다음과 같은 37종을 들었는데 후고를 위해서 다음에 그 중 몇 가지의 이름들을 들어두기로 한다.

① 축원화청祝願和請 ② 육갑화청六甲和請 ③ 팔상화청八相和請 ④ 평염불平念佛 ⑤ 회심곡回心曲 ⑥ 고사선염불告祀先念佛 ⑦ 부모은중경화청父母恩重經和請 ⑧ 자책가自責歌 ⑨ 서왕가逝往歌 ⑮ 별회심곡別回心曲 ㉑ 참선곡參禪曲

다음에 이 보고서에 기록된 여러 화청 스님들의 면담 조사 보고 자료들과, 녹음 채록된 가사들을 내용면에서 분류를 필자 나름으로 시도해보니 다음과 같이 3대분될 것으로 여겨졌다.

그 첫째는 위 ⑧ 자책가 ⑨ 서왕가 등과 같은 신심 유도의 불교가요들이다. 둘째는 위 ③ 팔상화청 ⑦ 부모은중경화청 등의 이름에서 보이는 서사성을 띤 불교가요들이다. 팔상화청은 물론 석가모니의 일대기를 서술한 변문에 흔하던 팔상록을 우리말로 부른 한국화된 변문의 형태일 것이다. 단 지금 그것은 많이 퇴영해서 면밀한 서술은 못되어 있으나 그래도 6페이지에 걸치는 서사시로 되어 있다. 이러한 사례는 많아서 이상보의 보고에도 1,324구의 장편인 "석존일대가釋尊一代歌"라는 것이 보이고 있다.[11] 『석보상절』도 크게는 그런 흐름으로 볼 것이다.

이 보고서에는 심지어 수원의 갑부 차재윤의 일대기를 그 아들의 청으로 화청화한 화청승의 이야기도 기록되고 있다. 이러한 화청의 서민문학적인 서사성과 자재성은 매우

---

11 이상보, 『한국고시가의 연구』(형설출판사, 1975), 77쪽.

흥미있는 자료이거니와, 본고에서는 더구나 화청의 이러한 서사문학성은 중국의 변문과 관련지어서 생각할 수 있는 길을 열어주는 소중한 자료로서 주목하지 않을 수가 없다.

다음에 화청을 가사의 내용면에서 3대 분류할 수 있는 마지막 하나는 이른바 풀이체의 염불들이다. 위에서는 ⑥ 고사선염불이 그 전형이 된다. 이것은 살풀이, 성주풀이 등 무속적인 고사를 지낼 때에 먼저 부르기 때문에, 고사선염불이고, 축원덕담이라고도 한다. 이는 완전히 무불습합적인 것이고, 이야말로 '탁발중', '삼불중'들의 전용 염불로서 스님들이 전혀 배우기를 꺼리고, 더구나 불러주기는 더더욱 꺼리는 것이다.

그러나 이 화청의 풀이체의 무불습합성도 본고에서는 매우 소중한 면이다. 국악에도 있는 살풀이는 이 고사선염불에서 나온 것이 틀림이 없다고 이 보고서는 기록하고 있다. 국악의 회심곡悔心曲도 화청의 회심곡回心曲에서 발달한 평염불에서 다시 유래한 것이 회심곡悔心曲이라고 기록하고 있다. 단 이 조사자들은 국악에는 문외한이라는 말을 덧붙이고 있었으나, 화청은 민속가요의 발전에도 기여하고 있는 면이 여기에 보인다고 하겠다.

7) 한만영의 연구와 마무리

한편 한만영은 그의 「불교음악개설」이라는 글에서 범패를 음악적인 스타일로 보아서 다음과 같이 4종류로 분류하고 있다.

㉮ 안채비소리 ㉯ 홋소리 ㉰ 짓소리 ㉱ 화청·회심곡[12]

이렇게 순음악적인 각도에서만 분류하게 되면 화청은 범패의 한 종류가 되어 버리고, 그 범주나 개념이 많이 문제가 될 수가 있다. 그러나 이것은 화청도 범패승들이 부르는 음악이라는 각도에서 파악하고 분류한 것인 듯하다. 우리가 국문학적인 각도에서 보면 범패와 화청은 우선 문자나 언어 면에서부터 결정적인 차이를 벌이는 별개의 것이 되지

---

12 한만영, 『한국 불교음악 연구』(서울대출판부, 1984), 3쪽.

않을 수가 없다. 그 외에도 그는 음악적인 면에서 화청의 분류와 언급을 다시 전개하고 있으나, 본고에서는 그것을 참고는 하되 역시 문학적인 각도를 취하고 위의 여러 연구들을 많이 기반으로 삼기로 하겠다.

한만영에게는 또 「화청과 고사염불」이라는 논문도 있었다.[13] 다시 한만영은 최근의 『한국민족문화대백과사전』에 「화청 항목」(제25권, 1991)을 집필한 것이 있다. 여기에서는 "불교 포교의 한 방편으로 대중이 잘 알아들을 수 있는 민속음악에 …(중략)… 사설을 얹어서 부르는 불교음악"이라고 일단 정의하고 다시 음악적인 설명들을 더하고 있다. 이것은 국악학자가 기록해서 사전이라고 이름 붙인 책에 처음으로 화청이 수록된 사례가 아닌가 여겨져서 여기 추기追記하는 바이다.

끝으로 이 선행 연구들의 검토 마무리로서 이제는 화청의 개념, 정의, 범주들을 좀 더 명확하게 설정해야 할 단계에 이르렀다. 그것은 본고의 후고를 위해서도, 또는 장차 학계의 연구를 위해서도 필요하지 않을 수가 없기 때문이다.

그런데 이에 대해서는 이미 전기한 대로 동국대 불교대 보고서가 "장가형식으로 된 범패성이 아닌 토속적인 염불송의 모두"로, 또는 "범패성이 아닌 장가형식으로 된 불교가요 전반"이라고 규정한 바가 있었다. 그런가 하면 가령 이상보는 "화청이란 음악상의 용어요, 문학상으로는 불교가사에 속한다."고 하고 있다.[14] 그러나 시조니 판소리니 하는 것도 다 음악상의 용어이나 동시에 문학상의 용어이기도 하다. 화청도 당연히 문학상의 용어도 될 수 있을 것이다.

한편 임기중의 전기한 발표요지 메모에는 "1. 화청의 개념-한국의 불교의식가요 ㉠ 범패-한문체, ㉡ 화청-국문체(향풍체)"로 적혀 있어서 국문의 불교의식가요는 다 화청으로 간주되는 것 같다. 그리고 그 "3. 화청의 전개"에는 월명, 영재, 균여에 다시 불교계 향가명들도 『월인석보』들도 다 나열되어 있다.

이렇게 되면 화청은 장가만이 아니고 "장단가형식을 막론한 우리말로 된 불교가요 전

---

13 한만영, 「화청과 고사염불」, 『장사훈박사회갑기념동양음악논총』(한국국악학회, 1977).
14 이상보, 『한국 불교가사 전집』(집문당, 1980), 127쪽.

반"이 될 수 있다. 일단은 이것을 광의의 화청의 정의나 범주로 잡아도 될 것이다. 이렇듯 화청의 범주 설정의 한계는 광범위하고 따라서 다소 막연할 수밖에 없는 것이 그 실정이다. 그리고 『월인석보』까지 다 포함시키면 가요[韻文]가 아닌 산문도 포함될 수가 있다. 이 문제는 다시 후기하겠다.

그러나 현대에 창작되는 불교 시가까지도 다 화청으로 간주하기는 어려울 것이다. 그래서 좀 더 구체적으로 그 종류는 전기한 동국대 불교대 보고서에 의존한 ① 신심 유도의 불교가요, ② 불교서사가요, ③ 풀이체의 고사선념불들까지를 다 포함시키기로 한다. 그리고 그 기능면에서는 불교의식가요나 불교포교가요들을 다 묶어서 총칭하는 말을 화청이라고 일단 정해두고자 한다. 이러한 화청의 개념이나 범주에 대해서는 학계에서 더 논의가 거듭되기를 바라고 싶고, 그래서 보다 더 명확한 규정이 내려질 날을 기다리기로 하고, 이에 대해서는 더 후기하겠다.

3. 한·중·일 동계 불교가요의 비교 검토

화청은 우리말로써 신라 이래로 유구한 연원을 가지고 한국 나름으로 발전해왔다. 그러면서 그것은 한문 기록상에서 제외되면서 지금 그 역사를 구명하는 데에 심한 어려움을 가져오고 있다. 더구나 그 사이에 여러 문학 장르와 넘나들어서 더욱 갈피를 잡기가 어렵게 되어 있다. 그래서 여기서는 같은 불교와 불교가요의 영향의 수수관계에서 유사성을 띠고 있는 중국·일본의 동계열 불교가요들을 비교 검토해보기로 하겠다.

중국·일본에서는 그 계열들을 어떻게 분류, 명명하고, 또 취급을 하고 있는가. 어떤 것들이 서로 밀접한 관련을 가졌는가 하는 점들을 검토하고 피차 그 성격들을 부각시키는 데에 일조를 삼기로 하겠다. 그 비교에서는 먼저 그 성격, 기능, 범주들의 개념 규정을 설정하고 유사한 계열끼리 상호간의 비교를 시도해야 되겠다.

먼저 전기한대로 화청이 가지는 불교의 의식가요와 포교용 가요라는 기능에 해당되는 것들끼리의 상호 비교를 해야 하겠다. 그리고 또한 화청은 ① 불교 신심을 유도하는 가요에

② 불교서사가요와 ③ 무불습합성을 띠는 풀이체의 고사선념불 종류까지도 범주에 넣어서 비교 검토가 시도돼야 할 것으로 생각된다. 먼저 중국의 경우부터 살피기로 하자.

1) 중국의 범패와 강창문학

중국의 경우 불교 의식용과 포교용의 가요로서는 범패와 강창을 들 수 있을 것이다. 그 중에서 먼저 범패를 보면 그것은 중국에서는 의식용으로도 포교용으로도 당연히 기능할 수가 있다. 홍윤식도 범패가 중국에서 대중교화에 가장 인기있는 것으로서 성행되었다는 것을 언급하고 있다.[15]

그러나 한국에서는 범패는 의식가요는 되더라도 더구나 대중교화에서는 순한문인 범패는 우선 대중에게는 뜻이 통하지 않으니 문제가 달라지고 그것을 대신할만한 것이 화청이라고 하지 않을 수가 없다. 그래서 여기서는 범패의 논의는 이만 줄이기로 하겠다.

다음에 중국 불교에서 포교나 서사가요성을 띠었던 것으로는 강창을 들 수가 있다. 강창은 광범하게 여러 종류를 총칭하는 용어로서 그 최초는 당대의 변문이다. 변문은 불경을 쉽게 해설하여 민중에게 들려주고 불교를 선전하려는 데에 목적이 있었다. 변문은 창문唱文, 강창문講唱文, 압좌문押座文, 연기緣起 등으로도 불리었다. 그 산문인 강설에 운문인 가창을 엇섞는 방식도 범패와 같이 인도에서 온 것이다.

이것이 뒤에는 차츰 불경을 떠나서 민중 오락으로 발전했기 때문에 변문을 흔히 속강俗講이라 부르기도 한다. 그리고 중국의 희곡은 강창의 영향을 크게 받고 형성된 것이며, 특히 중국문학사상 본격적인 소설은 여기에서 생겨났다고도 말할 수가 있다. 지금까지도 형태상의 변화는 있지만 변문의 적계嫡系라 할 수 있는 보권寶卷, 탄사彈詞 등이 중국 민간에는 널리 유행하고 있다.

당대의 변문은 화려한 발전을 이루어서 송·원대에는 애사涯詞와 도진陶眞, 고자사鼓子詞, 제궁조諸宮調 등 그 밖에도 많은 강창의 형태들을 산출하였다. 그리고 명·청대의 강창

---

15 홍윤식, 『한국 불교의례의 연구』(동경 : 降文館, 1976), 445쪽.

의 주류로는 보권 탄사 등이 있다. 강창이란 이상의 모든 형태들과 그 밖에도 오랜 시대에 걸치는, 열거하기 어려울 만큼 많은 형태들을 총칭하는 넓은 의미를 가지는 포괄적 용어이다.[16]

그래서 화청도 유구한 전승 속에서 각종 문학형태들과 관련을 가졌지만, 강창도 마찬가지였다. 강창 중에서 송·원대에 유행했던 화랑아花郞兒는 시골에서 일용품을 팔고 다니는 행상인들이 꽹가리를 두드리며 외치는 소리에 가락이 붙어서 차차 악곡으로 고정된 것이라 한다.

그런가 하면 송·원대의 고자사 같이 사대부들의 연석에서 크게 유행한 것도 있고 또 명·청대의 탄사彈詞처럼 한가한 부인들의 규방에 크게 파고든 것도 있었다.[17] 이들이 각기 꽹과리나 북, 비파들을 반주악기로 사용한 점들도 화청, 판소리, 무가들과 같다.

또 내용상으로도 불교적인 고사故事도 많지만 비불교적인 고사도 많다는 것을 전기했거니와, 화청의 풀이체처럼 무불습합적인 것들도 있다. 예컨대 중국의 불사에는 어디를 가나 재신, 약왕, 토지공土地公들에 관운장조차도 불사의 호법신으로 변해 있다. 그래서 명·청대의 보권寶卷에는 관운장 이야기의 보권도 있고 토지보권, 약왕구고충효보권藥王求苦忠孝寶卷 등의 긴 이야기들도 있다.[18]

다시 내용상에서는 강창의 최초의 형태인 변문의 작품명에서부터 석가모니의 일생을 다룬 팔상성도변문八相成道變文, 부모은중변문 등 지금도 화청에서 많이 볼 수 있는 이름들이 그 대표작들이다. 대목건련명간구모변문大目乾連冥間救母變文도 한국의 고려시대에 문헌에도 또 현재까지도 그 이름이 보이는 대표작의 하나이다. 그래서 화청은 한·중의 불교 교류 속에서 특히 그 불교서사가요 종류인 강창과 제일 깊은 관계 하에서 형성된 것임은 쉬이 짐작할 수가 있다. 이때 여기서는 특히 강창이 운문에 산문도 엇섞었다는 그 문체 면에 주목해 둘 필요가 있다.

---

16 김학주, 『중국문학개론』(신아사, 1977), 355~382쪽.
17 김학주, 위의 책, 380쪽.
18 김학주, 위의 책, 377쪽.

그러나 중국의 강창문학 작품들은 기록이 남아서 연대들을 알 수 있으나, 국문이 없었던 고려 이전 한국에서는 그것은 구전문학일 수밖에 없었다. 따라서 그 연대 같은 것을 추정하기가 어렵다. 다만 『해동고승전』[覺訓撰, 고종 2년(1215)]에도 보이는 바, 중국 유학승들이 발뒤꿈치를 이어서 일어났다[西入中國 飽參而來者 繼踵而起]는 기록으로[19] 보아서 그 유입은 매우 일찍부터 많았던 것을 짐작할 수 있을 따름이다.

더구나 『해동고승전』 권 2의 고승 10명은 신라승 8명, 고구려승 1명, 미상 1명인데 그들이 전원 중국 유학승으로 기록되어 있다. 아마도 인구 비례나 그 열도에 있어서 오늘날 기독교 목사들의 미국 유학보다 못지 않았던 느낌마저 없지 아니하다. 그리고 개중에는 신라승이 이미 통일신라 초기에 변문의 본 고장인 그 오지 돈황에까지 가있었다는 기록도 보이고 있다.[20]

그리고 또 당대 변문 당태종입명기唐太宗入冥記나 명대 양산백보권梁山伯寶卷들은 고형이 많이 보존되는 제주도에서 각기 세민황제본풀이, 세경본풀이들의 서사무가로 지금도 구전되고 있다. 그래서 강창문학은 화청만이 아니고 무가에까지도 직접이건 간접이건 폭넓은 교류를 일찍부터 가지고 있었던 점도 짐작이 되고 있다.

이상을 종합할 때에 화청은 음악 연구에서는 범패의 범주 내의 것으로 여겨졌으나 문학 연구에서는 범패와는 달리 강창문학과의 깊은 관계를 전제하지 않을 수가 없다. 그러나 화청은 물론 강창 자체일 수가 없다. 양자는 각기 한·중 양국의 실정이 다른 오랜 사회적 전승 속에서 각기 다른 문학사적인 전개와 결부되면서 각자의 길을 걸어왔다. 그러나 양자 간에는 유사한 성격이 많은데다가 동일 작품의 전승도 많다. 그래서 결론적으로는 강창이 한국에 와서 한국적 전개를 보인 흐름에 가장 밀접한 것이 화청이었고, 특히 화청 중의 불교서사가요들이었다고 해야 할 것으로 생각된다.

---

19 각훈, 『해동고승전』 卷二 釋智明條. (이병훈 역, 을유문고 161), 88쪽.
20 金岡照光, 『敦煌의 민중』(동경 : 評論, 1972), 329쪽.

2) 일본의 화찬和讚과 창도문예唱導文藝

일본의 불교가요는, 고래로 현재까지 일본의 왕성한 불교의 전승으로 말미암아서, 잡다한 장르들이 파생되고 또 서로 습합해서 매우 다양한 전승을 해왔다. 그래서 그 구분이나 범주 등 개념상의 정리가 매우 어렵고 복잡한 상황이다. 그런 속에서 우선 대표적인 불교가요의 장르들을 들어보면 ① 범찬梵讚 ② 한찬漢讚 ③ 화찬和讚 등을 들을 수가 있을 것이다. 물론 이외에도 많은 종류가 있는데, 필요한 것들을 뒤에 다시 들겠다.

그 중에서 인도의 범어 그대로의 범찬을 받아서 중국에서 한자화한 한찬이 일본에 유입된 것은 그 불교 전래(서기 538년)의 초기로 여겨진다고 한다. 순일본어인 화찬은 그보다 400년 정도 후에 평안조平安朝 중기(10C 전후)에 발생하는데, 그 400년간은 한찬을 모방해서 그대로 짓고 사용했다고 한다. 그 기간에는 화찬과 한찬은 대립해 있었으나 점차 화찬이 일본 불교가요의 왕좌를 점하게 되고, 한찬은 많이 밀려났다.

그 까닭은 한찬은 운을 고르고 시를 음독하는 중국인에게는 필요하지만 훈독하는 일본인에게는 전혀 무용지물이었기 때문이라고 한다. 화찬은 거침이 없이 일본인의 정회 그대로를 표현할 수 있기 때문에 일본 불교도들이 찾고 있었던 가요형식 바로 그 자체였다고 한다. 그런 점에서 화찬은 우리 화청과 성격이 유사하다. 그리고 이 한찬이 화찬으로 교체되는 것은 한시가 그들의 와까[和歌]라는 시가 형식으로 교체되는 것과 궤를 같이 하는 것이라고 하고 있다.[21]

불교와 불교 가요들을 중국을 거쳐서 수입하는 사정이야 한국이나 일본이 일단 같지만, 일본의 불교는 다시 한국에서 전승되었다는 것도 주지의 사실이다. 그러나 일본에는 일찍부터 그들의 글자가 있어서 기록문학으로 정착하는 사정이, 구전문학으로 유동하던 한국과 달랐다고 할 것이다. 그래서 결과적으로 일본에서는 범패 대신 그들 말의 화찬이 일찍부터 불교가요에서 군림하고 있었는데, 한국에서는 지금까지도 우리말인 화청은 천대받고 한자인 범패가 군림하고 있는 이상한 상황 하에 있다고 하겠다.

---

21 多屋賴俊, 『和讚史概說』(동경 : 法藏館, 1933), 44~54쪽.

화찬의 형식은 일본 와까[和歌]의 7·5자수율을 기본으로 하는, 7·5조의 12자를 1구로 쳐서 4구 이상 수십백 구라도 이어갈 수 있는 형식이다.[22] 이러한 화찬의 분류는 학자에 따라서 각양각색이다. 성전수成田守는 화찬을 종교화찬과 서사적인 설화화찬物語和讚으로 2대 분류하였다. 그는 화찬이란 그 가창되는 장소로서 사찰이 중요하고, 사찰을 빼면 가창의 가능성은 매우 적어진다고 하였다.

그런데 이러한 장소나 계율, 종파 등에 구속됨이 없는 서사적인 화찬들을 설화화찬物語和讚이라 하고 전자인 종교화찬을 나누어서 이대二大분류를 하였다. 그리고 이 서사적인 설화화찬物語和讚을 다시 ① 고승전기화찬高僧傳記和讚 ② 사사연기화찬寺社緣起和讚 ③ 발심화찬發心和讚 ④ 축언화찬祝言和讚으로 4분류를 하고 있다. 여기서 ③은 남녀친자男女親子간의 정애, 인간고의 세계가 중심이 되는 것이고, ④는 민간 전설들로부터 성립된 오락적 소품들이다. 이것은 부탁받으면 혼례식 때건, 신축新築 축하시건, 기제忌祭 때건 가리지 않던 오락화찬 종류가 된다.[23]

이러한 서사적 설화화찬物語和讚들은 따라서 화찬이라는 호칭만 떼면 다른 가요로 독립할 수가 있고, 또 동시에 자수나 형식만 갖추면 가요에서의 유입도 가능한 작품들이 된다고 한다. 그래서 이들은 내용상으로는 옛말책[御伽草子], 그림풀이[繪解]들과 상통하는 것도 있고, 무녀나 맹녀유랑예인盲女流浪藝人[瞽女]들의 구연과 상통하는 것들도 있어서 강한 창도문예성을 느끼게 한다. 이래서 화찬은 마침내 창도문예를 주로 한 각종 민중문예 형태들과 습합하게 되었다.[24]

여기서 거론된 일본의 창도문예란 마치 중국의 강창문학과 같은 것이다. 일본의 불교 보급은 창도문예를 중요한 수단으로 삼았다. 특히 불교의 민중 보급의 역사적 동향은 창도의 역사적 추구에서 비로소 가능해진다고 한다. 창도는 법담法談, 설경說經이라고도 했고 표백체表白體 창도와 구두사장口頭詞章 창도의 두 양식이 있었는데 전자는 중국 전래의

---

22 多屋賴俊, 위의 책, 42쪽.
23 成田守, 「物語和讚의 분류」, 『일본가요연구』 26호(1987), 44~49쪽.
24 成田守, 위의 책.

역사적 양식이고, 후자는 통속적인 일본적 양식이라고 한다.

창도는 나라奈良시대(7C~8C)부터 비롯되어 헤이안平安시대에는 그 명수들의 유파들이 생기고 있다. 그것은 거듭되는 전쟁에 따르는 급격한 정국의 변전과, 신종파 운동의 활발화에 따라서 전쟁문학인 유명한 원평성쇠기源平盛衰記, 평가물어平家物語 등에 강한 불교적 교훈을 담았다. 그리고 이야기의 흥미에 무상한 인생과 인심의 기미를 느끼게 하는 시대적인 기운을 잘 살렸다.

여기에는 점차 각 지방의 신화화된 역사적 인물 이야기들도 도입되고, 처음에는 기록보다도 창문사唱聞師, 맹승盲僧, 무녀 등에 의해서 창도되었을 것으로 여겨진다. 헤이안平安말기(12C)부터는 이런 각종 잡예가 민간에 유행하면 세력있는 사사寺社들은 이것을 받아들여서 포교수단으로 이용하게 된다. 그리고 그러한 전쟁문학들, 각 지방의 신화, 전설, 사사연기물社寺緣起物들은 점차 그림풀이[繪解, 繪卷物]나 옛말책[御伽草子]들에도 발전되고 기록 정착된다.

그리고 이것들이 다시 거지법사[乞食法師], 비구니, 하급 승려, 맹승, 무녀들에 의해서 가마구라[鎌倉]시대(13C)에는 가두에 진출되고 전국에도 유포된다. 이러는 사이에 그것은 화찬하고도 왕래한다. 무지한 민중에게는 주언呪言도 타라니陀羅尼도 다 종교적인 매력이었고, 신불의 마음에 통하는 유력한 수단으로 여겨진 것이 이 모든 창도문예들이 보급된 근본적인 이유였을 것이라고 한다. 그래서 그것은 그 자체의 문학적 가치보다도 근세에 와서 다시 각종 국민문학을 산출하는 데에서 그 가치와 의미를 찾아야 할 것으로 여겨지고 있다.[25]

3) 한국 화청의 종류와 범주

위에서 동국대학교 불교대학이 현전하는 화청을 채록 설명한 자료들을 필자는 ① 신심 주제의 화청 ② 서사적 화청 ③ 무불습합적 화청(풀이체의 고사선염불告祀先念佛)으로 3분류

25　村山修一,「習合文藝思潮」,『神佛習合思潮』(東京 : 平樂寺書店, 1957), 166~188쪽.

된다고 한 바가 있었다. 이제 이것을 다시 중국·일본의 동계 불교가요들과 비교하면 그
성격이나 관계는 아래의 표와 같이 되겠다.

중국	한국	일본
범패	범패	범패
	화청(신심화청)	和讚(종교화찬)
變文 등의 講唱文學	서사적 화청	설화(物語) 和讚, 唱導文藝 등

먼저 중국과의 비교에서 한국 화청의 연원이 중국의 범패나 강창문학에 있었던 것을
짐작할 수가 있다. 물론 한국 불교는 한국말의 포교가요를 필요로 해서 화청이 생겼는데,
일본의 화찬도 같은 사정에서 생긴 것이다. 그리고 거기에는 「팔상성도八相成道」나 「목련
경目連經」 같은 중국 강창문학과 같은 서사화청들이 그대로 들어있어서 특히 그 서사화청
은 강창문학과 관계가 깊었던 것을 알 수가 있다. 중국의 강창문학은 많은 민중문예의
장르들을 자극 산출해왔는데 그러한 흐름을 받아서 그렇게 한국적으로 전개시켜온 것이
특히 서사화청이었다고 할 것이다.

일본과의 비교에서는 같이 범패가 있는 데에서 같이 그 나라말의 화청과 화찬이 발생
한 사정도 같다. 동시에 화찬이 종교화찬과 설화 화찬(物語和讚)으로 분류된 점도 우리 신
심화청, 서사화청과 사정이 꼭 같다고 할 것이다. 그러나 일본은 고금을 일관해서 불교세
력이 왕성했기 때문에 그 각종 문예형태들이 매우 다양했다. 그래서 창도문예를 비롯해서
그림풀이[繪解], 옛말책[御伽草子], 전기설화[戰記物語]들이 일찍부터 있었던 그들의 글자로 기
록되면서 다양하고 풍성하게 여기에 얽히고 있다.

그에 비하면 우리는 한글 창제가 늦었고, 또 조선시대는 더욱 국시가 숭유배불이었기
때문에 화청의 전승도 이웃들에 비해서 약할 수밖에 없었다. 그런대로 한글이 창제되자
『월인석보』 등에 「석가보」는 물론이고, 「목련경」, 「안락국태자경」 등 많은 서사불교작품
들이 곧 한글로 기록되고 있다. 그런데 여기서 그 문체는 매우 주목되며 앞으로 더 깊은

연구가 필요할 것으로 생각된다.

그 문체가 당시의 현실적 회화를 상당히 반영한 구어체라는 것은 일찍이 최현배[26]에 이어서 사재동이 주목한 바가 있었다. 특히 사재동은 그 문체가 설창說唱에 유리한 형태를 갖춘 점을 지적하고 있다. 더구나 『월인석보』 같은 것은 그 전체 구조가 운문 「월인」과 산문 「석보」으로 배합되어서 그것이 설창적 포교 대본 같은 인상을 준다고 지적하고 있다.[27]

본고는 우리 서사화청이 중국 강창을 받아들이고, 강창과 긴밀하다는 것을 지적했다. 동시에 한국에도 신라 고려 이래로 변문 변상들이 있었고, 그것이 서사화청으로 구연됐을 가능성도 앞으로 더 지적될 것이다. 어쩌면 석보상절의 그 희곡적 대화 위주의 언문일치적인 문체도 그런 강창의 전통이 있었기 때문에 곧 기록될 수 있었던 문체인지도 모르겠으나 지금 그것은 짐작은 잘 되어도 확실한 증명은 어려울 것이다.

어떻든 여기서 우리가 서사화청의 범주와 개념에서 한 가지 지적해둘 것은 문체 문제를 잠깐 숙제로 남겨둔 채 넓게 석보상절 같은 우리말의 그 많은 서사불교작품들도 다 화청에 포함시켜 두어야 하겠다는 점이다. 여기서는 중국의 강창문학도 그렇게 운문과 산문이 섞이면서 다양한 문예형태들을 넓게 다 포함시킨다는 점도 참고할만한 일인 것으로 생각한다.

4. 화청과 한국문학사

1) 신라의 불교 포교와 화청

화청은 불교의식 가요이기도 하지만, 그보다는 대중교화의 방법으로서 그 의의를 더 인정받아야 한다. 이렇게 볼 때에 화청의 시작은 이미 아득한 삼국, 신라시대에까지 소급

---

26 최현배, 『한글갈』(정음사, 1946), 81쪽.
27 사재동, 『불교계 국문소설의 형성과정 연구』(아세아문화사, 1977), 105쪽.

하여 생각할 수 있으리라는 점들을 전기한 바가 있었다. 『삼국유사』 卷4 「원효불기조元曉
不羈條」에는 원효가 속복으로 갈아입고 광대의 큰 박과 같은 도구를 만들어가지고 무애가
라 이름 지은 노래를 세상에 퍼뜨린 모양을 기록하고 있다. 그는 그것을 가지고 천촌만락
을 돌아다니며 노래하고 춤추며 화영化詠하고 하였음으로 더벅머리 총각들까지도 다 불타
의 호를 알게 하고 누구나 남무지칭을 했으니 그의 법화가 크다고 했다.

따라서 무애가는 우리말로 된 불교가요일 수밖에 없었겠는데, 이러한 우리말의 포교
용 불교가요의 상황은 이것이 그 시초는 아니다. 원효(617~686)의 스승이라고 하는 대안大
安(571~644)도 유사한 활동을 하였다. 『대송고승전大宋高僧傳』 卷4 「원효전」에는 "대안은 헤
아릴 수 없는 사람인데 형복形服이 특이하고 항상 저자에 있으면서 동발銅鉢을 두드리며
대안대안지성을 불렀기 때문에 그것이 호가 되었다[大安者不測之人也形服特異 恒在市廛 擊銅鉢
唱言 大安大安之聲 故號之也]."고 기록하고 있다. 혜공, 혜숙들도 다 같이 "가무어가항歌舞於街
巷" 한 승도들이었다.

이러한 사실을 가지고 김성배는 "신라의 원효를 비롯한 대중 교화의 일선에 떨치고
나섰던 여러 승려의 가무와 향언으로 된 불요들은 바로 이 화청이 아니고 무엇이었던가!
염불승, 동발승, 일련의 문승들은 화청의 유포자들이었다."[28]고 단언했던 것을 전기했다.
실제로 거기에는 화청이라는 이름은 아직 붙어있지 않지만 대중교화의 향언 불요라는 점
에서 양자는 완전히 그 성격과 맥을 같이하는 것이라고 하지 않을 수가 없다.

다음에 화청과 관계가 깊은 문승, 동냥승들에 대한 신라시대의 기록들을 잠깐 검토해
보기로 하겠다. 먼저 『삼국유사』 卷5 「김대성조」의 기록을 잠깐 보기로 한다.

    대성이 집이 가난해서 부자 福安의 집에서 품팔이를 했는데 고승 漸開가 복안의
    집에 와서 시주를 권하니 安이 베 50필을 주었다. 僧 開가 축원하기를

---

28 김성배, 『한국불교가요의 연구』, 126쪽.

단골이 포시하기를 좋아하시니
天神이 항상 護持하여
一을 포시하면 萬倍를 얻을 것이고
安樂하고 長壽하게 하리로다

하였다. 대성이 듣고 뛰어 돌아와 그 모에게 "내가 문승이 송창하는 것을 들으니 위와 같다."고 하고 의논하여 그들의 밭을 개開에게 포시하였다.

時有開士漸開 欲設六輪會於興輪寺 勸化至福安家 安施布五十疋 開呪願曰 檀越好布施 天神常護持 施一得萬倍 安樂壽命長 大城聞之 跳踉而入 謂其母曰 予聽門僧誦倡 云施一得 萬倍

위에서 품팔이하던 가난한 소년도 언뜻 알아들을 수 있는 주원사呪願詞를 외고 다니던 문승 동냥승들이 당시에 있었음을 쉽게 알 수가 있다. 이러한 실정은 오늘날 향가의 하나로 간주되고 있는 풍요風謠에서도 짐작할 수가 있다. 풍요에 대한『삼국유사』卷4의 양지사석조良志使錫條의 기록은 다음과 같다.

釋良志는 그 祖考와 향읍이 未詳하고 오직 선덕여왕조에 사적을 나타냈다. 錫杖 위에 한 포대를 걸어두면 錫杖이 저절로 날아 시주의 집에 가서 흔들리며 소리를 내었다. 그 집에서 알고 齋費를 넣되 포대가 차면 날아 돌아왔다. 그러므로 그가 있던 곳을 석장사라고 하였다. …(중략)… 그가 영묘사의 丈六像을 만들 때에 禪定에 들어서 三昧의 태도로 揉式을 삼았으므로 성중의 사녀가 다투어 진흙을 날랐다. 민요에

오다 오다 오다 오다 서럽더라
셔럽다 의내여 功德 닷ᄀ라 오다

하여 지금도 향인들이 방아 찧을 때에 그렇게 부르니 대개 여기에서 시작된 것이다.

여기서도 우리는 문승의 동냥 행각을 짐작할 수 있다. 즉 "錫杖頭掛一布帒 錫自飛至 檀越家 振拂而鳴 戶知之納齋費 袋滿則飛還"에서 석장錫杖이 '자비自飛'해서 오고갔다는 것은 양지의 신이함을 과장한데서 생긴 표현일 것이다. 그 '자비'만을 빼면 그것은 그대로 문승의 행각이다. 주인이 재비를 준비하는 동안에는 역시 어떤 염불가요의 창영이 있을 수밖에 없었을 것이다. 이러한 양지의 포대, 원효의 괴이한 대호, 혜공이 지녔다는 부궤負簣 등은 다 동냥승을 표시하는 유사한 종류의 도구들이었을 것이다.[29]

이상 원효의 무애가, 대안의 격동발창언擊銅鉢唱言, 혜공의 부궤負簣, 김대성이 들은 축원사, 양지의 석장의 포대 등은 일련의 문승, 동냥승들의 행각을 말해주고 있다. 그리고 거기에는 가난한 소년들도 쉽게 알아들을 수 있는 우리말의 대중포교의 불교가요들이 있었다.

이것들은 다 도도하게 맥을 같이 해서 크게 흘러오던 하나의 흐름의 여러 양상들이었다. 김성배의 말대로 무애가가 화청이었다면 여타의 것들도 다 유사하게 맥을 같이해온 대중포교용의 같은 신라의 불교문학의 흐름이었음에 틀림이 없었다고 할 것이다.

전기했듯이 임기중은 불교계 향가들도 다 화청의 범주 내의 것으로 간주하였으니 여기서 많은 향가들이 우리말로 된 불교가요였다는 점도 본고에서는 잠깐 고려되어야 하겠다. 한 예로 월명사의 도솔가는 그것이 그의 말대로 "신승은 국선[花郎]의 무리에 속하여 향가를 알 뿐이고 인도소리에는 익숙치 못합니다[臣僧 但屬於國仙之徒 只解鄕歌不閑梵聲]."하고 향가를 불렀다고 기록되어 있다.

이에 대해서 왕도 "비록 향가라도 좋다[雖用鄕歌可也]."고 말하고 있다. 음악면에서 "범음梵音은 못하나 향가는 부를 수 있다.'는 이 말은 '정악(雅樂, 唐樂)은 못하나 시나위가락은 가능하다.'는 말과도 방불하여 과히 망발은 아니리라."고 이혜구는 말한 바가 있다.[30]

지금도 범패는 일정한 가락을 엄격히 지키나 화청은 적당히 지어서 부르는 단순한 가락이라서 음악면에서는 훨씬 차등인식을 받고 있는 듯하다. 당시도 범패에 대해서 향가는

---

29 김종우, 『향가문학론』(연학문화사, 1971), 51쪽.
30 이혜구, 『한국음악연구』(국민음악연구회, 1959), 247쪽.

화청과 같이 무엇인가 차등인식이 있었던 것을 그 도솔가의 앞뒤 문맥에서 느낄 수가 있다. 이 향가들에 대해서는 학계에서 다각적인 논의들이 허다하기에 이만 간단한 언급으로 넘어가기로 한다.

2) 고려시대의 화청과 변문의 유입

화청을 중심으로 생각할 때, 신라 이래의 그 큰 흐름은 계속해서 고려시대에도 도도한 조류를 이루어 온 것을 짐작할 자료들은 적지 않다. 그러나 우리 글자가 아직 없었기 때문에 더구나 그 작품의 장편들의 기록 자료는 남을 수가 없었다. 고려시대의 화청에 해당되는 자료로서 임기중은 전기한 발표 메모에서 다음과 같은 항목들을 열거하고 있다. 여기에는 전후에서 고려시대 항목들만을 뽑아서 적기로 한다.

> ○ 화청의 전개
> 가. 담당층의 다변화
>> ㉠ 향도香徒(817년 전후) ㉡ 모연승募緣僧(?~924)
>> ㉢ 동냥승棟樑僧(1168~1241)
>
> 나. 담당층의 전문화
>> ㉠ 화청 대덕의 출현과 인맥의 형성
>>> ③ 도선道詵 ④ 균여대사 ⑤ 현종조顯宗朝 11인 ⑥ 나옹화상
>
> 다. 담당층의 조직화와 금압 조치
>> ㉠ 고려의 향도군
>
> 라. 청사請詞의 생장
>> ㉠ 발전기 창사唱詞 독립적 단형短型

① 현종조의 경찬慶讚사뇌가

　ⓛ 발전기 창사 독립의 변형적 단형

　　① 경기체가계 - 미타찬, 안양찬安養讚, 미타경찬彌陀經讚

　ⓒ 태동기 강창구조의 장형

　　② 균여대사의 가초歌草 ③ 현종조의 향풍체가鄕風體歌[31]

　이것은 아직 발표요지로서의 항목만의 나열이기 때문에 일단 참고로 삼고 그 설명 논문화를 기대하기로 한다. 다음에 김성배도 고려시대의 왕성했던 대소법회들이 불교가요의 요람이었다는 점을 지적하고 있다. 그러나 고려시대는 사대적인 귀족층에 의해서 한문학의 황금시대를 이루어놓은 느낌이 있었다. 그런 가운데서 일부 승려들이 평민편으로 돌아와서 향찰식 표기나 또는 구전(방언)으로 불교가요를 지어서 유포시킨 바가 있었다고 한다.

　그런 사례로는 우선 균여대사나 나옹화상을 들 수가 있다. 그 밖에도 고려 현종 자신이 향풍체가를 짓고, 신하로서도 경찬시뇌가를 지어 바친 사람이 11명이 있었다는 것이 현화사비玄化寺碑 음기陰記에 기록된 것을 지적하고 있다[聖上乃御製 依鄕風體歌 遂宣許臣下 慶讚時腦歌者 亦有十一人 幷令板寫釘 于法堂之外]. 이들은 다 신라 이래의 향찰식 표기의 가요들로서 고려 현종 때에도 이것이 많이 지어졌다는 것을 알 수가 있다고 했다. 그는 또 고려속요 중의 풍입송風入松 같은 것도 찬불적인 노래로서 넓은 의미의 불교가요에 포함시킬 수 있는 점들을 지적하고 있다.[32]

　한편 김운학은 "중국의 구어체 백화문의 기원을 변문에서 찾고, 신라의 이두가 우리 구어체 표기의 시초라 할 때 이들은 확실히 긴밀한 연결을 가지는 것"이라고 한 바가 있었다.[33] 그것은 어떻든 신라 이래로 한국에 변문의 유입이 점차적으로 있어 왔으리라는

31　임기중, 「화청과 가사문학」, 『국어국문학』 97(1987), 242~243쪽.
32　김성배, 『한국불교가요의 연구』(1973), 42~74쪽.
33　김운학, 「향가의 비교문학적 연구」, 『신라불교문학연구』(현암사, 1976), 121쪽.

것을 짐작할 자료들은 많다.

그래서 여기서 일단 변문과 깊은 관계를 가지는 화청의 한 갈래인 서사불교가요에 대해서 이들을 아울러서 살펴두기로 하겠다. 변문에는 흔히 수레의 두 바퀴처럼 변상變相이 따랐다. 그렇다고 변상이 있었으면 반드시 그에 따르는 변문이 틀림없이 꼭 있었다고 단정할 수는 없으나, 여하튼 양자가 밀접한 관계를 가진 것만은 사실이다.

현재 한국 최고의 변상도는 신라 경덕왕 13년(754)의 대방광불화엄경大方廣佛華嚴經 변상도變相圖이다. 그리고 전기한대로 『해동고승전』에 나오는 삼국시대 고승들은 전원이 중국 유학승이었다. 그들은 발뒤꿈치를 이어서 구법 유학을 가는 열의를 보이고 있었다. 그러다가 고려시대에는 드디어 속강승俗講僧의 기록이 보인다. 단 그 고려사부高麗師傳가 바로 목련구모변目連救母變을 강창한 장소가 대도大都(북경) 경수사慶壽寺였던 것이 아직 미흡하다.[34]

그러나 고려 예종 1년 7월 14일조에는 "說盂蘭盆齋 于長齡殿 以薦肅宗冥祐"하고, 다음날 15일조에는 "又召名僧 講目連經"이라는 기록이 보인다. 위 고려사부의 목련구모변은 그것이 당대의 속강과 변문의 말류임에는 의심할 여지가 없다고 민영규는 강조하고 있다.

그는 이어서 지금도 한국 항간의 불적佛籍에는 소위 위찬경僞撰經이 많은데, 예컨대 '대목련경' 같은 것은 그 간본刊本이 8, 9종이나 된다. 그러나 그 내용이나 어법, 줄거리들은 돈황 석실에서 나온 목련변문과 비교하면 그것이 동계에서 나온 것임을 생각할 수 있다고 하고 있다.

또 홍윤식은 고려시대의 많은 변상도들이 일본에 전하는 것을 촬영 조사 보고한 바가 있다.[35] 또 구마가이 노부오[熊谷宣夫]는 일본에 전하는 「안락국태자경安樂國太子經」 변상도變相圖를 자세히 검토하고 보고한 바가 있다. 그것은 조선시대 선조 9년(1579) 것인데 '다력염냉多歷炎冷'해서 '형상은은形像隱隱 불가식의不可識矣'하여 '금중득약간재禁中得若干財'하고 '개

---

34 민영규, 「元高麗俗講僧」, 『동방학지』 31집(1982), 2쪽.
35 홍윤식, 『고려불화의 연구』(동화출판사, 1984).

성신도改成新圖'한 것이다. 여기에는 '주상전하主上殿下 성수만세聖壽萬歲 왕비전하王妃殿下 성수재년연聖壽齋年連'이라는 명기들이 있어서 그것이 궁중에서 왕족을 중심으로 전승되었 던 사정도 잘 설명을 해주고 있다.

그리고 그 변상도 요소요소에는 『월인석보』 권8의 「월인천강지곡」 속의 「안락국태자 경」의 문장과 거의 일치하는 한글 설명문 26곳이 붙어 있어서 변상과 변문의 밀접한 관계 를 또한 설명해주고 있다. 구마가이 노부오[熊谷宣치는 추정이 허용된다면 위 태자경 변상 의 구탱舊幀은 아마 고려 말 조선 초에는 그려졌을 것이라 했다.

구마가이 노부오[熊谷宣치는 이상을 요약해서 이 변상도의 구도는 고려 이래의 왕궁만 다라王宮曼荼羅, 설화로서는 신라 이래로도 여겨지는 향토색이 짙은 것이, 한글 창제와 더 불어 한글로 기록된 것이리라고 했다. 그래서 그것은 미술사상에서는 물론 널리 국민문화 에 밀착된 중요문화재라고 그의 연구 보고를 맺고 있다.[36]

이상에서 우리는 한국의 변문 내지는 위경이 우리말로 불린 서사불교가요였음을 분명 하게 『월인석보』의 기록에서 확인할 수가 있었다. 그 한 예가 「안락국태자경」이다. 그리 고 「목련경」 같은 경우 그것이 역시 돈황의 변문과 맥을 잇고 고려시대에 전승됐을 충분 한 가능성도 확인하였다. 그리고 그것들이 『월인석보』에 구어체 문체로 다 수록되어 있는 것이다. 위 연구자들이 같이 말했듯이 그것은 신라 이래로 고려 조선시대를 전승해왔고 지금 그 퇴영된 잔맥을 오늘날의 화청에서도 보여주고 있다.

끝으로 참고로 위 「안락국태자경」은 지금 변형해서 제주도에 "이공본풀이"라는 서사 무가로 전승되고 있고, 또 "악양국왕자노래"로 김해의 무녀에게서 채록된 것도 보인다.[37] 또 손진태는 구포면의 맹인 최순도로부터 서왕가, 권왕가勸往歌, 회심곡, 자책가 등 여러 편의 화청을 채록 보고한 바가 있다.[38]

이 최순도는 손진태의 신가유편에 성주풀이 등 서사무가도 여러 편을 제공한 장님 판

---

36 熊谷宣夫, 「青山文庫藏, 安樂國太子經變相」, 『김재원박사 회갑기념논문집』(1969), 1063~1086쪽.

37 한국정신문화연구원, 『구비문학대계』 경남편 8-9 김해시군편. (김승찬 채록, 女巫 강분이(49세) 口誦) 1983, 123~ 146쪽.

38 이상보, 『한구고시가의 연구』(형설출판사, 1975), 45쪽에서 재인용.

經誦人盲
송

판수의 독경
(김준근 풍속도, 1880~1900 무렵)

수盲覡이다. 그래서 화청은 일본의 창도문예처럼 동냥승은 물론 맹격, 무녀들에게도 널리 무불습합 상태로 전승됐고, 지금은 위 「안락국태자경」처럼 오히려 무가로서 더 전승되고 있는 실정임을 느끼게 하는 바도 있다.

3) 조선시대의 화청과 관련 문예형태들

김성배는 조선조 불교가요의 전개를 ① 범패 계통의 분화와 ② 화청 계통의 분화로 나누어서 살핀 바가 있다. 그는 화청 계통의 분화에서 첫째로 월인천강지곡을 들고 이 국문 불찬가는 요컨대 듣는 자마다 능히 이해하여 불연佛緣으로 이끄는 기회를 삼자는데 있었던 점을 지적하고 있다. 그리고 그것은 신라와 고려 향찬의 유유한 전통의 흐름 속에서 그 원천을 찾아야 할 것이라고 강조하고 있다. 그리고 다시 많은 이조 염불가사들을 화청으로서 거론하고 있다.[39]

이상보도 그의 『한국 불교가사의 역사적 고찰』에서 서산대사의 회심곡 이후의 그 작가와 작품들을 들어서 고찰하고 있다.[40] 임기중도 그의 『화청과 가사문학』에서 화청의 담당층의 전문화로서 서산대사, 침굉화상枕肱和尚, 지영智瑩, 학명선사鶴鳴禪師, 일제강점기의 동서만월東西滿月과 그 제자들의 화청 인맥의 형성을 들고 있다. 또 발전기 강창구조의 독립적인 장형 또는

---

39 김성배, 앞의 책, 112~149쪽.
40 이상보, 앞의 책, 22~36쪽.

과도기적 시형의 화청으로서『석보상절』과『월인천강지곡』,『월인석보』도 들고 있다.[41]

그래서 시가문학으로서의 화청의 연구는 위의 연구들에 미루고 여기서는 특히 그 서사문학적인 측면을 살펴두기로 하겠다. 위와 같이 김성배, 임기중은『석보상절』,『월인천강지곡』,『월인석보』를 다 화청의 범주 안에서 다루었다. 그런데 가령『월인석보』속에도 예컨대「안락국태자경」,「목련경」,「선우태자경」등 여러 편의 우리말 서사문학 작품들이 있다.

이들을 다 불교가요라고 전제한 화청의 범주 내에 포함시킬 것인지 아닌지, 전기했듯이 세부적으로는 문제가 더 남아있는 셈이었다. 다만 그 중에서「목련경」들은 당대의 변문의 초기부터 대표적인 강창문학으로 전해온 점을 생각할 때에 성격을 같이 해서 수록된 이들을 다 제외시킬 수가 없다.

그리고 강창은 운문과 산문이 교잡되는 다양한 문체를 가져왔고, 그러한 강창문학을 받아들여서 한국적으로 전개시켜 온 것이 화청이었다. 이런데서 생기는 많은 문제들은 앞으로 학계의 조명을 더 받아야 할 문제인 것으로 생각된다. 여기서는 이런 문제들을 조금 더 자료를 들어서 생각해 보기로 하겠다.

중국 강창문학의 초기의 변문으로서「목련경」과 같이 당대 말기에는 이미 있었던 것으로 여겨지는 것에『당태종입명기唐太宗入冥記』가 있다.[42] 그리고 그와 같은 줄거리로 우리 고소설에『당태종전』이 있고 또 제주도 서사무가에는 같은 줄거리인 '세민황제世民皇帝본풀이'라는 것이 전승되고 있었다. 그런가 하면 명·청대에 유행했다는 강창문학의 하나인『양산백보권梁山伯寶卷』과 같은 내용이 우리 고소설『양산백전』에 보이고 있고, 또 같은 줄거리를 노래하는 '세경본풀이'가 제주도 서사무가로 전승하고 있다.

또「목련경」과 같이『월인석보』에 실린「안락국태자경」은 그 줄거리가 제주도에서 서사무가 '이공본풀이'로 전승하며,『안락국전』이라는 같은 줄거리의 우리 고소설로도 남아 있다. 여기서 일련의 중국 강창문학이나 서사적인 화청 작품들이 서사무가로서 고형을

---

41 임기중, 앞의 책, 242~243쪽.
42 魯迅 지음, 정래동·정범진 공역,『중국소설사』(금문사, 1964), 138쪽.

많이 간직하는 제주도에 전승되는 동시에, 일련의 불교소설도 산출하고 있다는 사실을 파악할 수가 있다. 이것을 일람표화하면 다음과 같이 되겠다.

강창·화청	서사무가	불교계 국문소설
당태종입명기	세민황제본풀이	당태종전
양산백보권	세경본풀이	양산백전
안락국태자경	이공본풀이	안락국전

여기서 강창·화청이 후대 문학들의 산파역을 했다는 것은 분명하다. 그러나 서사무가와 불교계 국문소설들은 어느 것이 강창에서 먼저 생겼는지, 각각 따로 파생했는지는 지금 분명하게 가릴 길이 없다. 톰슨의 말처럼 "설화의 여러 형식들은 놀라운 용이성으로 서로 혼합된다. 때문에 이론가들이 바라듯이 그 한계나 구별은 엄밀할 수가 없다. 설화는 시대나 장소를 초월해서 고대에서 현대로, 문명사회에서 미개사회로 형식이나 목적을 자유롭게 변화시킨다."[43]

그런데 화청은 무가나 고소설만을 낳은 것이 아니고 그 후에 다른 문학 장르들에게도 영향을 미쳤다는 논의들도 나오고 있다. 예컨대 중국문학 연구에서는 한국 판소리의 중국 강창문학 기원설을 제시한 바가 있었다. 그것은 그 시대나 지리를 생각해서 보다 가까운 중국 북부의 고사敭詞가 우리 판소리에 영향했을 것이 틀림이 없다고 했다.[44]

그러나 이제 중국 강창과 같은 우리의 화청도 오래전부터 있었던 점이 논의된 이상, 당연히 같은 국내의 무불습합성 속에서 판소리는 강창보다는 화청에게서 영향을 받았을 가능성이 더 많았다고 할 수밖에 없게 된다. 같은 화청을 옆에 두고 먼 중국까지 강창의 영향을 받으러 갈 필요는 없었으리라고 해야 할 것이기 때문이다.

---

43 S. Thompson, *The Folktale*, University of California Press, 1977, p.10.
44 김학주, 「판소리와 강창」, 『한국사상대계 I 문학예술사상편』(성대 대동문화연구원, 1973), 635쪽.

판소리는 무가 기원설이 지배적이었다. 그것은 우선 초기 판소리의 호남이라는 지역면, 무악 가락에 유사성이 있는 판소리의 음악면, 무녀와 광대의 흔한 부부관계 등 여러 측면으로 같이 증명되는 움직이기 어려운 사실일 것이다. 그러나 판소리보다는 역사가 훨씬 오랜 화청도 호남에서는 판소리와 유사한 육자배기 가락으로 불린다고 한다.[45] 한만영도 전주의 판소리광대 모씨가 판소리조로 화청의 고사선념불을 한다는 말을 해준 바가 있다.

김동욱은 불교와 관련이 깊은 판소리로 심청전과 옹고집전을 들고, 여기 모연배募緣輩와 어떤 관련을 맺을 수 있다면 심청전 등의 전성 동기의 정곡을 찌를 수 있으리라고 흥미어린 기대를 제시한 일이 있었다.[46] 이 두 작품은 과연 화청승에게 시주를 잘하라는 것이 그 주제이다. 그렇다고 화청승들이 그런 내용을 그대로 불렀다는 유사한 자료는 이제 얻기 어려울 것이다.

다만 위와 같이 화청과 판소리는 호남지방에서는 같은 육자배기 가락에 관련이 깊고, 또 판소리 광대가 화청도 판소리조로 불렀다는 자료들을 여기서는 흥미롭게 여길 수밖에 없겠다. 한편 일암스님은 화청은 곡에 고정성이 적기 때문에 배우기 쉽고, 가사도 또한 미처 잘못 외웠어도 적당히 지어서 부를 수도 있다고 했다. 그는 그것을 별가락이라 한다고도 했으나, 무엇이건 권선징악 하는 것이면 지어서 부를 수가 있다는 말도 하였다. 여하튼 같은 지역에서 현재도 화청과 판소리는 가사 내용도 가락도 서로 습합해서 밀접한 관련을 가지고 있는 것이다.

그래서 판소리에 대한 중국 강창, 특히 북부 고사의 영향설이나 기원설은 당연히 화청으로 대체돼야 할 것이다. 그리고 판소리 기원의 주역은 역시 무가와 무속이 주역이었을 것이다. 그러나 가령 이혜구는 범패가 가곡, 창극조 같은 우리 음악의 창법에도 영향을 주었다고 한 바가 있다.[47] 그러나 범패보다는 판소리에는 역시 화청의 영향이 더 컸으리라는 점은 위의 자료들에서도 분명하고 앞으로도 더 고려가 되고 연구도 됨직한 일일 것

---

45 일암스님(장상철 전주시 보상사 주지) 談, 1986.11.7.

46 김동욱, 「판소리와 불교」, 『한국사상대계 I 문학예술사상편』(성대 대동문화연구원, 1973), 126쪽.

47 이혜구, 『한국음악연구』(국민음악연구회, 1957), 185쪽.

으로 여겨진다.

원인은 언제나 단일하지 않고 다양적인 경우가 많다. 뿐만 아니라 그렇게 해서 생긴 판소리에서는 또 오늘날 공론대로 판소리계 소설들이 파생할 수도 있었다. 그리고 판소리는 다시 창극으로서 민족오페라로 발전하기도 했다. 전기한 톰슨의 말처럼 설화의 여러 형식들은 언제나 놀라운 용이성으로 서로 혼합되며, 또 형식이나 목적도 자유롭게 변화시킬 수 있다는 점이 늘 아울러서 고려가 돼야 할 것이다. 화청이나 판소리들처럼 구전성이 많았던 이 방면의 우리문학사도 또한 이렇게 보지 않을 수 없는 것이고, 이렇게 볼 때에 더욱 화청의 문학사상의 역할은 더 커지고 다양한 것으로, 앞으로 더 연구가 돼나가야 할 것이다.

5. 맺는말

본고는 그 내용이 너무 방대했다. 먼저 화청의 부분 연구들이 선행돼야 한다는 것을 느끼면서 우선은 복잡한 문제의 전모를 일단 크게 전망하고 그 개략을 소묘해보려고 한 셈이 되었다. 그 결과를 요약하면 다음과 같다.

우선 화청의 개념으로서, 먼저 기능상으로는 불교의 의식가요와 포교가요라는 점을 들었다. 내용상의 종류별로는 ① 신심 주제의 불교가요와 ② 서사불교가요 ③ 무불습합적인 고사선념불 등의 모든 우리말 불교가요를 총칭해서 화청으로 여겼다.

이것을 한·중·일 삼국의 비교를 시도한 바는 다음과 같았다. 우선 중국의 범패나 한찬 그대로는 한국에서는 의미나 감정이 통하지 않고 포교도 잘 안된다. 그래서 일찍부터 우리에게는 우리 나름의 우리말 화청이 생겼는데, 그러한 같은 사정에서 일본에서 생긴 것이 화찬이고, 그것은 일본 나름으로 다시 발전했다. 한국에서는 이 ① 신심 주제의 불교가요들이 불교계 향가에서 나옴, 서산대사들로 이어지는 가요들이다.

② 서사불교가요는 조선시대의 숭유배불 이래 한국에서는 퇴영했으나 그래도 팔상가[釋尊一代歌]류, 「목련경」 등의 전통이 있었다. 이것은 당대唐代의 변문 이래로 중국 강창문

학을 받아들여서 한국적으로 전개되어온 중요한 한 계열이었다. 중국의 강창문학이 유구한 전승에서 허다한 후세 국민문예 형태들의 산출역을 했듯이 이 서사불교가요는 『월인석보』의 「목련경」, 「안락국태자경」, 「선우태자경」 등의 우리말 서사불교의 문학작품들을 출현시켰다.

그리고 그것들은 어느 사이엔가 불교계 국문소설이나 서사무가들도 산출하고, 판소리, 회심곡 등의 민속가요 등에도 영향을 준 것으로 보였다. 그것은 일본에서는 서사적인 설화화찬物語和讚이나 창도문예들이 역시 중국처럼 후세의 많은 민중문예 형태들을 산출 또는 자극한 것과 사정을 같이하고 있다.

그리고 그 담당자들이 동냥승, 무녀, 맹격 등 하층 종교종사자들이었던 점에서도 유사성이 보이고 또 그 무불습합성에도 유사성이 보인다. 이런 점들에서는 화청은 끝내 운문에만 국한될 수 없고 편의상으로도 그 범주를 넓혀야 할 필요성이 느껴졌다. 그것은 그 직접 수수관계에 있는 중국의 강창문학도 운문과 산문의 교잡이었기 때문에 더 그러하다.

이러한 화청의 조류를 한국문학사와 관련시켜 본 결과는, 첫째로 화청은 신라의 무애가 이래 포교가요로서 불교 대중화에 기여하고, 불교계 향가들로 맥을 이으며 폭넓은 전승을 해왔다. 둘째 신라 고려시대에는 중국 강창문학을 받아들이면서 우리말화하고 조선 초기에는 불교계 국문소설들을 형성시키면서 소설사에도 기여하였다.

고려 말에는 가사문학의 효시를 이룬 점도 국문학계에서 특기되어 왔다. 조선시대에는 판소리 발생에 영향한 점도 고려될 필요가 있었다. 그 밖에도 민중문예의 여러 형태들과 어울려서 회심곡 등의 민속가요 형성이나 서사무가의 내용을 풍성하게 하는 등 민중문예의 기반 형성에 다각적인 기여를 해왔다.

화청의 연구에서는 근래 시가문학의 측면에서 활발한 연구 성과들이 발표되어 왔다. 화청은 본래가 그렇게 시가문학성을 띤 것인데, 필자는 본고에서 서사문학적인 측면에 많은 비중을 두어 왔다. 이러한 측면의 연구도 앞으로 더 많이 필요할 것으로 생각된다.

『경기대학교 논문집』 22집 (1988)

X.
한국의 민속종교미술

1. 머리말

해리슨J.Harrison 여사는 특히 고대 예술은 종교의 시녀라는 유명한 명제를 남긴 바가 있다. 그것은 그리스의 미술, 신화, 연극, 음악들이 모두 그리스의 종교를 돋보이게 하기 위해서 존재했다는, 그녀의 평생 연구생활에서 자연히 우러나왔던 말일 것이다. 고대 예술만이 그런 것도 아니다. 또 물론 예술이 종교를 위해서만 존재했던 것도 아니지만, 유럽의 중세 미술도 한마디로 기독교 미술이었다.

중세적인 신앙생활 속에 전 유럽에서 교회를 중심으로 그 미술은 발달했다. 회화는 성당 건축과 밀접한 관계를 맺고 건축의 장식 역할과 성서의 해설자 역할을 겸했다. 모자이크mosaic, 사원벽화(fresco), 정밀화의 제단 그림, 현판 성화(icon) 등이 그것이다. 르네상스기의 3대 거장인 미켈란젤로의 천정화 「천지창조」나 레오나르도 다빈치의 「최후의 만찬」, 라파엘로의 「성 모자상」에서 보듯이, 이 3대 거장들도 종교화가였다.[1]

---

1 坂崎坦, 『서양미술사개설』(風間書房, 1955), 17~30쪽.

동양에서도 불교의 회화, 불상 조각, 사찰 건축과 탑, 불교 공예품 등 불교 미술의 모든 형태들이 불교 음악, 불교 설화들과 같이 모두 불교라는 종교의 시녀 역을 해온 것은, 한국에서도 예외일 수가 없었고 그것은 우리가 다 잘 아는 바이다. 한국에서는 4세기 불교, 유교 등의 수입 이전의 종교로서는 무교巫教가 있었고, 당시는 그것만이 우리의 고유 종교였고, 국가적으로도 종교의 전부였다.

여기서는 그 무교 미술이 무속 종교를 위해서 어떻게 시녀 역을 했는가, 외래 종교들의 수입 후에는 어떻게 됐고 현재는 어떠한가 하는 점들을 살피기로 하겠다. 이때에 무속 예술에서도 물론 음악, 무용, 신화를 비롯한 문학들이 지금도 동반되어 있으니 이것도 약간은 곁들어서 살펴보기로 하겠다. 이 글에서는 종교와 예술을 주로 한 한국의 문화 구조와 그 역사의 대강을 살펴보되, 외래 종교보다는 한국 고래의 종교를 주로해서 전망해 보기로 하겠다.

2. 고대의 민족종교미술

1) 청동의기靑銅儀器들

여기서는 먼저 청동기시대(B.C.1000~B.C.300)의 종교의식용 기구들 중에서 특히 세형동검細形銅劍, 다뉴세문경多紐細文鏡, 팔주령八珠鈴을 비롯한 많은 종류의 5주령, 2주령 등의 방울들을 논의의 주 대상으로 삼기로 하겠다. 그것은 이들이 현재도 3종의 금속제 신성무구로 사용되고 있는 신칼, 명두, 방울의 조형祖型으로서 한국 무속의 찬란하고 숭엄한 초기 상황을 웅변적으로 증명해주고 있기 때문이다.

이 청동의기들은 물론 석기나 토기처럼 흔한 것이 아니고, 희소하며 고귀한 것이었고, 각기 별도로 출토된 예가 많으나, 3종이 같이 출토된 경우도 있다. 그 중에서 먼저 세형동검을 보더라도 그것은 부러지기 쉬운 백동질이어서 실전 무기로는 부적당하며, 처음부터 신분 상징적, 의기적 성격이 강한 느낌을 주고 있다.[2]

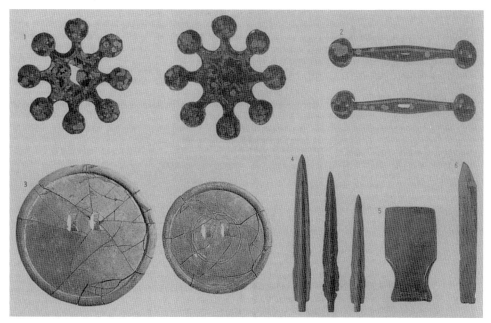

다뉴세문경, 세형동검에 8주령, 2주령 등의 청동의기들

동검이 그러하니 거울과 방울들의 종교의기적 성격은 더 말할 여지가 없다. 특히 방울들은 8주령, 5주령, 2주령들이 형태도 다양해서, 무속의례에서의 춤과 노래의 다양성을 실감나게 연상시켜 주고도 남음이 있다.

그런데 이 청동기시대는 세계 어느 지역에서나 처음 금속 문화가 출현한 시기로서 초기 국가 형성기로 여겨지고 있다. 한국의 청동기시대는 한국 사학계에서 고조선시대로 견주는 것이 일반적이다. 그리고 고조선의 개국시조 단군신화에서는 천제 환인의 아들 환웅이 천부인天符印 3개를 가지고 무리 3천을 거느리고 태백산정 신단수 아래에 하강한 것으로 되어 있다.

그러나 그 천부인 3개가 무엇들인지는 설명이 없어서 알 수가 없는데, 필자는 위 3종

2 김원룡, 『한국고고학개설』(일지사, 1986), 104쪽.

의 청동의기들이 바로 그 천부인 3개로 신화화되었을 가능성이 거의 절대적으로 많다고 생각하고 있다. 위 3종의 청동의기들은 20세기의 물질문명을 자랑하는 현대의 3종의 무구들보다도 소름이 끼치도록 정교하다. 그야말로 제정일치 사회의 종교적 사제장이나 정치적 군장을 겸한 고귀한 '신분상징적, 의기적 성격'이 아니고는 만들어질 수 없는 정교한 공예품이다.

여기서 '신분 상징'이라는 김원룡의 언급은 초기 국가에서의 '왕권상징'이라는 말로 충분히 바꾸어질 수 있다. 그리고 원초적 국가에서나 미개사회의 주권자들은 청동의기들처럼 정교하지 못한 주권의 상징물이라도, 그것을 소중히 간직하고 흔히 하늘이 내린 것이라는 식의 권위를 부여하는 사례는 동서고금의 문헌에서 많이 볼 수 있는 일이다.

그 가장 가까운 사례로서 우리는 현재도 일본의 왕권 상징물인 검, 거울, 곡옥들을 들 수 있다. 이러한 이른바 3종의 신기에는 내력담인 신화들과 더불어 권위적인 고유명사들이 붙어 있는데, 이 3종의 신기도 역시 천손이 무리 3천을 거느리고 하강할 때 같이 지닌 것으로 되어 있다. 뿐만 아니라 이들은 한국의 계통을 이은 것이라고 일본의 신화학자들도 다음과 같이 말하고 있다.

"고조선의 단군신화는 천신이 아들에게 3종의 보기寶器를 주고, 풍사, 우사, 운사라는 3직능신을 데리고 산상의 단목檀木 옆에 하강시키고 나라를 열었다고 전한다. 이 3종의 보기는 일본 천손강림신화의 3종의 신기에 해당하고, 3직능신은 일본의 오반서五伴緒에 해당한다. …(중략)… 유사점은 더 신화의 세부에 이르며, 고천수봉상高千穗峯上의 봉우리가 '소호리'라고 불린 것은 조선어의 도읍을 의미하는 소벌蘇伐 또는 '서울'과 같다. …(중략)… 그래서 오카 마사오[岡正雄]은 천손하강신화가 조선 반도를 경유해서 일본에 들어온 일, 그리고 그 담당자들이 알타이계 유목민 문화 요소를 강하게 지닌 점들을 들고 아마도 그들이 황실의 조상이었으리라고 생각했다. 오카[岡]씨의 이 학설에는 나도 찬성이다."[3]

---

3 大林太良, 『日本神話の起源』(角川書店, 1966), 216~217쪽.

한편 이렇듯 천손이 성산에 하강해서 신정을 베푼다는 신화도 세계 여러 나라에서 볼 수가 있다. 한국의 경우는 『삼국유사』가 그것을 '태백산정太白山頂 신단수하神檀樹下 위지신시謂之神市'라고 매우 간결하게 기록하고 있다. 그러나 그 태백산을 일연선사는 묘향산妙香山이라고 『삼국유사』에 주를 달아 놓았고, 많은 학자들은 백두산으로 여기고, 실제 지도상에서는 태백산이 강원도에 있어서 언뜻 어느 산이라고 단정하기도 간단하지 않다.

일본의 경우는 더 심해서 가고시마현[鹿兒島縣]에도 고천수봉高千穗峯이 있고, 이웃 미야자키현[宮崎縣]에도 고천수봉高千穗峯이 있어서 서로 자기네 고천수봉高千穗峯에 천손이 하강했다고 주장한다는 기록이 관광안내서들에도 보이고 있다. 그런데 필자는 더 유력해보이는 가고시마현[鹿兒島縣]의 고천수봉高千穗峯을 찾아갔을 때에, 거기에 '한국악韓國岳 등산로登山路 입구入口'라는 팻말을 보고 놀란 일이 있다.

이 산명들은 지도에도 '고천수봉高千穗峯(1547m)', '한국악韓國岳(1700m)' 등으로 기록되어 있는 것을 나중에 알았고, 확인할 수가 있었다. 그리고 『고사기古事記』의 천손강림 대목을 찾아보니 천손 니니기가 고천수봉高千穗峯에 하강하고 나서 "여기는 한국韓國을 향하고 입사어전笠沙御前에 통하며 아침해, 저녁해가 비치는 길지吉地"라 하고 거대한 궁전을 마련하고 좌정했다고 풍성한 수사의 신화적인 서술을 하고 있다. 그리고 그 주변에는 고색창연한 신사들이 역사와 내력을 간직하고 있었다.

이러한 산정의 신궁을 단순한 신화적 서술이나 신사 정도로 그치지 않고 실제로 옛 신전들을 그 자리에 남겨놓고 있는 한 예로 아테네Athens의 아크로폴리스Acropolis를 들 수 있다. 그것은 물론 한국과 문화적인 관련은 있어 보이지 않지만 연대는 고조선과 유사한 기원전 5세기의 것이다.

그리고 글자 뜻대로 한다면 'acro'는 'top, highest'의 연결형이고, 'polis'는 도시라는 뜻의 명사 어미라고 하니, 한마디로 그 고시高市는 우리 태백산정의 '신시'인데, 아크로폴리스라는 말은 '신전', '성채城砦'라는 뜻도 지니고 있다.

아테네의 관광 안내 책자들에 의하면 기원전 5세기 후반에 이룩된 아크로폴리스는 그 옛날부터 종교 중심지나 요새로 사용되어 왔다고 한다. 그리고 그 속에서 예컨대 그 중앙의 주신전인 파르테논Parthenon은 그 평면의 길이 약 70m, 너비 30여 m의 큰 규모라고 한다.

아크로폴리스의 파르테논 신전(1979.12)

　아크로폴리스는 아테네 시의 평지 한쪽에 오뚝하게 솟은 조그마한 산, 또는 언덕이라
고 해야 할 정도의 고지 위에 있는 유적이었는데, 지금 단일 유적지로서는 세계적으로 관
광객이 가장 많이 몰리는 명소의 하나일 것이다. 낮에는 관광객이 꾸역꾸역 모여들었고,
밤에는 그 전체를 환상의 세계처럼 조명이 비치고 있었다.

　문화 구조면에서 볼 때에 일본의 경우는 고대 이래의 종교와 신사들이 연면히 살아있
는 셈이다. 그리고 그리스는 유적만 남아있고, 그 종교가 그 신전의 생명을 받치고 있지
못하고 사라져간 점에서는 한국과 유사하다. 그러나 그리스는 그 유적이라도 여기저기
남아있어서 그 옛날의 종교와 예술을 증명하며 관광 수입이라도 올리며 자랑하고 있다.
그런데 한국은 이것도 저것도 다 없는 처지이다.

　한국의 청동의기들의 정교하고 세련된 수준으로 볼 때에, 그만한 상징물과 사제 기구

들을 가진 사제단이면 당연히 그들은 그만한 규모의 신전이나 권력들을 가진 큰 집단들이었을 것이다. 실제로 단군의 사당은 고려시대까지 구월산에도 있었다. 『제왕운기』는 단군이 나라 누리기를 1028년을 하고 아사달에 입산하여 산신이 되었는데 그 사당이 지금도 있다고 기록하고 있다[入阿斯達山爲神 今九月山也一名弓忽 又名三危 祠堂猶在].

그러나 그 신전은 고조선 이후 삼국, 통일신라 천여 년을 거친 단군 신전의 쇠잔형이었을 것이다. 그 후 단군신화는 조선시대의 유학자들에게는 더러 황당한 것으로 여겨지기도 했으나, 구한말에 일제의 침략이 노골화되자 대종교에 의해서 다시 높이 숭상되며 개천절도 제정되었고, 그것은 현재 대한민국 정부에서도 국경일로 계승, 지정하고 있다.[4] 그러나 대종교 외에도 단군 사당은 현재 몇 곳에 있으나 국민에게 큰 주목을 받지 못하고 있는 것이 사실일 것이다.

2) 선사시대의 신상神像들

김원룡은 「한국 선사시대의 신상에 관하여」라는 논문에서 14건, 20여 개의 신상 자료를 분석, 검토하였다.[5]

그것은 1점의 인면동기人面銅器를 제외하면 모두 북한자료들이고, 신석기 후기에서 초기 철기 단계의 것으로, 모두 토제, 골제기들이다. 개중에는 물론 형태가 선명치 않아서 해석이 엇갈리는 것들도 적지 않다. 그러나 한때 한국의 미술 활동은 삼국시대 이후에야 시작되었다고 생각되었으나, 1970년대부터의 새로운 고고학 자료들은 신석기시대의 미술의 존재를 입증하게 되었다는데,[6] 이 논문은 그러한 점에서도 중요한 가치를 지닌다.

그는 이 토제, 골제품 신상들이 퉁구스족의 샤머니즘을 배경으로 하는 씨족 수호신으

---

4 장주근, 「단군신화의 민속학적 연구」, 『서남춘교수 정년기념논문집』(1990), 309~340쪽.
5 김원룡, 「한국선사시대의 신상에 대하여」, 『역사학보』 94 · 95합집(1982), 1~18쪽.
6 김원룡, 「한국청동기시대의 예술과 신앙」, 『한국사론』 13(1983), 306~343쪽.

로서의 무신상巫神像이거나 조상 신앙일 것이라고 했다. 그 14건, 20여 개의 신상 중에는 3건, 8개의 토신상이 모두 주거지에서 출토된 것들이었다. 1개는 입상이고, 5개는 두부만이 남아있고, 2개는 좌상인데, 이 좌상들은 바닥을 약간 넓게 해서 봉안용 신상에 맞도록 되어 있다. 그는 "이 좌상물은 풍요, 생산, 안락 등을 상징하는 무신 또는 조상신일 것이고 그 당시에는 이런 신상을 터주대감처럼 집집에서 모셨을 것이라고 생각된다."고 기록하고 있다.

고고학의 출토품 자료에서는 앞의 청동의기들처럼, 또는 뒤의 신라 금관들처럼, 왕권 상징품이나 극상층의 금속 예술품들이 아무래도 주목받기가 쉬운데, 이것은 일반 주민의 소박한 토제품 신상이라는 데에 더 주목이 간다. 그리고 현대의 일반 농가의 가정 신앙에는 조상신(안방), 삼신(안방), 성주(마루), 조왕(부엌), 터주(뒤꼍)들 외에도 신 관념들이 있으나, 그림이건 조각이건 신상으로 형상화된 신체의 자료는 보고된 것이 하나도 없는 것으로 알고 있다.

그 신령의 용기로서는 오지그릇의 단지나 항아리들이 일반적이지만, 바가지, 버들고리 등 농가의 일반적인 용기들이면 그것이 다 자연스럽게 사용되고 있다. 그것이 이른바 조상단지, 성주 독, 삼신바가지, 터주단지 등인데 흔히 안에 곡식을 담은 이러한 곡령숭배도 상당히 오랜 고형일 것으로 여겨지나, 이런 경우는 고고학에서 출토되었던들 제대로 판정될 수 없을 것이다.

다만 신의 성별에서는 개별 가정 신앙에서도, 집단의 동제신의 경우에도 여신 관념이 적지 않아서 유구한 농경민족의 풍요, 다산의 여신 관념인 고형을 보여주는 것이 현재도 우리 민간신앙의 한 경향으로 되어 있다. 위 선사시대의 신상에서도 알쏭달쏭하지만 성별이 추측된 것 중에서는 남신은 없고, 여신이 8개, 불분명한 것이 11개이다. 이 여신상들은 유럽에서도 후기 구석기시대부터 널리 나타난 풍요, 다산의 지모신적 성격을 띤 것일 수가 있다고 김원룡도 언급하고 있다.

문헌기록으로서는 3세기의 위지魏志의 동맹東盟 기록에 목신상이 나오고, 그것은 이어서 여신상의 기록으로 이어진다. 먼저 「위지 고구려전」의 동맹 기록은 널리 알려진 것이나, 옮겨보면 다음과 같다.

"나라 동쪽에 큰 굴이 있는데 수혈이라 부른다. 10월 국중대회에는 수신隧神을 맞아서 나라 동쪽으로 모시고 제사하는데 목수를 신좌 위에 놓는다."[7]

이 '수隧'자는 옥편에 '굴, 구멍, 대혈신大穴神'의 뜻으로 설명되고 있다. 따라서 '목수木隧'는 '나무로 새긴 굴의 신상'이라는 뜻이 된다. 지금도 한국의 고형을 많이 간직한 제주도에는 굴이 많은데, 그것이 신당으로 모셔지는 경우가 적지 않다.[8] 또 동제신은 남녀의 목각신상들로 모셔지는 경우들도 있다. 그리고 제주도에서는 흔히 할망당에 간다고 할 만큼 여신 관념이 강하다.

이 기록이 다음 7세기의 『주서』나 역시 7세기의 『북사』들에는 대동소이하게 다음과 같이 나타난다.

"신묘 두 곳이 있으니 하나는 부여신이라 하며 나무로 깎은 부인상을 만들었다. 하나는 등고신이라 부르니 이는 그 시조인 부여신의 아들이라 한다. 같이 관사를 두고 사람을 보내서 수호하는데 아마도 하백녀와 주몽을 말하는 것이리라 한다."[9]

김원룡도 위 논문에서 금속 칼날이 생기는 청동기시대 이후에는 당연히 목제 신상이 있었을 것인데 재료 관계로 모두 인멸되었을 것이라고 거듭 언급하고,[10] 토제, 골제들만을 취급할 수밖에 없었다. 이제 여기 기록에서나마 목각 여신상이 나타나는데, 다 전기한 전통을 이은 것으로 여겨지고 있다. 그리고 이 신묘는 관리를 두고 수호하게 하는 위엄을 갖춘 국가적 신전의 모습을 느끼게 한다. 과연 그래서 이들에게는 국왕이 친히 제관이 되어서 제사를 지낸다는 주목해야 할 기록이 다시 10세기의 『구당서』, 11세기의 『신당서』

---

7 『三國志』 魏志 高句麗傳. "其國東有大穴 名隧穴 十月國中大會 迎隧神 還於國東上祭之 置木隧於神坐."
8 장주근, 「한국의 신당형태고」, 『민족문화연구』 1輯(1964), 197쪽.
9 『周書』 高句麗傳. "有神廟二所 一曰夫餘神 刻木作婦人之像 一曰登高神 云是其始祖 夫餘神之子 並置官司遣人 守護 蓋河伯女 女朱蒙云."
10 김원룡, 『한국고고학연구』(일지사, 1987), 155쪽·198쪽.

들에 역시 대동소이하게 다음과 같이 보이고 있다.

> "국성 동쪽에 큰 굴이 있으니 신수라 부르며, 모두 10월에 왕이 스스로 제사를 지낸다."[11]

신상에 대해서는 하백녀만이 목각 여신상으로 명기되고 주몽에 대해서는 언급이 없다. 이것은 다른 기록들도 그렇다. 실제 종교상의 숭상 기록에서는 주몽의 아버지 해모수는 거의 보이지 않고, 왜 이렇듯 그 모자숭상만이 두드러지는 것인지도 알아볼 만하다. 지금으로서는 다만 농경 국가로서 수신계의 하백녀 유화는 다시 곡모신, 지모신으로 높이 모셨던 탓이 아닌가 여겨본다.

또 고구려가 멸망하는 보장왕 5년에는 동명왕 모의 소상이 3일간 피눈물을 흘렸다[東明王母塑像泣血三日]는 『삼국사기』의 짤막한 기록도 여기서는 국운을 상징하여 더욱 눈길을 끄는 바가 있다. 그래서 주몽도 요동성 안에서 호국 종교적인 무신으로 주몽사에 모셔졌던 기록이 보이니 다음과 같다.

> "이세적은 요동성을 밤낮 쉬지 않고 12일이나 공격하였다. 여기에 당 태종이 정병을 이끌고 합세해서 그 성을 수백 겹으로 에워싸니 북소리와 고함소리가 천지를 진동시켰다. 성안에는 주몽의 사당이 있고, 사당에는 사슬로 된 갑옷과 날카로운 칼이 있었는데 망녕되게 말하기를 전연前燕 때에 하늘이 내린 것이라고 했다. 바야흐로 포위가 급해지니 미녀를 꾸며서 신의 부인으로 바치고 무당이 말하기를 주몽이 기꺼워하니 성은 반드시 안전하리라고 하였다."[12]

---

11 『舊唐書』高麗傳, "國城東有大穴 名神隧 皆以十月王自祭之."
12 『三國史記』高句麗本紀 宝臧王 四年 五月條. "李世勣攻遼東城 晝夜不息旬有二日 帝引精兵會之 圍其城數百重 鼓噪聲振天地 城有朱蒙祠 祠有鎖甲銛矛 妄言前燕世天所降 方圍急 飾美女以婦神 巫言 朱蒙悅 城必完."

이것은 『신당서』에 중국인들이 적군의 종교 제의를 얕보듯 적은 것을 김부식이 그대로 옮겨 적은 기록이다. 그래서 그런지 『삼국사기』, 『삼국유사』들을 통해서 직접 무巫자를 쓴 무속자료 기록으로서는 10여 개를 넘지 못하는 귀중한 자료 중의 하나이다. 여기서 무속은 지금 한국인들이 흔히 생각하는 미신의 대명사 같은 것이 아니고, 성을 반드시 지키겠다는 장병들의 신념과 사기를 고무하는 당당한 호국 종교라는 점이 주목된다.

요동성은 특별히 수·당군들과 격전을 거듭한 성이었으니, 기록도 많았던 중에서 주몽사 기록도 남기게 되었는지 모르겠으나, 그러한 호국 사당은 요동성에만 국한될 성격의 것이 아니고 다른 성들에도 있었을 가능성은 많았다고 보아야 할 것이다. 그것은 어떻든 여기서 확인해야 할 것은, 너무나 당연한 일이기도 하겠으나, 주몽이 분명하게 무신으로서 무속 제의의 대상신으로 신봉되고 있었다는 점이다.[13]

그리고 주몽신화도 이러한 무속적인 바탕 위에서 형성, 발전되어 왔을 것이다. 국문학계에서도 무왕巫王 자신이나 귀족층 전문가가 동맹 등의 국중대회하는 굿에서 건국신화를 가창했을 것이고, 그것이 국민적 단합과 국가적 번영을 꾀하는 목적 달성의 방도로 반영되었을 것이라고 강조되고 있다.[14]

고주몽신화는 아버지 해모수와 아들 유리의 3대에 걸친 대영웅서사시로서 세계적으로도 손색이 없는 뛰어난 서사문학이다. 고주몽 신화도 무속에서 출발하여 그 무속 종교 제의를 빛내며 부여, 고구려, 백제 등 범부여계 국가들의 시조신화로 발전한 대영웅서사시로서, 한국 무속 문학의 일대 금자탑이다.

3) 신라의 금관

신라의 금관에 대해서 김원룡은 일찍이 다음과 같이 언급한 바가 있었다. "이 금관은 사진으로 보면 매우 견고한 것과 같은 인상을 줄지 모르나, 실물을 보면 금관을 오린 약한

---

13 장주근, 「고주몽신화의 민속학적 연구」, 『민속학연구』 창간호(국립민속박물관, 1994), 105~137쪽.
14 조동일, 『한국문학통사 I 』(지식산업사, 1989), 64~74쪽.

X. 한국의 민속종교미술 611

신라 금관

것이며, 그것을 쓰고 보행하거나 운동을 하는 것은 불가능하지는 않지만 몹시 불편하고 현실적이 아니다.

그러기 때문에 이것은 즉위식 또는 국가적인 제사 때에 제주로서의 국왕이 잠깐 쓰던 것이거나, 그렇지 않으면 죽은 왕에게 씌우는 특별한 장송관일 가능성이 있다. …(중략)… 우리는 이 금관을 통해 샤먼교의 교황적 색채를 강하게 띠는 고신라 왕들의 면모의 일단을 느낄 수 있는 것 같다."[15]

고신라 왕들의 무왕적 성격에 대해서는 문헌의 기록도 뒷받침을 해주고 있으니 차차웅次次雄이 그 것이다. 『삼국사기』는 2대 남해차차웅에 대해서 "차차웅은 자충이라고도 한다. 김대문이 말하기를 이는 방언으로 무당을 이르는 것으로 사람들은 무당이 귀신을 섬기고 제사를 숭상하는 까닭에 이를 두렵게 여기고 공경하므로 드디어는 존장자를 칭하여 자충이라 하였다次次雄或云慈充 金大問云 方言謂巫也 世人以巫 事鬼神尙祭祀 故畏敬之 遂稱尊長者爲慈充]."고 했다.

다시 『삼국사기』에 의하면 2대 남해왕 3년(서기 6)에는 시조묘를 세우고, 21대 소지왕昭知王 9년(487)에는 시조가 처음 탄생한 내을柰乙에 신궁을 창립한다. 그리고 역대로 국왕들이 '친사 시조묘' 혹은 '친알 시조묘', '친사 신궁'했다는 기록들이 간간이 보이고 있다. 김택규는 이 "신라의 신궁은 신라, 가야의 가형토기家形土器들에 보이는 고상식건물高床式建物에서 그 원형을 유추해볼 수 있고, 이것이 일본에 전파되어 그 원초적인 모습을 일본의 신궁들에 남기고 있는 것으로 생각해본다."고 한 바가 있다.[16]

---

15 김원룡, 『한국고고학개설』(일지사, 1973), 150~151쪽.
16 김택규, 「신라의 신궁」, 『신라문화제 학술발표회 논문집』 8(1987), 313쪽.

실제로 일본의 학자들도 일본의 '신궁'이라는 명칭이 신라 왕실의 신궁 제사의 영향을 받은 것이라고 주장하고 있다. 신라의 신궁기록은 5세기 말부터 시작되는데 6세기 후반 이후에 신라의 영향을 많이 받았던 일본이 그 신궁칭호를 이세신궁伊勢神宮부터 쓰기 시작했으리라는 것이다.[17]

여기에 대해서는 일본의 사학계에서도 지지 찬동도 있고 반론자들도 없지는 아니하다. 다만 앞의 청동의기에서도 언급했던 대로 일본의 경우는 그 신궁들이 지금도 엄존하고, 그리스 같은 경우는 석조물 유적들이 원위치에서 규모들을 증명하며 관광 수입이나마 올리며 뽐내고 있다. 그리고 우리의 경우는 흔적도 없고 여기 기록이나마 있으나 너무 간략해서 상세한 것을 알 길이 없어 답답할 뿐이다.

그러나 이상의 자료들을 종합하면 한 가지 합치점은 있다. 그것은 첫째로는 무왕적 성격이 강했던 고신라 제왕들의 금관도 시베리아 샤먼의 관을 조형으로 삼았다는 것이다. 둘째로는 그 금관은 무왕巫王들이 국가적 제사 때에 제주로서 착용했을 가능성이 논의되었다. 다시 셋째로 신라의 시조묘나 신궁에는 국왕이 친히 제사했다는 기록이 적지 않아서 이들을 결합해서 생각해볼 수가 있을 듯하다.

여하튼 여기서도 국가적인 무속종교 제의를 빛내기 위해서 금속공예로서 금관이 찬란하게 빛을 발휘하고 있다. 앞의 청동의기들에서도 그러했으나 상대 무속의 실물자료는 현대의 무속 상황과는 너무나 대조적으로 위엄과 종교적 정성이 넘치는 것들이었다.

4) 귀면와鬼面瓦와 처용

좀 특이한 신상으로 귀면와들이 있다. 이것은 무서운 얼굴 형상으로 인간 생활 주변의 잡귀들을 쫓아서 인간을 수호해주는 벽사신의 모습이다. 이 벽사신은 기와류에서는 삼국시대 이래로 조선시대까지 장구하게 지속되었고, 기와류 뿐만이 아니라 귀문전鬼紋塼도 있고, 벼루발[硯脚]이나 말방울에도 귀문은 새겨졌고, 문고리에도 많다. 벽사 수호신이

---

17 前川明久, 「伊勢神宮と朝鮮古代諸國家の祭祀制」, 『日本史研究』 84(1966), 27~39쪽.

옛 망해사 터에서 나온 귀면와와 막새기와들(현 망해사에서, 1963.4)

라는 역할면에서는 묘의 사신도나 십이지상도 유사한 것이겠으나 여기서는 사람 얼굴 형태로 각종 공예품에 새겨지는 귀면에 한정하도록 하겠다.

숫막새기와, 암막새기와, 서까래막새기와, 내림막새기와 등에 귀면이 보이는데 숫막새기와에는 둥근 것이 많고, 서까래막새기와에는 부착시키기 위한 못구멍이 중앙에 있으며 원형도 방형도 있다. 이들은 부라린 눈과 큰 입에 가장 역점을 두고 얼굴 부분만인 경우가 많은데, 4지를 표현한 경우는 날카로운 발톱, 굵은 동체들을 강조하나 역시 얼굴의 비중은 크다.

역사적으로 볼 때에는 고구려 것이 패기에 넘쳐서 제일 그 목적에 부합된 것으로 평가되고 있다. 백제의 작품은 교지巧智에 넘치고, 통일신라의 작품은 원숙하며, 고려의 작품에는 속기가 엿보이고, 조선시대에는 힘도 공포감도 빠지고 퇴화되어 버린다.[18] 그런데

18 진홍섭, 「瓦當에 새겨진 도깨비」, 『한국의 도깨비』(국립민속박물관총서 1, 1981), 23~42쪽.

녹유귀면와(신라시대)

이 귀면의 귀신은 도깨비는 아니다. 도깨비도 공포의 구상이라는 점에서는 귀신과 유사한 면도 있다.

그러나 도깨비에는 우스꽝스러운 데도 있고, 부신적인 성격도 있어서 고형古形을 간직한 제주도나 남해안 등 특히 어촌에서는 풍어신으로 모시는 경우도 많다. 그것은 중국의 이매[魑魅]류나 일본의 오니[鬼]들과는 세부 성격에서 차이가 많은 한국 특유의 요괴 관념의 일종이다.[19] 어떻든 도깨비는 벽사신은 아니다. 이름이 붙어있는 한국의 벽사신으로는 처용이 대표적인 존재이다.

『삼국유사』는 처용설화의 끝에 "나라 사람들이 문에 처용의 형상을 붙임으로써 사귀를 쫓았다[國人門帖 處容之形 以僻邪]."고 분명하게 기록하고 있듯이 처용은 본래가 사귀를 쫓는 벽사신이었다. 그러한 그의 문신 구실은 조선시대에도 보이듯이 오랜 것이었다. 『용제총화』에도 문에 붙이는 세화로, 처용, 종규鐘馗, 닭, 범이 거명되어 있다. 한국의 역사에서 귀면와는 처용과 장구하게 벽사신 구실을 한 점은 같은데 다만 귀면와는 기와로서 지붕에 붙여졌고, 처용은 그림으로 문에 붙여졌던 차이가 있을 뿐이다.

따라서 처용과 귀면와는 잡귀들을 쫓을 무서운 얼굴 형상을 지녀야 한다는 기본 관념에서는 같을 수밖에 없는 공통성을 지닌 존재들이다. 이렇듯 인간생활 주변의 잡귀를 쫓는 벽사신이나 벽사가면들은 세계 도처의 원초사회에 두루 있었던 것이다. 그리스에도 벽사신 고르곤gorgon과 그 가면이 있었는데, 이것도 문이나 방패 등에도 붙여져서 우리의 처용과 모든 점에서 너무나 유사점이 많다. 이에 대해서 해리슨 여사는 다음과 같이 말하고 있다.

---

19 김종대, 『한국의 도깨비 연구』(국학자료원, 1994).

"gorgoneion이란 제의가면으로서 인간뿐이 아니라 신령들도 위협하기 위해서 가능한 한 추악하게 만들어진 것이었다. 그것은 공포를 구상화한 형상이었다. 이런 제의가면은 지금도 야만인들 간에 마귀와 살아있는 적 또는 저승의 적을 위협하기 위해서 사용되고 있다. 그리고 괴물로서의 gorgon은 gorgoneion에서 생긴 것으로 gorgoneion이 gorgon에서 생긴 것은 아니다."[20]

악학궤범의 처용면

　　이것은 벽사가면이 먼저 있었고, 그것이 인격화되면서 고르곤신화가 형성되었다는 말이다. 고르곤은 사발蛇髮의 마녀로 사람은 그것을 정면으로 보면 그 순간 공포감으로 돌로 굳어서 죽는다는 존재인데 끝내는 영웅 페르세우스에게 퇴치당하고 마는 것으로 신화는 더 발전한다. 이 대목의 고르곤의 모습에 대해서 해리슨은 다음과 같이 말하고 있다.

　　"주목해야 할 것은 희랍인들이 그들의 신화에서 고르곤의 추괴성을 참지 못했다는 점이다. 그들은 그 형상을 비애에 잠긴 어여쁜 여인의 얼굴로 바꾸었다. 종교에서 공포를 제거한다는 것은 희랍의 미술가와 시인들의 사명이었던 것이다. 이것은 우리들이 신화 작가들에게 입은 은혜 중 최대의 것이다."[21]

　　이렇듯 공포의 구상화가 시적으로 미화된 점에서도 처용과 고르곤은 또한 궤를 같이하고 있어서 더욱 흥미롭다. 다만 처용은 그 벽사신격이 먼저인가, 가면이 먼저인가를 지금 갑자기 단정하기는 어렵다. 그러나 역시 원초적이었을 이 벽사신은 신라 말기 헌강왕

20　J. E. Harrison, *Mythology*, 1924. 佐左木理 譯, 『希臘神話論考』(1943), 94~95쪽.
21　J. E. Harrison, 위의 책, 97쪽.

대에 동해 용왕의 아들로 신화적 발전을 이루면서 달 밝은 밤에 처용가를 부르는 것으로 서술 자체에 낭만성마저 생기고 있다. 그리고 고려시대에도 불리다가 『악학궤범』에 기록된 처용가는 더욱 부드럽고, 유덕有德스럽게 길게 이어지고 있다. 그 첫머리 한 부분만을 옮겨 보기로 한다.

어와, 아븨 즈이여 處容아비 즈이여
滿頭揷花 계요샤 기울어신 머리에
아으 壽命長願ᄒ샤 넙거신 니마해
山象 이슷 깅어신 눈썹에
愛人相見ᄒ샤 오울어신 누네.

그리하여 『악학궤범』에 보이는 처용가면의 그림에는 인자한 모습으로 약간의 미소마저 머금고 있다. 김천흥 선생담에 의하면 당시 국악원에 처용가면이 없어서 이 악학궤범의 처용 그림을 본으로 일제강점기에 만들었다는 현재 국립국악원의 처용가면도 그렇게 되어 있다. 그래서 같은 공포의 구상화인 벽사신이 그리스에서는 사발의 마녀가 창백한 미녀로 바뀌고, 한국에서는 유덕한 아비 모습으로 인자한 미소마저 띠게 되었다. 그러나 고구려 귀면와에서 고려, 조선시대, 귀면와의 공포감의 소멸은, 시적인 미화는 아니고, 벽사신에 대한 믿음과 더불어 조각에서의 힘이 퇴화된 결과가 아닌가 생각하게 된다.

5) 문헌상의 신상 기록들

다음에 각종 문헌에 신상 기록들이 간간이 보이는 중에서 몇 개만을 들고 그 추이를 살피기로 하겠다. 『삼국유사』는 「탈해왕조」에서 탈해왕의 소상을 언급하고 있다. 탈해왕은 천하무적 역사의 골격[天下無敵力士之骨]이었는데 사후에 소천구疏川丘에 장사지냈다. 그후에 탈해신의 말씀이 있어서 그 뼈를 부수어 소상을 만들고 궐내에 안치했다가, 다시 탈해신이 내 뼈를 동악에 두라 해서 동악에 안치시켰다[碎爲塑像 安闕內 神又報云 我骨置於東岳

古令安之]고 했다.

여기에 대해서 일연선사는 주 속에서 "또 달리 전하기는 그 후 문무왕대에 태종의 꿈에 위맹스러운 노인이 나타나서 나는 탈해인데 내 뼈를 소천구에서 빼내어 소상을 만들고 토함산에 안치하라고 했다. 왕이 그 말을 따르니 지금도 나라의 제사가 그치지 않는데 이가 곧 동악신이다我是脫解也 拔我骨於 疏川丘 塑像安於土含山 王從其言 故至今國祀不絶 卽東岳神也]."라고 설명을 가하고 있다.

, 여기서 '지금'이라고 한 것은 일연선사가 살고 있었던 고려 충렬왕 때 무렵이겠다. 이 글에 의하면 이때까지도 탈해신, 여기서는 동악신의 소상에 대한 나라 제사가 행해지고 있었다는 말이 될 것이다. 주지하듯이 탈해는 용성국, 즉 용왕국에서 난생한 석씨족의 시조신이다. 어쩌면 이것은 삼국이 정립해서 싸우고, 왜국이 또한 동해를 어지럽히던 때에 탈해가 호국 신상으로 동악에서 신봉되어 오던 제의의 일면을 보여주는 실상이었을지도 모를 일이다. 관심이 끌리는, 흥미있는 글이다.

다음에 고려 태조의 삼태사묘가 안동과 태백산의 두 곳에 있었다. 안동의 삼태사는 태조가 견훤을 토벌할 때에 왕업을 도운 김선평金宣平, 권행權幸, 장정필張貞弼의 삼인으로 그 일괄 유물 12건이 보물 451호로 지정되어 있다. 그 중 교지 1매에는 지정至正 20년[공민왕恭愍王 9(1360)]이라는 기록이 있어서 그것이 고려시대 이래의 것임을 말해주고 있다.[22]

다음의 태백산의 삼태사묘에는 보기 드물게 다음과 같은 철제 신상의 기록이 보인다.

상산록象山錄에 이르되, 가경기미嘉慶己未(1799년) 봄 평산부平山府에 있으면서, 한가한 날에 풍천군수豊川郡守 이민수李民秀와 장연군수長淵郡守 구강具絳이 같이 태백산太白山에 노닐었다. 성중城中에 삼태사 사당이 있어 같이 뵙기를 약속했다. 삼태사는 신숭겸申崇謙, 복지겸卜智謙, 유검필庾黔弼이다. 문을 열자 철상鐵像 3구軀가 보였는데 모두 질박하고 진실감이 없었다. 사이에는 여소女塑 2구軀가 있었는데 노랑 저

22 『문화재대관』 보물편(下)(문화재관리국, 1971), 346쪽.

고리에 붉은 치마를 입고, 얼굴에는 분칠을 했고, 입술에는 빨간 칠을 한 괴상한 모습이었다. 이민수는 배알할 수 없다고 드디어는 문을 박차고 나가 버렸다.[23]

철상의 기록은 희귀한 것이고, 만듦새는 조잡했던 모양이고 기록에는 구체성이 있다. 앞에서 김원룡이 선사시대 신상들과 고구려의 유화의 목신상이 다 전통이 있는 것이라고 언급한 바 있었는데, 여기 탈해의 신상이나 삼태사의 철상도 다 그러한 전통적인 보편성을 보여주는 것이라 할 수 있겠다. 이것은 철상이어서 오래 전승될 수 있었던 옛 신상일 가능성은 많으나, 이미 그 기록은 조선시대 후기의 유교 선비의 기록으로서 그들의 태도를 잘 보여주고 있다.

즉 오랜 유서있는 신상이 황폐했으며 더구나 군수의 직책에 있던 사람들이 지금처럼 보존의 손길을 펼 생각은 아예 저버리고 조잡하다고 문을 박차고 나와 버리고 있다. 물론 다시 돌보지도 않았을 것이다. 조선시대 선비들은 일반적으로 전통적인 종교에 부정적인 시각을 가지고 오히려 그 신상을 파괴한 기록들이 적지 않다. 다음에 그러한 기록을 두어 건만 들어서 그 경향의 일단을 엿보기로 하겠다.

명종 때에 무풍이 성행되는 것이 못마땅했던 개성의 두 선비가 동료 2백여 명을 선동해서 송악산 신사에 올라가서 당을 불 지르고 소위 대왕, 대부인상이라는 두 목상을 끌어내어 천길 벼랑 끝에 굴려 버리고, 다시 인근의 다른 신당들도 불을 질렀다. 문정왕후文定王后가 대노해서 그 2백여 명을 모두 구금시켰으나 육조의 모든 관원들은 그들을 칭찬했고, 연일 논의를 거듭한 끝에 그 석방을 왕이 윤허하였다.[24]

『동국여지승람』의 청풍군清風郡 명환名宦 김연수조金延壽條에 의하면 처음에 군민들이 나무로 신상을 만들어서 신으로 삼고 매년 5, 6월 사이에 객헌客軒에 모셔놓고 크게 제사를 베풀고 일대에서 모여드니 그 폐단이 오래 되었다. 김연수가 군수로 부임하자 무당들을 모두 잡아들이고 제사를 베풀기를 주로 한 자들은 곤장을 치고, 끝내 그 목신상도 불살

23 이능화, 『朝鮮巫俗考』(1927), 67쪽.
24 이능화, 위의 책, 66쪽.

라버리니 요사스런 제사가 드디어 근절되었다.[25]

이러한 파괴의 대표적인 예로는 숙종대의 제주 목사 이형상을 들을 수가 있다. 그는 음사와 불우 130여 소를 허물어서 불살라 버리고 무격 4백여 명을 장杖하여 모두 귀농하게 했다는 것으로 유명하고 지금의 무가 속에도 나오고 있다. 물론 모두가 다 그런 것은 아니었으나 조선시대 5백 년간은 대체로 무속은 억압을 받으면서 '음사淫祀'로 낙인이 찍혀왔고, 이어서 일제 36년간은 일본인들의 용어이던 '미신'으로 또한 타파 대상이 되어왔다. 그리고 그것이 전통으로서 현대사회에도 '미신'관념으로 지속되고 있는 것이다.

3. 현대의 민속종교미술

1) 동제당의 신상

동제당이란 지역에 따라서 서낭당(강원), 산제당(경기), 당산(영호남), 본향당(제주)들로 불렸고, 1960년까지도 한국 농어촌의 약반수의 마을들이 당제를 지내고 있었다. 1970년대 초의 새마을사업이 여기에 크게 억압을 가했고, 80년대에는 농촌 인구의 현저한 감소와 고령화 등으로 이래저래 동제는 쇠잔, 소멸해가고 지금은 극히 소수의 마을들에만 잔존, 전승되고 있다.

동제는 마을의 수호신을 중심으로 연 1회씩 마을사람들이 일체감을 조성하고 공동체의식을 다지면서 지연적인 집단생활을 유지해오던 정신적인 지주와 같은 것이었다. 그 당제는 제관을 선출해서 마을의 안과태평과 오곡풍등을 기원하는 축문을 읽는 정숙형이 우선 제일 많다. 그러다가 비용 관계로 3년 걸이, 5년 걸이 또는 10년에 한 번씩 무당을 불러서 별신굿을 하는 별신굿형이 있는데, 이것은 어촌에 더욱 많다.

또 하나는 영남과 특히 호남 지방에 많은 농악형으로, 여기서는 농악대가 걸립으로

---

25 이능화, 앞의 책, 69쪽.

곡식과 돈 등 제사 비용도 걷으려니와 제의에도 적극 참여하는 유형이 있다. 이 경우는 흔히 제의 후에 마을의 남녀노소가 총동원되어서 동서로 편을 가르고 줄다리기를 하는 일이 많았다. 이것은 별신굿형처럼 많은 사람들이 구경하기보다는 직접 전원이 참여하는 점에서 가장 바람직한 한국형 축제의 기반형이라고 할 수 있었다.

　동제당의 형태로는 극히 드물게는 암석이 신체로 모셔지는 경우도 있으나 대부분은 신목이고, 그것이 기본 형태이다. 신목에 신이 내재하는 것으로 여겨지기 때문에 신목을 훼손하면 신벌을 받는다고 해서 신목은 잘 보존된다. 그래서 현재 천연기념물 보호수목의 반수 정도는 제당의 신목이었을 것으로 여겨진다. 그리고 그 신격도 조사 통계로는 남신보다 여신이 2, 3배는 많은 여신성을 보여주어서, 그것이 유구한 농경 민족의 지모신 신앙과 관련이 깊은 점을 느끼게 된다.

하회 부네탈
(경북 안동군 풍천면 하회리, 1963.7)

　마을에 따라서는 이 신목 옆에 신당이 건축되어 있고 또는 신당만 남고 신목은 노후해서 사라진 경우도 있다. 이러한 신당 안에도 새로이 신체가 필요해지게 되는데, 제일 많은 것이 위패이고, 다음이 신의 그림이다.

　이 그림은 대개 근처 사찰의 화승畵僧인 금어金魚들이 그려왔는데, 이 점은 무신도와 마찬가지이다. 당신이 남신일 경우에는 최영崔瑩 장군, 임경업 장군, 공민왕 등 비명횡사한 역사상의 유명 인물들이 많으나, 다 그렇지는 않고, 김유신 장군, 태조太祖(이성계李成桂) 등도 있다.

　그 밖에 동제에는 가면이 따르는 경우가 있다. 현재 한국의 가면은 무용, 연극용의 예능가면이 대부분이지만 신성성을 띄는 신앙 가면도 있다. 이 신앙가면은 이것을 얼굴에 쓰면 그 탈의 주술성으로 그는 인간이 아닌 신이 되는 것으로 관념된다.

『동국세시기』에 고성高城의 민속으로 "비단으로 만든 가면을 당 안에 보관하고 매달 초하루 보름에 제사한다. 섣달 20일 후 이 가면을 쓴 신이 마을에 하강하여 춤추고 놀면 집집마다 맞아서 즐기고 대보름 전에 신은 당으로 돌아간다."는 기록이 있다. 개성 덕물산의 최영 장군당에도 신앙가면 2점이 있었다.

경북 하회동의 가면은 별신굿놀이에 사용되니 예능가면이지만 마을 사람들은 대단히 신성시하고 제사도 지냈다. 주지하듯이 이것은 국보 121호로 지정되었고, 그 연대도 11, 12세기 고려 중엽으로 추정되고 있다. 이 한 시골 마을의 가면은 대륙적인 심목고비深目高鼻의 표정과, 그러한 조각 수법의 흔적을 남기면서도 이미 한국화되어 있었다. 특히 부네 가면은 양반 사이에 끼어서 삼각관계를 일으키고 양반을 망신시키는 역할로 나오는데 자세히 보면 약간의 미소를 띠고 있으며 그것은 중년 촌부의 능글맞은 미소가 분명하다.

모나리자의 싸늘한 미소는 그림인데, 이 푸근한 미소는 목각 가면이니 더욱 경탄을 금하기 어렵다. 이렇듯 사실주의적인 수법을 바탕으로 하면서도 거기에는 양식화된 표현과 좌우 불균형의 수법 등을 보이고 있어서 극도로 발달된 고려인들의 미의식을 나타내고 있는 것으로 간주되고 있다.[26]

이렇듯 동제당에도 신전과 신의 그림인 회화가 있었고 조각된 가면도 있었다. 그러나 그것은 가난한 농어촌의 소박한 종교가 지탱하는 것으로 감히 종교 미술이라는 말조차 쓰기가 외람된 느낌을 주는 소박한 것이다. 그렇지만 거기에도 기본적인 싹으로서는 당신에 대한 신화, 전설, 무속예술, 농악, 줄다리기, 회화, 조각 등의 요소들은 두루 내포되어 있었다. 또 가장 바람직한 한국적 축제의 모델도 간직되어 있었고 무엇보다도 농어촌의 지연적인 화합을 다지고 평화로운 사회를 이룩해온 기본정신이 있었다.

또 하나 마을에는 민속적인 신상조각으로 장승이 있었다. 그 제작과정을 한번 관찰한 바로는 그것은 이른바 무계획의 계획이요, 무기교의 기교였다. 한 쌍이건 두 쌍이건 나무를 베어오면 깎는 이는 돌아가면서 깎기만 하고, 쓰는 이는 쓰고, 눈, 코, 입 등을 그리는 이는 그리며 돌아가니 개인 창작이나 개성과는 애초에 인연이 없는 동민 합작품이었다.

---

26 이두현, 『한국가면극』(문화재관리국, 1970), 159~179쪽.

| 엄미리의 장승 제작 | 엄미리의 장승과 솟대 |

(경기도 광주군 중부면 엄미리, 1967.4)

장승에는 잡귀도 질겁을 할 무서운 얼굴을 그려야 한다는 통념은 있지만 농민의 마음은 유순하니 눈은 부라려도 표정은 푸순해진다.

그 밑둥을 세워 묻으면 전년도 것과 같이 3등신 정도로 돼서 조화를 이루며 그런대로 벽사신으로서 기능하는 것으로 여겨진다. 결과적으로 장승도 벽사신으로 마을의 수호신이 되는데 얼굴에 중점이 놓이고, 비중은 얼굴이 차지한다. 이것은 마을 입구에 세워져서 벽사신이 되며 마을의 경계신도 된다. 마을 입구의 큰 길가에 세워지니 통행인들을 위해서 '서울 육십리六十里, 이천 팔십리八十里' 등으로 이정표 구실도 했는데, 이러한 면은 지금 '서울 100km, 부산 80km' 등으로 포장도로들에서 현대화되어 있다.

호남지방에서는 특히 사찰 입구에서 거목의 뿌리를 머리 부분으로 해서 괴기상을 돋구던 장승이 한 패턴처럼 많이 보였는데 지금은 거의 다 사라져가는 듯하다. 또 사찰에서는 석장승들을 새겨서 세웠던 것이 민속자료로 지정된 것도 몇 점이 있다. 사찰에서는 이것을 입구나, 심하면 주위 사방에 세워서 경계표로 삼고, 그 안은 사찰 소유지로서 땔나무 베기나 사냥, 고기잡이 등의 살생금지표 역할도 했다.

손진태는 1931년에 63세 노인담으로 "장승과 솟대는 군의 경계에는 반드시 세워지던 것"이라는 보고를 했고,[27] 아키바 다카시[秋葉隆]는 동작동, 사당동 등 서울 근교의 선명한 장승, 솟대 사진자료들을 남겨서[28] 그것이 아주 흔하던 것임을 알려주고 있었다.

2) 무신도

무속종교예술에서는 노래와 춤, 신화로서의 서사무가敍事巫歌들이 있고, 미술로서는 제상을 장식하는 지화공예도 섬세하게 전승되지만 역시 무신도가 제일 다양하고 대표적인 미술이 될 것이다. 무신도는 추상적인 신 관념, 실제로는 있을 수 없는 신격을 구상화해서 그 종교 신앙에 구체성을 부여해준다. 예컨대 산악 숭배는 산신도로 구상화되는데, 산과 산중 왕인 범이 그려지고 그 인격화인 노인상이 그려진다.

무신도의 역사도 물론 아득히 오랜 것이겠으나, 그 문헌상의 첫 기록은 이규보의 「노무편老巫篇」일 것으로 여겨진다. 여기에는 '단청만벽통신상丹靑滿壁通神像'이라는 기록이 보인다. 아마도 무녀의 신당에 단청이 칠해져 있고, 그 벽에 무신도의 신상이 가득히 걸려 있었던 모양이다. 또 '기약등신두촉동起躍騰身頭觸棟 무구자도천제석巫口自道天帝釋'이라는 흥미로운 기록도 보인다. 뛰어서 몸을 날리니 머리는 대들보에 닿고, 무당은 스스로 천제석이라 이른다는 것이다.

이것은 바로 지금 열두거리 굿의 제석거리 그대로이다. 대들보에 머리가 닿을 만큼

---

27 손진태, 「소도고」, 『한국민족문화의 연구』(1948), 213쪽.
28 秋葉隆, 「조선의 민속에 就하여」, 『조선문화의 연구』(1937), 34 · 38쪽.

노무는 세찬 도무를 하며 자기가 제석신이라고 공수[神託]를 내리고 있는 것이다. 아마도 지금 강신무의 열두거리 굿 형태가 이때에는 이미 다 잡혀있었던 것이 아닌가 하는 느낌이다.

그런데 "지금 나라에서는 왕명으로 무당들을 멀리 쫓았으나[今國家有勅 使諸巫遠徙] 아직도 우리나라에는 이 풍속이 없어지지 않는다[海東此風未掃陰]."고 이규보도 유학자적인 멸시를 했는데, 이 점도 지금껏 한국 지식인들과 마찬가지이며 무풍도 여전하다.

내려와서 더 구체적인 기록으로는 헌종대(1835~1849) 이규경의 오주연문에 "남산 국사당에 고려 공민왕, 고려승 나옹, 무학대사, 서역승 지공, 그 밖의 여러 신상이 있다."는 기록이 있다.[29]

이 남산 위 국사당은 일제가 남산에 조선신궁을 지으면서 인왕산으로 1925년에 이전시켰는데, 그 이름의 무신도들이 지금도 보존되어 있다. 그것은 무신도로서는 뛰어난 그림이어서 1960년대에 고 최순우 선생의 감정을 받았던 바 준화원급의 그림으로 200여 년 전의 것으로 여겨졌고, 지금은 중요 민속자료로 지정 보존되고 있다.

또 하나 무신도의 작가 문제에서도 거론해두어야 할 것에 서울 장충동 동제신으로 관운장과 그 부인상으로 전하는 무신도가 있다. 이 부인상은 특히 그 두 시녀의 좁은 소매, 짧은 저고리 길이 등이 완전히 한국화 되어서 영·정시대의 혜원의 미인도에 보이는 의상과 필치를 그대로 보여주고 있다. 이 무신도를 감정한 맹인재 선생은 그것이 혜원 신윤복이나 아니면 그 부친 신한평의 그림이 거의 틀림없을 것이라고 했는데, 이것은 국사당 무신도보다 더 뛰어난 무게가 느껴지는 그림이었다.

여기서 무신도의 작가 문제가 논의되어야 하겠다. 위 국사당같이 왕실의 신봉도 받았던 격이 있는 곳에서는 무신도 작가로 화원급까지 동원되었다는 것을 짐작할 수가 있다. 그러나 그것은 지금까지 확인된 바로는 단 두 건에 한하는 것이었으나 어떻든 경우에 따라서는 화원급도, 또는 그림을 잘 그리는 사람이면 누구나 무신도의 작가는 될 수가 있다는 가능성을 인정해 두어야 하겠다.

---

29 이능화, 『朝鮮巫俗考』(1927), 53쪽.

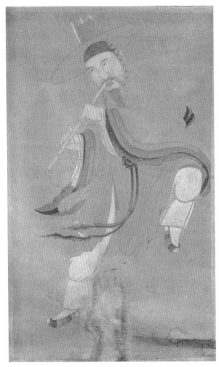

국사당의 광대씨
(1970)

관운장 내외의 무신도 중 부인 그림
(서울시 중구 장충동, 1972)

　　그러나 지금까지 무신도 제작에는 주된 작가층이 있었던 것으로 여겨진다. 경기도 양
주의 조영자 무녀는 자기 집안 신당에 모시고 있는 6매의 무신도 제작에 대해서는 다음과
같이 말한 바가 있었다. "1932년 새절(서울 서대문구 봉원사)의 연로한 주지승이던 조씨에게
서 그려받았다. 그는 무신도를 잘 그렸는데 한 장에 백미 한 말씩 받고 그렸다. 그는 이것
을 그릴 때면 먼저 부처님께 공양을 드리고 나서 광택이 나는 홍색 주사를 정제한 염료를
써서 그렸다."[30]

　　다시 승려 중에는 그림을 전담하는 금어金魚의 그림 수업과 무신도 제작에 관해서는

30　장주근·최길성, 「조용자무녀편」, 『경기도지역 무속』(1967), 59쪽.

다음과 같은 자료가 있다. 대구에 살던 김일섭金日燮 스님은 대처승인데 어려운 농가에서 태어나 14세에 입산하고 금어가 되기 위해서 수천 매의 초화草畵를 그렸다. 금어가 탱화를 그릴 때에는 목욕재계하고, 새옷을 갈아입고 금줄을 치고, 신장 불공을 올린 다음에야 붓을 들고 정혼을 쏟았다. 그러나 지금은 모두 값 흥정에 바쁘고, 날짜 여유도 주지 않으니 그림이 조잡해진다는 말도 하고 있다.

금어들이 그리는 대표적인 탱화는 후불, 지장, 관음, 신장, 시왕, 팔상, 나한, 칠성들이라고 했는데,[31] 이 중에서 예컨대 신장, 칠성들은 대표적인 무신도이기도 하다. 이러한 무불습합의 상황에서 무신도가 필요하나 그림을 못 그리는 무녀들의 요청으로 금어가 무신도를 그려준 사례는 위 양주 무녀의 경우가 그 실제를 잘 설명해주는 좋은 증거가 될 것이다.

한편 사찰의 경우를 보면 지금은 대개 임진왜란 이후 그림들이 보존되어 있는데 그 분류 보고의 한 예를 송광사에서 보면 다음과 같다.

'1. 불전佛傳과 본생담本生譚을 주제로 한 것, 2. 현교顯敎에서 오는 각종 존상尊像을 주제로 한 것, 3. 밀교적密敎的인 내용을 담은 것, 4. 한국 특유의 민간신앙과 무속 등 불신佛神이 혼성된 것, 5. 선종 계열의 고승들을 비롯한 국사들의 초상 등'[32]으로 되어 있다. 여기서 사찰 자체에도 4. 민간신앙과 무속 등 무불이 혼성된 것이 옛날부터 있어 왔고, 김일섭 스님의 제작 내용과 합치점을 보여주고 있다.

이상의 사례들로 무신도 제작에 금어들이 주된 역할을 해왔다는 것을 짐작할 수가 있다. 산신도 중에는 더러 산신이 대머리로 되어 있는 것을 볼 수가 있는데 승려들이 산신도를 늘 그리다 보니 드디어는 노스님을 그리게 된 경우도 있는 것 같다. 그리고 칠성님이나 산신은 사찰의 칠성각, 산신각에도 무속의 신당에도 모셔지게 되고, 또 동제당의 당신 그림도 금어들의 작품이 모셔지게 된 것 같다.

---

31 예용해, 『인간문화재』(어문각, 1963), 309~312쪽.
32 국립박물관, 『한국의 불교회화 – 송광사』(1970), 20쪽.

그러나 물론 무신도는 모두 금어들이 그린 것만은 아니다. 위에서도 보았듯이 격이 높은 경우에는 최상급의 화원들도 동원되었고, 반대로 격이 낮은 조잡한 그림들도 무수히 많다. 그것은 모두 무속 자체에 그 제작 능력이 없으니 각자의 형편대로 가능한 주변 화가들에게 청탁했던 결과일 것이다. 개중에는 황해도 무속과 같이 특히 무신도를 많이 쓰는 경우는 자연히 자체 제작을 하게 되어서 그 기능보유자인 안승삼 씨가 무신도 제작을 담당하고 있는 사례도 있다.

다음에 무신도는 무속의 지역성과 밀접한 관계를 가지고 그 지역차를 반영한다. 오늘날 굿판에서 무신도를 제일 많이 볼 수 있는 것은 황해도의 굿이다. 다음이 평안도 그리고 서울과 그 주변의 경기도이다. 이 지역은 전형적인 강신무의 분포권이다.

강신무들은 집안에 신당을 모시고 여기에도 무신도들을 모셔둔다. 그리고 강신무들은 굿거리마다 다양하게 무복을 갈아입는데 그것은 무신도와 합치되는 경향이 뚜렷하다. 강신무와 무신도, 무복이 구조적으로 지역성까지를 나타내는 것이다.

예컨대 제석거리에서는 삼불제석의 무신도와 같이 무녀는 고깔 장삼 차림을 하고, 호구거리에서는 호구아씨 무신도와 같이 무녀가 원삼에 족두리 차림을 한다. 그래서 신장거리에서는 전립 전복의 구군복 차림, 상산거리에서는 남천릭에 빛갓 차림으로 조선시대 관복의 격식을 서울, 경기도의 무속은 많이 지키는 편이다. 이것이 황해도처럼 무신도가 다양해지면 무복도 더욱 다양해지고 복제와 격식도 흐트러지는 느낌이 더해진다.

물론 이러한 구조성은 그 지역 무속의 핵심과도 깊이 관련된다. 강신무들은 이렇게 분장을 하면, 그것은 그 신이 되는 것이고, 신이 내린 상태에서 공수[神託]도 내리게 된다. 따라서 여기서는 무복이 신의[神衣]가 되는 셈이다. 그러나 전라도의 세습무는 신들린 상태나 공수를 내리는 일이 없고, 굿의 복식도 정갈한 치마저고리로 일관하고 무신도도 없다. 그들의 무속은 신이 들리는 샤머니즘이 아니고 세습적으로 기예능이 잘 닦여진 사제자의 의례이다.

다만 지금은 호남에서도 그런 전통적인 소위 단골 무속은 거의 사라지고, 대신 신이 내렸다는 점쟁이, 통칭 보살들이 많아지면서 이들이 또한 그 집안 신당에 많은 무신도들을 거는 현상을 보이고 있다. 아무래도 무신도는 강신무와 본질적으로 상통하는 면이 있는 것 같다. 동해안의 화랑이패 세습무도 강신, 공수 현상을 안보이고, 무신도가 없는 점에서 호남의 단골과 유사하다. 그러나 그들도 역시 수가 적고, 여기에도 신이 내렸다는 점쟁이들이 신당에 무신도들을 걸어놓고 있다.

다음에 무신도의 종류와 그 상징성들을 보기로 하겠다. 무속의 신관은 다신다령교이고 그 수는 한없이 많을 수가 있다. 제주도 무속에서는 흔히 일만팔천신이라는 말을 하고, 일본 신도에서는 고대부터 팔백만신이란 말을 한다. 또 불교나 도교의 신들도 받아들이는 관용과 평화의 철학을 지니기도 한다. 불교의 신으로는 시왕, 제석, 차사들이 수용되어 있고, 도교의 신으로는 옥황상제, 오방신장, 칠성님들이 수용되어 있다.

이때 오방신장의 무신도에는 5인의 무장武將이 그려지고, 칠성님 무신도에는 7인의 신인이 그려진다. 그래서 무신도는 설명이 없어도 무슨 신인지 알 수 있는 경우가 많다. 예컨대 산신도에는 노인이 그려지며 흔히 뒤에는 산과 범이 그려진다. 이때 산은 그 숭상의 대상이고, 범은 그 상징이며, 노인은 다시 그 인격화로 보면 될 것이다. 그 노인상이 노승상이 된 사례는 전기했으나, 극히 드물게는 산신이 여신상으로 나타나는 수가 있다.

서울 평창동에 조그마하고 예쁜 팔작지붕 산신각 안에 이러한 여산신도가 있어서 하도 신통하여 곧바로 서울시 지방문화재로 지정한 일이 있었으나 아깝게도 소실되어 버렸다. 무조건 문화재 지정만 서두를 일도 아닌 듯했다. 이 여산신도는 예컨대 운제산성모雲梯山聖母, 지이산성모智異山聖母같이, 또는 고대 산신은 여성신이었다는 손진태의 논문과 같이, 우리 고대의 산신 관념의 전통을 구상화해준 귀한 자료였던 것이다.

다시 용신도에는 그 속성으로 물결과 용이 그려진다. 이때에도 용은 바다나 물의 상징이고, 용신은 다시 그것이 인격화된 것으로 보면 될 것이다. 그런데 그 용신도는 용왕으로서 남신으로 그려지는 경우도 있고, 용신할머니(강원도 방아다리 약수터), 용궁부인(서울대, 국립민속박물관 소장품들), 용궁애기씨(서울 녹번동 용신당)들로 불리며 여신으로 그려지는 경우가 훨씬 더 많다. 이러한 무신도들은 굿에서보다 전국 각처에 있는 약수, 영천들 옆의 조그만 당집 안에 모셔지는 것들이었다.

여기서 한 가지 첨가하고 싶은 것은 신라 시조 박혁거세 왕비 알영부인이 알영정에서 나온 용의 왼쪽 겨드랑이에서 탄생한 것으로 기록 전승되고 있는 점이다. 이 신화에는

평창동 여산신도   용궁부인상(국립민속박물관 소장)

위 용궁애기씨 그림과 같이 우물, 용신, 애기씨의 3요소가 공존하고 있다. 여기서 우리는 신화 발생의 한 계기를 엿볼 수가 있다. 즉 애기씨가 용에서 탄생한 것으로 설화화된 것이다.

이 해석에는 하나의 근거도 있다. 즉 알영부인의 탄생 기념비각 옆 울타리 안의 우거진 풀섶 속에는 지금도 긴 화강암 판석 3매가 덮여있는 사이로 깊은 우물물이 들여다보이고 있다. 그리고 이 신화는 더 신성화되어서 동녀는 석가모니가 마야부인의 왼쪽 겨드랑이에서 탄생한 것처럼 용의 왼쪽 겨드랑이에서 탄생되었다고 했다. 물론 이것은 다시 불교 수입 후에 그 영향을 받고 변화, 발전한 한 부분일 것이다.

이상 무신도의 속성이나 상징성을 들어서, 설명이 없어도 그 무신도가 무슨 신의 그림인지 판단할 수 있다는 것을 말했다. 그러나 실제로는 무신도는 매우 다양하고 종류가 많기 때문에 그림만으로는 그 신격의 판단이 불가능한 경우가 더 많다는 것을 끝으로 첨가해두지 않을 수 없다. 또 하나 상대의 무속은 국왕이 제관일 수가 있었고, 무구巫具도 청동의기나 금관들처럼 휘황찬란한 것이었다. 그러나 지금은 무신도 한 장 그릴 능력도 무속에는 없어서 타종교에 의존하고 있다는 점도 첨기해 두기로 한다.

4. 유·불·도교의 종교미술 개관

유·불·도교는 기성종교로 봐야 할 것이고, 민속종교미술에서는 논외로 하는 것이 옳겠고, 또 미술사학자들의 연구가 있어 왔던 분야이다. 따라서 문외한인 필자가 개입할 부문이 되지 못한다. 다만 이 종교들은 같이 한국 내에서 민속종교미술과 상관성이 전혀 없을 수 없었던 측면들이 있었기에 각기 그 종교 미술에만 국한시켜서 그 개황만을 잠깐 살펴두기로 하겠다.

1) 불교미술

구인환은 『한국의 종교와 예술』에서 무교, 불교, 유교, 도교, 기독교의 다섯 종교를 들고, 이러한 한국의 종교에서 생활의 기축을 이루면서 문화 예술을 꽃피우게 한 것은 무교, 불교라고 할 만하다고 했다. 불교문화 예술이 한국문화 예술의 중추를 이루고 있으며, 무교의 기층문화 예술의 토대 위에 정립하고 있어 한국의 적층문화의 중축을 이루고 있다는 것이다.[33]

불교는 천여 년간을 국교적인 위치를 점하고 있었고, 종교 예술성이 또한 풍부했기 때문에 미술 분야는 물론 문학 분야에서도 많은 연구가 있어 왔다. 그래서 그 민속종교예

---

33 구인환, 「한국의 종교와 예술」, 『서남춘교수 정년기념논문집』(1990), 389~405쪽.

술적 측면에서 한 가지만 언급하고 싶은 것은 불교가 특히 유교, 기독교들과는 달리 너그러운 포용성, 습합성을 많이 띠어 왔다는 점이다.

위에서도 보았듯이 산신각, 칠성각, 장승들은 불교도 무속종교와 같이 그것을 공유하였고, 또 자체의 미술 담당 능력을 상실한 무속종교의 무신도 제작에서 금어들이 그 주류 담당자 구실을 해주고 있었다. 문학면에서도 향가 이래로 가사문학, 불교소설 등 불교문학의 기여는 지대했으나 특히 민속문학에서는 앞으로도 불교문학의 기여가 중대한 연구 대상이 더 되어 나가야 할 것을 필자는 절감하고 있다.

2) 유교미술

유교는 기본적으로는 경세치국經世治國의 사상적 체계이며 성현의 가르침이지 종교는 아니다. 그것은 강한 윤리성, 현세성, 형식성 등을 지니고 있어서 불교예술처럼 풍부한 종교예술을 꽃피울 수는 없었다. 다만 모든 생활용품들도 시대 의식을 반영하는 법이니 조선시대의 공예품들인 문방제구나 도자기, 목기들에서 유교의 실용적이고 선비적인 간결한 품위를 반영해냈던 점들은 높이 평가해야 할 것이다.

유교에서 굳이 종교적인 측면을 찾는다면 숭현사상崇賢思想과 조상 숭배들을 들을 수가 있을 것이다. 따라서 유교의 종교예술이라고 국한시켜서 생각한다면 문묘나 사당들에서 찾아야 하겠는데, 여기에서는 일반적으로 언뜻 생각나는 것은 신체로서는 위패이고, 형식성이 강한 예법의 절차와 보본報本의 정신들뿐이다. 물론 문묘나 사당의 건축도 있고 제례악도 있기는 하나, 국한된 것이어서 유교의 종교예술이라는 말 자체가 어색한 느낌을 주는 것이 사실이다.

그러나 유교 제례에서도 애초부터 다 위패만을 쓴 것은 아니었다. 『고려사』에는 선종宣宗 8년에 국학國學 벽상에 72현을 도화圖畵키로 했고, 공민왕 16년에는 공자의 소상을 숭문관崇文館에 옮겼다는 기록들이 보인다.[34]

---

34 『高麗史』志卷十六, 禮四.

조선시대에도 『지봉유설』에 다음과 같은 기록이 보인다. "옛날 문묘의 제制가 중국은 소상, 본국은 즉 위패를 썼다. 오직 개성, 평양의 2부는 소상을 안치했다."[35] 이에 대해서는 『패관잡기』에도 "가정 병무년(1526)에 황제가 천하에 명해서 공자 및 배향配享 제현의 상을 훼毁하고 밤나무 위판을 쓰게 했으나, 훼상의 조詔가 본국에는 이르지 않았기 때문에 개성, 평양의 구상舊像이 상존한다."는 설명이 보인다.[36] 그래서 『동국여지승람』에도 평양부 문묘조와 개성부 학교조에는 '오현십철五賢十哲 개소상皆塑像'이라는 기록이 보인다.[37]

한편 조선시대에는 서원과 사묘, 경당影堂들이 발달하며 여기에 화상들 일이 많아졌다. 사묘祠廟란 사당과 묘우廟宇가 총칭이고, 영당이란 사당이 신주를 모시는데 반해서 영정을 모시는 사묘의 일종을 지칭하는 것이다. 이들은 다 조상숭배와 보본사상報本思想에 뿌리를 두고 있다. 그 수는 대단히 많고 그 많은 화상의 수요에 응하다 보니 화사들의 기량도 늘고, 관상자의 감식안도 높아질 수밖에 없고, 그것은 초상화의 질과 양의 두 수준을 모두 발달시켰다고 할 수 있다.[38]

이렇게 해서 연마된 높은 수준과 그 전통은 유교의 조상 제례도 빛냈겠으나 이웃 종교 미술에도 공헌했을 것으로 생각된다. 앞의 격이 높은 무신도의 경우 화원급의 참여 논의도 그 한 예가 될 것이다.

3) 도교미술, 기타 문헌상의 신상 기록들

도교는 7세기 초에 고구려에 먼저 들어온 듯하다. 그 신상에 대해서도 약간의 기록이 있어서 별견하기로 한다. 『용제총화』에서 태일전太一殿은 칠성제숙七星諸宿을 제사하는데 기상其像이 개피발여용야皆被髮女容也라 했다. 삼청전三淸殿은 옥황상제, 태상노군太上老君, 보화천존普化天尊, 동제군涷帝君 등 10여 위를 제사하는데 모두 남자상이라 했고, 그 밖에

---

35 이수광, 『芝峯類說』 卷十九 宮室部祠廟條.
36 어숙권, 『稗官雜記』 二.
37 『新增東國輿地勝覽』 卷四 開城府上 學校條.
38 조선미, 「조선왕조시대의 초상화연구」(홍익대 박사학위논문, 1980), 60~67쪽.

내외 여러 단단壇에 사해용왕四海龍王, 신장神將, 명부시왕冥府十王, 수부제신水府諸神의 이름을 쓴 위판을 놓은 것은 무려 수백이라고 적고 있다.[39]

그 밖에 유·불·도교와 관련은 없으나 조선 선조 때에 만들어진 동묘(서울 숭인동)가 보물 142호로 지정되어 있다. 그 안에는 높이 약 2m의 관우를 비롯한 소상이 모셔지고 있다. 『증보문헌비고』에 의하면 남묘는 선조 31년 창건으로 임진란 때에 관왕이 자주 영현靈顯해서 신병神兵으로 전쟁을 도왔기 때문에 명군이 설치한 것을 아국이 재력으로 도운 것인데, 그 상은 소토塑土이며 좌우 2인의 소상은 관평關平과 주창周倉이라고 했다.[40]

이것은 서울역 앞 도동挑洞에 소재하다가 1950년 6·25 전후에 없어졌다고 한다. 동묘는 선조 35년에 창건되었는데 명조가 4천금으로 짓게 했으며 건물과 소상, 그림들이 중국식에 의한 것이라고 한다.

이러한 관왕묘는 주로 선조 때에 안동, 성주, 남원, 전주, 강진 등 전국 각지에 세워진 기록이 있고 개중에는 직접 명장들이 지어서 신상들이 모두 화제華制를 따랐다는 기록도 있다. 서울의 북묘는 동, 남묘의 예에 따라서 이태왕 20년에 송동에 세웠다고 한다. 관우의 무신도가 매우 많이 눈에 띄어 왔는데 그것은 이러한 관왕묘들의 영향이었던 것으로 생각된다. 그리고 하나 남은 동묘에는 1960년대에는 무당과 기원자들의 출입이 적지 않게 존속하고 있었던 것으로 여겨졌으나 그 내용에 대한 조사는 없었던 것 같다.

5. 맺는말

지금까지의 서술을 다음에 요약하기로 한다. 구인환은 한국의 종교, 문화, 예술에 관해서 다음과 같이 말하고 있다. "한국에는 국교가 없다. 전통적인 무속신앙 위에 여러 외래종교가 전래하여 토착화되고 문화 예술의 꽃을 피웠을 뿐, 일관되고 통일된 종교에 의

---

39 성현, 『傭齊叢話』二.
40 『增補文獻備考』, 卷六十四, 諸廟에 南關帝廟, 東關帝廟, 北關帝廟, 地方關帝廟 기록들이 있다.

해 사회의 규범과 문화 예술이 창조되어진 것은 아니다."[41]

그것은 한국의 종교와 예술의 전체 역사를 볼 때에는 타당한 견해이고 옳은 논급일 수 있다. 다만 시대를 나누고 상대만을 볼 때에는 무교는 유일한 민족 종교였고 국교였다. 비록 그 종교 예술품의 잔존은 많지 못하나 대표적인 청동의기와 신라의 금관은 숭엄하고 찬란한 최상급의 종교적 공예 미술품이다. 기원전의 청동의기는 무구巫具로서 초기 국가의 군장 겸 사제장의 권위의 상징물이었고, 그보다 천년 뒤의 신라의 금관은 신궁에서 왕이 친히 제사지내던 무왕관이었을 것으로 논의되었다.

또 신라의 신궁은 일본 신궁의 원류로 한일 학자들에 의해서 논의되고, 지금껏 일본에서는 신도神道로서 국교로 연면히 전승되고 있다. 한국에서의 그 원류는 단절되지는 않고 서민 사회로 침잠하는 길을 걸어왔고, 그 지류는 일본에서 일본 나름의 국교로서 반대로 발전의 길을 걸었던 것이다.

이것을 다시 그리스 같은 경우와 견주어 보면 그 문화 예술의 기반이던 종교는 단절되었으나, 석조 미술품들은 처처에 옛 모습을 유적으로 남기고 관광 수입이라도 올리며 뽐을 내고 있다. 그러나 한국은 극소수의 금속 미술품만이 남아서 옛 모습을 짐작시켜 줄 뿐, 그 구조물들은 목조품이었던 탓이겠지만 모두 흔적을 찾을 길이 없게 되어 버렸다.

한편 선사시대 이래의 신상들의 전통을 이어서 기록상에는 고주몽의 모신 유화의 목신상이 자주 보였다. 또 주몽은 시조신, 호국신, 무신巫神으로 모셔지면서 문학면에서 부자 3대에 걸치는 대영웅서사시의 금자탑을 남겼다. 그것은 고려시대까지도 한편으로는 구전으로 어리석은 남녀의 무리들도 자주 이야기했고[東明王神異之事 雖愚夫駿婦 亦頗能說其事], 한편으로는 『구삼국사』 등에도 기록되었다가 마침내 이규보의 『동명왕편』으로서 한문학으로 정착되어서 오늘날까지 남게 되었다.

다시 기록상으로는 신라의 탈해신상에 대한 제사가 고려시대까지도 계속되었고, 고려 태조의 삼태사묘가 안동에는 현재도 있고, 태백산에는 보기 드물게 철상鐵像의 기록이 있었다. 그러나 고려시대의 이규보의 「노무편」에는 이미 무속에 대한 멸시가 분명하게 드러

---

41 구인환, 앞의 글, 399쪽.

난다. 그리고 조선시대 5백 년간 유학자들은 흔히 무속을 '음사'로 지탄하고, 그 신당을 파괴하는 기록이 허다하게 나타난다.

이어서 일제 36년간 무속은 다시 명치유신 이래의 일본 용어이던 '미신'으로서 타파의 대상이 되고, 여기에는 기독교도 또 다른 시각에서 미신 타파를 내세웠었다. 실제로 무속은 그 유구한 억압 밑에서 부녀 사회에만 침잠하고 저질화된 것도 사실이다. 그리고 이제는 말이 씨가 되어서 '미신'이라는 것이 고정관념처럼 되어 있는 것이 오늘날의 무속의 실정이다.

그러니 농촌에서는 동제를 지내려다가도 미신인가 해서 주저가 된다. 한두 평짜리 신당도 좀처럼 짓지 않고 원초적인 신목으로 전승된다. 그러나 동제에는 신당, 신의 그림, 장승 조각에 더러는 가면, 당신화, 무속예술, 농악, 민속놀이의 제요소들이 일단 내포되고, 바람직한 한국형 축제의 모델도 간직되고 있다.

그것이 가난한 농촌 경제를 기반으로 한 것이니 민속종교예술이라는 말조차도 외람될 만큼 소박한 것일 수밖에 없다. 그러나 그것이 커지면 강릉단오제나 은산별신제 같이 대형 향토 축제가 될 수도 있다. 거기에는 지연적인 화합과 검약의 정신이 있고, 그것은 결코 미신일 수는 없다는 것은 한국민속학계의 견해이다.

결과적으로 무속은 상대의 그 권위나 찬란했던 예술성을 다 상실하고 지금은 서민 부녀 사회의 미신으로 전락되고 있다. 그래서 무속종교예술의 대표격인 무신도 한둘 예외는 있었으나 전반적으로는 자체 제작의 능력을 상실하고 있다. 그 무신도의 작가는 더러 격이 높은 신당의 경우 화원급의 참여도 있기는 했으나, 불교 회화의 담당자인 금어들에 의존한 것이 일반적인 경향이었다. 그리고 무신도는 세습무와는 관련이 없었고, 강신무의 무속과 깊은 상관성을 지니고 있다.

무신도는 눈에 보이지 않는 종교적인 추상 관념을 구상화해서 신격에 구체성을 부여해준다. 산악 숭배는 산과 호랑이에 그 인격화된 기호노인상騎虎老人像으로 산신령님 그림이 되고, 칠성신앙은 7인의 선인을 그려서 칠성님이 된다. 그래서 무신도는 그 속성이나 상징성으로 설명이 없어도 그것이 무슨 신의 그림인지 판별이 가능한 경우들도 많으나, 무신은 다신다령교이고 수가 매우 많아서 신명 기록이 없으면 신격 판명이 어려운 경우도 매우 많다.

한편 불교는 삼국, 통일신라, 고려시대의 천여 년간을 국교의 위치에서 찬란한 종교예술의 꽃을 피워왔는데 그것은 기성 종교예술로서 여기 민속종교미술에서는 논외로 했다. 다만 불교는 종교예술성이 풍부한 동시에, 무속과는 너그러운 포용성과 습합성을 지녀왔고, 산신각이나 장승들을 공유해왔으며, 무신도도 제작 공급한 사정들을 필요한 대목마다에서 살펴왔다.

불교가 내세적인 종교인데 반해서 유교는 현세적인 치국 이념이었고, 따라서 유교는 본질적으로 종교예술성은 강할 수가 없었다. 또 유교 나름의 합리주의도 강해서 무속신상들을 부정하고 파괴하던 사례들이 많았다. 다만 조상숭배성이 유교에는 강해서 사묘, 특히 영당의 증가와 더불어 초상화의 수요를 증가시키면서 초상화 기법의 수준을 높인 점이 특기할 만했다. 그것은 같은 종교미술가로서는 무신도에 기여해준 바가 있었던 점이 언급되었다.

상대의 당당했던 우리의 민족 종교는 극소수의 유물만을 남기고 그 권위와 찬란했던 예술성을 짐작만 시켜주고 있다. 그리고 지금은 일반 국민에게 타파되어야 할 미신으로나 여겨지는 상황으로 되어 있다. 그러나 다 그런 것은 아니고 사회적 기능면에서도 동제 같은 경우는 그 의의가 재인식되고 있다. 종교는 문화와 예술의 기반이고 뿌리이다. 가장 한국적인 예술의 뿌리에 대해서 우리는 우선 지금도 이해하려는 노력부터가 아쉬운 상황이다.

『寒碧文叢』, 月田 美術館 (1995)

찾아보기

ㅈ

장주근 저작집 간행위원

최래옥   이종철   임돈희
박호원   김헌선   권태효

장주근 저작집 II

서사무가편

초판1쇄 발행 ┃ 2013년 11월 11일

지은이 장주근
책임편집 장주근 저작집 간행위원회

펴낸이 홍기원
주간 박호원
총괄 홍종화
디자인 정춘경·이효진
편집 오경희·조정화·오성현·신나래
    정고은·김정하·김민영·김선아
관리 박정대·최기엽

펴낸곳 민속원   출판등록 제18-1호
주소 서울 마포구 대흥동 337-25   전화 02) 804-3320, 805-3320, 806-3320(代)   팩스 02) 802-3346
이메일 minsok1@chollian.net   홈페이지 www.minsokwon.com

ISBN 978-89-285-0493-0 94380
S E T 978-89-285-0491-6